Fürst und Bolf

Die Gemäldegalerie

Alte Meister

Fürst und Bolf

Die Gemäldegalerie

Alte Meister

Inktank publishing, 2018

www.inktank-publishing.com

ISBN/EAN: 9783747771013

KUNSTHISTORISCHE SAMMLUNGEN

DES

ALLERHÖCHSTEN KAISERHAUSES

DIE

GEMÄLDEGALERIE

ALTE MEISTER

Mit 200 Abbildungen

Wien 1907

Für Österreich-Ungarn
bei
ADOLF HOLZHAUSEN
in Wien

Für alle anderen Länder
bei
KARL W. HIERSEMANN
in Leipzig

Vorwort zur ersten Auflage.

Der illustrierte Führer durch die Gemäldegalerie des Allerhöchsten Kaiserhauses will im Grunde nichts anderes sein als eine neue Auflage des in den Jahren 1894 und 1896 ohne Abbildungen herausgegebenen. Er unterscheidet sich daher von diesem nur insoweit, als darin den kleinen Veränderungen unter den aufgestellten Bildern Rechnung getragen ist, die seit der Neuordnung der Sammlung notwendig wurden, und insofern, als darin die Druckfehler und Irrtümer berichtigt sind, die in der ersten Auflage bei ihrer raschen Herstellung unterliefen.

Die Grundsätze, von denen die Unterzeichneten ausgingen, als sie die früheren Führer verfaßten, waren vor allem, dem großen Publikum damit ein Handbüchlein zu schaffen, das alles für die rasche Orientierung Wichtige enthielte, mit Hinweglassung jedes über diese einfachen Interessen hinausgehenden Details. Sie bestrebten sich daher, neben der kurzen Beschreibung der Bilder, der Angabe ihrer Maße und ihres künstlerischen Materiales, ihre Provenienz, die hauptsächlichsten Daten aus dem Leben und dem Bildungsgange ihrer Meister zu verzeichnen und in den Anmerkungen die Beibehaltung oder Veränderung der früheren Benennungen, die von der fortschreitenden kunsthistorischen Forschung verlangt wurde, durch die Anführung des Namens des betreffenden Kenners zu rechtfertigen.

Da es bei der Umgestaltung der Galerie nicht möglich war, die alte Numerierung der Bilder bestehen zu lassen, so wurde eine leichtere Identifizierung der in den früheren Katalogen aufgeführten Kunstwerke dadurch versucht, daß am Rande jeder Seite unter B die Nummern des Belvederekataloges, unter E die des E. v. Engerthschen Verzeichnisses sowie unter F die des Führers, der seit der Eröffnung des kunsthistorischen Museums bestand, den neuen Nummern an die Seite gesetzt wurden.

Was die beigegebenen 120 Illustrationen betrifft, die von der Kunstanstalt des k. und k. Hofphotographen Josef Löwy in Lichtdruck hergestellt wurden, so geschah ihre Auswahl von dem doppelten Gesichtspunkte, damit sowohl das künstlerisch Bedeutendste, als das historisch Interessanteste der Sammlung wiederzugeben.

Wien, im Monat November 1896.

August Schaeffer. **Wilhelm von Wartenegg.**
Dr. Hermann Dollmayr.

Vorwort zur zweiten Auflage.

Die vorliegende Neubearbeitung des illustrierten Führers durch die Gemäldegalerie wurde nach denselben Grundsätzen durchgeführt wie die erste Auflage; dabei wurden die in den Jahren 1904 und 1906 herausgegebenen neuen Auflagen des nicht illustrierten Führers zugrundegelegt. Einige kleinere Verbesserungen und Nachträge konnten noch während des Druckes eingefügt werden.

Um den Führer nicht mit einer großen Zahl von Nummern zu belasten, wurden nur mehr die Nummern von Eduard von Engerths beschreibendem Verzeichnis (Wien 1881—1886) in Klammern den gegenwärtigen Ordnungsnummern beigefügt.

Die Zahl der Abbildungen wurde auf 200 erhöht; als Reproduktionsverfahren kam statt des Lichtdruckes, um diesem illustrierten Führer durch einen geringeren Preis eine größere Verbreitung zu sichern, die Netzätzung zur Anwendung. Sämtliche Illustrationen sind in der Hofkunstanstalt J. Löwy hergestellt worden.

Wien, im Dezember 1906.

August Schaeffer. **Dr. Gustav Glück.**

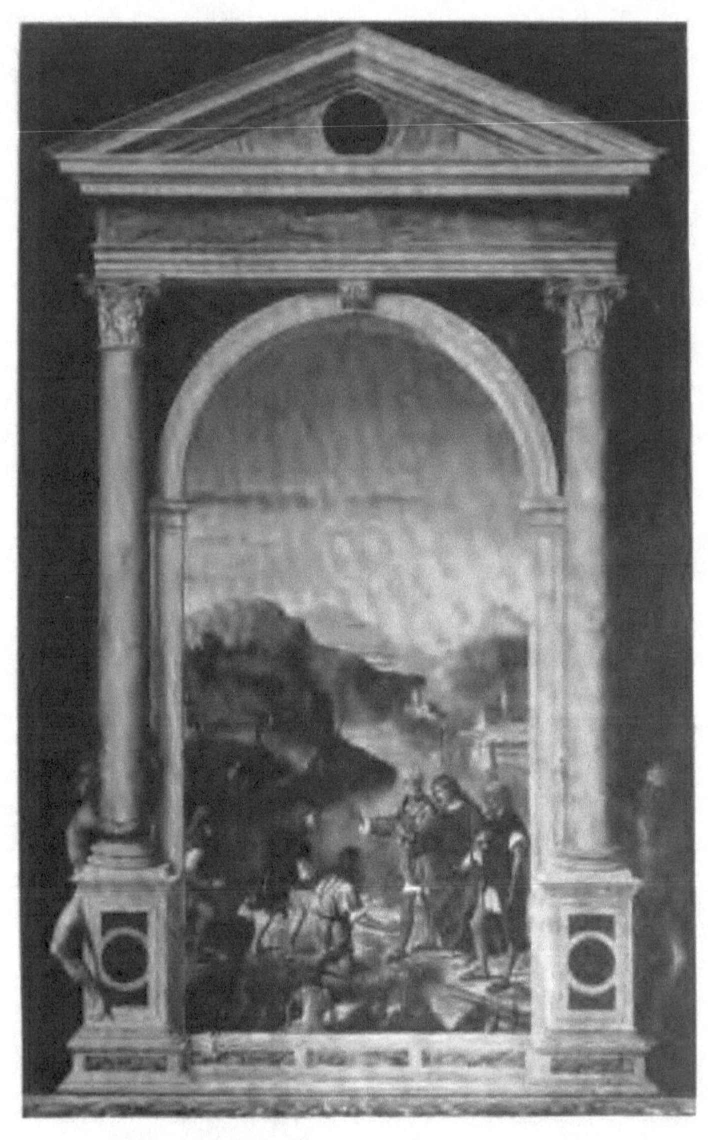

1. Marco Basaiti.

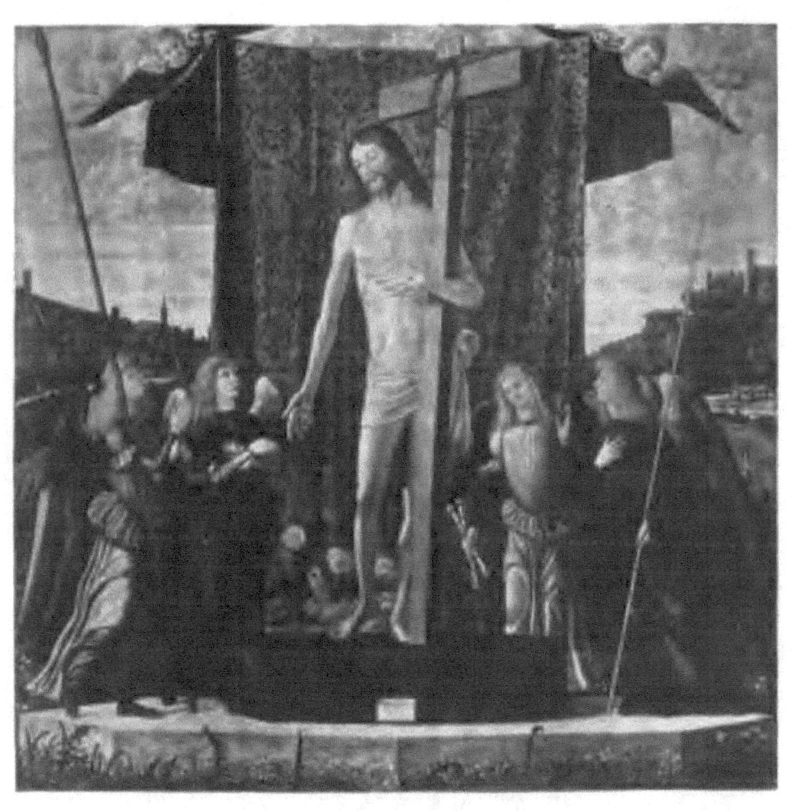

7. **Vittore Carpaccio.**

Italienische Schulen.

Saal I. (Oberlicht.)

Marco Basaiti.

Venezianische Schule. Tätig zu Venedig 1503—1521. Griech. Abstammung. Schüler und Gehilfe Alvise Vivarinis; auch durch das Studium der Werke Giov. Bellinis gebildet.

1\. **Die Berufung der Söhne des Zebedäus.** Christus, umgeben
(E. 30.) von Simon, Petrus und Andreas, steht am Ufer des Galiläischen Sees. Die Fischer Jacobus und Johannes sind bereit, seinem Rufe zu folgen.

Bezeichnet auf einem kleinen Zettel unten an der Steineinfassung:

1515.
marcus.
Baxaiti
f.

Pappelholz; h. 125, br. 81 cm. Samml. Erzh. Leopold Wilhelm. Freie Wiederholung des in der Akademie zu Venedig befindlichen großen Bildes des Meisters.

Giovanni Mansueti.

Venezianische Schule. Tätig zu Venedig von 1485 an, gest. daselbst 1527. Schüler Gentile Bellinis.

2\. **Die Heiligen Hieronymus und Franz von Assisi.** Links
(E. 281.) der greise Hieronymus in einem Buche lesend. Rechts Franz, ein rotes Kreuz in der linken Hand. Zwischen beiden an einer Steinsäule das Wappen des Girolamo Loredano.

A. L. P. M. P. P.

Bezeichnet unten in der Mitte:

IOANES MANSVETIS ▲ P ▲

L.; h. 158, br. 116 cm. 1838 in Venedig erworben. Ursprünglich im Magistrato del Cataver im Dogenpalast zu Venedig.

3. Die Heiligen Laurentius und Sebastian. Rechts Sebastian,
(E. 280.) entkleidet, von Pfeilen durchbohrt; links Laurentius mit einem Weihrauchfaß. Ein zwischen beiden stehender Knabe hält den Rost, das Marterwerkzeug des Laurentius. Auf einer Steinsäule das Wappen des Lorenzo Barbaro.

A. L. J. F. J. M. V. V.

Bezeichnet unten in der Mitte:

IOANES MANSVETIS · P

L.; h. 158, br. 117 cm. Provenienz wie Nr. 2.

Giovanni Bellini.

Venezianische Schule. Geb. zu Padua (?) um 1428, gest. zu Venedig am 29. Nov. 1516. Schüler seines Vaters Jacopo; ausgebildet unter dem Einflusse seines Schwagers A. Mantegna; lernte die Ölmalerei von Antonello da Messina.

4. Die Taufe Christi. Christus steht mit auf der Brust gekreuzten Händen im Jordan; zu seiner Linken, auf einem Ufersteine, Johannes, der das Wasser aus einer Schale auf das Haupt des Herrn gießt; zu dessen Rechten kniet der Donator des Bildes; hinter diesem zwei jugendliche Gestalten.

Bezeichnet rechts unten auf dem Zettel:

IOANNES BELLINVS · P

Pappelholz; h. 199, br. 216 cm. 1838 in Venedig erworben. Ursprünglich in San Giovanni del Tempio, woselbst es von Boschini und Sansovino gesehen und beschrieben wurde. Von F. Wickhoff als ein Werk aus dem Atelier G. Bellinis bezeichnet und Pier Francesco Bissolo zugeschrieben. Es ist offenbar eine Atelierwiederholung des von Bellini gemalten Originales in der Kirche S. Corona zu Vicenza mit Hinweglassung des über der Gruppe schwebenden Gottvaters und heiligen Geistes und mit Ersetzung des dritten Engels durch den Stifter.

Antonello da Messina.

Venezianische Schule. Geb. zu Messina um 1444, gest. zu Venedig um 1493. Bildete sich zu Venedig unter dem Einflusse der Bellini aus. Brachte zuerst die von den Van Eyck zur Vollendung geführte Methode der Ölmalerei nach Italien (um 1473).

5. Der Leichnam Christi. Der Leichnam des Herrn wird in
(E. 15.) sitzender Stellung von drei trauernden Engeln über dem offenen Grabe gehalten.

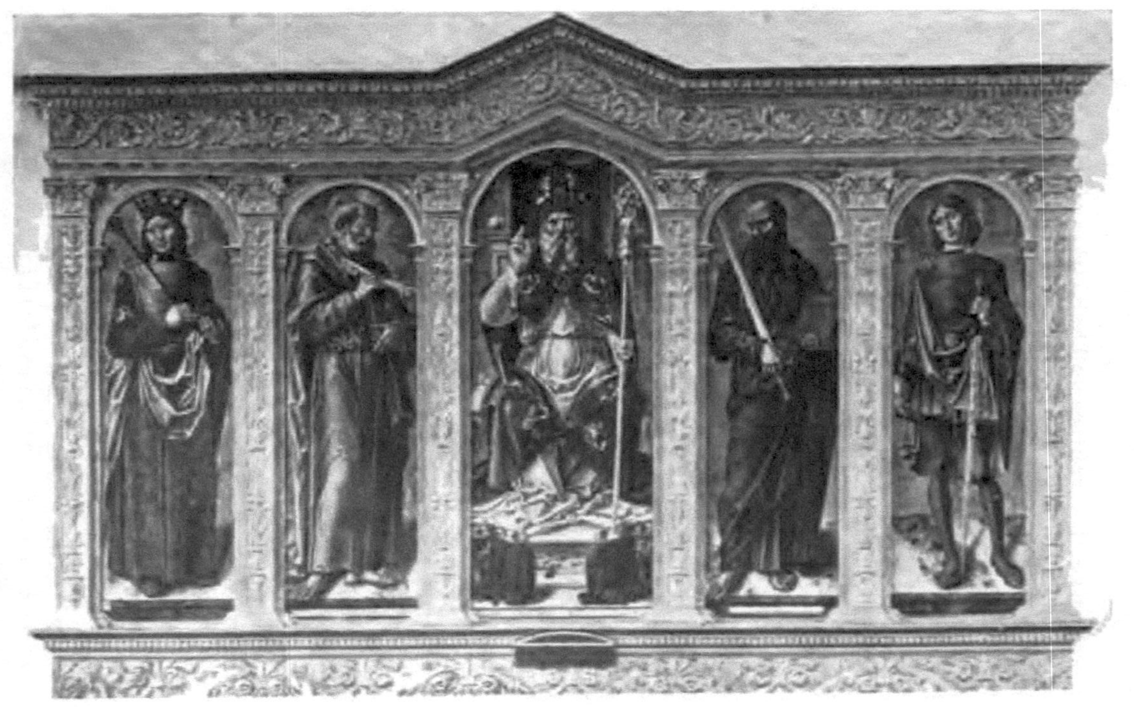

10. Bartolommeo Vivarini.

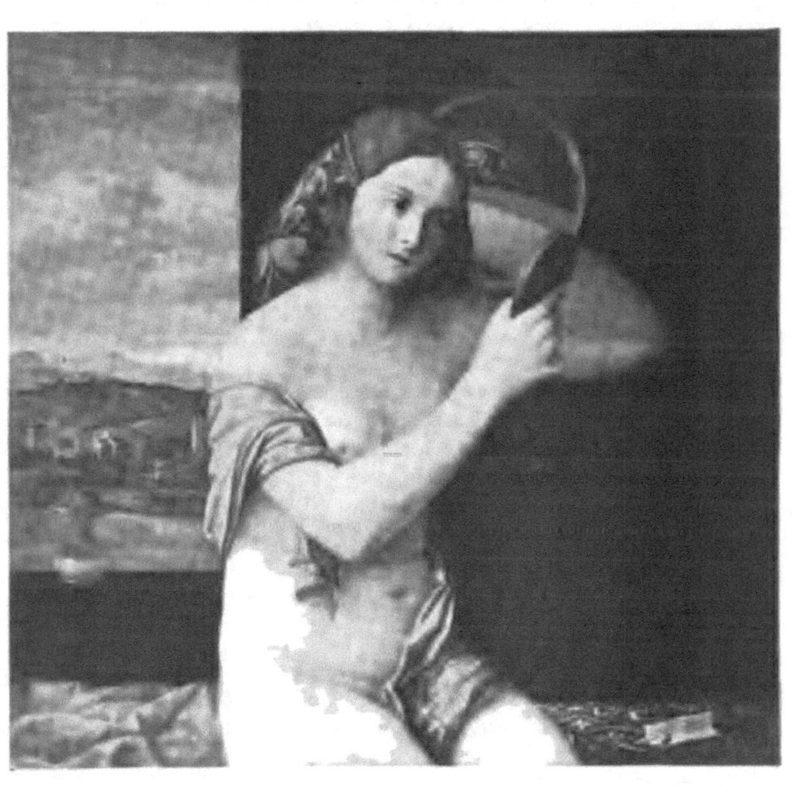

13. **Francesco Bissolo.**

Bezeichnet auf dem Zettel am Sarkophage:

ANTONIVS·
MESANÊSIS

Pappelholz; h. 138, br. 108 cm. Das Bild war im Dogenpalast zu Venedig in der Stanza dei Capi del Consiglio dei Dieci und wird dort schon 1581 von Sansovino erwähnt. Im Jahre 1808 kam es nach Wien.

Monogrammist To. C. um 1500.

Venezianische Schule.

6. Maria mit dem Kinde. Die thronende Maria hält das Jesus-
(E. 150.) kind auf dem Schoße. Links der heilige Andreas, ein Holzkreuz in der Linken, eine Rolle in der Rechten. Rechts der heilige Georg mit einer weißen Fahne mit rotem Kreuze.

Pappelholz; h. 205, br. 132 cm., oben rund. Das Bild sah Boschini in der Sakristei der Kirche San Severo zu Venedig und las darauf das heute verschwundene Monogramm To. C. Im Jahre 1838 in Venedig erworben. Früher V. Catena zugeschrieben. Nach Berenson von Lazzaro Bastiani.

Vittore Carpaccio.

Venezianische Schule. Geb. angeblich in Istrien. Tätig zu Venedig 1490—1522. Schüler der Vivarini und Gentile Bellinis.

7. Christus, von Engeln angebetet. Christus, fast ganz ent-
(E. 128.) kleidet, steht auf einem Steinsockel. Aus seinen Wundmalen fließt das Blut in den zu seinen Füßen stehenden Kelch, über welchem die Hostie schwebt. Je zwei Engel mit den Marterwerkzeugen stehen zu den Seiten des Herrn.

Bezeichnet auf einem Zettel am Sockel:

Victoris charpatio
venetj opus.
1496

L.; h. 162, br. 163 cm. In Venedig 1838 erworben. Ursprünglich in S. Pietro Martire zu Udine.

8. Die Kommunion des heil. Hieronymus. Das Bild ist durch eine Säule in zwei Hälften geteilt. Links, in der Klosterkapelle, kniet der greise Heilige und empfängt von dem Geistlichen im Ornate die Hostie. Rechts, in dem Eingangsraum zur Kapelle, stehen Leute im Gespräche.

L.; h. 172, br. 238 cm. Mit Nr. 11 aus der Scuola di San Girolamo in Venedig 1838 erworben. Dort von C. Ridolfi erwähnt. Nach Berenson, ebenso wie Nr. 11, von Lazzaro Bastiani.

Andrea da Murano.

Venezianische Schule. Tätig in den venezianischen Provinzen, Ende des XV., Anfang des XVI. Jahrhunderts.

9. (E. 13.) **Christus am Kreuze mit Maria und Johannes.** Zur Rechten des Heilandes steht Maria mit abgewandtem Gesichte und zum Gebet gefalteten Händen, zu seiner Linken Johannes, das Haupt in die rechte Hand stützend. Im Hintergrunde die Stadt Jerusalem.

Bezeichnet unten in der Mitte:

OPVS·ANDREAE·DE MVRANO·

L.; h. 251, br. 221 Cm. 1838 in Venedig erworben. Das Bild stammt aus dem Convento Sant' Andrea della Certosa.

Bartolommeo Vivarini.

Venezianische Schule. Tätig zu Venedig 1450—1499. Schüler (?) und Gehilfe seines Bruders Antonio.

10. (E. 594). **Der heilige Ambrosius mit Heiligen.** In fünf nebeneinander stehenden Bogen auf Goldgrund gemalt: in der Mitte Ambrosius, vor dem Mitglieder einer geistlichen Bruderschaft knien. Zu seiner Rechten Petrus, neben ihm der heilige Ludwig, zur Linken Paulus, neben diesem Sebastian.

Bezeichnet auf der unteren Leiste der drei Mittelbilder:

BARTHOLOMEVS VIVARINVS DE MVRIANO PINXIT·1477

SAMBR VIVIANI CAST SANTI

VIC SPETRVS MVNTI SCRIE CONF

IACOBVS DE FAENCIE IN CISIT·

Pappelholz; Mittelbild h. 113, br. 45 cm., die vier Seitenbilder h. 106, br. 33 cm. Aus der Schule des Tagliapietra in Venedig 1838 erworben. Der Rahmen, der das Bild umschließt, ist der nach der Inschrift von Jacopo da Faenza geschnittene Originalrahmen.

Vittore Carpaccio (s. Nr. 7).

11. (E. 129.) **Bestattung des heil. Hieronymus.** In der Kapelle einer Klosterkirche sind die Brüder um den Leichnam des Heiligen versammelt, der im Vordergrunde mit den Füßen gegen den Altar auf der Erde liegt. Zu Häupten des Toten ein greiser Priester, der ihn einsegnet. Links liegt der Löwe.

L.; h. 210, br. 264 cm. Sieh Nr. 8.

Alvise Vivarini.

Venezianische Schule. Tätig von 1464—1503. Vermutlich Schüler Bartolommeo Vivarinis. Beeinflußt von der Paduaner Schule, von Antonello da Messina und Giov. Bellini.

12. Maria mit dem Kinde und zwei musizierenden Engeln.
(E. 595.) Die thronende Maria betet das auf ihrem Schoße schlafende Kind an. Auf der untersten Stufe des Thrones sitzen zwei kleine Engel, welche die Laute spielend zur heiligen Jungfrau aufsehen.

Bezeichnet auf der untersten Stufe:

·ALVISIVS·VIVARINVS·
·DE·MVRIANO·P·
·MCCCCLXXXVIII·

Pappelholz; h. 105, br. 45 cm. Das Bild wurde 1805 vom k. k. Hofkommissär Freiherrn von Steffaneo aus Dalmatien nach Wien gebracht und an Kaiser Franz verkauft.

Francesco Bissolo.

Venezianische Schule. Tätig zu Venedig von 1492 an, gest. daselbst am 20. April 1554. Schüler Giov. Bellinis.

13. Eine junge Frau ordnet ihr Haar. Fast ganz entkleidet,
(E. 60.) hält sie in der rechten Hand einen Spiegel. Ein runder Wandspiegel zeigt die rückwärtige Ansicht des Kopfes.

Trägt rechts unten in der Ecke die (nach Lermolieff) von Bissolo gefälschte Bezeichnung:

Ioannes bellinus
faciebat M·D·X·V

Pappelholz; h. 73, br. 78 cm. Kniestück. Samml. Erzh. Leopold Wilhelm. Früher Giovanni Bellini zugeschrieben.

Andrea Previtali.

Venezianische Schule (Bergamo). Geb. zu Bergamo, wahrscheinlich 1480, gest. daselbst am 7. Nov. 1528. Schüler Giov. Bellinis. Wahrscheinlich identisch mit dem Schüler Bellinis Andrea Cordelleagi.

14. Die heilige Familie mit zwei Donatoren und deren
(E. 62.) Schutzheiligen. Die Stifter des Bildes, ein Mann und eine Frau, werden von den Heiligen Johannes dem Täufer und Jacobus dem Älteren der Mutter Gottes vorgestellt.

Pappelholz; h. 71, br. 114 cm. Halbe Figuren. Kunstbesitz Karls VI. Früher Giovanni Bellini, Schulbild, genannt. Als Andrea Previtali von O. Mündler, Waagen und Lermolieff, neuerlich auch von F. Wickhoff bestimmt.

Francesco Bissolo (s. Nr. 13).

15. Darstellung Christi im Tempel. Maria bringt Simeon das
(E. 59.) Jesuskind, der es mit gefalteten Händen anbetet. Hinter Maria eine Heilige, neben Simeon der heilige Josef.

Pappelholz; h. 64, br. 82 cm. Halbe Figuren. Das Bild kommt zuerst im kaiserl. Schlosse in Preßburg vor, wohin es zur Ausschmückung gegeben wurde, als die Erzherzogin Christine dasselbe bezog. Kopie nach einem oft wiederholten Originale Giov. Bellinis, dem auch das vorliegende Exemplar bisher zugeschrieben worden ist. Th. v. Frimmel hält unser Exemplar für ein Werk Vincenzo Catenas.

Giorgio Barbarelli, genannt Giorgione.

Venezianische Schule. Geb. zu Castelfranco 1478, gest. zu Venedig 1511. Schüler Giov. Bellinis.

16. «Die drei morgenländischen Weisen.» Drei Männer in
(E. 239.) morgenländischer Tracht in einer waldigen Landschaft. Im Vordergrunde rechts steht ein Greis mit langem weißen Barte, eine Tafel mit astrologischen Zeichen tragend, zu seiner Rechten ein Mann in mittlerem Alter mit einem weißen Turban. Etwas weiter rückwärts sitzt ein Jüngling auf der Erde, der einen Zirkel an ein Winkelmaß setzt.

L.; h. 122, br. 142 cm. Samml. Erzh. Leopold Wilhelm. Das Bild führte den Namen «Die drei Philosophen», später «Die drei Mathematiker», auch «Die Feldmesser». Dem Anonimo des Morelli zufolge von Sebastiano del Piombo vollendet. Nach F. Wickhoff ist der Gegenstand unseres Bildes dem 8. Buche der Äneide Virgils entnommen. Wir haben in dem orientalisch gekleideten Manne den Trojaner Äneas zu erblicken, den der König Euandrus und dessen Sohn Pallas vor den Felsen geführt haben, auf dem sich später dann das Kapitol erheben sollte. Das Gemälde befand sich 1525 mit seinem Gegenstücke «Äneas in der Unterwelt» zu Venedig im Hause des Taddeo Contarini (s. Anonimo des Morelli).

Fra Sebastiano Luciani, genannt del Piombo.

Venezianische und römische Schule. Geb. zu Venedig um 1485, gest. zu Rom den 21. Juni 1547. Schüler Giov. Bellinis; beeinflußt von Giorgione; ausgebildet durch Michelangelo in Rom.

17. Bildnis des Kardinals Pucci (1531 bis 1544) in mittleren Jah-
(E. 352.) ren. Das Haupt ist unbedeckt, das braune Haar oberhalb der Stirne glatt abgeschnitten; ein brauner Bart fällt auf die Brust herab.

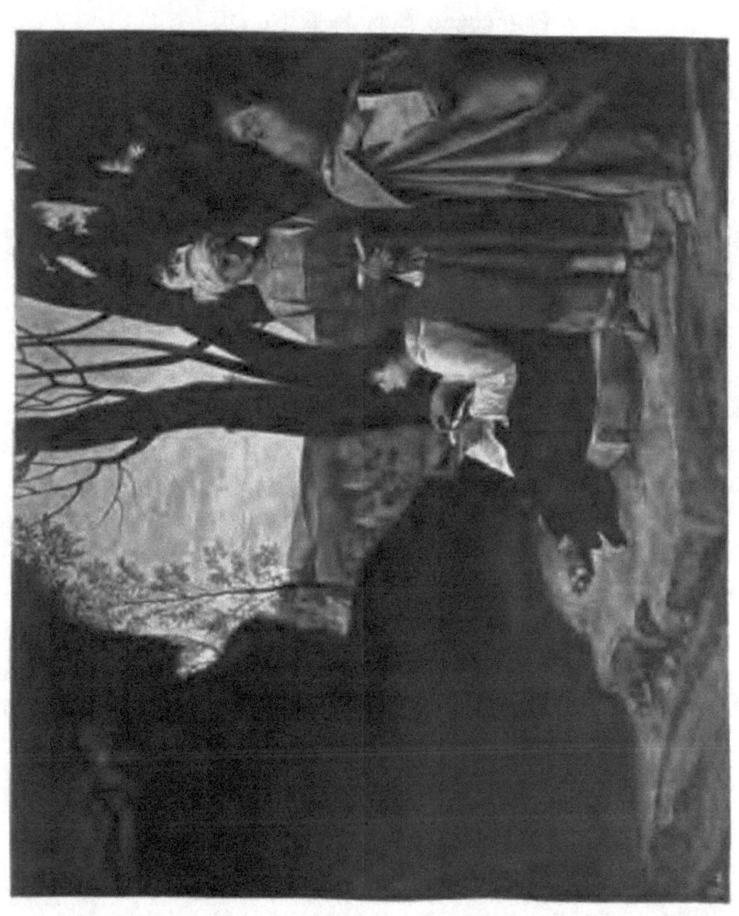

16. Giorgione.

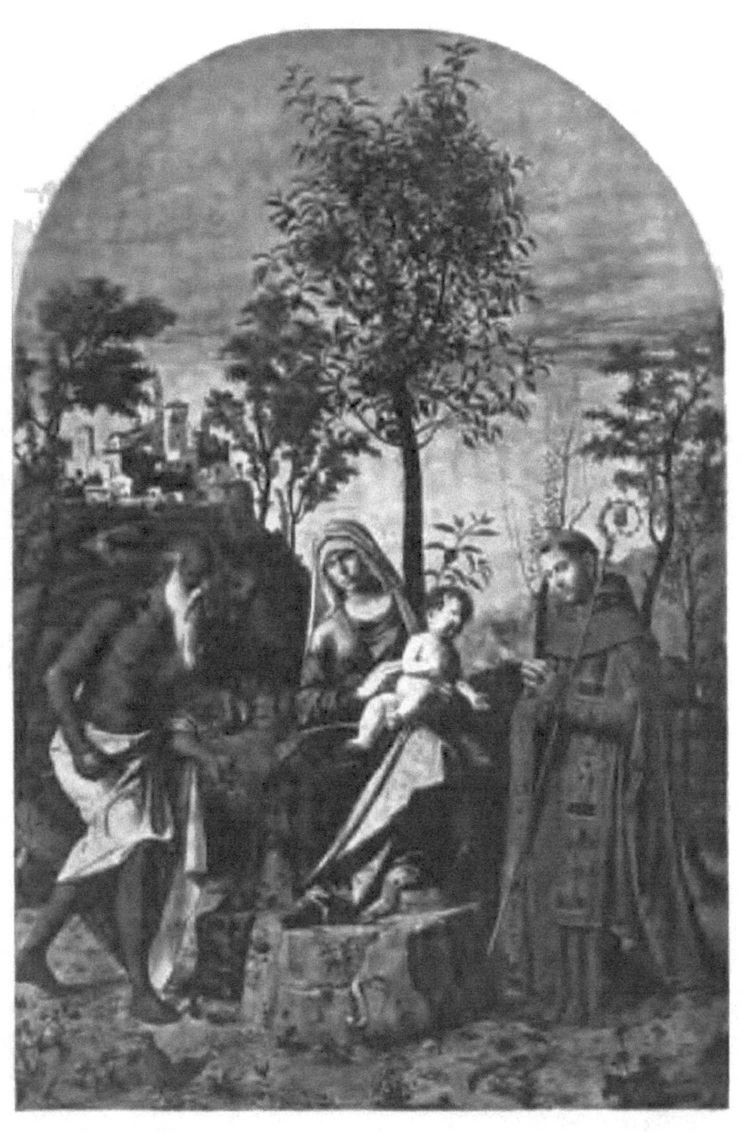

19. Cima da Conegliano.

L.; h. 72, br. 56 cm. Brustbild. Erst in diesem Jahrhundert in die Galerie gekommen, war im Belvedere nicht aufgestellt. Als Bildnis des Kardinals Pucci von E. v. Engerth bestimmt.

Giacomo Bello.

Venezianische Schule. Maler zu Venedig um das Jahr 1500. Geburts- und Todesjahr unbekannt. Wahrscheinlich aus der Schule der Bellini hervorgegangen.

18. Christus mit Heiligen. In der Mitte einer Landschaft steht
(E. 553.) Christus, in der linken Hand ein Buch haltend. Auf jeder Seite zwei einzelnstehende Heilige. Dem Heiland zur Rechten Markus mit seinem Evangelium und Petrus mit den Schlüsseln, zur Linken Johannes der Täufer mit dem Kreuze und Paulus mit dem Schwerte.

L.; h. 191, br. 439 cm. 1838 in Venedig erworben. Das Bild stammt aus dem Palazzo Camerlenghi in Venedig und wurde bereits von Boschini unter G. B.'s Namen beschrieben. Es ist das einzige Werk des Meisters, von dem die Quellen berichten. Früher als «Venezianisch um 1500».

Giovanni Battista da Conegliano, genannt Cima.

Venezianische Schule. Tätig 1489—1508. Schüler Alvise Vivarinis, beeinflußt von Antonello da Messina und Giov. Bellini.

19. Die Madonna unter dem Orangenbaume. Maria, das
(E. 156.) Jesuskind auf dem Schoße haltend, sitzt in der Mitte des Bildes unter einem Orangenbaume. Rechts steht der heilige Ludwig, links der heilige Hieronymus; weiter rückwärts lehnt der heilige Josef an einem Baume. Im Hintergrunde auf einem Hügel das Schloß Collalto.

Bezeichnet unten in der Mitte auf einem Zettel:

IOA·BAPT CONEGL

Pappelholz; h. 213, br. 140 cm. Gemalt für die Kirche Santa Chiara in Murano. Im Jahre 1816 in Venedig erworben.

Vincenzo di Biagio, genannt Catena.

Venezianische Schule. Geb. zu Venedig, gest. daselbst 1531. Gebildet nach Giovanni Bellini.

20. Männliches Bildnis. Der betagte Mann wendet im Dreiviertel-
(E. 151.) profil dem Beschauer die linke Seite des bartlosen Gesichtes zu.

Er trägt ein blaues Kleid und einen blaßroten Mantel; eine schwarze Mütze sitzt auf dem an der Stirne kurz geschnittenen Haar; mit beiden Händen hält er ein auf dem Tisch aufstehendes Buch.

Bezeichnet oben im Grunde:

VINCENTIVS CATENA PINXIT

Pappelholz; h. 77, br. 58 cm. Halbe Figur. Samml. Erzh. Leopold Wilhelm. Früher als Bildnis eines Domherrn bezeichnet.

Nach **Giorgione** (s. Nr. 16).

21. (E. 243.) David, im Eisenharnisch, die rechte Hand auf Goliaths Schwert gestützt, in der linken das Haupt des Riesen.

Pappelholz; h. 65, br. 75 cm. Halbe Figur. Samml. Erzh. Leopold Wilhelm. Bisher als Kopie eines von Vasari erwähnten Gemäldes des Meisters bezeichnet, nach F. Wickhoff wahrscheinlich das durch alte Übermalung entstellte Original selbst.

Jacopo de' Barbari (?).

Venezianische Schule. Geb. zu Venedig (?) um die Mitte des XV. Jahrhunderts; gest. wahrscheinlich zu Brüssel, vor 1515. Vermutlich unter dem Einflusse Giov. Bellinis gebildet. Seit dem Beginne des XVI. Jahrhunderts in Nürnberg und in den Niederlanden tätig.

22. (E. 203.) Männliches Bildnis. Der junge, schwarzgekleidete Mann mit schwarzer Mütze wendet im Dreiviertelprofil die rechte Seite dem Beschauer zu; sein langes blondes Haar fällt auf die Schultern herab. Ein weißer Vorhang bildet den Hintergrund.

Lindenholz; h. 42, br. 36 cm. Brustbild. Seit 1816 in der Galerie. Jacopo de' Barbari als Maler dieses Bildes nannte zuerst O. Mündler, dann J. Lermolieff. Doch wird diese Bestimmung heute von vielen Seiten mit Recht angefochten. Früher als »Florentinisch Ende des XVI. Jahrhunderts«.

Venezianische Schule um 1500.

23. (E. 548.) Die Hirten an der Krippe. Vor einer Felsenhöhle liegt das Jesuskind. Maria betet es kniend an. Neben ihr der heilige Josef. Einer der beiden Hirten kniet, der andere schreitet hinzu.

Pappelholz; h. 92, br. 115 cm. Samml. Erzh. Leopold Wilhelm. Im Inventar von 1659 als »Giorgione (?)« angeführt. In der Sammlung Beaumont zu London befindet sich (aus der Galerie Fesch) ein in der Komposition übereinstimmendes Bild, das Crowe und Cavalcaselle mit Sicherheit für ein Jugendwerk

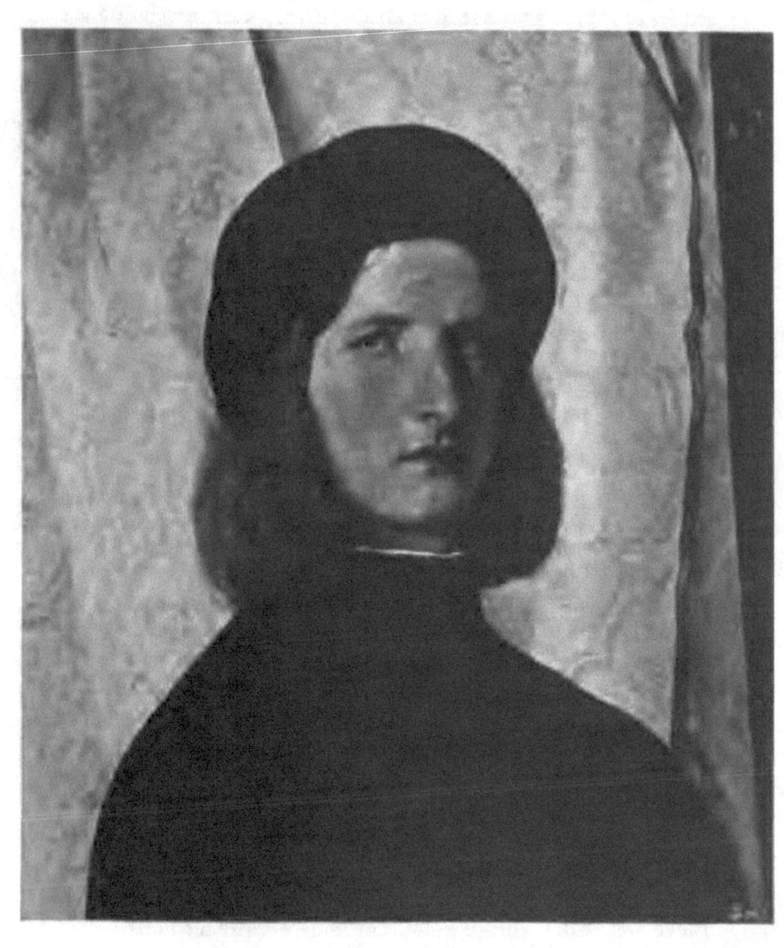

22. Jacopo de' Barbari (?).

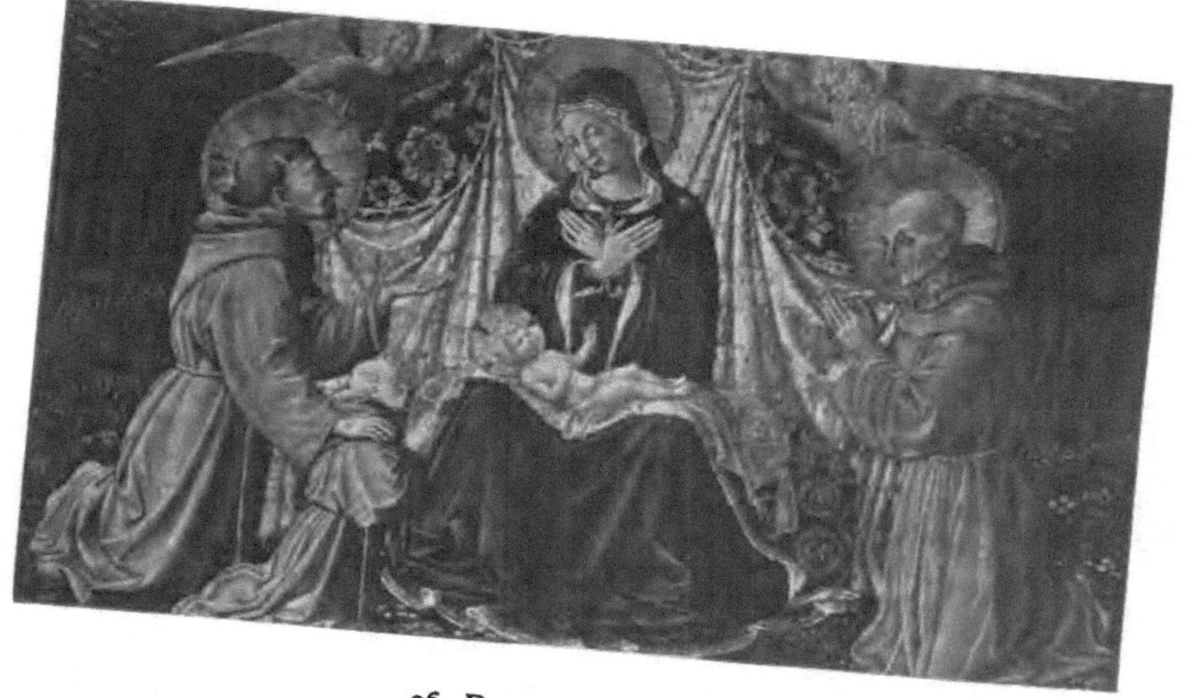

26. Benozzo Gozzoli.

Giorgiones halten. Auch die ehemalige Sammlung König Jakobs II. enthielt ein in Größe und Gegenstand entsprechendes Stück unter dem gleichen Namen. Vielleicht ist es identisch mit dem gegenwärtigen.

Pietro di Cristoforo Vanucci, genannt **Perugino.**

Umbrische Schule. Geb. zu Città della Pieve 1446, gest. zu Fontignano bei Perugia 1523. Schüler Fiorenzo di Lorenzos und Andrea del Verrocchios.

24. Die Taufe Christi. Christus steht mit gefalteten Händen ent-
(E. 350.) kleidet im Jordanfluß, neben ihm Johannes, der die rechte Hand mit der Schale über das Haupt des Heilandes erhebt. Links drei kniende Gestalten, rechts in der Landschaft ein Wanderer.

Olivenholz; h. 29, br. 22 cm. Samml. Erzh. Sigismund Franz in der Innsbrucker Burg.

25. Der heilige Hieronymus. In einer reichen Landschaft kniet
(E. 351.) der Heilige vor einem Kruzifix. In der Rechten hält er den Stein; zu seiner Linken liegt der Kardinalshut, zur Rechten der Löwe.

Olivenholz; h. 30, br. 23 cm. Samml. Erzh. Sigismund Franz in der Innsbrucker Burg. Aus der Ambrasersammlung im unteren Belvedere zu Wien in die Galerie aufgenommen.

Benozzo di Lese di Sandro, genannt **Gozzoli.**

Florentinische Schule. Geb. zu Florenz 1420, gest. zu Pisa 1498. Schüler Fra Angelicos.

26. Maria mit dem Kinde. Unter einem von zwei schwebenden
(E. 251.) Engeln getragenen Hermelinmantel thront die heilige Jungfrau und betet das auf ihrem Schoße liegende Christuskind an. Links kniet der heilige Franciscus und stellt der Mutter Gottes einen betenden Franziskaner vor; rechts kniet der heilige Bernardin.

Pappelholz; h. 34, br. 55 cm. Aus der Sammlung des Münzdirektors Böhm in Wien in die Galerie Gsell gekommen und aus dieser 1872 angekauft.

Pietro di Christoforo Vanucci, genannt **Perugino** (s. Nr. 24).

27. Maria mit dem Kinde und vier Heiligen. Maria, in der
(E. 349.) Mitte des Bildes thronend, hält das Jesuskind auf ihrem rechten Knie. Zu ihrer Rechten stehen die Heiligen Hieronymus und Petrus, zu ihrer Linken die Heiligen Johannes d. T. und Paulus.

Am Fußgestelle des Thrones die Inschrift:

· PRESBITER · IOHANNES.
CHRISTOFORI · DETERRENO
FIERI · FECIT.
· MCCCCLXXXX · III

Pappelholz; h. 186, br. 144 cm. Seit 1796 in der Galerie nachweisbar.

Rinaldo Mantovano.

Schule von Mantua. Geburts- und Todesjahr unbekannt. Tätig erste Hälfte des XVI. Jahrhunderts. Schüler und Gehilfe Giulio Romanos.

28. Der Triumphzug des Julius Cäsar. Auf einem mit zwei
(E. 249.) weißen Rossen bespannten Wagen sitzt der Triumphator. In dichter Menge begleitet ihn sein Gefolge nach dem im Hintergrunde sichtbaren Rom.

Fichtenholz; h. 42, br. 149 cm. Samml. Erzh. Sigismund Franz in der Innsbrucker Burg. Von E. v. Engerth Giulio Romano (?) zugeschrieben.

Raffaello Santi da Urbino.

Umbrische und römische Schule. Geb. zu Urbino den 6. April 1483, gest. zu Rom den 6. April 1520. Schüler seines Vaters Giovanni Santi und Timoteo Vitis; dann Schüler und Gehilfe Peruginos und Pinturicchios. Beeinflußt auch von Fra Bartolommeo und Lionardo da Vinci.

29. Madonna im Grünen. In einer heiteren Landschaft sitzt Maria
(E. 360.) und hält mit beiden Händen das vor ihr auf dem Boden stehende Christuskind, dem der kleine Johannes kniend das Kreuz überreicht.

Mit der Inschrift auf dem Halssaume des Kleides Marias:

Pappelholz; h. 113, br. 88 cm. Raffael malte das Bild für den ihm befreundeten Taddeo Taddei, dessen Erben es an den Erzherzog Ferdinand Karl von Österreich verkauften. Bis zum Jahre 1663 blieb es in dessen Residenzschloß zu Innsbruck und wurde nun nach Schloß Ambras übertragen, 1773 wurde es nach Wien gebracht, um im Belvedere aufgestellt zu werden.

30. Schulbild. Die heilige Familie. Maria kniet rechts unter
(E. 361.) Palmen. Sie hält den kleinen Jesus in den Armen und neigt ihn zu dem ebenfalls knienden Johannes herab, der dem heiligen Kinde ein Körbchen mit Früchten reicht. In der Mitte steht der heilige Josef.

Pappelholz; h. 155, br. 114 cm. Das Bild war 1560 im Besitze des Carlo Borromeo in Mailand und wurde von ihm bei seinem Tode 1584 an Lodovico Moneta vermacht, damit er es zugunsten des Stadthospitales verkaufe. Von den Vorstehern der Kirche Santa Maria presso san Celso zu Mailand erworben, wurde

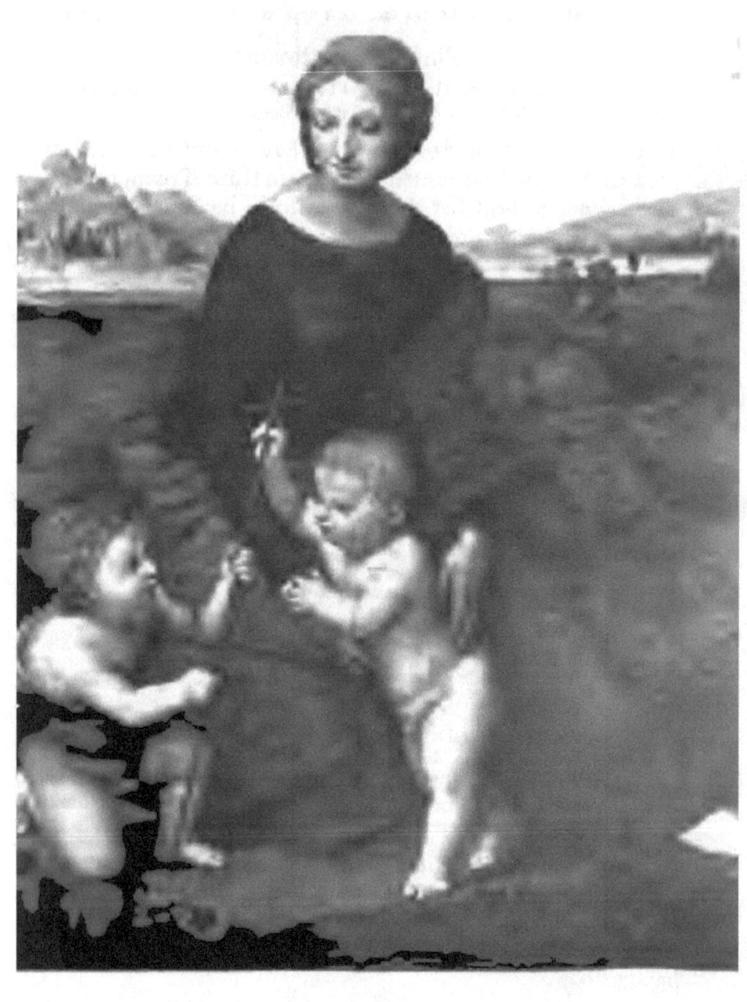

29. Raffael.

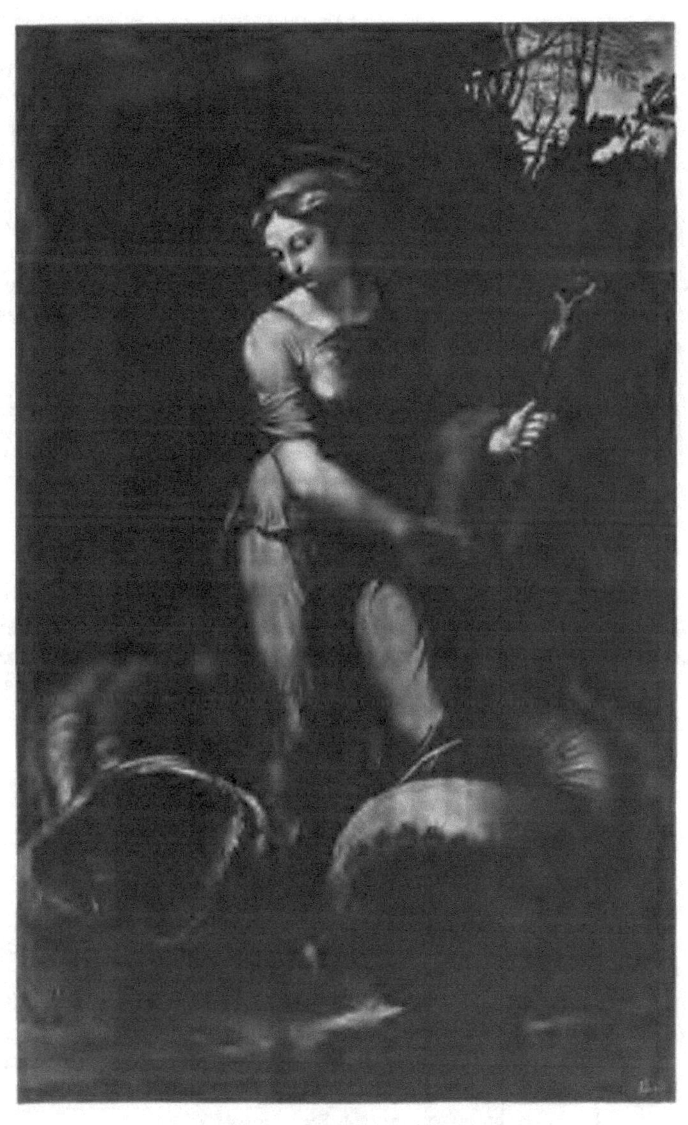

31. Giulio Romano.

es in der Sakristei dieser Kirche aufbewahrt, bis es dort Kaiser Josef II. im Jahre 1769 sah, auf dessen Wunsch 1779 das Bild an die kais. Galerie abgetreten wurde. Es galt bis in die neuere Zeit als ein Original Raffaels.

Giulio di Pietro Pippi de' Gianuzzi, genannt Giulio Romano.

Römische Schule. Geb. zu Rom 1492; gest. zu Mantua am 1. Nov. 1546. Schüler Raffaels.

31. Die heilige Margareta. Die heilige Märtyrerin bändigt den
(E. 248.) Drachen durch die Kraft des Glaubens. Sie steht, in ein dünnes blaues Gewand gekleidet, in einer Höhle und hält mit der Linken das Kruzifix empor; zu ihren Füßen der Drache.

Pappelholz; h. 193, br. 122 cm. Der Anonimo des Morelli beschreibt eine heilige Margareta von der Hand Raffaels 1528 im Hause des Zuan Antonio Venier zu Venedig. Es ist anzunehmen, daß das von ihm erwähnte Bild identisch mit dem gegenwärtigen ist, das von Venedig in den Besitz Karls I. von England gekommen sein dürfte. Aus England erwarb es Erzherzog Leopold Wilhelm als ein Werk Raffaels; erst in unseren Tagen wurde es als eine Arbeit seines Schülers Giulio erkannt.

Pietro di Cristoforo Vanucci, genannt Perugino (s. Nr. 24).

32. Maria mit dem Kinde und zwei Heiligen. Maria, auf einer
(E. 348.) Steinbank sitzend, hält mit beiden Händen auf ihren Knien das Jesuskind, das den Segen erteilt. Hinter Maria stehen zwei heilige Frauen.

Bezeichnet links unten in der Ecke:

PETRVS PERVSINVS PINXIT.

Pappelholz; h. 85, br. 62 cm. Kniestück. Aus der geistlichen Schatzkammer.

Polidoro Caldara, genannt da Caravaggio (?).

Römische Schule. Geb. zu Rom Anfang des XVI. Jahrhunderts, gest. zu Messina 1541 oder 1543. Schüler Giulio Romanos; ausgebildet in der Werkstätte Raffaels.

33. Cephalus und Procris. Rechts sitzt Procris, den immer töd-
(E. 106.) lich treffenden Wurfspieß, den sie selbst ihrem Gatten geschenkt, in der Brust. Cephalus steht entsetzt, mit ausgebreiteten Armen, vor der zu Tode getroffenen Gattin. (Grau in grau gemalt.)

L.; h. 127, br. 102 cm. Samml. Erzh. Leopold Wilhelm.

Fra Bartolommeo della Porta.

Florentinische Schule. Geb. zu Florenz 1475, gest. daselbst 31. Oktober 1517. Schüler Cosimo Rosellis. Weitergebildet durch den Einfluß Lionardos; eine Zeitlang gemeinschaftlich tätig mit Mariotto Albertinelli.

34. Maria mit dem Kinde. Die heil. Jungfrau hält das Jesuskind (E. 29.) mit beiden Händen an die Brust gedrückt. Ihr Kopf zeigt im Profil die linke Seite.

Pappelholz; h. 80, br. 67 cm. Halbe Figur. Samml. Erzh. Leopold Wilhelm. Nach Lermolieff ein Atelierbild Fra Bartolommeos; auch Crowe und Cavalcaselle halten es für die Arbeit eines Schülers.

Nach Giulio Romano (?) (s. Nr. 31).

35. Die Attribute der vier Evangelisten. Der Engel des (E. 247.) Matthäus sitzt auf dem Löwen des Markus, auf dessen Haupt das Evangelium aufgeschlagen ruht, und legt die rechte Hand auf den Kopf des rechts liegenden Stieres des Lukas. Der Adler des Johannes erscheint links hinter dem Löwen; oben der heilige Geist.

Achteck, Rotbuchenholz; h. 22, br. 22 cm. Zuerst im Prager Inventar von 1718. Früher Giulio Romano selbst zugeschrieben.

Giuliano Bugiardini.

Florentinische Schule. Geb. zu Florenz den 29. Jänner 1475; gest. daselbst den 16. Februar 1554. Schüler Domenico Ghirlandajos, Gehilfe Michelangelos und Mariotto Albertinellis.

36. Die Entführung der Dina. Die Söhne Jakobs holen ihre (E. 101.) Schwester Dina aus dem Hause des Sichem und rächen ihre stattgehabte Entführung an den Einwohnern Salems.

L.; h. 161, br. 185 cm. Kunst- und Schatzkammer Kaiser Rudolfs II. in Prag. Unser Bild ist vielleicht jenes, das nach Vasari von Fra Bartolommeo begonnen und von Bugiardini vollendet worden ist (eine Nachricht, die auch durch einen Brief G. B. di Paolo Minis vom 29. Sept. 1531 an Bartolommeo Valori [Gaye II, p. 228 ff.] bestätigt wird); denn das Bild verrät in der Tat den Entwurf Fra Bartolommeos.

Umbrische Schule. XVI. Jahrhundert.

37. Mariä Verkündigung. Eine Säule teilt Marias Schlafgemach (E. 434.) in zwei Hälften. Rechts sieht man Maria an einem Betschemel in die Knie sinken; links kommt der verkündende Engel, einen Lilienstengel in der Linken.

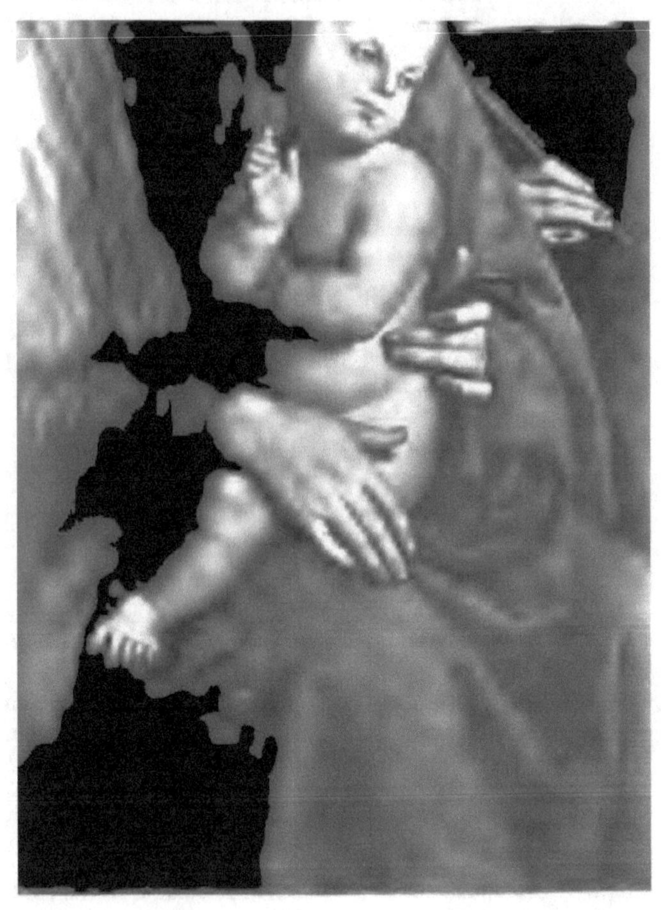

32. Pietro Perugino.

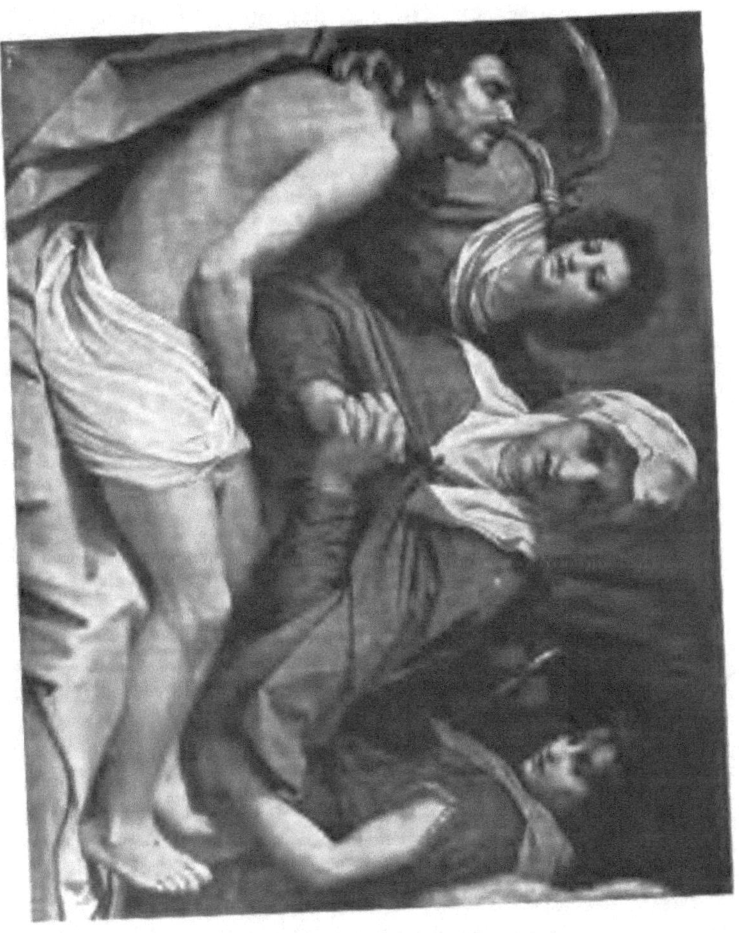

39. Andrea del Sarto.

L.; h. 164, br. 120 cm. Aus Venedig zu Anfang unseres Jahrhunderts nach Wien gekommen. Im Katalog E. v. Engerths als Luca Signorelli. Nach Berenson von M. Palmezzano.

Werkstätte von San Marco (s. Nr. 34).

Bild aus der Zeit der gemeinsamen Werkstätte Fra Bartolommeos mit Mariotto Albertinelli.

38. Maria mit dem Kinde, umgeben von Heiligen. Die
(E. 353.) thronende Maria hält auf ihrem Schoße das Jesuskind, das den Segen erteilt und in der Linken ein Kreuzchen trägt. Zur Rechten Mariens kniet die heilige Katharina von Siena, hinter dieser stehen Magdalena und Dominicus. Zur Linken kniet die heilige Katharina und hinter ihr stehen die Heiligen Barbara und Petrus Martyr.

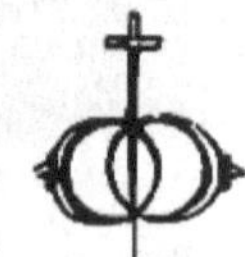

Bezeichnet auf dem Sockel des Thrones: 1510

L.; h. 207, br. 200 cm. Die zwei Ringe mit dem Kreuze sind das Zeichen der Werkstatt von San Marco. Das Bild erscheint erst 1804 in der Galerie und wurde früher Fra Paolino da Pistoja zugeschrieben, der als Gehilfe Bartolommeos und Mariottos in der Zeit von deren künstlerischer Geschäftsverbindung vielfach an ihren Werken, also vielleicht auch an diesem Bilde mitgearbeitet hat. Komposition und Zeichnung des Bildes mögen von Fra Bartolommeo herrühren.

Andrea d'Agnolo, genannt del Sarto.

Florentinische Schule. Geb. zu Florenz den 16. Juli 1486, gest. daselbst den 22. Jänner 1531. Schüler Piero di Cosimos. Weiter ausgebildet unter Fra Bartolommeos und Lionardos Einfluß.

39. Die Beweinung Christi. Der tote Heiland liegt auf einer
(E. 411.) mit gelbem Tuche bedeckten Steinplatte. Über ihn neigt sich, mit gefalteten Händen, Maria. Zu jeder Seite der Mutter Gottes steht ein Engel.

Bezeichnet unten rechts:

AND · SAR · FLO · FAB

Pappelholz; h. 100, br. 121 cm. Ursprünglich für das Servitenkloster in Florenz gemalt, kam das Bild in die Galerie Buckingham und wurde 1648 für Ferdinand III. gekauft.

Luca Signorelli.

Umbrisch-toskanische Schule. Geb. zu Cortona vermutlich 1441, gest. daselbst Ende 1523. Schüler Piero della Francescas, weiter ausgebildet unter dem Einflusse florentinischer Meister.

40. **Schulbild. Anbetung der Hirten.** Unter einem roh gezim-
(E. 435.) merten Hüttendache, zu dessen beiden Seiten oben je ein Engel schwebt, liegt das heilige Kind in einem Korbe. Rechts und links von diesem knien Maria und Josef; hinter letzterem stehen zwei Hirten.

L.; h. 163, br. 163 cm. In die Galerie 1824 aus dem Depot aufgenommen. Kann nach der Ansicht von Crowe und Cavalcaselle mit den Malern Bartolommeo della Gatta und Pecori in Beziehung gebracht werden (s. Engerth, Beschr. Verz.).

Fra Bartolommeo della Porta (s. Nr. 34).

41. **Die Darstellung im Tempel.** Der greise Simeon empfängt
(E. 28.) von Maria das Jesuskind, welches den Segen erteilt. Links der heil. Josef und zwei Frauen, deren eine kniet. Im Hintergrunde das Bild des Moses mit den Gesetztafeln.

Auf der untersten Stufe in der Mitte:

·1516·

ORATE PRO PICTORE
OLIM SACELLI HVIVS
NOVITIO

Pappelholz; h. 157, br. 159 cm. Das Bild wurde vom Meister 1516 für das Dominikanerkloster in Prato gemalt; im Jahre 1792 kam es durch Tausch aus Florenz nach Wien.

Andrea d'Agnolo, genannt del Sarto (s. Nr. 39).

42. **Schulbild. Der junge Tobias, vom Erzengel Rafael**
(E. 408.) **geführt.** Rafael steht in der Mitte des Bildes zwischen dem Tobias, den er bei der Hand hält, und dem heil. Laurentius, welcher auf den links im Vordergrunde knienden Stifter niedersieht. Oben in den Wolken erscheint Christus mit dem Kreuze.

Pappelholz; h. 178, br. 153 cm. Durch Tausch 1792 aus Florenz gekommen. Nach Waagen und O. Mündler eine Arbeit D. Puligos, der eine Komposition Andreas benützte. Die Gruppe des Erzengels mit dem jungen Tobias allein kehrt wieder auf einem kleinen, der Schule Andreas zugeschriebenen Bilde in der Galerie Pitti zu Florenz.

Nach Andrea del Sarto (s. Nr. 39).

43. **Die heilige Familie.** Maria sitzt auf der Erde und legt die
(E. 409.) linke Hand auf die Schulter des vor ihr stehenden Jesuskindes. Rechts kniet die heil. Elisabeth und hält den kleinen Johannes. Hinter Maria zwei Engel; einer derselben mit einer Flöte.

Pappelholz; h. 135, br. 97 cm. Durch Tausch 1792 aus Florenz gekommen. Kopie nach dem oft wiederholten Originale in München.

Agnolo di Cosimo, genannt Bronzino.

Florentinische Schule. Geb. zu Monticelli bei Florenz 1502, gest. zu Florenz den 23. Nov. 1572. Schüler Raffaellino Garbos und Jacopo da Pontormos; ausgebildet durch das Studium Michelangelos.

44. (E. 100.) Männliches Bildnis. Ein ältlicher Mann in schwarzem Pelz sitzt in einem Sessel und hält in der rechten Hand das Taschentuch, in der linken einen Brief.

Pappelholz; h. 114, br. 90 cm. Halbe Figur. Seit 1816 in der Galerie nachweisbar.

Jacopo Carrucci, genannt Jacopo da Pontormo.

Florentinische Schule. Geb. zu Pontormo bei Empoli den 25. (26.) Mai 1494; begraben zu Florenz den 2. Jänner 1557. Schüler Mariotto Albertinellis Piero di Cosimos und seit 1512 Andrea del Sartos.

45. (E. 356.) Bildnis einer ältlichen Frau in schwarzer Kleidung mit gelbem Kopftuche. Nach links gewendet.

Pappelholz; h. 52, br. 42 cm. Brustbild. Seit 1824 in der Galerie nachweisbar.

Francesco (di Cristofano) Bigi, genannt Franciabigio.

Florentinische Schule. Geb. zu Florenz 1482, gest. daselbst den 24. Jänner 1525. Schüler Mariotto Albertinellis; dann Gehilfe Andrea del Sartos, unter dessen Einfluß er sich weiter ausbildete.

46. (E. 413). Die heilige Familie. Maria sitzt rechts in einer Landschaft und hält das heilige Kind. Hinter ihr links der heilige Josef und in der Ferne der kleine Johannes.

Pappelholz; h. 109, br. 87 cm. Aus der Galerie Karls I. von England in die Sammlung Erzherzog Leopold Wilhelms gekommen. Früher Andrea del Sarto genannt. Von Lermolieff Bugiardini zugeschrieben, ebenso von O. Mündler und Waagen. Nach Crowe und Cavalcaselle »vielleicht von Pontormo«.

Francesco di Marco Raibolini, genannt Francia.

Schule von Bologna. Geb. wahrscheinlich zu Bologna 1450; gest. daselbst den 5. Jänner 1518. Ursprünglich zum Goldschmied erzogen; dann Schüler Francesco Cossas, hauptsächlich aber durch Lorenzo Costa ausgebildet.

47. (E. 213). Maria mit dem Kinde. Auf hohem Throne sitzt Maria und hält das stehende Christuskind auf ihrem Schoße. Rechts steht die heilige Katharina mit dem Marterrade, links der heilige Fran-

ciscus, ein Kruzifix im rechten Arme, und in der Mitte vorne der kleine Johannes, mit der rechten Hand auf Christus emporzeigend.

Bezeichnet auf dem Fuße des Thrones:

FRANCIA·AVRIFABER BONO

Pappelholz; h. 195, br. 153 cm. 1781 aus Italien erworben.

Jacopo Carrucci, genannt **Pontormo** (s. Nr. 45).

48. Weibliches Bildnis. Eine alte Frau, im Lehnsessel sitzend,
(E. 412.) hält ein Buch in der linken Hand, den Zeigefinger zwischen den Blättern. Ein Schleiertuch deckt Haupt und Stirne. Im Hintergrunde die Inschrift: AN. AET. LXXII.

Pappelholz; h. 109, br. 82 cm. Kniestück. Zuerst in Rosas Katalog von 1804. Früher Andrea del Sarto zugeschrieben; auf die Beziehung zu Pontormo wurde zuerst von Crowe und Cavalcaselle aufmerksam gemacht.

Agnolo di Cosimo, genannt **Bronzino** (s. Nr. 44).

49. Die heilige Familie. Maria, zwischen Josef und Anna ste-
(E. 96.) hend, unterstützt mit der linken Hand das vor ihr sitzende Christuskind, welches mit beiden Händen einen kleinen Vogel hält. Ganz vorne sitzt der kleine Johannes und reicht dem Christuskind einen Apfel.

Bezeichnet unter dem linken Fuße des Christuskindes auf dem Steine:

BRÕZINO
FIORẼTINO

Pappelholz; h. 124, br. 99 cm. Halbe Figuren. Durch Tausch 1792 aus Florenz gekommen.

Jacopo Carrucci, genannt **Pontormo** (s. Nr. 45). (?)

50. Bildnis eines Jünglings. Der Jüngling, schwarz gekleidet,
(E. 354.) trägt eine schwarze Mütze und hält mit beiden Händen einen Brief, auf dem die Altersangabe des Dargestellten zu lesen ist: Ani diciasetti mesi sei e di V. i firẽze. (17 Jahre, 6 Monate und 5 Tage. In Florenz.)

Pappelholz; h. 72, br. 58 cm. Halbe Figur. Aus der Sammlung des Erzh. Ferdinand von Tirol. F. Wickhoff schreibt das Bild Santo di Titi zu. Crowe und Cavalcaselle halten es für möglich, daß es eine Jugendarbeit des Bronzino sei (s. Engerth).

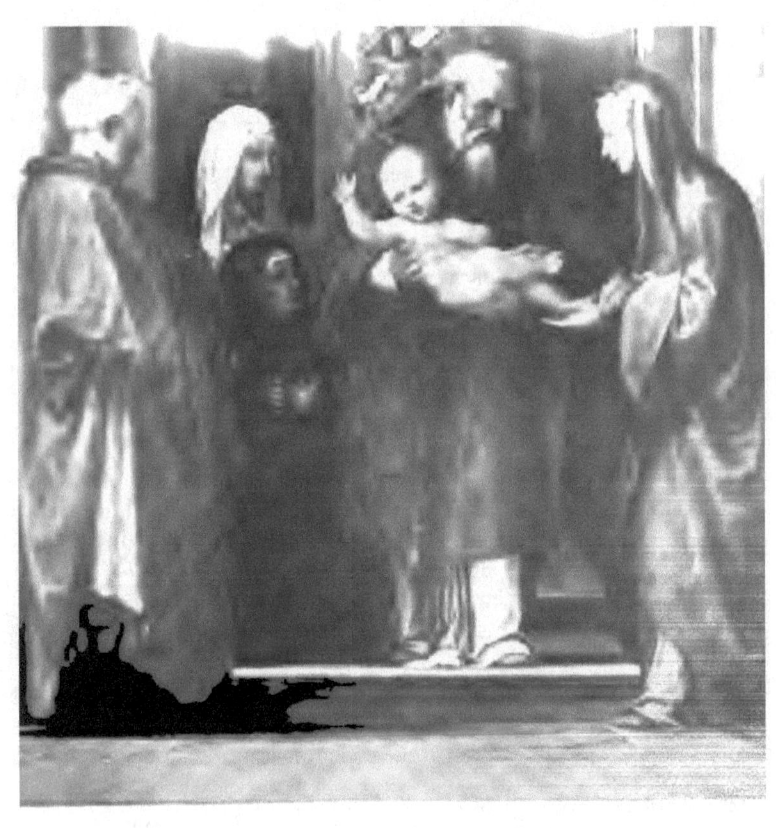

41. Fra Bartolommeo.

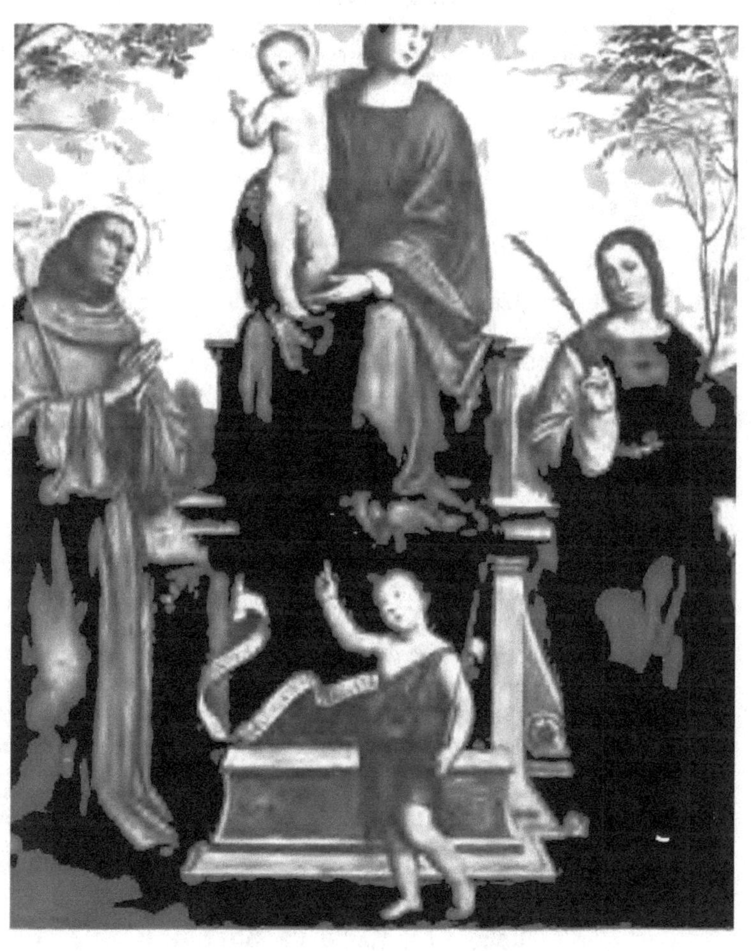

47. Francesco Francia.

Giovannantonio Bazzi, genannt Sodoma.

Lombardische und Sienesische Schule. Geb. zu Vercelli 1477, gest. zu Siena 14. Februar 1549. Schüler Martino Spanzottis zu Vercelli. Seit 1498 in Mailand, bildete er sich durch das Studium Lionardos.

51. Die heilige Familie. Maria, hinter einem Steintische stehend,
(E. 437.) umfängt das heilige Kind und den kleinen Johannes, aus dessen Händen Jesus das Rohrkreuz nimmt. Links der heilige Josef.

Pappelholz; h. 80, br. 60 cm. Halbe Figuren. Zuerst in der Galerie 1824.

Andrea d'Agnolo, genannt del Sarto (s. Nr. 39).

52. Schulbild. Maria mit dem Kinde und dem kleinen Jo-
(E. 410.) hannes. Maria kniet rechts auf der Erde und hält das auf ihrem Schoße sitzende Jesuskind an sich gedrückt. Links der kleine Johannes, mit der rechten Hand auf Jesus weisend.

Pappelholz; h. 114, br. 88 cm. 1780 vom Major Sturione gekauft. Nach Crowe und Cavalcaselle entweder von Pontormo oder Rosso, in gleichem Grade Nachahmung Francia Bigios wie Andreas. Früher Andrea selbst zugeschrieben.

Nach Agnolo Bronzino (s. Nr. 44).

53. Bildnis Franz I., Großherzogs von Toskana, Sohn Cosimos I. und der Eleonore von Toledo, geb. am 25. März 1541; zur Regierung gekommen am 21. April 1574; gest. am 19. Oktober 1587. Er steht gerüstet vor einem roten Vorhange neben einem Tische, auf dem sein Helm liegt, die Rechte auf diesen gestützt, die Linke am Schwerte, und blickt nachdenklich vor sich hin.

L.; h. 207, br. 110 cm. Das Original dieser Kopie ist offenbar jenes Porträt des Großherzogs, das der Maler Gritti in Bergamo mit seiner Galerie testamentarisch zugunsten der rachitischen Kinder hinterließ und das im Herbst 1892 nach Deutschland soll verkauft worden sein. Dieses Original befindet sich gegenwärtig in der Sammlung Meyer van den Bergh in Antwerpen. Unsere Kopie war im Belvedere aufgestellt und ging dort als Porträt des Herzogs Alfonso II. von Ferrara, gemalt von Dosso Dossi.

Lelio Orsi (Lelio da Novellara).

Lombardische Schule. Geb. zu Reggio 1510 oder 1511; gest. zu Novellara den 3. Mai 1587. Entwickelte sich unter dem Einflusse Correggios.

54. Allegorie der Sanftmut. Ein junges Mädchen drückt mit
(E. 315.) beiden Händen ein Lamm zärtlich an die Brust.

L.; h. 78, br. 65 cm. Halbe Figur. Prager Inventar 1718.

Nach **Correggio** (s. Nr. 59).

55. **Maria mit dem Kinde und dem kleinen Johannes.** Maria
(E. 167.) ist im Begriffe, dem auf ihrem Schoße sitzenden Christuskinde die Brust zu reichen. Dieses wendet sich nach dem kleinen Johannes, der ihm in seiner Schürze Früchte hinhält.

Nußholz; h. 60, br. 54 cm. Kniestück. Nach Rosa ein Geschenk der Stadt Mailand an die erste Gemahlin Josefs II. Das Original in der Landesgalerie zu Budapest.

56. **Maria mit dem Kinde.** Maria, unter Palmen sitzend, hält das
(E. 166.) schlafende Jesuskind auf dem Schoße. Ein Engel neigt die Zweige des Palmbaumes hernieder.

L.; h. 46, br. 33 cm. Kopie von Correggios »Zingarella« in Neapel. Erscheint in der Galerie 1796.

Francesco Maria Mazzola, genannt **il Parmigianino.**

* Lombardische Schule. Geb. zu Parma den 11. Jänner 1504; gest. zu Casalmaggiore den 24. August 1540. Bildete sich unter dem Einflusse Correggios und der großen römischen Meister aus.

57. **Die heilige Katharina.** Die Heilige sitzt vor einem Palm-
(E. 341.) baume, Kopf und Blick über ihre rechte Schulter nach abwärts gerichtet. Rechts zwei Engel, die ihr Zweige zureichen.

L.; h. 28, br. 25 cm. Aus der Galerie Karls I. von England.

58. **Selbstbildnis** aus dem Konvexspiegel (daher auf ein Kugel-
(E. 344.) segment gemalt). Francesco erscheint als Jüngling; das fast mädchenhafte Gesicht ist voll dem Beschauer zugewendet. Er trägt ein mit Pelz verbrämtes Gewand.

Pappelholz; kreisrund, 24 cm. Durchmesser. Brustbild. Dieses Bild schenkte Parmigianino dem Papste Klemens VII., der es dem Dichter Pietro Aretino gab. Dieser nahm es 1527 aus Arezzo nach Venedig mit, wo es in den Besitz des Valerio Vincentino kam und nach dessen Tode 1546 an seinen Sohn Elio, der es 1560 durch Andrea Palladio an Alessandro Vittoria veräußern ließ; nach dem Tode des letzteren fiel es 1608 durch Testamentsbestimmung an Kaiser Rudolf II., der es in seiner Kunst- und Schatzkammer aufstellte; von dort kam es nach Wien.

Antonio Allegri, genannt **Correggio.**

Lombardische Schule. Geb. zu Correggio um 1494; gest. daselbst den 5. März 1534. Zuerst (vermutlich) Schüler Antonio Bartolottis in seiner Vaterstadt, vielleicht auch Francesco Bianchis zu Modena, dann hauptsächlich durch das Studium der Ferraresen, insbesonders Lorenzo Costas ausgebildet.

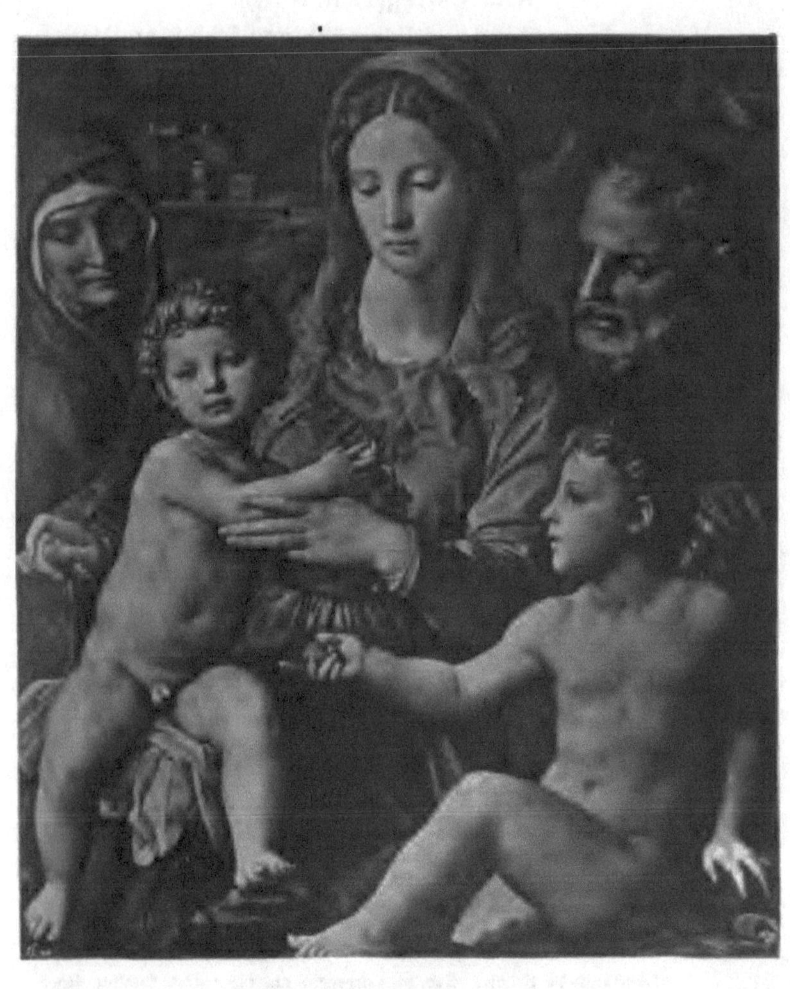

49. Agnolo Bronzino.

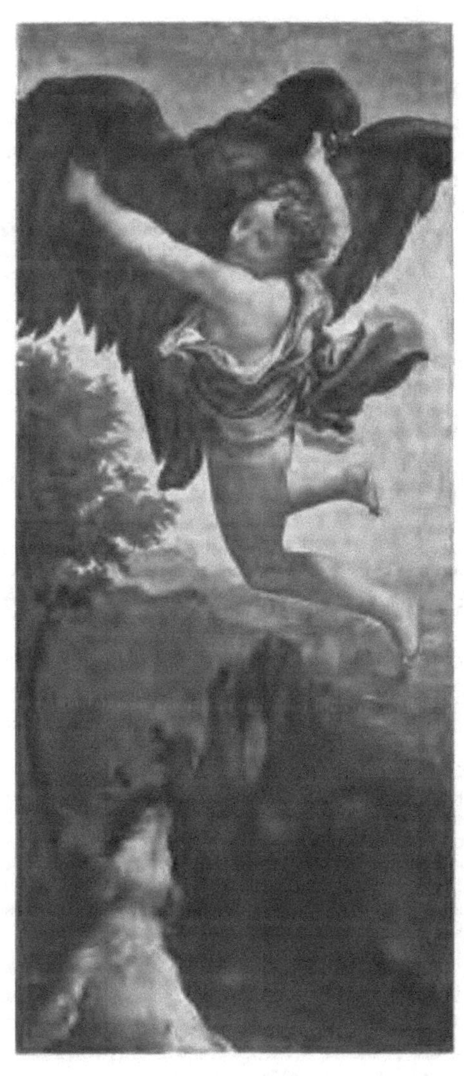

59. Correggio.

59. Ganymed. Jupiters Adler und der Knabe Ganymed schweben
(E. 161.) in der klaren Luft. Der Adler hält seine Beute mit den Fängen an einem Tuche. Im Vordergrunde steht des Entführten Hund, der seinem Herrn nachbellt.

L.; h. 163, br. 71 cm. Dieses Bild war, wie das Nr. 64, im Besitze des Staatssekretärs Philipps II., Antonio Perez, der, 1579 in Ungnade gefallen, nach Frankreich flüchtete. Er wollte nun seine wertvolle Galerie verkaufen, doch wurde das Vermögen des Perez konfisziert. Nach dem Tode Philipps II. kaufte der Botschafter Rudolfs II. in Madrid für seinen Kaiser den »Ganymed« in Madrid und das inzwischen aus derselben Sammlung durch den Bildhauer Pompeo Leoni erworbene Bild »Io« des Correggio in Mailand. Beide Bilder kamen nach Prag, wurden 1631 nach Wien gebracht und blieben in der kaiserl. Schatzkammer, von wo sie später ins Belvedere gelangten.

Antonio Allegri, genannt **Correggio (?)** (s. Nr. 59).

60. Der kreuztragende Christus. Christus, im roten Mantel,
(E. 163.) das Haupt mit der Dornenkrone über die rechte Schulter wendend, trägt das Kreuz.

Pappelholz; h. 63, br. 54 cm. Brustbild. Aus der gräflich Althannschen Sammlung 1785 angekauft. Crowe und Cavalcaselle bezweifeln nicht ohne Grund die Echtheit und halten das Bild für eine Nachahmung von unbekannter Hand (s. Engerth). Berenson verzeichnet es wohl mit Recht als ein Werk Carianis.

Francesco Maria Mazzola, genannt **Parmigianino** (s. Nr. 57).

61. Männliches Bildnis. Der schwarz gekleidete Mann hält in
(E. 345.) der Rechten ein schwarzes Barett. Im Hintergrunde eine Amazonenstatue.

Pappelholz; h. 98, br. 67 cm. Halbe Figur. Erst 1804 in die Galerie gekommen, 1809 nach Paris, 1815 zurück nach Wien gebracht. Die im Bilde wiedergegebene Amazonenstatue ist, nach einer Mitteilung des Herrn Dr. F. Löhr, identisch mit der Amazone Patrizi in Rom (Matz und Duhn, Ant. Bildw. in Rom I, 948), »die sich in der ersten Hälfte des XVI. Jahrhunderts im Besitze der Familie Santa Croce befand. Das Bild dürfte somit den Besitzer der damals sehr geschätzten Antike, einen römischen Nobile aus jenem Geschlechte darstellen und könnte in der Zeit von Parmigianinos Aufenthalt in Rom 1523—1527 entstanden sein«.

62. Der Bogenschnitzer. Amor, vom Rücken gesehen, setzt
(E. 342.) den linken Fuß auf Bücher, welche auf dem Boden liegen, und schnitzt einen Bogen aus einem Aste, seinen blondgelockten Kopf über die linke Schulter dem Beschauer zuwendend. Im Grunde Amor wiederholt, wie er Psyche quält.

Lindenholz; h. 135, br. 56 m. Nach Vasari von Parmigianino für den Cavaliere Baiardo in Parma gemalt. 1585 kam das Bild in den Besitz des Staatssekretärs Antonio Perez in Madrid und wurde später für Kaiser Rudolf II. erworben; 1631 ward es durch den kaiserl. Schatzmeister Miseron von Prag nach Wien gebracht und in der Schatzkammer bewahrt, bis es in die Galerie zur Zeit ihrer Aufstellung im Belvedere unter Josef II. gelangte, damals für ein Werk Correggios gehalten.

Antonio Allegri, genannt **Correggio (?)** (s. Nr. 59).

63. Der heilige Sebastian. Ein Jüngling mit reichem Lockenhaar, das kaum die Mitte der Stirne frei läßt, hält einen Pfeil in der rechten Hand. Blick und Antlitz sind dem Beschauer voll zugewendet.
(E. 162.)

Pappelholz; h. 48, br. 42 cm. Brustbild. 1663 im Inventar der Bilder, welche aus der Residenz Erzh. Sigismunds in Innsbruck nach Ambras gebracht wurden, als Andrea del Sarto. Später als Schidone bezeichnet, wurde es zuerst von Krafft Correggio zugeschrieben. Mündler und Waagen nennen den Schüler Correggios Bernardino Gatti als Urheber. Von Berenson Giovanni Cariani zugeschrieben, von Gustav Ludwig hingegen mit einem vom Anonimo Morelliano erwähnten Bilde Giorgiones identifiziert. Nach F. Wickhoff haben wir in dem Jüngling nicht einen heiligen Sebastian zu sehen, sondern einen Apollo.

Antonio Allegri, genannt **Correggio** (s. Nr. 59).

64. Jupiter und Io. Io sitzt, vom Rücken gesehen, auf einem moosüberwachsenen Steine und empfängt mit zurückgeneigtem Haupte den Kuß des Gottes, der bis auf Haupt und Hand in einer dunklen Wolke verborgen ist. Rechts vorne eine Vase mit einer Aloe und der Kopf eines trinkenden Hirsches.
(E. 160.)

L.; h. 163, br. 74 cm. Die gleiche Provenienz wie Nr. 59.

Francesco Maria Mazzola, genannt **Parmigianino (?)** (s. Nr. 57).

65. Bildnis einer jungen Frau. Sie trägt ein rosenrotes Gewand und einen turbanähnlichen Kopfputz. Dreiviertelprofil, die linke Seite dem Beschauer zugewendet.
(E. 24.)

Pappelholz; h. 50, br. 47 cm. Brustbild. Samml. Erzherzogs Leopold Wilhelm. Von E. v. Engerth Barbatello zugeschrieben. Als Maler des Bildes wurde P. von F. Wickhoff bestimmt.

66. Männliches Bildnis. Ein Jüngling, schwarz gekleidet, mit flachem schwarzen Barette, liest nachdenklich in einem Buche.
(E. 346.)

Pappelholz; h. 76, br. 52 cm. Brustbild. 1723 aus Prag nach Wien gekommen als Correggio.

67. Bildnis des Malatesta Baglione (?). Der vornehme Mann mit ergrauendem Barte ist in ein pelzverbrämtes Gewand ge-
(E. 343.)

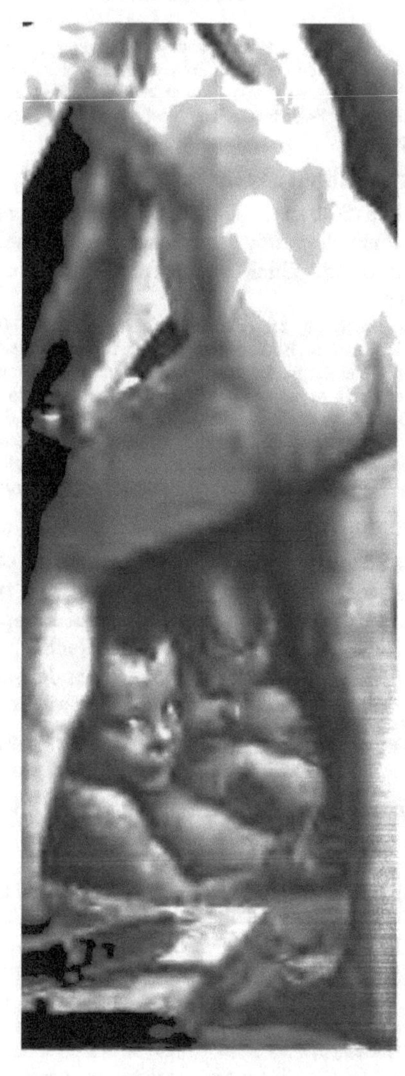

62. Parmigianino.

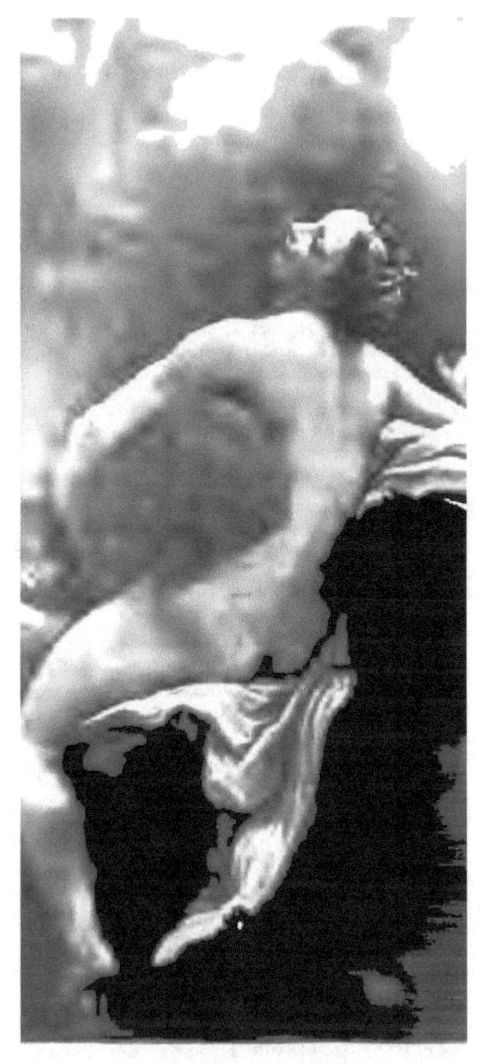

64. Correggio.

kleidet und trägt ein schwarzes Barett auf dem Haupte. Er steht en face, die Hände vorne ineinanderlegend. Den Hintergrund bildet ein langer steingetäfelter Gang.

Pappelholz; h. 124, br. 98 cm. Kniestück. Kat. Mechel, 1783.

Kabinett I. (Seitenlicht.)

Dosso Dossi. Giovanni di Niccolò Lutero.

Ferraresische Schule. Geb. um 1479 im Gebiete von Mantua, gest. zu Ferrara (vor dem 26. Juli) 1542. Schüler Lorenzo Costas. Weitergebildet durch venezianische und römische Einflüsse.

68. Der heilige Hieronymus. Der Heilige sitzt vor seiner Höhle
(E. 185.) und hält in der linken Hand ein Kruzifix. Links hinter ihm der Löwe.

Bezeichnet rechts unten mit dem aus einem D und einem Knochen (osso) gebildeten Monogramm:

L.; h. 51, br. 75 cm. Samml. Erzh. Leopold Wilhelm.

Ambrogio de Predis.

Lombardische Schule. Geburts- und Todesjahr unbekannt. Zuerst wahrscheinlich Schüler seines Vaters (?), des Miniaturmalers Cristoforo de Predis; später von der Schule des Vinc. Foppa, zuletzt von Lionardo da Vinci stark beeinflußt.

69. Bildnis des Kaisers Maximilian I., im Profil nach links, mit schwarzer Mütze. Der Kaiser trägt über einem schwarzen Kragen die Kette des Ordens vom goldenen Vliese.

Bezeichnet:

· MĀX · RŌ ·
· REX ·
· Ambrofius de
p̄dis mlanen
pinxit ·
· 1502 ·
†

Eichenholz; h. 44, br. 30·5 cm. Brustbild. Aus der Ambrasersammlung. Die Künstlerinschrift, die man früher für jene des Ambrogio Borgognone ansah, wurde zuerst von J. Lermolieff richtig gelesen.

Nach Ambrogio de Predis (s. Nr. 69).

70. Bildnis der Bianca Maria Sforza, der zweiten Gemahlin Kaiser Maximilians I. Im Profil, mit langem Zopfe und reichem

Haarschmucke, eine Perlenschnur um den Hals; das Leibchen grünlichblau, die gelben Ärmel mit schwarzen Bändern befestigt.

Fichtenholz; h. 49, br. 38 cm. Brustbild. Nach Frimmel eine tirolische Kopie nach einem Mailänder Original, vielleicht gleichfalls des Ambrogio de Predis. Provenienz wie Nr. 69.

Benvenuto Tisi, genannt Garofalo.

Ferraresische Schule. Geb. zu Ferrara (?) 1481; gest. daselbst den 6. September 1559. Schüler Domenico Panettis zu Ferrara, Boccaccio Boccaccinos zu Cremona und Lorenzo Costas zu Bologna. Weiter ausgebildet im Anschlusse an Raffael und die Brüder Dossi.

71. Schulbild. Der heilige Rochus. Der Heilige steht in einer
(E. 217.) Landschaft, den Stab in der Linken; mit der Rechten hebt er den grünen Rock von der Pestbeule am rechten Beine ab.

L.; h. 95, br. 52 cm. Kat. Rosa 1804.

Nach Andrea Mantegna.

Schule von Padua. Geb. zu Vicenza 1431; gest. zu Mantua den 13. September 1506. Schüler Francesco Squarciones. Weitergebildet durch das Studium der Antike und der Werke Donatellos.

72—80. Der Triumphzug Cäsars. Der festliche Zug bewegt sich von
(E. 283—290.) rechts nach links. Voraus schreiten Tubabläser und Soldaten, welche Kohortenzeichen und je zwei an langen Stangen querüberlaufende Friese, mit Kriegsszenen bemalt, tragen (72); Götterstatuen werden geführt (73); auf einem von Ochsen gezogenen Wagen folgt die Waffenbeute (74); die Schar der Opfertiere (75); Elefanten, neuerliche Kriegsbeute (76—77); ihnen schließen sich die Gefangenen an (78); dann kommen Musiker und Possenreißer (79); schließlich der Triumphator (80).

Papier auf Leinwand; h. 38, br. 38 cm. Aus der Sammlung des Erzherzogs Leopold Wilhelm. Die hier angeführten Bildchen sind nicht von Mantegnas eigener Hand. Die Originale, große Bilder in Leimfarbe auf Papier, das auf Leinwand gezogen ist, dienten einst zum Schmucke eines Saales im Palaste S. Sebastiano zu Mantua und befinden sich gegenwärtig im Schlosse Hampton Court bei London. Das letzte Bild (Nr. 80), das schon bei der Aufstellung des Zyklus durch Rosa fehlte, wurde in jüngster Zeit von dem k. u. k. Kammer- und Hofposamentierwaren-Fabrikanten Franz Thill, der es im Kunsthandel erwarb, der Galerie durch Widmung wieder einverleibt.

Andrea Mantegna (s. Nr. 72 bis 80).

81. **Der heil. Sebastian**, an eine der Säulen am Pfeiler
(E. 282.) eines verfallenen römischen Triumphbogens gebunden. Zu beiden Seiten Landschaft.

Bezeichnet auf dem Pfeiler links wie nebenstehend

ΤΟ ΕΡΓΟΝ ΤΟΥ ΑΝΔΡΕΟΥ

Pappelholz; h. 68, br. 31 cm. Samml. Erzh. Leopold Wilhelm.

Andrea Solario.

Lombardische Schule. Geb. zu Mailand (?) um 1460; gest. nach 1515. Sein eigentlicher Lehrer ist unbekannt; hauptsächlich beeinflußt durch Lionardo da Vinci.

82. **Christus, das Kreuz tragend.** Der Heiland, die
(E. 438.) Dornenkrone auf dem Haupte, den Strick um den Hals, trägt das Kreuz auf der linken Schulter.

Pappelholz; h. 57, br. 56 cm. Halbe Figur. Kat. Mechel 1783, als Lionardo.

Cesare da Sesto.

Lombardische Schule. Geb. wahrscheinlich um 1480 in Sesto Calende am Lago maggiore; gest. nach 1520. Bildete sich in seiner frühesten Zeit zu Florenz nach Lorenzo di Credi, M. Albertinelli und zu Siena nach Pintoricchio; später (1507—1512?) in Mailand unter dem direkten Einflusse Lionardos, dessen Nachahmer er wurde. Auch Raffael nahm er sich zum Vorbilde.

83. **Bildnis eines Jünglings**, mit langem dunklen Haare
(E. 433.) und breitkrempigem Hute.

Pappelholz; h. 50, br. 48 cm. Brustbild. Samml. Erzh. Leopold Wilhelm.

Mailändisch. XV. Jahrhundert.

84. **Madonna mit der Lilie.** Auf einem steinernen Thronsessel
(E. 216.) in einer Bogenhalle sitzt Maria. Sie hält mit der linken Hand das auf ihrem Knie stehende Christuskind, in der rechten einen Lilienstengel. Zu beiden Seiten des Thrones stehen anbetend zwei Engel. Vorne links eine Nelke.

Olivenholz; h. 95, br. 69 cm. Das Bild befand sich 1636 zu Konstantinopel in einer kleinen katholischen Kirche »Zu unserer lieben Frau«. Am 7. August jenes Jahres wurde die Kirche von den Türken zerstört, das Bild jedoch von dem kaiserlichen Residenten Johann Rudolf Schmidt gerettet und im Jahre 1643 nach Wien gebracht. F. Wickhoff schreibt das Bild einem Nachahmer A. Borgognones zu. Im Katalog E. v. Engerths als Garofalo.

Lorenzo Costa (?).

Schule von Ferrara und Bologna. Geb. zu Ferrara 1460; gest. zu Mantua den 5. März 1536. Schüler Cosimo Turas und Francesco Cossas. Eine Zeitlang mit Francia unter wechselseitigem Einflusse tätig.

85. (E. 172.) Bildnis einer Frau. Die nicht mehr junge Frau trägt ein ausgeschnittenes rotes Kleid und eine anliegende weiße Haube. Das Gesicht wendet im Profil dem Beschauer die linke Seite zu.

Lindenholz; h. 45, br. 35 cm. Brustbild. Aus dem Besitze der Königin Christine von Schweden 1722 vom Herzog von Orleans erworben und nach dessen Tode für die kais. Galerie in Wien angekauft. Von O. Mündler einst Raffael zugeschrieben.

Bernardino Luini.

Lombardische Schule. Geb. wahrscheinlich zu Luino am Lago maggiore zwischen 1475 und 1480; 1533 noch am Leben. Er verrät in seiner Frühzeit die Schule Ambrogio Borgognones nebst mannigfachen Einwirkungen Bramantinos; später wird er Nachahmer Lionardos.

86. (E. 275.) Die Tochter der Herodias. Das junge Mädchen hält eine Silberschüssel, auf welcher das Haupt Johannes des Täufers liegt. Links erscheint der Kopf des Henkers.

Pappelholz; h. 55, br. 42 cm. Halbe Figuren. Samml. Erzh. Leopold Wilhelm, dort als Lionardo da Vinci.

87. (E. 276.) Der heilige Hieronymus. Der Heilige kniet, mit der linken Hand das Buch und in der rechten den Stein haltend. Links ein Kruzifix und ein mit dem Kardinalshute bedeckter Totenschädel, rechts Ausblick in eine Landschaft.

Pappelholz; h. 88, br. 67 cm. Das Bild, ursprünglich im Besitze der Familie Crivelli in Mailand, wurde 1846 um 2200 Gulden für die Galerie dem Kaufmann Penea in Mailand abgekauft, der es ein Jahr vorher von der Familie Crivelli erworben hatte.

Lodovico Mazzolino.

Schule von Ferrara und Bologna. Geb. zu Ferrara um 1480; gest. daselbst 1528. Nach Lermolieff Schüler Domenico Panettis oder Ercole Robertis, eher als Lorenzo Costas, wie allgemein angegeben wird.

88. (E. 302.) Die Beschneidung Christi. Die Szene stellt eine Halle im Tempel zu Jerusalem dar, in welcher sich Tempeldiener und Volk um die Priester drängen, die an dem Jesuskinde die Beschneidung vornehmen. Hinter den Priestern Maria und Josef.

Bezeichnet rechts auf der Stufe: 1526 LVIII

Pappelholz; h. 79, br. 57 cm. Kat. Mechel, 1783.

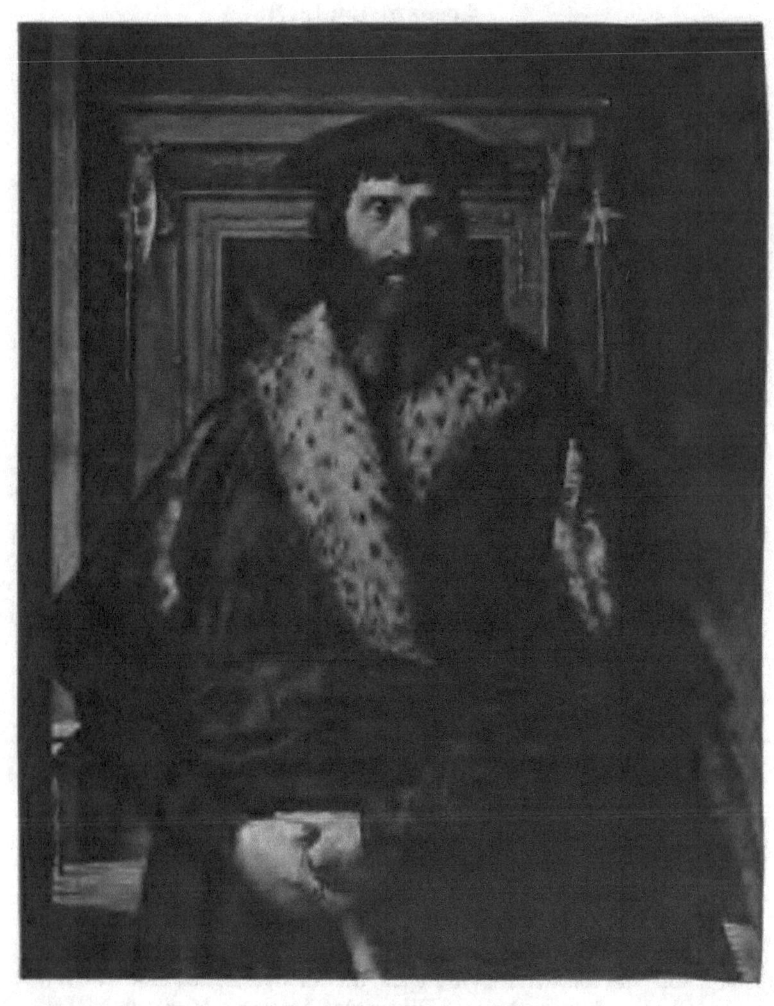

67. Parmigianino (?).

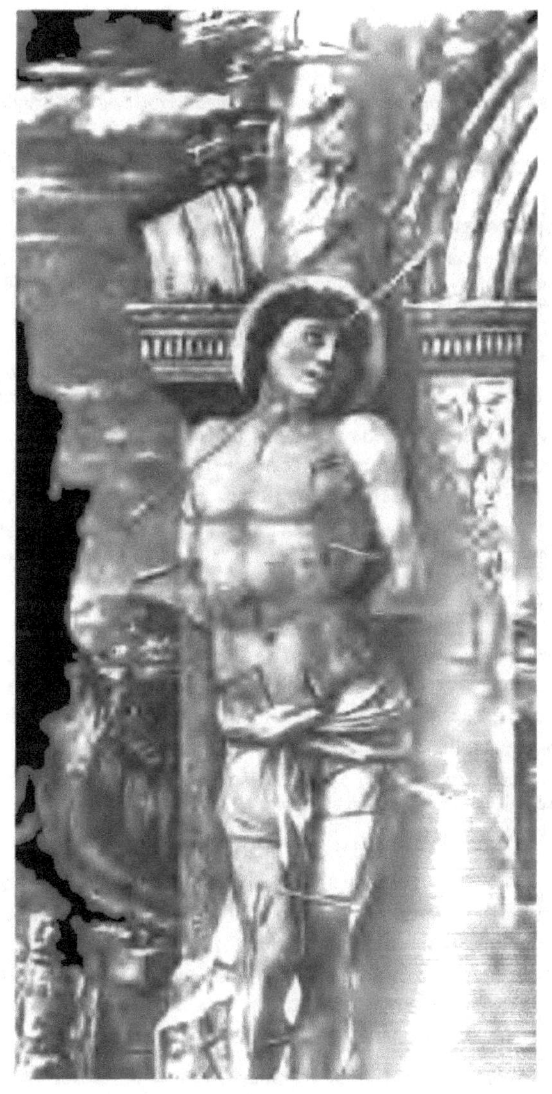

Boccaccio Boccaccino.

Schule von Cremona. Geb. zu Cremona 1460; gest. daselbst um 1518 (?). Dürfte seine Lehrjahre teils in Ferrara, teils in Venedig, wo er zuerst 1496 nachweisbar ist, durchgemacht haben, erhielt sein Bestes von der Schule der Bellini, von Alvise Vivarini und zuletzt von Giorgione.

89. Maria mit dem Kinde. Maria sitzt auf einem Thronsessel (E. 63.) und reicht dem Jesuskinde Kirschen. En face, der Blick ist auf den Beschauer gerichtet.

Pappelholz; h. 116, br. 64 cm. Samml. Erzh. Leopold Wilhelm. Die Bestimmung des Bildes auf B. B. rührt von F. Wickhoff her. Früher Giovanni Bellini (Schulbild) genannt.

Marco Zoppo (?).

Schule von Padua und Bologna. Geb. zu Bologna, Geburts- und Todesjahr unbekannt. Tätig 1471—1498. Schüler des Francesco Squarcione zu Padua.

90. Der Leichnam Christi, auf dessen vorgeneigtem Haupte die (E. 598.) Dornenkrone ruht, wird von zwei klagenden Engeln gehalten. Rechts das geöffnete Grab, in der Ferne die drei Frauen.

Pappelholz; h. 52, br. 87 cm. Kniestück. Aus der Sammlung des bayr. Hofrates Adamovich 1857 in Wien angekauft. Nach Fr. Harck und A. Venturi ist der Maler unseres Bildes Cosimo Tura.

Cesare da Sesto (s. Nr. 83).

91. Die Tochter der Herodias, neben einem Marmortische (E. 431.) stehend, zeigt mit der rechten Hand auf eine Achatschale, in welche der zu ihrer Rechten hinter dem Tische stehende Henker das Haupt des Täufers legt.

Pappelholz; h. 135, br. 79 cm. Aus der Sammlung des Herzogs von Orleans. Bis in die Dreißigerjahre dieses Jahrhunderts galt es als Original Lionardos.

Tommaso da Modena (da Mutina).

Venezianische Schule (Treviso). Geb. zu Treviso. Tätig 1352 bis 1385.

92. Maria mit dem Kinde zwischen zwei Heiligen. Dieses (E. 314.) Altarwerk sowie die Nummern 1392—1394 wurden 1780 aus dem Schlosse Karlstein nach Wien gebracht, kamen jedoch 1901 auf Allerhöchsten Befehl unter Wahrung des Eigentumsrechtes der kaiserlichen Galerie wieder nach Karlstein zurück.*)

*) Der kunstgeschichtlichen Bedeutung dieses Werkes wegen geben wir nachstehend die Beschreibung aus der vorigen Auflage dieses Führers wieder:

Florentinisch (?). Anfang des 15. Jahrhunderts.

92a. Die Steinigung des heiligen Stephanus. Der nach rechts kniende Heilige wird während des Gebets von den Steinwürfen von vier hinter ihm stehenden Schergen ereilt. Links sehen zwei Männer dieser Szene zu.

Holz; h. 16, br. 26·5 cm. Widmung von Karl und Rosalie Goldschmidt 1903. Früher Gentile da Fabriano zugeschrieben.

Giorgio Vasari.

Florentinische und Römische Schule. Geb. zu Arezzo den 30. Juli 1511; gest. zu Florenz den 27. Juni 1574. Schüler Michelangelos und Andrea del Sartos; weitergebildet auch durch das Studium Raffaels.

93. Die heilige Familie. Maria drückt das Jesuskind an die Brust
(E. 540.) und wendet den Kopf über die linke Schulter. Rechts Johannes und Anna, links Josef.

Pappelholz; h. 82, br. 60 cm. Kniestück. 1792 durch Tausch aus Florenz nach Wien gekommen; 1809 nach Paris, 1815 wieder zurück nach Wien gebracht.

Agnolo di Cosimo, genannt Bronzino (s. Nr. 44).

94. Bildnis der Herzogin Eleonora von Florenz. Die Ge-
(E. 99.) mahlin Cosimos I. von Toskana, Tochter des Don Pedro de Toledo, Vizekönigs von Neapel. Das Gesicht en face, vor sich hinblickend, in der rechten Hand ein Taschentuch.

Pappelholz; h. 109, br. 32 cm. Brustbild. Kunstbesitz Karls VI.

Nach Michelangelo Buonarroti.

Florentinische und Römische Schule. Geb. zu Caprese in Toskana am 6. März 1475; gest. zu Rom am 19. Februar 1564. Schüler Domenico Ghirlandajos.

Dreiteiliges Altarwerk mit Goldgrund. Im Mittelfelde Maria mit dem Christuskinde. Zu ihrer Rechten der heilige Wenzel, auf dem Haupte die Dogenmütze, mit Fahne und Schild, darauf der Adler (das altböhmische Wappen); zu ihrer Linken der heilige Palmatius im weißen Mantel.

Bezeichnet unten in der Mitte:

QVIS OPVS HOC FINXIT.
THOMAS DE MVTINA PINXIT.
QVALE VIDES LECTOR,
BARISINI FILIVS AVTOR.

Die Figuren auf Buchenholz gemalt; die Goldornamente auf Lindenholz aufgelegt; h. 79, br. Mittelbild 54, Seitenbilder je 44 cm. Kniestücke.

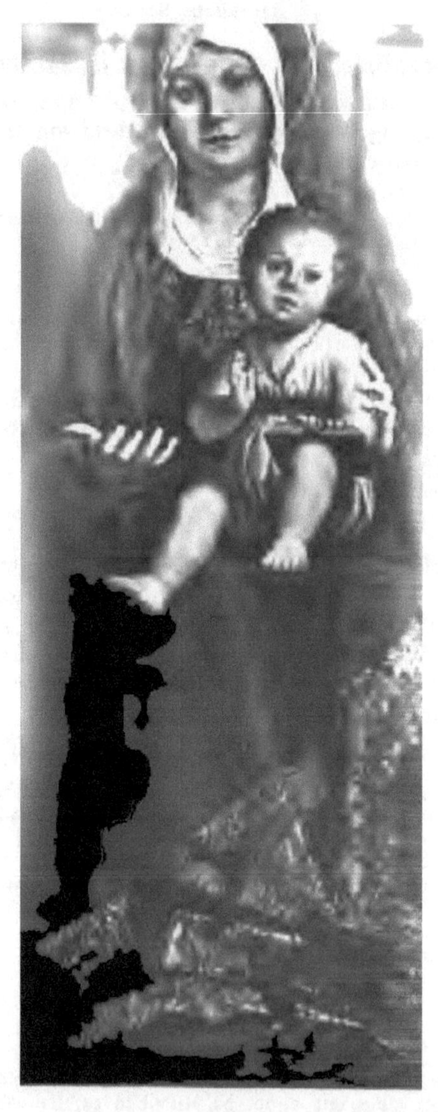

89. Boccaccio Boccaccino.

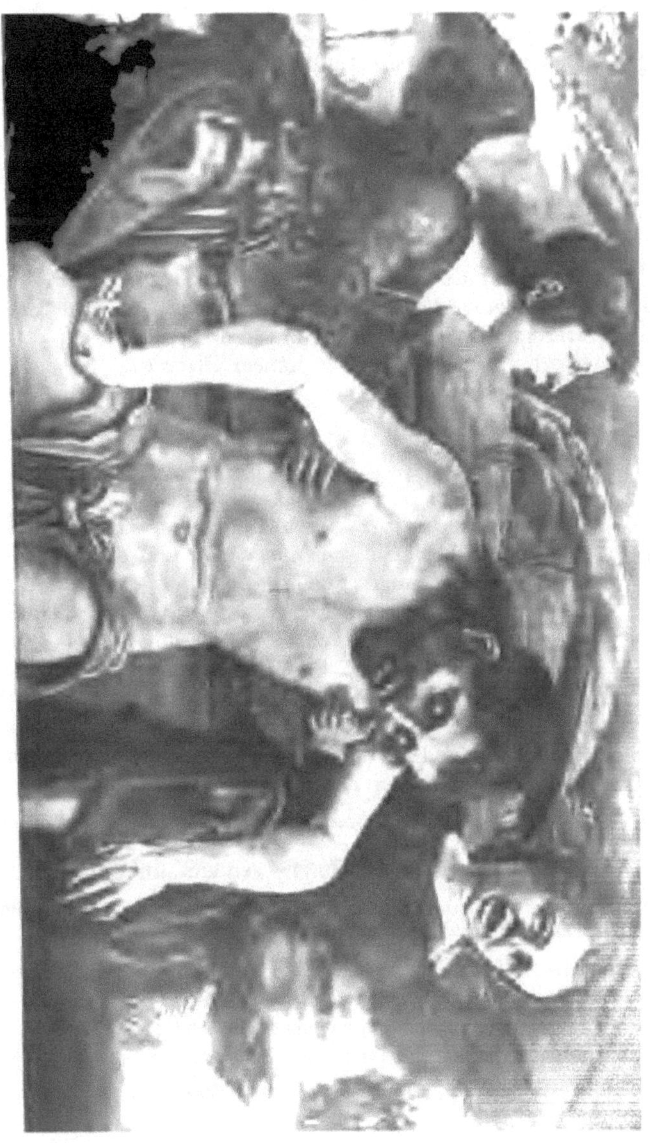

90. Marco Zoppo (?).

95. **Ganymeds Entführung.** Jupiters Adler trägt den nackten
(E. 306.) Ganymed durch die Luft. Unten im Vordergrunde sein ihm nachbellender Hund.

Pappelholz; h. 96, br. 75 cm. Samml. Erzh. Leopold Wilhelm.

Francesco Morandini.

Florentinische Schule. Geb. zu Poppi im Florentinischen 1544; gest. zu Florenz (?) 1610. Schüler des Vasari.

96. **Der Tod des heiligen Petrus Martyr.** Der Märtyrer in
(E. 309.) Dominikanerkleidung liegt verwundet auf den Knien und schreibt mit seinem Blute das Wort «Credo» auf den Boden. Einer der Räuber holt zu neuem Hiebe aus, der andere zückt den Dolch gegen den fliehenden Gefährten des Heiligen.

Pappelholz; h. 235, br. 162 cm. Seit 1804 in der Galerie.

Agnolo di Cosimo, genannt Bronzino (s. Nr. 44).

97. **Bildnis Cosimos I., Großherzogs von Toskana.** Als Sohn
(E. 98.) des Kriegshelden Giovanni de Medici und der Maria, Tochter des G. Salviati, am 11. Juni 1519 geboren, am 9. Juni 1537 vom Senat zum Herzog proklamiert und vom Kaiser bestätigt. Er erweiterte den Staat durch die Eroberung Sienas 1555, umgab sich mit Künstlern und Gelehrten, gründete die Akademie zu Florenz, sammelte Kunstschätze und schrieb ein Werk «Viaggio per l'alta Italia». Im Jahre 1569 ernannte ihn Papst Pius V. zum Großherzog und krönte ihn 1570 zu Rom. Kaiser Maximilian II. bestätigte später den Titel. † am 21. April 1574.

L.; h. 43, br. 35 cm. Brustbild. Durch Tausch 1792 aus Florenz gekommen.

Francesco Rossi, genannt de' Salviati.

Florentinische Schule. Geb. zu Florenz 1510; gest. zu Rom den 11. Nov. 1563. Freund und Nachahmer Vasaris.

98. **Die Auferstehung.** Der Heiland schwebt, die Fahne in der
(E. 405.) Linken, zum Himmel empor. Am Rande des Grabes sitzt ein Engel, den Kopf gegen die drei heiligen Frauen wendend, welche zum Grabe kommen. Im Vordergrunde die Wache.

Pappelholz; h. 60, br. 84 cm. Durch Tausch 1792 aus Florenz gekommen.

Nach **Michelangelo Buonarroti** (s. Nr. 95).

99. (E. 304.) Christus am Ölberge. Links vorne kniet Christus im Gebete. Rechts Christus wiederholt, wie er die Jünger aus dem Schlafe weckt.

Pappelholz; h. 47, br. 77 cm. Kunstbesitz Karls VI.

Giorgio Vasari (s. Nr. 93).

100. (E. 541.) Christus treibt die Mäkler aus dem Tempel. In der Mitte Christus, der mit hochgeschwungener Geißel die Stufen herabeilt. Den Vordergrund füllt die Gruppe der fliehenden Mäkler.

Pappelholz; h. 48, br. 34 cm. Kunstbesitz Karls VI. Skizze, in großen Partien erst grau untermalt.

Nach **Michelangelo Buonarroti** (s. Nr. 95).

101. (E. 305.) Der Traum. Ein nackter Jüngling sitzt auf einem mit Larven gefüllten Steinkasten und legt beide Hände auf eine neben ihm liegende Weltkugel. Ein posaunender Engel schwebt zu ihm nieder. Rings umher Gruppen, welche die sieben Todsünden darstellen.

Stein; h. 59, br. 47 cm. Samml. Erzh. Leopold Wilhelm. In den Uffizien zu Florenz findet sich ein Bild desselben Gegenstandes von Bronzino gemalt.

102. (E. 307.) Fortuna. Die buntgeflügelte Fortuna zieht auf dem Rade sitzend durch die Wolken. Mit der Rechten streut sie Krone, Scepter und Lorbeer, mit der Linken Dornen aus.

Pappelholz; h. 75, br. 58 cm. Samml. Erzh. Leopold Wilhelm.

Nach **Federigo Baroccio.**

Römische Schule. Geb. zu Urbino 1528; gest. daselbst den 30. Sept. 1612. Nachahmer Correggios.

103. (E. 27.) Die Geburt Christi. Maria kniet vor dem schlafenden Kinde. Im Hintergrunde öffnet der heil. Josef den Hirten die Tür.

Kupfer; h. 52, br. 34 cm. Kunstbesitz Karls VI.

104. (E. 26.) Mariä Heimsuchung. Elisabeth empfängt Maria auf der Treppe des Hauses. Aus dem Inneren desselben kommt Zacharias. Links im Vordergrunde der heil. Josef, rechts eine Magd.

Kupfer; h. 43, br. 30 cm. Kunstbesitz Karls VI.

Federigo Baroccio (s. Nr. 103).

105. **Bildnis eines Geistlichen**, schwarz gekleidet, in einem
(E. 25.) Buche blätternd, an einem mit rotem Teppich überdeckten Tische sitzend. Kopf und Gestalt en face.

L.; h. 118, br. 98 cm. Kniestück. 1792 durch Tausch aus der Galerie der Uffizien in Florenz nach Wien gekommen.

Francesco Vanni.

Sienesische Schule. Geb. zu Siena 1563 oder 1565; gest. daselbst den 26. Oktober 1610 oder 1609. Schüler seines Stiefvaters Arcangelo Salimbeni.

106. **Schulbild. Maria mit dem Kinde und dem kleinen Jo-**
(E. 535.) **hannes.** Maria hält auf dem Schoße das Jesuskind, welches mit der rechten Hand einen Vogel emporhält. Hinter Maria der kleine Johannes.

Nußholz; h. 54, br. 46 cm. Kniestück. Kat. Mechel, 1783.

Nicolo dell'Abbate.

Lombardische Schule. Geb. zu Modena um 1512; gest. zu Fontainebleau 1571. Bildete sich durch das Studium Correggios und Giulio Romanos. Arbeitete in Fontainebleau gemeinsam mit Primaticcio.

107. **Die Jungfrau mit dem Kinde.** Die thronende Maria hält
(E. 1.) auf ihrem Schoße das Christuskind. Zu ihrer Linken steht der heilige Georg, den Drachen bändigend, zu ihrer Rechten der heilige Geminianus, hinter welchem ein Knabe das Modell einer Stadt mit der von dem Bischof erbauten Kirche trägt.

L.; h. 162, br. 114 cm. Zuerst im Galerieinventar vom Jahre 1824.

Nach Piero di Cosimo.

Florentinische Schule. Geb. zu Florenz 1462; gest. daselbst 1521. Schüler und Gehilfe Cosimo Rosellis.

108. **Perseus und Andromeda.** Das Bild zeigt die verschiedenen
(E. 171.) Scenen der Mythe vereinigt: Andromeda an den Felsen gefesselt; ihren Vater, der um ihre Befreiung fleht; Perseus, der zu ihrer Rettung herbeifliegt und dann im Begriffe ist, den Drachen zu töten. Den Vordergrund erfüllen Personen, die ihrer Trauer und ihrer Freude über das Geschehene lebhaften Ausdruck verleihen.

Pappelholz; h. 71, br. 122 cm. Aus der Sammlung des Kardinals Fürsten Albani in Rom 1801 gekauft. Das Original befindet sich in der Sammlung der Uffizien zu Florenz.

Sofonisba Anguisciola.

Lombardische Schule. Geb. zu Cremona um 1540; gest. zu Genua 1626. Schülerin Bernardino Campis und Bernardino Gattis, genannt il Sojaro.

109. Selbstbildnis der Künstlerin, en face, die
(E. 14.) blauen Augen auf den Beschauer gerichtet, das
blonde Haar schlicht zurückgekämmt.

Bezeichnet in dem Buche: Sophonisba Angussola virgo seipsam fecit 1554

Pappelholz; h. 20, br. 13 cm. Brustbild. 1780 aus der kaiserl. Schatzkammer in die Galerie gekommen. Nach A. Venturi früher in der Kunstkammer Rudolfs II.

Federigo Zucchero oder Zuccaro.

Römische Schule. Geb. zu St. Angelo in Vado bei Urbino Ende der ersten Hälfte des XVI. Jahrhunderts; gestorben zu Ancona um 1609. Schüler seines Vaters Ottavio und seines Bruders Taddeo.

110. Maria mit dem Kinde und dem kleinen Johannes. Maria
(E. 601.) reicht dem auf ihrem Schoße sitzenden Christuskinde eine Rose.
Rechts schläft an einem Steintische der kleine Johannes.

Eichenholz; h. 28, br. 35 cm. Kniestück. Kunstbesitz Karls VI.

Agnolo di Cosimo, genannt Bronzino (s. Nr. 44).

111. Bildnis Cosimos I., Großherzogs von Toskana. Cosimo
(E. 97.) von Medici. Er trägt einen schwarzseidenen Rock, die linke
Seite seines Gesichtes im Dreiviertelprofil. Siehe Nr. 97.

Zinn, oval; h. 18, br. 14 cm. Brustbild. Samml. Erzh. Ferdinand von Tirol.

Giuseppe Cesari, genannt il Cavaliere d'Arpino.

Römische Schule. Geb. zu Rom bald nach 1560; gest. daselbst den 3. Juli 1640. Schüler seines Vaters und C. Roncallis; weitergebildet durch Giacomo Bocca und das Studium Michelangelos.

112. Andromeda. Die Tochter des Königs Cepheus, an einen Ufer-
(E. 20.) felsen angeschmiedet, durch den Drachen bedroht. In der Luft
Perseus, ihr zu Hilfe eilend.

Bezeichnet rechts unten in der Bildecke: Iosep. C. Arpinas. 1602

Schiefer; h. 52, br. 38 cm. 1783 Katalog Mechel, 1809 nach Paris und 1815 zurück nach Wien gebracht.

113. **Der Kampf der Giganten.** Die Giganten stürmen im Kampfe
(E. 21.) gegen Jupiter den Olymp.

Olivenholz; h. 62, br. 44 cm. Aus dem Schlosse Ambras.

Francesco Vanni (s. Nr. 106).

114. **Christus vor der Geißelung.** Dem links stehenden Heilande
(E. 534.) werden von einem Schergen die Hände auf den Rücken gebunden. Vor ihm die ohnmächtige Maria, von Magdalena und Johannes unterstützt.

L.; h. 160, br. 113 cm. Kommt erst im Katalog Rosas 1804 vor.

Domenico Feti.

Römische Schule. Geb. zu Rom angeblich 1589; gest. zu Venedig um 1624. Schüler Ludovico Cardis, genannt Cigoli; weiter entwickelt durch das Studium der Meister des XVI. Jahrhunderts; vornehmlich Nachfolger der Venezianer und Michelangelo da Caravaggios.

115. **Der Triumph der Galathea.** Galathea fährt auf einem von
(E. 193.) Delphinen gezogenen Wagen über das Meer; Tritonen, Nymphen und Amoretten begleiten sie. Rechts auf einem Uferfelsen Polyphem.

Pappelholz; h. 41, br. 97 cm. Samml. Erzh. Leopold Wilhelm.

116. **Ein Marktplatz.** Unter einem dunklen hohen Bogenpfeiler
(E. 195.) steht ein Juwelier hinter seinem Tische; Käufer und Neugierige umstehen ihn. Im Vordergrunde sitzt rechts eine Geflügelhändlerin; links schiebt ein Knecht einen Handkarren.

Pappelholz; h. 61, br. 44 cm. Samml. Erzh. Leopold Wilhelm.

117. **Der schlafende Petrus.** Petrus sitzt im Freien neben einer
(E. 197.) steinernen Brüstung, lehnt das zurücksinkende Haupt in die rechte Hand und schläft.

Pappelholz; h. 66, br. 52 cm. Aus der Sammlung der Herzoge von Mantua. 1625(?) in den Besitz Karls I. von England übergegangen, der es 1634 der Herzogin von Buckingham für ein Bild der Leda von Paolo Veronese in Tausch gab. Nach der Versteigerung der Buckinghamschen Sammlung kam es nach Wien und später nach Prag, von wo es Krafft am 23. Oktober 1838 für die Galerie erbat.

118. **Moses vor dem Dornbusch.** Der sitzende Moses legt die
(E. 192.) Sandalen ab. Rechts vor ihm der brennende Dornbusch, links in der Bildecke der Widder.

L.; h. 160, br. 114 cm. Samml. Erzh. Leopold Wilhelm.

119. Die Flucht nach Ägypten. Die heilige Jungfrau, das schla-
(E. 190.) fende Jesuskind im linken Arme, reitet auf einem Esel, welchen Josef über eine Brücke führt. Vor ihnen liegen zwei tote Kinder auf der Erde. Die Landschaft im Hintergrunde enthält Episoden des Kindermordes.

Pappelholz; h. 63, br. 82 cm. Samml. Erzh. Leopold Wilhelm.

120. Der tote Leander. Der Leichnam Leanders wird von drei
(E. 194.) Nereiden getragen, von zwei Delphinen begleitet. Rechts stürzt sich aus dem Turme des Aphroditentempels die Priesterin Hero ins Meer.

Pappelholz; h. 42, br. 96 cm. Samml. Erzh. Leopold Wilhelm; kam 1809 nach Paris und 1815 zurück nach Wien. Eine Kopie dieses Bildes im Museo Nationale in Rom (unter Abr. van Diepenbecks Namen).

121. Der Traum des Jakob. Der schlafende Jakob sieht im Traume
(E. 198.) die Himmelsleiter. Rechts vorne sein Hund.

Pappelholz; h. 61, br. 45 cm. Aus der Sammlung des Herzogs von Buckingham 1648 gekauft. Eine Wiederholung dieses Bildes in den Uffizien zu Florenz.

122. Artemisia. Rechts sitzt die Königin Artemisia und erfaßt mit
(E. 199.) der rechten Hand eine auf einem Steintische stehende goldene Schale. Links sieht man Leute bei der Errichtung des Mausoleums, des Grabdenkmales ihres Gatten, beschäftigt.

Pappelholz; h. 70, br. 51 cm. Zuerst im Prager Inventar 1718.

123. Die Vermählung der heiligen Katharina. Die thronende
(E. 191.) Maria hält das auf ihrem Schoße sitzende Jesuskind, welches der knieenden Katharina den Ring gibt. Rechts hinter dem Throne steht Petrus Martyr, im Vordergrunde, der Jungfrau gegenüber, der heilige Dominikus.

L.; h. 208, br. 140 cm. Samml. Erzh. Leopold Wilhelm. Kam 1809 nach Paris und 1815 nach Wien zurück.

124. Die heilige Margareta. Die Heilige besiegt den ihr im Kerker
(E. 196.) erscheinenden Teufel. Die Gefangene wird von überirdischem Lichte erhellt.

Pappelholz; h. 55, br. 38 cm. Samml. Erzh. Leopold Wilhelm, kam 1809 nach Paris und 1815 zurück nach Wien. Eine Wiederholung dieses Bildes in der Barberinischen Galerie in Rom (unter Cristofano Alloris Namen).

Giovanni Paolo Pannini.

Römische Schule. Geb. zu Piacenza 1695; gest. zu Rom den 21. Oktober 1768. Schüler Andrea Lucatellis und Benedetto Lutis.

125. Römische Ruinen. Links vor einer Tempelruine die Rossebändiger vom Montecavallo. Im Hintergrunde das Kolosseum (?).

L.; h. 60, br. 74 cm. Früher in der Ambrasersammlung im unteren Belvedere.

126. Römische Ruinen. Rechts der Triumphbogen des Kaisers Konstantin; im Hintergrunde die Ruinen eines Palastes.

L.; h. 60, br. 74 cm. Früher in der Ambrasersammlung im unteren Belvedere.

127. Ruine eines römischen Rundtempels; links vorne ein antikes Relief; rechts Ausblick in die Landschaft.

L.; h. 75, br. 60 cm. Früher in der Ambrasersammlung im unteren Belvedere.

128. Antike Tempelruine. Im Hintergrunde eine Brücke und ein Obelisk.

L.; h. 74, br. 61 cm. Früher in der Ambrasersammlung im unteren Belvedere.

Filippo Lauri.

Römische Schule. Geb. zu Rom 1623; gest. daselbst 1694. Schüler Andrea Sacchis und Nachahmer Fr. Albanis.

129. Die Ruhe auf der Flucht nach Ägypten. Die heil. Familie
(E. 261.) hat in einem Nachen einen Fluß übersetzt und trifft Vorbereitungen zur Ruhe. Ein Engel begrüßt die heilige Jungfrau.

L.; h. 100, br. 140 cm. 1824 aus dem Depot in die Galerie aufgenommen.

Francesco Zuccherelli.

Römische und venezianische Schule. Geb. zu Pitigliano 1702; gest. zu Florenz 1788. Studierte unter Morandi und Pietro Nelli.

130. Landschaft mit Fischern. Links vorne eine hohe Baum-
(E. 600.) gruppe. In der Mitte Fischer mit ihren Netzen am Wasser.

L.; h. 114, br. 158 cm. 1824 dem Galeriedepot entnommen.

131. Landschaft mit Herden. Ein Fluß durchzieht in vielen
(E. 599.) Windungen die Gegend. Vorne zu beiden Seiten hohe Bäume. Hirten treiben Herden; eine Frau auf einem Schimmel, welcher von einem Manne geführt wird.

L.; h. 114, br. 158 cm. 1824 dem Galeriedepot entnommen.

Giacinto Brandi.

Römische Schule. Geb. zu Poli bei Rom 1623; gest. zu Rom 1691. Nach anderen geb. zu Gaëta 1633; gest. zu Rom 1701. Schüler Lanfrancos.

132. **Die Einsiedler mit dem Raben.** Paulus und Antonius
(E. 95.) strecken ihre Hände nach dem Brote aus, das ein Rabe im Schnabel herbeibringt.

L.; h. 98, br. 125 cm. Halbe Figuren. Zuerst im Katalog Rosas 1804.

Saal II. (Oberlicht.)

Giacomo Palma d. Ä., genannt Palma Vecchio.

Venezianische Schule. Geb. zu Serinalta bei Bergamo um 1480; gest. zu Venedig am 30. Juli 1528. Schüler Giovanni Bellinis.

133. **Bildnis einer jungen Frau.** Ihr hellblondes Haar ist in
(E. 325.) Zöpfe geflochten; im linken Scheitel stecken zwei Veilchen. Das Gewand ist blau, das Mieder mit Schleifen gebunden; die rechte Hand hält einen schwarzen Federfächer.

Pappelholz; h. 64, br. 51 cm. Brustbild. Samml. Erzh. Leopold Wilhelm.

134. **Johannes der Täufer.** Johannes, mit einem Gewande aus
(E. 316.) Fellen und einem grünen Mantel darüber, weist mit der Rechten auf das Rohrkreuz, das er in der Linken hält. Zu seinen Füßen das Lamm.

Pappelholz; h. 112, br. 59 cm. Samml. Erzh. Leopold Wilhelm. Von Crowe und Cavalcaselle Palma abgesprochen. Von Lermolieff als echt bezeichnet. Nach ihm dürfte dieser Johannes der Täufer zu dem Tryptichon gehören, dessen das nach dem Tode des Palma aufgenommene Inventar seines Nachlasses erwähnt als »paletta in tre pezi del taja piera de San Zuane Evangelista, zoè suso, un pezo ghe se san Zuan Baptista, et un altro San Roccho e un altro Sebastian fenidi«. Vielleicht sind die beiden letzten Stücke identisch mit den Nummern 135 und 144.

135. **Schulbild. Der heilige Rochus.** Der Heilige steht in einer
(E. 331.) Landschaft, in der Linken den Pilgerstab haltend, mit der Rechten auf seine Wunde auf dem teilweise entblößten Schenkel zeigend. Sein Hut liegt auf der Erde.

Pappelholz; h. 82, br. 36 cm. Samml. Erzh. Leopold Wilhelm.

136. **Lucretia.** Die emporblickende Lucretia hält den Dolch in der
(E. 321.) Hand; hinter ihrer rechten Schulter erscheint im Halbdunkel ein Männerkopf.

Pappelholz; h. 84, br. 68 cm. Halbe Figuren. Aus der Galerie Karls I. von England, bei deren Versteigerung Erzh. Leopold Wilhelm das Bild für seine

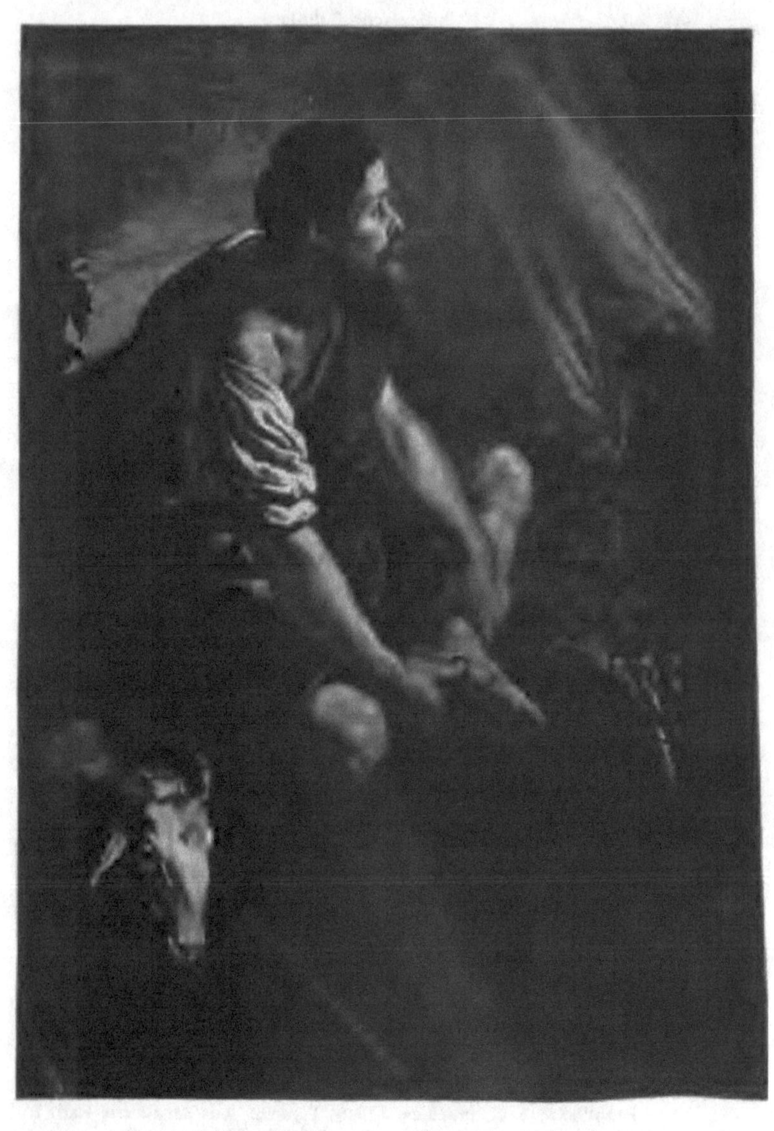

118. Domenico Feti.

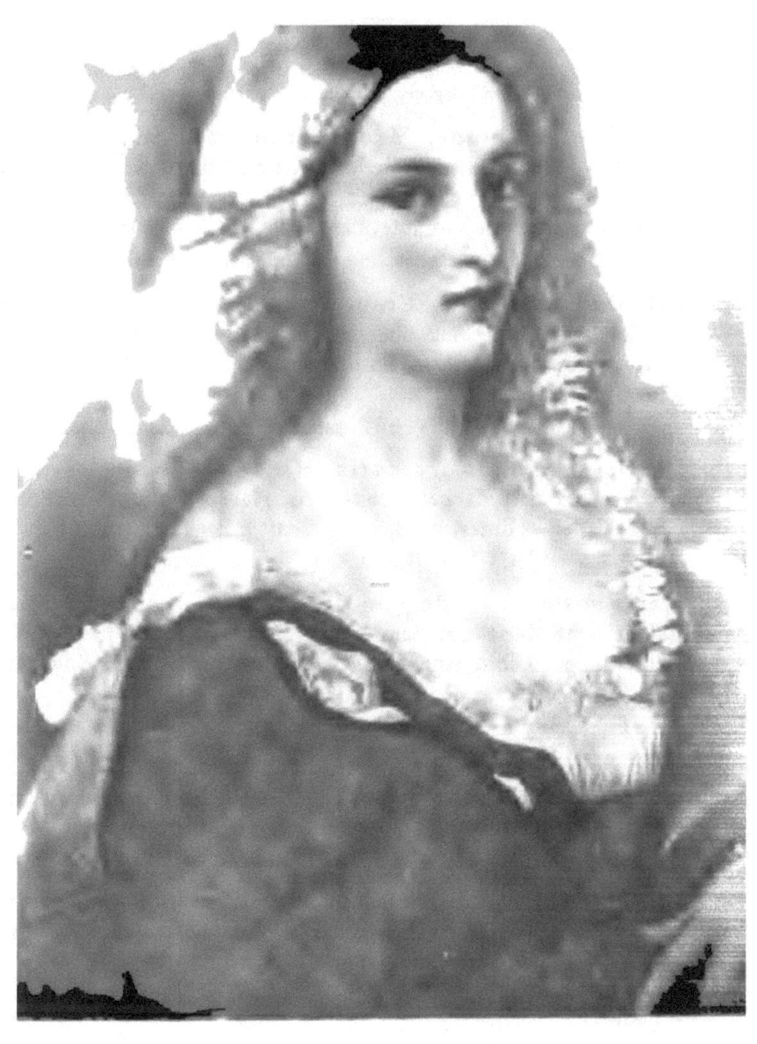

137. Palma Vecchio.

Galerie kaufte. Ging früher unter Tizians Namen. Von F. Wickhoff als eine vlämische Kopie nach dem Originale des Meisters in der Borghesegalerie bezeichnet. Lermolieff hält dagegen das Bild für ein eigenhändiges Werk Palmas.

137. **Bildnis eines jungen Mädchens** mit herabwallenden licht-
(E. 323.) blonden Haaren. Das dekolletierte Kleid ist blau, die Ärmel gelb. Am Busen trägt sie ein Veilchen. Nach letzterem benannte man die Dargestellte als Violante, die Tochter des Meisters.

Pappelholz; h. 65, br. 51 cm. Brustbild. Samml. Erzh. Leopold Wilhelm.

138. **Bildnis einer jungen Frau.** Vom Rücken gesehen, in gelbem
(E. 324.) Kleide, Kopf und Blick über die linke Schulter gegen den Beschauer gewendet. Den Hintergrund bildet eine halbkreisförmige Mauernische.

Pappelholz; h. 49, br. 42 cm. Brustbild. Kunstbesitz Karls VI.

139. **Die Heimsuchung der Maria.** Maria und Elisabeth umarmen
(E. 317.) sich; rechts tritt Zacharias aus dem Hause, links kommt der heilige Josef. Hintergrund, Landschaft mit Gebäuden.

L.; h. 193, br. 373 cm. Samml. Erzh. Leopold Wilhelm.

140. **Maria mit dem Kinde, von Heiligen verehrt.** Unter einem
(E. 318.) Baume sitzt Maria mit dem Kinde. Rechts kniet Johannes der Täufer, neben ihm eine Heilige (vielleicht Barbara), links die heil. Katharina und der heil. Cölestin.

Pappelholz; h. 133, br. 200 cm. Samml. Erzh. Leopold Wilhelm.

141. **Bildnis einer jungen Frau** mit rotblondem Haare. Ihr
(E. 326.) grünes Gewand läßt, vorne auseinanderfallend, das weiße Hemd sehen. Mit der linken Hand öffnet sie eine kleine Schachtel.

Pappelholz; h. 50, br. 41 cm. Brustbild. Samml. Erzh. Leopold Wilhelm.

142. **Bildnis einer Frau** mit lichtblondem Haare. Ihr schwarzes
(E. 327.) Gewand, das sie mit der rechten Hand zusammenhält, läßt, vorne offen, das heruntersinkende Hemd sehen.

Pappelholz; h. 64, br. 44 cm. Brustbild. Samml. der Königin Christine von Schweden.

143. **Frauenbildnis.** Dame mit aschblondem Haar, den Blick auf
(E. 322.) den Beschauer gerichtet. Ihr Kleid ist von bräunlichem gestreiften Stoff mit einem Brustlatz aus Brokat. Die rechte Hand hält einen schwarzen Federfächer.

L.; h. 96, br. 77 cm. Halbe Figur. 1864 dem Galeriedepot entnommen. Crowe und Cavalcaselle werfen die Frage auf, ob man es hier nicht vielleicht mit einer Arbeit Pordenones zu tun habe.

144. Schulbild. Der heilige Sebastian. Der entkleidete, an
(E. 330.) einen Baum gebundene Jüngling ist von drei Pfeilen getroffen. Im Hintergrunde ein Zug Bewaffneter in einer Gebirgslandschaft.

Pappelholz; h. 82, br. 36 cm. Samml. Erzh. Leopold Wilhelm.

Bonifazio Veronese.

Venezianische Schule. Bonifazio di Pitati da Verona, geb. zu Verona 1487, gest. zu Venedig 1553. Schüler Palma Vecchios. Aus G. Ludwigs Forschungen, denen wir auch die vorliegenden Lebensdaten verdanken, ergibt sich mit einiger Wahrscheinlichkeit, daß sowohl die Gemälde, die den Namen Bonifazio Veronese führen, als auch die, die Bonifazio Veneziano zugeschrieben werden, von demselben Bonifazio di Pitati da Verona, beziehungsweise in seiner Werkstatt und von seinen Erben gemalt worden sind.

145. Die Tochter der Herodias. In ein grünes gepufftes Gewand
(E. 547.) gekleidet, trägt sie auf goldener Schüssel das Haupt des Täufers.

L.; h. 77, br. 61 cm. Brustbild. Belvederedepot. Von F. Wickhoff Bonifazio Veronese zugeschrieben. Früher als Venezianisch (Anfang des XVI. Jahrhunderts) bezeichnet.

Andrea Meldolla, genannt Schiavone.

Venezianische Schule. Geb. zu Sebenico in Dalmatien angeblich 1522 (vielleicht jedoch früher); gest. zu Venedig 1582. Schüler Tizians; auch durch die Werke Parmigianinos weiter ausgebildet.

146. Christus vor Kaiphas. Christus, von rechts kommend, wird
(E. 417.) mit gebundenen Händen vor Kaiphas gebracht, welcher, links stehend, die bloßen Arme gegen den Heiland ausstreckt.

L.; h. 82, br. 113 cm. Halbe Figuren. Samml. Erzh. Leopold Wilhelm.

147. Männliches Bildnis. Ein Greis mit langem weißen Barte und
(E. 427.) kurzem Haare. Dreiviertelprofil, die linke Seite dem Beschauer zugewendet. Oben die später entstandene deutsche Schrift: «N Z(?) ANDREAS SCHIAVONE VON SEINER HANDT.»

L.; h. 50, br. 42 cm. Brustbild. Samml. Erzh. Leopold Wilhelm.

148. Curius Dentatus. Der greise Gesandte der besiegten Samniter
(E. 424.) weist mit beiden Händen auf die Geschenke, welche ihm ein links stehender Mann reicht. Im Vordergrunde rechts sitzt der römische Feldherr Curius, der sich an einem Feuer Rüben

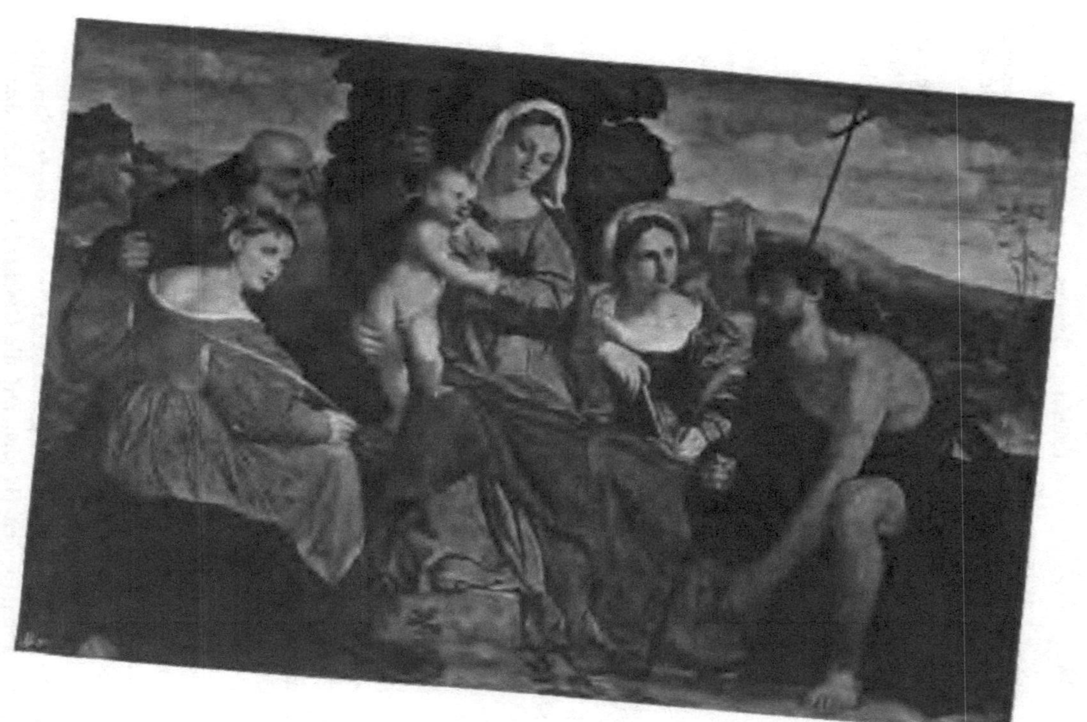

140. Palma Vecchio.

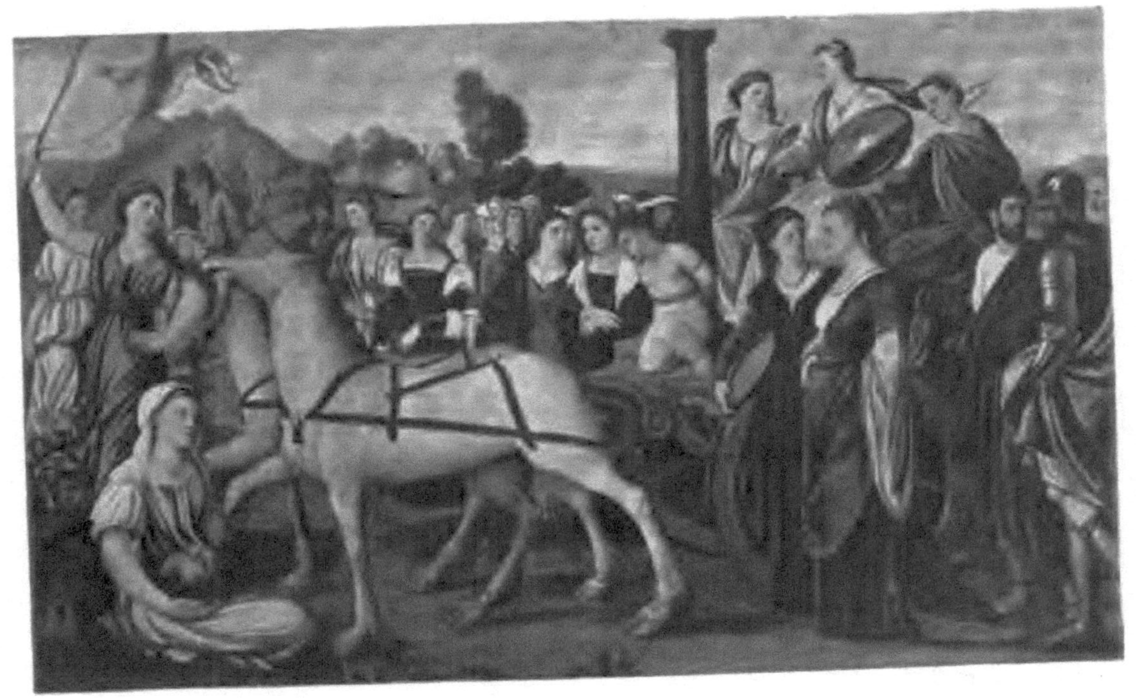

156. Bonifazio Veronese:

kocht und, dem Beschauer den Rücken wendend, eine abwehrende Handbewegung macht.

L.; h. 58, br. 84 cm. Samml. Erzh. Leopold Wilhelm. Mit Nr. 190 aus einer Folge von Bildern berühmter Feldherren des Altertums. Zwei weitere Stücke mit Alexander d. Gr. und J. Cäsar haben im 2. Stockwerke Platz gefunden.

149. Die heilige Familie mit dem kleinen Johannes und der (E. 415.) heiligen Katharina. In einer Landschaft sitzt Maria und blickt auf das Christuskind auf ihrem Schoße herab. Zu ihrer Rechten kniet die heilige Katharina; hinter ihr lehnt der heilige Josef auf einer Erderhöhung. Vorne rechts sitzt der kleine Johannes auf dem Boden.

L.; h. 91, br. 115 cm. Samml. Erzh. Leopold Wilhelm. Veränderte Wiederholung von Tizians Bild in der Nationalgalerie zu London.

Tiziano Vecellio.

Venezianische Schule. Geb. zu Pieve di Cadore im Friaul 1477; gest. zu Venedig den 27. August 1576. Schüler Giovanni Bellinis; beeinflußt von Giorgione.

150. Bildnis des Fabrizio Salvaresio. Er steht in schwarzer (E. 520.) Kleidung mit weißer Pelzverbrämung, die rechte Hand am Leibgurt. Rechts ein Mohrenknabe mit einem Blumenstrauß.

Bezeichnet links oben im grauen Grunde auf einer Schrifttafel:

M D LVIII ·
FABRICIVS SALVARESIVS
ANNV̄ AGENS L·
TITIANI OPVS·

L.; h. 112, br. 87 cm. Kniestück. Samml. Erzh. Leopold Wilhelm.

Nach **Tizian** (s. Nr. 150).

151. Schulkopie. Venus und Adonis. Venus, vom Rücken ge- (E. 524.) sehen, ganz nackt, sitzt in einer Landschaft und sucht den in der Mitte des Bildes stehenden Adonis mit beiden Händen zurückzuhalten.

L.; h. 96, br. 118 cm. Kat. Mechel, 1783. Kopie nach einem von Tizian mehrmals wiederholten Originale. »Einiges deutet auf die Hand Andrea Schiavones.« (Crowe und Cavalcaselle.)

Tizian (s. Nr. 150).

152. Schulbild. Bildnis eines Mädchens, in der linken Hand
(E. 527.) an einer feinen Goldkette ein Eichhörnchen haltend.

L.; h. 86, br. 65 cm. Halbe Figur. Samml. Erzh. Leopold Wilhelm.

153. Schulbild. Venus und Mars. Venus sitzt unter einem Baume
(E. 525.) und empfängt mit zurückgeneigtem Haupte den Kuß des Mars. Amor schwebt in der Luft.

L.; h. 97, br. 123 cm. Kat. Mechel 1783.

154. Filippo Strozzi(?); in schwarzer Kleidung und mit Silberluchs
(E. 513.) verbrämtem Mantel, den er mit beiden Händen zusammenhält. (Die Florentiner Strozzi waren ein altes berühmtes Patriziergeschlecht. In Feindschaft mit den Mediceern, verließ Filippo Strozzi im Jahre 1527 Florenz und begab sich nach Venedig.)

L.; h. 117, br. 90 cm. Kniestück. Samml. Erzh. Leopold Wilhelm.

Bonifazio Veneziano (s. Nr. 145).

155. Die Heiligen Hieronymus und Johannes der Täufer.
(E. 76.) Auf dem Steinboden die Wappen der Foscarini und Tiepolo.

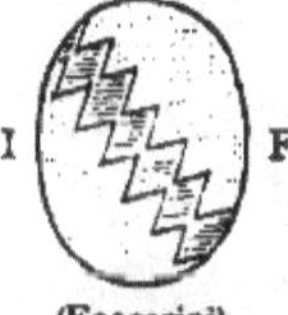

(Foscarini)

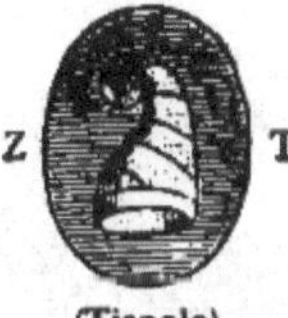

(Tiepolo)

L.; h. 219, br. 137 cm. Oben rund. In Venedig 1816 erworben. Gehört mit Nr. 200 und drei anderen Gemälden im Palazzo Reale und in der Akademie zu Venedig zu einer Folge von Wanddekorationen, die 1532 und 1533 für den Magistrato del Monte di Sussidio im Palazzo Camerlenghi zu Venedig gemalt wurden. (G. Ludwig.)

Bonifazio Veronese (s. Nr. 145).

156. Der Sieg der Keuschheit über die Liebe. Auf einem
(E. 73.) von zwei weißen Einhörnern gezogenen Triumphwagen sitzen: Laura, Penelope, Lucrezia; an eine Säule ist Amor gebunden; den Wagen begleiten Personen, die der Macht der Liebe widerstanden: hinter dem Wagen Sokrates, Scipio und der ägyptische Josef; vorne links sitzt Judith mit dem Haupte des Holofernes.

L.; h. 152, br. 245 cm. Aus der Sammlung des Erzherzogs Ferdinand im Schlosse Ambras. Mit Nr. 201 aus einer Folge von 6 Bildern, die Bonifazio nach den »Trionfi« des Petrarca gemalt hat. Aus derselben Reihe stammen nach Th. von Frimmel zwei Gemälde im Großherzogl. Museum zu Weimar.

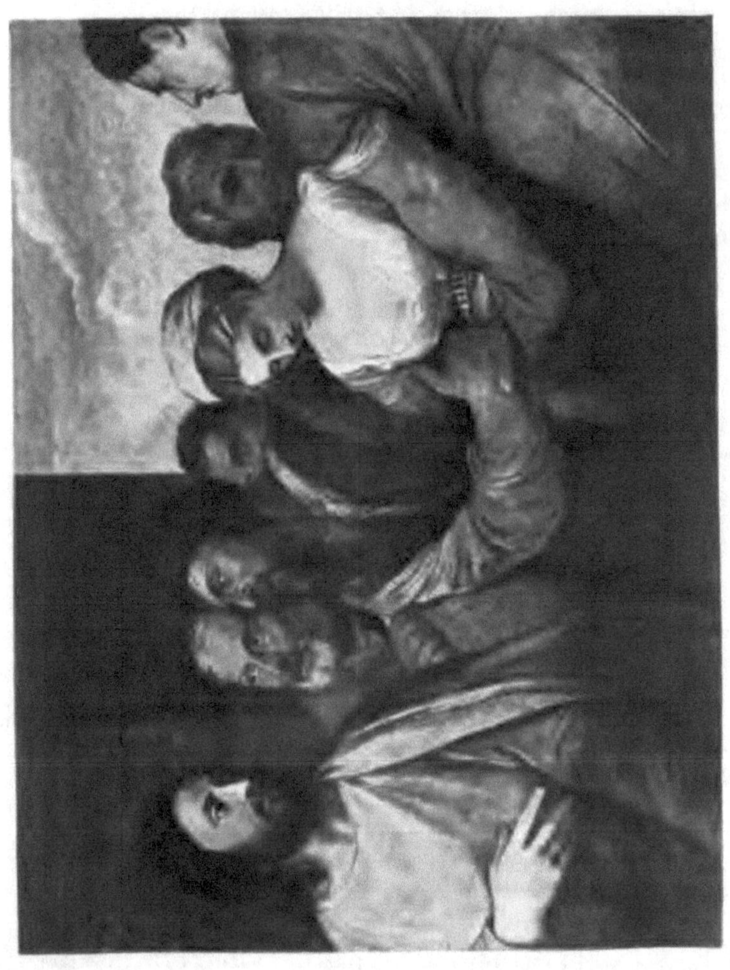

161. Tizian.

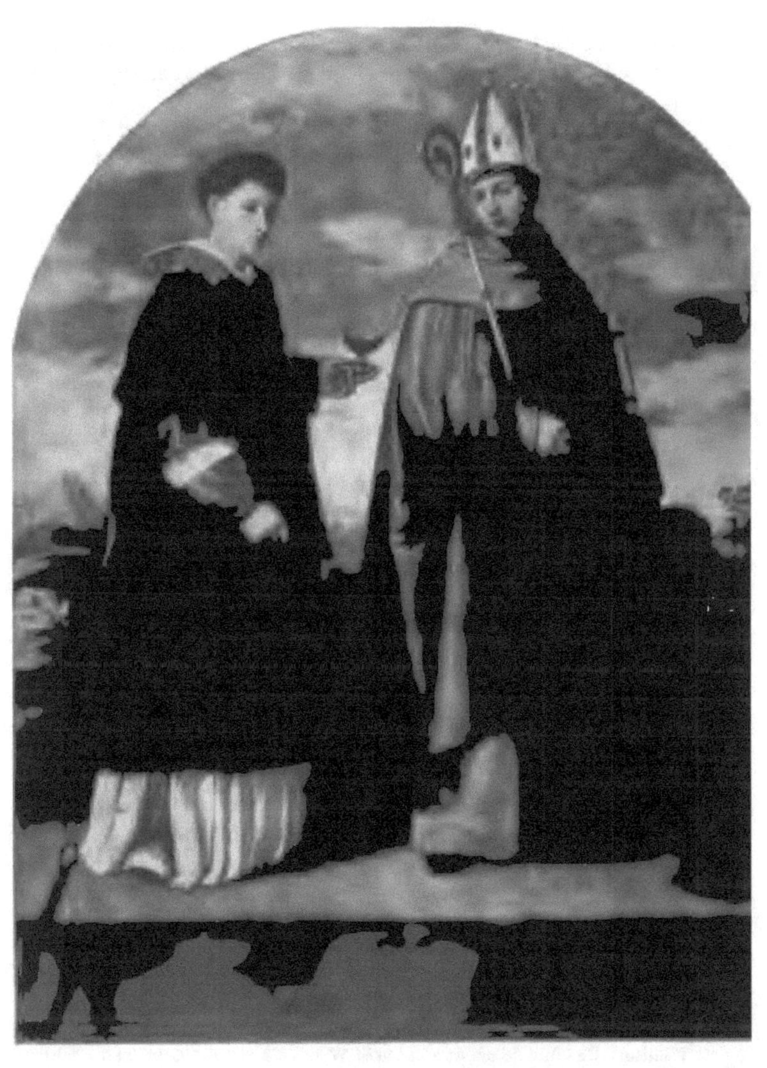

172. Bonifazio Veneziano.

157. (E. 94.) **Weibliches Bildnis.** Eine vornehme junge Dame in roter reicher Kleidung. Ihre rechte Hand hält ein Marderfell, das sie auf der Schulter trägt.

L.; h. 106·5, br. 81 cm. Halbe Figur. Belvederedepôt. Von E. v. Engerth als »Nach Paris Bordone« verzeichnet. Nach Berenson von F. Beccaruzzi.

Andrea Schiavone (s. Nr. 146).

158. (E. 425.) **Mythologische Scene**, vielleicht die Geburt Jupiters (in Zusammenhang mit Nr. 160). Vor einem grünen Zelte sitzt eine Frau, welcher eine Dienerin, die vor ihr kniet, ein Kind in den Schoß legt. Rechts vorne eine zweite Dienerin, die einen Pack Gewänder auf dem Haupte trägt.

Fichtenholz; h. 30, br. 32 cm. Samml. Erzh. Leopold Wilhelm.

159. **Das Gastmal des babylonischen Königs Belsazar.** (Buch Daniel.) Bildete mit Nr. 175, 184, 195, 203 und einem gegenwärtig im II. Stockwerke aufgestellten Bilde eine Folge von sechs biblischen Scenen, auf schmale Holztafeln gemalt, die einst wahrscheinlich, wie die Nummern 158, 160, 185, 194, 202 und 204, zum Schmucke eines Möbelstückes gedient haben mögen. Gleiche Stücke mit fast denselben Darstellungen finden sich unter Schiavones Namen in den Museen zu Verona und Padua.

Fichtenholz; h. 28, br. 155 cm. In Venedig erworben.

160. (E. 426.) **Jupiter wird von Amalthea aufgezogen.** Die Nymphe sitzt in einer Landschaft und reicht dem in der Wiege liegenden Götterkinde die Brust. Rechts zwei Cureten, die auf ihren großen Hörnern blasen, damit Saturn das Geschrei des Kleinen nicht vernähme.

Fichtenholz; h. 30, br. 32 cm. Samml. Erzh. Leopold Wilhelm.

Tizian (s. Nr. 150).

161. (E. 496.) **Die Ehebrecherin vor Christus.** Die Pharisäer, von rechts kommend, führen die Ehebrecherin vor den Heiland. Christus, links stehend, wendet sein Antlitz über seine Schulter und weist mit der rechten Hand auf die Sünderin.

L.; h. 106, br. 137 cm. Halbe Figuren. Aus der Samml. Erzh. Leopold Wilhelm. Das Bild ist ein unvollendetes Werk. Crowe und Cavalcaselle halten es für eine Arbeit Padovaninos im Stile Tizians. Auch F. Wickhoff spricht sich dahin aus.

162. **Der heilige Jacobus.** Ein grau gekleideter kräftiger Mann mit
(E. 498.) braunem Haar und Bart hält in der hochgehobenen rechten Hand einen Stab.

L.; h. 83, br. 62 cm. Halbe Figur. Samml. Erzh. Leopold Wilhelm. Crowe und Cavalcaselle behalten mit ihrer Behauptung Recht, daß das Bild einst mit Nr. 165 ein einziges Gemälde war. Die beiden Gestalten erscheinen nämlich zu einer Gruppe vereinigt auf einer alten Kopie im Berliner Museum. Sie sind dort einander wie Lehrer und Schüler gegenübergestellt, woraus C. und C. weiter schlossen, wir hätten hier vielleicht das 1542 von Tizian gemalte und jetzt verschollene Porträt des jungen Ranuccio Farnese mit seinem Lehrer Leoni vor uns. Denn der Stab, der dem Manne auf unserem Bilde zum Namen des heiligen Jacobus verhalf, ist ebenso wie die Pfeile in der Hand des jungen Geistlichen auf Nr. 165 eine spätere Zutat.

163. **Isabella d'Este,** Markgräfin von Mantua, in einem Lehnstuhle
(E. 505.) sitzend, trägt ein blaues, gold- und silbergesticktes Unterkleid unter einem schwarzsamtenen Oberkleide. Den Kopf bedeckt eine turbanartige Haube. (Prinzessin Isabella, geboren 1474, die Tochter Herkules I., Herzogs zu Ferrara und Modena, und der Eleonora von Aragon, Tochter des Königs Ferdinand I. von Neapel, wurde 1490 die Gemahlin des Francesco Gonzaga, letzten Markgrafen von Mantua; ihr ältester Sohn Federigo II. war der erste Herzog von Mantua. Isabella war eine der gefeiertsten Fürstinnen ihrer Zeit. Sie starb im Jahre 1539.)

L.; h. 103, br. 64 cm. Kniestück. Im Anfange des XVII. Jahrhunderts war das Bild in Mantua, wo es Rubens kopierte; es kam dann in die Samml. Erzh. Leopold Wilhelm. Tizian malte das Bild der Markgräfin im Jahre 1534, nicht nach dem Leben, sondern nach einem älteren Bilde, das sie in jugendlichem Alter darstellte.

164. **Christus mit der Weltkugel.** Der Heiland legt die rechte Hand
(E. 493.) auf die Weltkugel; sein Blick ist auf den Beschauer gerichtet.

L.; h. 83, br. 61 cm. Brustbild. Aus der geistlichen Schatzkammer. »Hie und da wird man an Tizian und Bonifazio erinnert, doch ist das Bild für keinen von beiden gut genug. Trotz der teilweise übermalten Umrisse gibt sich eine modernere Hand von der Künstlerklasse Padovaninos zu erkennen.« (Crowe und Cavalcaselle.) Eine verwandte, eigenhändige Darstellung desselben Gegenstandes in der Eremitage zu Petersburg.

165. **Ein junger Geistlicher,** fast knabenhaft, wendet im Profil
(E. 514.) dem Beschauer die linke Seite zu. Die Augen blicken gegen Himmel, die linke Hand hält zwei Pfeile.

L.; h. 89, br. 68 cm. Halbe Figur. Samml. Erzh. Leopold Wilhelm. (Sieh Nr. 162.)

166. **Maria mit dem Kinde und den Heiligen Hieronymus,**
(E. 491.) **Stephan und Georg.** Maria sitzt links und neigt sich über das auf ihrem Schoße liegende Kind, die rechte Hand auf die Brust legend. Vor ihr stehen die Heiligen: Hieronymus in einem Buche lesend, der jugendliche Stephan mit einem Palmzweige und Georg, gerüstet, mit einer Lanze.

Pappelholz; h. 111, br. 138 cm. Kniestück. Samml. Erzh. Leopold Wilhelm. 1809 nach Paris und 1815 wieder nach Wien gekommen. J. Lermolieff bezeichnet das Gemälde »durchaus als Atelierwerk oder Kopie; das glänzende Original ist im Louvre«.

167. **Tizians Arzt Parma** (angeblich), nach links gewendet, vor
(E. 517.) sich hinsehend.

L.; h. 112, br. 84 cm. Halbe Figur. Samml. Erzh. Leopold Wilhelm. Das Bild erscheint Crowe und Cavalcaselle »nach dem Pinselvortrage und der Behandlung dem Tizian durchaus unähnlich«, F. Wickhoff hält Domenico Campagnola für seinen Meister.

Andrea Schiavone (s. Nr. 146).

168. **Diana und Aktäon. Kopie nach Tizian.** Rechts unter einem
(E. 418.) Kreuzgewölbe sitzt, dem Bade entstiegen, die Göttin, umgeben von ihren Nymphen. Links erscheint Aktäon, die Arme überrascht in die Höhe hebend.

L.; h. 93, br. 97 cm. Samml. des Herzogs von Buckingham als »Tizian«, 1648 für den kaiserl. Hof in Wien gekauft. Das Original befindet sich mit seinem Gegenstücke Diana und Kallisto, von dem Nr. 169 eine Wiederholung ist, in der Sammlung Lord Ellesmeres im Bridgewater House zu London. Ursprünglich für Philipp II. gemalt, kamen beide Gemälde durch Schenkung Philipps V. an den Marquis Grammont, der sie nach Frankreich mitnahm, dann in die Galerien Orleans und Bridgewater.

Tizian (s. Nr. 150).

169. **Diana und Kallisto.** Diana, von ihren Nymphen umgeben,
(E. 501.) sitzt am Rande des Bades und streckt die Hand befehlend gegen Kallisto aus, welche vor ihr trotz ihres Sträubens von drei der Nymphen entkleidet wird.

L.; h. 182, br. 201 cm. Samml. Erzh. Leopold Wilhelm. Tizian hat diesen Stoff mehrmals gemalt. Was die Komposition anbetrifft, steht unser Bild am nächsten der Wiederholung in der Sammlung Lord Ellesmeres zu London, doch bleibt es in der Behandlung dahinter zurück. Crowe und Cavalcaselle vermuten, daß Tizian von der »Kallisto« eine Wiederholung oder eine gleich große »Kopieskizze« zurückbehalten habe, an welcher er möglicherweise selbst einige Striche getan hat, und diese kam dann durch die Sammlung des Erzherzogs Leopold

Wilhelm an die Wiener Galerie. Vielleicht hat an ihrer Vollendung A. Schiavone bedeutenden Anteil, wie ebenfalls schon C. und C. annehmen. J. Lermolieff hält es für ein eigenhändiges Werk des Meisters.

Bonifazio Veneziano (s. Nr. 145).

170. Der Engel der Verkündigung. Der Erzengel Gabriel, die (E. 70.) Botschaft verkündend, mit ausgebreiteten Schwingen, in der Linken die Lilie.

L.; h. 196, br. 137 cm. Oben rund. Dies und das dazugehörige folgende Bild Nr. 171 wurde von Bonifazio 1543 für den Magistrato della Camera degli Imprestidi im Palazzo Camerlenghi in Venedig gemalt, von wo beide 1816 nach Wien kamen. Ein drittes Bild, das als Mittelstück gedient hat, gegenwärtig im II. Stocke aufgestellt.

171. Marias Verkündigung. Maria kniet vor einem Betpult, auf (E. 69.) welchem ein aufgeschlagenes Buch liegt. (Seitenstück des vorhergehenden.)

L.; h. 196, br. 137 cm. Oben rund. Provenienz wie Nr. 170.

172. Die Heiligen Aloisius (E. 79.) und Laurentius. Auf dem Steinboden die Wappen der Lando und Malipietro.

L 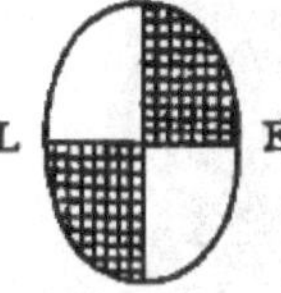 E A 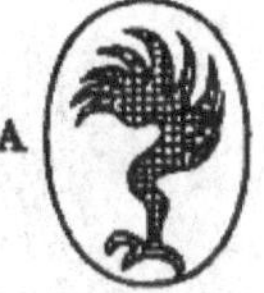 M

(Lando) (Malipietro)

L.; h. 181, br. 143 cm. Oben rund. Aus dem Magistrato del Sale im Palazzo Camerlenghi zu Venedig 1838 erworben. Gemalt 1532.

Tizian (s. Nr. 150).

173. Allegorie. Ein junges Weib (Venus) hat aus den Händen (E. 503.) eines Mädchens (der Psyche) ein Gefäß genommen und hält es mit beiden Händen auf ihrem Schoße. Hinter ihr ein älterer Mann mit einer Schale in der linken Hand; rechts naht Amor.

L.; h. 95, br. 127 cm. Halbe Figuren. Kunstbesitz Karls VI.

174. Danaë. Danaë liegt entkleidet auf ihrem weiß überdeckten (E. 500.) Lager und der goldene Regen in Gestalt von Münzen wird von einem alten Weibe am Fußende des Bettes in einer goldenen Schüssel aufgefangen. Oben Jupiters Kopf in einer Wolke.

Bezeichnet rechts unten:

TITIANVS·ÆQVES·CÆS·

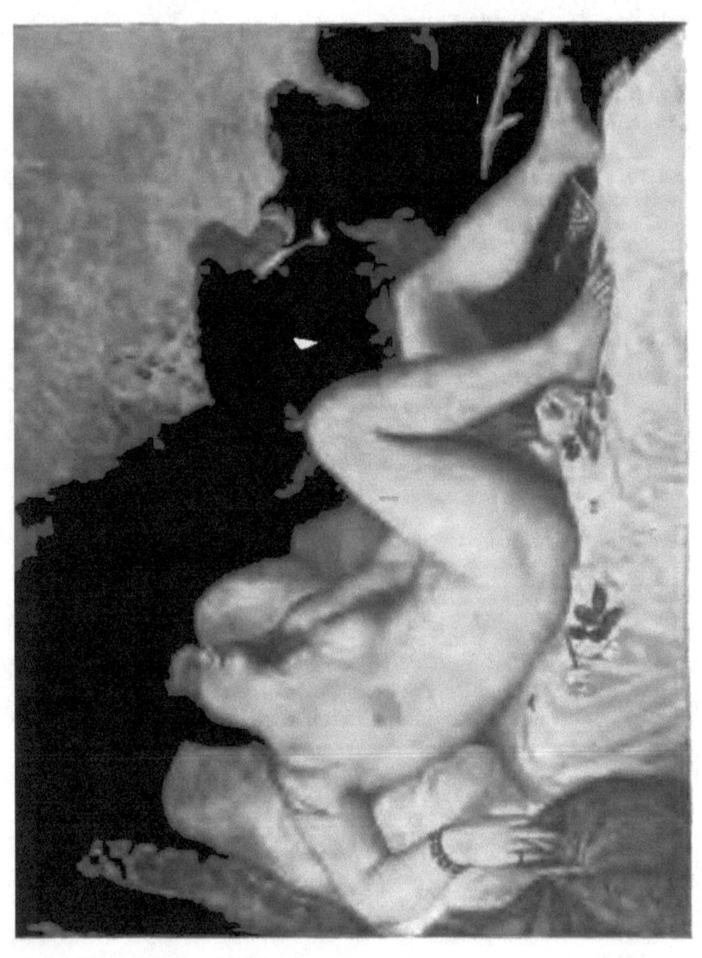

174. Tizian.

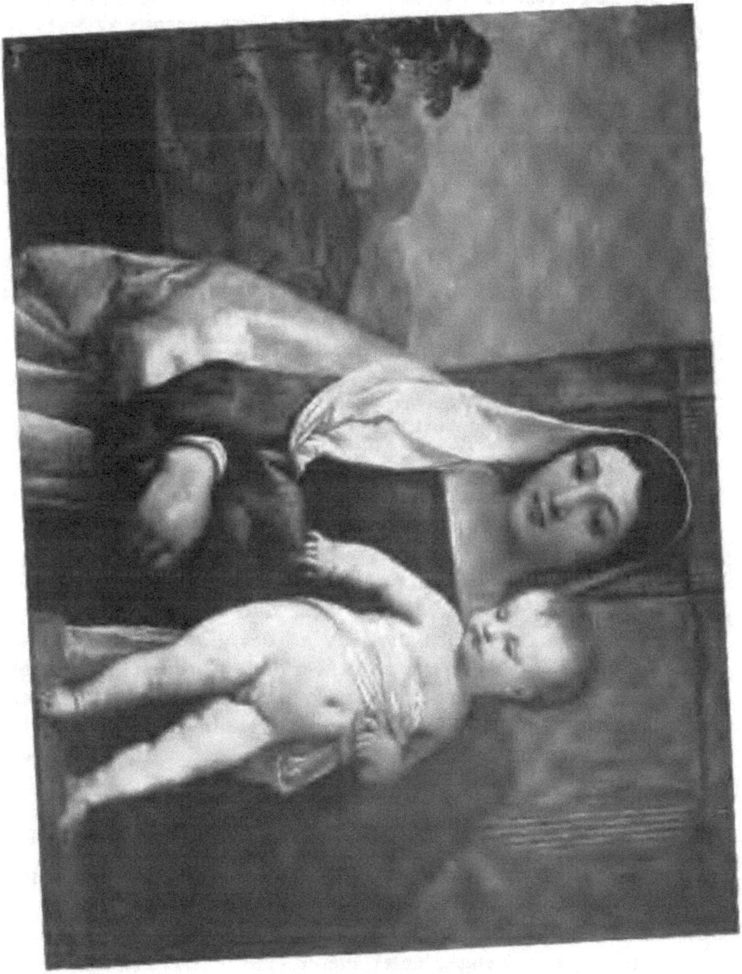

176. Tizian.

L.; h. 138, br. 152 cm. Aus dem Besitze des Kardinals Granvella in jenen Rudolfs II. gekommen. Nach Crowe und Cavalcaselle wahrscheinlich unter Beteiligung Cesare Vecellis oder Girolamo da Trevisos, Tizians Lieblingsschüler, vollendet. Derselbe Gegenstand wurde von Tizian mehrmals wiederholt. Am sichersten von seiner Hand ist das Bild in Neapel, das auch der Zeit nach das am frühesten entstandene ist.

Andrea Schiavone (s. Nr. 146).

175. Die Königin von Saba.

Fichtenholz; h. 28, br. 155 cm. (Siehe Nr. 159.)

Tizian (s. Nr. 150).

176. Maria mit dem Kinde (Zigeunermadonna). Maria hält
(E. 489.) mit der linken Hand das vor ihr auf einer steinernen Brüstung stehende Christuskind. Den Hintergrund bildet rechts ein seidener Vorhang, links eine Landschaft.

Pappelholz; h. 67, br. 84 cm. Halbe Figur. Samml. Erzh. Leopold Wilhelm. Eines der frühesten Werke des Meisters. Eine alte Kopie mit der Aufschrift »Titianus« in der Galerie zu Rovigo. (A. Schäffer.)

177. Benedetto Varchi. Er steht an eine Säule gelehnt und hält
(E. 507.) ein Buch in der herabhängenden rechten Hand. (Varchi, ein berühmter italienischer Dichter und Geschichtsschreiber, wurde im Jahre 1502 zu Florenz geboren. Er war der Sohn eines Advokaten, verließ als Anhänger der Familie Strozzi 1527 Florenz, wohnte der Schlacht von Sestino bei und lebte dann in Venedig als Erzieher der Kinder des Filippo Strozzi. Von Cosimo I. nach Florenz zurückberufen, wurde er daselbst Mitglied der Akademie und schrieb die Geschichte von Florenz. Er starb am 8. Dezember 1565 zu Monte-Varchi, einem Dorfe zwischen Florenz und Arezzo.)

Bezeichnet auf der Säule: TITIANUS · F ·

L.; h. 116, br. 92 cm. Kniestück. Samml. Erzh. Leopold Wilhelm.

178. Eccehomo. Auf der Höhe einer Freitreppe links steht
(E. 494.) Christus und wird von Pilatus, der mit beiden Händen auf ihn hinweist, dem Volke gezeigt. In der Mitte des Bildes die zudrängende Menge; unter dieser eine blonde Frau mit einem Kinde. Rechts vorne ein Pharisäer und zwei Männer zu Roß, der eine ein Türke mit weißem Turban, der andere geharnischt,

aber barhäuptig. Links vorne ein Knabe mit einem Hund und ein Krieger, der sich auf einen Schild mit dem Doppeladler stützt.

Bezeichnet auf einem Zettel, der unten von der zweiten Stufe herabhängt:

TITIANV
S
EQVES
CES
F
1543

L.; h. 262, br. 360 cm. Tizian malte das Bild 1543 für den reichen vlämischen, in Venedig ansässigen Kaufmann d'Anna (van Haanen). In dessen Hause zu S. Benedetto wurde es bewahrt und dort noch von Francesco Sansovino 1580 gesehen. Dann wurde es vom englischen Gesandten Sir Henry Wotton für den Herzog von Buckingham gekauft. Der Graf von Arundel bot vergebens 7000 Pfund dafür; nach der Versteigerung der Galerie Buckingham in Antwerpen wurde es für Kaiser Ferdinand III. erworben und nach Prag gesandt, von wo es Kaiser Karl VI. 1723 nach Wien bringen ließ.

179. (E. 495.) Die Grablegung. Der Leichnam Christi wird von Josef von Arimathäa und Nikodemus ins Grab gelegt. Die klagende Maria steht hinter ihm, sich vorbeugend. Weiter rückwärts Johannes und Magdalena.

Bezeichnet rechts unten auf der Wand des Grabes:

TITIANV̄S

L.; h. 100, br. 116 cm. Halbe Figuren. Das Bild war 1579 in der Galerie Antonio Perez', des Staatssekretärs Philipps II. von Spanien, später im Besitz des Herzogs von Buckingham; zwischen 1648—1650 wurde es für Kaiser Ferdinand III. gekauft, kam nach Prag und 1723 auf Befehl Kaiser Karls VI. nach Wien.

180. (E. 490.) Die heilige Familie (Kirschenmadonna). Maria umfängt das Christuskind, das mit beiden Händchen einen Teil der Erdbeeren und Kirschen emporhebt, die ihm der kleine Johannes gebracht hat, der rechts unten erscheint. Weiter rückwärts zu beiden Seiten rechts der heilige Zacharias, links der heilige Josef.

H.; h. 81, br. 100 cm. Halbe Figuren. Samml. Erzh. Leopold Wilhelm. Ein vollendetes Madonnenbild aus Tizians früher Zeit. Es war auf Leinwand und wurde durch Erasmus Engert 1853—1856 auf Holz übertragen und wieder hergestellt.

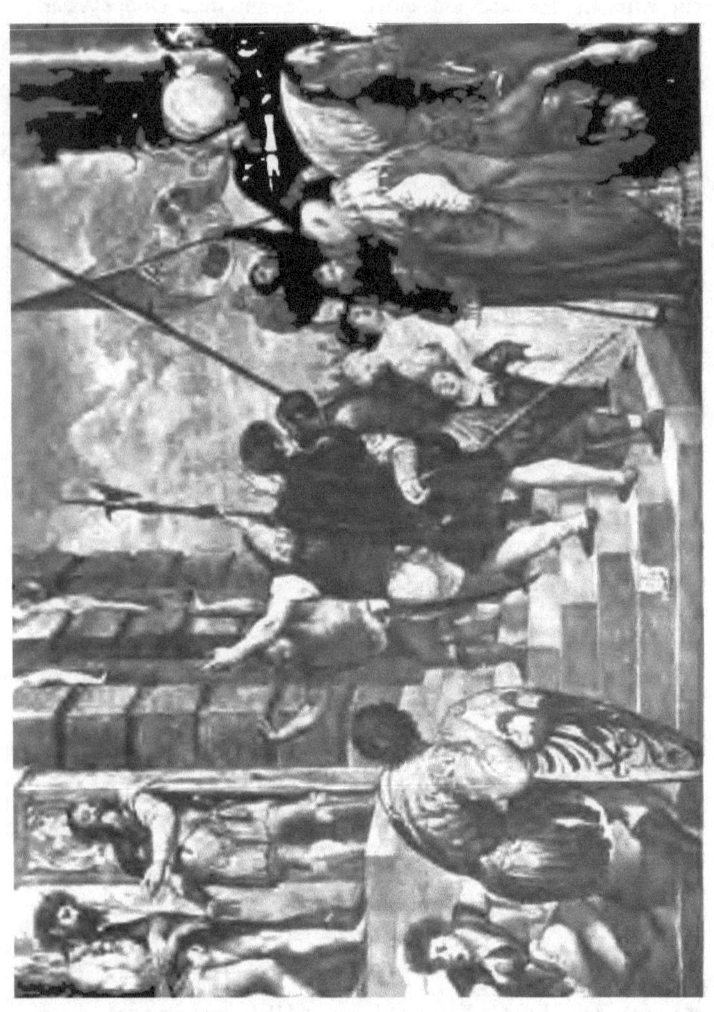

178. Tizian.

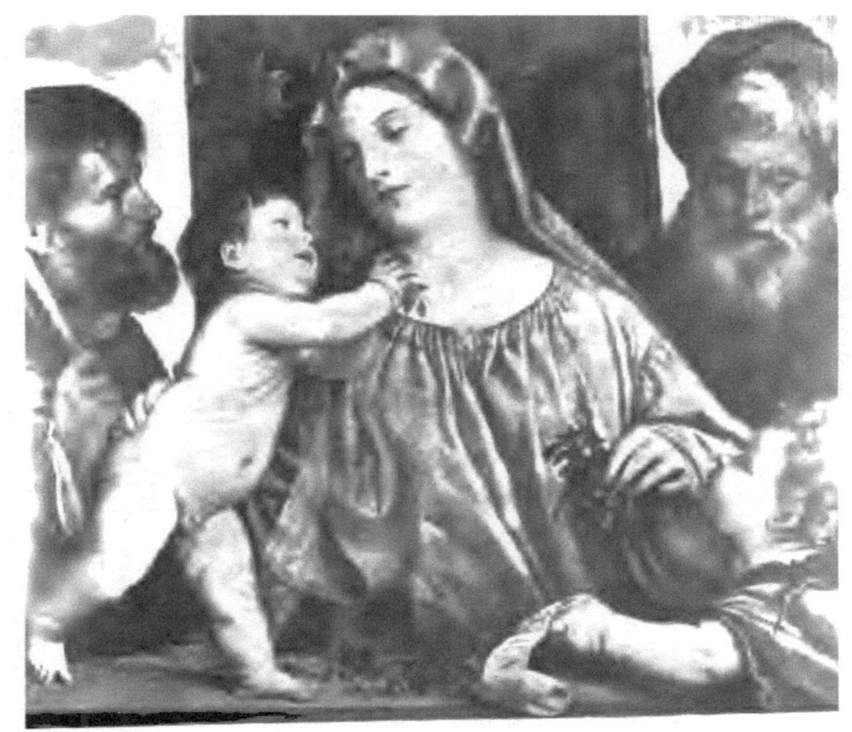

180. Tizian.

181. Der Tambourinschläger. Unter einem Lorbeerbaume auf
(E. 502.) einer steinernen Stufe sitzt ein kleiner nackter Knabe und schlägt das Tambourin.

L.; h. 52, br. 51 cm. Samml. Erzh. Leopold Wilhelm.

182. Jacopo de Strada, über einen Tisch leicht vorgebeugt, in
(E. 522.) beiden Händen eine kleine nackte Venusstatue haltend. (Strada, ein Maler aus Mantua, kam Mitte des 16. Jahrhunderts an den bayrischen Hof, 1556 nach Wien in kaiserliche Dienste, 1577 an den Hof Rudolfs II. nach Prag, wo er als kaiserlicher Antiquar verblieb. Er starb am 6. September 1588.

Bezeichnet im Grunde oben links:

Jacobus de Strada.
Civis Romanus. Caess:
Antiquarius. Et Com:
Belic: An: Aetat: LI. etc.
M. D. LXVI.

TITIANVS·F

L.; h. 125, br. 95 cm. Kniestück. Samml. Erzh. Leopold Wilhelm. Die Inschrift von H. Zimmermann als aus späterer Zeit herrührend nachgewiesen. Das richtige Datum der Entstehung ist 1568.

183. Die Anbetung der heil. drei Könige. Maria sitzt rechts
(E. 492.) vor einer Hütte und hält das mit einem Hemdchen bekleidete Jesuskind auf dem Schoße. Die Könige nahen von links mit ihrem Gefolge; der älteste ist auf die Knie gesunken, um des Kindes Füßchen zu küssen.

Pappelholz; h. 58, br. 49 cm. Samml. Erzh. Leopold Wilhelm. «Vermutlich der Originalentwurf zu einem Altarstück des Ces. Vecelli in S. Stefano zu Belluno, welches von vielen Seiten irrtümlicherweise für Tizian gehalten worden ist.» (Crowe und Cavalcaselle.)

Andrea Schiavone (s. Nr. 146).

184. König David bringt die Bundeslade nach Jerusalem (I. Buch der Könige).

Fichtenholz; h. 28, br. 155 cm. (Siehe Nr. 160.)

185. Amor und Psyche. Amor erweckt Psyche wieder zum Leben,
(E. 422.) die neugierig das von Proserpina erhaltene goldene Gefäß mit der Schönheitssalbe für Venus geöffnet hatte und durch den

daraus aufgestiegenen stygischen Schlaf ihrer Sinne beraubt worden war.

Fichtenholz; h. 25, br. 25 cm. Samml. Erzh. Leopold Wilhelm 1659, kam 1809 nach Paris und 1815 zurück nach Wien.

Tizian (s. Nr. 150).

186. Nymphe und Schäfer. Die Nymphe, vom Rücken gesehen,
(E. 523.) lagert in einer bergigen Landschaft, fast unverhüllt. Links sitzt der Schäfer, eine Flöte in den Händen.

L.; h. 142, br. 187 cm. Samml. Erzh. Leopold Wilhelm. Ein unvollendetes, von Tizian untermaltes Bild.

187. Allegorie. Ein junger Mann hält einem links vorne sitzenden
(E. 504.) Mädchen einen Spiegel vor. Ein kleiner Amor lehnt sich an ihre Knie. Ein zweites Mädchen rechts singt und spielt auf einer Laute.

L.; h. 95, br. 127 cm. Halbe Figuren. 1770 in kaiserlichem Besitze nachweisbar.

Bonifazio Veneziano (s. Nr. 145).

188. Die Heiligen Hieronymus und Jacobus d. Ä. Auf dem
(E. 77.) Steinboden die Wappen der Leze und Orio.

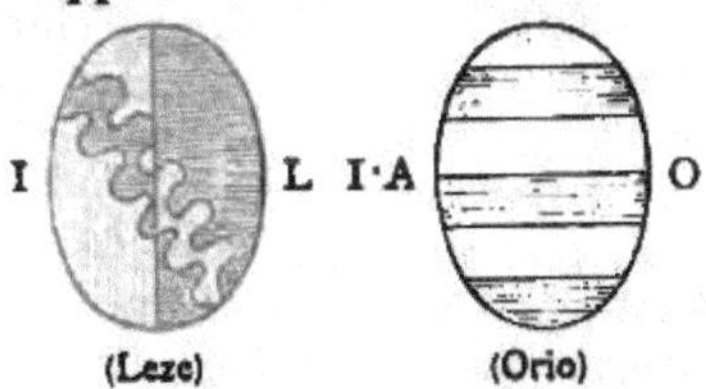

(Leze) (Orio)

L.; h. 132, br. 153 cm. Oben rund. 1816 in Venedig erworben. 1548 für den Magistrato del Sale im Palazzo Camerlenghi zu Venedig gemalt.

189. Die Heiligen Dominicus und Zacharias. Auf dem Stein-
(E. 78.) boden die Wappen der: Gritti, Delfino, Moresini, Grimani und Priuli.

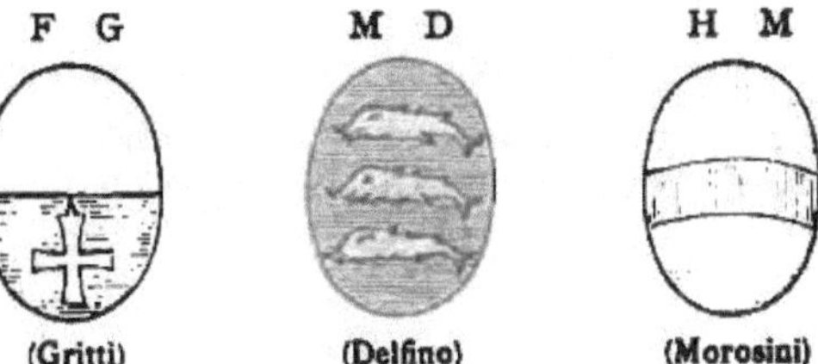

(Gritti) (Delfino) (Morosini)

M G ·M·D·L·X· Z·P

(Grimani) (Priuli)

L.; h. 218, br. 155 cm. Oben rund. Aus dem Palazzo Camerlenghi in Venedig 1838 erworben. Nach G. Ludwig 1539 gemalt; die Jahreszahl 1560 und die Wappen erst nachträglich aufgemalt.

Andrea Schiavone (s. Nr. 146).

190. Scipio. Der römische Feldherr stützt sich mit der Rechten auf
(E. 423.) das Schwert und hält in der Linken eine Wage. Zu seiner Linken kniet ein Weib (Temperantia) und gießt Wasser aus einer Kanne in eine Vase. Zur Rechten des Helden steht Viktoria, die ihn bekränzt; zu ihren Füßen ein Flußgott.

L.; h. 68, br. 98 cm. Samml. Erzh. Leopold Wilhelm.

Tizian (s. Nr. 150).

191. Bildnis des Kurfürsten Johann Friedrich von Sachsen.
(E. 518.) Der Kurfürst sitzt im Lehnstuhle, auf der linken Wange die Narbe der Wunde, welche er in der Schlacht bei Mühlberg erhielt; die linke Hand hält ein flaches schwarzes Barett. (Johann Friedrich mit dem Beinamen «Der Großmütige» ist der Sohn Johann des Beständigen und seiner ersten Gemahlin Sophie, des Herzogs Magnus von Mecklenburg Tochter. Er wurde 30. Juni 1503 geboren, folgte 1532 seinem Vater in der Regierung als Kurfürst. Am 24. April 1547 wurde er gefangen genommen, am 19. Mai der Kurfürstenwürde beraubt, 1552 wieder in Freiheit gesetzt und starb am 3. März 1554 im 51. Lebensjahre.)

L.; h. 110, br. 84 cm. Kniestück. Kunstbesitz Karls VI.

Bonifazio Veneziano (s. Nr. 145).

192. Die Heiligen Hieronymus und Aloisius. Auf dem Stein-
(E. 80.) boden die Wappen der: Zen, Pesaro, Priuli, Loredan, Contarini und Soranzo.

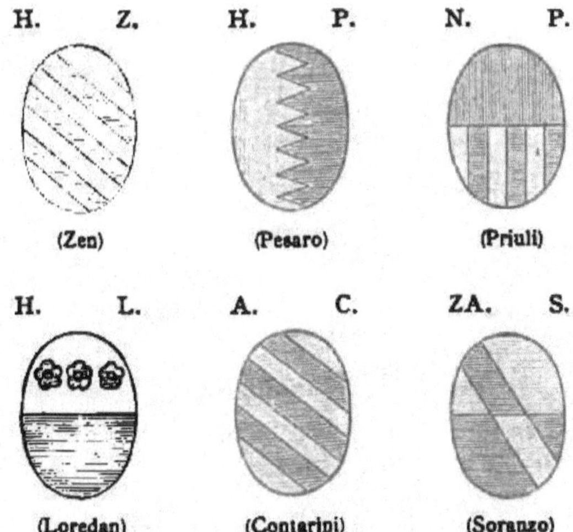

L.; h. 218, br. 156 cm. Oben rund. Gemalt 1542. Provenienz wie Nr. 189.

Bonifazio Veronese (s. Nr. 145).

193. **Maria mit dem Kinde, von Heiligen umgeben.** In einer
(E. 68.) Landschaft sitzend, hält sie das heilige Kind auf dem Schoße. Rechts kniet die heilige Ursula mit der Siegesfahne und drei ihrer Gefährtinnen; links der heilige Markus, in ein Buch schreibend.

L.; h. 133, br. 198 cm. Samml. Erzh. Leopold Wilhelm.

Andrea Schiavone (s. Nr. 146).

194. **Allegorie der Musik.** Eine weibliche Gestalt, in einer Land-
(E. 421.) schaft auf einem Streichinstrumente spielend.

Fichtenholz; h. 25, br. 25 cm. Samml. Erzh. Leopold Wilhelm 1659, kam 1809 nach Paris und 1815 zurück nach Wien.

195. **Szene aus der Apokalypse** (Cap. 14?).

Fichtenholz; h. 28, br. 155 cm. (S. Nr. 159.)

Tizian (s. Nr. 150).

196. **Tizians eigenes Bildnis,** mit einer schwarzen Mütze, den
(E. 516.) Kopf etwas nach aufwärts gewendet; eine dreifache goldene Gnadenkette auf der Brust.

182. Tizian.

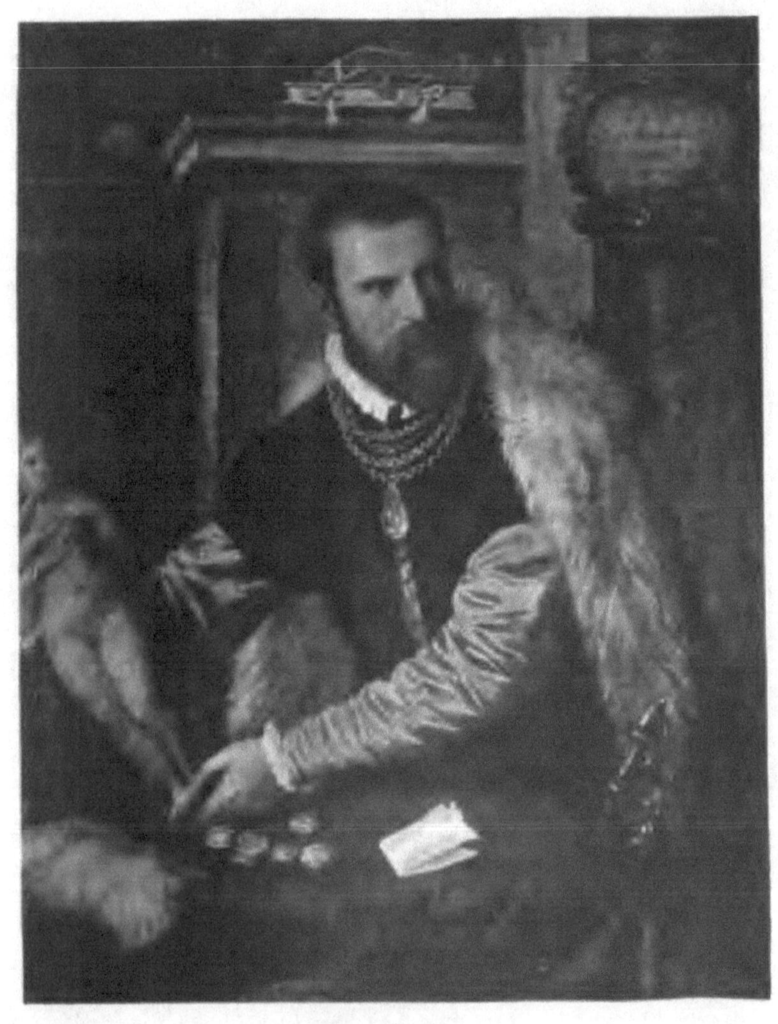

182. Tizian.

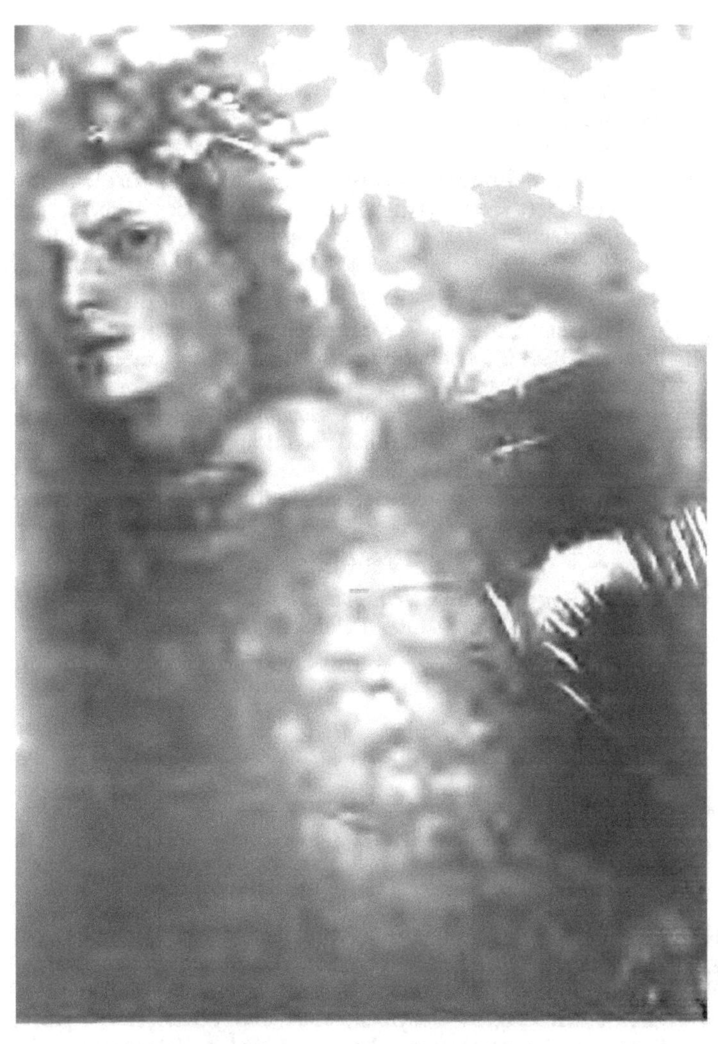

207. Giovanni Cariani.

Pappelholz; h. 51, br. 42 cm. Brustbild. Samml. Erzh. Leopold Wilhelm.

197. Das Mädchen im Pelz. Ein nacktes Mädchen in einen dunk-
(E. 506.) len Pelzmantel gehüllt, der ihre rechte Brust und ihre Arme unbedeckt läßt.

L.; h. 100·5, br. 63·5 cm. Kniestück. Aus der Galerie Karls I. von England.

198. Bildnis der Tochter Tizians, Lavinia Sarcinelli. Die
(E. 521.) grüngekleidete Dame trägt eine Goldkette um den Leib, an der ein Federfächer befestigt ist, den sie in der rechten Hand hält.

L.; h. 117, br. 92 cm. Halbe Figur. Samml. Erzh. Leopold Wilhelm.

199. Schulkopie, Papst Paul III. Der greise Papst sitzt im Lehn-
(E. 519.) stuhle, den samtenen Purpurkragen über dem weißen Chorhemde. (Paul III. stammt aus dem Geschlechte Farnese. Er ist ein Sohn des Peter Aloisius von Farnese, Herrn von Montalto und dessen Gemahlin Johanna Gaëtana aus dem Hause Sermonetta, 1468 geboren, Kardinal 1493, Papst 1534, starb 81 Jahre alt am 10. November 1549.)

L.; h. 89, br. 78 cm. Kniestück. Erst seit 1816 in der Galerie. Eine der vielen Wiederholungen des von Tizian gemalten und berühmten Papstporträts.

Bonifazio Veneziano (s. Nr. 145).

200. Die Heiligen Franz von Assisi und Andreas. Auf dem
(E. 75.) Steinboden die Wappen der Priuli und Trevisani.

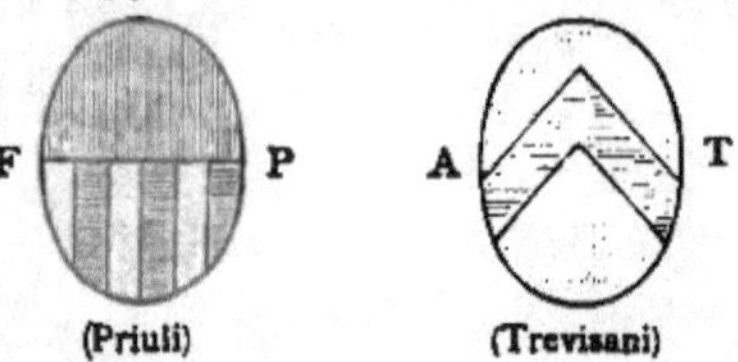

(Priuli) (Trevisani)

L.; h. 219, br. 137 cm. Oben rund. Provenienz wie Nr. 155. Gemalt 1533, die Wappen erst nachträglich 1598 aufgemalt. (G. Ludwig.)

Bonifazio Veronese (s. Nr. 145).

201. Der Triumph der Liebe. Amor, auf hohem Triumphwagen
(E. 72.) von vier weißen Pferden gezogen. Zu seinen Füßen der gefesselte Jupiter. Die durch die Macht der Liebe Besiegten begleiten den Wagen: Ganymed, Mars und Venus, Lea, Apollo, Daphne und andere; voraus Jason und Medea, Helena und Paris, Andromeda und Perseus. (Nach den «Trionfi» des Petrarca.)

L.; h. 153, br. 247 cm. Aus der Sammlung des Erzherzogs Ferdinand in Schloß Ambras. (Sieh Nr. 156.)

Andrea Schiavone (s. Nr. 146).

202. Apollo und Daphne. Die vor Apollo fliehende Daphne mit (E. 420.) zum Himmel emporgestreckten Armen, an welchen sich die Verwandlung in einen Lorbeerbaum zu vollziehen beginnt. Vorne rechts sitzt ihr Vater, der Flußgott Peneus, an seine Urne gelehnt.

Fichtenholz; h. 28, br. 31 cm. Samml. Erzh. Leopold Wilhelm.

203. Samsons Tod. (Aus dem Buche der Richter.)

Fichtenholz; h. 28, br. 155 cm. (Sieh Nr. 159.)

204. Apollos Streit mit Amor. (Ovid, Met. 1, 456ff.; s. Nr. 202.) (E. 419.) Apollo, der den linken Fuß auf einen vor ihm liegenden Widder setzt und in der rechten Hand einen Bogen hält, spricht mit dem links stehenden Amor.

Fichtenholz; h. 28, br. 31 cm. Samml. Erzh. Leopold Wilhelm.

Giovanni Busi, genannt Cariani.

Venezianische Schule (Bergamo). Geb. zu Bergamo um 1480; 1509 bis 1547 nachweisbar. Tätig in Venedig. Nachahmer Palma Vecchios.

205. Der Apostel Johannes, in grünem Gewande und rotem Man- (E. 319.) tel, hält mit der rechten Hand ein großes aufgeschlagenes Buch, das er auf die Steinplatte eines vor ihm stehenden Tisches stützt.

L.; h. 92, br. 70 cm. Halbe Figur. Samml. Erzh. Leopold Wilhelm. Früher Palma Vecchio genannt. Cariani, als Maler dieses Bildes, erkannte F. Wickhoff.

206. Ein Krieger. Der Mann in Rüstung mit einem Efeukranz auf (E. 244.) dem Haupte steht an eine Brüstung gelehnt. Profil, die rechte Seite dem Beschauer zugewendet.

L.; h. 80, br. 67 cm. Brustbild. Sammlung Erzh. Leopold Wilhelm. Früher Art des Giorgione genannt. Neben dem Krieger war ursprünglich noch eine zweite Gestalt zu sehen, welche ihre Hand auf jene des Geharnischten legte. Daraus schloß F. Wickhoff, daß wir hier das Gegenstück zum folgenden Bilde vor uns haben: den Centurio Marcus Laetorius Mergus, der einen seiner Untergebenen zu einer schimpflichen Tat zu verleiten sucht. (Valerius Maximus VI, 11.) Crowe und Cavalcaselle vermuteten als Maler Cariani oder Torbido. F. Wickhoff spricht sich mit Entschiedenheit für ersteren aus.

207. «Der Bravo.» Ein mit Weinlaub bekränzter Jüngling wird von (E. 240.) einem Manne meuchlings überfallen. Er greift zum Schwerte.

Der Angreifer, der einen Harnisch trägt, ist von rückwärts gesehen und verbirgt die Waffe mit der linken Hand hinter dem Rücken.

L.; h. 75, br. 67 cm. Halbe Figuren. Früher Giorgione genannt. Dargestellt ist auf dem Bilde, welches das Gegenstück zum vorhergehenden Nr. 206 ist, der Angriff des Militärtribunen C. Luscius auf C. Plotius, den dieser mit Hilfe seines Dolches abwehrt. (Valerius Maximus VI, 12.) 1528 im Hause des Zuanantonio Venier zu Venedig, wurde das Gemälde vom Erzherzog Leopold Wilhelm für seine Sammlung erworben. Für Cariani, als seinen Autor, traten zuerst Crowe und Cavalcaselle, dann mit Entschiedenheit J. Lermolieff und F. Wickhoff ein.

Giovanni Girolamo Savoldo.

Venezianische Schule (Brescia). Geb. zu Brescia um 1480; lebte noch 1548 zu Venedig. Ausgebildet unter dem Einflusse Giovanni Bellinis und Tizians.

208. Die Beweinung Christi. Der Leichnam, auf dem Steindeckel
(E. 551.) des Grabes ruhend, wird von Josef von Arimathäa gehalten. Magdalena trocknet den linken Fuß. Maria und Johannes stehen weinend rückwärts.

Pappelholz; h. 82, br. 118 cm. Samml. Erzh. Leopold Wilhelm. Eine Wiederholung dieses Bildes befindet sich in S. Maria dell' Orto zu Venedig unter Lottos Namen.

Francesco Beccaruzzi (?).

Venezianische Schule (Friaul). Geb. zu Conegliano. Tätig in der ersten Hälfte des XIII. Jahrhunderts. Malte im Stile des Pordenone. Beeinflußt von Giorgione, Tizian und Lotto.

209. Johannes der Täufer. Der Heilige steht in einer Steinnische
(E. 56.) und hält in der linken Hand den Kreuzstab, mit der Rechten den dunkelgrünen Mantel.

L.; h. 177, br. 81 cm. In Venedig 1838 erworben. Befand sich einst mit seinem Gegenstücke Nr. 211 in San Francesco zu Conegliano. Zwei zur selben Serie gehörende Bilder (die Madonna und der Erzengel Gabriel) als Werke Giovanni da Udines in der Akademie zu Venedig (G. Ludwig).

Bonifazio Veneziano (s. Nr. 145).

210. Die Königin von Saba. Salomon, umgeben von den Großen
(E. 84.) seines Reiches, empfängt die Huldigung der seinem Throne nahenden Königin, die im Begriffe ist, ihm die Kleinodien zu überreichen, welche ihr von einem knienden Manne auf einer Schüssel dargereicht werden. Ihr übriges Gefolge, das den Platz erfüllt, bringt weitere Geschenke herbei. Auf einer Steintafel die Jahreszahl MDLVI.

An einer der Stufen des Thrones die Wappen:

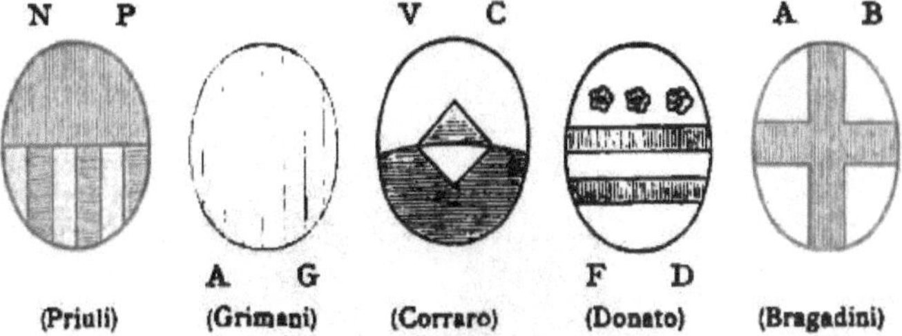

Auf einer Stange im Hintergrunde die drei Wappen:

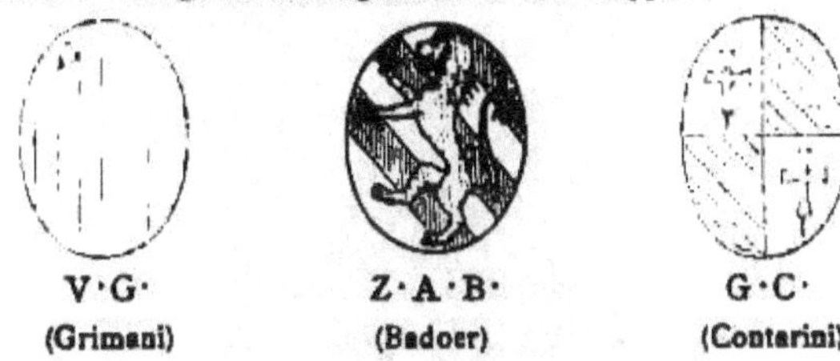

L.; h. 183, br. 444 cm., oben durch drei Bogen abgeschlossen. 30 Figuren, nahezu lebensgroß. Aus dem Magistrato del Monte di Sussidio im Palazzo Camerlenghi in Venedig 1838 erworben. Da Bonifazio di Pitati schon 1553 gestorben ist, so schreibt G. Ludwig dieses von 1556 datierte Bild den Erben des Künstlers zu, die seine Werkstatt nach seinem Tode fortführten.

Francesco Beccaruzzi (s. Nr. 209).

211. (E. 57.) **Der heilige Thaddäus.** Der Heilige steht in einer Steinnische und hält in der rechten Hand eine Axt, in der linken ein Buch.

L.; h. 177, br. 81 cm. Sieh Nr. 209.

Martino di Battista da Udine, genannt Pellegrino da San Daniele.

Venezianische Schule (Udine). Geb. zu San Daniele (?) zwischen 1460 und 1470; gest. zu Udine den 23. Dezember 1547. Wahrscheinlich zuerst Schüler seines Vaters Battista; dann beeinflußt von B. Montagna und Pordenone, die er ebenso wie Romanino nachahmte; zuletzt von Palma Vecchio abhängig.

212. (E. 328.) **Ein junger Held.** Ein Jüngling mit zartem, fast weibischem Gesichte und langen braunen Haaren hält vor sich auf einem Tische einen großen Helm, um den sich ein goldener Eichenkranz schlingt.

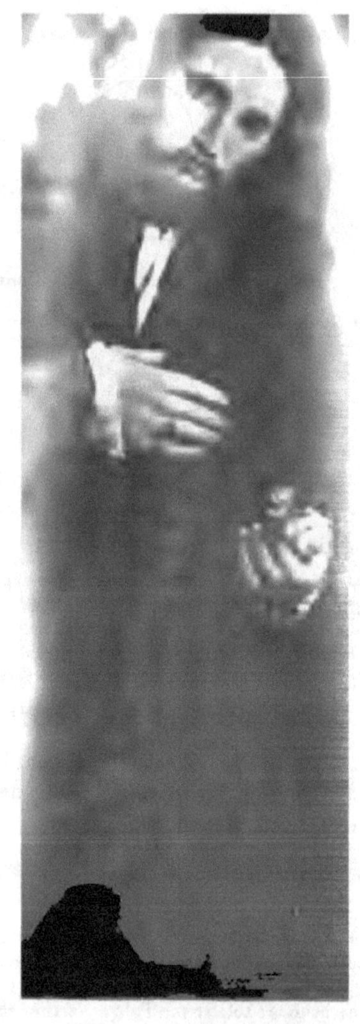

215. Lorenzo Lotto.

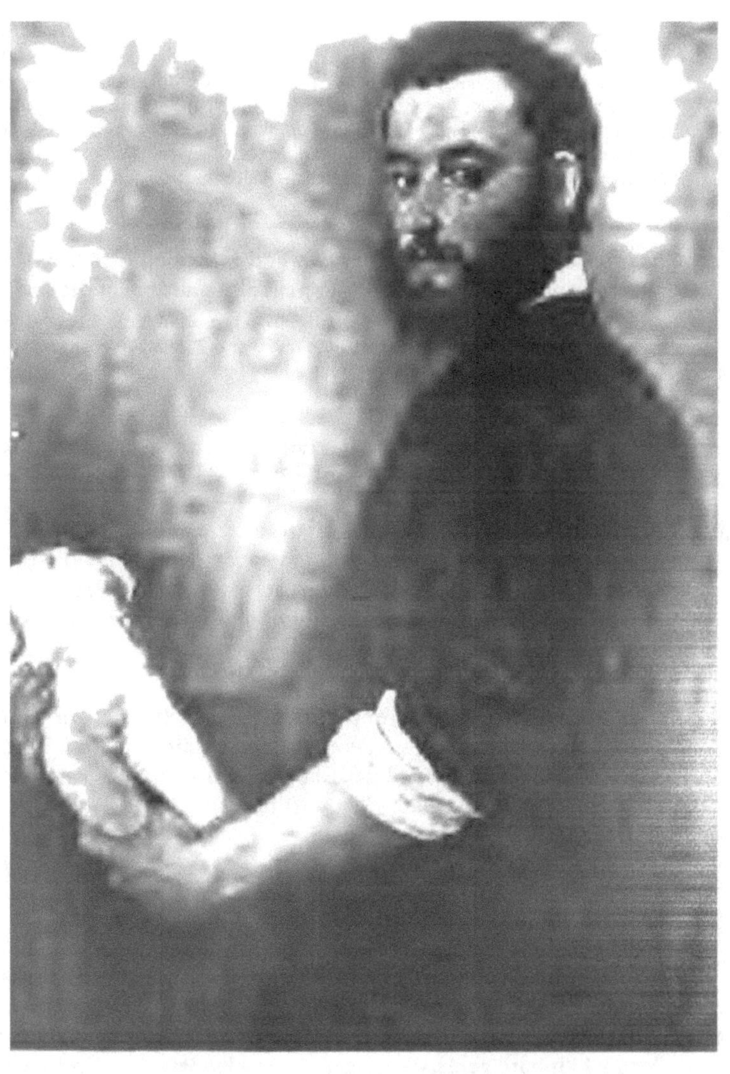

216. Giovanni Battista Moroni.

L.; h. 73, br. 64 cm. Halbe Figur. Samml. Erzh. Leopold Wilhelm. Hat seit dem XVII. Jahrhundert für ein Porträt des Gaston de Foix, Herzogs von Nemours, gegolten, der, 23 Jahre alt, in der Schlacht bei Ravenna 1512 gegen die Spanier fiel; dürfte jedoch, wie F. Wickhoff vermutet, richtiger David mit dem Helme des Saul darstellen. Früher Palma Vecchio genannt. J. Lermolieff war der erste, der das Bild der palmesken Epoche Pellegrinos da S. Daniele zuteilte.

Giovanni Girolamo Savoldo (s. Nr. 208).

213. Aristoteles (?). In ein grünes Gewand gekleidet, hält er mit der
(E. 320.) linken Hand eine beschriebene Papierrolle und erhebt die rechte.

Pappelholz; h. 80, br. 58 cm. Halbe Figur. Samml. Erzh. Leopold Wilhelm. Autor und Gegenstand des Bildes wurden von F. Wickhoff bestimmt. In Engerths Katalog unter dem Namen Palma Vecchios.

Lorenzo Lotto.

Venezianische Schule. Geb. zu Venedig um 1480; gest. um 1555 wahrscheinlich zu Loreto. Mutmaßlich Schüler Giovanni Bellinis; Genosse und Freund Palma Vecchios.

214. Maria mit dem Kinde und mit Heiligen. Die unter einem
(E. 273.) Baume sitzende Maria wird von einem Engel mit einem Kranze gekrönt. Das Christuskind blättert in einem Buche, welches die heilige Katharina ihm kniend entgegenhält. Rechts vorne kniet der heilige Jacobus der Ältere.

L.; h. 112, br. 148 cm. Kunstbesitz Karls VI.

215. Der Mann mit der Tierpranke in der Hand; an einem
(E. 274.) grün überdeckten Tische stehend, legt er die mit drei Ringen geschmückte rechte Hand auf die Brust und hält in der linken eine goldene Tierpranke. (Galt früher als Porträt des Ulisses Aldrovandi.)

L.; h. 98, br. 76 cm. Kniestück. War als Correggio in der Samml. Erzh. Leopold Wilhelm.

Giovanni Battista Moroni.

Venezianische Schule (Bergamo). Geb. zu Bondio bei Albino (in der Provinz Bergamo) um 1520; gest. zu Bergamo den 5. Februar 1578. Schüler Morettos und dessen bester Nachfolger.

216. Porträt eines Bildhauers. Ein junger, schwarzgekleideter
(E. 312.) Mann hält mit beiden vorgestreckten Händen den Torso einer kleinen männlichen Figur. Kopf und Blick wendet er über die linke Schulter auf den Beschauer. Die Ärmel seines Gewandes sind aufgeschoben.

L.; h. 87, br. 70 cm. Halbe Figur. Samml. Erzh. Leopold Wilhelm; galt früher als ein Werk Tizians, später als Pordenone.

217. Männliches Bildnis. Ein bärtiger Mann in schwarzer Klei-
(E. 313.) dung mit einem Briefe in der linken Hand lehnt an einem grün überdeckten Tische. Dreiviertelprofil, die rechte Seite dem Beschauer zugewendet.

L.; h. 86, br. 70 cm. Halbe Figur. Samml. Erzh. Leopold Wilhelm.

Alessandro Bonvicino, genannt Moretto da Brescia.

Venezianische Schule (Brescia). Geb. zu Brescia 1498; gest. daselbst Ende 1555. Schüler und Gehilfe Fioravante Ferramolas; weitergebildet durch G. Romanino und Tizian.

218. Die heilige Justina. Die Heilige, in einer lichten Landschaft
(E. 310.) stehend, blickt auf einen ihr zur Linken knienden Mann, wahrscheinlich den Stifter des Bildes, nieder. Sie hält mit der Rechten den Palmzweig, mit der Linken den Mantel aus Goldbrokat mit schwarzem Muster. Vorne links als Sinnbild der Jungfräulichkeit ein weißes Einhorn.

Pappelholz; h. 200, br. 140 cm. Das Bild stammt aus der Sammlung des Erzherzogs Sigismund Franz, kam laut Inventar 1663 von Innsbruck in das Schloß Ambras und von dort später nach Wien. Es ist ein Hauptwerk des Meisters, galt ursprünglich als Tizian, dann als Pordenone.

Girolamo Romanino (?).

Venezianische Schule (Brescia). Geb. zu Brescia zwischen 1484 und 1487; gest. daselbst 1566. Wahrscheinlich Schüler seines Vaters Giovanni Battista; dann beeinflußt von Fioravante Ferramola und besonders von Vincenzo Civerchio.

219. Weibliches Bildnis, vielleicht Petrarcas Laura. Der geöffnete
(E. 393.) rote Pelz läßt die bloße Brust sehen. Als Hintergrund ein Lorbeerzweig auf dunklem Grunde.

Leinwand auf Fichtenholz; h. 49, br. 39 cm. Brustbild. Samml. Erzh. Leopold Wilhelm.

Lorenzo Lotto (s. Nr. 214).

220. Bildnis eines Mannes in drei Ansichten. Ein Mann mit
(E. 508.) krausen Haaren und rötlichem Barte ist in drei verschiedenen Ansichten dargestellt. In der Mitte erscheint er en face, links im Profil, rechts im überschnittenen Profil.

L.; h. 53., br. 79 cm. Brustbild. Aus der Samml. König Karls I. von England, nach Brüssel in die Samml. Erzh. Leopold Wilhelm gekommen. Zuerst von Crowe und Cavalcaselle als Lorenzo Lotto bestimmt. Dieser Ansicht widerspricht J. Lermolieff, nach dem das Bild das Werk eines deutschen Malers ist.

Bernardino Licinio.

Venezianische Schule (Friaul). Geb. zu Bergamo um 1490. Tätig von 1511—1549 zu Venedig.

221. (E. 263.) Bildnis des Ottaviano Grimani. Der Prokurator von San Marco ist im Alter von 24 Jahren dargestellt. Er stützt mit der rechten Hand ein silberbeschlagenes Buch auf einen Steinsockel.

Bezeichnet auf dem Steinsockel: B · LYCINII · OPVS ·

L.; h. 125, br. 95 cm. Kniestück. 1816 dem Belvederedepôt entnommen.

Francesco Floreani.

Venezianische Schule (Friaul). Geb. zu Udine(?); gest. daselbst nach 1579. Schüler Pellegrino da San Danieles.

222. (E. 200.) Maria mit dem Kinde. Die heilige Jungfrau, von fünf Engeln umgeben, hält das auf ihrem Schoße stehende Christuskind. Von den Engeln bringt einer auf seinem Kopfe eine Schale mit Früchten herbei, ein anderer spielt zu ihren Füßen die Violine. Im Schoße der Mutter Gottes ein Cherubköpfchen.

Bezeichnet auf der Thronstufe:

FRANCISCVS FLOREANVS FACIEBAT · M · D · LXV ·

L.; h. 153, br. 79 cm. Mittelstück eines Altars der ehemaligen Kirche zu Reau in Friaul; kam 1824 in die Galerie.

Calisto Piazza, genannt da Lodi.

Lombardische Schule. Geb. zu Lodi um 1500; gest. 1561. Vermutlich Schüler Romaninos; schloß sich auch eng an Moretto an.

223. (E. 265.) Die Tochter der Herodias hält eine Schüssel, in welche der Scharfrichter das soeben abgeschlagene Haupt Johannes des Täufers legt. Der Leichnam des Heiligen zu seinen Füßen.

Auf der Rückseite des Bildes Schrift und Bezeichnung:

SS: Gio. e. Paulo. D. BENEVENTVS
BRVNNELLVS IVSSIT FIERI ANNO 1526.
CALISTV ·LAVDEN· F·

Pappelholz; h. 120, br. 93 cm. Aus dem Kloster S. Giovanni e Paolo in Venedig. Kam 1816 in die Galerie.

Jacopo Robusti, genannt Tintoretto.

Venezianische Schule. Geb. zu Venedig 1518; gest. daselbst den 31. Mai 1594. Kurze Zeit Schüler Tizians.

224. (E. 592.) Bildnis des Marcantonio Barbaro. Barbaro, ein venezianischer Patrizier, steht an einem Fenster und hält in der rechten Hand ein Diplom. (Marcantonio, einer venezianischen Patrizierfamilie entstammend, wurde 1518 geboren, vor 1559 Senator, war 1561 Gesandter beim König von Frankreich, 1568—1574 Gesandter in Konstantinopel bei Suleiman dem Großen, 1573 Prokurator von San Marco und starb, mit den höchsten Ehrenämtern betraut, 1595.)

Unter der Schrift die Chiffern:

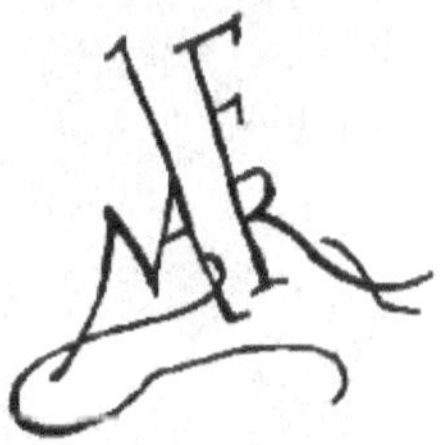

L.; h. 122, br. 100 cm. Kniestück. Samml. Erzh. Leopold Wilhelm. Früher Paolo Veronese zugeschrieben. Nach F. Wickhoffs entschiedener Erklärung ist aber der Autor dieses Porträtes J. Tintoretto.

Schule Jacopo Tintorettos (s. Nr. 224).

225. (E. 461.) Christus, vom Kreuze genommen. Der Leichnam Christi liegt auf dem Schoße Marias, die ohnmächtig niedersinkt. Magdalena breitet die Arme aus, Josef von Arimathäa unterstützt den Leichnam, Nikodemus steht rechts vorne.

L.; h. 91, br. 122 cm. Samml. Erzh. Leopold Wilhelm. In der Akademie zu Venedig befindet sich eine Wiederholung des Bildes mit Hinweglassung der stehenden Figur (E. v. Engerth).

Bonifazio Veneziano (s. Nr. 145).

226. (E. 81.) Der heilige Zacharias, vor dem Altare kniend, über welchem der Erzengel Gabriel erscheint. Auf den Stufen dreimal das Wappen der Gradenigo.

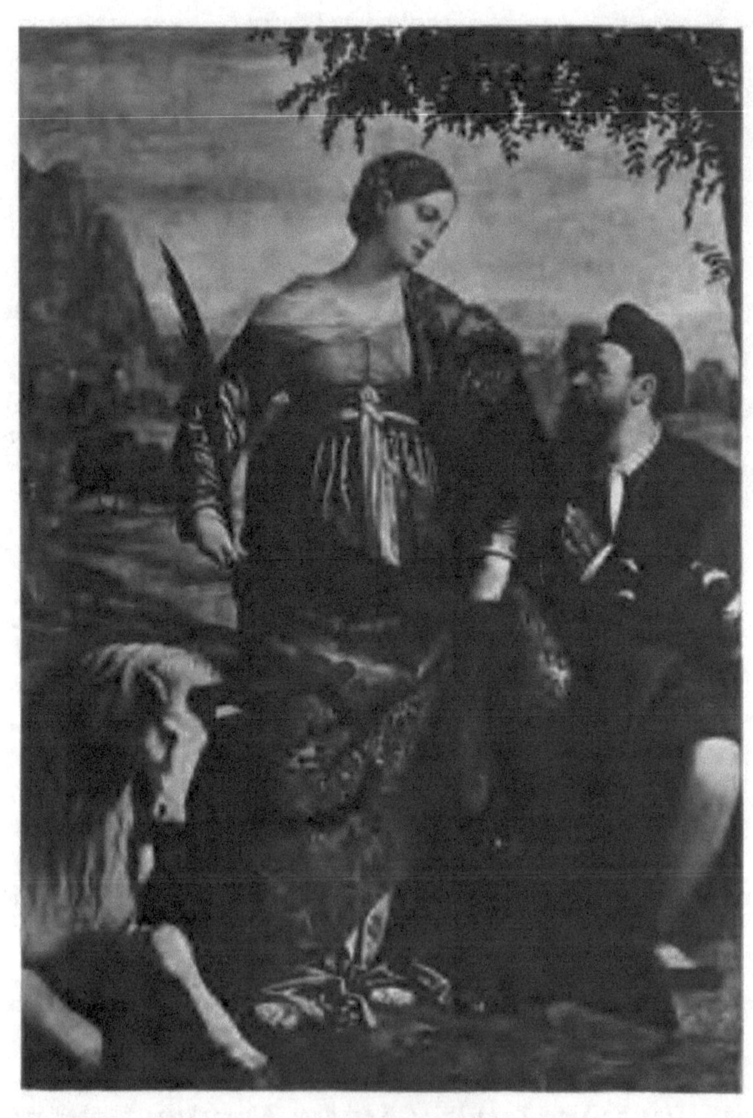

218. Moretto.

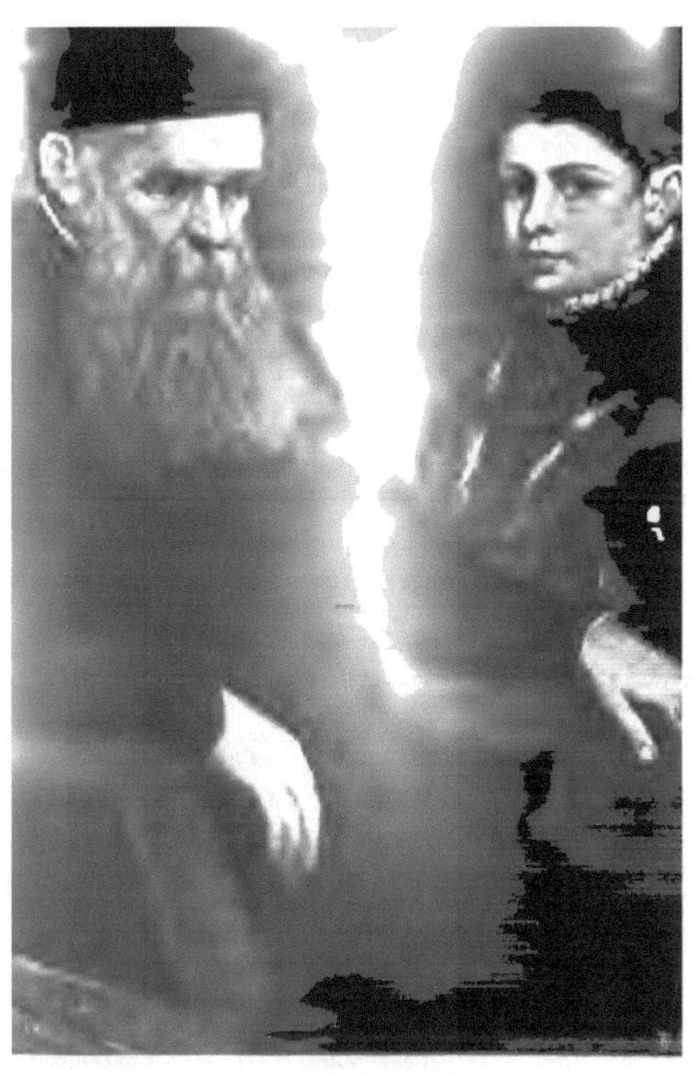

235. Jacopo Tintoretto.

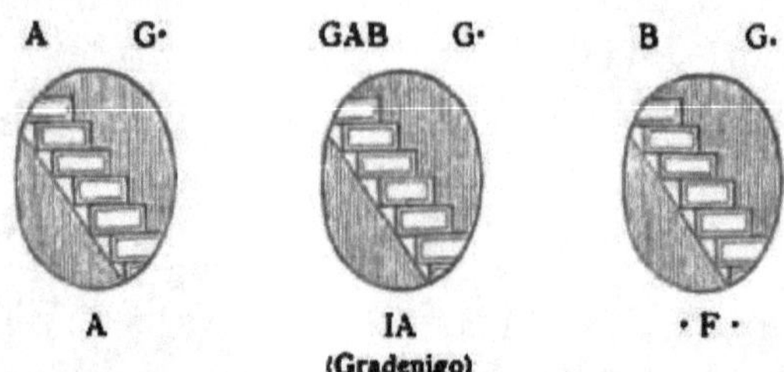

L.; h. 194, br. 165 cm., oben rund. Aus dem Palazzo Camerlenghi in Venedig 1838 erworben. Gemalt 1550.

Domenico Robusti, genannt Tintoretto.

Venezianische Schule. Geb. zu Venedig 1562; gest. daselbst 1637. Schüler seines Vaters Jacopo.

227. Bildnis eines Prokurators von San Marco, beiläufig 50
(E. 470.) Jahre alt, in der roten Amtstracht.

L.; h. 108, br. 73 cm. Halbe Figur. Kunstbesitz Karls VI. Von F. Wickhoff dem Domenico T. zugeschrieben; früher Jacopo T. genannt.

228. Bildnis eines Mannes im rotsamtenen Prokuratorengewande. Das Gesicht von grauem Haupt- und Barthaare umrahmt.

L.; h. 50·5, br. 40·5 cm. Belvederedepot.

229. Bildnis eines venezianischen Senators. Der weißbärtige
(E. 473.) Mann trägt die rote Amtstracht.

L.; h. 50, br. 41 cm. Brustbild. Kunstbesitz Karls VI. F. Wickhoff nahm das Porträt für Domenico T. in Anspruch; früher Jacopo T. genannt.

Jacopo Tintoretto (s. Nr. 224).

230. Bildnis eines Mannes im Lehnstuhle. Ein junger Mann
(E. 488.) mit dunklem Haare und spitzem Barte sitzt vor einem Tische, auf dem ein Pergamentband liegt.

L.; h. 113, br. 101 cm. Kniestück. Kat. Rosa 1804.

Paris Bordone.

Venezianische Schule. Geb. zu Treviso um 1500; gest. zu Venedig den 19. Januar 1571. Schüler Tizians.

231. Eine junge Frau mit entblößtem Busen, das heruntersinkende
(E. 90.) grüne Gewand haltend.

L.; h. 111, br. 82 cm. Kniestück. Zuerst im Prager Inventar 1718.

Domenico Tintoretto (s. Nr. 227).

232. Christus segnet venezianische Patrizier. Christus
(E. 450.) kommt von links geschritten und erhebt segnend die rechte Hand. Rechts knien drei edle Venezianer; hinter diesen stehen drei schwarzgekleidete Männer.

L.; h. 183, br. 304 cm. Oben zwei Halbkreise. Aus dem Palazzo dei Dieci Savii, Rialto, in Venedig 1838 erworben.

Paris Bordone (s. Nr. 231).

233. Allegorie. Eine sitzende junge Frau pflückt von einem Orangen-
(E. 87.) baume eine Frucht. Ein Amor schüttet aus einem Körbchen Rosen in ihren Schoß. Hinter ihr ein geharnischter Ritter, der die Blumen aus ihrer Hand nimmt; eine Viktoria schwebt von links heran und bekränzt das Paar.

L.; h. 112, br. 174 cm. Kniestück. Kat. Mechel 1783.

Jacopo Tintoretto (s. Nr. 224).

234. Lucretia zückt mit der Rechten den Dolch gegen die entblößte
(E. 499.) Brust und hält mit der Linken den Pelzmantel zusammen. Ihr Blick ist nach oben gerichtet.

L.; h. 100, br. 75 cm. Halbe Figur. Samml. Erzh. Leopold Wilhelm. Früher Tizian zugeschrieben.

235. Bildnis eines alten Mannes und eines Knaben. Der
(E. 474.) weißbärtige Greis, eine schwarze Kappe auf dem Kopfe, sitzt gebeugt in einem Lehnstuhle, beide Hände auf den Armlehnen. Zu seiner Linken steht ein Knabe, den Beschauer anblickend.

M · 3

Unten links die Buchstaben:

L.; h. 103, br. 83 cm. Kniestück. Samml. Erzh. Leopold Wilhelm.

236. Sebastiano Veniero. Der greise Sieger in der Seeschlacht
(E. 465.) von Lepanto (1571) steht in voller Rüstung, in der rechten Hand den Kommandostab. (Veniero, vom Jahre 1570 an Prokurator von San Marco, wurde 1577 zum Dogen von Venedig erwählt. Der Papst sandte ihm die goldene Rose. Zur Zeit seiner Regierung brach die furchtbare Pest aus, welche auch Tizian hinweggerafft haben soll. Veniero starb im Jahre 1578.)

L.; h. 112, br. 84 cm. Halbe Figur. Samml. Erzh. Leopold Wilhelm. Ridolfi sah ein Bild des Veniero von Tintoretto im Hause des Malipiero. (E. v. Engerth.)

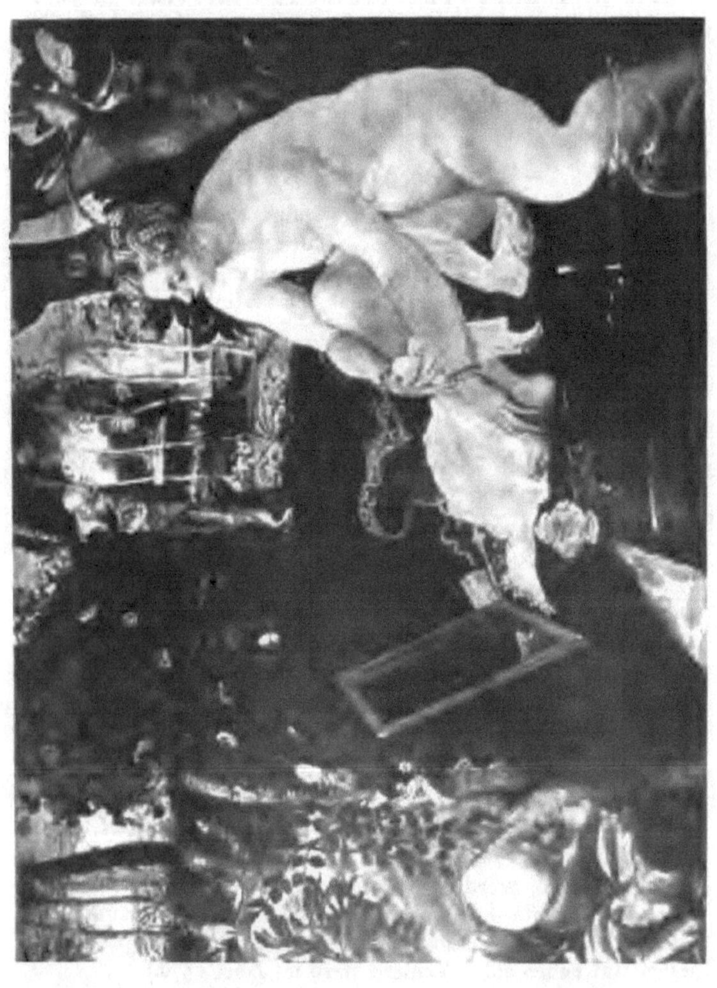

239. Jacopo Tintoretto.

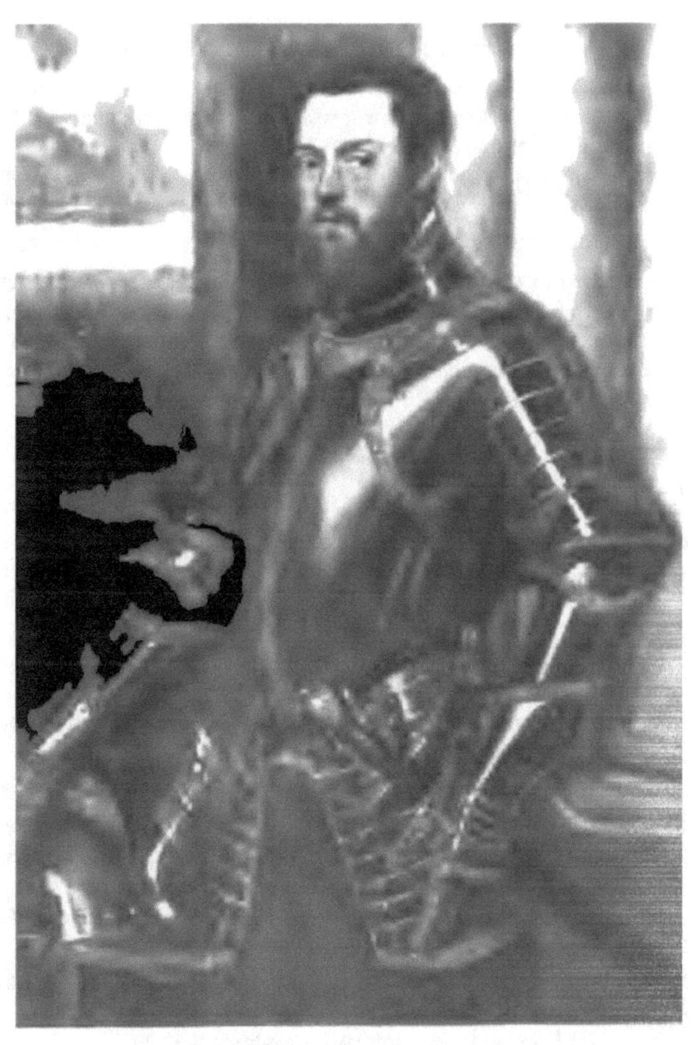

244. Jacopo Tintoretto.

Domenico Tintoretto (s. Nr. 227).

237. Bildnis eines Mannes. Ein Greis mit grauem Haupt- und (E. 484.) Barthaare in schwarzem, mit weißem Pelz verbrämtem Gewande, die linke Hand im Gürtel.

L.; h. 94, br. 54 cm. Halbe Figur. Samml. Erzh. Leopold Wilhelm. Zuerst von F. Wickhoff als Domenico T. bestimmt, früher Jacopo T. genannt.

Paris Bordone (s. Nr. 231).

238. Gladiatorenkampf. Auf einem großen Platze, unter dessen (E. 85.) Gebäuden Kolosseum, Pantheon und Trajanssäule willkürlich zusammengestellt sind, kämpfen sieben Gladiatorenpaare, von Zuschauern umgeben. Links auf einem Throne sitzt der Imperator; oben in den Wolken zügelt Apollo sein Gespann.

L.; h. 221, br. 332 cm. Kunstbesitz Karls VI. Wahrscheinlich das von Vasari erwähnte Bild, das Bordone für Augsburg gemalt haben soll.

Jacopo Tintoretto (s. Nr. 224).

239. Susanna und die beiden Alten. Rechts am Rande der Stein- (E. 460.) einfassung des Bades sitzt Susanna, den rechten Fuß abtrocknend. Links in der Ecke wird der Kopf des einen Alten sichtbar; der zweite kommt herangeschlichen.

L.; h. 143, br. 193 cm. Seit 1824 in der Galerie. Derselbe Gegenstand wurde von Tintoretto mehrmals, mit verschiedenen Abänderungen, wiederholt.

240. Bildnis eines jungen Mannes mit kurzem schwarzen Haare, (E. 480.) wenig Bart und großen dunklen Augen.

L.; h. 48, br. 39 cm. Brustbild. Unter Karl VI. in der Stallburg aufgestellt.

241. Apollo und die Musen. Die neun Frauengestalten, am Rande (E. 463.) der Hippokrene versammelt, beschäftigen sich mit Musik. In einer Glorie schwebt Apollo herab, Geige und Bogen in den Händen.

L.; h. 55, br. 94 cm. Samml. Erzh. Leopold Wilhelm. Derselbe Gegenstand wurde gleichfalls mehrfach von Tintoretto wiederholt.

242. Bildnis eines Mannes, in mittleren Jahren, mit dunklem (E. 477.) Haupt- und Barthaare.

L.; h. 50, br. 36 cm. Brustbild. Kunstbesitz Karls VI.

Domenico Tintoretto (s. Nr. 227).

243. Bildnis eines venezianischen Senators, in seiner roten (E. 472.) Amtstracht.

L.; h. 96, br. 60 cm. Halbe Figur. Kunstbesitz Karls VI. Dem Domenico T. von F. Wickhoff zugeschrieben; früher Jacopo T. genannt.

Jacopo Tintoretto (s. Nr. 224).

244. Ein Mann in goldverzierter Rüstung, an einem Tische (E. 468.) stehend, auf welchem sein Helm liegt.

Rechts unten auf dem Säulenfuße: ANOB XXX

L.; h. 123, br. 100 cm. Kniestück. Kunstbesitz Karls VI.

245. Bildnis eines jungen rotbärtigen Mannes, mit dunklem (E. 475.) Pelzrocke, in einem Lehnstuhle sitzend.

L.; h. 102, br. 82 cm. Halbe Figur. Kunstbesitz Karls VI.

Paris Bordone (s. Nr. 231).

246. Allegorie. Unter einem Baume sitzt eine junge Frau. Ein ge- (E. 88.) harnischter Ritter hat Amor Pfeil und Bogen abgenommen. Ein Mädchen pflückt die Blätter einer Pflanze in eine Schale.

L.; h. 109, br. 176 cm. Kniestück. Samml. Erzh. Leopold Wilhelm.

Domenico Tintoretto (s. Nr. 227).

247. Die heiligen drei Könige. Maria hält auf ihrem Schoße das (E. 451.) Jesuskind, dem der erste der heiligen drei Könige seine Gabe darbringt. Hinter der Gruppe der heilige Josef, rechts abseits stehen die beiden anderen Könige.

L.; h. 180, br. 304 cm. Aus dem Palazzo dei Dieci Savii, Rialto, in Venedig 1838 erworben.

Paris Bordone (s. Nr. 231).

248. Eine junge Frau an ihrem Putztische, läßt ihre rotblonden (E. 89.) Haare durch die Finger der linken Hand gleiten; ihre Rechte ruht auf dem Schmuckkästchen.

L.; h. 111, br. 83 cm. Kniestück. Zuerst im Prager Inventar 1718, in Wien 1783.

Venezianische Schule. XVI. Jahrhundert.

249. Bildnis einer venezianischen Dame. Sie ist in roten Samt (E. 511.) gekleidet und steht an einem teppichüberdeckten Tische, in der Linken die Handschuhe.

L.; h. 98, br. 76 cm. Halbe Figur. Samml. Erzh. Leopold Wilhelm. Crowe und Cavalcaselle teilen das Bild dem A. Schiavone zu; F. Wickhoff erklärte es für ein Werk Jacopo Tintorettos.

Jacopo Tintoretto (s. Nr. 224).

250. Bildnis eines Mannes von 35 Jahren, mit dunklem Haupt-
(E. 478.) und Barthaare, vor einem Tische stehend, die Rechte auf ein Buch gelegt.

Bezeichnet links unten:

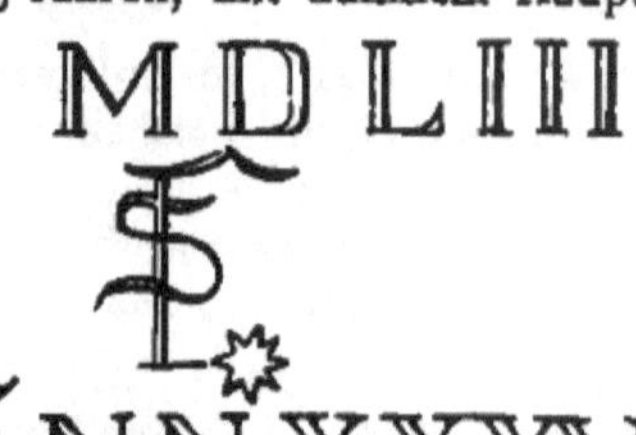

L.; h. 115, br. 97 cm. Halbe Figur. Seit 1824 in der Galerie.

Domenico Tintoretto (s. Nr. 227).

251. Bildnis eines Mannes. Ein weißbärtiger Greis mit frisch-
(E. 481.) gefärbtem Gesicht, in dunklem Pelzgewande, sitzt in einem Lehnstuhle, beide Hände auf den Armlehnen.

L.; h. 111, br. 84 cm. Kniestück. Kunstbesitz Karls VI. Dem Domenico zuerst von F. Wickhoff zugeschrieben; früher Jacopo T. genannt.

252. Die Findung Mosis. Die Tochter Pharaos, umgeben von
(E. 457.) ihren Dienerinnen, steht vor dem Korbe, aus dem das Kind genommen wurde. Eine der Frauen reicht dem Kinde die Brust.

L.; h. 179, br. 213 cm. Kunstbesitz Karls VI. Von F. Wickhoff dem Domenico T. zugeschrieben; früher Jacopo T. genannt.

Paris Bordone (s. Nr. 231).

253. Venus und Adonis. Venus hält die Waffen des Adonis; beide
(E. 91.) sitzen unter Bäumen. Ein schwebender Amor krönt sie mit einem Kranze.

L.; h. 115, br. 131 cm. Kniestück. Samml. Erzh. Leopold Wilhelm. Eine wenig veränderte bessere Wiederholung als «Daphnis und Chloe» in der National Gallery zu London.

Jacopo Tintoretto (s. Nr. 224).

254. Herkules stößt den Faun aus dem Bette der Omphale.
(E. 464.) In der Mitte sitzt im hochaufgebauten Bette Herkules, den Faun mit einem Fußtritte hinabschleudernd; Omphale, entkleidet, rechts vorne.

L.; h. 110, br. 107 cm. Kat. Mechel, 1783.

255. **Bildnis eines Mannes**, mit großem schwarzen Barte und er-
(E. 483.) grauendem Haare, in schwarzem Pelze, in der linken Hand die Handschuhe haltend.

L.; h. 91, br. 53 cm. Halbe Figur. Kunstbesitz Karls VI.

Domenico Tintoretto (s. Nr. 227).

256. **Bildnis eines Prokurators von San Marco**, stehend, im
(E. 453.) Purpurmantel, über der rechten Schulter eine goldbrokatene Stola, in der rechten Hand das Sacktuch.

L.; h. 96, br. 81 cm. Halbe Figur. Belvederedepot.

257. **Bildnis des 83. Dogen Girolamo Priuli** (1559—1567), im
(E. 455.) goldbrokatenen Kleide, die Dogenmütze auf dem Haupte, im Lehnstuhle sitzend, in der rechten Hand die Handschuhe haltend.

L.; h. 109, br. 87 cm. Kniestück. Belvederedepot.

Jacopo Tintoretto (s. Nr. 224).

258. **Bildnis eines jungen Mannes**, mit dunklem Haare und
(E. 485.) Barte, im braunen Pelze.

L.; h. 73, br. 65 cm. Halbe Figur. Seit 1816 in der Galerie nachweisbar.

Sebastiano Florigerio.

Venezianische Schule (Friaul). Geburts- und Todesjahr unbekannt. Tätig 1525—1543. Gehilfe Pellegrino da San Danieles.

259. **Der heilige Sebastian**, an einen Baumstamm gebunden. Ein
(E. 208.) rotes Tuch schlingt sich um seine Hüften; in der Brust steckt ein Pfeil.

L.; h. 143, br. 43 cm. Aus San Bovo in Padua. 1838 in Venedig erworben.

260. **Der heilige Rochus**. Er steht im Pilgergewande, den Stab
(E. 209.) in der Linken, und zeigt mit der Rechten auf seine Wunde.

L.; h. 143, br. 43 cm. Provenienz wie Nr. 259.

Andrea Schiavone (s. Nr. 146).

261. **Anbetung der Hirten**. Maria betrachtet das auf ihrem Schoße
(E. 416.) liegende Kind. Hinter ihr steht der heilige Josef. Einer der Hirten bringt ein Lamm. Ein Alter kniet zu Häupten des Kindes; hinter diesem zerrt ein anderer ein Rind herbei.

L.; h. 100, br. 76 cm. Samml. Erzh. Leopold Wilhelm.

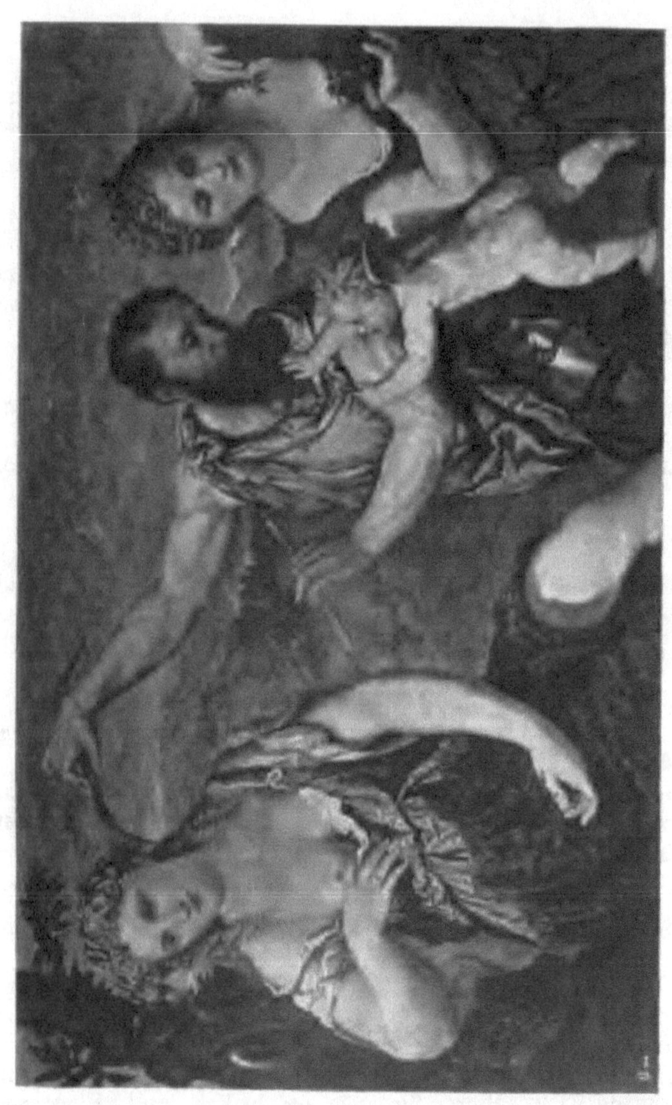

246. Paris Bordone.

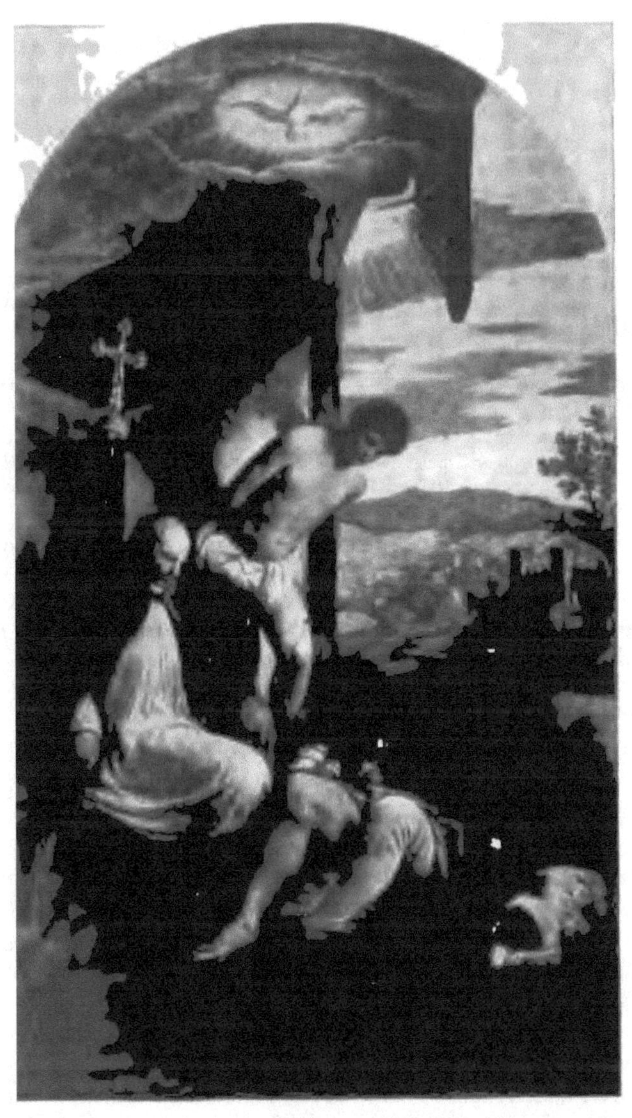

263. Giacomo Bassano.

Kabinett II. (Seitenlicht.)

Venezianisch. Erste Hälfte des XVI. Jahrhunderts.

262. Drei edle Venezianer. Ein Prokurator von San Marco in
(E. 558.) rotem Talar; zu beiden Seiten zwei schwarzgekleidete Männer; der zur Rechten des Prokurators hält eine Schrift, der zur Linken ein Buch.

L.; h. 122, br. 132 cm. Oben rund. Kniestück. Das Bild war als ein Werk Pordenones im Palazzo dei Dieci Savii, Rialto, in Venedig und wurde 1838 erworben.

Giacomo da Ponte, genannt **Bassano.**

Venezianische Schule (Bassano). Geb. zu Bassano 1510; gest. daselbst den 13. Februar 1592. Schüler seines Vaters Francesco; weiter gebildet in Venedig unter dem Einflusse Tizians und Bonifazio Veroneses.

263. Die Heiligen Sebastian, Fabian und Rochus. In der
(E. 47.) Mitte steht Sebastian, von Pfeilen getroffen, links sitzt Fabian, rechts liegt Rochus auf der Erde. Oben der heil. Geist in Gestalt der Taube. Im Hintergrunde rechts eine Gebirgslandschaft mit einer befestigten Stadt.

L.; h. 229, br. 136 cm. 1838 in Venedig erworben. Ursprünglich in der Kirche Ogni Santi zu Treviso.

Francesco da Ponte, genannt **Bassano.**

Venezianische Schule (Bassano). Geb. zu Bassano den 26. Jänner 1549; gest. zu Venedig den 4. Juli 1592. Schüler und Gehilfe seines Vaters Giacomo.

264. Jakob und Esau. Im Mittelgrunde des Bildes die sich trennenden Brüder. Jakob zeigt nach rechts. Vorne Herden und Hirten.

L.; h. 62, br. 101 cm. Aus der Ambrasersammlung im unteren Belvedere.

265. Nach der Sündflut. Noahs Familie beschäftigt, ein hölzernes
(E. 46.) Haus zu errichten. Links mehrere Haustiere. Im Hintergrunde Noahs Dankopfer.

L.; h. 133, br. 165 cm. Belvederedepot.

266. Der Herr zeigt Abraham das gelobte Land. Abraham mit
(E. 39.) seiner Familie und seinen Tieren nach Kanaan ziehend. Vorne Sarah auf einem Schimmel. In den Wolken erscheint Gott Vater.

L.; h. 136, br. 184 cm. Schatzkammer.

267. **Christus treibt die Mäkler aus dem Tempel.** In der Vor-
(E. 45.) halle des Tempels die Verkäufer. Christus mit hochgeschwungener Rechten züchtigt einen derselben. Volk und Haustiere drängen durch die geöffneten Türen ins Freie.

L.; h. 138, br. 191 cm. Schloß Ambras.

268. **Einzug in die Arche des Noah.** In der Mitte Noah, die ihn
(E. 44.) umgebenden Tiere wenden sich der Arche zu. Die Mitglieder seiner Familie verpacken den Hausrat oder treiben die Haustiere herbei.

L.; h. 137, br. 191 cm. Schloß Ambras.

Giacomo Bassano (s. Nr. 263).

269. **Thamar wird zum Scheiterhaufen geführt.** Rechts Tha-
(E. 35.) mar, von Kriegern umgeben; links der alte Juda und der Knabe, der ihm Stab und Ring vorhält.

L.; oval; h. 66, br. 114 cm. Kniestück. Zuerst unter Karl VI. in der Stallburg aufgestellt.

Francesco Bassano (s. Nr. 264).

270. **Waldige Landschaft mit Schafherden und Hirten.** Im Vorder- und Mittelgrunde die Herden, vorne, in jeder Ecke des Bildes, lagert ein Hirte. Im Mittelgrunde eine Zisterne, von der zwei Männer den Deckstein abheben. Links auf einer Anhöhe ein Bauernhof.

Leinwand auf Holz; h. 81, br. 115 cm. Aus der kais. Burg zu Prag 1894 in die Galerie zurückgekommen.

Leandro da Ponte, genannt Bassano.

Venezianische Schule (Bassano). Geb. zu Bassano 1558; gest. zu Venedig 1623. Schüler seines Vaters Giacomo; seit 1591 vorzugsweise in Venedig tätig.

271. **Ein bassanesischer Kaufmann, dessen Frau und Ge-**
(E. 53.) **schäftsfreund.** Der Kaufmann hat ein Buch und Geld vor sich auf dem Tische, die Frau ein Hündchen; der Geschäftsfreund hält in der Rechten einen zusammengefalteten Zettel, auf welchem «Al Mr. S. Oratio Lago S. Bassano» geschrieben steht.

L.; h. 93, br. 117 cm. Halbe Figuren. Kunstbesitz Karls VI.

Domenico Theotocopoli, genannt il Greco (s. Nr. 596).

272. **Die Anbetung der Könige.** Maria sitzt links auf den Stufen
(E. 48.) einer Tempelruine, das Jesuskind auf ihrem Schoße. Vor ihr

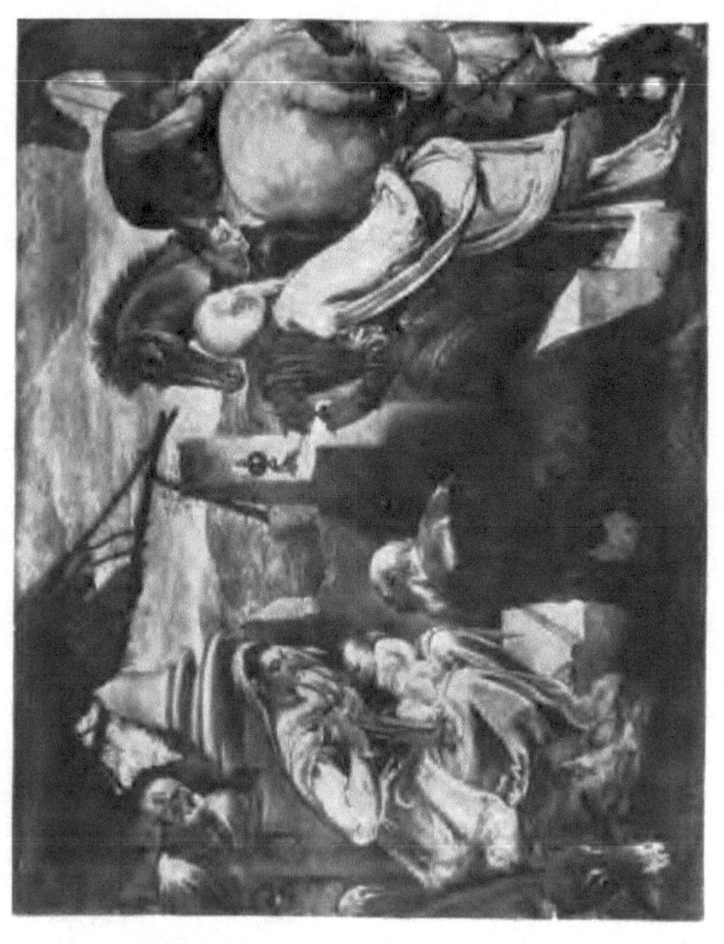

272. Domenico Theotocopoli, gen. il Greco.

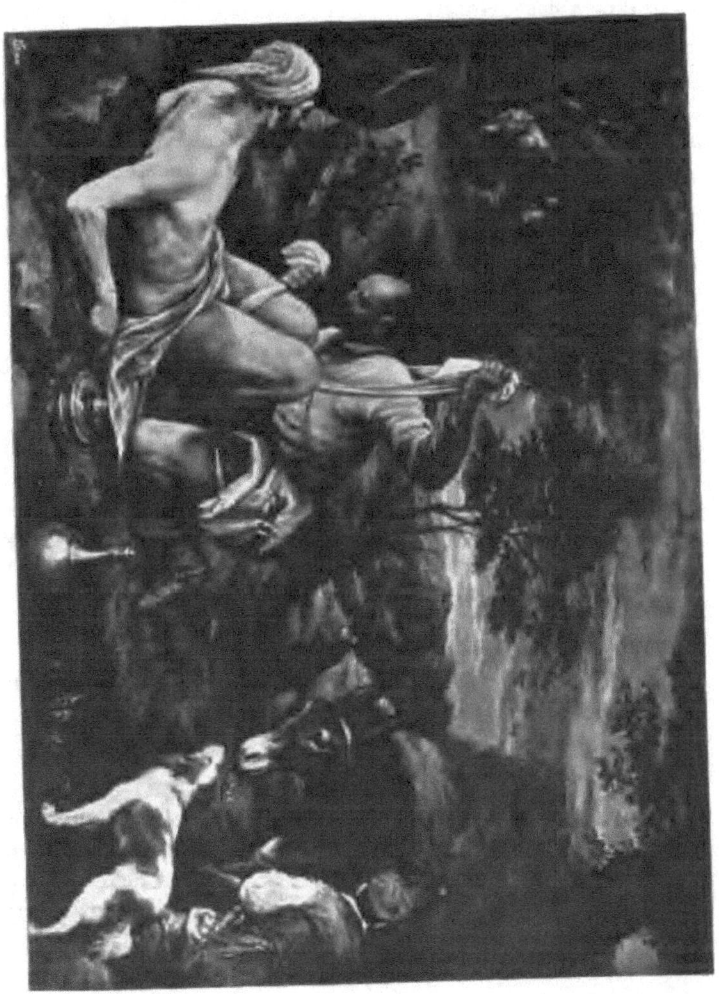

283. Francesco Bassano.

die heiligen drei Könige, deren einer vor ihr kniet. Hinter diesen das Gefolge.

L.; h. 93, br. 117 cm. Samml. Erzh. Leopold Wilhelm. Früher Giacomo Bassano zugeschrieben.

Francesco Bassano (s. Nr. 264).

273. Anbetung der Könige. Rechts sitzt Maria, auf ihrem Schoße das Jesuskind haltend, dem der vor ihr kniende König ein Geschenk überreichen läßt. Hinter diesem stehen die beiden anderen Könige und weiter links das Gefolge mit Hunden und Tragtieren. Im Hintergrunde Landschaft und Gebäude.

L.; h. 134, br. 182 cm. Provenienz wie Nr. 270.

Leandro Bassano (s. Nr. 271).

274. Bildnis eines Prämonstratensers. Der Geistliche blättert
(E. 50.) mit der rechten Hand in einem Buche. Dreiviertelprofil, die linke Seite des Gesichtes dem Beschauer zugewendet.

L.; h. 115, br. 107 cm. Kniestück. Belvederedepot.

Francesco Bassano (s. Nr. 264).

275. Die Darstellung im Tempel. Der Hohenpriester beugt sich
(E. 37.) über das auf dem Tische liegende Christuskind. Rechts kniet Maria, hinter ihr eine alte Frau und der heilige Josef, ganz vorne eine zweite Frau, welche Opfertauben in einem Korbe hält. Neben der Säule zündet ein Chorknabe die Fackel an. Vorne links eine junge Frau mit ihrem Kinde an der Brust. Hinter ihr zwei Männer.

L.; h. 66, br. 77 cm. Kat. Mechel, 1783.

Giacomo Bassano (s. Nr. 263).

276. Die Anbetung der Hirten. Maria kniet rechts vor dem
(E. 36.) Christuskinde und hält die beiden Enden des Linnens empor, auf welchem das Kind gebettet ist. Der von dem heiligen Kinde ausstrahlende Lichtschein beleuchtet den sich über das Jesuskind beugenden Josef und die herbeigekommenen Hirten.

L.; h. 74, br. 100 cm. Samml. Erzh. Leopold Wilhelm.

Francesco Bassano (s. Nr. 264).

277. Bauernwirtschaft. In einer Hügellandschaft, links vorne, ein rotgekleideter Bursche, der einen erlegten Hasen an einer Stange

trägt; bei ihm drei Hunde. Rechts kniet eine Frau, welche eine Ziege melkt; auf einer kleinen Anhöhe sieht man die Austreibung der ersten Eltern aus dem Paradiese.

L.; h. 83, br. 115 cm. Provenienz wie Nr. 270.

Leandro Bassano (s. Nr. 271).

278. Der Januar. Links vorne an einem Feuer sitzend eine Frau, die spinnt, und ein Mann, der sich Hände und Füße wärmt. Vorne kniet ein Knabe, welcher Holz zusammenbindet. Rechts kommen zwei Reiter von der Falkenjagd; vor diesen zwei Hunde und ein Bursche, der einen Falken auf der Faust und einen Hasen an einer Stange trägt. Am Himmel das Monatszeichen: der Wassermann.

Bezeichnet links unten auf der Steinstufe: LEANDER BASSANENSIS

L.; h. 146, br. 190 cm. Provenienz wie Nr. 270.

Francesco Bassano (s. Nr. 264).

279. Knabe mit der Flöte. Ein mit Weinlaub bekränzter Knabe (E. 33.) bläst auf einer Hirtenflöte. Dreiviertelprofil, die rechte Seite dem Beschauer zugewendet.

Bezeichnet links oben: FRANC BASS. FFC

Kupfer; h. 55, br. 44 cm. Brustbild. Samml. Erzh. Leopold Wilhelm.

280. Herkules am Spinnrocken. Links steht Omphale, die Keule des Herkules schwingend; rechts sitzt Herkules am Spinnrocken, umgeben von den Frauen der Omphale; im Vordergrunde Amor mit Bogen und Köcher; im Hintergrunde die Aussicht auf eine Landschaft, in welcher die Taten des Herkules zu sehen sind.

In der Mitte unten auf der Stufe: FRANC^{VS} BASS^{IS} FAC^{A}

L.; h. 178, br. 374 cm. Aus der kais. Burg zu Prag.

Giacomo Bassano (s. Nr. 263).

281. Die Jagd. Eine Jagdgesellschaft in einer Landschaft; voraus
(E. 41.) die Treiber und ein Reiter. Vorne melkt eine Frau eine Ziege, neben ihr Schafe.

L.; h. 76, br. 112 cm. Aus dem Kunstbesitz Karls VI.

Francesco Bassano (s. Nr. 264).

282. Bildnis seines Vaters Giacomo. Er hält Pinsel und Palette
(E. 42.) in der linken Hand. Vorne auf dem Tische ein Buch.

L.; h. 80, br. 72 cm. Halbe Figur. Kat. Mechel 1783. Das Bild kam 1809 nach Paris und 1815 wieder zurück. Von F. Wickhoff als Francesco B. bestimmt. Ging früher als Selbstbildnis Giacomos. Im Inventar der Prager Schatz- und Kunstkammer von 1621 wird es erwähnt als »ein contrafect vom Jacobo Bassan, vom Leander Bassan gemahlt«.

283. Der barmherzige Samariter. Der Samariter verbindet die
(E. 34.) Wunden des Beraubten. Ein Diener hält einen gesattelten Esel. Im Mittelgrunde sieht man den Priester und Leviten, auf einer Anhöhe im Busch die Räuber.

L.; h. 73, br. 98 cm. Samml. Erzh. Leopold Wilhelm.

284. Knabe mit Hund. Der Knabe in rotem Kleide und braunem
(E. 592.) Mantel, den Kopf über die rechte Schulter wendend, drückt einen jungen Hund an sich.

L.; h. 56, br. 45 cm. Halbe Figur. Samml. Erzh. Leopold Wilhelm. Früher Paolo Veronese genannt.

285. Das Wasser in der Wüste. In einer waldigen Landschaft drängen sich Menschen und Tiere um das Wasser, welches Moses aus dem Felsen hervorgerufen hat. Ein alter Mann sitzt zu Pferde, ein junger Mensch reicht ihm die gefüllte Schale. Ein Knabe hält seine Schale unter den aus dem Felsen springenden Wasserstrahl. Andere füllen ihre Gefäße. Im Hintergrunde Moses dahinschreitend.

L.; h. 83, br. 114 cm. Provenienz wie Nr. 270.

Leandro Bassano (s. Nr. 271).

286. Der November. Im Vordergrunde links sitzt eine alte Frau beim Feuer und röstet Kastanien, neben ihr eine zweite Frau, die eine Gans hält. Rechts vorne eine junge Frauensperson, die Hanf bricht. Im Mittelgrunde links ein großes Gehöfte, rechts

Ausblick in die Landschaft. Am teilweise bewölkten Himmel das Monatszeichen: der Schütz.

Bezeichnet rechts: L · BASS. FA

L.; h. 145, br. 212 cm. Provenienz wie Nr. 270.

Francesco Bassano (s. Nr. 264).

287. Sancta Juliana de Falconeriis. Die Heilige, mit gesenktem
(E. 32.) Blicke, beugt ihr Haupt vor der Erscheinung der Hostie. Rechts auf einer Felsplatte Kruzifix und Totenkopf. Zu Füßen der Heiligen allerlei Tiere.

L.; h. 128, br. 94 cm. Kniestück. Samml. Erzh. Leopold Wilhelm. Früher als heilige Klara bezeichnet. Der Gegenstand wurde von Albert Ilg richtiggestellt.

288. Der heilige Franciscus, in seine Kutte gehüllt, kniet in einer
(E. 31.) Höhle vor dem auf einer Felsplatte stehenden Kruzifixe.

L.; h. 128, br. 94 cm. Kniestück. Samml. Erzh. Leopold Wilhelm.

289. Januar und Februar. Rechts sind zwei Metzger mit dem Herrichten eines geschlachteten Schweines beschäftigt, am gedeckten Tische vorne eine Magd, ein Knabe und ein sich in den Mantel hüllender Mann. Im Hintergrunde, unter einem Dache bei einem Feuer, zwei Personen, welchen sich eine dritte nähert. Am Himmel die Monatszeichen: der Wassermann und die Fische.

Bezeichnet rechts oben an der Mauer: FRANC VS BASS IS

L.; h. 111, br. 73 cm. Provenienz wie Nr. 270.

290. Juni, Juli, August. Links vorne das Portal eines Hauses, unter dem eine junge Frauensperson steht, welche auf eine Schüssel mit Feigen blickt, die ihr ein Knabe bringt. Rechts vorne sitzt eine vornehme Dame; vor ihr zwei Mägde und ein Junge. Im Mittelgrunde die Kornernte. Ein Wagen wird mit Getreide beladen, links oben vor einem Gebäude wird dasselbe

gedroschen. Am Himmel die Monatszeichen: der Krebs, der Löwe, die Jungfrau.

Bezeichnet links an der untersten Stufe: FRANC.ˢ BASS

L.; h. 111, br. 145 cm. Provenienz wie Nr. 270.

291. September, Oktober, November. Weinlese. Links vorne wird ein Faß gereift, rechts werden in einer Kufe die von den Knechten gelesenen Trauben getreten. In der Mitte des Bildes freier Ausblick in eine Berggegend, am Himmel die Monatszeichen: Wage, Skorpion und Schütz.

Bezeichnet rechts unten in der Ecke: FRANC BASS.

L.; h. 111½, br. 145 cm. Provenienz wie Nr. 270.

Leandro Bassano (s. Nr. 271).

292. Der Monat August. Rechts im Vordergrunde sind Küfer mit dem Herrichten von Fässern beschäftigt. Links eine Frau, welche die in Körben und auf dem Boden liegenden Früchte sammelt und ordnet. Links im Mittelgrunde ein Gebäude, davor mehrere Personen, unter ihnen ein Mann, der ein Schaf schert. Hintergrund bergige Landschaft. Am Himmel das Monatszeichen: die Jungfrau.

Bezeichnet an der Holzkiste oberhalb der Früchte hinter der Frau:

LEANDEP BASS.IS
FA(EBAT

L.; h. 144, br. 211 cm. Provenienz wie Nr. 270.

293. Der Monat Juni. Rechts im Vordergrunde wird ein von Kühen gezogener Wagen mit Garben beladen, links bietet eine Frau einen Teller mit Kirschen den aus dem Portale des Hauses

tretenden Personen an. Neben ihr ein Knabe. Vorne in der Mitte des Bildes eine Magd mit Tragkörben. Auf dem nahen Felde wird das Getreide geschnitten. Im Hintergrunde bergige Landschaft. Am Himmel das Monatszeichen: der Krebs.

Bezeichnet links unten an der Steinstufe:

LEANDER BASSANENSIS
FACIEBAT!

L.; h. 144, br. 213 cm. Provenienz wie Nr. 270.

Francesco Bassano (s. Nr. 264).

294. Abraham auf der Wanderschaft. Ein vorausschreitender Mann führt einen Schimmel, auf welchem ein Knabe reitet. Haustiere folgen. Hinter einem Felsen rechts nur wenig sichtbar Abraham, der zur Erscheinung Gottes in den Wolken emporblickt.

Leinwand auf Holz; h. 82, br. 113½ cm. Provenienz wie Nr. 270.

295. Herbstlandschaft. Weinlese; in der Mitte des Vordergrundes tritt ein Knabe, in einer Tonne stehend, die Trauben, links ein mit Rindern bespannter Wagen. Auf hohem Felsen empfängt Moses die Gesetztafeln.

L.; h. 82, br. 114 cm. Provenienz wie Nr. 270.

296. Landwirtschaft. Vorne links ein Mann, der ein Schaf schert. Bei demselben ein Knabe. Rechts eine Gruppe von Personen, die Mahlzeit halten. Im Mittelgrunde die Getreideernte. Auf dem nahen hohen Berge Abraham den Isaak opfernd.

L.; h. 82, br. 114 cm. Provenienz wie Nr. 270.

Giacomo Bassano (s. Nr. 263).

297. Moses schlägt Wasser aus dem Felsen. Im Mittelgrunde steht bei dem die rechte Seite des Bildes einnehmenden Felsen Moses mit dem Stabe in der Linken, während er mit der Rechten auf das hervorstürzende Wasser zeigt. Um ihn herum das Volk Israel, das in Gefäßen aller Art das Wasser sammelt.

L.; h. 82, br. 114 cm. Provenienz wie Nr. 270.

298. Die Mannalese. Rechts Moses im grünen, Aaron im roten Gewande. Im Vordergrunde das mannasammelnde Volk. Die Landschaft eine bewaldete Berggegend.

L.; h. 82½, br. 114 cm. Provenienz wie Nr. 270.

299. Grablegung Christi. Christus wird, auf dem von den Männern gehaltenen Leintuche liegend, in das Grab gesenkt. Rechts vorne die Frauen, links ein Mann, der mit der Leiter beschäftigt ist. Neben der die rechte Seite des Bildes einnehmenden Felswand der Ausblick auf Golgatha.

L.; h. 105½, br. 125 cm. Provenienz wie Nr. 270.

Leandro Bassano (s. Nr. 271).

300. Der reiche Mann und der arme Lazarus. Rechts vorne der arme Lazarus, an dessen Wunden zwei Hunde lecken. Der reiche Prasser sitzt an der Tafel mit einer Frau. Musikanten spielen ihm auf. Pagen und Diener bringen Speisen; links die Küche mit den Küchenbediensteten. Ein Mädchen kniet bei einem offenen Feuer. Vorne eine Katze und ein Affe.

L.; h. 131, br. 192 cm. Provenienz wie Nr. 270.

301. Der reiche Mann und der arme Lazarus. Wiederholung
(E. 38.) von Nr. 300, mit Hinweglassung des Mädchens am Feuer.

L.; h. 136, br. 184 cm. Schatzkammer.

302. Bildnis des Kardinals Domenico Tuscu (1598—1620).
(E. 51.) Der Greis, en face gesehen, mit weißem Bart, sitzt schreibend vor einem Tische und blickt auf den Beschauer; er trägt das rote Kardinalskleid und die rote Mütze.

Auf der Seite des rotüberzogenen Lehnstuhles sein Wappen:

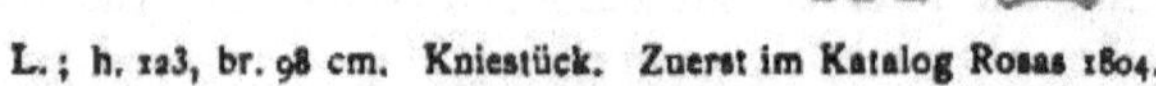

L.; h. 123, br. 98 cm. Kniestück. Zuerst im Katalog Rosas 1804.

Kabinett III. (Seitenlicht.)

Parrasio Michiele.

Venezianische Schule. Tätig in der Mitte des XVI. Jahrhunderts. Schüler Paolo Veroneses.

303. (E. 560.) Bildnis des venezianischen Patriziers Girolamo Zani, mit grauem Haar und Barte, in einem Gewande von Goldbrokat, in der Rechten eine Papierrolle, in der Linken die Handschuhe.

Rechts im Grunde sein Wappen, darüber die Schrift: 1568 HIER• ZAN . EQ

L.; h. 116, br. 88 cm. Halbe Figur. 1838 in Venedig erworben. Boschini sah das Bild im letzten Zimmer der Prokuratien von Venedig und führt es in seinen «Ricche Minere» unter Parrasios Namen auf. F. Wickhoff machte zuerst darauf aufmerksam; früher bloß als venezianisch bezeichnet.

Leandro Bassano (s. Nr. 271).

304. Landwirtschaft. Links vorne kniet eine alte Frau, welche eine Ziege melkt, rechts wird von einem Mädchen Butter bereitet, ein Mann schlichtet dieselbe zum Trocknen auf. Im Hintergrunde Schafherden und weite Landschaft mit Gebäuden.

L.; h. 145, br. 160 cm. Provenienz wie Nr. 270.

305. Der April. Im Vordergrunde links wird ein geschlachtetes Zicklein von einem Burschen ausgeweidet, bei ihm steht eine Magd, welche zwei Körbe trägt. Rechts vorne Tiere, ein Knabe und ein Mann mit Körben. Im Mittelgrunde zu beiden Seiten Bauernhäuser, in der Mitte Ausblick in eine Landschaft. Am Himmel das Monatszeichen: der Stier.

Links unten in der Ecke die Reste der ehemaligen Bezeichnung: ER L SI. T

L.; h. 146, br. 159½ cm. Provenienz wie Nr. 270.

Giacomo Bassano (s. Nr. 263).

306. **Der Sämann.** Ein Mann schreitet, den Samen streuend, den
(E. 40.) Acker entlang. Im Vordergrunde eine Gruppe von Menschen und Tieren.

Stein; h. 30, br. 40 cm. Samml. Erzh. Leopold Wilhelm.

Leandro Bassano (s. Nr. 271).

307. **Spinnerei und Weberei.** Im Vordergrunde links eine Frau, rechts ein kleines Mädchen beim Hanfspinnen; hinter der Frau steht ein Greis und ein Jüngling, der ihr Wein anbietet. Im Mittelgrunde rechts wird Getreide gedroschen, den Hintergrund bilden Gebäude.

Bezeichnet rechts unten auf einem Steine:

LEANDER. BSSANENSIS FE.

L.; h. 130, br. 86 cm. Provenienz wie Nr. 270.

308. **Bildnis eines Prämonstratensers,** in weißem Ordenskleide,
(E. 49.) Dreiviertelprofil, die rechte Seite dem Beschauer zugewendet.

L.; h. 79, br. 58 cm. Halbe Figur. Samml. Erzh. Leopold Wilhelm.

Giacomo Bassano (?) (s. Nr. 263).

309. **Bildnis eines Prokurators von San Marco.** Der ältliche,
(E. 452.) kahle Mann trägt ein Purpurgewand mit grauem Pelzbesatze.

L.; h. 74, br. 61 cm. Brustbild. Belvederedepot. Früher Domenico Tintoretto genannt.

Francesco Bassano (s. Nr. 264).

310. **Der arme Lazarus und der reiche Prasser (Skizze).** Im Vordergrunde sitzt Lazarus, an dessen Geschwüren zwei Hunde lecken, und wendet sich gegen einen auf ihn zutretenden Mann. Rückwärts auf erhöhtem Platze die Tafel, an welcher, in einen roten Mantel gehüllt, der Prasser sitzt, dem von den Knechten Speisen aufgetragen werden.

L.; h. 55, br. 43 cm. Provenienz wie Nr. 270.

Giacomo Bassano (s. Nr. 263).

311. **Bildnis eines Prokurators von San Marco.** Langes Ge-
(E. 469.) sicht mit großer Nase, schwarzes Haupt- und Barthaar. Drei-

viertelprofil, die rechte Seite dem Beschauer zugewendet. In rotem Samtkleide mit Pelzverbrämung.

L.; h. 49, br. 39 cm. Brustbild. Kunstbesitz Karls VI. Früher dem Jacopo Tintoretto zugeschrieben; zuerst von F. Wickhoff als Giacomo B. bestimmt.

312. Bildnis eines venezianischen Senators. Spärliches graues
(E. 487.) Haar, kurzer grauer Bart, dunkles, mit weißem Pelz verbrämtes Gewand, weißer Hemdkragen.

L.; h. 49, br. 39 cm. Brustbild. Belvederedepot. Früher dem Jacopo Tintoretto zugeschrieben; zuerst von F. Wickhoff als Giacomo B. bestimmt.

Francesco Bassano (s. Nr. 264).

313. Anbetung der Könige. Vor einer Tempelruine sitzt Maria mit dem Jesuskinde auf dem Schoße. Vor demselben kniet einer der heiligen drei Könige in Verehrung. Hinter ihm die beiden anderen Könige. Ein Knabe hält ein goldenes Gefäß auf einer goldenen Schüssel. Vorne ein Zwerg mit einem Falken in der Rechten. Ringsherum das Gefolge mit den Tieren.

Bezeichnet:

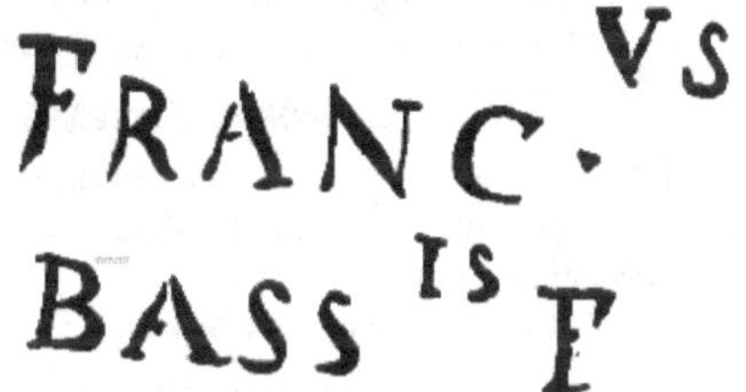

L.; h. 288, br. 178 cm. Oben im Bogen abgeschlossen. Aus der Ambrasersammlung im unteren Belvedere.

Leandro Bassano (s. Nr. 271).

314. Der Sommer. Vor einem Gebäude, unter einer Weinlaube sitzt vorne rechts eine vornehme Dame mit einem Federfächer; ein Mädchen bietet derselben Früchte an. Links ein gedeckter Tisch, vorne ein Hündchen. Im Hintergrunde Landschaft mit Badenden.

L.; h. 130, br. 86 cm. Provenienz wie Nr. 270.

315. Venus bei Vulcan. Links vorne die Esse, an der Vulcan einen Pfeil für den bei ihm stehenden Amor schmiedet. Hinter Vulcan Venus. Rechts sitzt ein Mann, der einen Kupferkessel bearbeitet. Ein Knabe legt Geldstücke auf einen Tisch. In der Mitte des Bildes steht ein Mann, der den Blasebalg zieht.

L.; h. 128, br. 207 cm. Aus der Ambraseraammlung im unteren Belvedere. Eine größere Wiederholung (ähnlich dem zerschnittenen Bilde, das ursprünglich aus unseren Nummern 316 und 317 bestand) befindet sich im Konservatorenpalast zu Rom.

316. Venus bei Vulcan. Wiederholung der linken Bildseite von Nr. 315. Dieses Stück und Nr. 317 sind Teile eines größeren Bildes, dessen vollständige Komposition Nr. 315 zeigt. Beim Zerschneiden ist die mittlere Rückenfigur fast ganz verloren gegangen, so daß von derselben nur mehr die rechte Hand, welche den Blasebalg zieht, vorhanden ist.

L.; h. 167½, br. 108 cm. Provenienz wie Nr. 270.

317. Kupferschmiede. Wiederholung der rechten Bildseite von Nr. 315.

L.; h. 167½, br. 108 cm. Provenienz wie Nr. 270.

Francesco Bassano (s. Nr. 264).

318. Beschneidung Christi. Wiederholung von Nr. 275.

Leinw. auf Holz; h. 47½, br. 51 cm. Provenienz wie Nr. 270.

Giacomo Bassano (s. Nr. 263).

319. Die Kreuztragung. Die heilige Veronika naht dem unter
(E. 43.) der Last des Kreuzes zu Boden gesunkenen Heiland mit dem Schweißtuche.

Stein; h. 60, br. 47 cm. Samml. Erzh. Leopold Wilhelm.

Leandro Bassano (s. Nr. 271).

320. Karneval. Der Marktplatz einer Stadt, rechts vorne Geflügelverkäufer. Links maskierte Personen. Auf dem Platze, der rückwärts durch ein Tor abgeschlossen wird, Vorbereitungen zu einer Stierhetze.

Bezeichnet auf der Steinstufe unten in der Mitte: LEANDER BASSANENSIS. F.

L.; h. 145, br. 181 cm. Provenienz wie N. 270.

321. Der Fischmarkt. Im Vordergrunde rechts ein vornehmer Mann, der bei den Fischhändlern seine Einkäufe macht. Einer der Fischer hält sitzend einen Korb, der andere, stehend, neigt sich grüßend zu dem Kommenden. Links sitzt eine alte Frau mit einem Knaben. Im Mittelgrunde eine Kirche, zu der sich

ein Brautzug heranbewegt, weiter rückwärts eine Kapelle, in welcher ein Priester dem Volke predigt.

Am unteren Bildrande das Bruchstück der Bezeichnung:

LEANDER

L.; h. 145, br. 211 cm. Provenienz wie Nr. 270.

Francesco Bassano (s. Nr. 264).

322. Bauernwirtschaft. Im Vordergrunde kniet die Hausfrau, ein großes Holzgefäß haltend. Bei ihr stehen Haustiere. Rechts trägt ein rotgekleideter Bursche einen erlegten Hasen an einer Stange. Im Hintergrunde Landschaft mit blauen Bergen.

Bezeichnet links unten neben dem Hunde:

FRANC·BASS
FA

L.; h. 100, br. 79 cm. Provenienz wie Nr. 270.

Leandro Bassano (s. Nr. 271).

323. Bildnis des 94. Dogen Antonio Priuli, mit weißem Barte,
(E. 52.) im goldenen Dogenkleide mit dem Hermelinkragen. Dreiviertelprofil, die rechte Seite dem Beschauer zugewendet.

Bezeichnet:

ANTONIVS
VENETIAR
MDCX

L.; h. 134, br. 203 cm. Kniestück. Belvederedepot.

Francesco Bassano (s. Nr. 264).

324. Jahrmarkt. Links vorne ein Fleischer. Vor seinem Verkaufsstande liegt ein Bettler mit der Krücke. Neben ihm ein Knabe bei einem Brette, darauf Käse und Butter. Rechts sitzt eine Frau, die Geflügel und Früchte feilbietet; neben ihr ein gedeckter Tisch, auf welchem Gebäck und Karten liegen. Nahebei

spricht ein Reiter mit einer Frau, die ein Kind trägt. Im Mittelgrunde des figurenreichen Bildes Verkaufsbuden, rückwärts bergige Landschaft.

Bezeichnet links auf der Tischplatte:

FRANC·VS BASS IS
FAC·

L.; h. 125, br. 280 cm. Provenienz wie Nr. 270.

325. Abraham auf der Wanderschaft. Der Zug von Menschen und Tieren bewegt sich nach links. Auf einem Schimmel reitet eine Frau, der eine andere ein Kind reicht. In den Wolken erscheint Gottvater. Wiederholung von Nr. 266.

L.; h. 93, br. 126½ cm. Aus der Ambrasersammlung im unteren Belvedere.

Girolamo da Ponte, genannt Bassano.

Venezianische Schule (Bassano). Geb. zu Bassano 1560, gest. zu Bassano 1622. Schüler und Gehilfe seines Vaters Giacomo.

325 a. Die Anbetung der Hirten. Marie erfaßt mit beiden Händen das Linnen, auf dem das Christuskind ruht. Links im Vordergrunde der heil. Josef, hinter ihm eine Frau und ein Mann, der den Hut abnimmt. Rechts drei Hirten.

Bezeichnet in der Mitte unten:

HI.. NYMVS DE
BASS. P.

L.; h. 153, br. 133 cm. 1905 aus dem Galeriedepot entnommen. Das einzige bekannte bezeichnete Werk dieses Künstlers.

Venezianisch. XVI. Jahrhundert.

326. Die Manna sammelnden Juden. Links vorne steht Moses.
(E. 458.) Eine dichte Menschenmenge umgibt ihn. Männer und Weiber sind beschäftigt, das Manna aufzulesen. Bergige Landschaft mit Regenstimmung.

L.; h. 100, br. 199 cm. Im Inventar der Samml. Erzh. Leopold Wilhelm von 1659 als Palma Giovine. Früher Jacopo Tintoretto zugeschrieben.

Venezianisch, erste Hälfte des XVI. Jahrhunderts.

327. Bildnis eines venezianischen Patriziers in mittleren
(E. 557.) Jahren, mit schmaler Stirne, kahlem Schädel, kurzem braunen Barte, in blaßrotem pelzverbrämten Gewande.

L.; h. 74, br. 61 cm. Brustbild. Belvederedepot. Am meisten dem Pordenone verwandt. (E. v. Engerth.)

Venezianisch, zweite Hälfte des XVI. Jahrhunderts.

328. Bildnis eines Mannes. Ein Greis mit breitem weißen Vollbart, stehend, mit der linken Hand das dunkle Pelzgewand zusammenhaltend.
(E. 482.)

L.; h. 94, br. 58 cm. Halbe Figur. Kunstbesitz Karls VI. Von F. Wickhoff dem Domenico T. zugeteilt; früher Jacopo T. genannt. Vielleicht eher von Bernardo Strozzi (Aug. Schäffer).

Domenico Tintoretto (s. Nr. 227).

329. Bildnis eines Mannes. Ein Mann von mittleren Jahren, den Kopf nach seiner Linken wendend. Ein dunkler Pelz deckt das rote Unterkleid.
(E. 486.)

L.; h. 81, br. 65 cm. Brustbild. Belvederedepot. Zuerst von F. Wickhoff als Domenico T. erkannt, früher Jacopo T. zugeschrieben.

330. Bildnis eines Prokurators von San Marco, mit grauem Haar und Barte, in der Amtstracht. Rechts durch eine Fensteröffnung sieht man auf einen Kanal.
(E. 471.)

L.; h. 111, br. 86 cm. Halbe Figur. Kat. Rosa 1804. Früher als Jacopo Tintoretto.

Andrea Schiavone (s. Nr. 146).

331. Mucius Scävola. Rechts sitzt Porsenna auf dem Throne; vor ihm liegt der Leichnam des erschlagenen königlichen Schreibers. Diesem zu Häupten brennt in einer Bronzeschale das Feuer, in welches Scävola die rechte Hand mit dem Dolche hält.
(E. 462.)

L.; h. 46, br. 121 cm. Aus dem Belvederedepot. Früher als Jacopo Tintoretto.

Venezianisch. XVI. Jahrhundert.

332. Tobias von dem Engel geführt. Weite, von Hügeln begrenzte Flußlandschaft. Im Hintergrunde eine Ortschaft.

L.; h. 47, br. 77 cm. Wahrscheinlich aus der Sammlung Erzh. Leopold Wilhelm.

Nach **Jacopo Tintoretto (?)** (s. Nr. 224).

333. Bildnis des Dogen Nicolò da Ponte. Der greise Doge sitzt, den linken Arm auf der Stuhllehne; auf dem Haupte trägt er die Dogenmütze und über das Goldbrokatkleid einen Hermelinkragen. (Nicolò wurde am 19. März 1578 im 88. Lebens-
(E. 467.)

jahre der 87. Doge von Venedig. Er war Doktor, Prokurator zu San Marco, ein in den Wissenschaften höchst bewanderter Mann und wurde vielfach mit Missionen bei Monarchen und Päpsten betraut. Er war mit Matthäus Dandolo zugleich Orator auf dem Konzil von Trient. Unter ihm wurden am Markusplatz die alten Prokuratien erbaut, er regierte glänzend und starb 95 Jahre alt am 29. Juli 1585.)

L.; h. 86, br. 60 cm. Halbe Figur. Kunstbesitz Karls VI. Früher Jacopo Tintoretto selbst zugeschrieben.

Domenico Tintoretto (s. Nr. 227).

334. Bildnis eines Mannes, mit kurzem braunen Haar und Barte,
(E. 476.) in schwarzem Gewande.

L.; h. 71, br. 57 cm. Brustbild. 1824 dem Belvederedepot entnommen. Früher Jacopo T. genannt, auf Vorschlag F. Wickhoffs dem Domenico zugeteilt.

Kabinett IV. (Seitenlicht.)

Giovanni Battista Crespi, genannt Il Cerano.

Mailändische Schule. Geb. zu Cerano (im Gebiete von Novara) 1557; gest. zu Mailand 1633. Schüler der Procaccini.

335. Christus erscheint den Aposteln Petrus und Paulus.
(E. 174.) In einer Glorie, den heiligen Geist über dem Haupte, erscheint Christus auf einem Wolkenthrone und reicht dem zu seiner Rechten knienden Petrus die Schlüssel, gegenüber kniet Paulus mit Schwert und Buch vor sich. Hinter Petrus ein Knabe, der die Tiara hält.

Links unten ein Wappen:

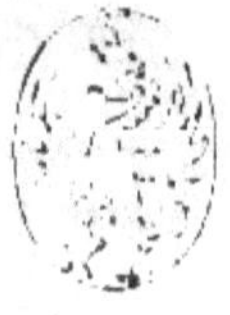

L.; h. 273, br. 184 cm. Kat. Rosa 1796.

Daniele Crespi.

Mailändische Schule. Geb. zu Mailand um 1590; gest. daselbst 1630. Zuerst Schüler G. B. Crespis; dann Giulio Cesare Procaccinis.

336. Der Traum des Josef. Josef ist in seiner Werkstätte ein-
(E. 173.) geschlafen. Der zur Flucht mahnende Engel berührt ihn mit

der linken Hand und deutet mit der Rechten in das Nebengemach, in welchem man Maria mit dem schlafenden Christuskinde sieht.

L.; h. 297, br. 202 cm. Kat. Mechel, 1783.

Giuseppe Maria Crespi.

Bolognesische Schule. Geb. zu Bologna den 16. März 1665; gest. daselbst den 16. Juli 1747. Schüler D. M. Canutis und Carlo Cignanis.

337. Achilles und der Centaur Chiron. Achilles wird durch
(E. 175.) den Centauren im Bogenschießen unterrichtet. Grau in grau gemalt.

L.; h. 142, br. 134 cm. Kat. Mechel, 1783.

338. Äneas, die Sibylle und Charon. Äneas besteigt, von der
(E. 176.) cumäischen Sibylle geführt, den Nachen. Charon hält das Ruder, um damit vom Lande abzustoßen.

L.; h. 143, br. 134 cm. Kat. Mechel, 1783.

Florentinisch, XVII. Jahrhundert.

339. Rebekka am Brunnen. Rebekka gibt dem Knechte Abra-
(E. 202.) hams, Eliasar, aus einem Kruge zu trinken. Rechts eine Magd und Weiber am Brunnen, links Knechte mit Kamelen.

L.; h. 121, br. 155 cm. Aus dem Schlosse Ambras 1773 in die Galerie gekommen.

Francesco Furini.

Florentinische Schule. Geb. zu Florenz um 1600; gest. daselbst 1649. Schüler Matteo Rosellis.

340. Die büßende Magdalena. In einer düstern Landschaft sitzt
(E. 215.) die entkleidete Magdalena und blickt, das Haupt über ihre rechte Schulter wendend, schmerzbewegt zum Himmel auf. Vorne rechts ein Buch, an einen Totenschädel gelehnt; links das Salbgefäß.

L.; h. 169, br. 150 cm. Aus dem Schlosse Ambras bei Innsbruck. Inventar von 1719.

Tomaso Gherardini.

Florentinische Schule. Geb. zu Florenz 1715; gest. daselbst 1797. Schüler Meuccis und der Akademien von Bologna und Venedig.

341. Triumphzug der Ariadne. Ariadne sitzt auf einem von zwei
(E. 223.) Leoparden gezogenen zweirädrigen Wagen. Hinter ihr eine kleine Viktoria. Zwei Bacchanten schreiten nebenher.

Bezeichnet links unten:

Tom^so Gandini F. 1777

L.; h. 113, br. 128 cm. Dieses und die beiden Bilder Nr. 352 und 353, grau in grau gemalte Nachahmungen von Reliefen, wurden am 17. Februar 1778 vom Künstler selbst in Florenz um 885 Lire gekauft. (E. v. Engerth.)

Giulio Cesare Procaccini.

Mailändische Schule. Geb. zu Bologna 1548; gest. zu Mailand um 1626. Schüler seines Vaters Ercole Procaccini.

342. Die Beweinung Christi. Der Leichnam Christi liegt im
(E. 359.) Schoße seiner Mutter. Unter den ihn umgebenden Wehklagenden kniet links vorne Magdalena, rechts Nicodemus, die Dornenkrone in der Hand haltend.

L.; h. 262, br. 200 cm. Seit 1796 in der Galerie.

Giovanni Bilverti.

Florentinische Schule. Geb. zu Florenz 1576; gest. daselbst 1644. Schüler und Gehilfe Lodovico Cardis, genannt il Cigoli.

343. Christus und die Samariterin am Brunnen. Christus sitzt
(E. 64.) unter einer Weinlaube am Brunnen. Die ihm gegenüberstehende Samariterin hält auf dem Steinrande ein kesselartiges Gefäß. Zwischen beiden steht ein Knabe.

L.; h. 241, br. 194 cm. Aus dem Schlosse Ambras.

Francesco Curradi.

Florentinische Schule. Geb. zu Florenz 1576; gest. daselbst 1661. Schüler Battista Naldinis.

344. Abraham und die Engel. Links kniet vor seinem Hause
(E. 177.) Abraham mit gefalteten Händen; hinter ihm in der Haustür Sarah. Von rechts kommen die drei Engel, deren einer mit der Hand auf Sarah zeigt.

L.; h. 235, br. 177 cm. Aus der Sammlung Erzh. Sigismund Franz, kam 1773 aus Schloß Ambras in die Galerie.

Jacopo da Empoli.

Florentinische Schule. Geb. zu Florenz um 1554; gest. daselbst 1640. Schüler Tommaso da S. Fredianos; weiter ausgebildet durch das Studium der Werke Andrea del Sartos, Fra Bartolommeos und Pontormos.

345. Susanna vor dem Bade. In einem Ziergarten sitzt Susanna
(E. 186.) und wird zum Bade entkleidet; zwei Dienerinnen sind um sie beschäftigt. Rechts im Mittelgrunde zwischen den Bäumen die beiden Alten, im Vordergrunde ein kleiner Hund.

Bezeichnet auf der Steinstufe:

IACOPO EMPOLI. F. 1600

L.; h. 230, br. 173 cm. Aus dem Schlosse Ambras 1773 in die Galerie gekommen.

Lorenzo Lippi.

Florentinische Schule. Geb. zu Florenz 1606; gest. daselbst 1664. Schüler Matteo Rosellis.

346. Christus und die Samaritin. Christus sitzt rechts beim
(E. 264.) Brunnen. Die vor ihm stehende Samaritin hält mit der linken Hand eine kupferne Kanne gegen ihre Hüfte gestemmt. Ein nacktes Kind erfaßt furchtsam ihr Kleid.

Bezeichnet unter der linken Hand Christi:

LL.F.
1644

L.; h. 186, br. 176 cm. Erst seit 1804 in der Galerie.

Lodovico Cardi, genannt Il Cigoli.

Florentinische Schule. Geb. zu Cigoli bei Empoli den 21. September 1559; gest. zu Rom 1613. Schüler Santi di Titos und Nachfolger Allessandro Alloris; ausgebildet auch durch das Studium Correggios und der Venezianer.

347. Die Beweinung Christi. Der Leichnam des Heilands, von
(E. 125.) Nicodemus gehalten, liegt auf dem Schoße seiner Mutter. Hinter Maria rechts zwei Engel mit den Marterwerkzeugen.

L.; h. 194, br. 146 cm. Im Jahre 1792 aus Florenz, wo es in der Galerie Pitti war, durch Tausch nach Wien gekommen.

Giuseppe Arcimboldi.

Mailändische Schule. Soll 1593 zu Mailand im Alter von 60 Jahren gestorben sein.

348. Der Winter, dargestellt durch ein aus knorrigem Holze
(E. 19.) und Strohgeflechte gebildetes Brustbild.

Bezeichnet rechts unten:

GIVSEPPE
ARCIMBOLDO
· F ·

Lindenholz; h. 67, br. 52 cm. Kunst- und Schatzkammer Kaiser Rudolfs II. in Prag.

349. (E. 18.) **Der Sommer**, dargestellt durch ein aus Obst und Korbgeflecht gebildetes Brustbild.

Bezeichnet im Strohgeflechte auf Kragen und Schulter:

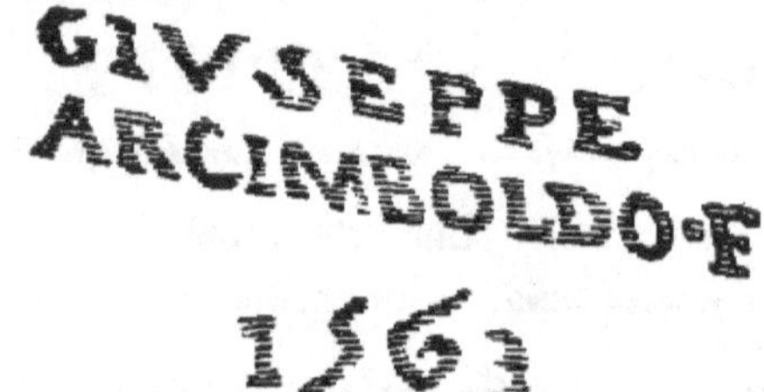

Lindenholz; h. 67, br. 52 cm. Kunst- und Schatzkammer Kaiser Rudolfs II. in Prag.

350. (E. 17.) **Das Wasser**, dargestellt durch ein aus Seetieren gebildetes Brustbild.

Lindenholz; h. 67, br. 52 cm. Kunst- und Schatzkammer Kaiser Rudolfs II. in Prag.

351. (E. 16.) **Das Feuer**, dargestellt durch ein aus Flammen, Waffen und dergleichen gebildetes Brustbild. Um den Hals liegt Geschmeide über einer Pistole, neben der ein kleines Pulverhorn mit dem kaiserlichen Adler sichtbar ist.

Bezeichnet unten rechts:

Lindenholz; h. 67, br. 52 cm. Kunst- und Schatzkammer Kaiser Rudolfs II. in Prag.

Tomaso Gherardini (s. Nr. 341).

352. (E. 222.) **Ein Panopfer.** Bei einem Opferbecken steht die kleine Figur des Pan auf hohem Sockel. Rechts sitzt eine Frau, eine Fackel gegen den Boden drückend; eine zweite nährt das Feuer. Links führt ein Mann das Opfertier herbei; weiter rückwärts ein Faun.

Bezeichnet links unten:

L.; h. 113, br. 129 cm. Provenienz wie Nr. 341.

353. Viktoria und Fama, im Profil, die rechte Seite sichtbar,
(E. 224.) lenken die beiden Rosse vor ihrem Siegeswagen.

Bezeichnet unten links: Tom. Gerardini. F. 1777

L.; h. 113, br. 129 cm. Provenienz wie Nr. 341.

Orazio Lomi, genannt Gentileschi.

Florentinische Schule. Geb. zu Pisa 1563; gest. zu London 1646. Schüler Aurelio Lomis.

354. Die Ruhe auf der Flucht nach Ägypten. Maria, auf der
(E. 220.) Erde ruhend, säugt das heilige Kind. Links schläft der heilige Josef. Hintergrund dunkle Felswand.

Bezeichnet links unten auf einem Steine: HORATIVS GENTILESHVS FECIT

L.; h. 139, br. 217 cm. Zuerst im Prager Inventar von 1718.

355. Die büßende Magdalena. Die Heilige liegt in einer Höhle
(E. 219.) auf der Erde und stützt ihr Haupt auf den linken Arm. Links Ausblick in eine Landschaft.

Bezeichnet rechts unten auf einem Steine: HORATIVS · GENTILESCHI FLORENTINVS

L.; h. 131, br. 215 cm. Aus der Samml. des Herzogs von Buckingham durch Erzh. Leopold Wilhelm 1648 gekauft.

Pietro Berrettini da Cortona.

Römische Schule. Geb. zu Cortona den 1. November 1596; gest. zu Rom den 16. Mai 1669. Schüler Andrea Comodis; beeinflußt durch B. Pocetti.

356. Die Vermählung der heiligen Katharina. Rechts sitzt
(E. 168.) Maria in einer Landschaft, das Christuskind auf dem Schoße haltend. Links kniet die heilige Katharina und empfängt vom Heilande den Ring.

L.; h. 111, br. 95 cm. Oval. 1802 aus der Samml. des Kardinals Fürsten Albani in Rom erworben.

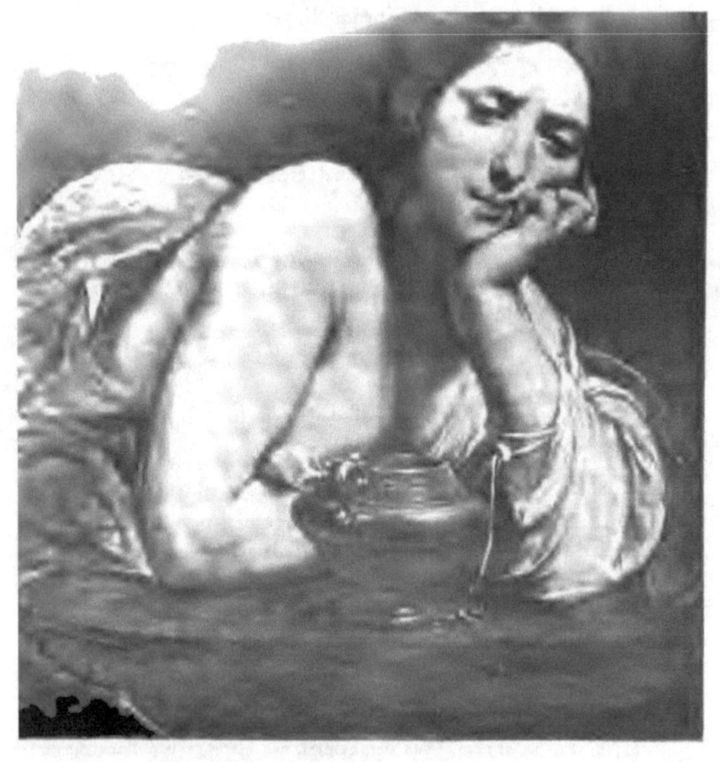

369. **Francesco Furini.**

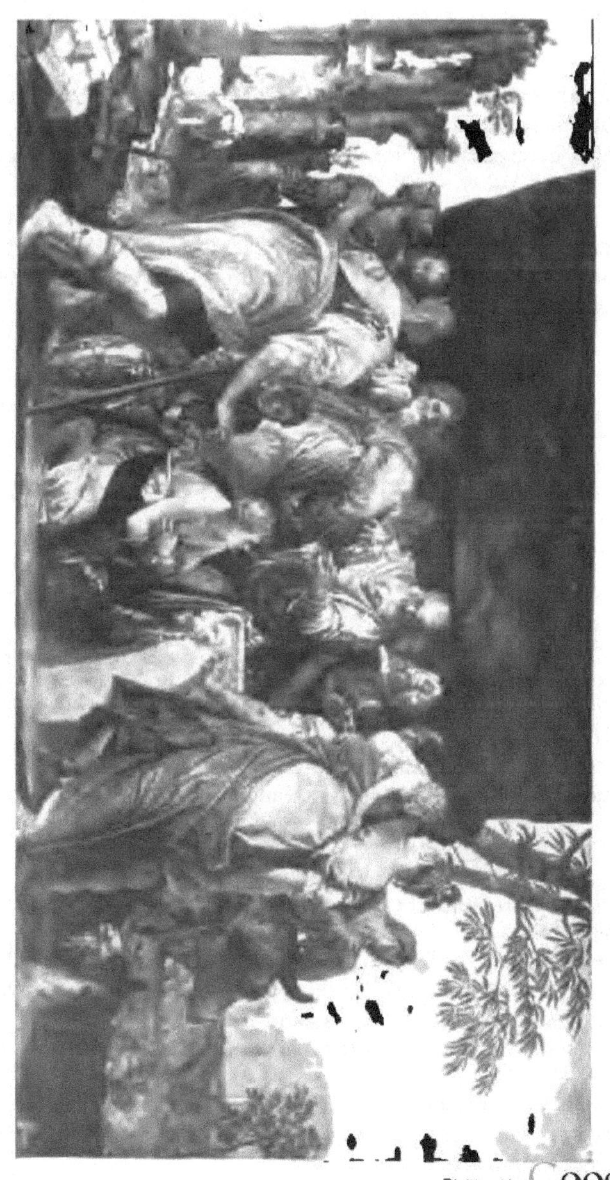

357. **Hagar kehrt in Abrahams Haus zurück.** Rechts vor der
(E. 170.) Tür seiner Hütte steht Abraham und bewillkommt die von einem Engel heimgeleitete Hagar. Im Innern der Hütte sitzt Sarah.

L.; h. 124, br. 94 cm. Kommt zuerst 1796 in der Galerie vor.

358. **Saulus und Ananias.** Der erblindete Saulus kniet vor dem
(E. 169.) greisen Ananias, der die rechte Hand auf Sauls Haupt legt. Vorne kniet ein blondlockiger Jüngling. Hinter Saul steht sein Gefolge.

L.; h. 52, br. 53 cm. Kunstbesitz Karls VI.

Giovanni Battista Lupicini.

Florentinische Schule. Tätig in Florenz um 1625. Schüler Lodovico Cardis, genannt il Cigoli.

359. **Martha tadelt ihre eitle Schwester.** Maria Magdalena sitzt
(E. 277.) an einem Putztische; neben ihr die Dienerin, welche das Haar der Herrin kämmt. Rechts steht Martha, die eitle Schwester beschwörend.

L.; h. 132, br. 105 cm. Kniestück. Samml. Erzh. Leopold Wilhelm.

Pietro Ricchi, genannt il Lucchese.

Bolognesische Schule. Geb. zu Lucca 1606; gest. zu Udine 1675. War zuerst in der Schule Passignanos, dann in der Guido Renis gebildet worden, ließ sich aber später hauptsächlich durch die Venezianer (bes. Pietro Liberi) beeinflussen.

360. **Die reuige Magdalena.** Die Büßerin steht in einer Felsen-
(E. 388.) höhle und hält die Hände auf einem rot gebundenen Buche gefaltet. Brust und Leib sind von langen blonden Haaren umwallt.

L.; h. 174, br. 108 cm. In der Stallburg unter Karl VI. aufgestellt.

Giovanni Francesco Romanelli.

Römische Schule. Geb. zu Viterbo 1617; gest. zu Rom 1662. Schüler Pietro da Cortonas.

361. **Siegestanz der Jüdinnen vor David.** In einer Landschaft
(E. 390.) sitzt rechts David, das Haupt Goliaths in der Linken. Weiber und Kinder begrüßen ihn tanzend und singend.

L.; h. 63, br. 91 cm. Kunstbesitz Karls VI; kam 1809 nach Paris und 1815 zurück nach Wien.

362. **Die indischen Könige huldigen Alexander dem Großen,**
(E. 391.) welcher, geharnischt auf einem Schimmel sitzend, Krone und Zepter empfängt.

L.; h. 63, br. 91 cm. Kunstbesitz Karls VI.

Lodovico Cardi, genannt il Cigoli (s. Nr. 347).

363. Die heilige Dreifaltigkeit. Gott Vater, vor dessen Brust der (E. 126.) heilige Geist in Gestalt der Taube schwebt, hält das Haupt Christi in seinem Schoße. Engel begleiten die Gruppe.

L.; h. 68, br. 51 cm. Aus der Samml. des Kardinals Fürsten Albani 1801 gekauft.

Giulio Cesare Procaccini (s. Nr. 342).

364. Die heilige Familie. Maria hält auf ihrem Schoße das Jesus- (E. 358.) kind und liebkost mit der Rechten den kleinen Johannes. Hinter Maria ein Engel, der einen Apfel und zwei Rosen hält.

Pappelholz; h. 67, br. 60 cm. Samml. Erzh. Leopold Wilhelm.

Ciro Ferri.

Römische Schule. Geb. im römischen Gebiete 1634; gest. zu Rom 1687. Schüler Pietro da Cortonas.

365. Christus und Maria Magdalena. Rechts steht, den Spaten (E. 189.) in der Linken, der Heiland und wendet sich von der links knienden Magdalena ab, welche beide Hände nach ihm ausstreckt. Hintergrund Landschaft.

Kupfer; h. 48, br. 38 cm. Kat. Mechel, 1783.

Cristofano Allori.

Florentinische Schule. Geb. zu Florenz den 17. Oktober 1577; gest. daselbst 1621. Schüler seines Vaters Allessandro Allori und Gregorio Paganis.

366. Judith mit dem Haupte des Holofernes. Judith hält in (E. 5.) der Rechten das Schwert und in der Linken das Haupt des Holofernes. Hinter ihr eine Dienerin. (Judith soll das Porträt der Courtisane Mezzafirna, Holofernes jenes des Allori sein.)

L.; h. 134, br. 107 cm. Kniestück. Zuerst im Inventar von 1816. Dieselbe Darstellung im Palazzo Pitti zu Florenz. Eine Kopie im Reichsmuseum zu Amsterdam.

Giovanni Paolo Lomazzo.

Mailändische Schule. Geb. 1538; gest. 1600. Schüler G. B. de la Cervas.

367. Selbstporträt, im Profil, die linke Seite dem Beschauer zu- (E. 355.) wendend. Ein weißes Linnen fällt von der rechten Schulter der sonst unbekleideten Gestalt.

Eichenholz; h. 50, br. 48 cm. Brustbild. Aus dem Kunstbesitz Karls VI. Nach F. Wickhoff Selbstporträt des Lomazzo für die Medaille Prospero Fontanas. Früher dem Pontormo zugeschrieben.

Francesco Trevisani.

Römische Schule. Geb. zu Castelfranco oder Treviso 1656; gest. zu Rom 1746. Schüler A. Zanchis zu Venedig; bildete sich aber hauptsächlich in Rom.

368. Der Leichnam Christi, von Engeln gehalten. Der Leich-
(E. 529.) nam, ganz zusammengesunken, von drei größeren und zwei kleineren Engeln unterstützt und beweint. Von den letzteren hält einer die Dornenkrone.

L.; h. 139, br. 124 cm. Samml. des Kardinals Fürsten Albani in Rom.

Francesco Furini (s. Nr. 340).

369. Die reuige Magdalena. Magdalena stützt beide Arme auf
(E. 214.) einen Steintisch und legt die Wange in die linke Hand. Vor ihr steht das goldene Salbgefäß.

Unten links auf dem Steine die hebräische Inschrift:

אשרי אבלים כי ינחמו

(Selig sind die Trauernden, denn sie werden getröstet werden.)

L.; h. 69, br. 60 cm. Halbe Figur. Zuerst in Mechels Katalog vom Jahre 1783.

Bartolommeo Schidone (Schedone) (?).

Schule von Modena. Geb. zu Modena, Datum unbekannt; gest. zu Parma 1615 in jugendlichem Alter. Nachahmer Correggios.

370. Maria mit dem Kinde. Maria lehnt das Haupt leicht in die
(E. 376.) linke Hand. Auf einem blauen Kissen auf ihren Knien sitzt das Jesuskind, einen Vogel emporhaltend.

L.; h. 36, br. 42 cm. Kniestück. Aus der Samml. des Kardinals Fürsten Albani. Bei der Neubenennung dieses früher als Schulbild Guido Renis bezeichneten Gemäldes folgte die Direktion einem Vorschlage F. Wickhoffs.

Mario Balassi.

Florentinische Schule. Geb. zu Florenz 1604; gest. daselbst (?) 1667. Schüler Jacopo Ligozzis, Matteo Rosellis und Passignanos.

371. Maria mit dem Kinde und dem kleinen Johannes. Maria
(E. 22.) hält das auf ihrem Schoße ruhende Christuskind. Im Hintergrunde der kleine Johannes.

Stein; kreisrund; Durchmesser 23 cm. Kniestück. Zuerst erwähnt 1796 in Rosas Katalog.

Carlo Dolci (?).

Florentinische Schule. Geb. zu Florenz den 25. Mai 1616; gest. daselbst den 17. Jänner 1686. Schüler Jacopo Vignalis; Enkelschüler Matteo Rosellis.

372. Mater Dolorosa. Maria ist in ein blaues Tuch gehüllt, wel-
(E. 179.) ches über ihr Haupt gelegt ist.

Olivenholz; kreisrund; Durchmesser 19 cm. Brustbild. Zuerst im Katalog Rosas 1796.

373. Mater Dolorosa. (Dieselbe Darstellung wie bei Nr. 372.)
(E. 180.) Kupfer; oval; h. 30, br. 22 cm. Brustbild. Belvederedepot.

Carlo Dolci (s. Nr. 372).

374. Die Aufrichtigkeit. Ein junges, liliengekröntes Weib hält in
(E. 181.) der rechten Hand ein blutbetropftes goldenes Herz; der Blick ist gegen Himmel gerichtet.

L.; h. 102, br. 87 cm. Halbe Figur. 1797 vom venezianischen Legationssekretär Gradenigo gekauft. Von Baldinucci erwähnt, dem zufolge es Dolci um das Jahr 1670 zugleich mit einer Halbfigur der heiligen Agathe und einem heiligen Johannes dem Evangelisten gemalt haben soll, die alle drei für Venedig bestimmt waren. Für Bilder dieser Art erhielt er gewöhnlich, sagt B. weiter, nicht weniger als 100 florentinische Scudi.

375. Die heilige Jungfrau mit dem Kinde. Maria hält mit beiden
(E. 178.) Händen das auf ihrem Schoße stehende Christuskind, welches den Segen erteilt.

L.; h. 95, br. 77 cm. Kniestück. Achteckig. Durch Tausch 1792 aus Florenz gekommen.

376. Bildnis der Erzherzogin Claudia Felicitas, Tochter des Erzherzogs Karl Ferdinand von Tirol und der Anna, Tochter Cosimos II. von Florenz. Geb. am 30. Mai 1653, vermählt am 15. Oktober 1673 mit Kaiser Leopold I., gest. am 8. April 1676. Die Erzherzogin mit kurzem braunen Lockenhaar trägt ein bläulich-grünes Gewand, das mit schwarzen Schleiern geputzt ist.

L.; h. 91, br. 70 cm. Brustbild. Aus der Ambrasersammlung im unteren Belvedere. Baldinucci erzählt, daß Carlo Dolci im Jahre 1670 nach Innsbruck berufen wurde, damit er an Stelle des J. Sustermans, der bereits zu alt war, um noch die Reise dahin antreten zu können, die Erzherzogin male. Nach dem Osterfeste hätte er das erste Porträt von ihr begonnen und später ein zweites in veränderter Stellung für den Großherzog von Toskana vollendet. Das letztere ist wahrscheinlich das heute in den Uffizien befindliche Bildnis, das erste das gegenwärtige.

Francesco del Cairo.

Mailändische Schule. Geb. zu Varese 1598; gest. zu Mailand 1674. Schüler Pierfrancesco Mazzucchellis.

377. Männliches Bildnis. Ein junger Mann in schwarzem Zobel-
(E. 105.) pelz, Dreiviertelprofil, die rechte Seite dem Beschauer zugewendet. Im Hintergrunde ein Aquädukt.

L.; h. 87, br. 71 cm. Kniestück. Kat. Mechel, 1783.

Carlo Dolci (s. Nr. 372).

378. Schulbild. Christus mit dem Kreuze. Der Heiland, die
(E. 182.) Dornenkrone auf dem Haupte, hält mit beiden Händen das Kreuz, welches er auf der linken Schulter trägt.

L.; h. 76, br. 64 cm. Brustbild. Zuerst im Katalog Rosas 1796.

Gasparo Vanvitelli.

Geb. zu Utrecht 1647; gest. zu Rom 1736. Schüler des Matthias Withoos; ein in Italien ansässiger und gebildeter Niederländer.

379. Ansicht der Peterskirche zu Rom. Die Fassade, von der
(E. 536.) Kuppel überragt, in der Mitte; rechts der Vatikan, zu beiden Seiten die Kolonnaden.

Bezeichnet auf dem Steine rechts unten: GAS V: WI

Leinwand; h. 45, br. 85 cm. Aus der Samml. des Kardinals Albani 1800 nach Wien gekommen.

Saal III. (Oberlicht.)

Werkstätte Paolo Caliaris, genannt Paolo Veronese.

Venezianische Schule. Geb. zu Verona 1528; gest. zu Venedig den 19. April 1588. Schüler Antonio Badiles zu Verona; weiter ausgebildet in seiner Vaterstadt unter dem Einflusse Cavazzolas und Brusasorcis; in Venedig, seit 1555, unter dem der großen Venezianer.

380. Susanna und die zwei Alten. Die entkleidete Susanna sucht
(E. 566.) sich mit einem Gewande zu verhüllen. Die beiden Alten, rot gekleidet, strecken jeder die linke Hand nach ihr aus. Ein kleiner Hund bellt die Eindringlinge an.

L.; h. 140, br. 280 cm. Bildete mit Nr. 381, 382, 406, 407 und 408 eine Folge, die, ursprünglich aus 10 Stücken bestehend, 1648 aus der Buckinghamschen Sammlung gekauft wurde. Nach F. Wickhoff gehören die Gemälde »weder dem Atelier Paolos, noch dem seiner Erben an, sondern rühren von einem seiner Nachahmer her. Man könnte sie am ehesten Francesco Montemezzano zuschreiben, wenn durchaus ein Name genannt werden soll«. Die Gemälde wurden früher Paolo Veronese selbst zugeteilt.

381. **Hagar und Ismael.** In der Mitte einer grünen Oase sitzt
(E. 569.) Hagar. Sie hält mit der rechten Hand Ismael, der zu ihren Füßen sitzt und zu dem Engel emporsieht, der ihnen den Weg zur Quelle weist.

L.; h. 142, br. 285 cm. Provenienz wie Nr. 380.

382. **Der Hauptmann von Capernaum.** Christus steht, von drei
(E. 565.) Jüngern umgeben, neben einer Steinbalustrade. Zwischen zwei Kriegern kniet der greise Hauptmann und streckt die Hände flehend dem Heiland entgegen.

L.; h. 141, br. 286 cm. Provenienz wie Nr. 380.

Paolo Veroneses Erben.

Die Werkstätte Paolo Veroneses setzten sein Bruder Benedetto Caliari (geb. zu Verona 1538, gest. zu Venedig 1598) und seine Söhne Gabriele Caliari (geb. zu Venedig 1568, gest. daselbst 1631) und Carlo (Carletto) Caliari (geb. zu Venedig 1570, gest. daselbst 1596) fort. Die von ihnen geschaffenen Werke tragen gewöhnlich die Bezeichnung »Heredes Paoli«.

383. **Die Anbetung des Heilands durch die Hirten.** Die links
(E. 593.) sitzende Maria reicht dem Kinde die Brust. Josef betrachtet es, auf seinen Stab gestützt; die knienden Hirten haben Geschenke herbeigebracht. Oben schweben zwei Engel.

Bezeichnet links an der Säule:

HÆ. PA LI. VE IS. FA.

L.; h. 236, br. 137 cm. 1816 aus Venedig nach Wien gekommen. Ursprünglich im Monastero degli Ogni Santi zu Treviso.

Polidoro Lanzani.

Venezianische Schule. Geb. zu Venedig 1515; gest. daselbst 1565. Schüler Tizians.

384. **Die heilige Familie.** Maria, rechts auf einer Steinbank
(E. 260.) sitzend, hält das auf ihrem Schoße liegende Jesuskind. Links sitzt der heilige Josef; zwischen beiden der kleine Johannes. Ein Engel hält einen Blumenkranz über das Haupt Marias.

L.; h. 105, br. 132 cm. Samml. Erzh. Leopold Wilhelm.

Paolo Farinato.

Schule von Verona. Geb. zu Verona 1522; gest. daselbst 1606. Schüler Nicolo Giolfinos, weiter ausgebildet unter dem Einflusse Parmigianinos und Paolo Veroneses.

385. Der heilige Sebastian. Der Heilige, von zwei Pfeilen durch-
(E. 584.) bohrt, ist an der Säule niedergesunken, an welche seine Arme mit Stricken gebunden sind.

L.; h. 114, br. 71 cm. Samml. Erzh. Leopold Wilhelm. Früher Paolo Veronese zugeschrieben.

Art des Paolo Veronese (s. Nr. 380).

386. Der heilige Bischof Nikolaus, im vollen Ornate, in vor-
(E. 583.) schreitender Bewegung, in der Rechten den Krummstab und das Buch mit den goldenen Äpfeln.

L.; h. 114, br. 56 cm. Samml. Erzh. Leopold Wilhelm. Früher Paolo Veronese zugeschrieben.

Paolo Farinato (s. Nr. 385).

387. Johannes der Täufer sitzt auf einer Bank, das Rohrkreuz in
(E. 582.) der Rechten. Neben ihm das Lamm.

L.; h. 89, br. 58 cm. Samml. Erzh. Leopold Wilhelm. Früher Paolo Veronese zugeschrieben.

388. Die ersten Eltern nach der Vertreibung aus dem Para-
(E. 571.) diese. Im Schatten der Bäume sitzt Eva, die den Abel an die Brust drückt, während Kain zu ihren Füßen liegt. Adam schöpft kniend Wasser aus einer Quelle.

L.; h. 124, br. 174 cm. Samml. Erzh. Leopold Wilhelm. Früher Paolo Veronese zugeschrieben.

Paolo Veronese (s. Nr. 380).

389. Die Anbetung der Weisen aus dem Morgenlande. Mit
(E. 575.) dem Christuskinde auf dem Schoße sitzt Maria vor einer Säulenhalle; links neigt sich Josef vor; in der Mitte kniet der älteste der Könige, dessen Schleppe ein weißer Page trägt; die beiden anderen Könige und ihre Begleitung folgen.

L.; h. 272, br. 189 cm., oben rund. Dieses Bild und Nr. 404 bildeten einst die bemalten Türflügel des Orgelkastens in der Kirche Sant' Antonio auf Torcello bei Venedig. Nr. 389 war in der Mitte getrennt, bildete die Außenseite der Flügel und machte, wenn diese geschlossen waren, wie jetzt ein Ganzes aus; Nr. 404, ebenfalls getrennt, bildete die Innenseite der Flügel und war somit nur sichtbar, wenn diese offen standen. Die Kirche wurde später aufgehoben; die Bilder kamen 1816 aus Venedig nach Wien. Pozzo gibt an, daß sie in der letzten Zeit des Paolo Veronese nach 1580 gemalt worden sind. Nach F. Wickhoff gute Atelierarbeiten in dekorativem Stile, an denen hauptsächlich der Sohn des Meisters, Carletto, Anteil haben mag.

Paolo Farinato (s. Nr. 385).

390. Lucretia gibt sich den Tod. Die blonde, mit Perlen und (E. 585.) Juwelen geschmückte Lucretia neigt den Kopf nach der rechten Schulter und stößt sich den Dolch in die Brust.

L.; h. 47, br. 92 cm. Halbe Figur. Samml. Erzh. Leopold Wilhelm. Früher Paolo Veronese zugeschrieben.

Battista Zelotti da Verona.

Schule von Verona. Geb. zu Verona um 1532; gest. 1592. Schüler des Antonio Badile und vielleicht seines Oheims Paolo Farinato; weiter ausgebildet unter dem Einflusse Paolo Veroneses, als dessen Gehilfe.

391. Judith, prächtig geschmückt, hält in den vorgestreckten Hän- (E. 573.) den das Haupt des Holofernes. Rechts im Vordergrunde steht ihre schwarze Sklavin in gebeugter Stellung.

L.; h. 111, br. 100 cm. Halbe Figuren. Samml. Erzh. Leopold Wilhelm. Die Autorschaft B. Zelottis wurde von F. Wickhoff festgestellt. Früher Paolo Veronese zugeschrieben.

Nach Battista Zelotti da Verona (s. Nr. 391).

392. Bildnis einer Frau mit einem Kinde. Sie steht en face (E. 597.) im reichen Goldbrokatkleide mit halb entblößter Brust, die linke Hand im Haar, mit der rechten umfaßt sie einen als Amor dargestellten Knaben.

L.; h. 103, br. 85 cm. Kniestück. Zuerst im Katalog Rosas 1804. Früher Zelotti selbst zugeschrieben. Das Original in der Galerie zu Oldenburg.

Battista Zelotti da Verona (s. Nr. 391).

393. Die Salbung Davids. Vor einem Altar kniet David entblößt, (E. 187.) den Kopf aufwärts zu dem greisen Samuel wendend, der aus einer Silberkanne Salböl in ein Gefäß gießt, das ein anderer Jüngling ihm darreicht. Davids Brüder mit ihren Frauen und Kindern umgeben die Gruppe; Gold- und Silbergefäße stehen auf dem Boden.

L.; h. 193, br. 373 cm. Kunstbesitz Karls VI. Meister und Gegenstand des Bildes wurden von F. Wickhoff bestimmt. Früher Paolo Farinato zugeschrieben.

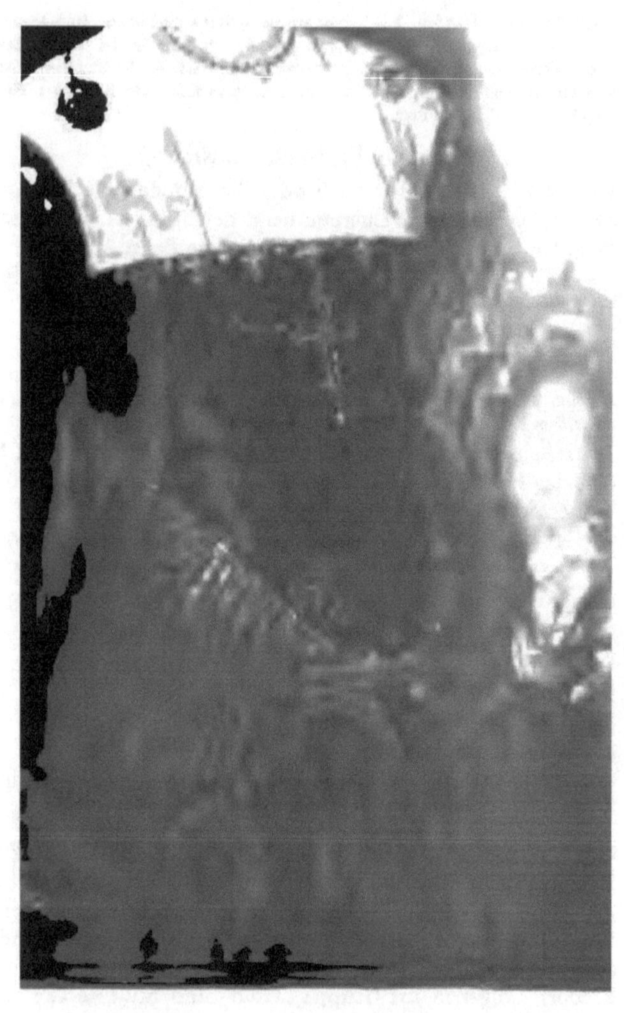

395. Antonio Badile.

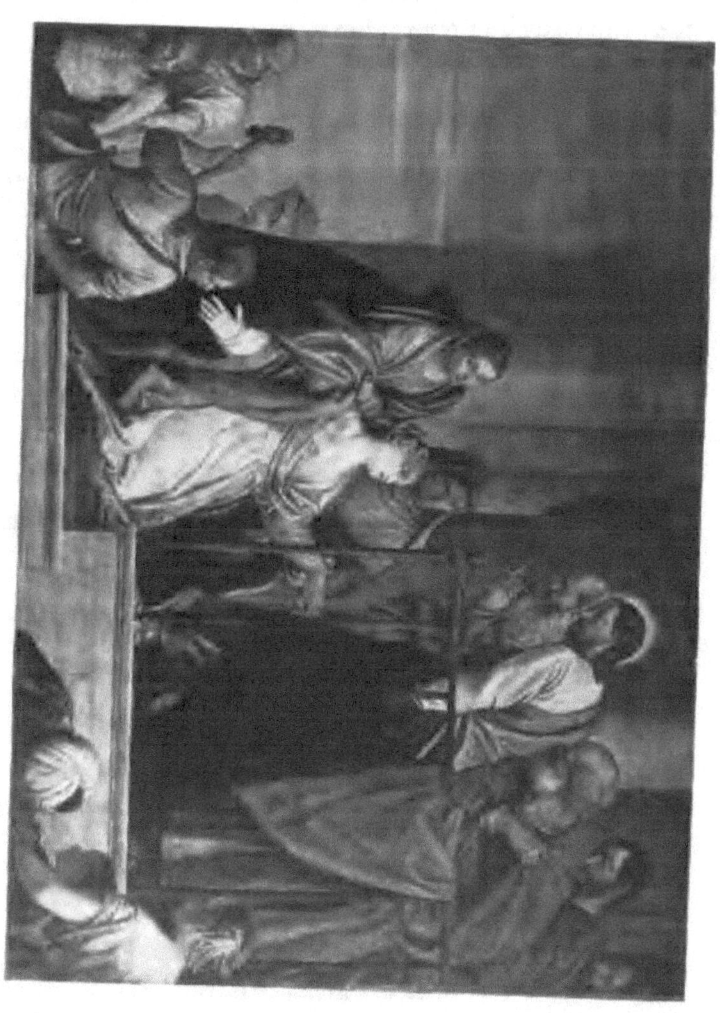

396. Paolo Veronese.

Polidoro Lanzani (s. Nr. 384).

394. Christus und Magdalena. An einem langen weißbedeckten (E. 246.) Tische sitzt links Christus. Vor ihm kniet Magdalena. Hinter dem Tische an der Langseite sitzen die Apostel Paulus und Petrus; bei ihnen steht Simon. Rechts die Dienerschaft des Hauses.

L.; h. 68, br. 94 cm. Samml. Erzh. Leopold Wilhelm. Früher «Art des Giorgione» genannt. Für P. Lanzani sprachen Crowe und Cavalcaselle. G. Ludwig schreibt das Bild den Erben Bonifazios zu.

Antonio Badile.

Schule von Verona. Geb. zu Verona 1516; gest. 1560. Lehrer Paolo Veroneses.

395. Weibliches Bildnis. Die vornehm gekleidete Dame steht an (E. 589.) einem teppichüberdeckten Tische, in der linken Hand einen goldenen Gürtel und zwei Pfeile, in der rechten einen Bogen haltend.

L.; h. 124, br. 79 cm. Halbe Figur. Kat. Mechel 1783. Ging früher unter dem Namen des Paolo Veronese und wurde für das Porträt der Königin von Cypern, Katharina Cornaro, gehalten. Die richtige Meisterbenennung rührt von F. Wickhoff her.

Paolo Veronese (s. Nr. 380).

396. Christus vor dem Hause des Jairus. Auf der Freitreppe (E. 579.) des Hauses inmitten der Jünger stehend, wendet sich Christus zu der knienden, von zwei Frauen unterstützten Kranken. Links unten verschiedene Krüppel und Leidende.

L.; h. 102, br. 136 cm. Samml. Erzh. Leopold Wilhelm.

Antonio Badile (s. Nr. 395).

397. Weibliches Bildnis. Eine blonde perlengeschmückte Dame (E. 591.) liebkost einen Reiher, der den Schnabel gegen eine weiße Blüte an ihrem Busen streckt.

L.; h. 107, br. 90 cm. Halbe Figur. Im Prager Inventar von 1718. Ging früher unter Paolo Veroneses Namen, wurde aber von F. Wickhoff auf seinen wahren Autor bestimmt.

Paolo Farinato (s. Nr. 385).

398. Herkules und Dejanira. Herkules in einem Walde im Be- (E. 586.) griffe, dem Zentauren Nessus, der mit der Dejanira davonsprengt, einen Pfeil nachzusenden.

L.; h. 68, br. 53 cm. Samml. Erzh. Leopold Wilhelm. Früher Paolo Veronese zugeschrieben.

Paolo Veronese (s. Nr. 380).

399. Maria mit dem Kinde und Heiligen. In der Mitte thront
(E. 577.) Maria mit dem Christuskinde. Zu ihrer Rechten steht die heilige Barbara, zur Linken die heilige Katharina, jede eine kniende Nonne der heiligen Jungfrau vorstellend.

L.; h. 69, br. 85 cm. Samml. Erzh. Leopold Wilhelm, der das Bild aus der Sammlung des ehemaligen englischen Gesandten bei der Republik Venedig, Visconti Basil Fildirg, erwarb.

Paolo Farinato (s. Nr. 385).

400. Venus und Adonis. In einem Walde sitzend, hält Adonis die
(E. 587.) Venus auf seinen Knien, sie mit der rechten Hand umfangend. Hunde stehen und liegen zu beiden Seiten.

L.; h. 68, br. 53 cm. Samml. Erzh. Leopold Wilhelm. Gegenstück zu Nr. 398. Früher als Paolo Veronese.

401. Die Vermählung der heiligen Katharina. In der Mitte
(E. 578.) einer Säulenhalle sitzt Maria, das Christuskind auf dem Schoße, das der zu ihrer Rechten knienden Katharina den Ring an den Finger steckt. Zur Linken Mariens kniet die heilige Agnes mit dem Lamme.

L.; h. 68, br. 78 cm. Samml. Erzh. Leopold Wilhelm. Früher Paolo Veronese zugeschrieben.

Paolo Veronese (s. Nr. 380).

402. Die Anbetung der Könige. In der Mitte sitzt Maria mit dem
(E. 576.) Jesuskinde auf dem Schoße. Vor ihr kniet der älteste König; die beiden anderen folgen. Hinter Maria der heilige Josef. Ganz vorne links ein Pferd, rechts ein weißer Page, vom Rücken gesehen.

L.; h. 117, br. 174 cm. Samml. Erzh. Leopold Wilhelm.

Werkstätte Paolo Veroneses (s. Nr. 380).

403. Das Opfer Abrahams. In der Mitte des Bildes eine Ruine,
(E. 572.) auf deren einer Seite das Feuer auf dem Opferaltar brennt; auf der andern kniet Isaak; dem vom Rücken gesehenen Abraham nimmt ein niederschwebender Engel das Schwert aus der Hand. In einem Gebüsche der Widder.

L.; h. 102, br. 167 cm. Samml. Erzh. Leopold Wilhelm.

Paolo Veronese (s. Nr. 380).

404. (E. 574.) Die Verkündigung Mariens. Rechts in einer Rotunde kniet die Jungfrau am Betpulte; über ihr erscheint der heilige Geist als Taube. Von links kommt der verkündende Engel.

L.; h. 276, br. 188 cm. Provenienz wie Nr. 389.

Carlo Caliari, genannt **Carlo (Carletto) Veronese.**

Venezianische Schule. Geb. zu Venedig 1570; gest. daselbst 1596. Sohn und Schüler Paolo Veroneses; ahmte eine Zeitlang auch den alten Bassano nach.

405. (E. 562.) Der heilige Augustin bestimmt die Regeln seines Ordens. Er sitzt in der Mitte des Bildes, umgeben von den Geistlichen seines Ordens, und hält die Feder in der Hand. Vor ihm kniet ein Chorknabe, ein aufgeschlagenes Buch haltend.

Bezeichnet rechts unten: Carlo Caliari f

L.; h. 285, br. 148 cm. Aus Venedig 1816 nach Wien gekommen.

Werkstätte des **Paolo Veronese** (s. Nr. 380).

406. (E. 563.) Die Ehebrecherin vor Christus. In der Mitte stehen Christus und die Ehebrecherin am Eingange des Tempels. Rechts steigen die Pharisäer sich entfernend die Stufen hinab. Vorne links ein alter Mann, dem Beschauer den Rücken wendend.

L.; h. 144, br. 289 cm. Provenienz wie Nr. 380.

407. (E. 567.) Die Flucht des Lot aus Sodom. Lot wird vom Engel durch einen dunklen Wald geführt; seine Töchter zu beiden Seiten des Engels. Im Hintergrunde Lots Weib, zur Salzsäule geworden.

L.; h. 138, br. 296 cm. Provenienz wie Nr. 380.

408. (E. 564.) Christus und das samaritische Weib. In der Mitte des Bildes das lange Brunnenbecken. Rechts steht die Samaritin, links sitzt Christus. Hinter dem Brunnen hohe Bäume.

L.; h. 143, br. 289 cm. Provenienz wie Nr. 380.

Paolo Farinato (s. Nr. 385).

409. (E. 581.) Christi Auferstehung. Links heben zwei Engel den Steindeckel des Grabes, aus dem der Heiland emporschwebt. Rechts ein zu Boden sinkender Krieger.

L.; h. 115, br. 73 cm. Samml. Erzh. Leopold Wilhelm. Früher Paolo Veronese zugeschrieben.

Antonio Vasilacchi, genannt l'Aliense.

Venezianische Schule. Griechischer Abstammung. Geb. 1556; gest. zu Venedig 1629. Schüler Paolo Veroneses, Benedetto Caliaris und Dario Varotaris; eine Zeitlang stark von Tintoretto beeinflußt.

410. Allegorie der Gerechtigkeit und Mäßigung. Die Ge-
(E. 3.) rechtigkeit, eine sitzende Frauengestalt, hält Schwert und Wage; die Mäßigung mischt den Inhalt zweier Krüge.

L.; h. 148, br. 105 cm. In Venedig 1838 erworben. Ursprünglich als Werk Matteo Ingolis im Palazzo delle Beccarie zu Venedig; später erst Aliense zugeschrieben (G. Ludwig).

Jacopo Palma d. J., genannt Palma Giovine.

Venezianische Schule. Großneffe Palma Vecchios. Geb. zu Venedig 1544; gest. daselbst 1628. Schüler seines Vaters Antonio Palma; weitergebildet durch das Studium der Werke Tizians und Tintorettos, sowie Raffaels und Michelangelos.

411. Der heilige Johannes und die Engel der Apokalypse.
(E. 339.) Auf feuerschnaubenden Drachen sprengen die geharnischten Reiter daher. Voraus schweben die Engel mit den Schwertern, vor denen die Menschen entseelt zu Boden stürzen. Links vorne sitzt der Evangelist Johannes. (Apokalypse Kap. 9.)

L.; h. 242, br. 293 cm. Aus der Scuola di San Giovanni Evangelista in Venedig 1838 erworben.

412. Die unbefleckte Empfängnis. Maria mit der Sternenkrone
(E. 338.) steht auf dem Monde; über ihr erscheint Gott Vater, der das Jesuskind empfängt. Rechts vorne der Evangelist Johannes; links der siebenköpfige Drache und der niederschwebende Erzengel Michael. (Apokalypse Kap. 12.)

L.; h. 240, br. 298 cm. Provenienz wie Nr. 411.

Nach Paris Bordone (s. Nr. 231).

413. Bildnis einer Frau mit einem Knaben. Eine Dame mit
(E. 545.) turbanartigem Kopfputz hält mit beiden Händen den vor ihr stehenden Knaben, welcher Gesicht und Blick über die rechte Schulter dem Beschauer zuwendet.

L.; h. 103, br. 84 cm. Halbe Figur. Gegenwärtig im 2. Stocke aufgestellt. Samml. Erzh. Leopold Wilhelm. Original in St. Petersburg. Früher P. della Vecchia zugeschrieben, von dessen Hand unser Exemplar wohl herrühren dürfte.

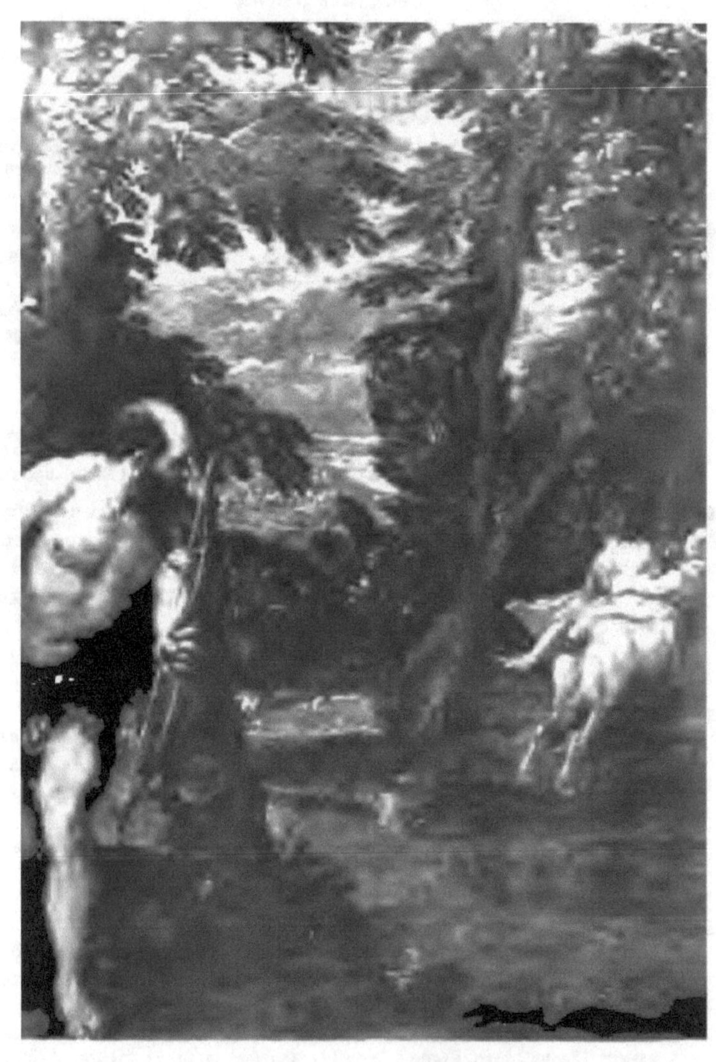

398. Paolo Farinato.

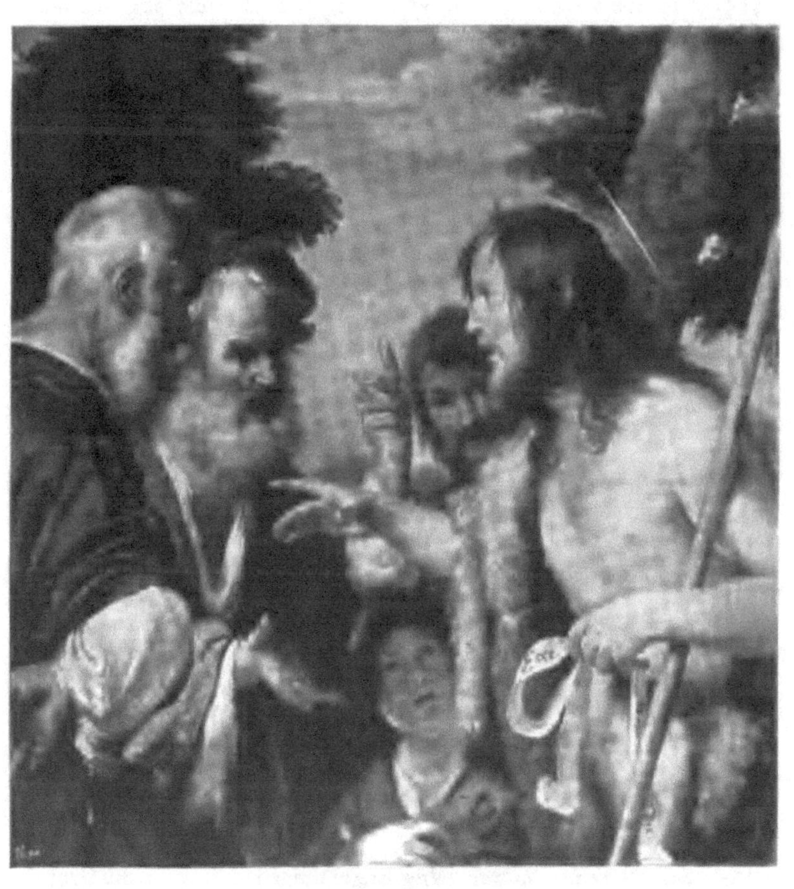

426. Bernardo Strozzi.

Palma Giovine (s. Nr. 411).

414. Die Beweinung Christi. Der vom Kreuze abgenommene (E. 334.) Heiland liegt, von Johannes unterstützt, im Schoße seiner Mutter, die seine Hand küßt. Rechts kniet Magdalena und steht eine klagende Frau, links stehen Josef und Nikodemus.

L.; h. 110, br. 144 cm. Kunstbesitz Karls VI.

415. Bildnis eines Bildhauers. Ein graubärtiger Greis in schwar- (E. 456.) zem Gewande mit weißem Kragen hält mit beiden Händen die Statuette eines nackten Mannes.

L.; h. 63, br. 49 cm. Brustbild. Samml. Erzh. Leopold Wilhelm. Zuerst von F. Wickhoff als Palma G. erkannt; früher Domenico Tintoretto zugeschrieben.

416. Der Leichnam Christi, von Engeln beweint. Der Leich- (E. 337.) nam des Herrn liegt auf dem Boden. Ein Engel kniet links vorne vom Rücken gesehen, ein zweiter hält eine Fackel, der dritte zu Füßen des Heilands breitet die Arme aus.

Schiefer; h. 45, br. 56 cm. Samml. Erzh. Leopold Wilhelm.

417. Der heilige Hieronymus. Der Heilige sitzt in einer Höhle, (E. 459.) ein großes Buch auf seinem rechten Knie, die Arme über der Brust gekreuzt, in der linken Hand das Kruzifix. Zu seinen Füßen der Löwe.

L.; h. 142, br. 102 cm. Kat. Mechel 1783. Früher Jacopo Tintoretto zugeschrieben, an dessen Urheberschaft heute noch viele Forscher festhalten. Für Palma Giovane in Anspruch genommen von O. Mündler und F. Wickhoff.

418. Die Tochter der Herodias. Das blonde Mädchen trägt das (E. 333.) Haupt Johannes des Täufers auf einer Schüssel. Links im Schatten steht ihre Mutter, mit der rechten Hand darauf hinweisend.

L.; h. 92, br. 76 cm. Samml. Erzh. Leopold Wilhelm.

419. Die Beweinung Christi. Der tote Christus liegt auf dem (E. 335.) Schoße seiner Mutter. Vier Engel umgeben klagend die Gruppe. Die beiden vordersten knien.

Bezeichnet unter der Dornenkrone: IACOBVS · PALMA · F ·

L.; h. 120, br. 111 cm. Kat. Mechel, 1783. 1809 nach Paris geführt, 1815 wieder zurückgebracht.

420. **Bildnis eines venezianischen Prokurators.** Ein Greis
(E. 479.) mit weißem, in Strähnen niederfließendem Bart.

L.; h. 49, br. 41 cm. Brustbild. Belvederedepot. Zuerst von F. Wickhoff als Palma G. erkannt; früher Jacopo Tintoretto zugeschrieben.

421. **Christus, von drei Engeln auf dem Rande des Grabes**
(E. 336.) **gehalten.** Der Heiland in halb sitzender Stellung. Der mittelste Engel zu seinen Häupten hält einen weißen Laken; die beiden anderen zur Rechten und Linken haben die Arme Christi erfaßt.

Kupfer; h. 43, br. 32 cm. Erst seit 1824 in der Galerie.

422. **Kains Brudermord.** Kain, die Keule in der Rechten schwin-
(E. 332.) gend, faßt mit der Linken den Arm des rücklings zu Boden geworfenen Abel. Rechts vorne ein Stück des Opfersteines.

L.; h. 98, br. 123 cm. Samml. Erzh. Leopold Wilhelm.

423. **Wahrheit und Gerechtigkeit.** Die Wahrheit, eine nackte
(E. 340.) weibliche Gestalt, hält mit der Rechten eine goldene Sonne empor. Links die Erdkugel. Rechts, auf Wolken schwebend, die Gerechtigkeit, in der Rechten das Schwert, in der Linken die Wage.

Rechts und unten am Bilde sind Wappen venezianischer Familien angebracht.

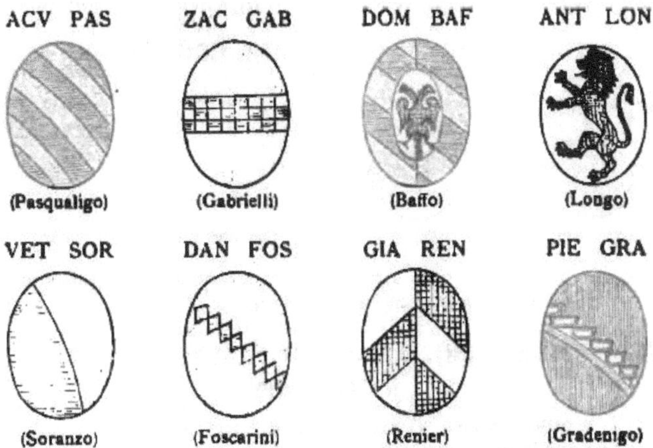

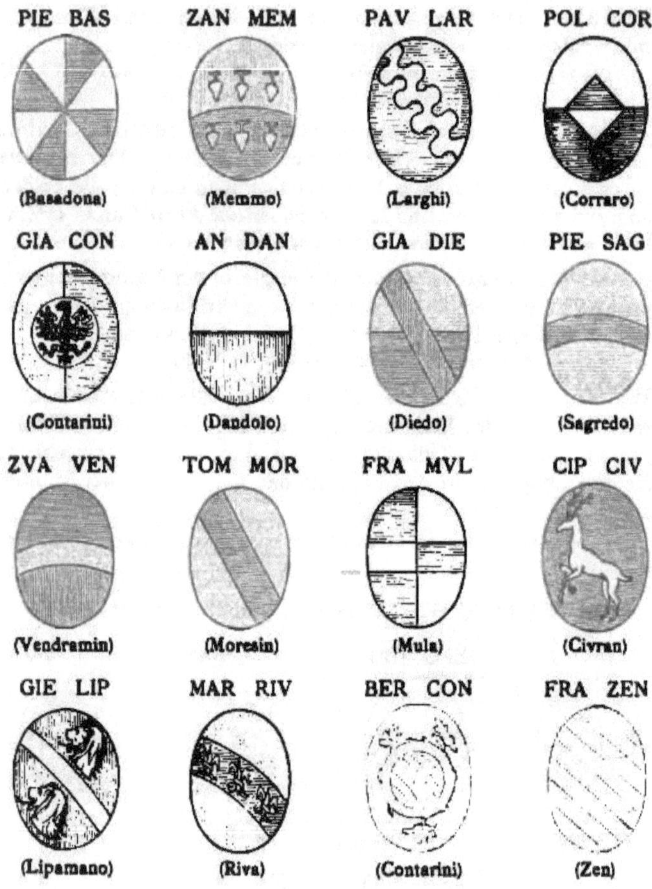

L.; h. 229, br. 226 cm. 1838 in Venedig erworben. Ursprünglich in der Quarantia Criminale im Dogenpalast zu Venedig.

Bernardo Strozzi, genannt „il Prete Genovese“ oder „il Capuccino“.

Genuesische Schule. Geb. zu Genua 1581; gest. zu Venedig den 3. August 1644. Schüler Pietro Sorris.

424. Das Kind Moses wird vor Pharao gebracht. Rechts
(E. 445.) sitzt Pharao auf dem Throne und zeigt mit der Rechten auf das Kind, das in den Armen seiner Mutter nach dem ihm vorgehaltenen Gefäß mit glühenden Kohlen langt. Die verschmähte Krone liegt zu Pharaos Füßen. Hinter dem Kinde der Scharfrichter.

L.; h. 181, br. 216 cm. In der Galerie seit 1804. Wohl nur ein Schulbild, nach Wilhelm Suida eher von Domenico Fiasella.

425. Der Doge Francesco Erizzo. Er steht im herzoglichen Ge-
(E. 543.) wande, die goldene Dogenmütze auf dem Haupte, die rechte Hand am Gürtel, in der linken ein Taschentuch. (Erizzo, 1631 erwählt, war der 98. Doge von Venedig und starb am 3. Jänner 1646.)

L.; h. 135, br. 103 cm. Kniestück. Seit 1824 in der Galerie. Die Autorschaft B. Strozzis wurde von F. Wickhoff erkannt. Früher Pietro della Vecchia zugeschrieben.

426. Johannes der Täufer erklärt den Schriftgelehrten
(E. 441.) seine Sendung. Johannes steht rechts, den Kreuzstab im linken Arme, die rechte Hand erhoben. Ihm gegenüber zwei Greise. In der Mitte ein Mann mit einem Knaben.

L.; h. 132, br. 123 cm. Halbe Figuren. 1723 aus Prag gekommen.

427. Bildnis eines Mannes. Ein robust aussehender Mann mit
(E. 444.) schwarzem Bart und kahlem Schädel, en face, über die linke Schulter blickend. Er hält den pelzgefütterten Mantel mit der linken Hand an der Brust zusammen.

L.; h. 79, br. 65 cm. Brustbild. Seit 1824 in der Galerie.

428. Ein Lautenspieler. Ein junger Mann, en face, nach oben
(E. 443.) blickend, begleitet seinen Gesang auf einer großen Laute. Ein Notenbuch liegt vor ihm auf einem Tische.

L.; h. 92, br. 76 cm. Halbe Figur. Samml. Erzh. Leopold Wilhelm.

429. Die arme Witwe von Sarepta. Die Frau steht links hinter
(E. 442.) einem Tische mit den Ölkrügen. Rechts der greise Prophet Elias. Zwischen beiden der Sohn der Witwe, Elias eine Schale reichend.

L.; h. 112, br. 137 cm. Halbe Figuren. Kunstbesitz Karls VI.

Alessandro Varotari, genannt Il Padovanino.

Venezianische Schule. Geb. zu Padua 1590; gest. zu Venedig 1650. Schüler seines Vaters Dario Varotari; weitergebildet durch das Studium der Werke Tizians und Paolo Veroneses.

430. **Die Ehebrecherin vor Christus.** Sie wird von rechts durch
(E. 539.) zwei Kriegsknechte herbeigeführt. Links steht Christus.

Bezeichnet auf der Mauer über dem Kopfe der Ehebrecherin: ALEXANDRI VAROTARII PATAVINI OPVS

L.; h. 176, br. 233 cm. Kniestück. Samml. Erzh. Leopold Wilhelm.

Giovanni Contarini.

Venezianische Schule. Geb. zu Venedig 1549; gest. daselbst 1605. Schüler Pietro Malombras; beeinflußt durch Tizian und Palma Giovine. Nachahmer des letzteren.

431. **Die Taufe Christi.** Johannes, rechts auf einem Ufersteine
(E. 159.) kniend, gießt das Wasser aus einer Schale auf das Haupt Christi. Dieser kniet mit gefalteten Händen; über ihm Gott Vater und der heil. Geist, hinter ihm drei Engel.

Bezeichnet auf dem Steine rechts unten: IOANNES CONTARENVS. F.

L.; h. 199, br. 172 cm., oben rund. 1816 in Venedig erworben. Ursprünglich in der Cassa del Consiglio dei Dieci im Palazzo Camerlenghi zu Venedig.

Alessandro Varotari, genannt Padovanino (s. Nr. 430).

432. **Judith.** Sie legt beide Hände an den Griff eines großen
(E. 537.) Schwertes und hält mit der Rechten das Haupt des Holofernes an den Haaren.

L.; h. 112, br. 85 cm. Kniestück. Samml. Erzh. Leopold Wilhelm. Eine Wiederholung mit kleinen Veränderungen in Dresden (E. v. Engerth).

Pietro della Vecchia.

Venezianische Schule. Geb. zu Venedig 1605; gest. daselbst 1678. Schüler A. Varotaris.

433. **Ein Krieger, der den Degen zieht.** Ein bärtiger Mann mit
(E. 544.) langem dunklen Haare zieht mit der Rechten den Degen, die Scheide in der Linken haltend.

L.; h. 128, br. 95 cm. Kniestück. Samml. Erzh. Leopold Wilhelm. Vecchia hat diese Figur, die für Ritter Bayard galt, oft gemalt.

Giovanni Benedetto Castiglione.

Genuesische Schule. Geb. zu Genua 1616; gest. zu Mantua 1670. Schüler G. B. Poggis und G. A. Deferraris; wohl auch Van Dycks.

434. Noah läßt die Tiere in die Arche gehen. Die eine Hälfte
(E. 149.) des Bildes rechts zeigt Noah und seine Familie; die andere Hälfte nehmen dichtgedrängt Tiere aller Art ein, die der im Hintergrunde auf einem Berge stehenden Arche zuwandern.

L.; h. 198, br. 216 cm. 1800 aus Italien gekommen.

435. Noah mit den Tieren vor der Arche. Noah weist mit der
(E. 148.) ausgestreckten Rechten die Tiere, welche dichtgedrängt den Vordergrund füllen, in die Arche.

L.; h. 94, br. 126 cm. Erst seit 1816 in der Galerie.

Venezianisch. Anfang des XVII. Jahrhunderts.

436. Die heilige Katharina. Die Heilige steht an einer Brüstung,
(E. 497.) auf welche sie ihre linke Hand mit dem Palmzweig stützt. Die Rechte ruht auf dem zerbrochenen Rade.

L.; h. 100, br. 76 cm. Halbe Figur. Samml. Erzh. Leopold Wilhelm. Früher Tizian genannt; gibt eher die Manier Padovaninos zu erkennen (Crowe und Cavalcaselle).

Antonio Molinari.

Venezianische Schule. Geb. zu Venedig 1665. Tätig daselbst noch um 1727. Schüler A. Zanchis und seines Vaters Giov. Battista.

437. Jesus vor Kaiphas. Rechts Kaiphas auf dem Throne; ein
(E. 308.) Priester neben ihm. Links steht Christus in weißem Mantel zwischen zwei Schergen.

L.; h. 200, br. 146 cm. Aus dem Convento di S. Salvatore in Venedig 1838 erworben.

Nach Battista Zelotti da Verona (s. Nr. 391).

438. Maria mit dem Leichnam Christi. Der Leichnam des
(E. 596.) Heilandes liegt im Schoße der am Fuße des Kreuzes knienden Mutter, die beide Hände emporhebt. Auf jeder Seite kniet ein trauernder Engel.

L.; h. 189, br. 166 cm. 1816 in Venedig erworben.

Alessandro Varotari, genannt Padovanino (s. Nr. 430).

439. Die heilige Familie. Maria und Josef halten das Jesuskind
(E. 538.) empor, das ein großes Kreuz berührt, welches von drei in Wolken schwebenden Engeln gehalten wird.

L.; h. 325, br. 182 cm. Das Bild stammt aus dem Kloster Santa Chiara zu Padua und ist 1816 aus Venedig nach Wien gekommen.

Paolo Farinato (s. Nr. 385).

440. Der Leichnam Christi. Der vom Kreuze abgenommene (E. 188.) Leichnam ruht im Schoße seiner Mutter; zu beiden Seiten knien heilige Frauen. Weiter rückwärts links der heil. Johannes, rechts Josef von Arimathäa, der die Dornenkrone hält.

L.; h. 185, br. 164 cm. Aus dem Palazzo Camerlenghi in Venedig 1838 erworben.

Pietro Liberi.

Venezianische Schule. Geb. zu Padua 1605; gest. zu Venedig 18. Oktober 1687. Schüler A. Varotaris.

441. Venus und Amor. Venus, auf Wolken sitzend, hält mit der (E. 262.) emporgehobenen rechten Hand den über ihr schwebenden Amor fest, während sie ihm mit der linken den Pfeil zeigt, den sie ihm abgenommen hat.

L.; h. 113, br. 85 cm. Kniestück. 1824 dem Belvederedepot entnommen.

Giulio Carpioni.

Venezianische Schule. Geb. zu Venedig 1611; gest. zu Verona 1674. Schüler A. Varotaris.

442. Allegorie. Ein geflügelter, mit Astern bekränzter nackter (E. 133.) Mann liegt umgeben von einer Menge allegorischer Gestalten.

L.; h. 98, br. 119 cm. Zuerst im Katalog Rosas 1796.

443. Allegorie. In einer gartenartigen Landschaft vergnügen sich (E. 132.) bekränzte, zum Teil unbekleidete Weiber mit Musik und Tanz; eine der Nymphen spielt die Orgel.

L.; h. 97, br. 115 cm. Zuerst in Rosas Katalog 1796.

444. Liriope und Teiresias. Die Nymphe Liriope bringt ihren (E. 131.) Sohn Narcissus zu dem blinden Seher Teiresias, der, auf der Schwelle seines Hauses sitzend, den Leib des Knaben betastet.

L.; h. 103, br. 85 cm. Kat. Rosa 1796.

445. Ein Bacchusfest. Silen, auf einem Fasse sitzend, schenkt aus (E. 130.) einer Amphore Wein in die Schalen der um ihn lagernden und tanzenden Bacchantinnen und Amoretten.

L.; h. 46, br. 62 cm. Schloß Ambras.

Giovanni Battista Tiepolo.

Venezianische Schule. Geb. zu Venedig den 5. März 1692 oder 1693; gest. zu Madrid den 27. März 1770. Schüler Gregorio Lazzarinis und Giovanni Battista Piazettas; ausgebildet durch das Studium Paolo Veroneses.

446. Die heilige Katharina von Siena. Die Heilige, die Dornen-
(E. 449.) krone auf dem Haupte, blickt schmerzvoll gegen Himmel. Auf den über die Brust gelegten Händen sieht man die Wundmale.

L.; h. 70, br. 52 cm. Brustbild. Aus der Schatz- und Kunstkammer zu Graz. 1765 nach Wien gebracht.

Allessandro Turchi, genannt l'Orbetto.

Geb. zu Verona 1582; gest. zu Rom 1648. Schüler F. Brussasorcis in Verona; selbständig weiterentwickelt.

447. Christi Grablegung. Der Leichnam des Herrn wird auf dem
(E. 532.) Rande des Grabes von Josef von Arimathäa und Johannes gehalten. Magdalena kniet zu seinen Füßen, Maria steht händeringend daneben.

Schiefer; h. 24, br. 22 cm. Kat. Mechel, 1783. Kam 1809 nach Paris und 1815 zurück nach Wien.

448. Christus in der Vorhölle. Rechts im Vordergrunde Christus
(E. 530.) mit dem Kreuze auf der Schulter. Johannes schreitet durch einen dunklen Bogen. Der Hintergrund wird durch den schwarzen Stein gebildet.

Stein; h. 52, br. 36 cm. Seit 1824 in der Galerie.

449. Anbetung der Hirten und Kreuzabnahme, auf den
(E. 531.) zwei Seiten einer Schiefertafel. Auf der Vorderseite: Maria kniet rechts vor dem Jesuskinde; hinter ihr steht der heilige Josef; links kniet einer der Hirten. Auf der Rückseite: Maria und Magdalena knien bei dem Leichnam des Heilands. Hinter Maria steht Johannes, links Josef von Arimathäa.

Schiefer; h. 41, br. 35 cm. Zuerst in Mechels Katalog 1783. Wurde 1809 nach Paris und 1815 wieder zurück nach Wien gebracht.

450. Christus am Kreuz. Auf der Vorderseite der Tafel empor-
(E. 533.) blickend, auf der Rückseite mit gesenktem Haupte.

Kupfer; h. 40, br. 26 cm. Samml. Erzh. Leopold Wilhelm.

Rosalba Carriera.

Venezianische Schule. Geb. zu Venedig den 7. Oktober 1675; gest. daselbst den 15. April 1757. Schülerin Cav. Diamantinis und Ant. Balestras.

451. Bildnis Friedrich Augusts III., nachmaligen Kurfürsten von
(E. 147.) Sachsen, 20 Jahre alt, in weißer Perücke, stählerner Rüstung und rotem Mantel. Dreiviertelprofil, die linke Seite dem Beschauer zugewendet.

L.; h. 81, br. 65 cm. Brustbild. 1835 vom Canonicus Ravagnan der Galerie geschenkt.

Marco Ricci.

Venezianische Schule. Geb. zu Cividal di Belluno 1679; gest. zu Venedig 1729. Schüler seines Oheims Sebastiano Ricci.

452. Die Taufe Christi. Längs eines hohen Felsenufers fließt der (E. 389.) Jordan, als Bach dargestellt, der einen kleinen Wasserfall bildet. Im Vordergrunde als Staffage die Taufe Christi.

L.; h. 73, br. 96 cm. 1816 aus dem Depot in die Galerie gekommen.

Pietro della Vecchia (?) (s. Nr. 433).

453. Die Kreuztragung Christi. Christus fällt unter der Last des (E. 542.) Kreuzes. Maria, von Johannes und den heiligen Frauen begleitet, sinkt in Ohnmacht. Voraus werden die beiden Schächer an Stricken geführt.

L.; h. 77, br. 81 cm. Kunstbesitz Karls VI.

Bernardo Belotto, genannt Canaletto.

Venezianische Schule. Geb. zu Venedig den 30. Jänner 1720; gest. zu Warschau den 17. Oktober 1780. Schüler seines Oheims Antonio Canale.

454. Wien, vom Belvedere aus gesehen. Den Vordergrund (E. 108.) nehmen die Gärten des fürstlich Schwarzenbergschen Palais und des Belvederes ein. Links die Kuppel der Karlskirche, rechts jene des Salesianerklosters. Weiter rückwärts sieht man die ehemaligen Glacien, die Basteimauern, die Türme und Dächer der inneren Stadt und die Berge der Umgebung.

L.; h. 136, br. 214 cm. Dieses und die folgenden zwölf Bilder wurden im Auftrage des Hofes in Wien während der Jahre 1758 bis 1760 gemalt. (E. v. Engerth.)

455. Die Ruinen von Theben, am Einflusse der March in die Donau (E. 120.) gelegen. Links ein Hügel mit den Resten des alten Schlosses; rechts im Hintergrunde, von einem letzten Sonnenblick beleuchtet, das kaiserliche Lustschloß Schloßhof. Im Vordergrunde hat eine Zigeunerfamilie ihr Zelt aufgeschlagen.

L.; h. 137, br. 216 cm. Provenienz wie Nr. 454.

456. Der Lobkowitzplatz in Wien. An der linken Seite des (E. 114.) Platzes das fürstlich Lobkowitzsche Palais. Im Hintergrunde die Gartenmauer des Kapuzinerklosters, an welcher ein Missions-

kreuz aufgerichtet ist. Der Stephansturm ragt über die Dächer empor. Rechts vorne, im Schatten liegend, das Bürgerspital.

L.; h. 116, br. 153 cm. Provenienz wie Nr. 454.

457. Das kaiserl. Lustschloß Schönbrunn (Hofseite).
(E. 115.) Kaiserin Maria Theresia empfängt dort am 16. August 1759 die Nachricht vom Siege bei Kunersdorf (12. August 1759). Zwanzig Postillone, von Offizieren gefolgt, reiten in den von Zuschauern besetzten Schloßhof ein.

Inschrift:

XVI. Augusti. Anno M · D · C · C · LIX.
Prusso caeso ad Francofurtum ab exercitu
Russo-Austriaco.

L.; h. 136, br. 237 cm. Provenienz wie Nr. 454.

458. Das kaiserliche Lustschloß Schönbrunn (Gartenseite),
(E. 116.) vom untersten Ende des Gartenparterres aus gesehen. Herren und Damen gehen spazieren. Rechts Wien, links der Kahlenberg und der Leopoldsberg sichtbar.

L.; h. 135, br. 240 cm. Provenienz wie Nr. 454.

459. Die Freiung in Wien. Die Schottenkirche in der Mitte, die
(E. 109.) Seitenfassade dem Beschauer zugewendet. Auf dem Platze wird Markt gehalten.

L.; h. 116, br. 152 cm. Provenienz wie Nr. 454.

460. Die Schottenkirche in Wien. Aus dem Portale bewegt sich
(E. 110.) eine Prozession. Links von der Kirche die Freiung mit dem gräflich Harrachschen Palais; im Hintergrund die Ecke «Zum Heidenschuß».

L.; h. 116, br. 152 cm. Provenienz wie Nr. 454.

461. Die Dominikanerkirche in Wien. Die Kirche steht im
(E. 111.) Schatten, welcher, über den Platz sich erstreckend, an dem vis-à-vis liegenden Gebäude des Jesuitenkonviktes emporsteigt. Auf dem Platze Geflügelmarkt.

L.; h. 116, br. 156 cm. Provenienz wie Nr. 454.

462. Der Universitätsplatz in Wien. In der Mitte des Bildes
(E. 112.) steht das Gebäude der Aula, jetzt kaiserl. Akademie der Wissenschaften. Rechts die Universitätskirche.

L.; h. 116, br. 156 cm. Provenienz wie Nr. 454.

463. **Das kais. Lustschloß Schloßhof (Hofseite).** Schloßhof
(E. 117.) liegt in Niederösterreich am rechten Ufer der March, nahe ihrer Mündung in die Donau. Über dem Haupteingange ist das kaiserl. Wappen, im Giebel eine Uhr, vor dem Schlosse ein Springbrunnen mit einem Neptun und eine Rampe, mit Figuren und Löwen geziert.

L.; h. 138, br. 257 cm. Provenienz wie Nr. 454.

464. **Der Neue Markt in Wien,** vom Schwarzenbergpalais aus ge-
(E. 113.) sehen. Links die Kapuzinerkirche, rechts die ehemalige «Mehlgrube», später Hôtel Munsch, in der Mitte der Brunnen des Georg Raphael Donner; im Hintergrunde der Stephansturm.

L.; h. 116, br. 156 cm. Provenienz wie Nr. 454.

465. **Das kaiserl. Lustschloß Schloßhof (Gartenseite),** vom
(E. 118.) untersten Ende des Gartens aus gesehen. Im Vordergrunde ein Bassin mit Steinfiguren, dann ein aufsteigender Terrassenbau mit geschnittenen Hecken. Herren und Damen lustwandeln im Garten.

L.; h. 136, br. 239 cm. Provenienz wie Nr. 454.

466. **Das kaiserliche Lustschloß Schloßhof (Seiten-**
(E. 119.) **ansicht).** Auf dem prächtigen Terrassenbau des Gartens das Schloß, in der Ferne die March und auf ihrem linken Ufer die Ruinen von Theben.

L.; h. 136, br. 238 cm. Provenienz wie Nr. 454.

Saal IV. (Oberlicht.)

Pellegrino Tibaldi.

Bolognesische und römische Schule. Geb. zu Bologna 1532; gest. zu Mailand 1592. Schüler Bart. Ramenghis; weiterentwickelt durch das Studium Michelangelos.

467. **Die heilige Cäcilia.** Die Heilige steht en face hinter einem
(E. 448.) Tische und singt aus einem Buche, das sie in der linken Hand hält. Zu beiden Seiten je ein Engel, welche Laute und Harfe spielen.

L.; h. 91, br. 120 cm. Halbe Figuren. 1737 aus Prag nach Wien gekommen.

Lodovico Carracci.

Bolognesische Schule. Geb. zu Bologna den 21. April 1555; gest. daselbst den 13. November 1619. War zuerst Schüler Prospero Fontanas, bildete sich aber in der Folge durch seine Studien nach Andrea del Sarto (zu Florenz), Correggio (zu Parma), Giulio Romano (zu Mantua), Tintoretto, Tizian und Paolo Veronese (zu Venedig), bald seinen eigenen Stil, indem er die Vorzüge jedes dieser großen Meister zu vereinigen suchte. In diesem Streben wurde er der Begründer der »eklektischen Schule« des XVII. Jahrhunderts.

468. (E. 145.) Venus und Amor. Venus, auf einem Ruhebette liegend, hat dem Amor Bogen und Pfeil weggenommen, die der kleine Gott zurückverlangt. An der linken Seite des Lagers steht ein Satyr.

L.; h. 129, br. 184 cm. Zuerst im Katalog Rosas 1796.

Agostino Carracci.

Bolognesische Schule. Geb. zu Bologna den 15. August 1557; gest. zu Parma den 22. März 1602. Schüler Prospero Fontanas, Bart. Passerottis und Domenico Tibaldis; weiter ausgebildet unter dem Einflusse Lodovico Carraccis.

469. (E. 134.) Der heil. Franz von Assisi. Der kniende Heilige blickt verzückt zu der Erscheinung des Kreuzes empor und hebt die mit den Nägeln durchbohrten Hände gegen Himmel. Sein Ordensbruder schläft links im Mittelgrunde.

L.; h. 208, br. 139 cm. Schloß Ambras.

Annibale Carracci.

Bolognesische Schule. Geb. zu Bologna den 3. November 1560; gest. zu Rom den 15. Juli 1609. Schüler Lodovico Carraccis; weiter ausgebildet durch seine Studien nach Correggio (zu Parma), Tintoretto und Paolo Veronese (zu Venedig) sowie nach Raffael und Michelangelo (zu Rom).

470. (E. 140.) Venus und Adonis. Links an einer Quelle im Walde sitzt Venus, rechts hinter einem Baume tritt Adonis hervor, seine Hunde folgen ihm. Neben der Göttin sitzt Amor, der sie soeben verwundet hat. Im Vordergrunde zwei Tauben.

L.; h. 216, br. 246 cm. Schloß Ambras.

471. (E. 142.) Schulbild. Bildnis eines jungen Mannes. Er legt die linke Hand im Handschuh auf den Degengriff. Über sein dunkles Gewand ist ein weißer Hemdkragen gelegt.

L.; h. 107, br. 74 cm. Halbe Figur. Kunstbesitz Karls VI.

Simone Cantarini, genannt Il Pesarese.

Bolognesische Schule. Geb. zu Oropezza bei Pesaro 1612; gest. zu Verona den 15. Oktober 1648. Hervorgegangen aus venezianisch-veronesischen Schulen; in reiferem Alter Schüler Guido Renis und von diesem beeinflußt.

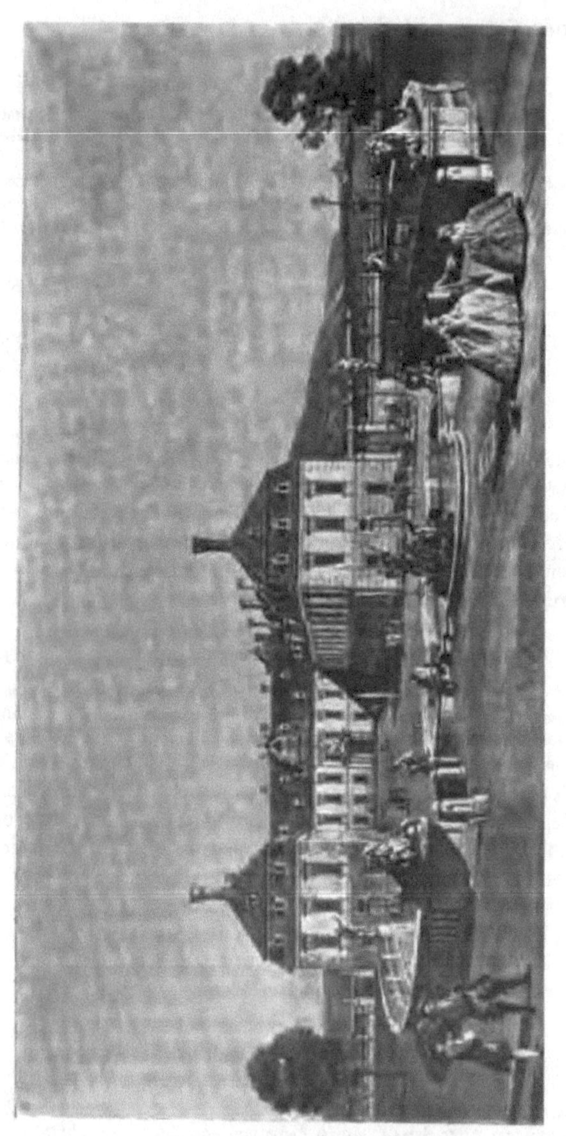

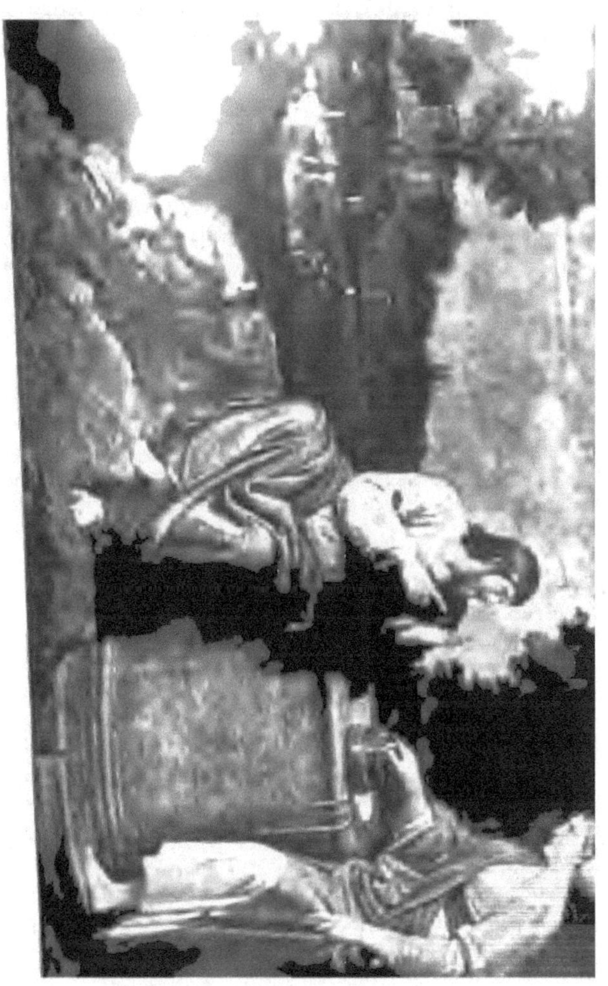

475. Annibale Carracci.

472. **Maria mit dem Kinde und dem heiligen Carlo Borro-**
(E. 121.) **meo.** Maria hält das auf ihrem Schoße stehende Christuskind. Der Heilige, zu ihren Füßen kniend, küßt ihre Hand. Oben zwei Engel.

L.; oval; h. 46, br. 36 cm. Kniestück. Nur bis 1816 zurückzuverfolgen.

Annibale Carracci (s. Nr. 470).

473. **Der heilige Franz von Assisi.** Der Heilige, der die Wund-
(E. 138.) male empfangen hat, ist zu Boden gesunken und wird von einem Engel unterstützt und getröstet.

Stein; h. 24, br. 20 cm. Prager Inventar 1718 als Caravaggio.

Antonio Carracci.

Bolognesische Schule. Geb. zu Venedig 1583; gest. zu Rom 1618. Sohn des Agostino und Schüler des Annibale Carracci.

474. **Ein Lautenspieler.** Ein blondbärtiger Mann in schwarzer
(E. 143.) Kleidung spielt die Laute. Sein Kopf steht en face.

L.; h. 80, br. 66 cm. Halbe Figur. Samml. Erzh. Sigismund Franz; Inventar von 1663 als Spagnoletto. Crowe und Cavalcaselle halten das Bild für so trefflich behandelt, daß es dem Agostino Carracci zugeschrieben werden könnte (E. v. Engerth).

Annibale Carracci (s. Nr. 470).

475. **Christus und die Samariterin.** In der Mitte des Bildes der
(E. 136.) Brunnen. Rechts steht die Samariterin, links sitzt der Heiland. Hinter dem Brunnen ein dichtbelaubter Baum, zu beiden Seiten Landschaft.

L.; h. 61, br. 147 cm. Samml. Erzh. Leopold Wilhelm.

Allessandro Tiarini.

Bolognesische Schule. Geb. zu Bologna den 20. März 1577; gest. den 8. Februar 1668. Zuerst Schüler Prospero Fontanas, dann Lodovico Carraccis.

476. **Der kreuztragende Christus.** Der Heiland mit der Dornen-
(E. 447.) krone schreitet gebeugt unter der Last des Kreuzes. Rechts vorne steht Magdalena, hinter ihr die Mutter Gottes; zu Seiten Christi zwei Schergen und vor ihm ein Alter mit geballter Faust.

L.; h. 139, br. 173 cm. Kniestück. 1800 aus der Galerie Albani in Rom nach Wien gekommen.

Dionisio Calvaert.

Bolognesische Schule. Geb. zu Antwerpen; gest. zu Bologna den 17. März 1619. 1556 Lehrjunge der S. Lucasgilde zu Antwerpen; zu Bologna Schüler Prospero Fontanas.

477. Bildnis eines Mannes, bartlos, mit dunklem Haar, Drei-
(E. 107.) viertelprofil, die linke Seite dem Beschauer zugewendet. Ein großer weißer, spitzenbesetzter Kragen ist über das dunkle Gewand gelegt.

L.; h. 49, br. 38 cm. Brustbild. Samml. des Kardinals Albani in Rom.

Domenico Zampieri, genannt Il Domenichino.

Bolognesische Schule. Geb. den 21. Oktober 1581 zu Bologna; gest. den 15. April 1641 zu Neapel. Schüler Dionisio Calvaerts; weiter ausgebildet in der Akademie der Carracci zu Bologna. Zu Rom Gehilfe Annibale Carraccis.

478. Schulbild. Die heilige Cäcilia. Die Heilige spielt Orgel
(E. 184.) und blickt zum Himmel empor. Hinter der Orgel ein wenig sichtbarer Engel. Auf dem Boden liegt eine Geige.

L.; h. 125, br. 95 cm. Kat. Rosa 1804.

Annibale Carracci (s. Nr. 470).

479. Der Prophet Jesaias. Er hält sitzend mit beiden Händen
(E. 139.) eine offene Schriftrolle. Zwei Engel stehen zu beiden Seiten und halten über ihn eine Tafel mit Inschrift. (Kopie nach Raphaels Fresco in der Kirche S. Agostino zu Rom.)

ΑΝΝΗ ΠΑΡΘΕΝΟΤΟΚΩ
ΠΑΡΘΕΝΙΚΗ ΘΕΟΤΟΚΩ
Κ ΛΥΤΡΩΤΗ ΧΡΙΣΤΩ
ΙΩ. ΚΟΡ.

(Der Anna, Mutter der Jungfrau, der Jungfrau, der Mutter Gottes, dem Erlöser Christus. — Joannes Corricius.) Die Papierrolle enthält hebräisch eine Stelle aus Jesaias, Kap. 26, V. 21.

L.; h. 224, br. 146 cm. Vom Stifte Heiligenkreuz bei Wien 1799 der Galerie geschenkt.

Giacomo Cavedone.

Bolognesische Schule. Geb. zu Sassuolo bei Modena 1577; gest. zu Bologna 1660. Zuerst Schüler Passerottis und Baldis; weiter ausgebildet in der Akademie der Carracci.

480. Der heilige Sebastian. Der Heilige steht entkleidet an einen
(E. 152.) Baum gebunden, die Hände auf dem Rücken, den Kopf emporgewendet; er ist von einem Pfeile in die linke Seite getroffen.

L.; h. 136, br. 99 cm. Kniestück. 1782 gekauft.

Annibale Carracci (s. Nr. 470).

481. Allegorie. Links sitzt Apollo, an Händen und Füßen mit gol-
(E. 141.) denen Ketten gefesselt. Rechts stehen mit verbundenen Augen zwei Amoretten, deren einer einen Pfeil emporhält.

Nußholz; h. 28, br. 38 cm. Belvederedepot.

482. Christus, von Maria beweint. Die am offenen Grabe des
(E. 135.) Heilandes sitzende Maria ist in Ohnmacht gesunken. Der tote Christus liegt vor ihr auf dem Boden und lehnt mit dem Kopfe an ihrer linken Seite. Hinter Maria zwei Engel.

Kupfer; h. 43, br. 63 cm. Samml. Erzh. Leopold Wilhelm.

Lodovico Carracci (s. Nr. 468).

483. Der heilige Franciscus. Der Heilige steht, die linke Hand
(E. 144.) auf einem Totenkopf, vor einer Brüstung, worauf ein hölzernes Kreuz und ein Rosenkranz liegen.

L.; h. 114, br. 82 cm. Halbe Figur. Aus der kaiserl. Burg in Graz 1765 nach Wien gekommen.

Domenico Zampieri, genannt Il Domenichino (s. Nr. 478).

484. Schulbild. Lukretia. Sie hält mit der Linken das herunter-
(E. 183.) sinkende grüne Gewand und stößt sich mit der Rechten den Dolch in die Brust.

L.; h. 85, br. 74 cm. Halbe Figur. 1785 angekauft von Frau Ursula Baglio.

Michelangelo Merisi (Amerighi), genannt Caravaggio.

Römische Schule. Geb. zu Caravaggio 1569; gest. zu Porto d' Ercole 1609. Studierte zu Venedig nach Giorgione, war zu Rom Schüler des Cav. d'Arpino; entwickelte sich aber hier selbständig und wurde dann Führer der römischen Naturalisten.

485. David mit dem Haupte Goliaths. David, mit der rechten
(E. 9.) Hand das Schwert schwingend, hält mit der ausgestreckten Linken das blutende Riesenhaupt Goliaths an den Haaren.

L.; h. 90, br. 117 cm. Halbe Figur. Seit 1720 in der Galerie.

486. Maria mit dem Kinde und der heiligen Anna. Die Jung-
(E. 7.) frau sitzt an einer Brüstung, auf welcher das Christuskind steht. Neben der Muttergottes sitzt die heilige Anna, welcher das Jesuskind beide Arme entgegenstreckt.

L.; h. 121, br. 153 cm. Samml. Erzh. Leopold Wilhelm.

Bartolommeo Manfredi.

Römische Schule. Geb. zu Ustiano bei Mantua um 1580; lebte zu Rom noch um 1617. Zuerst Schüler Roncallis, dann Michelangelo da Caravaggios.

487. (E. 279.) Die Wahrsagerin. Männer und Weiber sitzen beim Kartenspiel. Ein Mädchen, deren rechten Arm ein Jüngling unterstützt, läßt sich von einer Zigeunerin wahrsagen.

L.; h. 144, br. 182 cm. Kniestück. Samml. Erzh. Leopold Wilhelm; kam 1809 nach Paris, 1815 zurück nach Wien.

Luca Giordano, genannt Fapresto.

Neapolitanische Schule. Geb. zu Neapel 1632; gest. daselbst den 12. Jänner 1705. Schüler Riberas in Neapel; weiter ausgebildet als Gehilfe Pietro da Cortonas zu Rom und unter dem Einflusse der Werke Paolo Veroneses zu Venedig.

488. (E. 236.) Der Tod des heiligen Josef. Christus drückt dem Heiligen die Augen zu. Engeln umgeben das Bett. Links entflieht der Teufel. Rechts betet die heilige Jungfrau.

L.; h. 93, br. 193 cm. Kunstbesitz Karls VI.

489. (E. 235.) Der Traum des heiligen Josef. Über dem Schlafenden erscheint schwebend der Engel, der ihn zur Flucht mahnt. In einem Nebengemache rechts sieht man Maria kniend beten.

L.; h. 97, br. 187 cm. Kunstbesitz Karls VI.

490. (E. 229.) Die Verheißung des heiligen Joachim. Der Heilige ist dreimal dargestellt. Er kniet im Vordergrunde rechts und erblickt den verheißenden Engel; im Mittelgrunde begrüßt er die von rechts kommende heilige Anna; im Hintergrunde schreitet er mit ihr zum Tempel hinan.

L.; h. 206, br. 188 cm. Kunstbesitz Karls VI.

491. (E. 225.) Der Engelsturz. Der Erzengel Michael schwingt das Flammenschwert in der hochgehobenen Rechten. Sein Fuß berührt den obersten der gefallenen Engel, der mit seiner Schar in wilder Verzweiflung in die Tiefe stürzt. In einer Glorie betet eine Engelschar.

Bezeichnet unten rechts: IORDANVS. F. 1666

L.; h. 414, br. 382 cm. Das Bild befand sich in der Minoritenkirche zu Wien, wohin es vor alter Zeit von der Familie Patalotti gestiftet worden sein

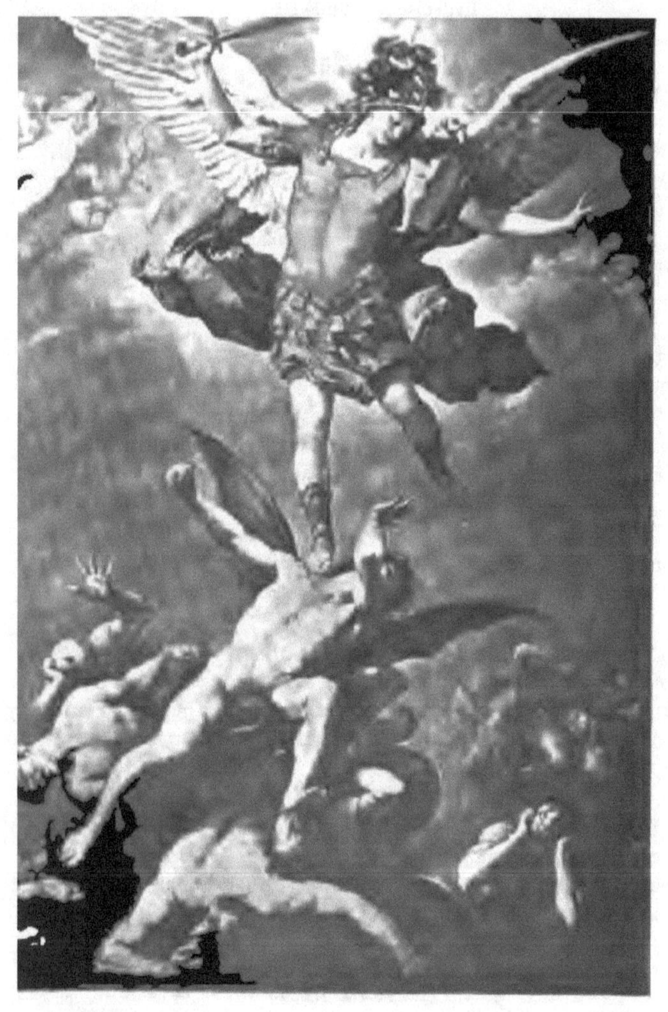

491. Luca Giordano.

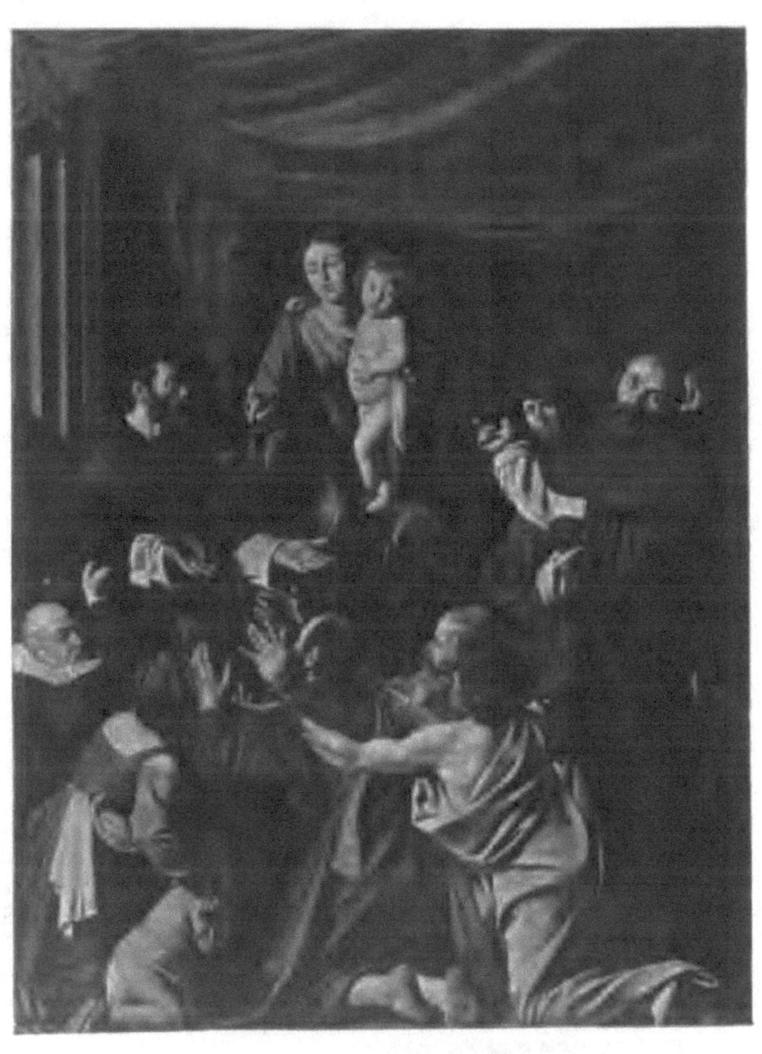

496. Michelangelo da Caravaggio.

soll, galt als Michelangelo da Caravaggio und kam unter Rosa, Katalog 1796, in die Galerie.

492. (E. 230.) Die Geburt der heiligen Jungfrau. Die heilige Anna ruht auf ihrem Lager, der heilige Joachim steht neben ihr. Am Fußende des Bettes sitzt eine alte Frau und hält die kleine Maria auf dem Schoße. Geschäftige Frauen umgeben das Bett.

L.; h. 207, br. 223 cm. Aus Karls VI. Kunstbesitz; bis zum Jahre 1787 in der Kapelle des kais. Schlosses Hetzendorf verwendet (E. v. Engerth).

493. (E. 231.) Mariens Darstellung im Tempel. Auf der obersten Tempelstufe kniet die heilige Anna und stellt dem Hohenpriester die kleine Maria vor. Der heilige Joachim folgt ihr. Den Hohenpriester umgeben Chorknaben; im Vordergrunde vier Gestalten, darunter ein Weib, das zwei Tauben bringt.

L.; h. 206, br. 188 cm. Kunstbesitz Karls VI.

494. (E. 233.) Die Heimsuchung. Maria schreitet die Stufen zum Hause hinan und wird von Elisabeth und Zacharias bewillkommt. Vorne links kniet der heilige Josef, das Gepäck aufschnürend. In den Wolken zwei Engel.

L.; h. 206, br. 187 cm. Kunstbesitz Karls VI.

495. (E. 232.) Die Vermählung der heiligen Jungfrau. Vor dem segnenden Hohenpriester stehen Maria und Josef. Priester und Chorknaben sind anwesend. In der Luft Blumen streuende Engel.

L.; h. 206, br. 187 cm. Kunstbesitz Karls VI.

Michelangelo da Caravaggio (s. Nr. 485).

496. (E. 6.) Die Madonna vom Rosenkranze. Die auf hohem Throne sitzende Maria mit dem auf ihren Knien stehenden Christuskind läßt durch die Heiligen Dominicus und Petrus Martyr Rosenkränze unter das Volk verteilen. Links vorne kniet der Stifter des Bildes.

L.; h. 339 cm., br. 241 cm. Eine Gesellschaft von Künstlern, darunter Rubens, Brueghel, Van Baalen und andere, kauften dies Bild und schenkten es der Kirche des Dominikanerklosters zu Antwerpen. Kaiser Josef II. erwarb es für Wien, wohin es im Mai 1786 kam.

Gasparo Lopez dei Fiori.

Neapolitanische und Venezianische Schule. Geb. zu Neapel (?); gest. zu Venedig 1732.

497. Blumen. Eine Steinvase mit einer Girlande, ein Silberteller
(E. 268.) mit Blumen, zwei Amoretten mit einem Wappenschilde.

Kupfer; h. 26, br. 45 cm. Aus der Samml. des Kardinals Albani in Rom.

498. Blumen. In der Mitte des Bildes eine Vase, Girlanden, eine
(E. 269.) Schale und ein Teller.

Kupfer; h. 26, br. 45 cm. Provenienz wie Nr. 497.

499. Blumen. Eine Vase mit einem Blumenstrauß, daneben eine
(E. 270.) zweite umgeworfen, vorne eine Fontäne.

Kupfer; h. 26, br. 45 cm. Provenienz wie Nr. 497.

500. Blumen. In der Mitte ein Strauß, eine Goldkanne und Schale,
(E. 267.) links ein Bassin.

Bezeichnet auf dem Steine rechts: Lopez F

Kupfer; h. 26, br. 45 cm. Provenienz wie Nr. 497.

Jusepe de Ribera, genannt lo Spagnoletto.

Spanische und Neapolitanische Schule. Geb. zu Játiva den 12. Jänner 1588; gest. zu Neapel 1656. Schüler (?) Francisco Ribaltas zu Valencia; in Italien unter dem Einflusse Caravaggios weiter ausgebildet.

501. Die Kreuztragung Christi. Christus, die Dornenkrone auf
(E. 384.) dem Haupte, trägt vorgebeugt das Kreuz, das der ihm folgende Simon von Cyrene unterstützt. Einer der sie umgebenden Schergen hält den Strick, der um des Heilands Hals gelegt ist.

L.; h. 144, br. 198 cm. Kniestück. Kunstbesitz Karls VI.

Carlo Saraceno.

Venezianische Schule. Geb. 1585; gest. zu Venedig 1625. Schüler Camillo Marianis in Rom und Nachahmer Michelangelo da Caravaggios.

502. Judith. Judith ist im Begriffe, das Haupt des Holofernes in einen
(E. 407.) Sack zu tun, welchen ihre Dienerin offen hält. Eine Kerze in der Hand der Dienerin beleuchtet beide.

L.; h. 90, br. 79 cm. Halbe Figuren. Samml. Erzh. Leopold Wilhelm.

Jusepe de Ribera, genannt lo Spagnoletto (s. Nr. 501).

503. Der reuige Petrus. Petrus hat die vorgestreckten Hände ge-
(E. 385.) faltet und blickt mit schmerzhaftem Ausdruck zum Himmel. Rechts vorne Bücher und die Schlüssel.

L.; h. 116, br. 88 cm. Kniestück. Samml. Erzh. Leopold Wilhelm. In den Uffizien zu Florenz befindet sich eine kleine Kopie des Bildes als Werk Teniers' (E. v. Engerth).

Paolo de' Matteis.

Neapolitanische Schule. Geb. im Neapolitanischen 1662; gest. zu Neapel 1728. Schüler Luca Giordanos und G. M. Morandis.

504. **Die flüchtige Erminia bittet den Landmann um Auf-**
(E. 301.) **nahme.** Sie ist gerüstet und trägt Speer und Schild in der Linken; ihr Roß steht hinter ihr. Links sitzend der Hirt mit seinen Kindern und seiner Herde.

Nußholz; h. 52, br. 61 cm. Aus der Samml. des Kardinals Albani in Rom, 1801 gekauft.

Luca Giordano (s. Nr. 488).

505. **Der Kindermord.** Die Mütter verteidigen ihre Kinder gegen
(E. 227.) die Mörder. Im Hintergrunde links ein Tempel, von dem aus Herodes mit zwei Schriftgelehrten den Vorgang beobachtet.

L.; h. 74, br. 105 cm. Kunstbesitz Karls VI.

506. **Die Ausweisung der Hagar.** Rechts steht Abraham und weist
(E. 226.) mit der linken Hand Hagar und Ismael aus dem Hause. Sarah und andere Frauen sehen zu.

L.; h. 51, br. 64 cm. Halbe Figur. Unter Karl VI. in der Stallburg aufgestellt, kam 1809 nach Paris und 1815 zurück nach Wien.

Jusepe de Ribera, genannt lo Spagnoletto (s. Nr. 501).

507. **Christus und die Schriftgelehrten.** Der zwölfjährige Jesus
(E. 383.) steht rechts vor einem Stuhle, die rechte Hand erhebend. Hinter ihm Josef und Maria; ihm gegenüber die in den Schriften lesenden Gelehrten.

L.; h. 129, br. 175 cm. Kniestück. Samml. Erzh. Leopold Wilhelm. Aus der Galerie Orléans ist eine etwas kleinere Wiederholung dieses Bildes in die Sammlung Lord Ellesmeres im Bridgewater House zu London gelangt.

508. **Ein Philosoph,** an einem mit Schriften bedeckten Tische, das
(E. 386.) Haupt in die linke Hand stützend und die Rechte auf einen Totenschädel legend.

L.; h. 100, br. 74 cm. Halbe Figur. Kunstbesitz Karls VI.

509. **Ein Mathematiker** (Archimedes?) mit einem Zirkel in der
(E. 387.) Rechten blickt in ein Buch mit geometrischen Figuren.

L.; h. 100, br. 74 cm. Halbe Figur. Kunstbesitz Karls VI.

Neapolitanisch. XVII. Jahrhundert.

510. Christus und die Jünger zu Emaus. Christus sitzt zwischen
(E. 428.) den beiden Jüngern an der gedeckten Tafel und bricht das Brot. Der Jünger zu seiner Rechten, ein Greis, breitet überrascht die Arme aus; hinter ihm zur Linken des Heilandes eine junge Frau mit einer Schüssel.

L.; h. 156, br. 199 cm. Halbe Figuren. Aus der 1765 aufgehobenen Schatz- und Kunstkammer zu Graz. Früher B. Schidone genannt. Das Bild, von dem sich eine Wiederholung in einer Kirche Neapels befinden soll, ist jedoch mit weit mehr Recht einem neapolitanischen Naturalisten zuzuschreiben (F. Wickhoff).

Scipione Compagno.

Neapolitanische Schule. Tätig um 1680. Schüler A. Falcones und Nachahmer seines Mitschülers S. Rosa.

511. Die Enthauptung des heiligen Januarius. Eine Menschen-
(E. 158.) menge umdrängt den Richtplatz. In der Mitte steht der Henker; neben ihm liegen Rumpf und Kopf des Heiligen auf der Erde. Ein kniendes Weib nimmt mit einem Tuche das Blut von der Erde auf. In der Mitte des Bildes ein Hügel mit einer Turmruine.

Bezeichnet unten in der Mitte: SCIP: COMPAG: F.

Kupfer; h. 67, br. 95 cm. Samml. Erzh. Leopold Wilhelm.

512. Ausbruch des Vesuv. Auf der am Meeresstrande hinführenden
(E. 157.) Straße flüchtende Personen. Im Hintergrunde der rauchende Berg.

Bezeichnet unten links: SIP · COMPAGNO F:

Kupfer; h. 67, br. 95 cm. Samml. Erzh. Leopold Wilhelm.

Andrea Vaccaro.

Neapolitanische Schule. Geb. zu Neapel 1598; gest. daselbst 1670. Ursprünglich Schüler Girolamo Imparatos, dann Nachahmer Caravaggios und schließlich Guido Renis.

513. Maria von Ägypten. In wilder Bergschlucht kniet sie, nur mit einem Felle halb bekleidet, und betet. Zwei Engel bringen ihr Brote.

Bezeichnet links auf einem Steine:

And.s Vaccaro P.

L.; h. 45·5, br. 59 cm. Aus dem kais. Schlosse Augarten.

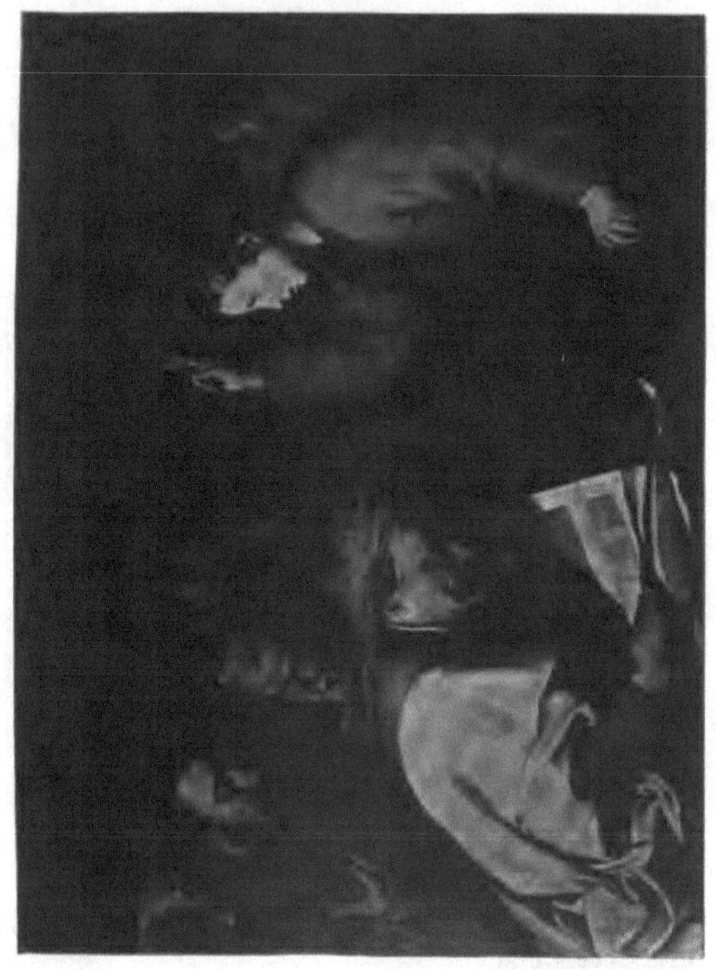

507. Jusepe de Ribera genannt Spagnoletto.

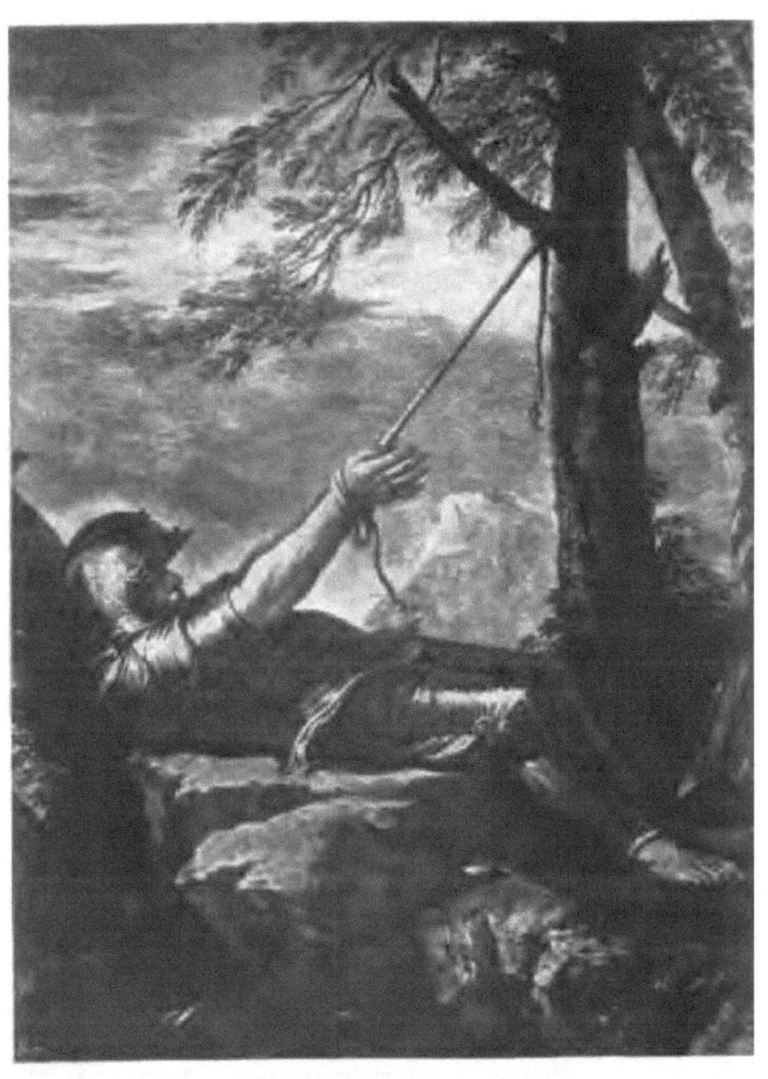

525. Salvator Rosa.

514. Maria Magdalena, in einer wilden Berggegend das Kreuz anbetend. Neben ihr zwei Engel, von denen der eine ihr Salbgefäß und die Geißel hält.

Bezeichnet rechts neben dem Baume:

And.ea Vaccaro P.

L.; h. 45·5, br. 59 cm. Aus dem kais. Schlosse Augarten.

514a. Anbetung der Hirten. Maria kniet mit verehrender Gebärde vor dem neugeborenen Kinde, das auf einem Korbe liegt. Links hinter Maria der heilige Josef, rechts vier in Anbetung des Kindes versunkene Hirten, von denen der vorderste, der mit der Linken ein Lamm hält, vielleicht auf den heil. Johannes den Täufer zu deuten ist.

Bezeichnet links oben mit dem Monogramm: A. V.

L.; h. 122, br. 167 cm. Dem Galeriedepot entnommen.

Francesco Sollmena.

Neapolitanische Schule. Geb. zu Nocera am 4. Oktober 1657; gest. zu Neapel am 5. April 1747. Schüler seines Vaters Angelo; weitergebildet durch das Studium der verschiedenen Meister der manieristischen und eklektischen Richtung.

515. Kaiser Karl VI. und Graf Gundaker Althann, Skizze zu dem großen Bilde des Künstlers: Graf Althann überreicht dem Kaiser das Inventar der in der Stallburg neu aufgestellten kaiserlichen Gemäldegalerie.

L.; h. 68, br. 56 cm. 1884 vom Restaurator Brehm gekauft.

Salvator Rosa.

Neapolitanische Schule. Geb. zu Arenella bei Neapel den 20. Juni 1615; gest. zu Rom den 15. März 1673. Zuerst Schüler Fr. Francanzones und Riberas, dann Aniello Falcones.

516. Ein Krieger. Er hält das Schwert in der Rechten; der linke
(E. 399.) Arm ruht nachlässig auf dem Knopf des Griffes, eine rote Schärpe ist um seinen Leib gebunden.

L.; h. 112, br. 85 cm. Kniestück. Kunstbesitz Karls VI.

Giovanni Francesco Barbieri, genannt Il Guercino.

Bolognesische Schule. Geb. zu Cento 1591; gest. zu Bologna den 22. Dezember 1666. Entwickelte sich selbständig unter dem Einflusse der Carracci.

517. Schulbild. Ein Jüngling. Der Kopf mit reichem Locken-
(E. 258.) haar ist nach der linken Schulter gewendet. Er trägt eine Schärpe um den nackten Körper.

L.; h. 76, br. 64 cm. Brustbild. Vom Maler Langenhöfel 1807 gekauft.

Francesco Solimena (s. Nr. 515).

518. Raub der Orithya. Boreas, die Krone auf dem Haupte, die
(E. 440.) mächtigen Flügel ausgebreitet, trägt die Tochter des Königs Erechtheus aus der Mitte ihrer Gespielinnen durch die Luft mit sich fort. Amor schießt einen Pfeil auf sie ab.

L.; h. 124, br. 94 cm. Stallburg.

Pompeo Batoni (Battoni).

Römische Schule. Geb. zu Lucca den 5. Februar 1708; gest. zu Rom den 4. Februar 1787. Bildet sich in Rom durch das Studium der großen Meister und der Antike.

519. Die Rückkehr des verlornen Sohnes. Der Vater, in reicher
(E. 54.) Kleidung, einen Turban auf dem Kopfe, bedeckt mit seinem Pelze die Blößen seines vor ihm knienden Sohnes.

Bezeichnet links unten in einer Schale: P. BATONI PINXIT ROMÆ 1773

L.; h. 140, br. 103 cm. Kniestück. In Rom 1773 vom Künstler selbst gekauft.

Giovanni Bettino Cignaroli.

Veronesische Schule. Geb. zu Verona 1706; gest. daselbst 1770. Schüler Santo Prunatis.

520. Die Jungfrau mit dem Kinde und der heiligen Ottilie.
(E. 155.) Rechts sitzt Maria auf einer Wolke und hält das Jesuskind; links steht Petrus Martyr, die Hände mit Palme und Messer auf die Brust legend. Zu Füßen Marias kniet Ottilie, in beiden Händen einen Palmzweig haltend.

Bezeichnet unten links mit dem in griechischen Buchstaben geschriebenen Namen des Meisters:

ΚΥΚΝΑΡΩΛΟΣ Γ.

L.; h. 255, br. 112 cm. 1816 aus Venedig nach Wien gekommen.

Guercino (s. Nr. 517).

521. (E. 254.) **Johannes der Täufer.** Johannes sitzt auf einem Steine, mit der hocherhobenen Rechten gegen Himmel deutend, in der Linken das Rohrkreuz haltend.

L.; h. 210, br. 141 cm. Dieses Bild wurde von Guercino für Ferdinand III. 1641 gemalt.

Mattia Preti, genannt Il Calabrese.

Neapolitanische Schule. Geb. zu Taverna in Calabrien den 24. Februar 1613; gest. zu Malta den 13. Jänner 1699. Zuerst Schüler seines Bruders Gregorio in Rom und Guercinos zu Cento; dann weiterentwickelt durch das Studium der Bolognesen und Neapolitaner.

522. (E. 357.) **Der ungläubige Thomas.** Thomas berührt mit zwei Fingern das Wundmal an der Seite Christi, der an einen Tisch gelehnt beide Arme ausbreitet. Die Apostel umgeben mit Gebärden des Staunens die Gruppe.

L.; h. 185, br. 145 cm. Kniestück. Zuerst im Prager Inventar von 1718.

Salvator Rosa (s. Nr. 516).

523. (E. 396.) **Eine Römerschlacht.** Ein dichtes Handgemenge von geharnischten Kriegern zu Fuß und Roß nimmt den ganzen Vordergrund ein. Rechts im Mittelgrunde eine hohe Tempelruine.

Zweimal bezeichnet;

links auf dem Schenkel eines Pferdes:

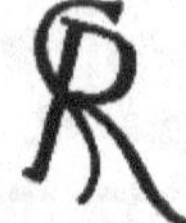

rechts unten auf einem Steine:

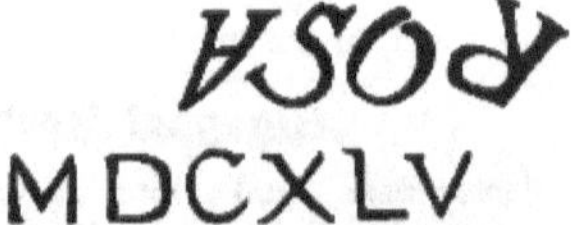

L.; h. 229, br. 345 cm. 1786 aus der Samml. des Grafen Nostiz in Prag gekauft.

Domenico Gargiulo, genannt Micco Spadaro.

Neapolitanische Schule. Geb. 1612; gest. 1679. Schüler Aniello Falcones; beeinflußt von seinem Mitschüler Salvator Rosa.

524. (E. 401.) **Eine Römerschlacht.** Handgemenge. In der Mitte hat ein Reiter auf schnaubendem Rappen den Gegner mit der Lanze zu Boden geworfen. Von links springt ein Krieger dem Unterliegenden zur Hilfe herbei.

L.; h. 81, br. 81 cm. Die Hauptgruppe aus Raffaels Fresco im Vatikan «Schlacht Constantins gegen Maxentius». Früher Salvator Rosa zugeschrieben.

Salvator Rosa (s. Nr. 516).

525. **Der heilige Wilhelm.** Der büßende Heilige liegt in einer
(E. 395.) öden Felsengegend auf dem Rücken. Füße und Arme sind nackt; sonst ist er geharnischt. Die ausgestreckten Arme sind an einen Baum gebunden.

L.; h. 74, br. 55 cm. Samml. Erzh. Sigismund Franz.

526. **Landschaft mit Ruinen.** Zwischen zerklüfteten Felsen an
(E. 398.) einem Wasserfalle sind Hirten gelagert. Im Vordergrunde Ruinen und ein Flußgott mit seiner Urne.

L.; h. 68, br. 50 cm. Aus der Galerie des Kardinals Albani 1801 gekauft.

Micco Spadaro (s. Nr. 524).

527. **Eine Römerschlacht.** Dichtes Kampfgewühl. In der Mitte ein
(E. 400.) geharnischter Krieger auf einem Schimmel, die Lanze in hochgeschwungener Hand.

Bezeichnet auf dem Schenkel des gefallenen Pferdes:

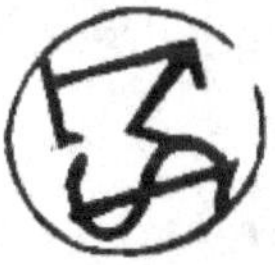

L.; h. 81, br. 81 cm. Zuerst in Rosas Katalog 1804. Das Bild ging bisher unter Salvator Rosas Namen; doch weist das Monogramm, das es trägt, deutlich auf M. Sp. als seinen Urheber hin. Siehe Nr. 524. Wie auf letzterem ist auch hier die Hauptgruppe dem Fresco Raffaels im Vatikan »Schlacht Konstantins gegen Maxentius« entnommen.

Salvator Rosa (s. Nr. 516).

528. **Die Gerechtigkeit entflieht zu den Landleuten.** Vor
(E. 397.) einem Bauernhause die Landleute und ihre Haustiere. Rechts, auf Wolken niederschwebend, die Gerechtigkeit mit der Wage.

Bezeichnet unten rechts auf dem Sattel:

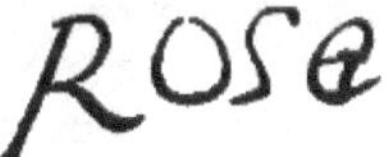

L.; h. 138, br. 209 cm. 1792 durch Tausch aus Florenz gekommen.

Francesco Solimena (s. Nr. 515).

529. **Die Kreuzabnahme.** Der Leichnam des Herrn, vom Kreuze
(E. 439.) genommen, wird zur Erde niedergelassen. Links vorne steht Josef von Arimathäa mit einer Schüssel, in der sich die Nägel und der Zettel mit I. N. R. I. befinden. Maria, von den Frauen umgeben, ist zu Boden gesunken.

L.; h. 398, br. 223 cm. Kat. Mechel, 1783. Kam 1809 nach Paris und 1815 zurück nach Wien.

Francesco Albani.

Bolognesische Schule. Geb. zu Bologna den 17. März 1578; gest. daselbst den 4. Oktober 1660. Zuerst Schüler Dionisio Calvaerts, dann der Carracci.

530. Schulbild. Triumph der Galatea. Galatea, inmitten von (E. 2.) Tritonen, Nereiden und Genien, fährt, von Delphinen gezogen, auf dem Meere einher.

Pappelholz; h. 61, br. 110 cm. Aus der Samml. des Grafen Karl von Thurn gekauft 1827.

Benedetto Gennari der Jüngere.

Bolognesische Schule. Geb. 19. Oktober 1633; gest. zu Bologna den 19. Dezember 1715. Neffe und Schüler Guercinos.

531. Der heilige Hieronymus betet das Kruzifix an. Ein roter (E. 218.) Mantel liegt um seine nackten Schultern.

L.; h. 17, br. 65 cm. Brustbild. Im Jahre 1824 angekauft.

Guercino (s. Nr. 517).

532. Der heilige Sebastian. Der Jüngling steht unbekleidet an (E. 255.) einen Pfahl gebunden; ein Pfeil hat ihn in die Brust getroffen.

L.; h. 69, br. 58 cm. Brustbild. Belvederedepot.

Carlo Maratta (Maratti).

Römische Schule. Geb. zu Camerano in der Mark Ancona den 13. Mai 1625; gest. zu Rom den 15. Dezember 1713. Schüler A. Sacchis, weiter ausgebildet durch das Studium Raffaels und der Carracci.

533. Die Darstellung im Tempel. Dem auf der obersten Altar- (E. 292.) stufe stehenden Hohenpriester hält Maria das Jesuskind hin. Hinter ihr eine Magd mit den Opfertauben und der heilige Josef mit zwei Kerzen in der Hand. Rechts weiter rückwärts die Prophetin Hanna. Vorne rechts kniet eine junge Frau, neben der ein Knabe steht.

L.; h. 317, br. 210 cm. Zuerst 1824 in der Galerie.

534. Der Tod des heiligen Josef. Der Heilige liegt sterbend auf (E. 291.) dem Bette. Rechts vorne kommt der Heiland geschritten. Links steht Maria und knien betende Engel. Andere Engel schweben aus den Wolken nieder.

Auf dem Bettfuß unten: 1676

L.; h. 375, br. 206 cm. Maratta malte das Bild im Auftrage Leopolds I. für die kaiserl. Kapelle in Wien, aus welcher es ins Belvedere kam.

Sebastiano Bombelli.

Venezianische und Bolognesische Schule. Geb. zu Udine 1635; gest. zu Venedig 1716. Schüler Guercinos.

535. (E. 67.) Bildnis eines Knaben, angeblich des jungen Herzogs Francesco de Medici, im grauen Kleide, den Degen an der Seite. Neben ihm sitzt ein großer Hund.

L.; h. 161, br. 114 cm. Kat. Mechel, 1783.

Conte Carlo Cignani.

Bolognesische Schule. Geb. zu Bologna den 15. Mai 1628; gest. zu Forli den 6. September 1719. Schüler Fr. Albanis.

536. (E. 153.) Die Jungfrau mit dem Kinde. Maria hält mit beiden Händen das Christuskind an ihre Brust gedrückt und wendet Kopf und Blick nach oben. Das Jesuskind trägt in der linken Hand ein Kreuzchen.

L.; h. 75, br. 63 cm. Halbe Figur. Erworben von Kaiser Franz II. Kat. Rosa 1796.

Andrea Camassei.

Römische Schule. Geb. zu Bevagna 1602; gest. zu Rom 1648. Schüler Domenichinos und später Andrea Sacchis.

537. (E. 403.) Juno auf dem Pfauenwagen. Juno, auf Wolken im zweirädrigen Muschelwagen, lenkt ein Pfauenpaar. Darüber schwebt ein blumenstreuender Genius. Am Himmel ein Regenbogen.

L.; h. 34, br. 50 cm. Samml. Erzh. Leopold Wilhelm. Früher Andrea Sacchi genannt, doch hat F. Wickhoff darauf aufmerksam gemacht, daß das Bild schon im Inventar Leopold Wilhelms »Andrea Camasco« zugeschrieben wurde, und darnach den wahren Urheber bestimmt.

Carlo Maratta (s. Nr. 533).

538. (E. 297.) Schulbild. Das schlafende Jesuskind. Der schlummernde Jesus liegt unter roten Vorhängen, der kleine Johannes küßt seine Hand.

Nußholz; h. 28, br. 37 cm. Samml. des Kardinals Fürsten Albani in Rom.

Giovanni Battista Salvi, genannt Sassoferrato.

Römische Schule. Geb. zu Sassoferrato in der Mark Ancona den 11. Juli 1605; gest. zu Rom den 8. April 1685. Ausgebildet unter dem Einflusse Guido Renis.

539. Maria mit dem Kinde. Die heilige Jungfrau hält das Jesus-
(E. 414.) kind, das auf ihrem Schoße schlummert und das Köpfchen an ihren Busen lehnt, die linke Hand auf die eigene Brust, die rechte Hand auf die Hand der Mutter legend.

L.; h. 75, br. 60 cm. Halbe Figur. Gute Wiederholung des Originales in der Akademie zu Mailand, kam aus einer Kapelle in Mauerbach in die Galerie zur Zeit ihrer Aufstellung im Belvedere.

Carlo Maratta (s. Nr. 533).

540. Maria mit dem Kinde. Die Jungfrau drückt mit beiden
(E. 296.) Händen das Kind an ihre Brust. Grüne Vorhänge im Hintergrunde und Ausblick auf eine Landschaft.

L.; h. 66, br. 54 cm. Halbe Figur. Samml. des Kardinals Fürsten Albani in Rom.

541. Die heilige Familie. Maria sitzt auf der Erde, mit der Rechten
(E. 293.) das Jesuskind haltend, das sich zum knienden Johannes wendet, in der Linken ein Buch. Hinter einer Sockelmauer zwischen Säulen sieht man den Kopf des heiligen Josef.

Bezeichnet unten rechts auf dem Steine: 1704

Kupfer; h. 70, br. 56 cm. Samml. des Kardinals Fürsten Albani in Rom.

Carlo Cignani (s. Nr. 536).

542. Pera und Cimon. Pera besucht ihren zum Hungertode ver-
(E. 154.) urteilten Vater im Kerker. Sie hält mit der rechten Hand ihr Kind, während sie mit der linken dem Vater die Brust reicht.

L.; oval; h. 98, br. 115 cm. Kniestück. Kam aus Prag.

Guercino (s. Nr. 517).

543. Der reuige Sohn. Der ins Vaterhaus heimkehrende Sohn steht
(E. 253.) links, im Begriffe, das zerfetzte Hemd abzustreifen. Der Vater greift nach der Wäsche, die ein neben ihm stehender Diener nebst einem neuen Anzuge herbeigebracht hat.

L.; h. 108, br. 148 cm. Kniestück. Zuerst im Prager Inventar von 1718.

544. Rückkehr des verlorenen Sohnes. Aus der Hausflur links
(E. 252.) tritt der greise Vater und empfängt mit offenen Armen den heimkehrenden Sohn, welcher, fast nackt, die rechte Hand auf die Brust legt.

L.; h. 108, br. 149 cm. Kniestück. Kunstbesitz Karls VI.

Giovanni Lanfranco, genannt il Cavaliere Giovanni di Stefano.

Lombardische Schule. Geb. zu Parma 1580; gest. zu Rom den 29. November 1647. Schüler Agostino Carraccis, weiter ausgebildet durch Annibale Carracci und das Studium Correggios.

545. Die Mutter Gottes erscheint den Einsiedlern Paulus
(E. 259.) und Antonius. Links oben auf einem Wolkensitze die heilige Jungfrau, in den Armen das segnende Christuskind. Rechts unten Antonius, auf die vor ihm liegende Glocke deutend; neben ihm auf den Knien, betend, Paulus.

L.; h. 219, br. 141 cm. Unter Josef II. aus der Samml. des Grafen Nostiz in Prag gekauft.

Guido Reni.

Bolognesische Schule. Geb. zu Bologna den 4. November 1575; gest. daselbst den 18. August 1642. Schüler Dionisio Calvaerts und Lodovico Carraccis. Weiter ausgebildet durch Annibale Carracci und das Studium Raffaels.

546. Schulbild. Die heilige Katharina, mit einem Diadem und
(E. 379.) Perlen im Haare, in Entzückung zum Himmel blickend. Die rechte Hand legt sie auf die Brust, die linke ruht auf dem Marterrade.

L.; h. 94, br. 67 cm. Halbe Figur. Belvederedepot.

547. Schulbild. Eine Sibylle. Sie stützt den mit einem weißen
(E. 374.) Turban bedeckten Kopf auf die rechte Hand und blickt in ein großes Buch, das sie mit der linken auf ihrem Schoße hält.

L.; h. 91, br. 74 cm. Halbe Figur. 1780 in Rom angekauft. Nach Waagen von Renis Schülerin Elisabetta Sirani.

548. Christus mit der Dornenkrone. Der Kopf ist zurückgeneigt,
(E. 368.) die Augen schmerzvoll nach oben gerichtet, der Mund geöffnet.

Kupfer; oval; h. 50, br. 41 cm. Brustbild. 1801 aus der Galerie des Kardinals Fürsten Albani gekauft.

549. Die reuige Magdalena. Sie stützt das von reichem blonden
(E. 371.) Haar umgebene Haupt leicht in die linke Hand, legt die rechte auf die Brust und blickt zu dem links stehenden Kruzifix empor.

L.; h. 73, br. 61 cm. Brustbild. Samml. Erzh. Leopold Wilhelm.

550. Maria mit dem Kinde und dem kleinen Johannes. Die
(E. 366.) sitzende Maria reicht dem Christuskinde die Brust. Johannes hält in der Rechten das Rohrkreuz und reicht mit der Linken dem kleinen Jesus einen Vogel.

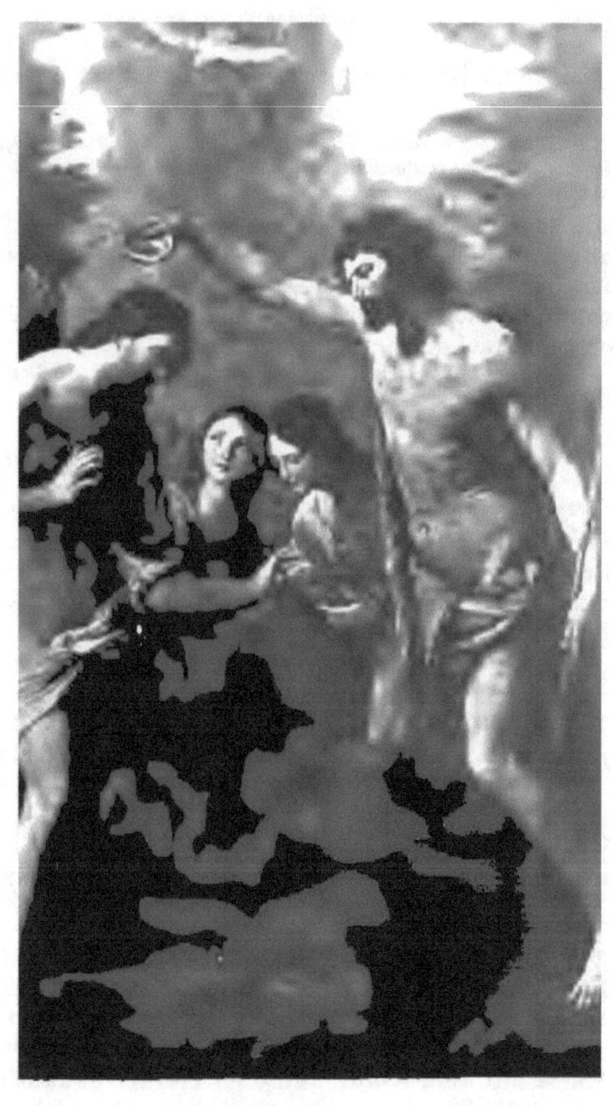

551. Guido Reni.

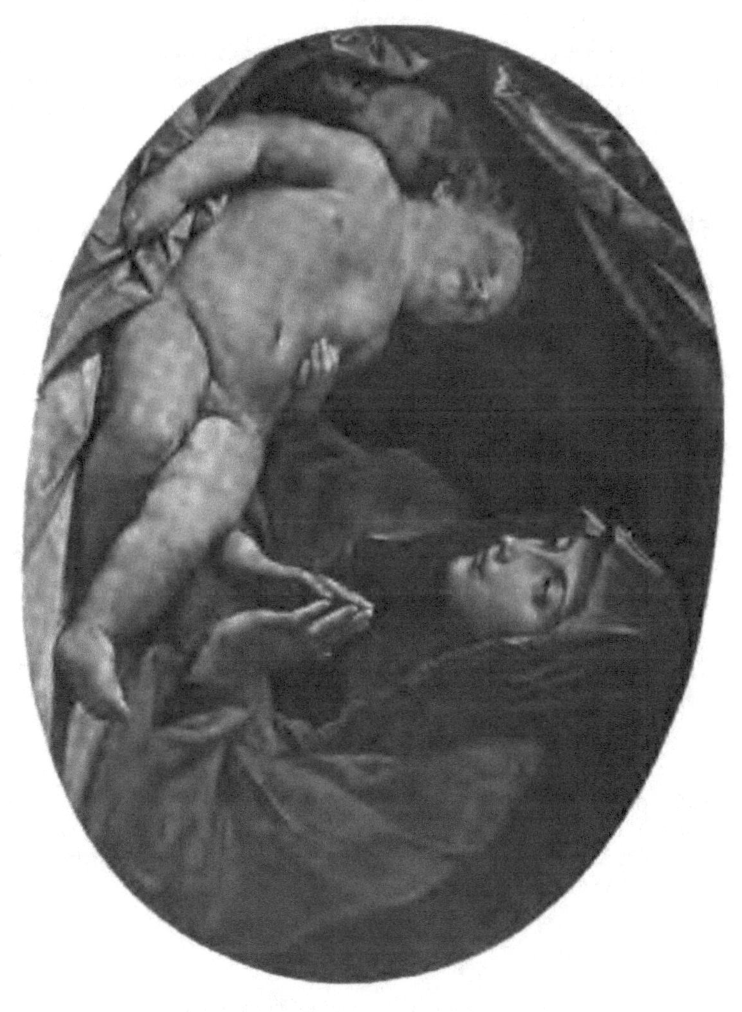

553. Guido Reni.

L.; kreisrund; 100 cm Durchmesser. Halbe Figur. 1782 vom Prälaten der mährischen Karthause Königsfeld gekauft; kam 1809 nach Paris und 1815 wieder zurück nach Wien.

551. Die Taufe Christi. Christus steht mit gefalteten Händen im
(E. 367.) Jordan. Auf einem Uferstein kniet Johannes und gießt das Wasser aus einer Schale auf das Haupt Christi. Weiter rückwärts drei Engel, die Gewänder des Herrn haltend.

L.; h. 262, br. 185 cm. Aus der Samml. des Herzogs von Buckingham; für Kaiser Ferdinand III. gekauft.

552. Die Jahreszeiten. Vier weibliche Gestalten, deren mittlere
(E. 375). den Frühling, die zu ihrer Rechten den Sommer, jene zur Linken den Herbst und die vierte hinter der letzteren den Winter vorstellt.

L.; h. 197, br. 221 cm. Aus der Galerie des Herzogs von Buckingham. Bei der Versteigerung derselben für Kaiser Ferdinand III. gekauft.

553. Maria betet das schlafende Christuskind an. Auf einem
(E. 365.) blaßroten Bette unter Vorhängen liegt das schlafende Christuskind nackt und unbedeckt. Zu seiner Linken Maria, die sich mit gefalteten Händen vorneigt und das Kind betrachtet.

Kupfer; oval; h. 66., br. 88 cm. Halbe Figur. Aus der Schatz- und Kunstkammer in Graz.

554. Ecce Homo. Mit der Dornenkrone auf dem Haupte, den Blick
(E. 369.) gesenkt, steht Christus, das Rohr in den gebundenen, vorne übereinander gelegten Händen.

L.; h. 89, br. 73 cm. Halbe Figur. 1786 gekauft.

555. Der reuige Petrus. Er stützt das zurückgelegte Haupt mit
(E. 372.) der rechten Hand und blickt nach oben.

L.; h. 74, br. 61 cm. Brustbild. Samml. Erzh. Leopold Wilhelm.

Nach **Guido Reni** (s. Nr. 548).

556. Amor. Der nackte, geflügelte Knabe steht auf einem Steinsockel,
(E. 380.) hält mit der rechten Hand einen Pfeil an seine Brust und mit der Linken den auf den Boden gestellten Bogen. Auf dem Sockel ist zu lesen: **AMOR** und die Bezeichnung:

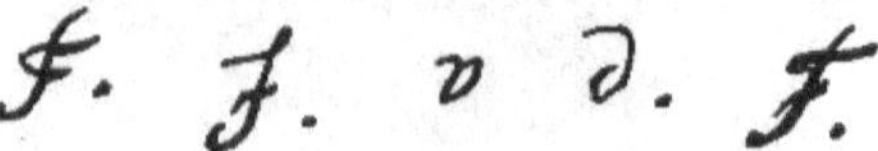

L.; h. 110, br. 90 cm. 1786 aus der gräflich Doblinschen Sammlung gekauft. Ein Bild mit derselben Darstellung, vielleicht das Original des gegenwärtigen, findet sich unter Dominichinos Namen in der Ermitage zu Petersburg. Unsere Kopie dürfte von der Hand eines Niederländers sein, worauf auch die oben abgebildete Bezeichnung zu deuten scheint.

Guido Reni (s. Nr. 548).

557. (E. 373.) Der junge David, unbekleidet; ein Band, auf der linken Schulter gebunden, läuft quer über seine Brust.

L.; h. 65, br. 49 cm. Brustbild. Samml. Erzh. Leopold Wilhelm.

Nach **Andrea Sacchi.***)

Römische und Bolognesische Schule. Geb. zu Rom 1599; gest. daselbst den 21. Juni 1661. Schüler Fr. Albanis.

558. (E. 402.) Noah, von Cham verspottet. Der berauschte Noah liegt entblößt auf einer Bodenerhöhung. Rechts steht sein Sohn Cham, mit vorgestreckten Händen auf ihn zeigend. Die Söhne Sem und Japhet nähern sich dem Vater rückwärtsschreitend, im Begriffe, ihn zu bedecken.

L.; h. 126, br. 163 cm. Samml. Erzh. Leopold Wilhelm (als »Copia, so in Italia gemacht«).

559. (E. 404.) Allegorie. Die Weisheit, umgeben von den Tugenden. In der Mitte des Bildes sitzt auf wolkengetragenem Throne die Weisheit mit einer Sonne an der Brust, in den Händen Szepter und Spiegel. Dreizehn allegorische Gestalten umgeben sie.

L.; h. 80, br. 102 cm. Kopie eines Deckengemäldes im Palazzo Barbarini in Rom, kam nach Prag und 1723 nach Wien.

Kabinett V. (Seitenlicht.)

Bolognesische Schule um 1650.

560. (E. 65.) Maria mit dem Kinde. Sie sitzt am offenen Fenster und reicht dem Kinde, auf welches sie niedersieht, die Brust.

L.; h. 98, br. 73 cm. Halbe Figur. 1800 von der Kunsthandlung Artaria in Wien gekauft.

---

*) Ein Originalwerk Sacchis hat Franz Wickhoff in dem früher Ph. de Champaigne zugeschriebenen Bilde Nr. 1210 (ausgestellt im Saale XI) nachgewiesen.

Marcantonio Franceschini.

Bolognesische Schule. Geb. zu Bologna den 5. April 1648; gest. daselbst den 24. Dezember 1729. Schüler Carlo Cignanis.

561. Caritas. In einer gartenartigen Landschaft sitzt eine Frau mit
(E. 212.) ihren Kindern scherzend auf der Erde. Einer der Knaben greift nach einem Granatapfel, welchen sie mit der linken Hand in die Höhe hält. — Der landschaftliche Hintergrund ist von Luigi Quaini (geb. zu Bologna 1643; gest. 1717; Schüler Guercinos und Cignanis) gemalt.

L.; h. 157, br. 222 cm. Kat. Mechel, 1783.

Elisabetta Sirani.

Bolognesische Schule. Geb. zu Bologna den 8. Jänner 1639; gest. daselbst 29. August 1665. Schülerin ihres Vaters Giov. Andrea; weitergebildet durch das Studium Guido Renis.

562. Martha tadelt ihre eitle Schwester. Magdalena, an einem
(E. 436.) rotüberdeckten Putztische stehend, ordnet mit der rechten Hand ihren Kopfputz und blickt dabei auf ihre Schwester Martha.

L.; h. 109, br. 139 cm. Halbe Figuren. Im Prager Inventar von 1718 als Guido Reni.

Simone Cantarini (s. Nr. 472).

563. Tarquinius und Lucretia. Lucretia sucht mit der rechten
(E. 124.) Hand den Sextus Tarquinius abzuwehren, welcher, den Dolch in der Hand, sie bedroht und den Finger, Schweigen gebietend, an den Mund legt.

L.; h. 106, br. 140 cm. Kniestück. Kat. Mechel, 1783.

564. Kains Brudermord. Der auf die Erde geworfene Abel sucht
(E. 122.) sich der Gewalttat seines Bruders zu erwehren. Kain, über ihn gebeugt, schwingt die Keule mit beiden Händen.

L.; h. 152, br. 115 cm. Samml. Erzh. Leopold Wilhelm.

Francesco Gessi.

Bolognesische Schule. Geb. zu Bologna 1588; gest. daselbst 1647 (1649). Schüler Guido Renis.

565. Morpheus und Halcyone. Halcyone sitzt rechts, schlum-
(E. 221.) mernd, entkleidet, das Haupt in die linke Hand stützend. Vor ihr steht die geisterhafte Erscheinung des Morpheus, der die

Gestalt ihres ertrunkenen Gemahls Ceyx angenommen hat. Im Hintergrunde links sieht man das Schiff im Sturme untergehen.

L.; h. 124, br. 124 cm. Kat. Mechel, 1783.

Guido Canlassi, genannt Cagnacci.

Bolognesische Schule. Geb. zu Castel Sant-Arcangelo bei Rimini 1601; gest. zu Wien 1681. Schüler Guido Renis.

566. (E. 103.) **Der heilige Hieronymus.** Der Heilige sitzt unbekleidet in einer Höhle, eine Schreibfeder in der Hand haltend. Unter dem Sitze liegt der Löwe.

Bezeichnet unter dem rechten Fuße auf dem Stein:

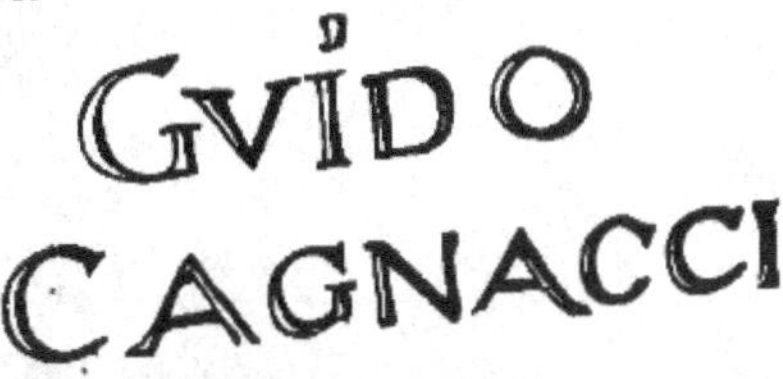

L.; h. 160, br. 111 cm. Samml. Erzh. Leopold Wilhelm.

567. (E. 104.) **Der Tod der Cleopatra.** In einem hochlehnigen Stuhle ruht Cleopatra halb entkleidet, die Krone auf dem Haupte, die tötende Schlange am rechten Arme. Sechs Dienerinnen umgeben sie wehklagend.

Bezeichnet unten am Fuße der Armlehne: GVIDO CAGNAZZI

L.; h. 151, br. 170 cm. Kniestück. Samml. Erzh. Leopold Wilhelm.

568. (E. 102.) **Die büßende Magdalena.** Magdalena liegt halb entblößt auf der Erde; sie hält einen Totenschädel in der Hand und blickt auf drei Engel, die, in der Luft schwebend, Blumen streuen.

Zinn; h. 45, br. 55 cm. In der Stallburg aufgestellt 1728.

Giovanni Giacomo Sementi.

Bolognesische Schule. Geb. zu Bologna den 18. Juli 1580; gest. zu Rom in jungen Jahren. Schüler Dionisio Calvaerts; später Gehilfe Guido Renis.

569. (E. 430.) **Die Vermählung der heiligen Katharina.** In einer hohen Bogenhalle sitzt Maria und hält das Christuskind auf dem Schoße, das der zur Linken der Jungfrau knienden Katharina den Ring an den Finger steckt. Engel umgeben die Gruppe.

L.; h. 85, br. 57 cm. Aus der Galerie des Kardinals Albani, 1800 aus Rom nach Wien gebracht.

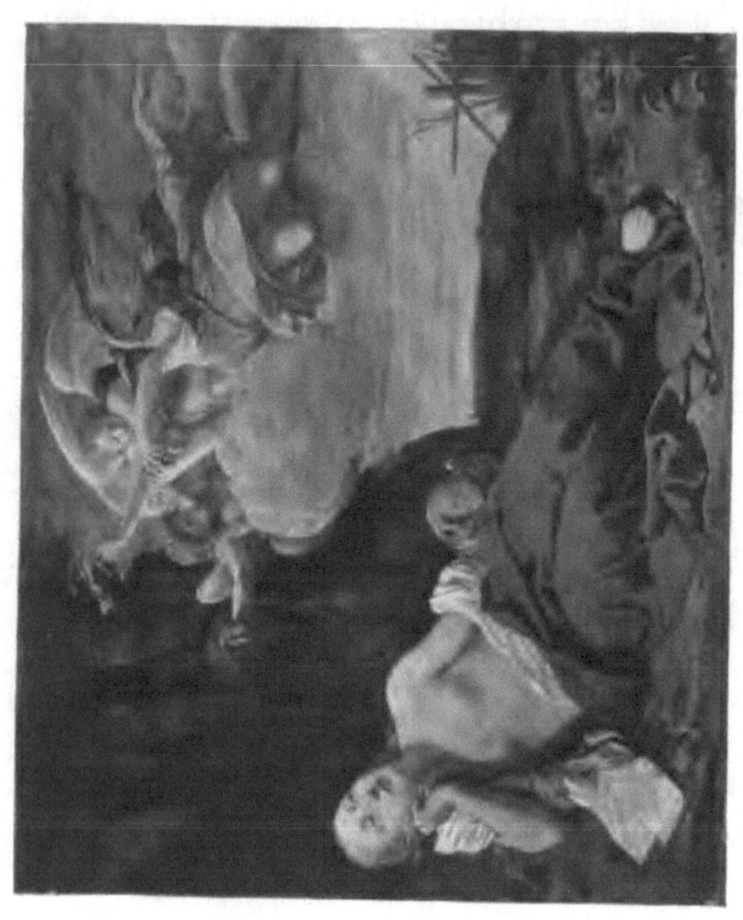

568. Guido Cagnacci.

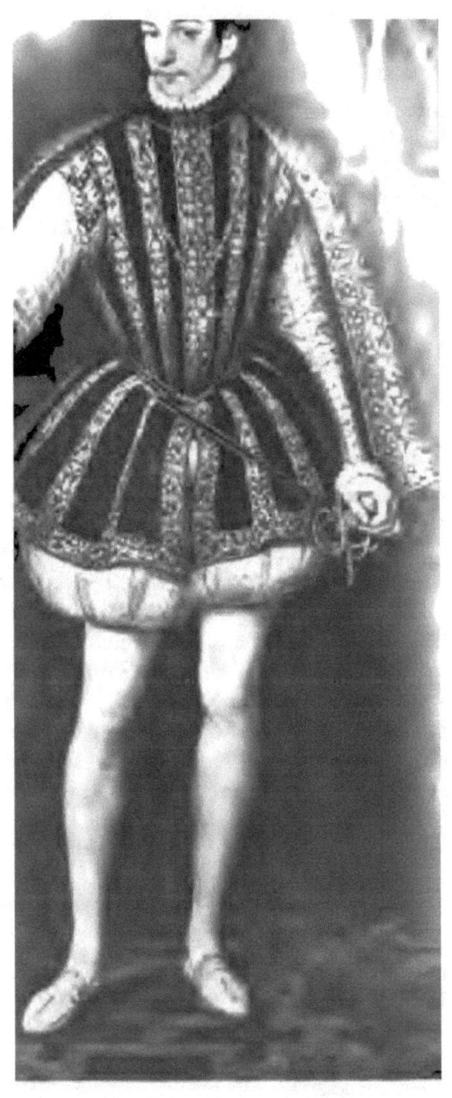

572. François Clouet.

Marcantonio Franceschini (s. Nr. 561).

570. Die büßende Magdalena. In einer Landschaft sitzt halb
(E. 211.) liegend Magdalena und hält in der rechten Hand die Geißel. Vom Himmel schwebt ein Engel nieder und bringt ihr die Dornenkrone.

L.; h. 119, br. 94 cm. Aus der Samml. des Kardinals Fürsten Albani.

Französische Schulen.

François Clouet, genannt Jehannet (Janet).

Geb. zu Tours um 1500 oder 1510; gest. zu Paris(?) um 1573. Schüler seines Vaters Jean.

571. Bildnis Karls IX. von Frankreich. Der König im 11. Lebens-
(E. 628.) jahre, in golddurchwirktem schwarzen Kleide, ein schwarzes Barett mit weißen Federn schief auf dem Haupte. (Karl IX., der zweite Sohn Königs Heinrichs II. von Frankreich und der Katharina von Medici, wurde am 27. Juni 1550 zu Saint-Germain en Laye geboren. Nach dem Tode König Franz II., seines Bruders, kam er 1560, zehn Jahre alt, zur Regierung. Am 17. August 1563 erklärte er sich für mündig und als Selbstherrscher. Er starb kinderlos am 30. Mai 1574, 24 Jahre alt, zu Vincennes.)

Datiert rechts oben: ·1561·

Eichenholz; h. 25, br. 21 cm. Brustbild. Ambrasersammlung.

572. Bildnis Karls IX. von Frankreich, im 20. Jahre, reich ge-
(E. 627.) kleidet neben einem roten Stuhle stehend, auf dessen Lehne die rechte Hand mit den Handschuhen ruht.

Rechts unten auf dem Steinboden die Schrift:

CHARLES · VIIII.
TRES CHRESTIEN ROY DE
FRANCE, EN L'AAGE DE XX.
ANS. PEINCT AV VIF PAR
IANNET. 1563.

Bezeichnet rechts unten als letzte Zeile der Schrift:

IANNET . 1S63 .

L.; h. 222, br. 115 cm. Aus Schloß Ambras. Für die Biographie des Königs siehe Nr. 571. Die Jahreszahl 1563 ist in beiden Inschriften nicht ganz sicher. Statt der Ziffer 3 dürfte ursprünglich eine andere gestanden haben (9 vielleicht, wie E. v. Engerth annimmt).

Französischer Meister, in der Art des **F. Clouet.**

572 a. Bildnis eines Mannes, der in seiner Rechten die Handschuhe hält.
(E. 1436.)

Eichenholz; h. 23, br. 18 cm. Brustbild. Seit 1824 im Belvedere. Nach Clément de Ris erinnert dieses wie die beiden folgenden Bilder an den Meister Corneille de Lyon.

572 b. Bildnis eines Mannes, nahezu en face, mit rötlichblondem Barte, dunklem Hintergrunde, in den vorne über den Leib gefalteten Händen die Handschuhe.
(E. 1435.)

Links oben die Inschrift: 1535 di marzo .

Eichenholz; h. 23, br. 19 cm. Halbe Figur. 1824 Belvedere.

572 c. Bildnis eines jungen Mannes; vor ihm auf dem Tische drei Bücher und ein Zettel mit der Jahreszahl 1532.
(E. 1437.)

Nußholz; h. 37, br. 28 cm. Halbe Figur. Kat. Mechel, 1783. Alle drei Bilder früher dem Amberger zugeschrieben.

Hyacinthe Rigaud.

Geb. zu Perpignan den 20. Juli 1659; gest. zu Paris den 27. Dezember 1743. Schüler von Pezet und Verdier zu Montpellier und der Akademie zu Paris; weitergebildet durch das Studium Van Dycks.

573. Herzogin Elisabeth Charlotte von Lothringen, Tochter Herzog Philipps I. von Orleans und der Charlotte Elisabeth, Tochter des Kurfürsten von der Pfalz, geb. 13. September 1676, vermählt 22. Oktober 1698 mit Leopold Josef Karl von Lothringen, welcher seit dem Frieden von Ryswick (1697) regierender Herzog von Lothringen war. Die Herzogin war die Mutter Kaiser Franz I., Gemahls der Kaiserin Maria Theresia. Sie trägt hier über einem weißen Kleide einen blauen Mantel mit goldenen Lilien.
(E. 647.)

L.; h. 76, br. 59 cm. Brustbild. Kat. Mechel, 1783.

Laurent de la Hire.

Geb. zu Paris den 27. Februar 1606; gest. daselbst den 29. Dezember 1656. Schüler seines Vaters Etienne; weitergebildet durch das Studium der Meister in Fontainebleau, besonders Primaticcios.

574. Mariä Himmelfahrt. Zu beiden Seiten des offenen Steinsarges (E. 630.) stehen und knien die Jünger, Petrus rechts und Johannes links. Oben schwebt Maria in einer Sternenglorie, von Engeln umgeben.

L.; h. 78, br. 53 cm. Vom Maler Langenhöfel 1807 gekauft.

Nach Jacques Callot.

Geb. zu Nancy 1592; gest. daselbst 1635. Schüler Ph. Thomassins zu Rom und Giulio Parigis zu Florenz. Weiterentwickelt auch durch den Einfluß der deutschen Kleinmeister.

575. Der Markt zu Impruneta bei Florenz. Der große Platz vor (E. 626.) der Kirche ist übersät mit Verkaufsbuden und Zelten, zwischen denen sich die Menge drängt. Rechts vorne unter einem Baume Gaukler auf einem Gerüste.

Kupfer; h. 46, br. 73 cm. Nach Callots Radierung gemalt. 1824 dem Belvederedepot entnommen.

Adrien Manglard.

Geb. zu Lyon den 10. März 1695; gest. zu Rom den 1. August 1760. Am 24. November 1736 in die Pariser Akademie aufgenommen. Lehrer Josephe Vernets.

576. Ein Seehafen. Zu beiden Seiten Türme und Bastionen, in (E. 635.) der Mitte große Schiffe. Am Ufer links im Vordergrunde liegen Boote und werden Waren eingeschifft.

L.; h. 46, br. 117 cm. Aus der Sammlung des Fürsten Albani in Rom.

Antoine Watteau.

Getauft zu Valenciennes den 10. Oktober 1684; gest. zu Nogent bei Vincennes den 18. Juli 1721. Schüler Claude Gillots und Claude Andrans; bildete sich selbständig weiter durch Studien nach Rubens und Paolo Veronese.

577. Der Gitarrespieler. Der junge in rosa Atlas gekleidete (E. 651.) Mann sitzt mit übergeschlagenem Beine auf einer Steinbank unter Bäumen und stimmt eine Gitarre.

Nußholz; h. 31, br. 25 cm. In der Galerie bestimmt nachweisbar erst seit 1824.

Adrien Manglard (s. Nr. 576).

578. Seestück. Sonnenaufgang bei stürmischem Morgen. Ein großes (E. 634.) Schiff in der Mitte gibt einen Kanonenschuß ab. Im Vordergrunde rechts ein gestrandetes Segelboot.

L.; h. 46, br. 117 cm. Aus der Sammlung des Fürsten Albani in Rom.

Claude-Joseph Vernet.

Geb. zu Avignon den 14. August 1712; gest. zu Paris den 23. Dezember 1789. Schüler seines Vaters Antoine, Adr. Manglards (?) und Bern. Fergionis zu Rom.

579. (E. 650.) Die Engelsburg und St. Peter in Rom, von dem Tiber aus gesehen, an dessen Ufer Fischer beschäftigt sind.

L.; h. 48, br. 76 cm. Aus der Samml. des Hofsekretärs H. v. Raith gekauft 1811.

Jacques Courtois, genannt le Bourguignon.

Geb. zu St. Hippolyte bei Bensançon 1621; gest. zu Rom den 14. November 1676. Schüler seines Vaters Jean. Weiter ausgebildet in Italien unter dem Einflusse P. de Laars, Cerquozzis und Salv. Rosas.

580. (E. 625.) Ein Reitertreffen. Links im Vordergrunde dichtes Handgemenge. Ein Reiter, von einer Kugel getroffen, fällt mit ausgebreiteten Armen nach rückwärts.

L.; h. 73, br. 120 cm. Aus der Verlassenschaft des Herzogs Karl von Lothringen.

581. (E. 624.) Ein Reitertreffen. In einer baumlosen Gegend links vorne auf einer Bodenerhöhung ein dichtes Kampfgewühl. Die Reiter beider Parteien sind geharnischt und tragen blaue und rote Schärpen.

L.; h. 73, br. 120 cm. Prov. wie Nr. 580.

Jacques Stella.

Geb. zu Lyon 1595; gest. zu Paris den 29. April 1657. Schüler seines Vaters François; bildete sich in Italien unter dem Einflusse Callots aus und schloß sich in Rom enge an N. Poussin an.

582. (E. 648.) Salomons Urteil. Der König sitzt rechts auf dem Throne und streckt die rechte Hand mit dem Szepter gegen die beiden Frauen aus, die vor ihm knien. Das tote Kind liegt auf dem Boden, das lebende, welches die Mutter hält, ergreift der Scharfrichter.

L.; h. 212, br. 161 cm. 1795 als Nicolas Poussin von dem Maler Peter Beckenkamm gekauft.

Nicolas Poussin.

Geb. zu Villers bei Les Andelys (Normandie) im Juni 1594; gest. zu Rom den 19. November 1665. Schüler Quentin Varins, Ferd. Elles und George Lallemands. Weitergebildet durch das Studium Raffaels und besonders der Antike.

583. (E. 644.) Die Zerstörung Jerusalems. Die Truppen des Titus füllen den Platz vor dem Tempel. Titus auf weißem Roß sprengt von

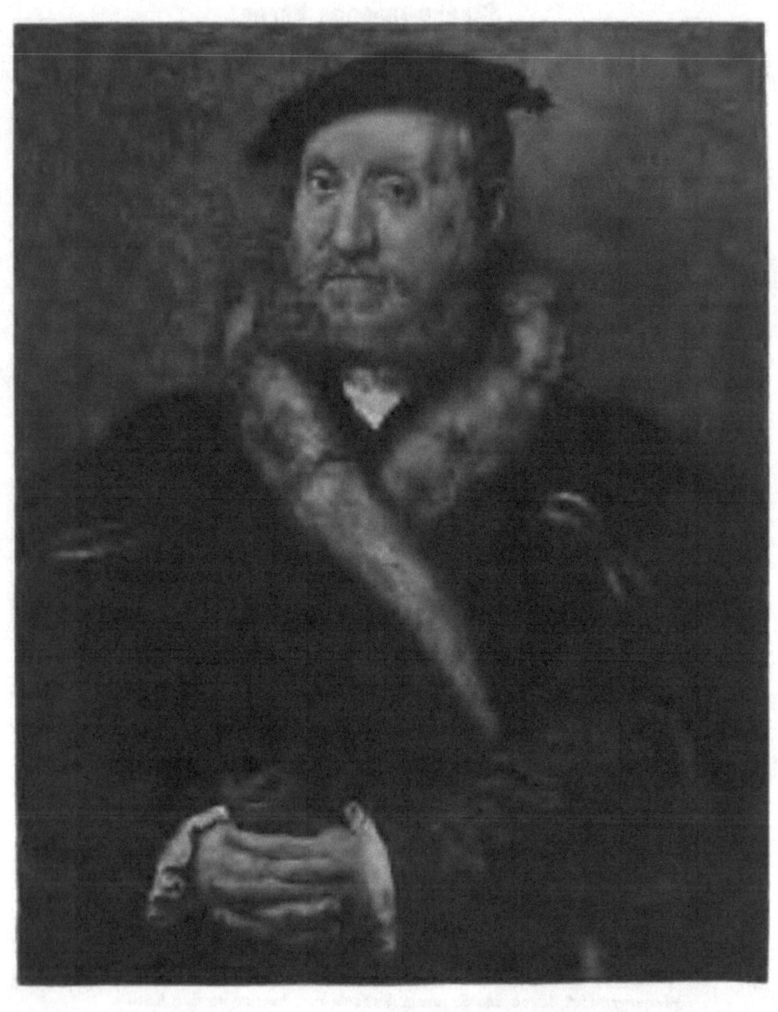

572 b. Französischer Meister, Art des F. Clouet.

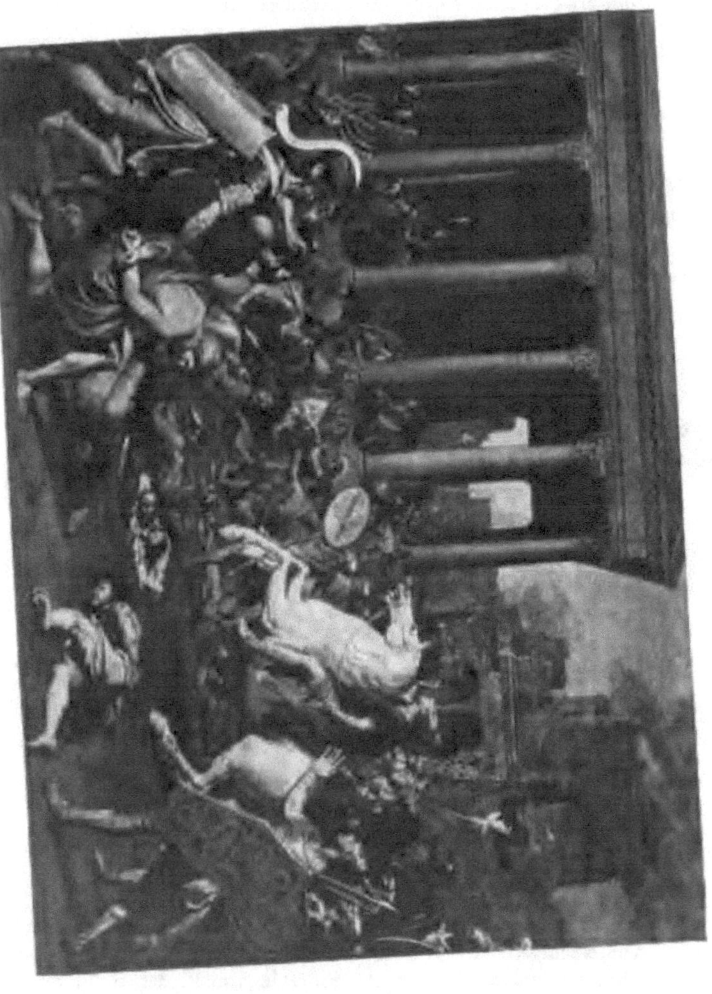

583. Nicolas Poussin.

rechts heran, römische Krieger folgen. Auf der Erde die Leichen und abgehauenen Köpfe der Erschlagenen.

L.; h. 147, br. 201 cm. Zuerst im Prager Inventar von 1718.

Pierre Mignard, genannt le Romain.

Getauft zu Troyes im November 1612; gest. zu Paris den 30. Mai 1695. Schüler eines Malers Namens Boucher zu Troyes und Simon Vouets zu Paris. Weiter ausgebildet durch das Studium Raffaels, Poussins und der Carracci.

584. (E. 637.) Der heilige Antonius. Der greise Einsiedler sitzt in einer felsigen Landschaft und stützt die Hände auf einen Stab, an dem seine Glocke hängt. Vor ihm steht ein Kruzifix und liegen mehrere Bücher.

L.; h. 147, br. 116 cm. Kniestück. Erst seit 1824 in der Galerie.

Gaspard Dughet, genannt Gaspard Poussin.

Geb. zu Rom 1613; gest. daselbst den 25. Mai 1675. Schüler seines Schwagers Nic. Poussin und dessen bedeutendster Nachfolger.

585. (E. 641.) Das Grabmal der Cäcilia Metella, zum Teil verdeckt von mächtigen Pinien. Im Vordergrunde eine Sphinx, drei Männer und eine Frau.

L.; h. 74, br. 62 cm. Schloß Ambras.

586. (E. 642.) Landschaft. Sturm und Gewitter. Der Blitz hat links ein auf einem Berge stehendes Gebäude in Brand gesetzt. Auf der Straße vorne rechts eilen zwei Personen dem Brandorte zu.

L.; h. 43, br. 52 cm. 1786 aus der Graf Nostizschen Sammlung gekauft.

Hyacinthe Rigaud (s. Nr. 573).

587. (E. 646.) Bildnis eines französischen Würdenträgers. Er ist rot gekleidet, trägt eine lange Lockenperrücke und sitzt in einem Armstuhle, die rechte Hand beim Reden erhebend.

L.; h. 138, br. 107 cm. Kniestück. 1807 vom Hofsekretär H. v. Raith gekauft.

Josephe Sifrède Duplessis.

Geb. zu Carpentras bei Avignon den 6. April 1725; gest. zu Versailles den 1. April 1802. Schüler des P. Subleyras.

588. (E. 629.) Bildnis des Komponisten Gluck. Gluck in seinem 61. Jahre vor einem Klavier sitzend, auf welchem er, begeistert emporblickend, spielt. (Christoph Willibald Gluck, der Sohn eines

Försters, zu Weidenwang bei Neumarkt am 2. Juli 1714 geboren, starb zu Wien am 15. November 1787.)

Bezeichnet unten auf dem Klavier: *J. S. Duplessis pinx. parisis 1775*

L.; h. 98, br. 80 cm. Halbe Figur. 1824 in die Galerie gekommen.

Valentin, genannt Le Valentin de Boulogne.

Geb. zu Coulommiers frühestens 1591; gest. zu Rom spätestens 1634. Bildete sich nach Michelangelo da Caravaggio.

589. (E. 649.) Moses, sitzend, in beiden Händen die Gesetztafeln und den Wunderstab haltend. Sein gelbes Gewand läßt den rechten Arm und das linke Knie bloß.

L.; h. 130, br. 104 cm. Samml. Erzh. Leopold Wilhelm.

Jean Etienne Liotard.

Geb. zu Genf den 22. Dezember 1702; gest. daselbst den 12. Juni 1789. Schüler Massés und Le Moines zu Paris.

590. (E. 632.) Eine alte Frau. In einem hochlehnigen Stuhle sitzt ein Mütterchen, die aufgeschlagene Bibel auf den Knien. Sie ist beim Lesen eingeschlafen. Unter dem Fußschemel steht ein Kohlenbecken.

Bezeichnet links oben: *peint par Liotard 1760*

Porzellan; h. 44, br. 34 cm. Kat. Mechel, 1783. Das Bild wurde 1809 nach Paris und 1815 wieder nach Wien gebracht.

Charles Lebrun oder le Brun.

Geb. zu Paris den 24. Februar 1619; gest. daselbst den 12. Februar 1690. Schüler Simon Vouets; weitergebildet in Italien unter dem Einflusse Nic. Poussins und Annibale Carraccis.

591. (E. 631.) Christi Himmelfahrt. Der Heiland im weißen Mantel schwebt gegen Himmel. Rechts Maria, die Jünger und die heiligen Frauen. Petrus wirft sich zur Erde. Links das Felsengrab.

L.; h. 40, br. 33 cm. 1811 aus der Samml. des Hofsekretärs H. v. Raith für die Galerie gekauft.

Jean François Millet, genannt Francisque.

Getauft zu Antwerpen den 27. April 1642; begraben zu Paris den 5. Juni 1679. Schüler L. Franckens; ausgebildet zu Paris im Anschlusse an Nic. Poussin und Gasp. Dughet.

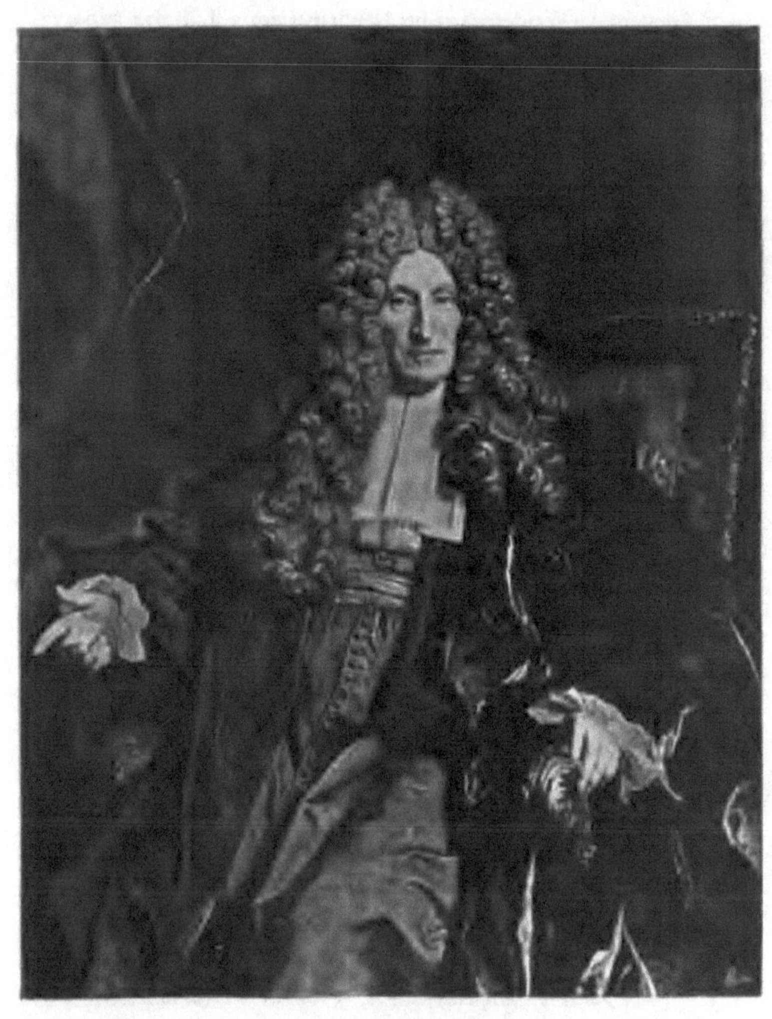

587. Hyacinthe Rigaud.

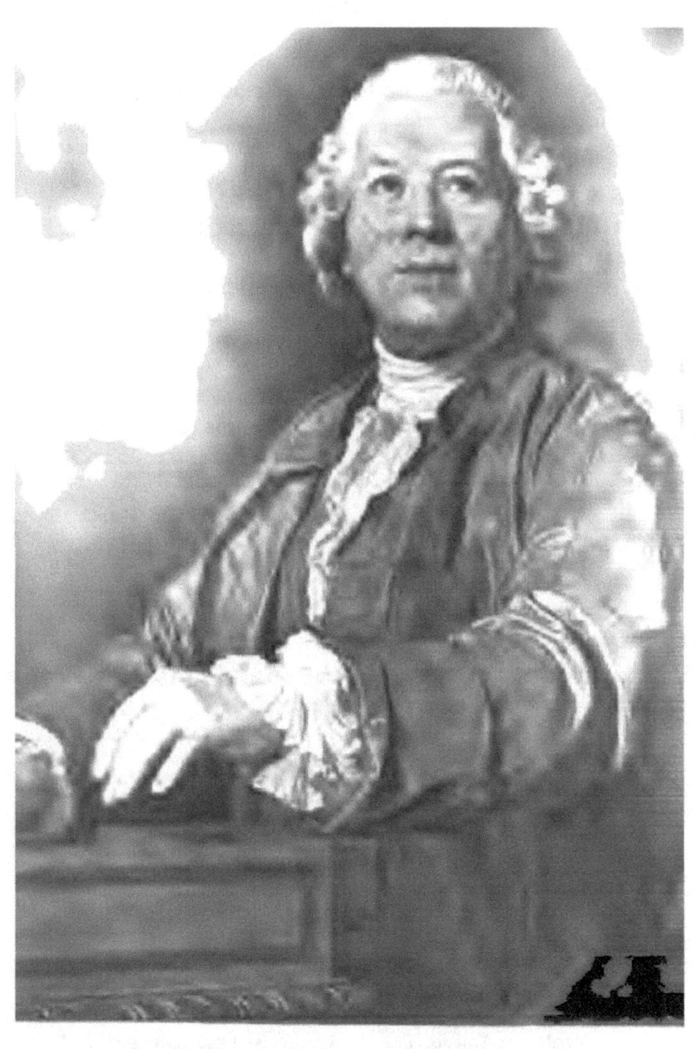

588. Josephe Sifrède Duplessis.

592. **Waldlandschaft.** An einem schattigen Platze baden mehrere
(E. 638.) Personen. Durch die Bäume sieht man den Abendhimmel und Schnitter auf dem Felde.

L.; h. 26, br. 35 cm. Aus der Samml. des Grafen Nostitz 1786 gekauft.

Gaspard Dughet (s. Nr. 585).

593. **Waldige Landschaft.** Von dichtbelaubten Bäumen wird ein
(E. 643.) Wasser vollkommen in Schatten gelegt. Ein halbnackter Mann im roten Mantel liegt auf dem Boden, ein zweiter steht bei ihm.

L.; h. 49, br. 66 cm. Seit 1824 in der Galerie.

Nicolas Poussin (?) (s. Nr. 583).

594. **Petrus und Johannes heilen den Lahmen.** Auf den Ein-
(E. 645.) gangsstufen des Tempels liegt der Lahme, dem Petrus die Hand reicht. Zwei Stufen höher steht der heilige Johannes, beide Hände zum Himmel emporhebend.

L.; h. 80, br. 57 cm. Samml. Erzh. Leopold Wilhelm. Von O. Mündler und Waagen dem Lütticher Meister Bertholet Flémalle zugeschrieben, der sich vielfach in Paris aufhielt und Poussin nachahmte.

Adrien Manglard (s. Nr. 576).

595. **Seestück.** In einem Hafen liegt ein Dreimaster vor Anker; ein
(E. 633.) kleines Segelschiff wird kalfatert. Auf dem Ufer viele Personen. Drei Fischer ziehen an einem Netze.

L.; h. 86, br. 99 cm. 1802 aus der Samml. des Kardinals Fürsten Albani gekauft.

Spanische Schulen.

Kabinett VI. (Seitenlicht.)

Domenico Theotocopoli, genannt il Greco.

Schule von Toledo. Geb. in Griechenland um 1548; gest. zu Toledo 1625. Schüler Tizians. Hauptmeister Toledos.

596. **Männliches Bildnis.** Ein junger Mann mit rotem Barte,
(E. 446.) kurzgeschnittenem Haare, schwarz gekleidet, steht vor einem Tische und hält in der rechten Hand die Handschuhe.

Bezeichnet unten in beiden Ecken:

ios copoli f. anno M.DC

L.; h. 87, br. 59 cm. Halbe Figur. Zuerst im Kat. Mechel, 1783.

Alonso Sanchez Coello.

Schule von Madrid. Geb. zu Benifayró (bei Valencia) 1515 (?); gest. zu Madrid 1590. Schüler Antonis Mors.

597. Bildnis einer vornehmen Dame in roter Kleidung.
(E. 604.) Sie steht in prächtigem Gewande an einem Fenster, auf dessen Brüstung sie die rechte Hand legt; die linke im Handschuh hält das Sacktuch und den zweiten Handschuh.

L.; h. 163, br. 94 cm. Alter kaiserl. Familienbesitz.

Juan Pantoja de la Cruz.

Schule von Madrid. Geb. zu Madrid 1551; gest. daselbst spätestens 1609. Schüler Alonso Sanchez Coellos.

598. Bildnis der Infantin Anna, welche an einer goldenen Kette
(E. 610.) ein Äffchen hält, das auf dem Tische neben ihr sitzt. (Infantin Anna, älteste Tochter Philipps III.; geb. 22. Sept. 1601, verm. 15. Nov. 1615 mit Ludwig XIII., gest. 20. Jänner 1666.)

Bezeichnet links unten:

Jue Pantoja de la +
Faciebat. 1604

L.; h. 99, br. 80 cm. Alter kaiserl. Familienbesitz.

599. Bildnis des Infanten Philipp (als König der Dritte, geb. zu Madrid am 14. April 1578, König seit dem 13. September 1598, gest. zu Madrid am 31. März 1621). Er steht gerüstet neben einem Tische, auf dem sein Helm liegt, und hält diesen mit der Rechten, während seine Linke am Schwerte ruht.

L; h. 150, br. 73 cm. Aus dem Galeriedepot.

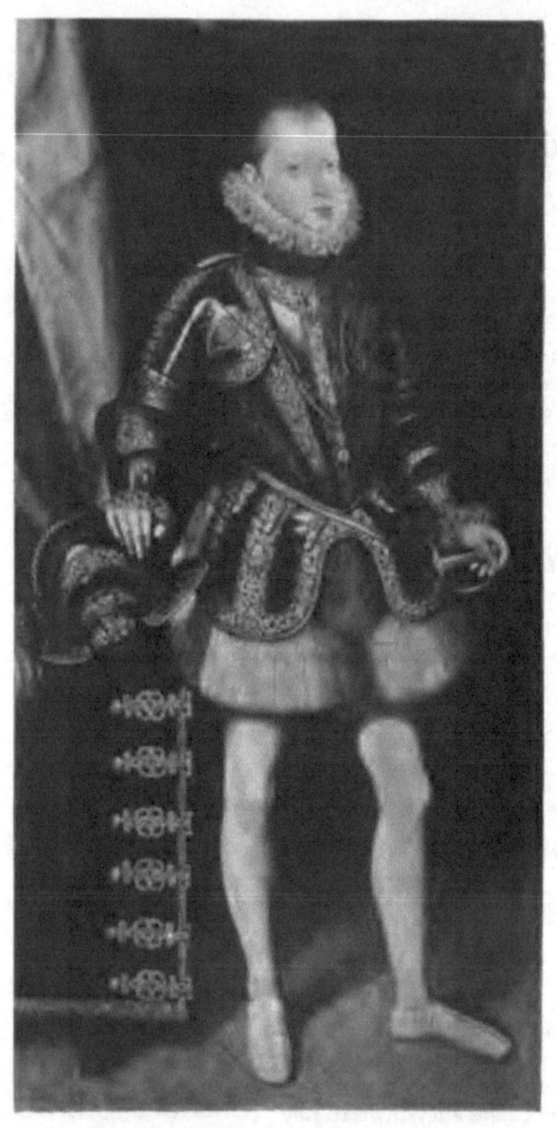

599. Juan Pantoja de la Cruz.

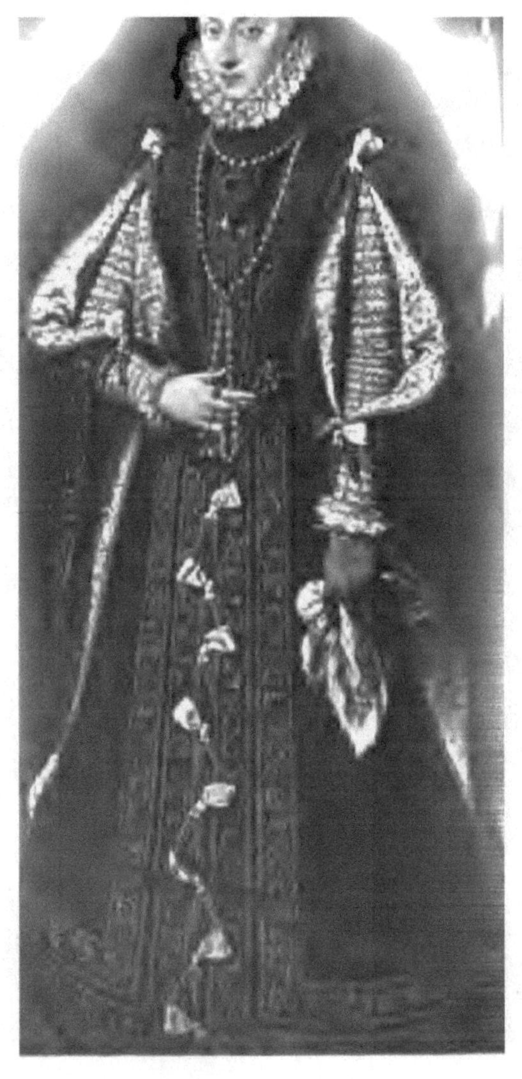

602. Alonso Sanchez Coello.

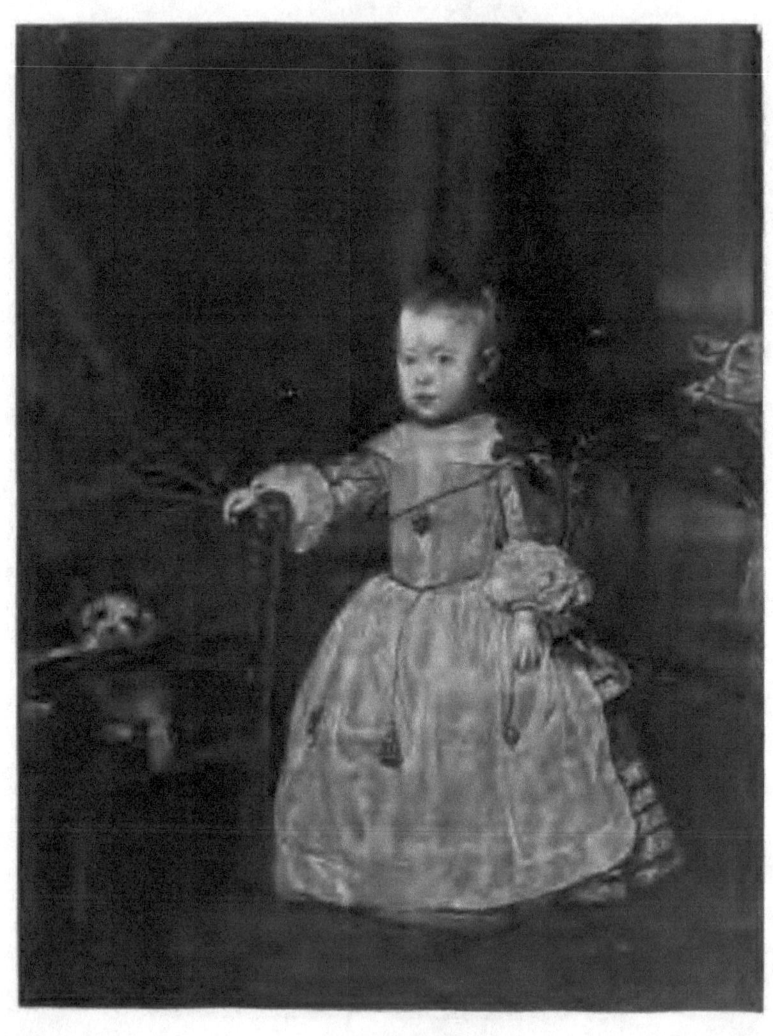

611. Velazquez.

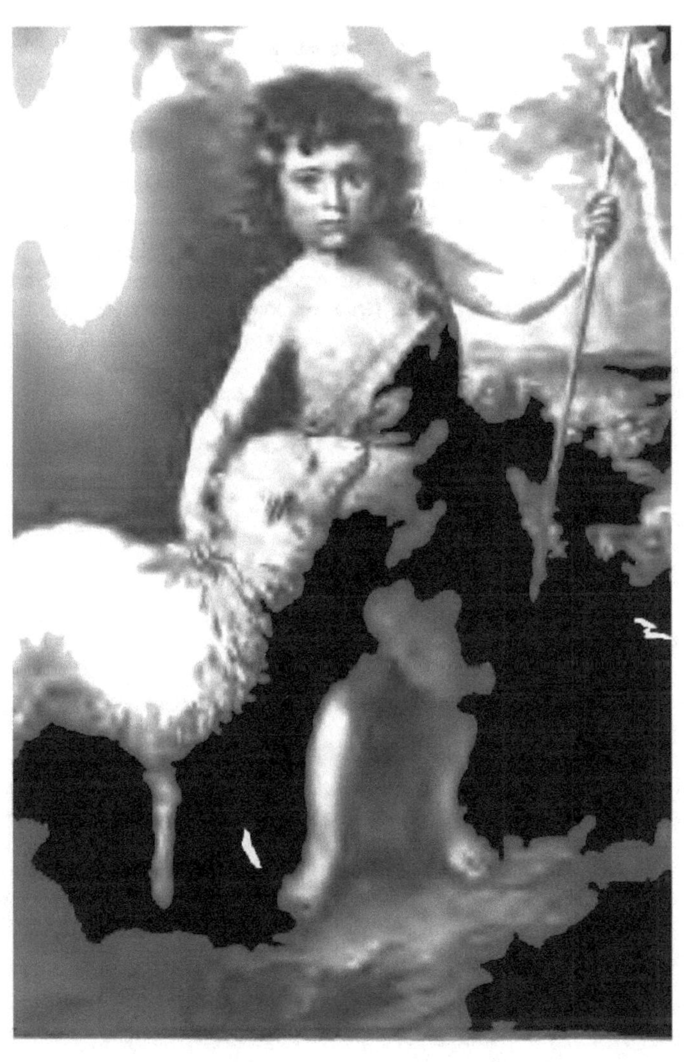

614. Bartolomé Estéban Murillo.

600. Derselbe, älter (16 Jahre). Bis auf wenige Einzelheiten Wiederholung von Nr. 599.

Bezeichnet links unten am Tischfuß:

Jonnes Pantoja dela + faciebat Madrili 1594

L.; h. 185, br. 94 cm. Aus der Franzensburg in Laxenburg.

601. Bildnis der Infantin Maria. Ein kaum zweijähriges Kind
(E. 609.) in einem mit Spitzen und Schmuck gezierten Kleide sitzt auf einem roten Kissen und hält ein Spielzeug, eine kleine rote Hand, in seiner Rechten. (Infantin Maria, Tochter Philipps III., geb. 18. August 1606, verm. 1631 mit Ferdinand III., gest. 13. Mai 1646.)

Bezeichnet links unten auf einem Zettel:

Jues Pantoja dela + Faciat

L.; h. 82, br. 64 cm. Kniestück. Alter kaiserl. Familienbesitz.

Alonso Sanchez Coello (s. Nr. 597).

602. Bildnis der Königin Anna von Spanien, in schwarzer
(E. 603.) Kleidung, mit einer weißen perlengeschmückten Spitzenhaube; ihre rechte Hand hält eine herabhängende Perlenschnur, die linke das Sacktuch. (Die Königin, Tochter Kaiser Maximilians II., geboren 2. November 1549, vermählt 12. November 1570 mit Philipp II. von Spanien, gestorben 26. Oktober 1580.)

Bezeichnet links unten: ASanchez . F 1571

L.; h. 175, br. 96 cm. Alter kaiserl. Familienbesitz. Die Bestimmung der Person verdankt man C. Justi.

Juan Bautista Martinez del Mazo.

Schule von Madrid. Geb. zu Madrid; gest. daselbst 1667. Schüler seines Schwiegervaters D. Velazquez.

603. (E. 622.) Die Familie des Künstlers (?). An der Rückwand des Gemaches hängt das Porträt König Philipps IV. Rechts im Hintergrunde blickt man in das Atelier des Meisters, der an der Staffelei mit dem Bildnis einer Dame beschäftigt ist.

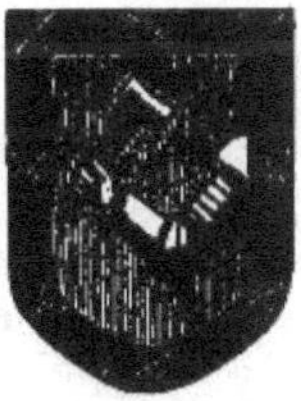

Links oben in der Ecke nebenstehendes Wappen, welches auf rotem Grunde einen erhobenen gewappneten Arm mit einem Klöpfel (mazo) im Schilde führt.

L.; h. 150, br. 172 cm. 1800 aus Italien gekommen. Kat. Rosa 1804. Früher Velazquez zugeschrieben und für die Familie desselben angesehen. Neuerdings von C. Justi mit Recht für Velazquez' Schwiegersohn Juan Bautista del Mazo (auf den auch das Wappen weist) in Anspruch genommen. Das vorzüglichste Werk des Künstlers, das wahrscheinlich seine eigene Familie darstellt.

Pedro Orrente.

Schule von Valencia. Geb. zu Monte alegre in Murcia in der zweiten Hälfte des XVI. Jahrhunderts; gest. 1644 zu Toledo. Nachahmer der Bassani.

604. (E. 607.) Hirten und Herden; im Hintergrunde der Traum Jakobs. In der Mitte heben drei Hirten den Steindeckel eines Brunnens ab. Im Mittelgrunde dunkle Baumgruppen. Links oben fallen aus dem Gewölke Strahlen auf den schlafenden Jakob.

L.; h. 108, br. 167 cm. Kat. Mechel, 1783, als »Tizian«.

Diego Rodriguez de Silva y Velazquez.

Schule von Madrid. Getauft zu Sevilla den 6. Juni 1599; gest. zu Madrid den 6. August 1660. Schüler Fr. Herreras und Fr. Pachecos zu Sevilla.

605. (E. 618.) Bildnis der Königin Maria Anna. Die Königin steht in rotem Kleide, in der linken Hand das Taschentuch, die rechte mit einem geschlossenen Fächer auf einen Stuhl stützend. (Die Königin, Tochter Kaiser Ferdinands III., geboren 24. Dezember 1635, vermählt 8. November 1649 mit König Philipp IV. von Spanien, gestorben 16. Mai 1696.)

L.; h. 130, br. 100 cm. Kniestück. Alter kaiserl. Familienbesitz. »Es muß nicht lange vor dem Tode des Königs (Philipps IV.) gemalt sein und nach dem Tode des Velazquez, von dessen Auffassung und Farbengefühl es ganz abweicht.« (C. Justi.)

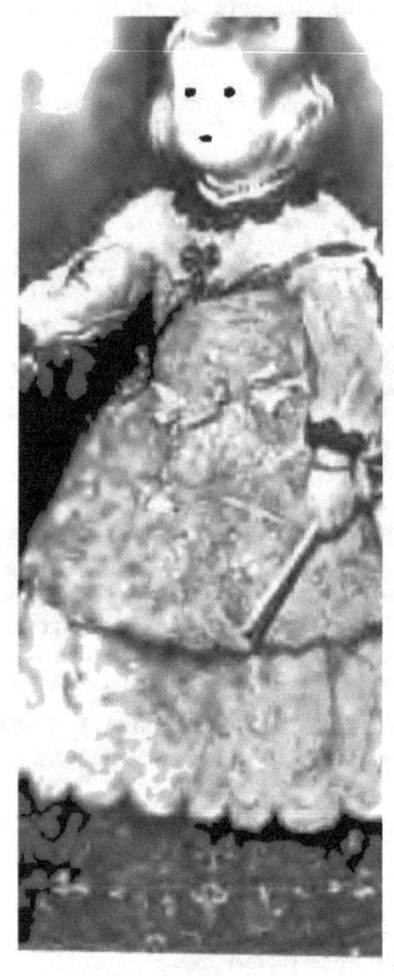

615. Velazquez.

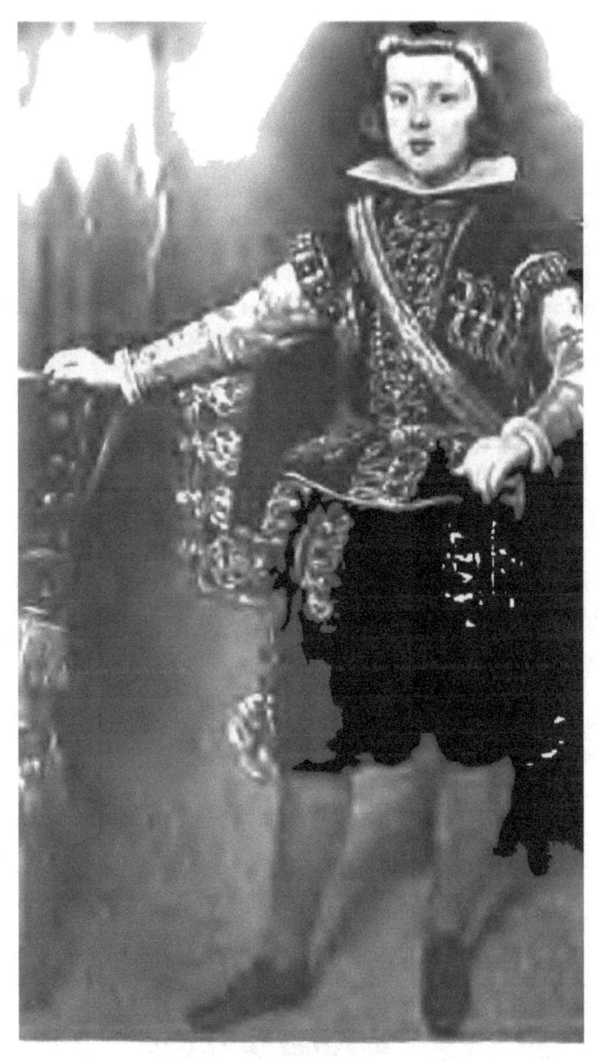

616. Velazquez.

Don Juan Carreño de Miranda.

Schule von Madrid. Geb. zu Avilés in Asturien den 25. März 1614; gest. zu Madrid im September 1685. Schüler Pedros de las Cuevas und Bartolomé Romans zu Madrid; beeinflußt von Velazquez, Rubens und Van Dyck.

606. (E. 602.) Bildnis des Königs Karl II. von Spanien. Der König steht an einem goldenen Tische, auf welchem seine linke Hand mit dem Barett ruht. Er ist schwarz gekleidet und trägt das goldene Vlies an der Kollane; das blonde Haar fällt zu beiden Seiten auf die Schultern nieder. (Karl, Sohn Philipps IV. von Spanien und dessen zweiter Gemahlin Maria Anna, wurde am 6. November 1661 geboren, 1665 König, war vermählt: 1. mit Maria Louise, des Herzogs Philipp von Orleans Tochter, und 2. mit Maria Anna, des Pfalzgrafen Philipp Wilhelm zu Neuburg Tochter. Er starb am 1. November 1700.)

L.; h. 140, br. 100 cm. Kniestück. Alter kaiserl. Familienbesitz.

Velazquez (s. Nr. 605).

607. (E. 612.) Bildnis Philipps IV. von Spanien. In schwarzer Kleidung, weißem Kragen, eine Goldkette auf der Brust. (Philipp IV., Sohn Philipps III. und der Margarete von Österreich, geb. 8. April 1605 zu Madrid, regierte von 1621 bis zu seinem 1665 erfolgten Tode.)

L.; h. 47, br. 37 cm. Brustbild. Vielleicht aus der Samml. Erzherzog Leopold Wilhelms.

Alonso Sanchez Coello (s. Nr. 597).

608. Bildnis eines Knaben, in weißer Kleidung, mit einem Falken, an einem Fenster stehend.

Bezeichnet an der Fensterbank:

A Sanchez. F. 1574.

Rechts oben steht:

AETATIS SVAE XVI.

Links unten von späterer Hand:

Hertzog von

L.; h. 155, br. 106 cm. Galeriedepot. Die Zahl XVI, die das Alter des Dargestellten angibt, ist verdorben. Der Dargestellte ist wahrscheinlich Erzherzog Wenzel, ein Sohn Kaiser Maximilians II., geb. 1561, gest. in Spanien 1578.

Velazquez (s. Nr. 605).

609. (E. 620.) Bildnis der Infantin Margareta Theresia, acht Jahre alt, stehend, in olivengrünem Kleide. Die rechte Hand im braunen

Handschuh hält den Handschuh der linken. (Margareta Theresia, Tochter Philipps IV. von Spanien und seiner zweiten Gemahlin Maria Anna von Österreich; geb. 12. Juli 1651, vermählt am 5. Dezember 1666 mit Kaiser Leopold I., gest. 12. März 1673.)

L.; h. 121, br. 107 cm. 1659 als Geschenk des spanischen Hofes an das Kaiserhaus gekommen. «Obwohl dieses Bildnis das bestbezeugte (unter den Porträten der Infantin) ist, so kann man es doch nach wiederholter Betrachtung nur für ein Werk des Mazo unter Leitung des Velazquez halten.» (C. Justi.)

Pedro Orrente (s. Nr. 604).

610. Johannes der Täufer. Er kniet in düsterer Felsenwildnis, (E. 608.) stützt beide Arme auf einen Stein und trinkt vorgeneigt aus einer dem Felsen entspringenden Quelle.

L.; h. 139, br. 90 cm. Belvederedepot.

Velazquez (s. Nr. 605).

611. Bildnis des Infanten Philipp Prosper, als Kind von etwa (E. 621.) zwei Jahren dargestellt, neben einem Stuhle stehend, auf dessen Lehne er die ausgestreckte rechte Hand legt. Ein kleiner weißer Hund liegt auf dem Stuhle. (Philipp Prosper, Sohn Philipps IV. von Spanien und seiner zweiten Gemahlin Maria Anna von Österreich, geb. 28. Dezember 1657, gest. 1. November 1661.)

L.; h. 128, br. 99 cm. 1659 als Geschenk des spanischen Hofes an das Kaiserhaus gekommen.

612. Bildnis Philipps IV. von Spanien. König Philipp steht (E. 611.) schwarz gekleidet und trägt das goldene Vlies an schwarzem Bande. In der herabhängenden rechten Hand eine Schrift.

L.; h. 126, br. 84 cm. Kniestück. 1632 als Geschenk des Königs an den Wiener Hof gekommen. Biographie siehe Nr. 607.

613. Der lachende Bursche. Er hält in der erhobenen rechten (E. 623.) Hand eine weiße Blüte, die er mit grinsendem Ausdruck dem Beschauer zeigt.

L.; h. 83, br. 64 cm. Halbe Figur. 1816 in die Galerie gekommen. C. Justi sprach sich mit gutem Recht entschieden gegen die Zuteilung an V. aus.

Bartolomé Estéban Murillo.

Schule von Sevilla. Getauft zu Sevilla den 1. Jänner 1618; gest. daselbst den 3. April 1682. Schüler des Juan del Castillo zu Sevilla.

614. Johannes der Täufer als Kind. In einer Landschaft steht (E. 605.) der kleine Johannes und umfängt mit seiner Rechten das neben

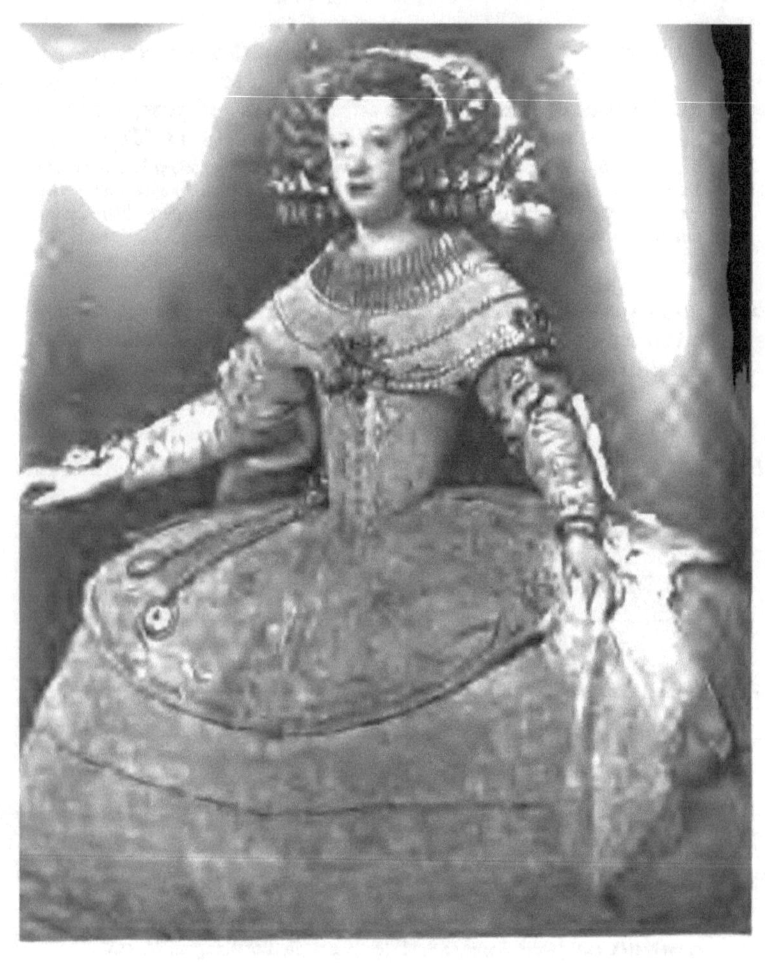

617. Velazquez.

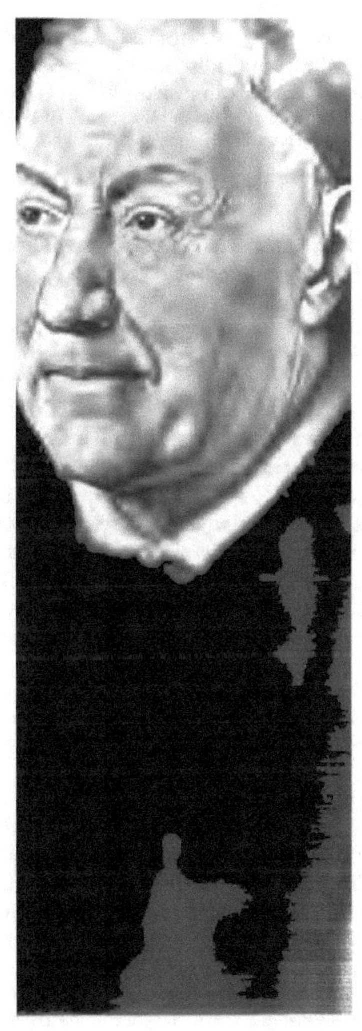

624. Jan van Eyck.

ihm stehende Lamm. Der Kopf ist von blondem Lockenhaar umgeben, die linke Hand hält das Rohrkreuz.

L.; h. 154, br. 108 cm. Kunstbesitz Karls VI. Die gegenwärtige Bestimmung des Bildes wurde schon von Waagen mit Recht bezweifelt; die älteren Inventare schreiben es dem Prete Genovese (Bernardo Strozzi) zu.

Velazquez (s. Nr. 605).

615. Bildnis der Infantin Margareta Theresia, als Kind, drei (E. 615.) bis vier Jahre alt. Sie steht, im blaßroten Kleide, in der linken Hand einen Fächer haltend, die rechte an einen Kindertisch gelehnt.

L.; h. 128, br. 100 cm. Alter kaiserl. Familienbesitz. Biographie sieh Nr. 609. Früher Infantin Maria Theresia genannt. C. Justi setzte sich aber mit gewichtigen Gründen für den Namen Margareta Theresia ein.

616. Bildnis des Infanten Don Baltasar Carlos. Der Infant, (E. 614.) beiläufig zehn Jahre alt, steht, die linke Hand auf den Degengriff, die rechte auf eine Stuhllehne stützend. Der Degen hängt an silbernem Bandelier, das Vlies an silberner Kette. (Baltasar, Sohn Philipps IV. von Spanien und seiner ersten Gemahlin Isabella von Frankreich, wurde am 17. Oktober 1629 geboren und sehr früh mit Maria Anna, Kaiser Ferdinands III. Tochter, verlobt. Sein früher Tod [er starb im 17. Jahre] vereitelte die Vermählung. Maria Anna wurde drei Jahre darnach die Gemahlin seines Vaters, des Königs Philipp.)

L.; h. 128, br. 100 cm. Wahrscheinlich als Geschenk des spanischen Hofes an das Kaiserhaus gekommen. Es könnte auch wohl das Bildnis sein, das Philipp IV. im Mai 1639 seinem Bruder, dem Kardinal-Infanten Ferdinand, nach Brüssel schickte.

617. Bildnis der Infantin Maria Theresia, im beiläufigen Alter (E. 617.) von 15 Jahren. Sie steht im weißen Kleide, weitem Reifrocke und übergroßer Frisur an einem Tische, auf dem ihre rechte Hand liegt; die linke hält das Sacktuch. (Maria Theresia, Tochter Philipps IV. von Spanien und seiner ersten Gemahlin Isabella von Frankreich; geb. 20. September 1638, vermählt am 9. Juni 1660 mit Ludwig XIV. von Frankreich, gest. am 30. Juli 1683.)

L.; h. 127, br. 98 cm. Kniestück. Wahrscheinlich aus der Sammlung Erzherzog Leopold Wilhelms. Karl Justi erkennt in der Dargestellten die Königin Maria Anna (Biographie s. Nr. 605). Doch halten wir mit Heinrich Zimmermann die ältere Annahme, es sei die Infantin Maria Theresia dargestellt, für besser begründet.

618. **Bildnis der Infantin Maria Theresia.** Atelierwiederholung des Bildes Nr. 617.

L.; h. 128, br. 100 cm. Kniestück. Belvederedepot. Biographie s. Nr. 617.

619. (E. 619.) **Bildnis der Infantin Margareta Theresia,** als Kind von vier bis fünf Jahren. Sie steht auf einem bunten Teppich; die ausgestreckten Arme ruhen auf dem Reifrocke.

L.; h. 105, br. 87 cm. Alter kaiserl. Familienbesitz. Biographie s. Nr. 609.

Spanischer Meister, XVII. Jahrhundert.

620. **Bildnis eines Knaben,** in weißem Kleidchen und Spitzenkrause. Er steht bei einem Tische, auf dem Obst liegt.

L.; h. 118, br. 89 cm. Galeriedepot.

Velazquez (s. Nr. 605).

621. (E. 616.) **Bildnis der Infantin Margareta Theresia,** im Alter von beiläufig zwölf Jahren. Sie steht im blaßroten Kleide und hält in der Rechten das Taschentuch, in der Linken einen Blumenstrauß.

L.; h. 121, br. 95 cm. Kniestück. Alter kaiserl. Familienbesitz. Früher Infantin Maria Theresia genannt. Nach C. Justi ist aber die Infantin Margareta Theresia, die Braut Kaiser Leopolds I., dargestellt, wozu das Alter der Infantin und der Doppeladler stimmen, den sie auf der Brust trägt. »Da aber im Jahre [ihrer Verlobung] 1664 Velazquez nicht mehr unter den Lebenden war, so würde man annehmen müssen, daß das Bild von einem seiner Schüler nach dem Vorbild ähnlicher Infantenbildnisse gemalt sei. Wahrscheinlich aber ist auf einem Bilde seiner Hand das Gesicht retouchiert worden, um den in drei oder vier Jahren eingetretenen Veränderungen Rechnung zu tragen.« Biographie s. Nr. 609.

622. (E. 613.) **Bildnis der Königin Isabella von Spanien.** Isabella steht in braungrünem, silberdurchwirkten Kleide, in der linken Hand einen Fächer haltend, die rechte auf der Stuhllehne. (Die Königin war die Tochter König Heinrichs IV. von Frankreich und die erste Gemahlin Philipps IV., geboren 22. November 1602, vermählt 1615, gestorben 6. Oktober 1644.)

L.; h. 130, br. 100 cm. Kniestück. 1632 von Velazquez als Geschenk des spanischen Hofes nach Wien geschickt. Nach C. Justi, gleich der großen Mehrzahl der Bildnisse der Königin außerhalb Spaniens, ein Schulbild.

Pedro Orrente (s. Nr. 604).

623. (E. 606.) **Christus heilt Kranke.** Christus tritt, von drei Jüngern begleitet, in das düstere Stiegengewölbe, in welchem die wenig bekleideten Kranken liegen. Er erhebt segnend die rechte Hand.

L.; h. 83, br. 116 cm. Kunstbesitz Karls VI.

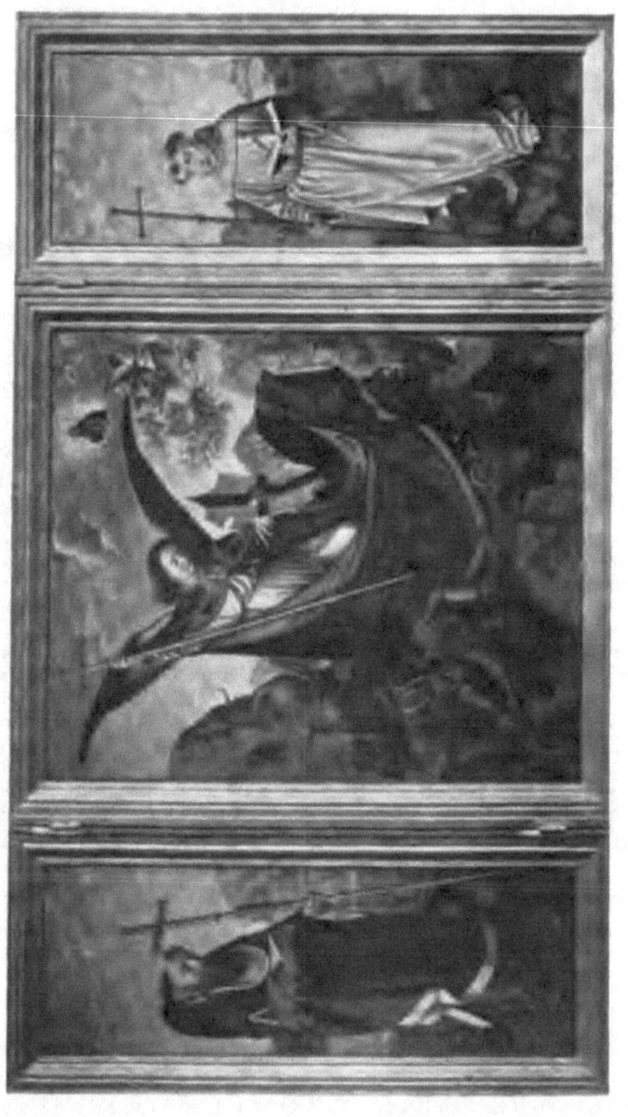

626. Gerard David.

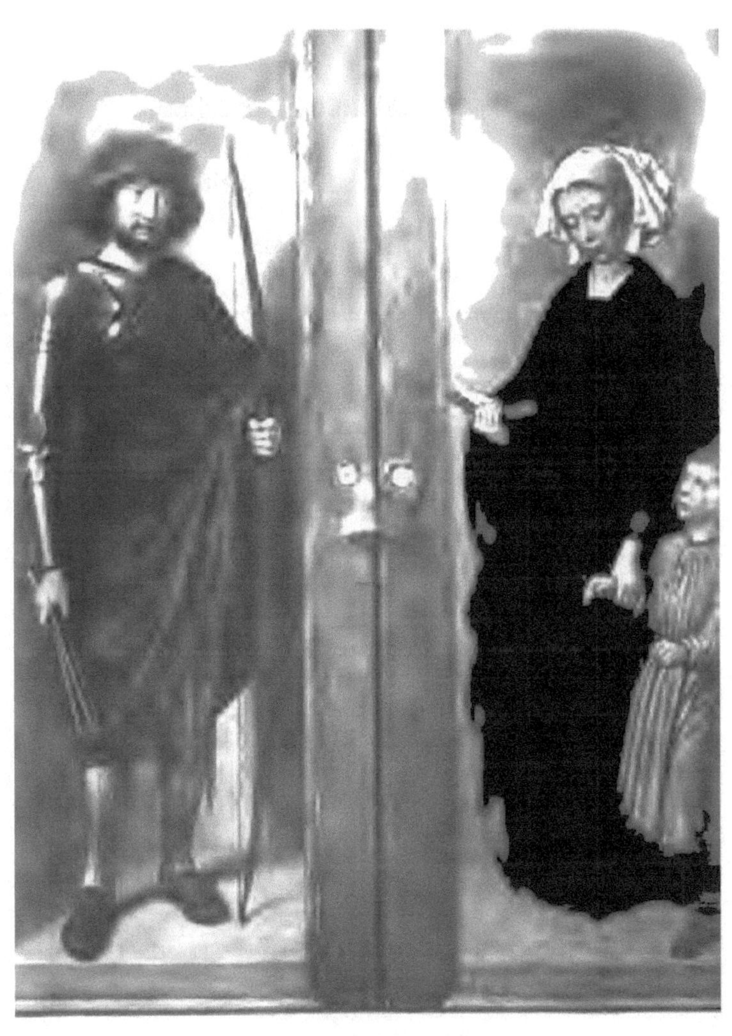

626. Gerard David.

Niederländische Schulen.

Kabinett XVIII. (Seitenlicht.)

Jan van Eyck.

Niederländische Schule. Geb. zu Maaseyck zwischen 1380 und 1390, gest. zu Brügge am 9. Juli 1440. Wahrscheinlich Schüler seines älteren Bruders Hubert, mit dem er sich das Verdienst erwarb, die Öltechnik für künstlerische Zwecke vervollkommnet zu haben. War 1422—1424 im Dienste des Herzogs Johann von Bayern tätig im Haag, dann in dem des Herzogs Philipp des Guten in Lille(?) und nach einer Reise nach Portugal und Spanien (19. Oktober 1428 bis 25. Dezember 1429) in Brügge.

624. Bildnis des Kardinals della Croce (?). Ein Greis mit bart-
(E. 824.) losem Gesichte, in rotem, weiten, mit schmalem weißen Pelz ausgeschlagenem Talare.

Eichenholz; h. 35, br. 29 cm. Brustbild. Samml. Erzh. Leopold Wilhelm. Nach Weale ist der Dargestellte der Kardinal Nicolas Albergati (geb. 1375), der 1431 als päpstlicher Legat nach den Niederlanden kam.

625. Bildnis des Jan de Leeuwe. Ein noch junger bartloser Mann
(E. 825.) in dunklem Pelzrock, mit einer schwarzen Mütze auf dem Haupte, hält in der rechten Hand zwischen Daumen und Zeigefinger einen kleinen Ring.

Auf der ursprünglichen alten Umrahmung des Bildes die Inschrift:

IAN DE OP SANT ORSELEN DACH
DAT CLAER EERST MET OGHEN SACH 1401.
GHECONTERFEIT NV HEEFT MI IAN
VAN EYCK WEL BLIJCT WANNEERT BEGAN 1436.

Mit der Bezeichnung:
IAN · · VAN EYCK

Eichenholz; h. 33, br. 28 cm. Brustbild. Kat. Mechel, 1783. Kam 1809 nach Paris und 1815 wieder zurück nach Wien. Weale weist in dem Dargestellten den Brügger Goldschmied Jan de Leeuwe (1401 bis nach 1456) nach.

Gerard David.

Niederländische Schule. Geb. zu Ouwater im südlichen Holland um die Mitte des XV. Jahrh., wurde 1484 in die Malergilde zu Brügge, 1515 in die zu Antwerpen aufgenommen und starb zu Brügge den 13. August 1523. Wahrscheinlich aus der Schule A. van Ouwaters hervorgegangen, dann Nachfolger Hans Memlings.

626. Der Erzengel Michael. Triptychon. Mittelbild: Der Erzengel (E. 1735.) stößt mit dem Schafte seines Kreuzes die gefallenen Engel in die Hölle. Auf der Innenseite der Flügel erscheinen die Heiligen Hieronymus und Antonius von Padua, auf ihrer Außenseite die Stifter.

Eichenholz; Mittelbild h. 66, br. 53 cm., die Seitenbilder h. 66, br. 22 cm. Am 13. Jänner 1886 bei der Versteigerung der Sammlung des Kunsthändlers August Artaria gekauft, der das Bild von dem vor etwa 40 Jahren hier ansässigen bayrischen Hofrate Adamovich erwarb, in dessen Besitze es zum ersten Male auftauchte.

627. Der Erzengel Michael, in dunkler Stahlrüstung, mit einem (E. 1059.) Diadem auf dem Haupte, über dem besiegten Teufel stehend. In den Wolken ein goldener Thron, von dem Engel die Teufel vertreiben.

Eichenholz; h. 42, br. 29 cm. Wahrscheinlich aus der Grazer Kunstkammer. Die gegenwärtige Bestimmung wird von Kennern wie L. Scheibler und Baron Bodenhausen mit Recht bezweifelt.

627 a. Christi Geburt. Im Vordergrunde kniet die heil. Jungfrau vor dem Christuskinde, von dem das Licht ausgeht, das die Nacht erhellt. Drei buntgeflügelte Engel knien zu Häupten des Kindes. Hinter Maria steht links der rotgekleidete heil. Josef, der eine brennende Kerze hält. Von rechts oben schwebt anbetend eine Engelschar hernieder. Den Hintergrund bilden die Ruinen eines Gebäudes, durch dessen Tür rechts drei Männer mit einer Laterne eintreten und das in der Mitte des Bildes einen Ausblick in die nächtliche Landschaft gewährt.

Eichenholz; h. 113, br. 82 cm. Samml. Erzh. Leopold Wilhelm. Erst 1896 aus dem kais. Schlosse Laxenburg in die Gemäldegalerie gekommen. Da eine Anzahl von schwächeren Gemälden, die fast genau dieselbe Komposition enthalten, deutlich den Charakter von Gerard Davids Schule zeigen (vgl. z. B. unsere Nr. 641), hat man dieses künstlerisch hervorragende Werk dem Meister selbst zugeschrieben. Doch zeigt es ohne Zweifel die Hand eines anderen bedeutenden Künstlers. Baron Bodenhausen hält es für eine veränderte Kopie nach einem verlorenen Originale, das entweder auf Gerard David selbst oder auf Albert van Ouwater zurückgeht. Diese Hypothese ist jedoch nicht ganz unbedenklich und die nähere Bestimmung unseres Bildes bietet große Schwierigkeiten.

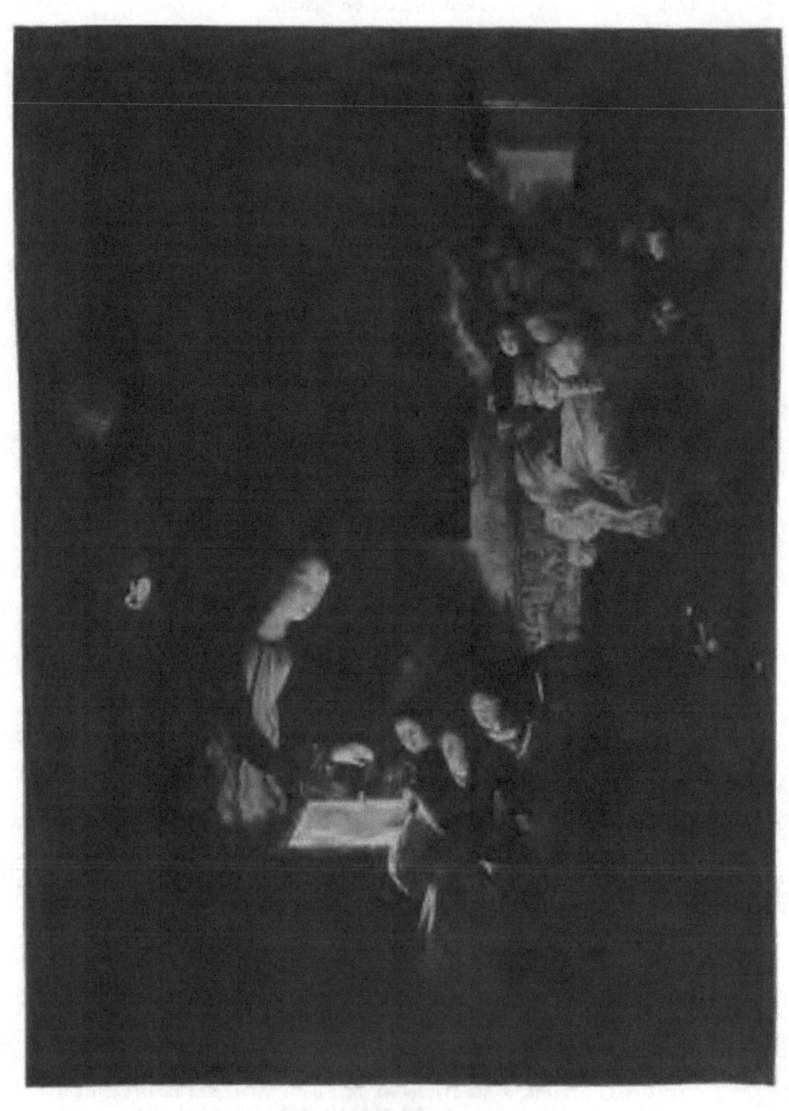

627 a. Gerard David.

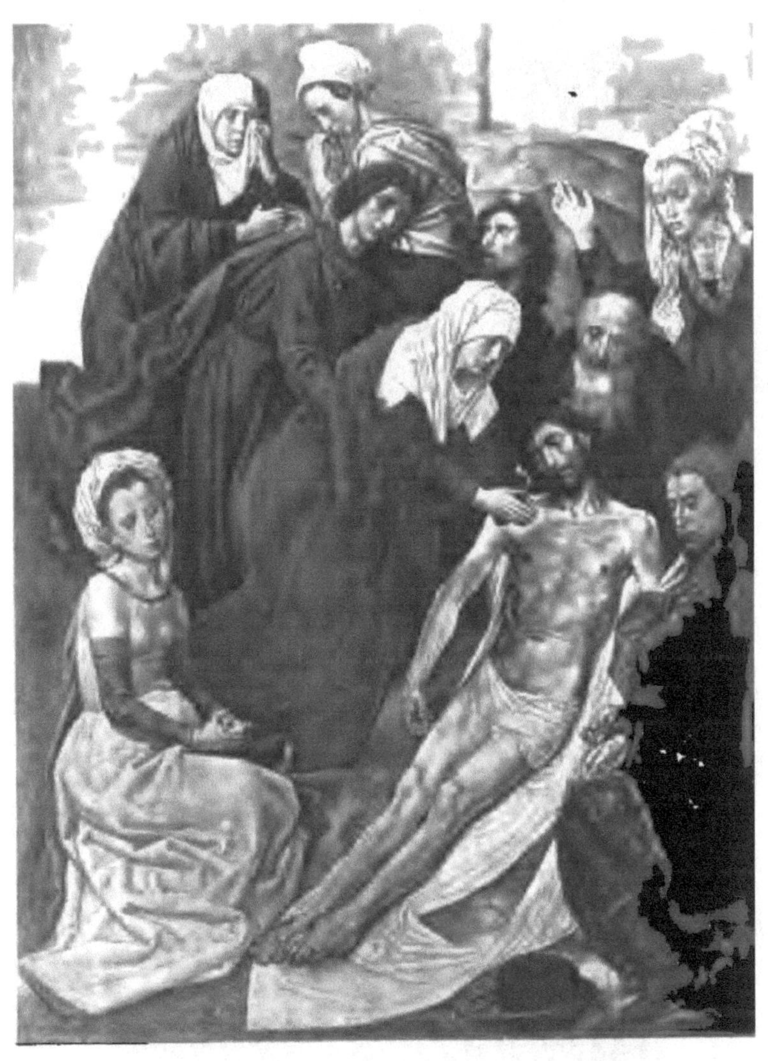

629. Hugo van der Goes.

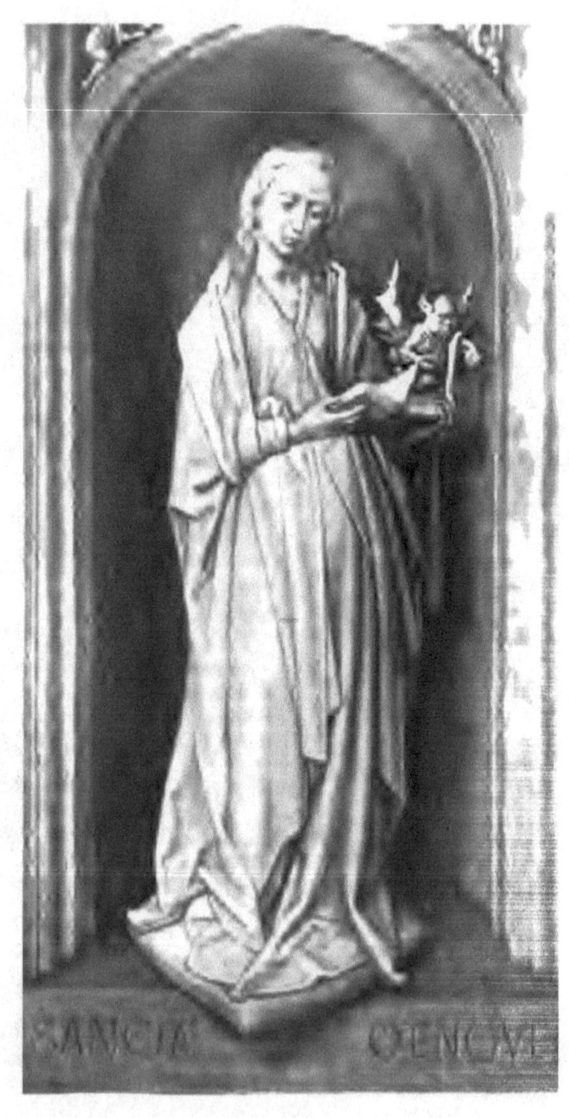

630. Hugo van der Goes.

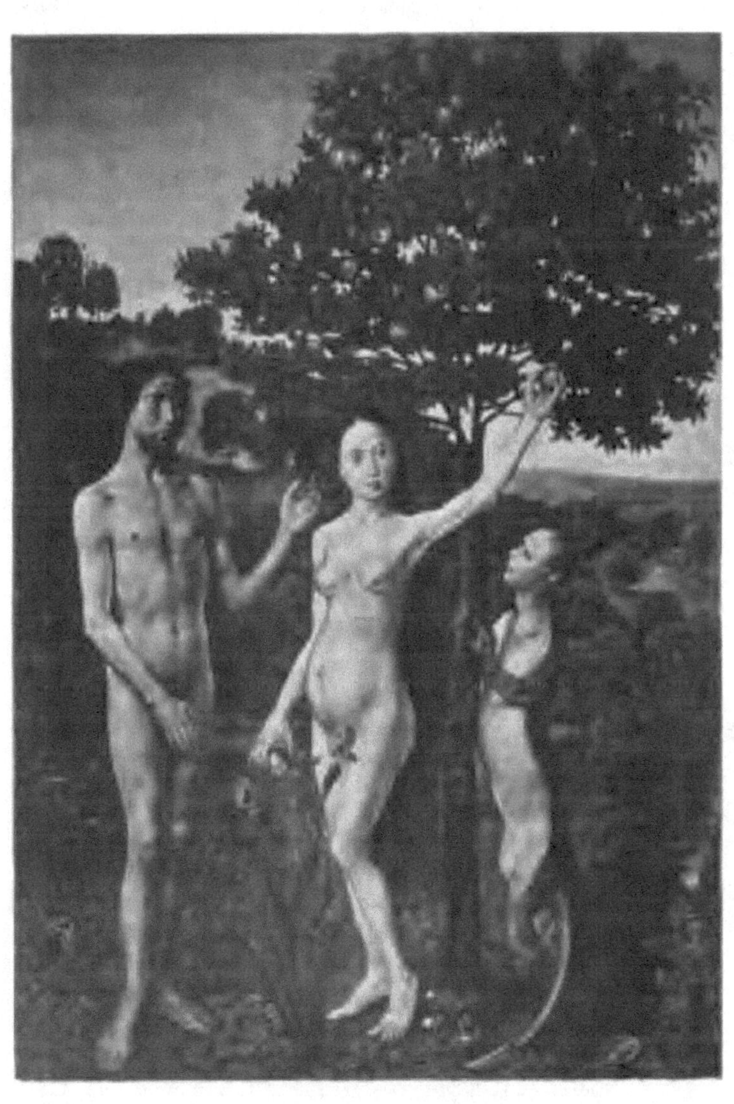

631. Hugo van der Goes.

628. (E. 995.) Bildnis eines Goldschmiedes. Ein bartloser Mann mit schwarzer Pelzmütze hält in der Rechten einen Ring, in der Linken eine Papierrolle, auf welche vier andere Ringe gesteckt sind.

Eichenholz; h. 29, br. 22 cm. Halbe Figur. Samml. Erzh. Leopold Wilhelm, wohin es wahrscheinlich aus Rubens' Nachlaß kam. Seit dieser Zeit unter Quinten Massijs' Namen. Erst L. Scheibler hat es G. David zugeteilt, eine Annahme, die jedoch von neueren Kennern, wie z. B. von Georges Hulin und Baron Bodenhausen bezweifelt wird. Baron Bodenhausen schreibt es einem Nachfolger Joos van Cleefs des Älteren zu.

Hugo van der Goes.

Niederländische Schule. Geb. wahrscheinlich zu Gent (das Jahr seiner Geburt ist unbekannt), wurde 1465 Mitglied der Malergilde jener Stadt und wird als solches bis 1475 erwähnt. Er starb als Laienbruder im Rooden Clooster bei Soignies 1482. Nachfolger der Van Eyck.

629. (E. 828.) Die Beweinung Christi. Der Leichnam des Herrn ist auf einen Wiesengrund gelegt worden. Maria streckt kniend die gefalteten Hände weit vor, der hinter ihr stehende Johannes sucht sie aufzurichten; links zu Füßen Christi, weiß gekleidet, Magdalena, die gefalteten Hände im Schoße.

Eichenholz; h. 35·5, br. 23·2 cm. Bildete einst mit Nr. 631 ein Diptychon, das zur Außenseite die Tafel Nr. 630 mit der heil. Genoveva hatte. Samml. Erzh. Leopold Wilhelm. Als Meister des Altärchens wurde ursprünglich Hans Memling, von E. v. Engerth Jan van Eyck genannt. L. Scheibler und C. Justi bestimmten es mit überzeugenden Gründen auf Hugo van der Goes.

630. (E. 827.) Die heil. Genoveva. In gotischer Steinnische steht die weiße Statue der Heiligen, die in den Händen ein Buch und eine Kerze hält, welche ein kleiner Teufel auszublasen versucht.

Eichenholz; h. 35·5, br. 23·2 cm. Das abgesägte Reversbild von Nr. 631.

631. (E. 826.) Der Sündenfall. In der Mitte des Bildes steht Eva und bricht einen Apfel vom Baume, um ihn dem links vor ihr stehenden Adam zu reichen, während sie gleichzeitig einen zweiten, angebissenen in ihrer Rechten hält. Rechts von Eva der Versucher in Gestalt einer Eidechse mit einem blonden Weiberkopf, an dem Baume aufgerichtet.

Eichenholz; h. 34·5, br. 23·2 cm.

Roger van der Weyden. (Rogier de la Pasture.)

Niederländische Schule. Geb. um 1400 zu Tournai, wo er am 1. August 1432 als Meister in die Gilde eingetragen wurde. 1436 als Stadtmaler von Brüssel erwähnt und dort gest. am 16. Juni 1464. Seit 1426 Schüler Robert Campins in Tournai.

632. **Maria mit dem Kinde.** Die dem Jesuskind die Brust reichende
(E. 1385.) Himmelskönigin steht in einer gotischen Nische, an welcher die kleinen Steinbilder von Gott Vater und von Adam und Eva angebracht sind.

Holz; h. 18, br. 12 cm. Kat. Mechel, 1783, 1809 nach Paris und 1815 zurück nach Wien gebracht. Von Mechel als Werk Hubert van Eycks angesehen, wurde es zuerst von Waagen R. v. d. W. zugeschrieben. Es gehört ebenso wie Nr. 633 zu einer Gruppe von miniaturartig feinen Gemälden, die von einigen Forschern aus dem Werke R. v. d. W.'s ausgeschieden und einem ihm nahestehenden bedeutenden anonymen Künstler zugeteilt werden.

633. **Die heil. Katharina.** Sie hält in der rechten Hand das Schwert,
(E. 1387.) mit der linken an der Hüfte ihr faltenreiches, rotes Gewand. Im Hintergrunde eine Flußlandschaft.

Holz; h. 19, br. 12 cm. Kat. Mechel, 1783 (als Werk Hubert van Eycks). Vgl. Nr. 632.

634. **Altarbild mit zwei Flügeln.** Auf dem Mittelbilde Christus
(E. 1386.) am Kreuze, davor kniend Maria; links steht Johannes; rechts knien der Stifter des Bildes und seine Frau. Der Flügel auf dieser Seite zeigt die heil. Veronika mit dem Schweißtuche, der andere die heil. Magdalena mit dem Balsamgefäß. In der Luft vier trauernde Engel in schwarzer Farbe.

Eichenholz; Mittelbild h. 101, br. 73 cm., die Seitenbilder h. 101, br. 34 cm. Samml. Erzh. Leopold Wilhelm.

Hans Memling.

Niederländische Schule. Geb. (zu Memelingen?) im Gebiete von Mainz um 1430, gest. zu Brügge am 11. August 1494. Schüler Roger van der Weydens.

635. **Maria mit dem Kinde.** Unter einem reichgeschmückten Stein-
(E. 1006.) bogen sitzt auf einem Throne Maria. Sie hält auf ihrem Schoße den kleinen Jesus, dem ein Engel kniend einen Apfel reicht; in der Hand des Engels eine Geige. Rechts kniet der schwarz gekleidete Donator mit gefalteten Händen.

Eichenholz; h. 69, br. 47 cm. Bildete mit Nr. 636—638 ein Triptychon. Samml. Erzh. Leopold Wilhelm. Veränderte Wiederholungen davon in Florenz (Uffizien), London (N. Gallery) und Wörlitz. Freie Kopie aus der Schule des Pseudo-Mostaert beim Herzog von Westminster (Friedländer).

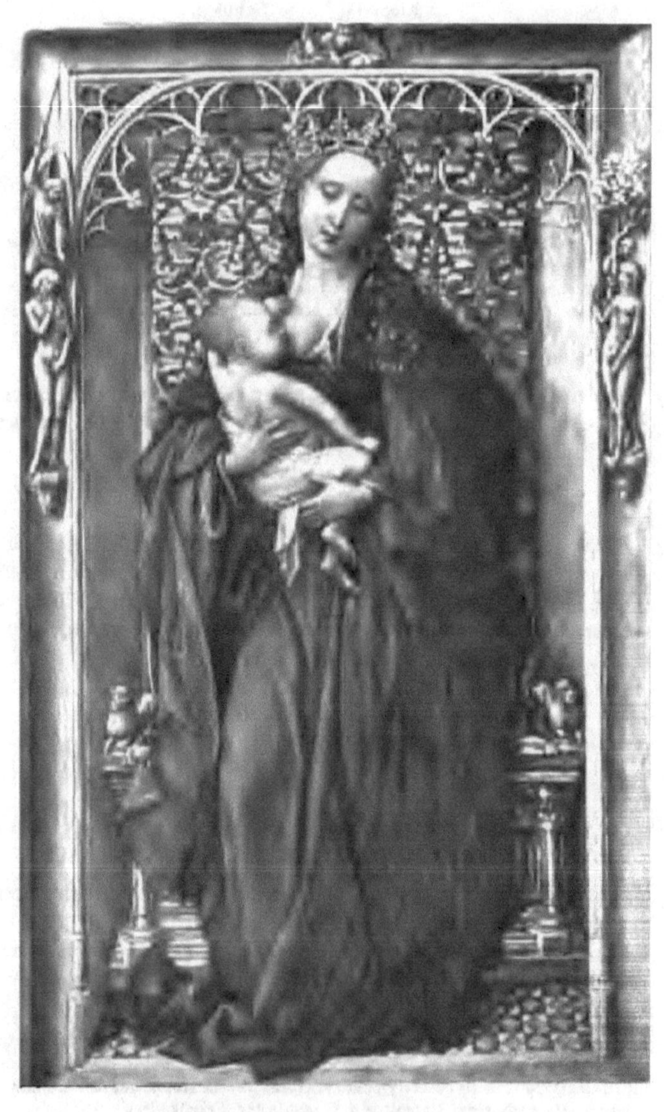

632. Roger van der Weyden.

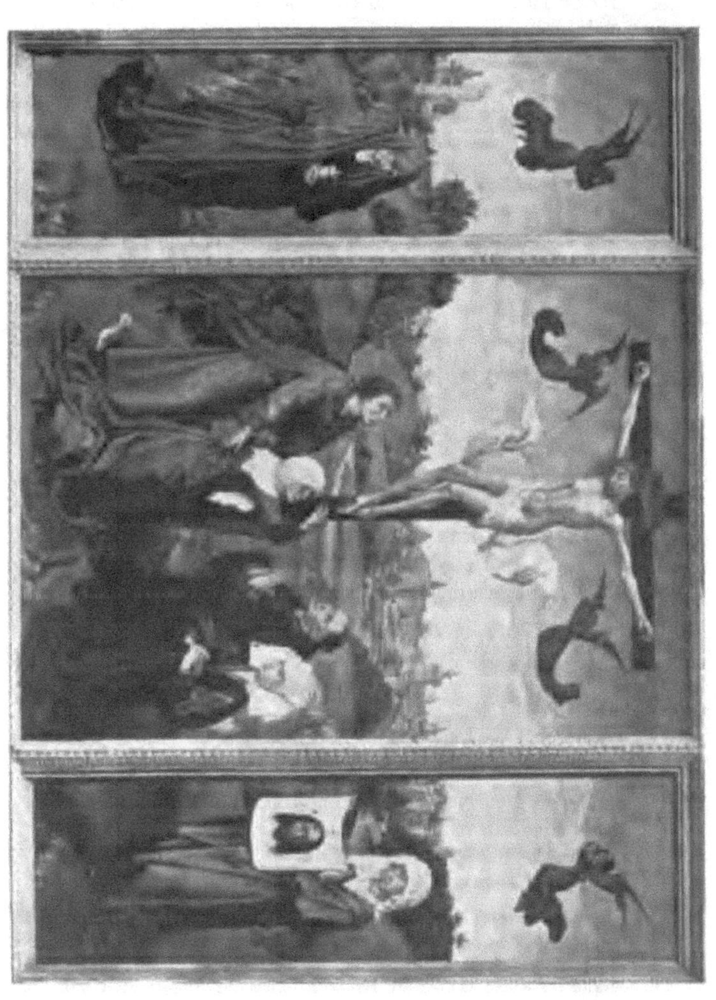

634. Roger van der Weyden.

636. **Die vereinigten Innenseiten der Flügel zum vor-**
(E. 1007.) **stehenden Bilde.** Ein gotisches Portal mit zwei Bögen. Links steht Johannes der Täufer, rechts Johannes der Evangelist.

Eichenholz; h. 71, br. 49 cm.

637. **Die Außenseiten der Flügel.** Zwei steinerne Nischen, in
638. welchen Adam und Eva stehen.

(E. 1008.) Eichenholz; h. 61, br. 34 cm.

639. **Die Kreuztragung und die Auferstehung Christi.** Die
(E. 1009). Flügel eines Triptychons, dessen Mittelbild, die Kreuzigung, sich in der Budapester Nationalgalerie befindet. Links wird der Heiland aus dem Tore Jerusalems geführt. Rechts öffnet ein Engel die Gruft; der Heiland mit der Siegesfahne schwebt in einer Glorie empor.

Eichenholz; jedes Bild h. 58, br. 28 cm. Geistliche Schatzkammer.

Nachfolger der **Van Eyck.**

640. **Die Beweinung Christi.** Zur Rechten des Heilandes kniet seine trauernde Mutter, zur Linken Maria Magdalena. Hinter der heil. Jungfrau Maria steht Johannes, zu beiden Seiten die anderen Leidtragenden. Zu Füßen des Heilandes liegen die Dornenkrone und die Nägel.

Eichenholz; h. 77, br. 62 cm. Ambrasersammlung. Die Bestimmung des Bildes ist sehr schwierig. Franz Dülberg hält es für holländisch, Alban Head für französisch.

Schule des **Gerard David.**

641. **Die Geburt Christi.** In einer Ruine kniet links vor dem
(E. 830.) licht umstrahlten Jesuskinde die heilige Jungfrau. Hinter Maria steht der heil. Josef mit einer Kerze. Durch das Fenster sieht man die Hirten bei ihrem Feuer, einige von ihnen treten bereits rechts durch die Tür ein, über der eine Engelschar schwebt.

Eichenholz; h. 57, br. 41 cm. Samml. Erzh. Leopold Wilhelm. Früher Art des van Eyck genannt. Zu Gerard David brachte das Bild zuerst L. Scheibler in Beziehung. Es ist eine von einem Schüler Gerard Davids ausgeführte, wenig veränderte Kopie des Bildes Nr. 627a. Dieselbe Komposition kehrt auf einer Anzahl von Bildern (in der Münchner Pinakothek, in der Hauptkirche zu Annaberg, im englischen und im Frankfurter Privatbesitz) wieder.

Niederländisch um 1520.

642. Männliches Bildnis. Der bartlose ältliche Mann trägt eine
(E. 1463.) schwarze Mütze und hält mit der linken Hand sein gleichfarbiges Obergewand zusammen.

Im Ringe das Zeichen: 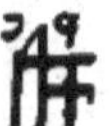

Eichenholz; h. 40, br. 30 cm. Brustbild. Kat. Mechel, 1783. Früher Bartholomäus Bruyn zugeschrieben. Wahrscheinlich ein Werk Bernard van Orleys in seiner späteren, von Mabuse beeinflußten Art. Dieser Ansicht ist auch Georges Hulin. Friedländer hält jedoch das Bild für eine Arbeit Mabuses selbst.

Niederländisch, Mitte des XVI. Jahrhunderts.

643. Kleines Triptychon. Mittelbild: Christus am Kreuze, die
(E. 1632.) kniende Magdalena, Maria, Johannes, heilige Frauen und Kriegsknechte. Die beiden Seitenbilder zeigen vier Donatoren in Gestalt von Engeln mit den Passionswerkzeugen.

Eichenholz; Mittelbild h. 51, br. 41 cm., die Seitenbilder h. 51, br. 18 cm. Kat. Mechel, 1783. Früher Georg Pencz zugeschrieben. Nach L. Scheibler eines der besseren Erzeugnisse der Familie Claeissens, vielleicht ein früheres Werk Peter Claeissens' (Brügge 1516 bis 1576).

Gerrit van Haarlem. (Geertgen tot S. Jans.)

Niederländische Schule. Geburts- und Todesjahr unbekannt. Tätig gegen Ende des XV. Jahrh. zu Haarlem, wo er 28 Jahre alt starb. Schüler Albert van Ouwaters.

644. Julianus Apostata läßt die Gebeine Johannes des
(E. 852.) Täufers verbrennen. Im Vordergrunde wird auf Befehl des abtrünnigen Kaisers Julianus die Gruft des Heiligen geöffnet und seine Gebeine ins Feuer geworfen. Zwölf Mitglieder des Johanniterordens umstehen das Grab. Im Hintergrunde die Beerdigung des Täufers in Gegenwart Christi. Rechts werden die noch geretteten Überreste von den Johannitern übernommen.

Eichenholz; h. 172, br. 139 cm. Dieses Bild ist, wie das folgende, Nr. 645, ein Teil eines Altarwerkes, das G. für die Johanniterkirche in Haarlem malte. Es befand sich 1635 in England in der Galerie Karls I., die auf Befehl Cromwells verkauft wurde, und kam darauf in die Galerie des Erzh. Leopold Wilhelm.

645. Die Kreuzabnahme. Am Fuße des Kalvarienberges liegt aus-
851.) gestreckt auf weißem Linnen der Leichnam des Herrn, mit dem

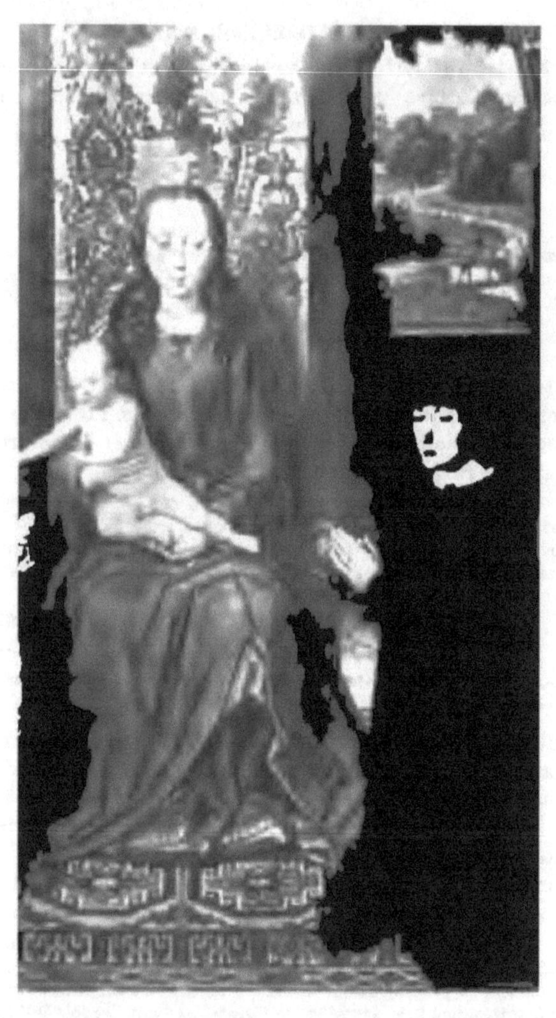

635. Hans Memling.

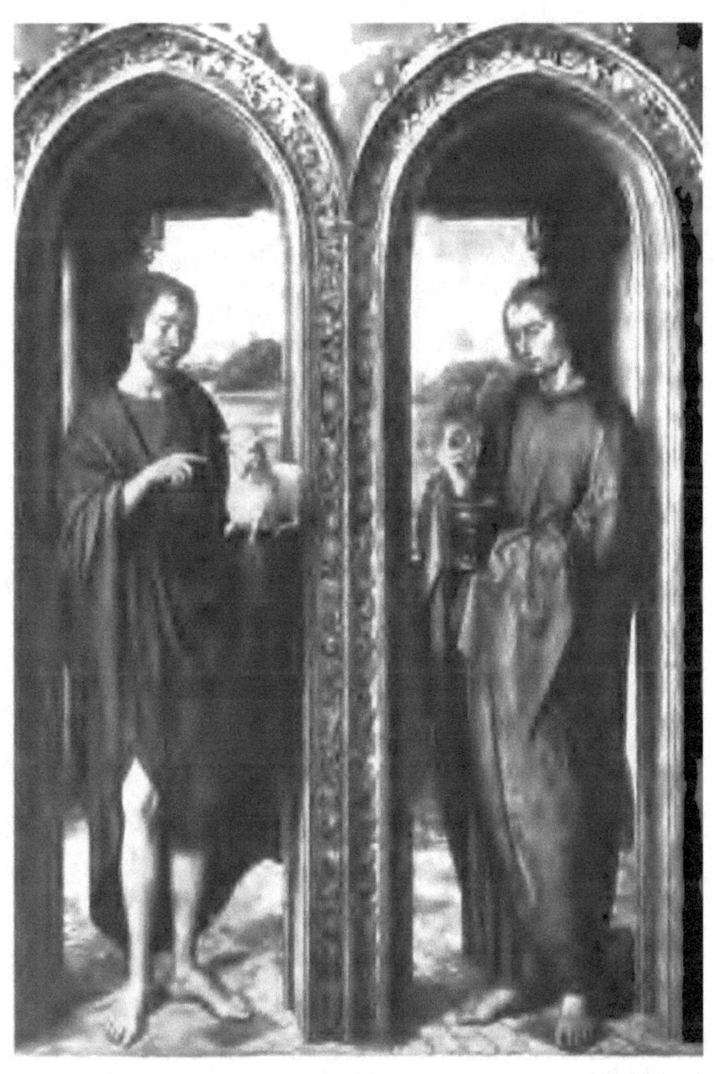

636. Hans Memling.

Haupte im Schoße seiner knienden Mutter. Um diese Gruppe: Johannes, drei weibliche und drei männliche Heilige.

Eichenholz; h. 174, br. 138 cm. Prov. wie Nr. 644.

Jacob Corneliez van Oostsanen (Jacob van Amsterdam).

Niederländische Schule. Geb. zu Oostsanen um 1470, gest. 1533 zu Amsterdam, wo er schon um 1510 tätig war.

646. (E. 1005.) Der heil. Hieronymus. Altar mit vier Flügeln. Auf dem Mittelbilde steht vor einem Throne der Heilige im Kardinalskleide und läßt die linke Hand auf dem Kopfe des vor ihm aufsteigenden Löwen ruhen, welchem er ein Dornenzweiglein hinreicht. Rechts und links von ihm knien der Donator und seine Gattin. Die Innenseiten der inneren Flügel zeigen links: die Heiligen Ambrosius, Augustinus und Papst Gregorius, rechts: die drei Apostel Thomas, Andreas und Bartholomäus. Die Außenseiten der inneren Flügel, links: Kaiser Heinrich den Heiligen, die heil. Elisabeth von Ungarn mit einem Bettler, rechts: die heil. Elisabeth von Portugal und den heil. Martin. Über diesen klein, grau in grau, zwei Bannerträger mit den Familienmarken der Donatoren. Die Innenseiten der äußeren Flügel, links: den heil. Josef, vor ihm einen Knaben, neben ihm den heil. Kilian, rechts: die heil. Ursula, die heil. Katharina, ihr zu Füßen Kaiser Maximus. Im Hintergrunde Schildhalter mit denselben Zeichen. Die Außenseite der äußeren Flügel: Papst Gregorius der Große, unter zahlreicher Assistenz die Messe lesend, kniet vor einem Altar, auf welchem Christus erscheint. Auf einer Querleiste zweimal die Jahreszahl 1511.

Auf der Außenseite der beiden inneren Flügel:

Holz; Mittelbild h. 176, br. 113 cm., die Seitenbilder h. 176, br. 46 cm. 1748 aus der geistlichen Schatzkammer. E. v. Engerth nannte den Maler dieses Bildes Meister vom heil. Hieronymus in Wien. Auf seinen wahren Autor führte es zuerst L. Scheibler zurück.

Meister von Frankfurt.

Anonymer Meister, wahrscheinlich holländischen Ursprungs, um 1510—1530 wohl in Antwerpen tätig. Früher irrtümlich mit dem Frankfurter Maler Konrad Fyol identifiziert.

647. **Altar mit zwei Flügeln.** Im Mittelbilde die Anbetung der
(E. 1054.) heil. drei Könige. Der linke Flügel zeigt Maria, in Anbetung vor dem Jesuskinde kniend, der rechte Flügel die Beschneidung Christi.

Bezeichnet links auf dem Beine des Knienden über dem Windspiele: R Mb

Eichenholz; oben halbrund; Mittelbild h. 101, br. 55 cm., die Seitenbilder h. 101, br. 28 cm. Ambrasersammlung. Von L. Scheibler als ein Werk Jakob Cornelisz' bezeichnet, doch rührt es nur von einem seiner Nachfolger her. Die obige Bezeichnung läßt sich zwanglos auf Rijkaart (Aertszon) Metter Stelten (1482—1577) deuten. Die Komposition des Mittelbildes kehrt wenig verändert wieder auf einem vom Meister von Frankfurt herrührenden Triptychon des Antwerpner Museums. Die Identität des Meisters von Frankfurt und Rijkaart Metter Steltens scheint wahrscheinlich. Auch Friedländer bezeichnet das vorliegende Bild als eine frühe Arbeit des Meisters von Frankfurt.

Niederländisch um 1520.

648. **Die heil. drei Könige.** Vor einem ruinenhaften Gebäude sitzt
(E. 1052.) Maria mit dem heil. Kinde. Rechts vorne in weißem Mantel kniet der heil. Josef.

Eichenholz; h. 75, br. 63 cm. Aus der Grazer Kunstkammer. Die Komposition ist zum Teil übereinstimmend mit der des vorhergehenden Bildes Nr. 647 und noch mehr mit der des oben erwähnten Triptychons des Antwerpner Museums.

Dierick Jacobsz (?).

Niederländische Schule. Geb. 1497 (?), gest. 1567. Schüler seines Vaters Jakob Cornelisz.

649. **Bildnis eines Mannes** in dunkler Kleidung, hinter einem
(E. 918.) Tische stehend, auf dessen Platte er mit der Kreide rechnet. Bezeichnet mit der Jahreszahl 1529.

Lindenholz; h. 93, br. 75 cm. Halbe Figur. Seit 1783 im Belvedere. Im Kataloge E. v. Engerths als »Holländisch, 1529« bezeichnet. In den früheren Katalogen immer unter Dierick Jacobsz' Namen aufgeführt. Doch dürfte das Bild eher oberdeutschen Ursprungs sein (Friedländer).

In der Art des Hieronymus van Aken, genannt Hieronymus Bosch.

Niederländische Schule. Geb. um 1460 zu Herzogenbusch, wo er 1516 starb. Vorläufer der volkstümlichen und Schöpfer der phantastischen Richtung der niederländischen Kunst.

650. **Die Versuchung des heil. Antonius.** Der Heilige kniet
(E. 753.) links vorne und liest in einem Buche. Rechts wölbt sich eine

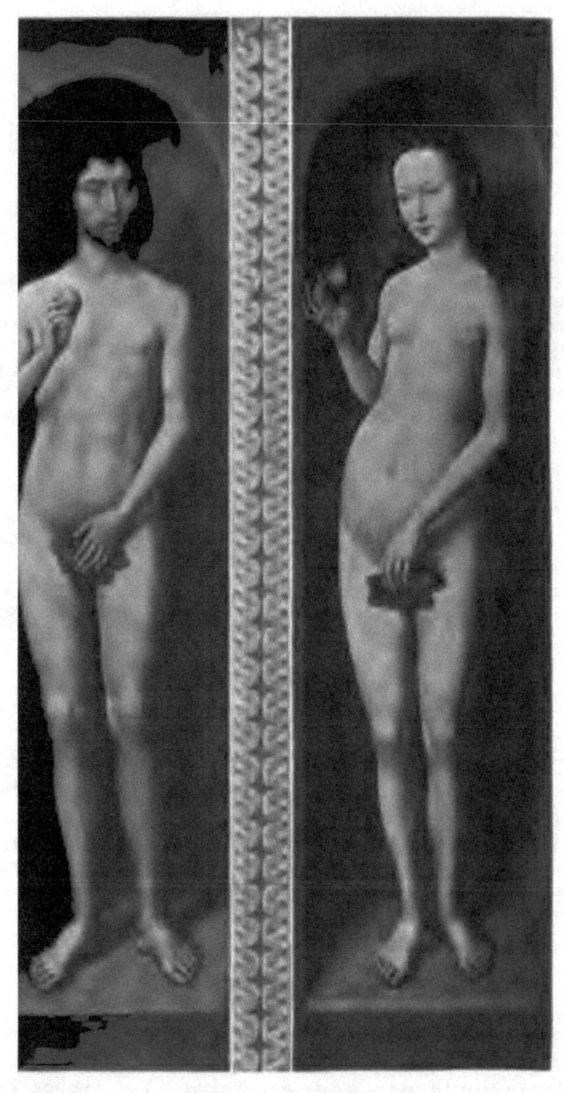

637. Hans Memling. 638.

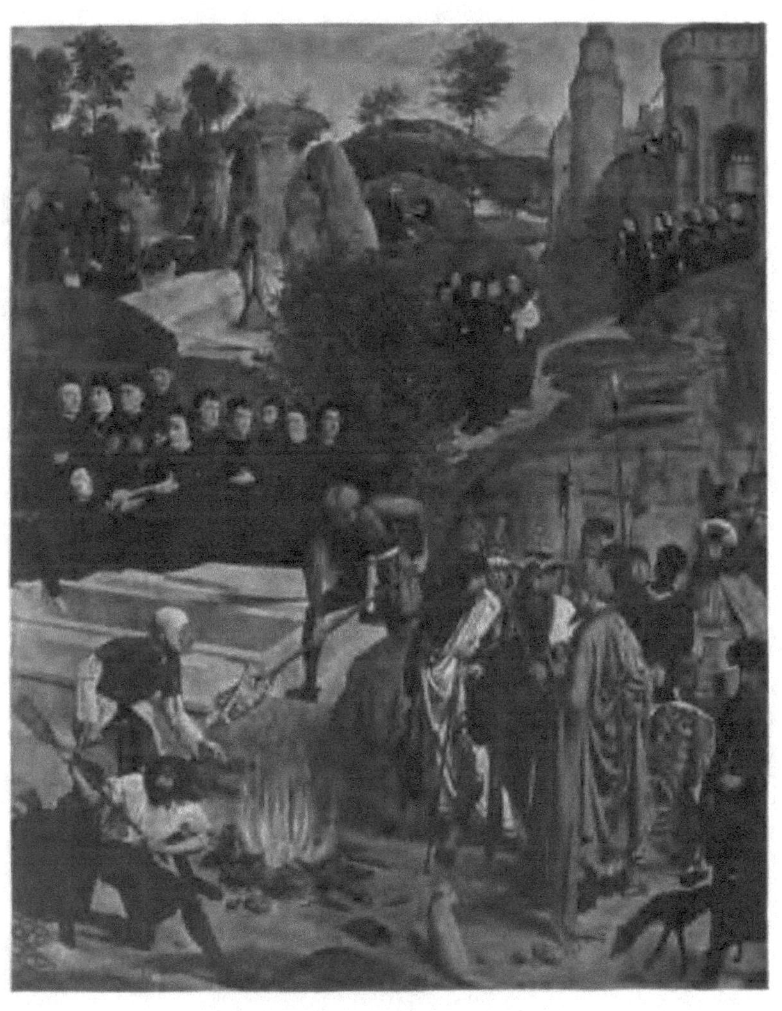

644. Gerrit van Haarlem.

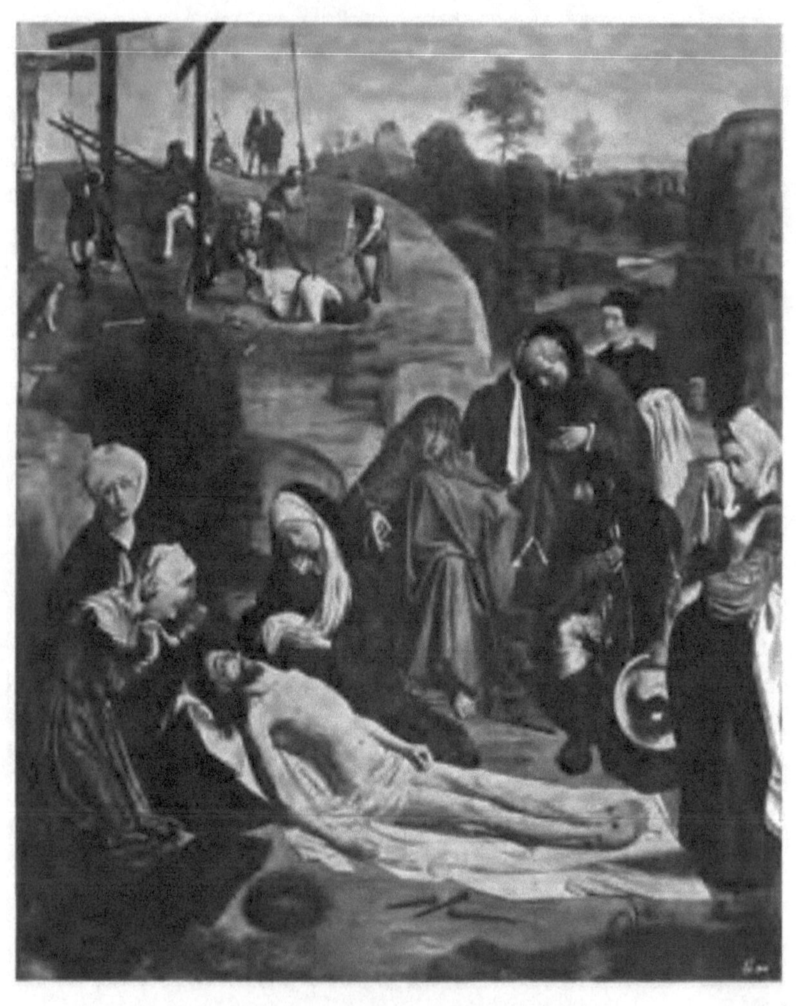

645. Gerrit van Haarlem.

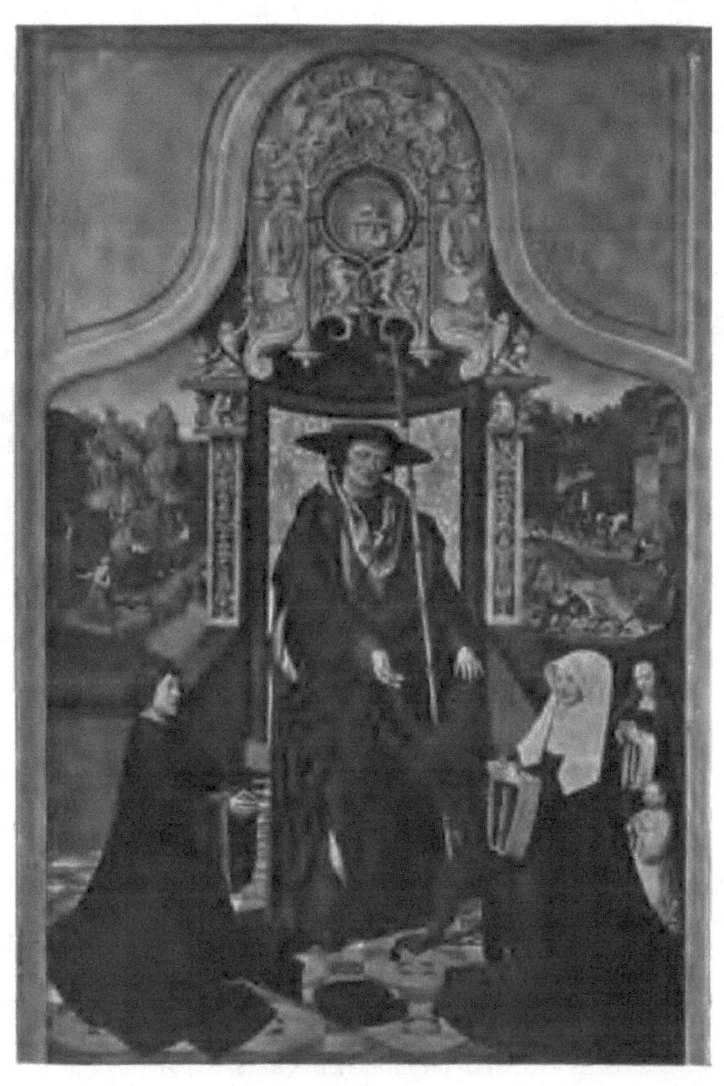

646. Jacob Cornelisz van Oostsanen.

Brücke. Spukgestalten füllen fast das ganze Bild. Links oben fliegt ein großer Fisch, auf dem eine Hexe reitet. Im Hintergrunde krönen Kuppelbauten einen hohen weißen Felsen.

Eichenholz; h. 120, br. 120 cm. Vielleicht aus der Rudolfinischen Kunstkammer. Früher Peeter Brueghel d. J. zugeschrieben. Nach Th. v. Frimmel eine Kopie nach Bosch von einem Maler aus der Richtung und der Zeit Hendrik van Cleves. Hermann Dollmayr schreibt es mit Wahrscheinlichkeit Jan Mandyn zu. Wohl von derselben Hand wie Nr. 773 (Schäffer).

Hieronymus Bosch (s. Nr. 650).

651. Triptychon. Auf dem Mittelbilde der heil. Hieronymus. In der Mitte einer Landschaft erscheint er im roten Mantel vor einem Kruzifix kniend und hält den Stein in der Rechten, um sich die Brust zu schlagen. — Links im Flügelbilde der heil. Antonius im härenen Gewande, den Wasserkrug in der Rechten. Die höllische Versuchung ist durch das nackte Weib und die vielen kleinen Spukgestalten versinnlicht. — Auf dem Flügel rechts der heil. Ägydius mit seinen Abzeichen, dem Pfeil und der Hirschkuh, die zu ihm geflüchtet ist. Er kniet, in eine schwarze Kutte gekleidet, vor seiner Höhle.

Bezeichnet rechts unten im Mittelbilde:

Jheronimus bosch

Eichenholz; Mittelbild h. 83·5, br. 61 cm. Jedes Flügelbild h. 83·5, br. 29 cm. Aus der Camera del Consiglio dei dieci in Venedig, 1838 erworben. Neu aufgestellt 1895.

Nachfolger des **Hieronymus Bosch.**

652. Die Martern der Hölle. Ein greuliches Riesenhaupt öffnet
(E. 704.) den Rachen, in welchen die Verdammten getrieben werden. Im Vordergrunde werden sie durch einen Trichter in den Höllenpfuhl gestürzt. Christus dringt durch die Höllenpforte.

Eichenholz; h. 55, br. 74 cm. Aus Schloß Ambras. Th. v. Frimmel möchte das Bild dem Gillis Mostaert geben.

Hieronymus Bosch (s. Nr. 650).

653. Triptychon. Auf dem Mittelbilde ist das Martyrium der heil. Julia dargestellt. In ein rotes Gewand gekleidet, die Krone auf dem Haupte, mit offenem Haar, erscheint sie an das Kreuz ge-

hängt. Unter den Leuten, welche dieses umstehen, liegt der eingeschläferte Eusebius. Auf den Flügelbildern links der betende heil. Antonius, im Hintergrunde eine brennende Stadt; rechts ein Krieger von einem Mönch geführt.

Bezeichnet am unteren Rande des Mittelbildes:

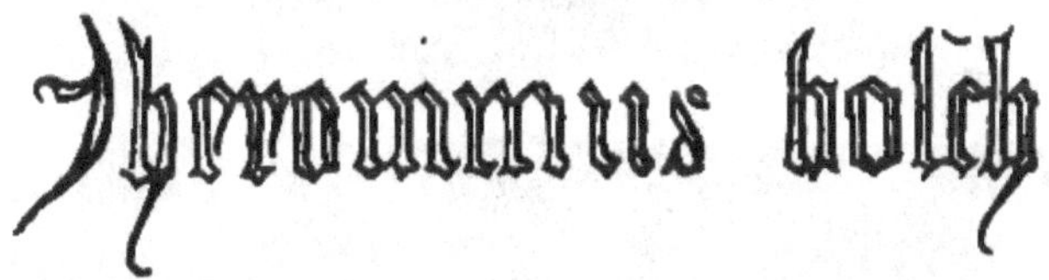

Eichenholz; oben rund. Mittelbild h. 105·5, br. 63 cm. — Jedes Flügelbild h. 105·5, br. 28 cm. Provenienz wie Nr. 651.

Hendrik Bles.

Niederländische Schule. Nach Van Mander Herri met de Bles; von den Italienern nach seinem Zeichen, dem Käuzchen, Civetta genannt. Geb. zu Bouvignes bei Namur. Geburts und Todesdatum unbekannt. Nachfolger J. Patiniers.

654. Darstellung der Hölle. Der Eingang in dieselbe rechts vorne durch einen Helm mit offenem Visier. Spukgestalten im Mittelgrunde; weiter zurück rechts wieder ein Höllentor, dahinter Feuer und Flammen.

Eichenholz; kreisrund, Durchmesser 30 cm. Ambrasersammlung. Die Bestimmung dieses Bildchens sowie der Nrn. 655—657 ist nicht gesichert.

655. (E. 703.) Die Versuchung des heil. Antonius. Er kniet im Vordergrunde, von fratzenhaften Gestalten umgeben. Rechts ein ruinenartiges Gebäude, in dem man Christus vor einem Kruzifix sieht.

Eichenholz; h. 27, br. 35 cm. Kat. Mechel, 1783; kam 1809 nach Paris und 1815 wieder zurück nach Wien. Die Komposition dieses wie des Bildes Nr. 657 geht nach L. Scheibler allerdings auf H. Bosch zurück, die Ausführung aber hat »viel von H. Bles' Spätstil«.

656. Die Versuchung des heil. Antonius. Der Heilige links im Vordergrunde vor einem Kruzifix mit einem Buche und einem großen Rosenkranz; um ihn Teufelsspuk, im Hintergrunde Flammen, rechts vorne ein nacktes Weib, neben ihr ein Käuzchen.

Eichenholz; kreisrund, Durchmesser 16 cm. Ambrasersammlung.

657. (E. 702.) Die Versuchung des heil. Antonius. Eine Menge phantastischer greulicher Gestalten umgibt den auf den Knien liegen-

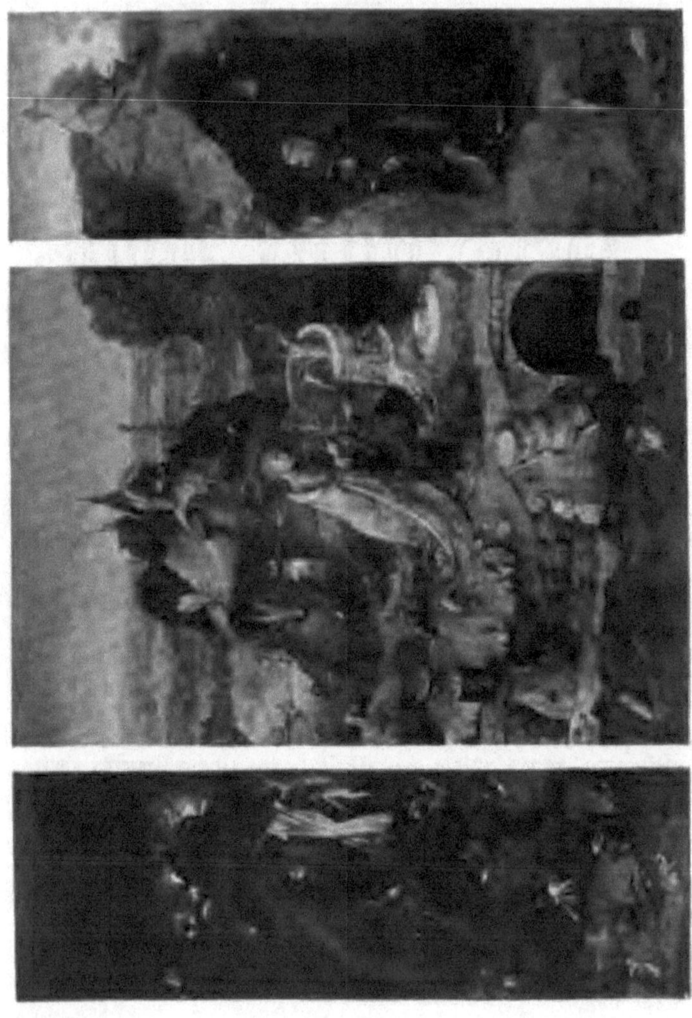

651. Hieronymus Bosch.

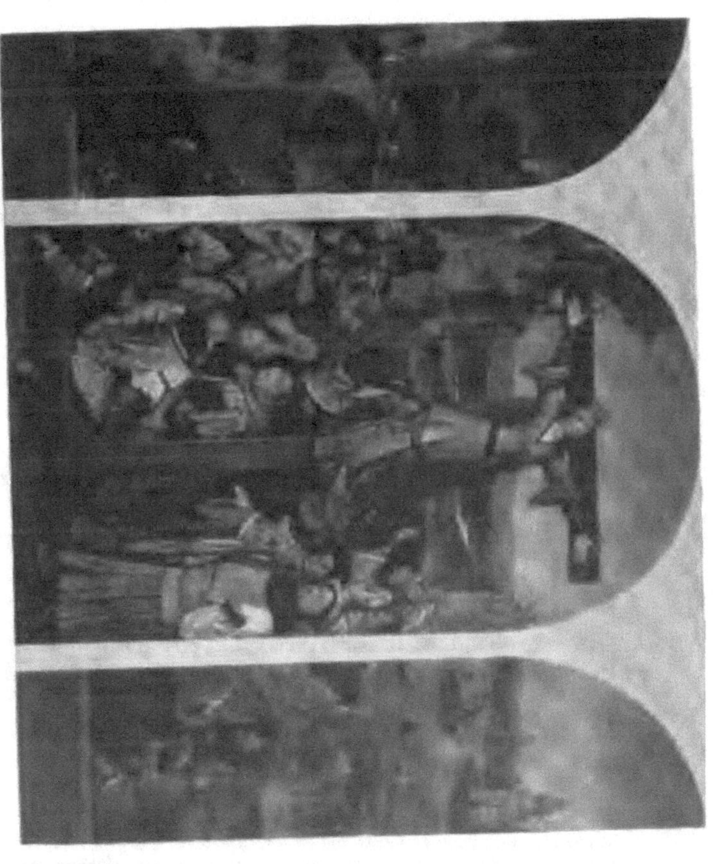

653. Hieronymus Bosch.

den Heiligen; ein nacktes Weib steht im Vordergrunde. Im Hintergrunde brennende Gebäude.

Eichenholz; h. 28, br. 42 cm. Kat. Mechel, 1783; wurde 1809 nach Paris und 1815 wieder nach Wien gebracht. Sieh die Notiz zu dem Bilde Nr. 655.

Lucas Jacobsz, genannt Lucas van Leiden.

Niederländische Schule. Geb. 1494 zu Leiden, wo er 1533 starb. Schüler seines Vaters Huig Jacobsz und später des Cornelis Engelbrechtsz. 1521 und 1522 zu Antwerpen nachweisbar.

658. Die Versuchung des heil. Antonius. In der Mitte sitzt der (E. 970.) Heilige, neben ihm ein nacktes Weib mit einer Schale; bei ihr stehen Amor und der Tod; ringsherum allerhand Spukgestalten.

Bezeichnet rechts unten:

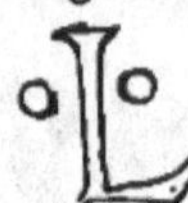

Tempera auf L.; h. 67, br. 105 cm. Zuerst im Prager Inventar von 1737. Als Werk des L. v. L. nicht beglaubigt.

659. Bildnis Kaiser Maximilians I., in hohem Alter, mit langen (E. 972.) weißen Haaren, in der rechten Hand eine rote Nelke haltend. (Maximilian, Sohn Kaiser Friedrichs III., geb. 23. März 1459, römischer König 1486, Kaiser 1508, gest. am 12. Jänner 1519.)

Eichenholz; h. 29, br. 23 cm. Halbe Figur. Samml. Erzh. Leopold Wilhelm. Kam 1809 nach Paris und 1815 zurück nach Wien.

Niederländisch, erste Hälfte des XVI. Jahrhunderts.

660. Die Geschichte des syrischen Hauptmannes Naaman. (E. 1098.) Rechts im Vordergrunde sitzt Naaman, dem der Prophet die Nachricht von der möglichen Heilung seines Aussatzes zuflüstert, links der König, dem das Geheimnis ebenfalls mitgeteilt wird. Im Hintergrunde die Stadt Samaria. (Die Flügel zum nachfolgenden Bilde.)

Eichenholz; h. 59, br. 34 cm., oben rund. Samml. des Erzh. Leopold Wilhelm. L. Scheibler findet die Bilder, die man früher als in der »Art des Patinier« gemalt bezeichnete, Cornelis Engelbrechtsz am nächsten stehend. Th. v. Frimmel will sie mit Scorel in Zusammenhang bringen, als dessen Werke sie in der Samml. des Erzh. Leopold Wilhelm galten. Franz Dülberg schreibt sie wohl mit Recht Cornelis Engelbrechtsz zu.

661. Die Geschichte des syrischen Hauptmannes Naaman. (E. 1097.) Naaman steht entkleidet im Jordan, um sich vom Aussatze zu

reinigen. Rechts vorne der Prophet Elisäus. Im Hintergrunde die anderen Vorgänge der Geschichte. (Das Mittelbild, zu dem die vorhergehenden Flügel gehörten.)

Eichenholz; h. 59, br. 38 cm., oben rund. S. Nr. 660.

Niederländisch, erste Hälfte des XVI. Jahrhunderts.

662. Altar mit zwei Flügeln. In der Mitte die Anbetung der heil.
(E. 971.) drei Könige. Links Anbetung der Hirten, rechts die Ruhe auf der Flucht nach Ägypten.

Eichenholz; Mittelbild h. 94, br. 72 cm., die Seitenbilder h. 94, br. 33 cm. Samml. Erzh. Leopold Wilhelm. Kam 1809 nach Paris und 1815 zurück nach Wien. Ging früher unter dem Namen des Lukas van Leiden und ist nach L. Scheibler ein Werk in der Art von H. Bles' Frühstil. Neuerdings erkennt man darin ein handwerksmäßiges Erzeugnis der Antwerpner Schule um 1520.

Niederländisch, erste Hälfte des XVI. Jahrhunderts.

663. Seegestade. Vorne ein felsiger, hochliegender Teil des Ufers.
(E. 750.) Rechts schreitet der heil. Christophorus und trägt das Jesuskind durch die Wellen.

Papier auf Pappelholz; h. 19, br. 25 cm. Belvedere-Depôt. Früher Peeter Brueghel dem Älteren zugeschrieben.

Joachim Patinier.

Niederländische Schule. Geb. zu Dinant, 1515 Freimeister der St. Lukasgilde zu Antwerpen und 1524 bereits gestorben.

664. Die Flucht nach Ägypten. Im Mittelgrunde einer felsigen
(E. 691.) Landschaft sieht man die heil. Familie.

Eichenholz; h. 23, br. 15 cm. Kat. Mechel, 1783. Früher H. Bles zugeschrieben. Zuerst von L. Scheibler mit Patinier in Zusammenhang gebracht. Doch dürfte das vorzügliche Bildchen eher von der Hand eines archaisierenden Nachahmers Patiniers herrühren.

665. Landschaft mit der Marter der heil. Katharina. Eine
(E. 1093.) große Stadt am Meeresufer; auf dem felsigen, höher, liegenden Vordergrunde das Martyrium der Heiligen.

Eichenholz; h. 28, br. 49 cm. Samml. Erzh. Leopold Wilhelm (als »Civetta«). W. Schmidt schreibt dieses Bild dem H. Bles zu.

666. Die Taufe Christi. Christus steht en face im Jordan, der
(E. 1091.) Täufer kniet auf dem Uferrande. In den Wolken Gott Vater und der heil. Geist; links die Predigt Johannis.

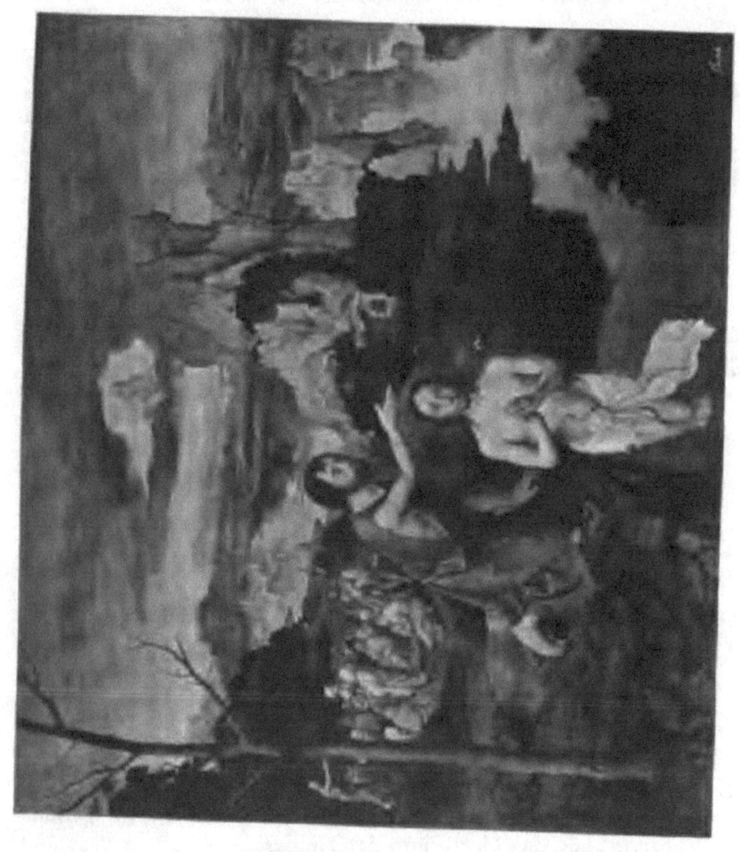

666. Joachim Patinier.

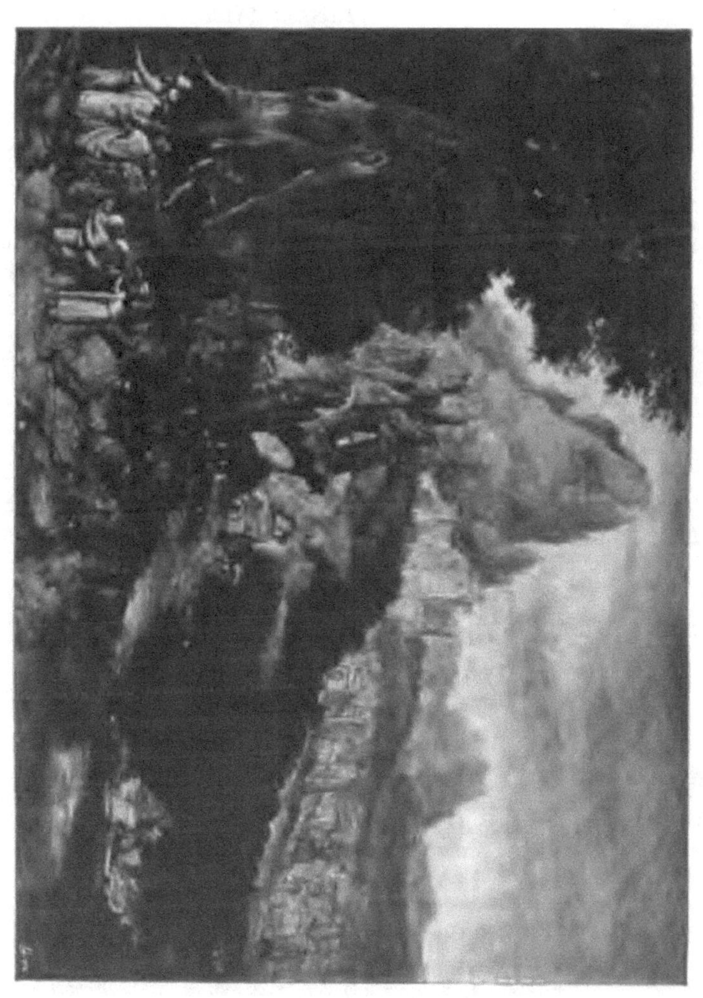

671. Hendrik Bles.

Bezeichnet vorne auf einem Steine: ·OPVS ·IOACHIM ·D ·PATINIER

Eichenholz; h. 68, br. 77 cm. Samml. Erzh. Leopold Wilhelm. Ein Hauptwerk des Meisters.

667. Die Ruhe auf der Flucht nach Ägypten. Maria sitzt links
(E. 1094). vorne in gartenartiger Landschaft mit dem Jesuskinde an der Brust, dem sie eine Birne reicht. Der heil. Josef bricht eine Frucht von einem Palmbaume.

Eichenholz; h. 43, br. 51 cm. Seit 1781 im Belvedere. Von L. Scheibler als eines der frühesten Werke des H. Bles bezeichnet, in dem er sich noch von Patinier beeinflußt zeigt. Doch dürfte die Landschaft wohl eher von Patinier selbst herrühren, die Figuren sind von anderer Hand. Das Käuzchen auf einem Zweige rechts unten kann nicht als Monogramm des Künstlers aufgefaßt werden.

Nachfolger **Joachim Patiniers.**

668. Die Schlacht bei Pavia (1525). Stadt und Truppenaufstel-
(E. 1096.) lung sind aus der Vogelperspektive gesehen. Rechts vorne die Gefangennahme Franz I. durch Prosper Colonna.

Eichenholz; h. 32, br. 41 cm. Ambrasersammlung. Da Patinier bereits 1524 starb, kann das Bild nur von einem seiner Nachfolger herrühren. Im historischen Museum zu Brüssel eine Wiederholung (unter Jan Vermeyens Namen) mit der Aufschrift PAVIE 1525.

Art des **Hendrik Bles** (s. Nr. 654).

669. Landschaft. Als Staffage Hagar, Ismael und der Engel. Statt
(E. 1039.) der Wüste eine Stromgegend mit vielen Gebäuden.

Eichenholz; h. 34, br. 43 cm. Samml. Erzh. Leopold Wilhelm (als Hendrik Bles). Früher Frans Mostaert genannt. Nach Th. v. Frimmel ist die Landschaft von Frans, die Staffage von Gillis Mostaert gemalt.

Hendrik Bles (s. Nr. 654).

670. Der Gang nach Emaus. Landschaft mit schroffen Felsen.
(E. 692.) Links vorne Christus mit zwei Jüngern.

Eichenholz; h. 29, br. 39 cm. Kat. Mechel, 1783. Bezeichnet mit dem Käuzchen auf der Stange über dem Manne links.

671. Landschaft mit der Predigt Johannes des Täufers. Der
(E. 693.) in einem hohlen Baume sitzende Johannes predigt dem Volke. Im Grunde die Taufe Christi.

Eichenholz; h. 29, br. 39 cm. Kat. Mechel, 1783. Bezeichnet mit dem Käuzchen in dem hohlen Baume links.

672. Landschaft mit dem barmherzigen Samariter. Steile (E. 694.) Felsen mit einem Schlosse, in der Ferne ein Strom. Links vorne unter Bäumen der Samariter, der den Verwundeten pflegt.

Eichenholz; h. 29, br. 42 cm. Kat. Mechel, 1783.

Hendrik Bles (?) (s. Nr. 654).

673. Der heil. Hieronymus. Er kniet links an einem Stein- (E. 1095.) tische, betend; rechts sind sein Hut und Mantel an einen Baumstamm gehängt. Weiter hinten liegt der Löwe. Im Mittelgrunde ein Felsentor.

Eichenholz; h. 68, br. 76 cm. Samml. Erzh. Leopold Wilhelm. Früher J. Patinier genannt. Nach L. Scheibler »ganz in des Bles gewöhnlicher früherer Weise, aber wohl nicht gut genug für ihn selbst«. Das Bild dürfte wohl von einem von Qu. Massys und von Patinier beeinflußten Antwerpner Maler herrühren.

In der Art des Hendrik Bles.

674. Johannes der Täufer und der heil. Hieronymus. (Die (E. 829.) Flügel eines Altärchens.) Johannes hält ein kleines Lamm in der linken unter dem Mantel verborgenen Hand und deutet mit der rechten darauf hin. Hieronymus in Kardinalstracht, den Hut auf dem Rücken, in der rechten Hand den Stab, in der linken ein Buch.

Eichenholz; h. 27, br. 22 cm. Kat. Mechel, 1783, als van der Goes. Früher Jan van Eyck genannt; auf Bles wies L. Scheibler hin. Doch ist damit die Richtung des Bildchens kaum richtig bestimmt.

675. Kleines Triptychon. Mittelbild: Christus am Kreuze, an (E. 1056.) welchem die von Johannes unterstützte Maria kniet. Weiter rückwärts ist rechts die Grablegung Christi, links der Sündenfall dargestellt. Der linke Flügel zeigt den englischen Gruß, der rechte die Auferstehung Christi.

Eichenholz; Mittelbild h. 24, br. 18 cm., die Seitenbilder h. 24, br. 9 cm. 1765 aus der Grazer Kunstkammer. Früher als Niederländisch aus der ersten Hälfte des XVI. Jahrhunderts bezeichnet. Auf Bles deutete Waagen hin. Th. v. Frimmel schreibt dieses Triptychon Cornelis Massys zu. Es dürfte von einem archaisierenden Antwerpner Maler um 1550 herrühren.

Meister der sieben Schmerzen Mariä.

Ein Schüler und Nachfolger Gerard Davids, von Waagen irrtümlich mit dem Hofmaler Margaretens von Österreich Jan Mostaert identifiziert. Georges Hulin vermutet in diesem Maler, dessen Hauptwerk die Madonna von den sieben

Schmerzen in der Liebfrauenkirche in Brügge ist, den in den Jahren 1510—1551 in Brügge tätigen Maler Adriaen Ysenbrant.

676. (E. 1092.) Die Ruhe auf der Flucht nach Ägypten. Vor einer Gruppe schattiger Bäume sitzt Maria auf einem bemoosten Steine und reicht dem Kinde die Brust und einen Apfel; zu beiden Seiten weite Landschaft.

Eichenholz; h. 46, br. 74 cm. 1728 in der Stallburg. Ähnliche Darstellungen von der Hand dieses Meisters im Antwerpner Museum und in der Münchner Pinakothek.

Jan Mostaert.

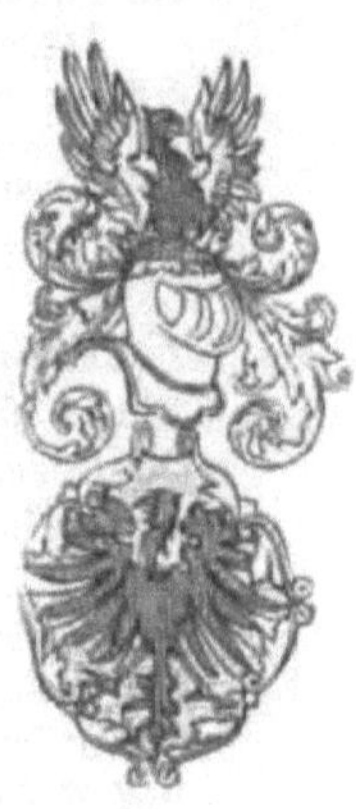

Niederländische Schule. Geb. um 1470 zu Haarlem, wo er 1555 oder 1556 starb. Schüler Jakob Janszens van Haarlem.

677. (E. 1040.) Männliches Bildnis. Ein ernster junger Mann mit bartlosem Gesichte, einem grünen Kranz auf dem Hute, hält eine Schriftrolle in der Rechten. Links an einer Säule ein Wappen.

Eichenholz; h. 68, br. 59 cm. Halbe Figur. Galt in der Samml. Erzh. Leopold Wilhelms als ein Werk Aldegrevers, eine Benennung, die beachtenswert erscheint, weil offenbar die gegenwärtige Bestimmung des Bildes irrtümlich ist.

Niederländisch, erste Hälfte des XVI. Jahrhunderts.

678. (E. 1053.) Die heil. drei Könige. Die sitzende Maria hält auf dem Schoße das Christkind, das seine Hand einem Könige zum Kusse reicht.

Eichenholz; h. 70, br. 53 cm. Grazer Kunstkammer. Gehört nach L. Scheibler »dem Archaisten Mostaert an«. Nach G. Hulin von dem Meister der Deipara Virgo im Antwerpner Museum, den er wohl mit Recht mit dem von 1519 bis gegen 1550 in Brügge tätigen Lombarden Ambrosius Benson identifiziert.

679. (E. 1049.) Maria mit dem Kinde und der heil. Anna. In einer waldigen Landschaft sitzt Maria, das Jesuskind auf dem Schoße haltend. Die heil. Anna reicht ihm einen Apfel.

Eichenholz; h. 48, br. 35 cm. Seit 1781 im Belvedere. Nach L. Scheibler »haben die Figuren am meisten von Patinir, die Landschaft von Bles' Frühzeit«. W. Schmidt erkennt darin dieselbe Hand wie in Nr. 676 und 678, was kaum wahrscheinlich ist.

Lucas Gassel.

Niederländische Schule. Geb. zu Helmont am Ende des XV. Jahrhunderts, gest. zu Brüssel. Tätig in der Zeit von 1538 bis 1561. Nachfolger H. Bles'.

680. Landschaft mit Thamar und Juda. Rechts im Vorder-
(E. 847.) grunde unter einer Gruppe hoher, dichtbelaubter Bäume empfängt Thamar von Juda den Ring.

Bezeichnet auf dem Felsen in der Mitte: · LG · ·1548·

Eichenholz; h. 79, br. 114 cm. Kat. Mechel, 1783.

681. Reiche Landschaft mit einer an einem Flusse gelegenen Stadt, umgeben von Bergen, auf denen schloßartige Gebäude stehen. Vorne Argos, den der vor ihm stehende Merkur durch sein Flötenspiel einschläfert. Neben Merkur die weiße Kuh, in welche die Jo verwandelt wurde. (Nach Ovids Metamorphosen.)

Unten am Felsen die Schrift: OVI · · M · · L I · I ·

Eichenholz; h. 98, br. 124 cm. Ambrasersammlung. Die gegenwärtige Bestimmung rührt von Th. v. Frimmel her.

Niederländisch um 1540.

681 a. Beweinung Christi. Maria, kniend, weist mit der Linken auf den vor ihr liegenden entschlafenen Heiland hin. Im Hintergrunde ist links die Gefangennahme auf dem Ölberge, rechts die Kreuztragung dargestellt.

Holz; h. 49, br. 65 cm. Als Legat des Herrn Dr. Josef Adam in Wien 1898 erworben.

Saal XV. (Oberlicht.)

Meister des Todes Maria.

Niederländische Schule. Der Meister wurde in jüngster Zeit von E. Firmenich-Richartz und C. Justi mit guten Gründen mit Joos van Cleve dem Älteren identifiziert, dessen Geburtsdatum unbekannt ist und der 1511 Freimeister der St. Lukasgilde in Antwerpen wurde, wo er am 10. November 1540 starb.

682. Maria mit dem Kinde. Die sitzende Maria hält auf dem
(E. 1003.) Schoße das heil. Kind, welches mit einem Rosenkranz spielt. (Das Monogramm Dürers und die Jahreszahl 1520, wie auch der ganze schwarze Grund sind falsch.)

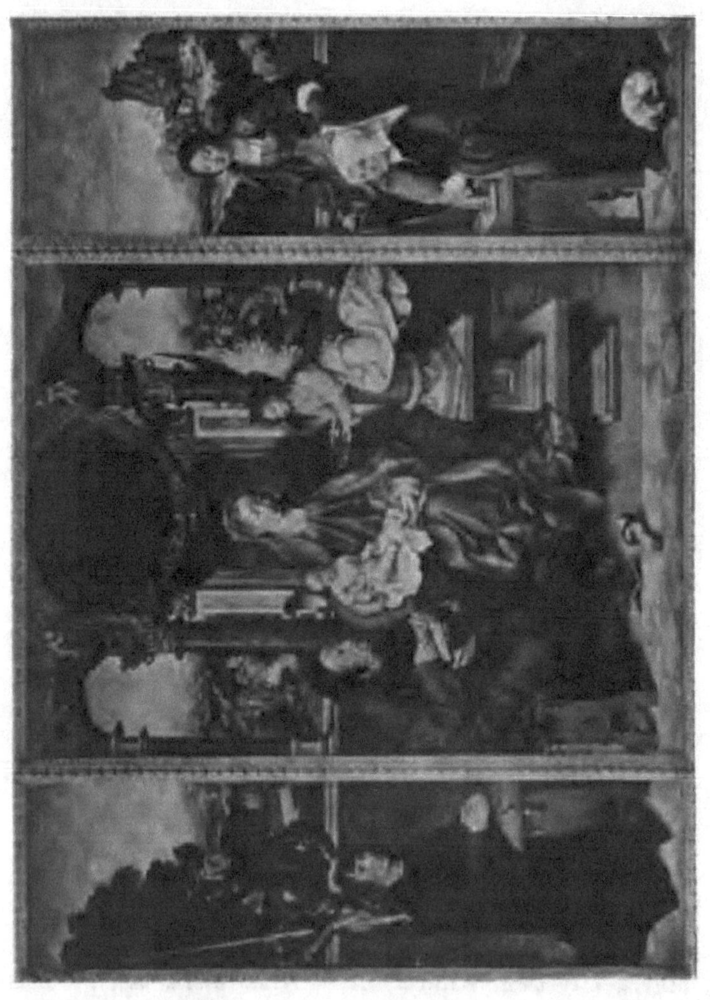

683. Meister des Todes Maria.

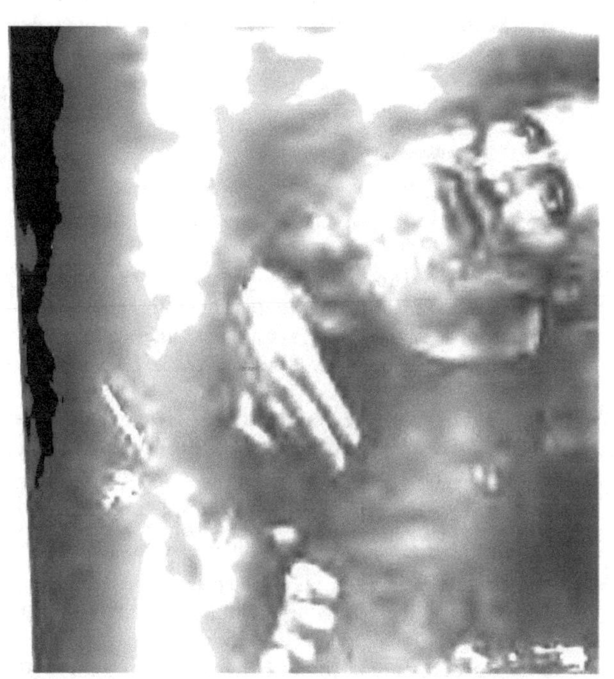

691. Quinten Massys.

Eichenholz; h. 71, br. 55 cm. Kniestück. Samml. Erzh. Leopold Wilhelm, im Inventar von 1659 als Dürer. Eine Wiederholung im Besitze des Captain Holford in London zeigt im Hintergrunde, der hier übermalt ist, die Figur des heil. Josef.

683. Altarbild mit zwei Flügeln. Im Mittelbilde die thronende
(E. 1001.) Maria, auf ihrem Schoße das Jesuskind haltend, dem ein herbeifliegender Engel Kirschen reicht. Links im Vordergrunde sitzt der heil. Josef, in einem Buche blätternd. Auf den Flügelbildern das Stifterpaar. Links kniet der Mann, hinter dem der heil. Georg steht; rechts die Frau, hinter ihr steht die heil. Katharina.

Auf den Betschemeln der beiden Donatoren befinden sich ihre Marken:

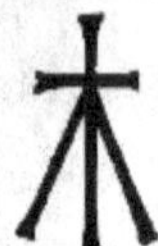

Eichenholz; Mittelbild h. 94, br. 70 cm., die Seitenbilder h. 94, br. 30 cm. 1781 in das Belvedere gekommen.

684. Maria mit dem Kinde. Das auf dem Schoße der Mutter
(E. 1002.) sitzende heil. Kind spielt mit einem Rosenkranz aus Korallen. (Das Monogramm Dürers und die Jahreszahl 1518 sind falsch.)

Eichenholz; h. 74, br. 56 cm. Kniestück. In Mechels Katalog von 1783 als «Albrecht Dürer».

685. Die heil. Familie (auf rotpunktiertem Goldgrunde). Rechts
(E. 1497.) Maria, links Josef; vorne auf der Steinbrüstung steht das Jesuskind, das nach der Brust der Mutter greift.

Eichenholz; h. 47, br. 32 cm. Halbe Figuren. Seit 1781 im Belvedere als «Mair». Früher als «Deutsche Schule, um 1500» bezeichnet. Wahrscheinlich nur die Kopie einer Komposition des Meisters vom Tode Mariä.

686. Bildnis des Kardinals Bernardus Clesius (v. Cles oder
(E. 996.) Gloss) mit übereinandergelegten, auf dem Tische ruhenden Händen. Sein Wappen auf einer Glocke und auf dem Steine seines Ringes. (Bernardus Clesius empfing am 13. März 1530 zu Bologna den Purpur und starb 1539, 54 Jahre alt, kurz nachdem ihm die Verwaltung des Erzbistums Brixen übertragen worden war.)

Wappen auf der Glocke rechts unten:

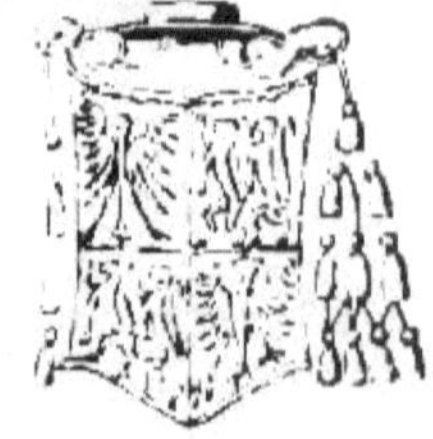

Eichenholz; h. 67, br. 51 cm. Halbe Figur. 1728 in der Stallburg. Früher »Art des Quinten Massys« genannt. Die Bestimmung der Person des Dargestellten, in dem man bisher den Kardinal Albrecht von Brandenburg erkennen wollte, und des Künstlers rührt von E. Firmenich-Richartz her. C. Justi, dem G. Hulin beistimmt, schreibt das Bild wohl mit Recht Bartholomäus Bruyn zu. Eine Wiederholung befindet sich im Museo Nazionale in Rom.

687. Lucretia. Ihr roter Pelz läßt die Brust bloß; sie hält in (E. 994.) beiden mit grauen Handschuhen bekleideten Händen den Dolch.

Eichenholz; h. 78, br. 60 cm. Halbe Figur. Samml. Erzh. Leopold Wilhelm. Früher Quinten Massys zugeschrieben. Auf den Meister des Todes der Maria von Eisenmann, Scheibler, Justi und W. Schmidt bestimmt.

Bartholomäus Bruyn.

Kölnische Schule. Geb. 1493, seit 1515 in Köln, wo er wahrscheinlich zwischen 1553 und 1557 starb. Nachfolger des Meisters vom Tode der Maria, später von Italien beeinflußt.

688. Bildnis eines Ordensritters. Der blonde Mann steht vor (E. 1434.) einer Steinbrüstung, vor sich einen Totenkopf und eine Sanduhr haltend. Er trägt ein Gewand mit Pelzkragen, das, vorne offen, ein rotes Kreuz auf dem schwarzen Unterkleide sehen läßt.

Auf dem rötlichen Hintergrunde steht: 1531 A E 37

Eichenholz; h. 63, br. 47 cm. Halbe Figur. Samml. Erzh. Leopold Wilhelm. Früher Christoph Amberger zugeschrieben, auf Bruyn zuerst von L. Scheibler bestimmt.

689. Bildnis eines jungen Mannes. Der bartlose junge Mann (E. 1441.) trägt eine flache schwarze Mütze, faßt mit der linken Hand sein schwarzes Kleid zusammen und hält in der rechten die Handschuhe.

Eichenholz; h. 45, br. 35 cm. Halbe Figur. Kat. Mechel, 1783. Früher dem Hans Asper zugeschrieben. L. Scheibler stimmte zuerst für B. Bruyn.

689a. Bildnis eines Mannes von mittleren Jahren. Die Rechte hat er sprechend erhoben, in der Linken hält er ein Salbgefäß.

Holz; h. 57, br. 39·5 cm. Als Legat des Herrn Dr. Josef Adam in Wien 1898 erworben. Die gegenwärtige Bestimmung rührt von Wilhelm Schmidt in München her.

Niederrheinisch, datiert 1501.

690. Bild in zwei Abteilungen. Zwei Dominikaner: der eine (E. 1057.) links spielt die Orgel, der andere rechts die Harfe. Hinter

jedem der Mönche steht eine Heilige, wahrscheinlich Dorothea und Barbara.

Auf den beiden Instrumenten Chiffern.

Links: ff pm Rechts: f Wl

Unter der Darstellung frei aus Psalm 150, 4 und 70, 20 Vulg.:

In cordis et organo laudate Deum; psallam tibi in cythara, Sanctus Israel.

Eichenholz; h. 46, br. 32 cm. Kniestück. Aus dem Belvederedepot. Nach L. Scheibler und C. Justi erinnert das Bild an den Meister des heil. Bartholomäus.

Quinten Massys.

Niederländische Schule. Geb. vor dem 10. September 1466 zu Löwen; 1491 Freimeister der St. Lukasgilde zu Antwerpen; zwischen dem 13. Juli und 16. September 1530 gestorben.

691. Der heil. Hieronymus, als Kardinal, in einem Buche lesend,
(E. 993.) legt die Linke auf einen Totenschädel.

Eichenholz; h. 66, br. 96 cm. Halbe Figur. Samml. Erzh. Leopold Wilhelm; kam 1809 nach Paris und 1815 zurück nach Wien.

Jan Massys.

Niederländische Schule. Geb. 1509 zu Antwerpen, wo er 1531 als Meister in die St. Lukasgilde aufgenommen wurde und vor dem 8. Oktober 1575 starb. Schüler seines Vaters Quinten.

692. Der heil. Hieronymus. Er hält bei Kerzenlicht ein Buch auf-
(E. 990.) geschlagen, in dem das jüngste Gericht gemalt ist, und stützt das Haupt in die Hand.

Bezeichnet: :ANNO: 1537:

Eichenholz; h. 67, br. 96 cm. Halbe Figur. Samml. Erzh. Leopold Wilhelm. Die Bestimmung beruht auf einer Vermutung Ludwig Scheiblers.

693. Lot und seine Töchter. Er sitzt in einer Grotte auf dem
(E. 991.) Boden; die ältere Tochter umschlingt ihn, die jüngere hält eine Weinschale und eine Traube. Im Hintergrunde der nächtliche Brand von Sodoma und Gomorrha.

Bezeichnet: · 1563 ·

IOANNES·MASSIIS PINGEBAT ·

Eichenholz; h. 151, br. 171 cm. Samml. Erzh. Leopold Wilhelm.

694. Eine lustige Gesellschaft. Zwei Männer und ein Weib
(E. 992.) sitzen um einen Tisch. Ein Dudelsackpfeifer und ein Weib machen Musik.

Bezeichnet rechts oben:

IOĀNES MASSIİS PINGEBAT.
1564

Eichenholz: h. 75, br. 100 cm. Halbe Figuren. 1781 im Belvedere.

In der Art Jan Sanders' genannt van Hemessen.

Niederländische Schule. Geb. wahrscheinlich in dem Dorfe Hemixhem bei Antwerpen um 1500. Seit 1519 Schüler des Hendrik van Cleve, wird er 1524 Meister und stirbt vor 1566.

695. Bildnis des Malers Jan Gossaert genannt Mabuse (?). Der
E. 804. braunbärtige Mann trägt ein flaches, schwarzes Barett auf dem Kopfe; das schwarze Kleid läßt auf der Brust das rote Unterkleid sehen.

Eichenholz: h. 58, br. 43 cm. Brustbild. 1781 im Belvedere.

696. Der heil. Hieronymus. Er legt die linke Hand auf einen
E. 801. Totenschädel. Links die Felsenhöhle.

[illegible] Halbe Figur. Kunstkammer Karls VI.

Marinus van Reymerswale (Marinus van Zeeuw).

Niederländische Schule. Geb. zu Seeland in Holland, tätig zwischen 1521 und 1566. Nachahmer Quinten Massys'.

697. Das Gleichnis vom ungerechten Haushälter. Er sitzt
E. 688. links an einem Tische; rechts steht der Herr und erhebt drohend die Hand.

[illegible] Halbe Figuren. 1748 in der Stallburg. Von [illegible] Museum zugeschrieben.

698. Der heil. Hieronymus. Er sitzt bei seinen Büchern. Der Kar-
E. 686. dinalshut hängt an der Wand. Links steht ein großes Buch aufgeschlagen, das ein Miniaturbild zeigt.

[illegible] Halbe Figur. [illegible]

Jan van Hemessen s. Nr. 695.

699. Matthäi Berufung zum Apostelamte. Er sitzt an einem
E. 802. Tische, umgeben von zwei alten Männern und einer jungen

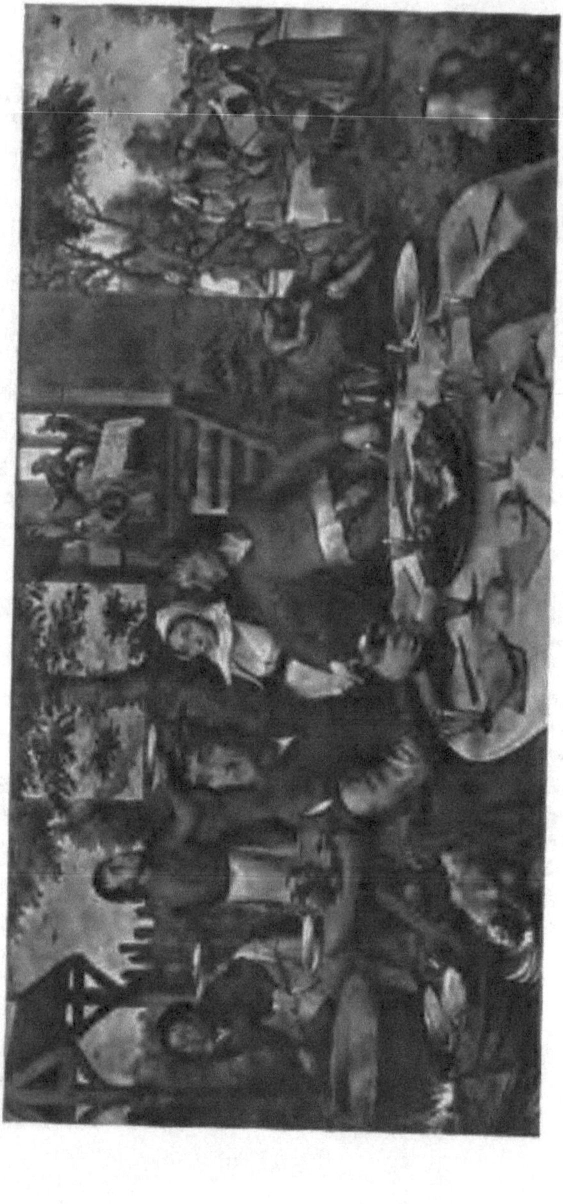

704. Pieter Aertsen.

Eichenholz; h. 151, br. 171 cm. Samml. Erzh. Leopold Wilhelm.

694. Eine lustige Gesellschaft. Zwei Männer und ein Weib
(E. 992.) sitzen um einen Tisch. Ein Dudelsackpfeifer und ein Weib machen Musik.

Bezeichnet rechts oben:

IOANES MASSIIS PINGEBAT.
1564

Eichenholz; h. 73, br. 100 cm. Halbe Figuren. 1781 im Belvedere.

In der Art **Jan Sanders'** genannt **van Hemessen.**

Niederländische Schule. Geb. wahrscheinlich in dem Dorfe Hemishem bei Antwerpen um 1500. Seit 1519 Schüler des Hendrik van Cleve, wird er 1524 Meister und stirbt vor 1566.

695. Bildnis des Malers Jan Gossaert genannt Mabuse (?). Der
(E. 894.) braunbärtige Mann trägt ein flaches, schwarzes Barett auf dem Kopfe; das schwarze Kleid läßt auf der Brust das rote Unterkleid sehen.

Eichenholz; h. 53, br. 43 cm. Brustbild. 1781 im Belvedere.

696. Der heil. Hieronymus. Er legt die linke Hand auf einen
(E. 891.) Totenschädel. Links die Felsenhöhle.

Eichenholz; h. 66, br. 80 cm. Halbe Figur. Kunstbesitz Karls VI.

Marinus van Roymerswale (Marinus van Zeeuw).

Niederländische Schule. Geb. auf Seeland in Holland, tätig zwischen 1521 und 1558. Nachahmer Quinten Massys'.

697. Das Gleichnis vom ungerechten Haushälter. Er sitzt
(E. 988.) links an einem Tische; rechts steht der Herr und erhebt drohend die Hand.

Eichenholz; h. 76, br. 96 cm. Halbe Figuren. 1728 in der Stallburg. Von L. Scheibler mit Recht nur einem Nachahmer des Meisters zugeschrieben.

698. Der heil. Hieronymus. Er sitzt bei seinen Büchern. Der Kar-
(E. 989.) dinalshut hängt an der Wand. Links steht ein großes Buch aufgeschlagen, das ein Miniaturbild zeigt.

Eichenholz; h. 80, br. 108 cm. Halbe Figur. Belvederedepot.

Jan van Hemessen (s. Nr. 695).

699. Matthäi Berufung zum Apostelamte. Er sitzt an einem
(E. 890.) Tische, umgeben von zwei alten Männern und einer jungen

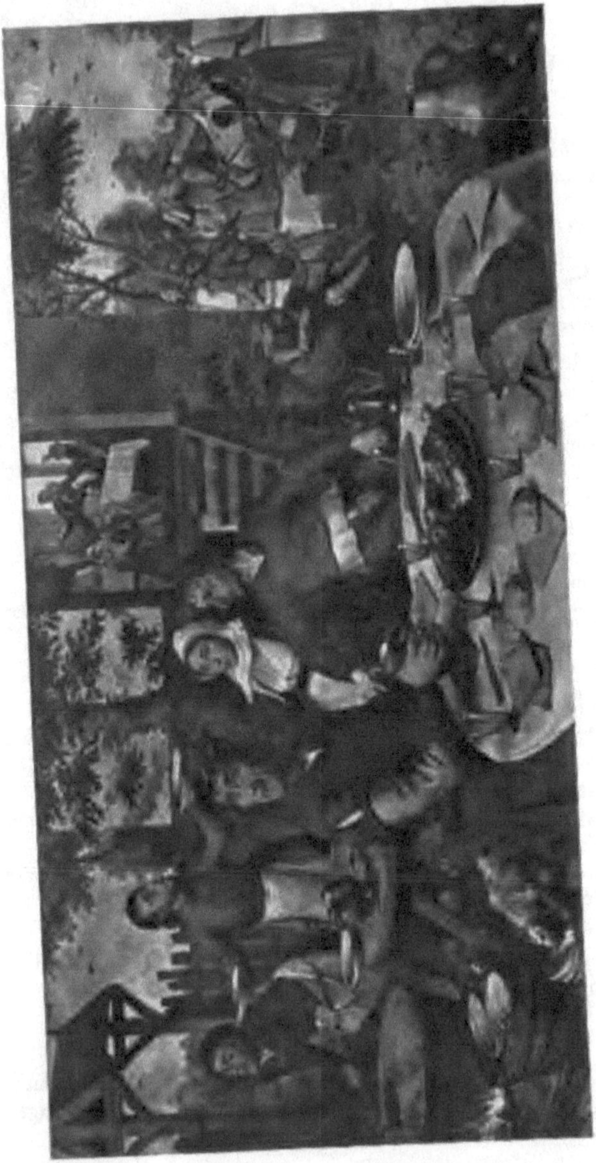

704. Pieter Aertsen.

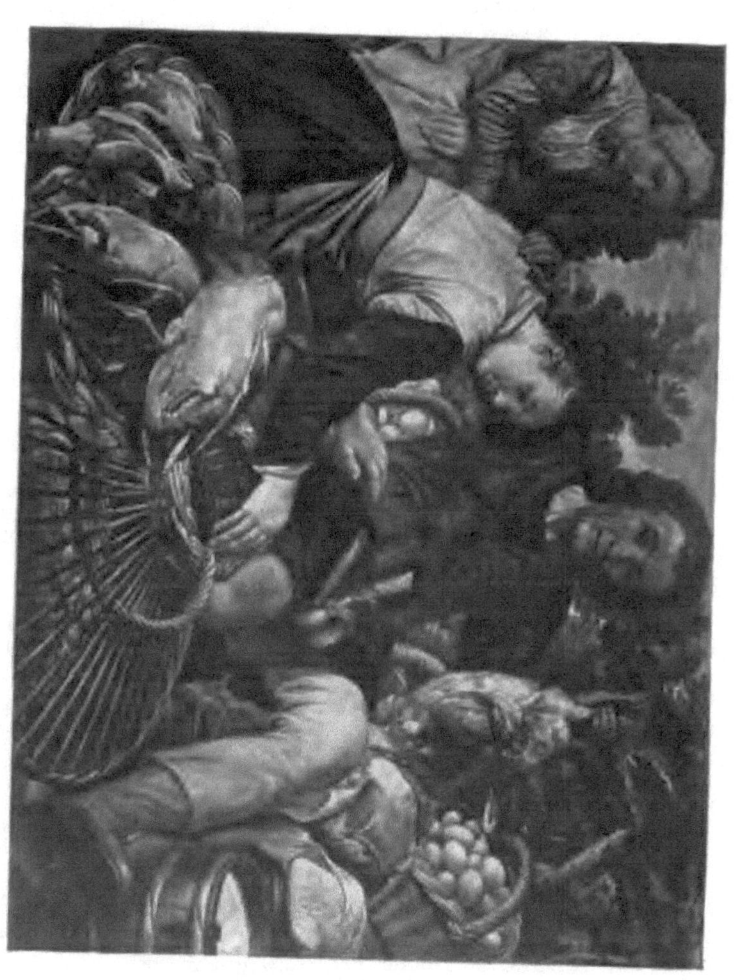

706. Joachim Bueckelaer.

Frau, die abwehrende Bewegungen gegen den rechts stehenden Heiland machen.

Eichenholz; h. 94, br. 117 cm. Halbe Figur. Samml. Erzh. Leopold Wilhelm.

700. Matthäi Berufung zum Apostelamte. Wiederholung des
(E. 889.) Bildes Nr. 701.

Eichenholz; h. 114, br. 145 cm. Halbe Figuren. Stallburg. Das Bild soll früher mit der Jahreszahl 1548 bezeichnet gewesen sein.

701. Matthäi Berufung zum Apostelamte. An einem Tische
(E. 888.) sitzen Matthäus, eine Frau, Zöllner und zwei alte Männer. Rechts steht Christus, den Matthäus mit der rechten Hand fortwinkend.

Eichenholz; h. 105, br. 145 cm. Kniestück. Prager Inventar von 1718; 1809 nach Paris und 1815 zurück nach Wien gebracht. Soll nach einem früheren Kataloge die Jahreszahl 1537 geführt haben.

702. Der heil. Wilhelm, das kraushaarige Haupt unbedeckt, hält
(E. 892.) mit der linken Hand seinen Helm vor sich auf einem Marmorsockel.

Eichenholz; h. 91, br. 73 cm. Halbe Figur. Aus Prag nach Wien in die Stallburg gekommen. Kopie eines Bildes von Dosso Dossi in Hampton Court. Andere Kopien, die sehr häufig vorkommen, sind als Bildnisse Karls des Kühnen bezeichnet.

Pieter Aertsen, genannt de lange Pier.

Niederländische Schule. Geb. 1507 oder 1508 zu Amsterdam (?), wo er am 3. Juni 1575 begraben wurde. 1535 wurde er Freimeister der St. Lukasgilde, 1542 Bürger von Antwerpen. Schüler Allart Claasz' zu Amsterdam.

703. Eine junge Frau wird von einem neben ihr sitzenden Manne liebkost. Sie hält ihr Spinnrad mit der rechten Hand. Im Hintergrunde rechts sieht man in einem Nebengemach drei Bauern bei Tische sitzen.

Eichenholz; h. 62·5, br. 84·5 cm. Kniestück. Prager Schloß. Die gegenwärtige Bestimmung ist offenbar irrig. Johannes Sievers schreibt das Bild mit guten Gründen Pieter Pietersz, dem Sohne Pieter Aertsens, zu.

704. Ein Bauernfest. Zwei rotgekleidete Bauern und ein Weib
(E. 653.) sitzen an einem runden gedeckten Tische. Der Wirtshausgarten mit seinen Gästen bildet den Hintergrund.

Oben über dem Fenster die Jahreszahl: 1550

Eichenholz; h. 85, br. 171 cm. 1824 aus dem Belvederedepot.

705. **Marktszene.** Ein Bauer hält einen Korb mit Geflügel vor sich.
(E. 652.) Ein Marktweib trägt am Arme einen Korb mit Butter und Eiern und hält ein Paar Hühner in die Höhe.

Eichenholz; h. 91, br. 112 cm. Kniestück. 1718. Prager Inventar. Nach J. Sievers ist die gegenwärtige Bestimmung nicht völlig gesichert.

Joachim Bueckelaer.

Niederländische Schule. Wurde 1559 Freimeister der St. Lukasgilde zu Antwerpen, wo er nach 1575 starb. Schüler Pieter Aertsens.

706. **Geflügelhändler.** Ein Mann im roten Rock legt die rechte
(E. 689.) Hand auf die Schulter eines Weibes und hält mit der Linken ein Paar Hühner in die Höhe.

Bezeichnet rechts unten auf dem Butterfasse: 1567

und

in der Bildecke:

Eichenholz; h. 109, br. 140 cm. Kniestück. In den zwanziger Jahren des vorigen Jahrhunderts in die Galerie gekommen.

707. **Ein Marktweib.** Sie sitzt zwischen ihren Waren, die sie feilbietet. Vorne stehen Fässer, auf einem derselben liegt eine tote Gans. Weiter hinten sieht man links ein junges Mädchen.

Bezeichnet auf dem Fasse rechts mit der Jahreszahl:

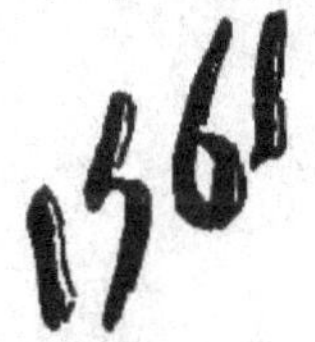

Eichenholz; h. 125, br. 94 cm. Kniestück. Prager Schloß.

Peeter Brueghel der Ältere, genannt der Bauernbrueghel.

Niederländische Schule. Geb. zu Breughel bei Breda um 1525, 1551 Mitglied der St. Lukasgilde zu Antwerpen, gest. zu Brüssel 1569, wo er seit 1563 ansässig war. Schüler seines Schwiegervaters Peeter Coeck von Aalst.

708. **Spielende Kinder.** Sie vergnügen sich in großer Menge auf
(E. 744.) einem freien Platze vor einem Gebäude. Im Hintergrunde rechts eine Gasse, links eine Landschaft mit Badenden.

Bezeichnet rechts unten: BRVEGEL 1560

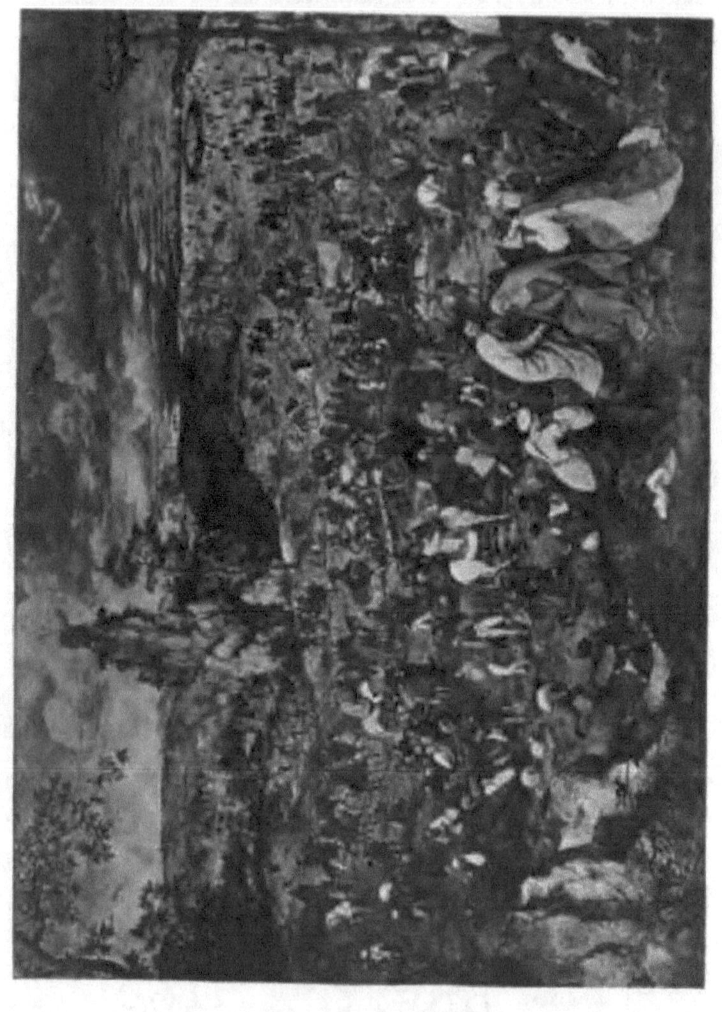

712. Peeter Brueghel der Ältere.

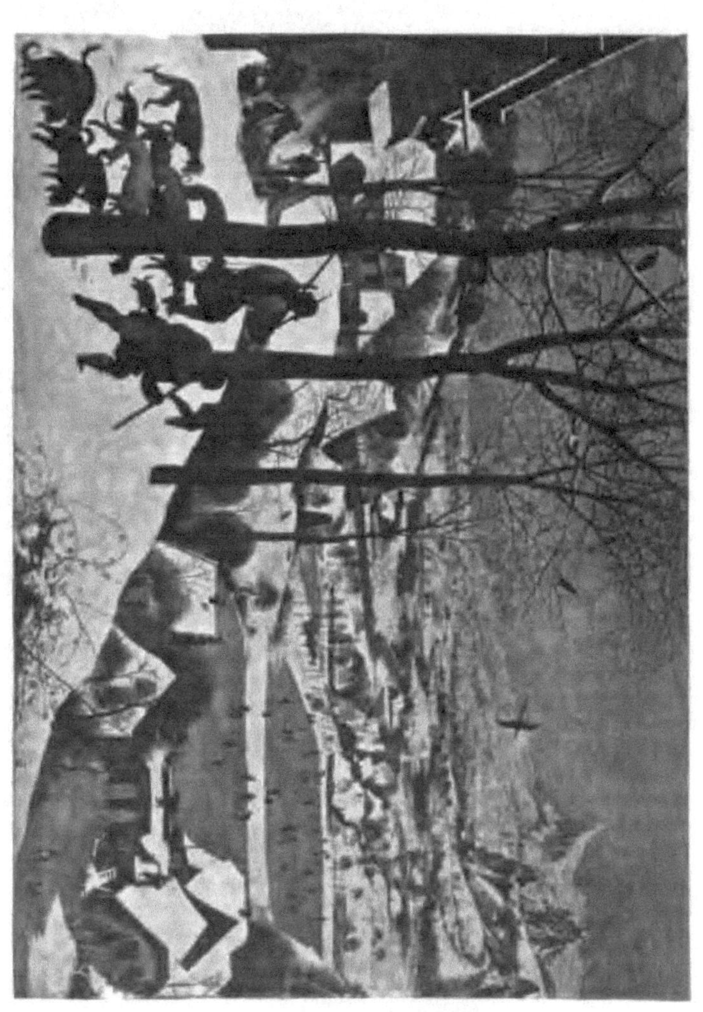

713. Peeter Brueghel der Ältere.

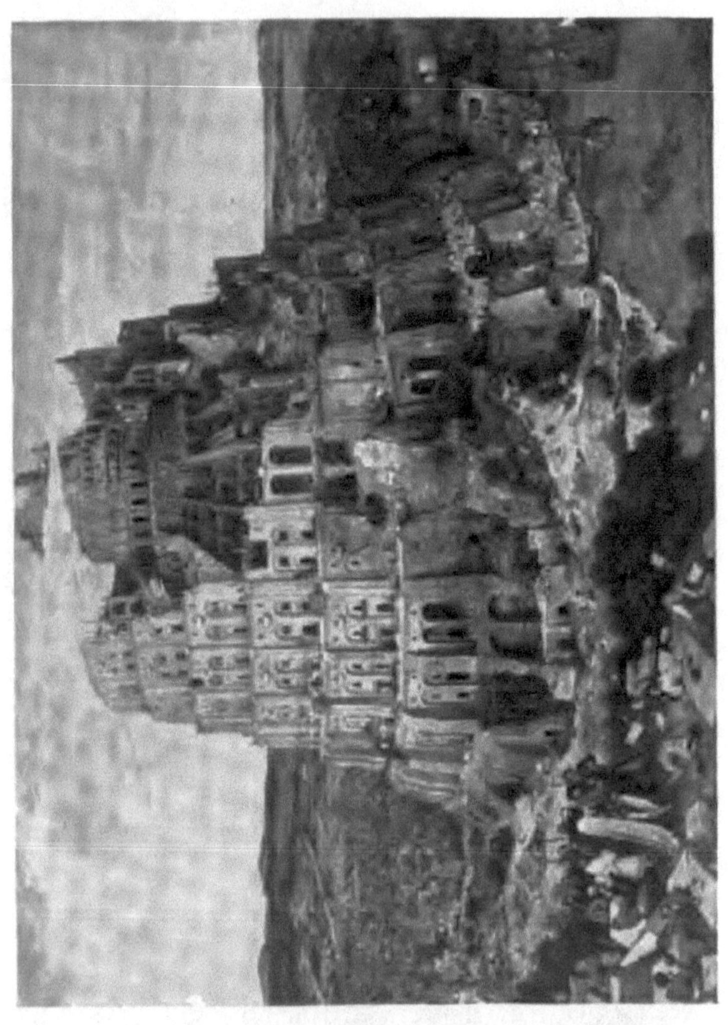

715. Peeter Brueghel der Ältere.

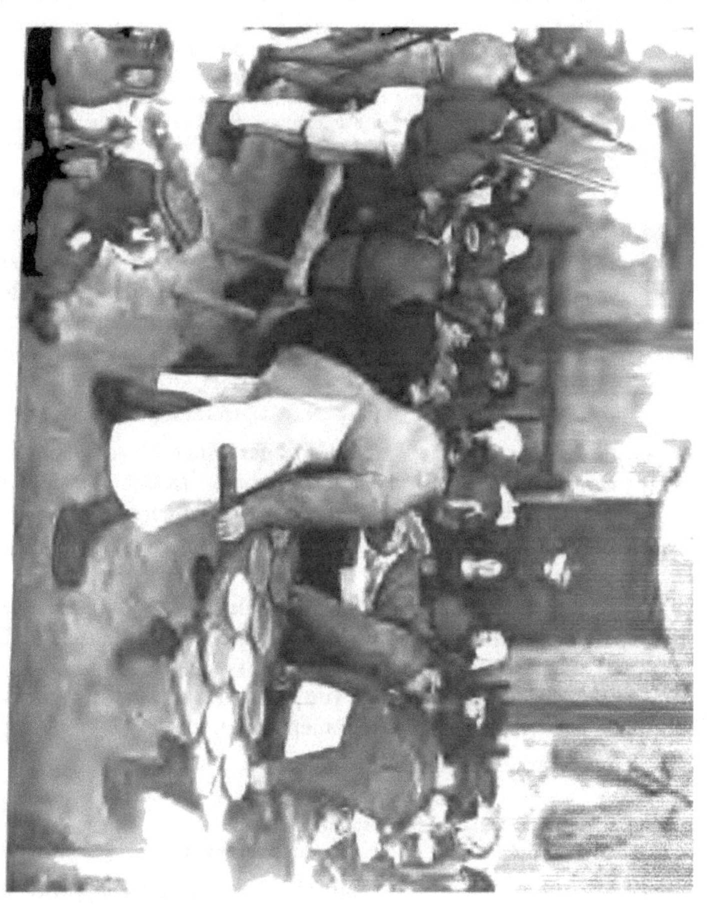

717. Peeter Brueghel der Ältere.

Eichenholz; h. 118, br. 161 cm. Kat. Mechel, 1783. Erwähnt von Van Mander ohne Angabe des Besitzers.

709. Herbstliche Gebirgslandschaft. Im Vordergrunde links
(E. 746.) wird eine Kuhherde von zwei Hirten einem Dorfe zugetrieben.

Eichenholz; h. 123, br. 159 cm. Aus der Samml. Erzh. Leopold Wilhelm; 1809 nach Paris und 1815 wieder nach Wien gekommen. Gehört mit Nr. 711 und 713 zu einer Folge der vier Jahreszeiten, wovon der «Sommer» verloren gegangen ist. Doch ist es, wie Th. von Frimmel und Axel L. Romdahl annehmen, möglich, daß es sich um eine unvollständig erhaltene Folge von Monatsdarstellungen handelt. Nach Romdahl wäre in Nr. 711 der Februar, in Nr. 709 der November und in Nr. 713 der Dezember (?) zu erkennen.

710. Der bethlehemitische Kindermord. Ein vlämisches Dorf
(E. 736.) zur Winterszeit. Auf dem großen schneebedeckten Platze hält ein Trupp geharnischter Reiter. Fußsoldaten, Landsknechte, dringen in die Häuser. Rechts ein berittener Herold. Viele einzelne Gruppen des Kindermordes füllen das Bild.

Bezeichnet rechts unten: BRVEGEL.

Eichenholz; h. 116, br. 160 cm. Kunstbesitz Kaiser Rudolfs II.

711. Frühlingslandschaft. Am Ufer einer Meeresbucht liegt ein
(E. 747.) Dorf, das den Mittelgrund einnimmt. In der Mitte des Vordergrundes eine Gruppe hoher, entlaubter Bäume. Rechts ein umgestürzter Stamm, links ein Wirtshaus.

Eichenholz; h. 118, br. 163 cm. Sieh Nr. 709.

712. Die Kreuztragung. In einer reichen Landschaft bewegt sich
(E. 737.) der Zug von links nach rechts, begleitet von Reitern und vielem Volke. In der Mitte fällt Christus unter dem Kreuze. Rechts im Vordergrunde Maria, von Johannes unterstützt und von den wehklagenden heiligen Frauen umgeben.

Bezeichnet rechts unten:

BRVEGEL M D · LXIIII ·

(Mechel und Krafft lesen MDLXIII.)

Eichenholz; h. 124, br. 170 cm. Kunstbesitz Kaiser Rudolfs II.

713. Winterlandschaft. Ein niederländisches Dorf, von Kanälen
(E. 748.) durchschnitten. Links vorne drei hohe entlaubte Bäume und drei Jäger, die mit ihren Hunden von der Jagd heimkehren. Rechts Schlittschuhläufer.

Bezeichnet in der Mitte unten: BRVEGEL.

Eichenholz; h. 117, br. 162 cm. Sieh Nr. 709.

714. **Die Bekehrung Pauli.** Zwischen steil emporragenden kahlen
(E. 738.) Felsen und einer Gruppe hoher grüner Bäume zieht eine Schar von Kriegern. Auf einer Höhe angelangt, stürzt der von einem Lichtstrahle getroffene Paul samt seinem Pferde zur Erde.

Bezeichnet rechts unten auf dem Felsen:

·BRVEGEL · M·D·LXVII

Eichenholz; h. 108, br. 156 cm. Kunstbesitz Kaiser Rudolfs II.

715. **Der babylonische Turmbau.** Am Meeresufer erhebt sich
(E. 739.) der noch unvollendete Bau in die Wolken; spiralförmig windet sich eine Straße an ihm hinauf. Links vorne huldigen die Steinmetze dem Könige, der ihren Arbeitsplatz betritt.

Bezeichnet unten auf einem der Quadersteine: ·BRVEGEL · FE· ·M·CCCCC·LXIII

Eichenholz; h. 114, br. 155 cm. Samml. Erzh. Leopold Wilhelm, vielleicht vorher im Besitze Kaiser Rudolfs II.

716. **Der Streit des Faschings mit der Fasten.** Eine nieder-
(E. 741.) ländische Maskerade auf einem belebten Marktplatze. Dem feisten Kumpane, der vorne als Fasching auf einem Fasse reitet, kommt von rechts die Jammergestalt der Fastenzeit entgegen.

Bezeichnet links unten auf einem Steine: BRVEGEL 1559

Eichenholz; h. 118, br. 164 cm. 1748 aus der Schatzkammer in die Galerie gekommen. Erwähnt von Van Mander ohne Angabe des Besitzers.

717. **Bauernhochzeit.** In einer großen Stube sitzen an langer
(E. 742.) Tafel Brautpaar und Gäste. Zwei Leute tragen auf einer ausgehobenen Tür die Speisen zur Tafel.

Eichenholz; h. 114, br. 163 cm. Samml. Erzh. Leopold Wilhelm; kam 1809 nach Paris und 1815 zurück nach Wien.

718. **Der Vogeldieb.** Der Knabe auf einem Baume will ein Vogel-
(E. 745.) nest ausheben. Der Bauer, einen Stock in der Rechten, zeigt mit der Linken drohend auf ihn und blickt den Beschauer an.

Eichenholz; h. 59, br. 68 cm. Samml. Erzh. Leopold Wilhelm; 1809 nach Paris und 1815 wieder nach Wien gekommen.

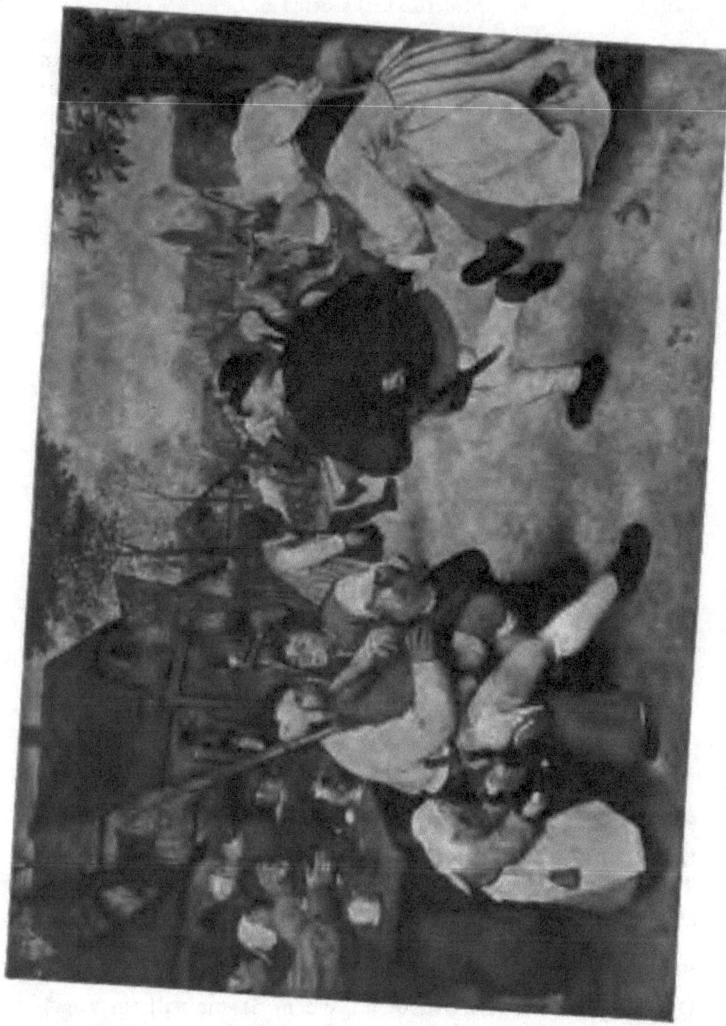

719. Peeter Brueghel der Ältere.

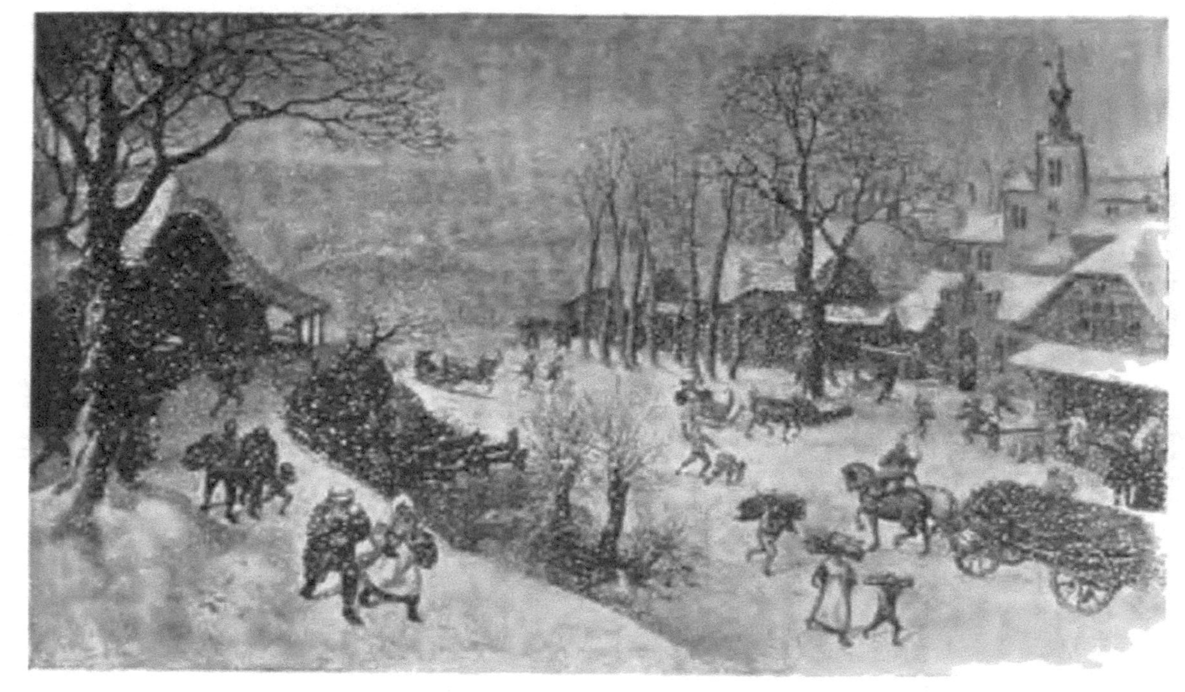

736. Lucas van Valckenborch.

719. Kirmes mit tanzenden Bauern. Freier Platz im Dorfe. Links
(E. 743.) vorne sitzt ein Dudelsackpfeifer. Rechts das vorderste der lustig tanzenden Paare vom Rücken gesehen.

Bezeichnet rechts unten: BRVEGEL

Eichenholz; h. 114, br. 165 cm. Aus Prag nach Wien in die Schatzkammer und 1748 in die Galerie gekommen.

720. Der Hirte. Ein alter Mann in buntem, mit Schellen besetzten
(E. 561.) Kleide und grauem Stoppelbarte hält die Arme auf der Brust verschränkt und neigt lächelnd den Kopf gegen seine linke Schulter.

Eichenholz; h. 37, br. 24 cm. Brustbild. Samml. Erzh. Leopold Wilhelm. Von E. v. Engerth als «Venezianisch (?)» bezeichnet. Die gegenwärtige Bestimmung geht auf L. Gonse zurück. Sie wird jedoch von Forschern, wie Dollmayr, Hymans, Romdahl und Friedländer, bezweifelt, die in dem Werke die Arbeit eines weit älteren Malers erkennen, der noch mit Jan van Eyck in einem Schulzusammenhange steht.

721. Schlacht zwischen den Israeliten und Philistern. Ein
(E. 740.) dichtes Gedränge geharnischter Lanzenreiter in den Engpässen eines Gebirges. Links vorne stürzen sich König Saul und sein Waffenträger in ihre Schwerter.

Bezeichnet links unten auf einem Steine:

SAVL· XXXI BRVEGEL
CAP ·M·CCCCCLXII
·B KRONIK

Auf einer angesetzten Leiste ist von fremder Hand eine dritte Zeile hinzugefügt worden: B. KRONIK. Mechel gibt die Signatur an wie folgt: «1. Buch der Chronik cap. X. Bruegel MCCCCCLXIII.» Krafft las die Jahreszahl ebenfalls MCCCCCLXIII.

Eichenholz; h. 34, br. 56 cm. Kat. Mechel, 1783.

Peeter Brueghel der Jüngere, genannt **Höllenbrueghel.**

Niederländische Schule. Geb. zu Brüssel 1564, wurde er 1585 als Meister in die Gilde zu Antwerpen aufgenommen, wo er 1638 starb. Schüler Gillis Coninxloos und Nachahmer seines Vaters, Peeter Brueghels des Älteren.

722. Winterlandschaft. Ein schneebedecktes holländisches Dorf.
(E. 754.) In der Mitte ein Fluß, auf dessen Eisdecke viele Schlittschuhläufer dahingleiten. Rechts vorne ein entlaubter Baum.

Bezeichnet rechts unten in der Ecke: P BRVEGH 1601

Eichenholz; h. 39, br. 57 cm. Samml. Erzh. Leopold Wilhelm. Andere Wiederholungen, die wahrscheinlich auch von der Hand Peeter Brueghels d. J. herrühren, in der Sammlung Mayer van den Bergh in Antwerpen, in der Harrachschen Galerie in Wien, in den Galerien Doria und Barberini in Rom, im Rudolphinum zu Prag, im Wiener Kunsthandel usw. Nach Axel L. Romdahl liegt diesen Bildern wahrscheinlich ein Original Peeter Brueghels d. Ä. zugrunde.

Hans Vredeman de Vries.

Niederländische Schule. Geb. zu Leeuwarden 1527, tätig an verschiedenen Orten, hauptsächlich aber am Hofe Kaiser Rudolfs II. in Prag und in Hamburg, wo er, wie es scheint, nach 1604 starb. Bildete sich unter dem Einflusse Peeter Coecks von Aalst.

723. (E. 1377.) Architektur. Links treten zwei Damen aus einem Palaste in einen auf zwei roten Säulen ruhenden Vorbau; ein Zwerg steht an einem Brunnenbecken; im Hintergrunde eine gedeckte Tafel in einer Säulenhalle.

Bezeichnet unten auf dem Steinrande des Bassins:

HANS VR · VRIES F IN

L.; h. 137, br. 164 cm. Belvedere-Depot. Ebenso wie Nr. 725, 726 und 727 wahrscheinlich aus dem Kunstbesitz Kaiser Rudolfs II. Die Figuren sollen nach Th. v. Frimmel hier wie bei Nr. 725, 726, 727 von Petrus Isaaks sein, der als Mitarbeiter des De Vries genannt wird. Doch fehlt es für diese Annahme an Beweisen.

724. (E. 1375.) Das Innere einer gotischen Kirche. Man sieht das tiefe Mittelschiff und das linke Seitenschiff. Die Kirche ist ganz menschenleer.

Eichenholz; h. 45, br. 66 cm. Seit 1781 im Belvedere. Das Bild soll nach Th. v. Frimmel von Paul Vredeman de Vries herrühren. Doch ist es überhaupt fraglich, ob es von einem der De Vries herrührt.

725. (E. 1379.) Architektur. Links in einer offenen Halle vergnügt sich eine Gesellschaft mit Musik. Rechts im Hintergrunde ein großer gotischer Bau.

Bezeichnet auf dem Fuße der vordersten Säule:

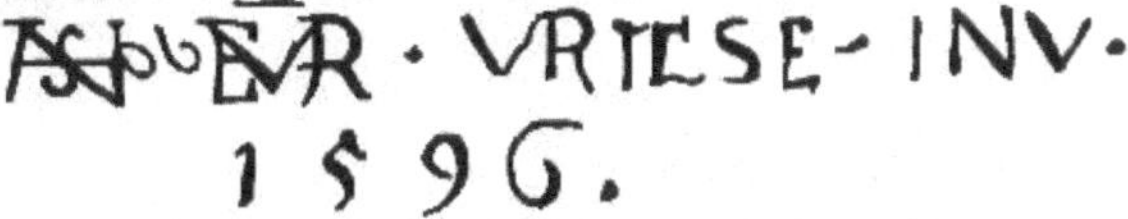

1596.

L.; h. 135, br. 174 cm. Sieh die Notiz zu Nr. 723.

726. (E. 1378.) Architektur. Rechts eine hohe reichgeschmückte Fontaine; weiter rückwärts ein Platz mit Prachtgebäuden; links eine Halle, vor welcher zwei Personen baden.

L.; h. 138, br. 186 cm. Sieh die Notiz zu Nr. 723.

727. **Architektur.** Links eine große, von bunten Marmorsäulen
(E. 1376.) getragene Halle, in der eine grüngekleidete Dame zwischen zwei Kavalieren lustwandelt; rechts vorne ein Brunnen und im Mittelgrunde eine hohe graue Säulenhalle.

Bezeichnet links an den Stufen:

HV · ĿR · VRIESE · INVS ·

R ĿR · FEC · 1596

L.; h. 137, br. 174 cm. Sieh die Notiz zu Nr. 723. Nach dem Wortlaute der Inschrift rührt die Komposition von Hans de Vries, die Ausführung aber von seinem Sohne Paul her, der mit ihm zusammen am kaiserlichen Hofe zu Prag tätig war.

Nach **Peeter Brueghel dem Älteren.**

728. **Bauernschlägerei.** Beim Kartenspiel sind vier Bauern und
(E. 1337.) zwei Weiber in Streit geraten. Eines der Weiber liegt rechts auf dem Boden und sucht einen der Männer zu hindern, von seiner Heugabel Gebrauch zu machen, indes dieser mit einem Dreschflegel getroffen wird.

L.; h. 70, br. 93 cm. Samml. Erzh. Leopold Wilhelm. Früher Lucas van Valckenborch zugeschrieben. Kopie nach einem verlorenen Bilde P. Brueghels des Älteren; eine andere Kopie derselben Komposition befindet sich in Dresden.

Lucas van Valckenborch.

Niederländische Schule. Geb. zu Mecheln 1540(?), gest. zu Nürnberg nach 1622. Tätig auch am Hofe des Erzherzogs (nachmaligen Kaisers) Matthias in Linz. Beeinflußt von P. Brueghel dem Älteren.

729. **Gebirgslandschaft.** Steiles Felsengebirge mit Steinbruch,
(E. 1330.) Bergwerk und Schmelzhütten. Links ein Bergschloß, rechts Stromlandschaft.

Bezeichnet auf dem Steine neben dem brennenden Meiler: ·1580· L W

Eichenholz; h. 76, br. 107 cm. Wahrscheinlich aus der Schatzkammer.

730. **Schattiger Wald mit einem angelnden Herrn.**
(E. 1336.)

Bezeichnet links unten: L 15W90

Eichenholz; h. 47, br. 56 cm. Kat. Mechel, 1783. Die frühere Annahme, in dem angelnden Herrn sei das Porträt des Erzherzogs Matthias zu erkennen, ist, wie H. Weizsäcker bemerkt hat, offenbar irrig. Eher könnte es sich um ein Selbstporträt des Künstlers handeln.

731. (E. 1339.) **Erzherzog Matthias im Alter von 23 Jahren, als römischer Feldherr.** Rechts weiter rückwärts ein Knabe als Waffenträger; beide in römischer Rüstung. (Erzherzog Matthias, geb. 24. Februar 1557, König von Ungarn 1608, von Böhmen 1611, römisch-deutscher Kaiser 1612, gest. 20. März 1619).

Bezeichnet links unten auf dem Steine: ·1580 LV

Eichenholz; h. 59, br. 49 cm. Seit 1824 im Belvedere. Früher Karl Markgraf von Burgau genannt. Doch ist die hier gegebene Bestimmung der Person gesichert durch den Vergleich mit einem Bildnisse in der Franzensburg zu Laxenburg, das den Erzherzog Matthias lebensgroß und in ganzer Figur darstellt und von Lucas van Valckenborch mit seinem Monogramm und dem Datum 1579 versehen worden ist.

732. (E. 1333.) **Herbstlandschaft.** In einer obstreichen Gegend wird Weinlese gehalten. Links vorne wird eine kniende Frau von einem Manne zu einem ländlichen Mahle aufgefordert, zu dem weiter rechts auf einem Steinblock gedeckt ist.

Bezeichnet rechts unten:

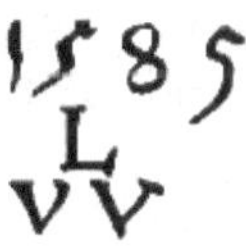

L.; h. 116, br. 198 cm. Wahrscheinlich für Erzherzog Matthias gemalt; kam noch Anfang des XVII. Jahrhunderts nach Prag.

733. (E. 1332.) **Sommerlandschaft.** Im Vordergrunde ein hohes Kornfeld. Links unter einem großen Baume lagern die Schnitter; rechts Fernsicht.

Bezeichnet links auf dem Steine neben dem trinkenden Manne:

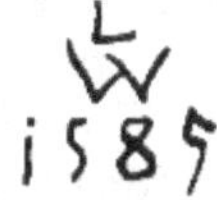

L.; h. 116, br. 198 cm. Prov. wie Nr. 732.

734. **Herbstlandschaft.** Links vorne Obsternte bei einem Brunnen; rechts Volksbelustigungen vor einer Bauernschenke. Im Mittel-

grunde ein von Wasser umgebenes Schloß. Im Hintergrunde eine Stadt an einem die Ebene durchziehenden Strome.

Bezeichnet an der Mauer beim Brunnen: 1585

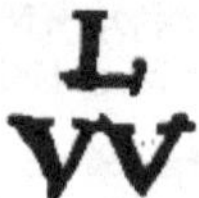

L.; h. 113, br. 195 cm. Ambrasersammlung.

735. (E. 1338.) Eine Bauernschenke. Vor derselben sitzen die Zecher und spielt ein Dudelsackpfeifer; die Wirtin stürzt keifend von links aus dem Hause. Rechts vorne lagert ein schäkerndes Paar.

Bezeichnet rechts im Mittelgrunde auf dem Steine: ·1598 L VV

L.; h. 133, br. 241 cm. Aus der Kunst- und Schatzkammer in Prag.

736. (E. 1334.) Winterlandschaft. Durch dichten Schneefall sieht man die breite Straße eines Dorfes, die von Schlitten und Fußgehern belebt wird.

Bezeichnet links unten:

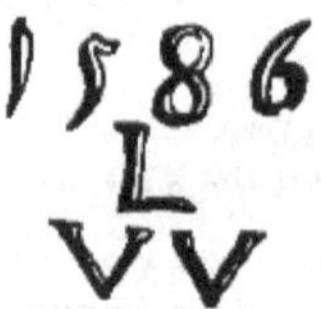

L.; h. 117, br. 198 cm. Prov. wie Nr. 732.

737. (E. 1331.) Frühlingslandschaft. Rechts in einem grünen Waldgehege eine Gesellschaft vornehmer Herren und Damen, Kränze windend, auf der Wiese frühstückend, tanzend etc. Links eine große, tiefer liegende Stadt.

Bezeichnet in der Mitte des Vordergrundes, hinter dem Manne im grünen Rocke: ·1587· L VV

L.; h. 116, br. 198 cm. Prov. wie Nr. 732.

738. Gebirgslandschaft. Rauhe Felsengegend mit einem Wasser-
(E. 1335.) falle. Im Tale ein Schmelzofen. Links vorne wird ein Reisender von Räubern verfolgt.

L.; h. 113, br. 204 cm. Samml. Erzh. Leopold Wilhelm.

739. Die linke Seite des Bildes zeigt eine hochgelegene Parklandschaft. Eine vornehme Gesellschaft im Vordergrunde innerhalb der Steinmauern, die einen tiefer gelegenen Brunnen umgeben, aus welchem eine Dame die gefüllten Gläser emporreicht; rechts Ausblick in die Landschaft.

Eichenholz; h. 25, br. 40 cm. Samml. Erzh. Leopold Wilhelm.

Frederick van Valckenborch.

Niederländische Schule. Geb. zu Mecheln um 1570, gest. zu Nürnberg 1623. Schüler seines Vaters Lucas.

740. Jahrmarkt. In der Mitte das Wirtshaus mit seinen Gästen.
(E. 1328.) Links auf dem Wirtshausschilde die Jahreszahl: 1594

Eichenholz; h. 34, br. 42 cm. Schatzkammer-Inventar 1773.

741. Kirchmeßfest. In der Mitte des Vordergrundes ein Baum.
(E. 1329.) Rechts unter einem Vorbau tafelt ein Brautpaar mit seinen Gästen. Links hinter einem Ziehbrunnen die Häuser der Ortschaft.

Auf dem Stamme des Baumes: 1595

Eichenholz; h. 49, br. 85 cm. Schatzkammer-Inventar 1773.

742. Landschaft. Ein Dorf zu beiden Seiten eines Wassers. Vorne
(E. 1619.) wird ein Baumstamm zersägt.

Eichenholz; h. 47, br. 55 cm. Seit 1781 im Belvedere. Früher Matthäus Merian der Ältere genannt; auf Frederick van Valckenborch wies zuerst Th. v. Frimmel hin.

Maerten van Valckenborch.

Niederländische Schule. Geb. zu Mecheln 1542, gest. nach 1604. Schüler seines älteren Bruders Lucas.

743. Der Jänner. Rechts im Vordergrunde die Anbetung der heil. drei Könige, links Schlittschuhlaufen an einer Stadt, welche den ganzen Mittelgrund des Bildes einnimmt; vor dem Hause in der Mitte ein Schild mit dem kaiserlichen Doppeladler.

Am oberen Bildrande die Schrift:

IANVARIVS · MAT · CAP · 2

Darunter das Monatszeichen des Wassermannes.

Bezeichnet auf dem Balken, welcher die Hütte abschließt in der Mitte des Bildes:

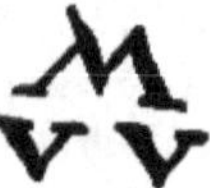

L.; h. 86, br. 123 cm. Ambrasersammlung. Bildet mit den Nrn. 744—753 eine Folge von Monatsbildern, von der der Dezember fehlt.

744. Der Februar. Im Vordergrunde ist die Flucht nach Ägypten dargestellt. Maria, das schlafende Jesuskind haltend, sitzt auf dem Esel, den der voranschreitende Josef am Halfterstrick führt. Im Hintergrunde zu einer Seite eine Stadt in der Ebene, zur anderen bergige Gegend mit vielen Gebäuden.

Am oberen Bildrande die zum Teil verwischte Schrift:

. EBVA . . . . . . CAP . . .

Darunter das Monatszeichen: Die Fische.

Bezeichnet rechts unten in der Ecke:

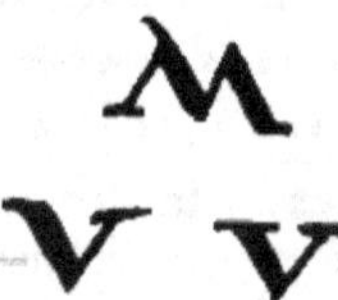

L.; h. 86, br. 123 cm. Sieh Nr. 743.

745. Der März. Mit dem Gleichnis vom Weinberge; im Vordergrunde steht der Hausvater und sendet die Müßigen zur Arbeit hinab in den rechts unten liegenden Weinberg. Im Mittelgrunde eine Stadt, im Hintergrunde eine Uferlandschaft.

Oben am Bildrande die Schrift:

MARTIVS · MAT · CAP · 20

Darunter der Widder, das Monatszeichen für den März.

Bezeichnet gegen die Mitte des unteren Bildrandes:

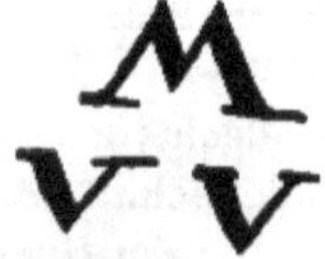

L.; h. 86, br. 123 cm. Sieh Nr. 743.

746. Der April. Im Vordergrunde steht Christus als Gärtner mit Maria Magdalena sprechend, die ihn erkennend niederkniet. Hinter ihm sieht man das Felsengrab und den Engel, weiter

zurück Golgatha, im Hintergrunde tiefer liegend die Stadt Jerusalem.

Am oberen Bildrande die Schrift:

APRILIS IOHAN · CAP · 20

Darunter das Monatszeichen: Der Stier.

Auf dem Felsengrund unter dem Heiland die Schrift:

IOHAN : 20

Bezeichnet unterhalb dieser Schrift am Bildrande:

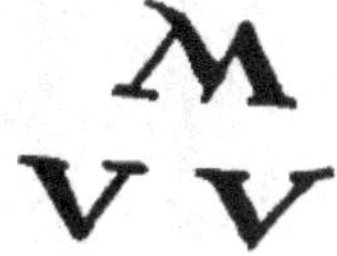

L.; h. 86, br. 123 cm. Sieh Nr. 743.

747. Der Mai. Das Gleichnis von den Blumen auf dem Felde. Christus, mit den Jüngern sprechend, steht links unter Bäumen und weist auf die in der Mitte des Bildes emporwachsenden Blumen. Im Mittelgrunde ein schloßartiges Gebäude, durch eine Brücke mit einem rechts stehenden Hause verbunden.

Oben das Monatszeichen: Die Zwillinge.

L.; h. 86, br. 123 cm. Sieh Nr. 743.

748. Der Juni. Der Herr als guter Hirte. Links vorne ist die Schafschur dargestellt; rechts aus einer Hütte tritt Christus mit Schafen. Im Hintergrunde weite Ebene mit einer fernen Stadt.

Oben das Monatszeichen: Der Krebs.

Bezeichnet an der Brücke in der Mitte des Bildes:

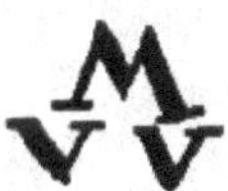

L.; h. 86, br. 123 cm. Sieh Nr. 743.

749. Der Juli. Im Vordergrunde einer baumreichen Uferlandschaft sitzt, umgeben von seinen Jüngern, der Heiland, dem ein Knabe in einem Korbe die zwei Fische und die fünf Brote bringt, mit denen er die fünftausend Bewohner am Tiberias speisen läßt, welche links auf einer Wiese lagern.

Oben die Schrift:

IVLIVS · IOHAN · CAP · 6

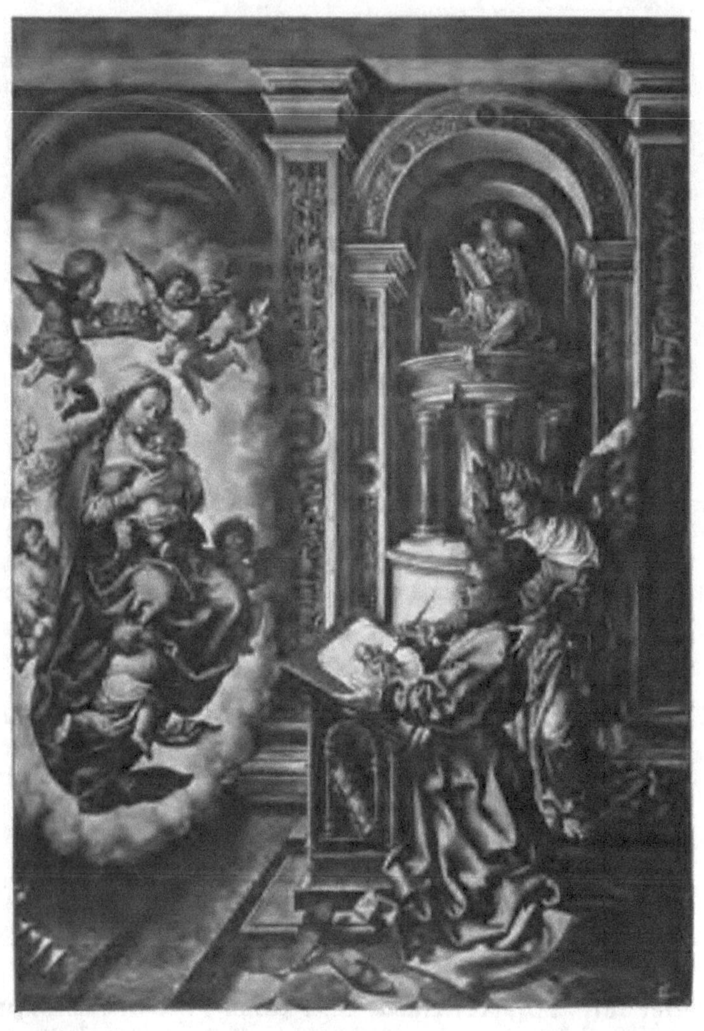

754. Jan van Mabuse.

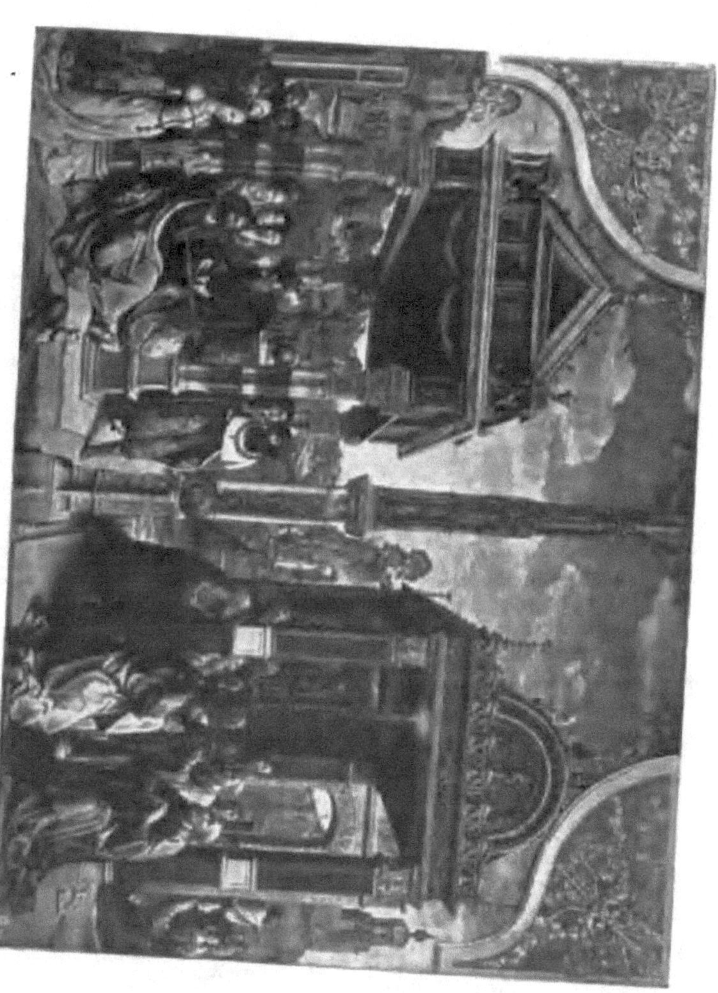

765. Bernaert van Orley.

Darunter das Monatszeichen: Der Löwe.

Bezeichnet am unteren Bildrand in der Mitte:

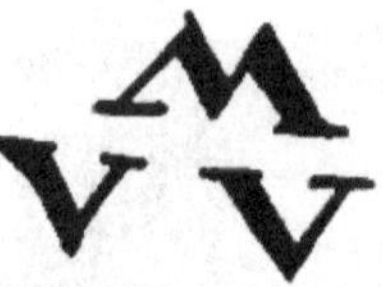

L.; h. 86, br. 123 cm. Sieh Nr. 743.

750. Der August. Christus mit seinen Jüngern durch das Kornfeld gehend antwortet eben dem Pharisäer, der sich darüber beklagt, daß die hungernden Jünger am Sabbath Ähren ausraufen. Im Vordergrunde eine einzelne große Eiche.

Unter ihren Zweigen am Himmel das Monatszeichen: Die Jungfrau. Links oben die Schrift:

AVGVSTVS MAT : CAP . 12

Auf dem Stein links unten steht:

S . MAT CAP . 12

Bezeichnet auf einem Steine gegen die Mitte des Vordergrundes:

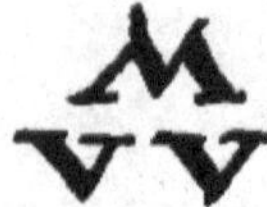

L.; h. 86, br. 123 cm. Sieh Nr. 743.

751. Der September. In einem Schiffe nahe dem Ufer sitzt Christus, das Gleichnis vom Sämann erzählend; das zuhörende Volk steht links am Ufer; rechts im Vordergrunde ist der Sämann dargestellt. Im Hintergrunde eine Hafenstadt.

Oben die Schrift:

MAT . CAP . 13 . SEPTEMBER

Darunter das Monatszeichen: Die Wage.

Unterhalb des Schiffes die Schrift:

· S · MAT . · 13

Bezeichnet auf dem Felsstein neben dem Kopfe des Sämannes:

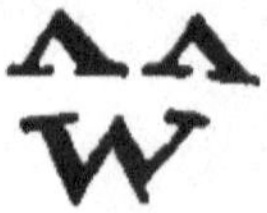

L.; h. 86, br. 123 cm. Sieh Nr. 743.

752. Der Oktober. Das Gleichnis vom Weinberge. Im Vordergrunde ist die Weinlese dargestellt. Rechts an dem tiefer liegenden Eingange zum Weinberge wird der ausgesandte Sohn des Besitzers von den Weingärtnern ermordet. In der Mitte Ausblick in eine weite Landschaft.

Oben die Schrift:

OCTOBER MAT · CAP 21

Darunter das Monatszeichen: Der Skorpion.

Unten in der Mitte die Schrift:

S . MAT : 21,

L.; h. 86, br. 123 cm. Sieh Nr. 743.

753. Der November. Links ein Hügel, von dem eine Rinderherde herabgetrieben wird, und ganz im Vordergrunde der verlorene Sohn bei dem Troge kniend, aus dem die Schweine fressen. Rechts im Mittelgrunde eine Stadt; vor der Zugbrücke wird der verlorene Sohn vom Vater aufgenommen.

Oben am Bildrande die Schrift:

NOVEMBER · LVCÆ . CAP . 15

und das Monatszeichen: Der Schütze.

Bezeichnet links unten am Troge:

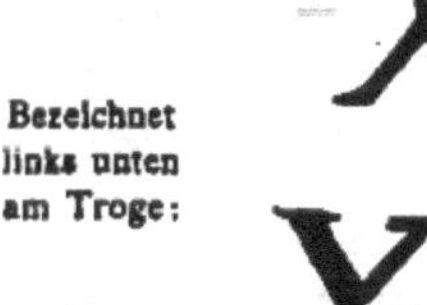

Darunter steht: S . LVCE CAP . 15 .

L.; h. 86, br. 123 cm. Sieh Nr. 743.

Kabinett XVII. (Seitenlicht.)

Jan Gossaert, genannt Jan van Mabuse.

Niederländische Schule. Geb. zu Maubenge um 1470, wurde 1503 Mitglied der Antwerpener St. Lukasgilde und starb in jener Stadt 1541. Ausgebildet unter dem Einflusse Quinten Massys', Gerard Davids und der Italiener, hauptsächlich Lionardos und Michelangelos.

754. Der heil. Lukas. Er kniet rechts vor einem Pulte und (E. 984.) zeichnet die heil. Jungfrau mit dem Christuskinde, welche ihm, von Engeln umgeben, erscheint. Ein Engel führt ihm den Stift.

Eichenholz; h. 115, br. 82 cm. Samml. Erzh. Leopold Wilhelm.

755. Maria mit dem Kinde. Sie sitzt in einer Steinnische und hält (E. 983.) das neben ihr stehende Jesuskind.

Die Nische trägt folgende Umschrift:

GE. 3. MULIERIS SEMEN IHS. SERPENTIS CAPUT CONTRIVIT.

Eichenholz; h. 30, br. 25 cm. 1781 im Belvedere; 1809 nach Paris und 1815 zurück nach Wien gebracht.

Lambert Lombard.

Niederländische Schule. Geb. zu Lüttich 1505, wo er im August 1566 starb. Ausgebildet unter dem Einflusse des Mabuse und der Italiener.

756. Die heilige Familie. Maria, auf einer Steinbank sitzend, reicht (E. 833.) dem Jesuskind einen Apfel. Rechts vorne sitzt ein Papagei auf einer Schale mit Früchten. Im Mittelgrunde Gebirgslandschaft mit Momenten aus der Flucht nach Ägypten.

Eichenholz; h. 99, br. 78 cm. Samml. Erzh. Leopold Wilhelm. Früher Frans Floris zugeschrieben. Die Bestimmung auf L. Lombard rührt von L. Scheibler her.

757. Die Anbetung der Hirten. Der kleine Jesus ruht auf einem (E. 981.) weißen Kissen auf antiken Säulenresten. Hinter ihm stehen Maria und Josef. Auf jeder Seite kniet ein Hirte.

Eichenholz; h. 114, br. 153 cm. Kniestück. 1781 im Belvedere aufgestellt, 1809 nach Paris und 1815 zurück nach Wien gebracht. Das Bild ist schwerlich von derselben Hand wie Nr. 756.

Niederländisch um 1520.

758. Maria mit dem Kinde und der heil. Anna. Vor einer (E. 1050.) Rosenhecke sitzt die heil. Jungfrau mit dem Kinde. Die zur Rechten Mariens sitzende heil. Anna reicht dem kleinen Jesus eine Birne. In den Wolken Gott Vater und der heil. Geist.

Eichenholz; h. 33, br. 23 cm., oben rund. Kat. Mechel, 1783. Nach L. Scheibler vielleicht von Jan Coninxloo dem Älteren.

Adriaen Thomasz Key.

Niederländische Schule. Geburts- und Todesdatum des Meisters sind unbekannt, 1568 wird er Mitglied der St. Lukasgilde zu Antwerpen, 1589 lebte er noch. Wahrscheinlich Schüler seines Vetters Willem Key, vielleicht auch von Antonio Moro beeinflußt.

759. Bildnis des Malers Gillis Mostaert in mittleren Jahren,
(E. 952.) mit kurzem emporstehenden blonden Haar, eine Narbe über der Nasenwurzel.

Eichenholz; h. 44, br. 36 cm. Brustbild. Samml. Erzh. Leopold Wilhelm. Früher Willem Key genannt. Die gegenwärtige Bestimmung ist nicht gesichert.

760. Männliches Bildnis. Ein 28jähriger Mann mit kurzem blon-
(E. 949.) den Haar und rotem zweigeteilten Barte, in schwarzem großgemusterten Kleide, steht neben einem grün bedeckten Tische.

Bezeichnet links oben: AK 1572.

Eichenholz; h. 85, br. 63 cm. Halbe Figur. Prager Inventar 1737.

Willem Key.

Niederländische Schule. Geb. zu Breda um 1520, Meister der St. Lukasgilde zu Antwerpen 1542, gest. daselbst oder in Brüssel 1568. Schüler Lambert Lombards.

761. Bildnis eines Malteserritters. Der junge Mann, mit kur-
(E. 951.) zem Haar, trägt über dem schwarzen Unterkleide einen schwarzen pelzverbrämten Mantel mit dem weißen Malteserkreuz.

Eichenholz; h. 64, br. 48 cm. Brustbild. Samml. Erzh. Leopold Wilhelm.

762. Bildnis eines Mannes. Der Alte mit grauem Haar und
(E. 950.) braunem Bart trägt ein schwarzes pelzverbrämtes Gewand und eine schwarze Samtkappe.

Eichenholz; h. 41, br. 32 cm. Brustbild. Samml. Erzh. Leopold Wilhelm.

Meister der weiblichen Halbfiguren.

Niederländische Schule. Tätig zu Anfang des XVI. Jahrhunderts. Wahrscheinlich ein Schüler Bernaert van Orleys, der sich unter dem Einflusse der Italiener weiterbildete. Von Franz Wickhoff mit dem französischen Hofmaler Jean Clouet († 1540) identifiziert.

763. Männliches Bildnis. Ein bartloser junger Mann, mit
(E. 849.) einem schwarzen Hute auf dem Kopfe, die Handschuhe in der linken Hand.

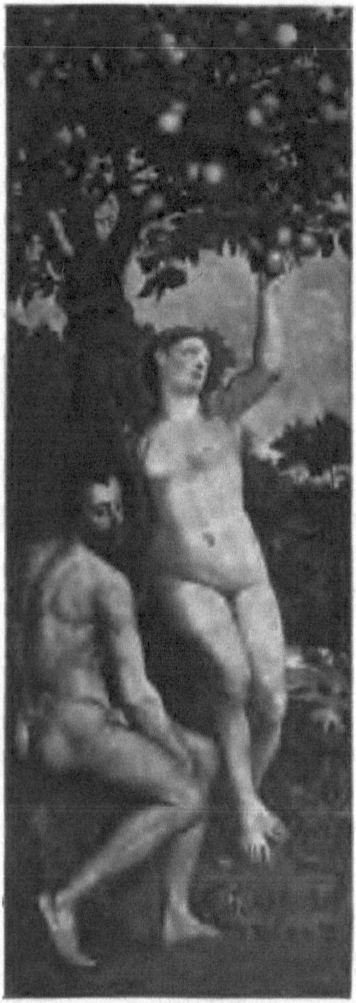

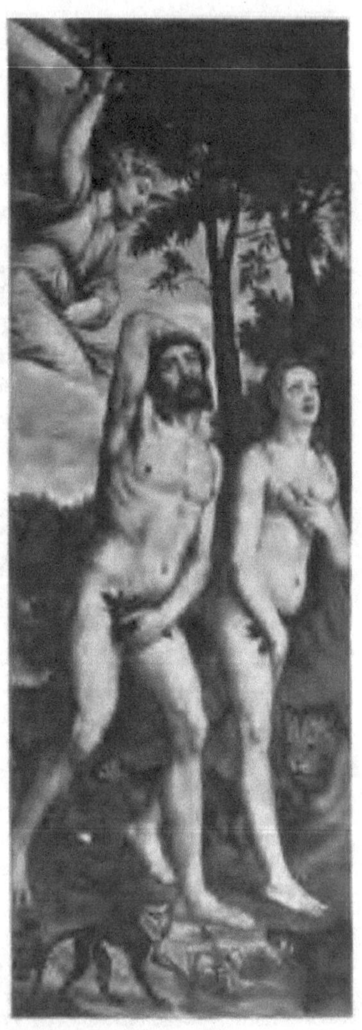

770. **Michiel van Cocxie.** 771.

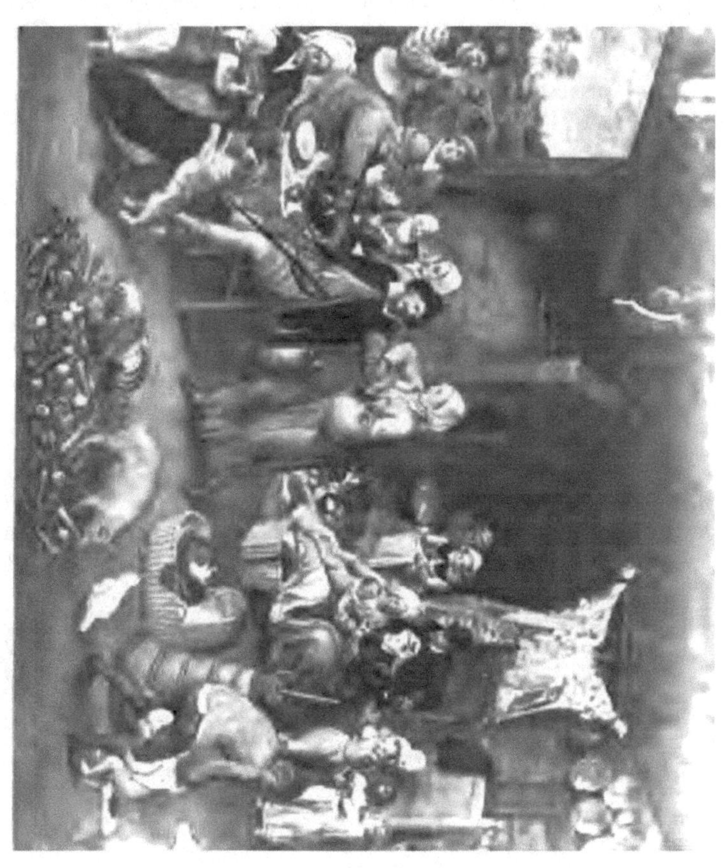

772. Marten van Cleve.

Eichenholz; h. 54, br. 43 cm. Halbe Figur. Samml. Erzh. Leopold Wilhelm. Früher dem Markus Geerards dem Älteren zugeschrieben, dem M. d. w. H. zuerst von L. Scheibler gegeben.

764. (E. 850.) Bildnis einer Frau (der Gemahlin des vorigen). Sie trägt eine weiße Schleierhaube, ein blaues ausgeschnittenes Kleid und hält in der rechten Hand die Handschuhe, in der linken einen Rosenkranz.

Eichenholz; h. 54, br. 45 cm. Halbe Figur. Seitenstück zu Nr. 763.

Bernaert van Orley.

Niederländische Schule. Geb. am Ende des XV. Jahrhunderts zu Brüssel, wo er am 6. Jänner 1542 starb. Schüler seines Vaters Valentin, weiter ausgebildet unter dem Einflusse der Italiener (Raffaels).

765. (E. 1085.) Bild in zwei Abteilungen. Links ist der Tod des heil. Apostels Thomas dargestellt. Er liegt, von vielen Personen umgeben, unter einem Säulentempel; der Oberpriester, ihn mit einem Schwerte bedrohend, faßt ihn an der Schulter; daneben steht der König mit dem Zepter in der Hand. In der Landschaft des Hintergrundes sind Momente aus dem Leben des Heiligen dargestellt. — Rechts: Der heil. Matthias, der durch die Ausgießung des heil. Geistes am Pfingstfeste zum Apostel gewählt wird. Er kniet im Vordergrunde, in einen weißen Mantel gehüllt, betend, umgeben von den anderen, ebenfalls im Gebete knienden Aposteln. Im Hintergrunde in einer Landschaft Szenen aus seinem Leben.

Bezeichnet in der Mitte an der Säule:

BERNAERT VAN ORLEI

Eichenholz; h. 140, br. 180 cm. 1809 vom Wiener Kunsthändler de Allard gekauft. Die Flügel zu diesem Bilde befinden sich im Brüssler Museum.

766. (E. 1086.) Die Ruhe auf der Flucht nach Ägypten. Unter einem hohen Baume sitzt Maria auf der Erde mit dem Jesuskinde an

der Brust. Der heil. Josef kniet vor ihr. Im Hintergrunde das Dorf Etterbeck bei Brüssel.

Eichenholz; h. 112, br. 71 cm. Samml. Erzh. Leopold Wilhelm.

767. (E. 985.) Die Beschneidung Christi. Der Hohepriester hält das Jesuskind auf dem Altartische. Der heil. Josef, Maria und andere Personen umstehen den Tisch.

Eichenholz; h. 114, br. 82 cm. Aus der geistlichen Schatzkammer. Früher dem Mabuse zugeschrieben. Die jetzige Bestimmung rührt von L. Scheibler her.

Monogrammist C X B

Niederländische Schule. Nachfolger des Meisters vom Tode Mariä (Joos van Cleves).

768. (E. 720.) Die heil. drei Könige beten das Jesuskind an. Maria, die links im Vordergrunde sitzt, hält das Kind auf dem Schoße. Zwischen den Ruinen eines Gebäudes eine ferne Landschaft.

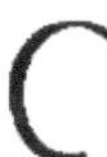

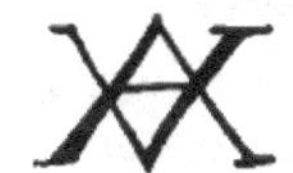

Eichenholz; h. 118, br. 83 cm. Kniestück. Kat. Mechel, 1783. Ein besseres Exemplar derselben Komposition im Museum zu Antwerpen. Unser Exemplar wurde früher irrtümlich Crispiaen van den Broeck zugeschrieben.

Niederländisch. Erstes Viertel des XVI. Jahrhunderts.

769. (E. 1447.) Männliches Bildnis. Der junge Mann trägt einen Fuchspelz über dem grauen gemusterten Gewande, einen großen schwarzen Hut auf dem reichen blonden Haar und hat den linken Handschuh an, den andern in der Rechten.

Eichenholz; h. 60, br. 45 cm. Halbe Figur. 1728 in der Stallburg. Früher als Selbstbildnis des Jakob Bink bezeichnet. Nach Th. v. Frimmel ist es «vielleicht eine Kopie nach einem späten Orley».

Michiel van Cocxie (Coxie, Coxcien).

Niederländische Schule. Geb. 1497 zu Mecheln, wo er am 10. März 1592 starb. Schüler seines Vaters Michiel und Bernaert van Orleys.

770. (E. 767.) Der Sündenfall. Links vorne sitzt Adam unter dem Baume der Erkenntnis. Eva zu seiner Linken bricht den Apfel, den Einflüsterungen der Schlange lauschend.

Eichenholz; h. 242, br. 86 cm. Samml. Erzh. Leopold Wilhelm; mit Nr. 771 Flügel eines Altars.

771. Die Vertreibung aus dem Paradiese. Adam, den rechten
(E. 768.) Arm über dem Haupte, und links von ihm Eva flüchten vor dem Engel, der links oben in den Wolken erscheint.

Eichenholz; h. 242, br. 86 cm. Samml. Erzh. Leopold Wilhelm; mit Nr. 770 Flügel eines Altars.

Marten van Cleve.

Niederländische Schule. Geb. 1527 zu Antwerpen, wo er 1551 Meister der St. Lukasgilde wurde und 1581 starb. Schüler Frans Floris'.

772. Eine vlämische Haushaltung. In einer großen Stube sitzen
(E. 759.) einige Leute um einen runden Tisch bei der Mahlzeit. Ein vornehm gekleideter Gast erhebt sein Glas. Rechts Weiber und Kinder. Schweine und Hühner sind im Gemache.

Eichenholz; h. 123, br. 144 cm. Samml. Erzh. Leopold Wilhelm. Kam 1809 nach Paris und 1815 zurück nach Wien.

Hendrik van Cleve (?).

Niederländische Schule. Geb. um 1525 zu Antwerpen, wo er 1551 als Meister in die St. Lukasgilde aufgenommen wurde und 1589 starb.

773. Der verlorene Sohn. Er sitzt in der Mitte unter Bäumen,
(E. 758.) mit zwei Dirnen schwelgend. Rechts im Hause und links in einer Landschaft die anderen Momente seiner Geschichte.

Eichenholz; h. 127, br. 213 cm. In der Samml. Erzh. Leopold Wilhelm wurde das Bild Pieter Aertsen zugeschrieben. Es steht Jan Mandyn sehr nahe (vgl. Nr. 650).

Frans de Vriendt, genannt Frans Floris.

Niederländische Schule. Geb. 1518 oder 1519 zu Antwerpen, wo er 1540 Meister der St. Lukasgilde wurde und den 1. Oktober 1570 starb. Schüler seines Vaters Cornelis und Lambert Lombards.

774. Das jüngste Gericht. In einer Glorie thront Gott Vater, von Posaunen blasenden Engeln umgeben. Zu seinen Füßen die Abzeichen der Evangelisten. Etwas weiter unten der Erzengel mit dem Flammenschwert, die Verdammten in die Hölle jagend. Greuliche Teufel empfangen sie. Im Vordergrunde ein an den Handgelenken mit Eisenketten Gefesselter. Im Mittelgrunde die jubelnde Schar derer, die in den Himmel aufgenommen werden. Links in der Bildecke die Halbfigur eines weißbärtigen Greises,

der die linke Hand auf einen Quaderstein legt, welcher folgende Inschrift trägt:

QVI CVSTODIE
RINT IVSTITIAM,
IVSTE IVDICABV-
TVR : ET QVI DI-
DICERINT IVSTA,
IVENIENT QVID
RESPONDEANT.
SAP. 6.

Bezeichnet links unten auf dem Steinsockel:

FF·ANTVERPIEN·INVE. FAC. 1565.

L. auf H.; h. 165, br. 240 cm. Samml. Erzh. Leopold Wilhelm.

Antonis van Montfoort, genannt van Blokland.

Niederländische Schule. Geb. zu Montfoort, zwischen 1532 und 1534, als Meister in die Gilde zu Utrecht aufgenommen 1577, gest. daselbst 1583. Schüler Frans Floris'.

775. Diana und Aktäon. Die Göttin sitzt im Walde, umgeben von (E. 1029.) vier Nymphen, deren eine ihr die Füße wäscht. Rechts vorne Aktäon mit zwei Hunden.

Bezeichnet auf dem Steine, auf welchem Diana sitzt: 1573 B

Eichenholz; h. 124, br. 168 cm. Kat. Mechel, 1783.

Frans Francken I.

Vlämische Schule. Geb. zu Herenthals 1542, gest. zu Antwerpen den 3. Oktober 1616. Schüler Frans Floris'.

776. Krösus zeigt dem Solon seine Reichtümer. Krösus, in (E. 835.) prächtiger orientalischer Kleidung, umgeben von seinem großen Gefolge, weist mit dem Zepter auf seine aufgespeicherten Reichtümer; Solon, in einfachem Gewande, steht neben ihm. Links im Hintergrunde Krösus auf dem Scheiterhaufen.

Bezeichnet links an der Säule: D. ō FFRANCK·IN

Eichenholz; h. 87, br. 121 cm. Samml. Erzh. Leopold Wilhelm. Das Bild, von dem das Museo Nazionale in Rom eine kleinere Wiederholung besitzt, dürfte wohl ein Werk Frans Franckens II. (s. Nr. 778) sein, der sich auf Bildern seiner späteren Zeit im Gegensatze zu seinem Sohne Frans Francken III. manchmal auch als «de oude Franck» (der alte Francken) bezeichnet. Eine gründliche Scheidung der Werke dieser Künstlerfamilie ist bisher noch nicht durchgeführt worden.

777. Christus wird dem Volke gezeigt. Rechts auf einer er-
(E. 834.) höhten Bühne Christus und Pilatus. Eine große gelbe Fahne mit dem schwarzen Doppeladler hängt von dem Gerichtshause nieder. Links vorne ein Ritter mit mehreren anderen Männern.

Bezeichnet vorne auf der Steinstufe: ffranck. IN

Kupfer; h. 35, br. 45 cm. Aus Prag vor den Schweden geflüchtet, später in Wien in der geistlichen Schatzkammer.

Frans Francken II.

Vlämische Schule. Getauft den 6. Mai 1581 zu Antwerpen, wo er am 6. Mai 1642 starb. Schüler seines Vaters Frans Francken I.

778. Eine vornehme Gesellschaft. In einem Saale mit Schnitz-
(E. 836.) werk und goldgemusterten Tapeten sitzt eine Gesellschaft bei der Tafel. In der Mitte des Gemaches tritt ein Paar zum Tanze an.

Eichenholz; h. 76, br. 89 cm. Samml. Erzh. Leopold Wilhelm: «Der Sahl von einem unbekhandten Mahler und die Figuren von Francisco Franckh.»

779. Hexensabbath. Ein wirres Durcheinander von Gespenstern
(E. 840.) und Erscheinungen in der Nacht im Freien. Einige junge Frauen werden in die Mysterien eingeweiht; eine derselben steht links im Begriffe, sich zu entkleiden. In der Mitte vorne kniet neben einem Tische eine alte Hexe. Allerlei Beschwörungsformeln sind angebracht:

Panthatrason
Verbion
Bisatston . Atarom
✡ Resissos ✡

✡ Schoti . Joannis Luna ✡
Fortio . . . Wagener, Gargantua
Aretin . Pintagagora . P . . us

Bezeichnet links unten in der Ecke: DEN·JON·fransis franckeñ. feeit et inv 1607

Eichenholz; h. 56, br. 83 cm. Schatzkammer-Inventar von 1773.

780. Der Tanz. Ein Herr, einer Dame gegenüber tanzend; im Hintergrunde die zuschauende Gesellschaft, links vorne die Musikanten.

Eichenholz; h. 41, br. 53 cm. Prager Schloß. Früher als «Niederländisch» bezeichnet.

781. Die Kreuzigung. Der Heiland zwischen den beiden Schächern.
(E. 837.) Maria, Johannes und die heil. Frauen am Fuße des Kreuzes. Unter den Kriegern ein Reiter auf einem Schimmel.

Bezeichnet rechts unten auf dem Steine: DEN:JOÑ·HF ·IN· ·1606·

Eichenholz; h. 57, br. 41 cm. Aus der kaiserl. Burg zu Graz 1675 in die geistliche Schatzkammer gebracht.

782. Christus und Nikodemus sitzen nachts im Gespräche an
(E. 838.) einem Tische. Eine links auf einem Kasten stehende Lampe erhellt den Raum.

Eichenholz; h. 30, br. 36 cm. Samml. Erzh. Leopold Wilhelm.

783. Ein Kunst- und Kuriositäten-Kabinett. An der Wand
(E. 839.) hängen Bilder und ein getrocknetes Seepferd. Vorne auf einem Tische liegen Muscheln, Münzen und anderes.

Bezeichnet links auf dem Petschaft: 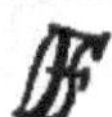

Eichenholz; h. 76, br. 80 cm. In Mechels Katalog von 1783 als Johannes Jordaens.

784. Eine Hexenversammlung. Nachts rufen die Hexen in einem
(E. 841.) Gemache aus einem links über dem Feuer stehenden Kessel allerhand Ungetüme. Ein paar junge Frauen werden in die Versammlung aufgenommen. Sie entkleiden sich und werden zu dem Fluge durch den Rauchfang gesalbt. In der Ferne sieht man eine brennende Kirche.

Allerhand Zaubersprüche kommen auf dem Bilde vor, als: een claverblat von vieren Sal XXXXVIII pont verheffen sonder moet. — Ergo tergo belo Dattail ... no valo ... Vet van mensen vet Is goet voor het vligen ... TOVERYE. — etc.

Eichenholz; h. 53, br. 67 cm. Schloß Ambras.

Niederländisch, Ende des XVI. Jahrhunderts.

785. Predigt Johannes des Täufers. Er steht unter einem Baume
(E. 885.) links, vom Volke umgeben. Hinter ihm ein Soldat, den Helm in der Rechten haltend.

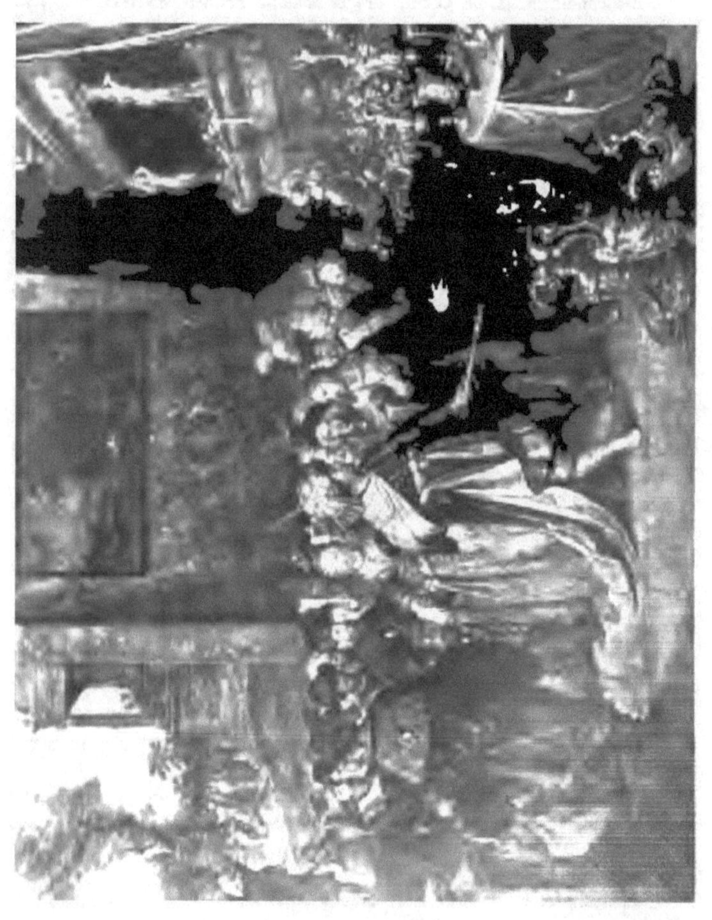

776. Frans Francken I.

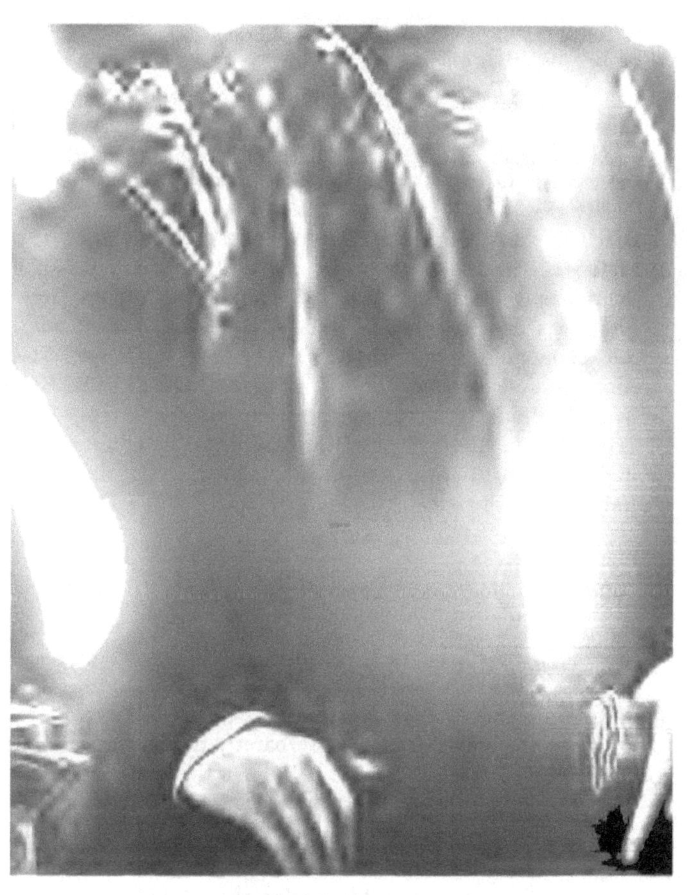

786. Anthonie Moro.

Eichenholz; h. 97, br. 125 cm. Kat. Mechel, 1783. Früher Marten Heemskerck zugeschrieben. Es steht Jan Nagel († 1602) sehr nahe, von dessen Hand sich im Wiener Kunsthandel vor kurzem ein bezeichnetes und von 1592 datiertes Bild der heil. Magdalena befand.

Anthonie Moro (Mor) van Dashorst.

Niederländische Schule. Geb. zu Utrecht um 1512, 1547 als Meister in die St. Lukasgilde zu Antwerpen aufgenommen, wo er wahrscheinlich zwischen 1576 und 1578 starb. Schüler des Jan Scorel, ausgebildet unter dem Einflusse der Italiener.

786. (E. 1030.) Bildnis des Kardinals Granvella. Er steht in schwarzseidenem Kleide an einem Tische, auf welchem neben einem Schreibzeuge ein Buch liegt. (Anton Perrenot de Granvella, Sohn des Staatsministers Karls V., geb. 20. August 1517, war mit 23 Jahren Bischof zu Arras, wurde 1550, seinem Vater im Amte folgend, selbst der allmächtige Staatsminister Karls V., dann Philipps II., 1559 Minister der Margarete von Parma in den Niederlanden. Er war Kardinal und Vizekönig von Neapel und starb zu Madrid am 21. September 1586. In seinem 32. Lebensjahre gemalt.)

Bezeichnet rechts oben im Grunde:

Antonius mor faciebat 1549

Eichenholz; h. 107, br. 82 cm. Halbe Figur. Prager Kunstkammer. Vielleicht aus Rubens' Nachlaß.

786 a. Bildnis der Königin Anna von Spanien, vierten Gemahlin Philipps II., stehend, mit Federbarett, in schwarzem Gewande mit gelben Ärmeln, die linke Hand auf einen Sessel gestützt, die behandschuhte rechte hält den anderen Handschuh und ein Taschentuch. (Biographie s. Nr. 602.)

Bezeichnet rechts an der Stuhllehne:

Antonius Morus faciebat a° 157 . .

L., h. 161, br. 110 cm. Kniestück. Aus dem kaiserlichen Schlosse Schönbrunn. Neu aufgestellt 1905. Vielleicht noch vor der Vermählung Annas mit Philipp II. während ihrer Anwesenheit in Antwerpen im Sommer 1570 gemalt.

787. (E. 1032.) Weibliches Bildnis. Eine vornehme Dame in weißer Spitzenhaube und dunklem Samtkleide nimmt mit der linken Hand die goldene Gürtelkette empor.

Bezeichnet rechts und links oben im Grunde:

1575. ÆTA.

Eichenholz; h. 99, br. 71 cm. Kniestück. Kunstbesitz Karls VI. Dürfte wahrscheinlich ebenso wie das vermutliche Gegenstück Nr. 789 von Adrian Thomasz Key herrühren. Doch halten Kenner wie Friedländer noch an der gegenwärtigen Bestimmung fest.

788. Ein Malteserritter, in einer reich mit Gold eingelegten (E. 1078.) Rüstung, stützt den rechten Arm auf seinen Helm, der neben ihm auf dem Tische steht.

L.; h. 120, br. 97 cm. Halbe Figur. Belvedere-Depot. Früher als »Niederländisch um 1580« bezeichnet.

789. Männliches Bildnis. Ein junger Mann in schwarzem Kleide, (E. 1033.) in der Rechten die Handschuhe.

Eichenholz; h. 98, br. 71 cm. Halbe Figur. Kunstbesitz Karls VI. Sieh Nr. 787.

790. Bildnis der Herzogin Margarete von Parma. Ihr zurück- (E. 1031.) gekämmtes Haar ist von einem mit Edelsteinen und Perlen gezierten Goldreif gehalten; sie trägt ein goldverziertes schwarzes Kleid mit schmal gefalteter Krause. (Margarete von Österreich, Tochter Kaiser Karls V., geb. 28. Dezember 1522, vermählt 1538 mit Ottavio Farnese Herzog von Parma, Generalstatthalterin der spanischen Niederlande, gest. 21. September 1586.)

Eichenholz; h. 44, br. 38 cm. Brustbild. Aus der Stallburg. Eine größere, vorzügliche Wiederholung dieses Bildes besitzt seit kurzem das Kaiser Friedrich-Museum in Berlin.

791. Männliches Bildnis. Der junge Mann mit krausem schwar- (E. 1035.) zen Haar und einer Narbe auf der Stirne trägt ein dunkles Ober- und rotes Unterkleid.

Oben im Grunde die Jahreszahl: A°. 1564

Eichenholz; h. 45, br. 37 cm. Brustbild. Samml. Erzh. Leopold Wilhelm.

Art des **Anthonie Moro** (s. Nr. 786).

792. Bildnis einer Frau. Die alte schwarzgekleidete Frau in einem (E. 1581.) Lehnstuhle, fast en face, hält mit der Rechten einen Rosenkranz, der vom Gürtel niederfällt.

Eichenholz; h. 79, br. 61 cm. Halbe Figur. Samml. Erzh. Leopold Wilhelm. Früher als Art des jüngeren Holbein bezeichnet. Schon von Waagen in die Nähe Moros gesetzt.

793. Bildnis der Königin Maria von England. Sie trägt auf
(E. 1036.) dem roten Haar eine schwarze schmuckgezierte Haube; ihr dunkelrotes Kleid hat einen hochaufgestellten weißen, schwarz gemusterten Kragen. (Maria, Tochter König Heinrichs VIII. und seiner ersten Gemahlin Katharina, wurde am 13. Februar 1516 geboren, folgte 1553 ihrem Bruder Eduard VI. in der Regierung, vermählte sich 1554 mit König Philipp II. von Spanien und starb 17. November 1558.)

Pergament auf Pappelholz; kreisrund; Durchmesser 16 cm. Brustbild. Kat. Mechel, 1783. Th. v. Frimmel will darin eher »ein englisches Erzeugnis« sehen.

Marten Jacobsz van Heemskerck.

Niederländische Schule. Geb. zu Heemskerck 1498, gest. zu Haarlem den 1. Oktober 1574. Schüler Cornelis Willemsz', Jan Lucasz' und hauptsächlich Jan Scorels; weiter ausgebildet unter dem Einflusse der Italiener.

794. Der trunkene Silen. Er sitzt auf einem Esel, dem man
(E. 887.) eine Glocke umgehängt hat, und wird von zwei Bacchanten unterstützt.

Eichenholz; h. 77, br. 68 cm. Kunstbesitz Karls VI.

795. Triumphzug des Silen. Nackte Männer und Weiber umgeben
(E. 886.) tanzend den auf einem Wagen fahrenden Silen. Voraus geht ein Mohr auf Stelzen. (Nach einer Komposition des Giulio Romano gemalt.)

Bezeichnet links am Sockel des steinernen Fußes: Martinus Hemskerkius pingebat

Eichenholz; h. 55, br. 106 cm. Samml. Erzh. Leopold Wilhelm.

Carel van Mander.

Holländische Schule. Geb. zu Meulebeke im Mai 1548, gest. den 11. September 1606 zu Haarlem. Schüler Lucas de Heeres. Ausgebildet unter dem Einflusse der Italiener.

796. Männliches Porträt. Ein vornehmer Mann, schwarz ge-
(E. 986.) kleidet, mit weißer Krause, blonden Haaren, legt die rechte Hand auf einen grün überdeckten Tisch.

Eichenholz; h. 90, br. 76 cm. Halbe Figur. 1728 in der Stallburg. Links neben dem Oberarm bezeichnet K. v. Mander 1592.

797. Im Vordergrunde der kleine Jesus zwischen Maria und Josef den Tempel verlassend; eine hohe Säulenhalle, in welcher man ihn weiter zurück lehrend unter den Schriftgelehrten erblickt.

Bezeichnet rechts unten an der Stufe: KM 1598

Eichenholz; h. 95, br. 66 cm. Angekauft 1894.

Joachim Antoniez Wtewael.

Holländische Schule. Geb. 1566 zu Utrecht, wo er 1592 in die Gilde aufgenommen wurde und am 13. August 1638 starb. Schüler seines Vaters Antonie und Joos de Beers, ausgebildet unter dem Einflusse der Italiener.

798. Diana und Aktäon. Die dem Bade entstiegene Diana wird von (E. 1408.) ihren Nymphen abgetrocknet. Das Bad befindet sich in einer Grotte, durch deren Öffnung man im Hintergrunde Aktäon mit seinen Hunden sieht.

Bezeichnet links unten: Joachim Wte Wael fecit

Eichenholz; h. 58, br. 79 cm. Samml. Erzh. Leopold Wilhelm.

799. Die Anbetung der Hirten. Sie umgeben das auf Stroh gebet- (E. 1409.) tete Jesuskindlein, bei welchem Maria kniet. Das Licht geht von dem Kinde aus.

Bezeichnet rechts unten: ФH · WTEWAEL F.T 1607

Eichenholz; h. 35 br., 48 cm. Seit 1781 im Belvedere.

Jan van der Straet (Giovanni Stradano), genannt Jan Stradanus (?).

Niederländische Schule. Geb. zu Brügge 1523, gest. zu Florenz 1605. Schüler seines Vaters, dann M. Francks und Pieter Aertsens; weiter ausgebildet unter dem Einflusse der Italiener.

800. Ein Göttermahl. In einer mehrfach durchbrochenen Felsen- (E. 1278.) grotte werden die tafelnden Götter von Frauen und Amoretten bedient. Rechts in der Ferne das Meer, auf dem Neptun und Amphitrite dahinfahren.

Kupfer; h. 50, br. 81 cm. Samml. Erzh. Leopold Wilhelm. Bestimmung unsicher.

801. **Die Geißelung Christi.** Christus an der Säule zwischen
(E. 1277.) den beiden Knechten. In der Ferne Maria.

Kupfer; h. 32, br. 25 cm. Kat. Mechel, 1783. Bestimmung unsicher.

Cornelis Corneliez van Haarlem.

Holländische Schule. Geb. 1562 zu Haarlem, wo er den 11. November 1638 starb. Schüler Pieter Pietersz' zu Amsterdam und Gilles Coignets zu Antwerpen.

802. **Der Drache frißt die Leute des Kadmus.** Zwei der Phö-
(E. 764.) nizier, welche Kadmus um Wasser ausgesendet hat, liegen unter dem Drachen. Dieser zerreißt den einen mit den Krallen, das Haupt des andern hat er mit den Zähnen gepackt. In der Ferne Kadmus zu Pferde.

Kupfer; h. 16, br. 22 cm. Kat. Mechel, 1783.

Niederländisch (?). Ende des XVI. Jahrhunderts.

803. **Maria mit dem Kinde.** Die heil. Jungfrau sitzt in einer
(E. 766.) Glorie, den Halbmond zu ihren Füßen. Das Christkind hält Kreuz und Rosenkranz.

Zinn; h. 24, br. 20 cm. 1765 mit der Schatz- und Kunstkammer aus Graz nach Wien gekommen. Früher dem Michiel Coczie zugeschrieben.

Peeter de Witte, genannt Peter Candid.

Niederländische Schule. Geb. zu Brügge um 1548, gest. zu München um den Anfang des Jahres 1628. Ausgebildet unter dem Einflusse der Italiener.

804. **Die heil. Familie.** Maria, auf dem Boden sitzend, hält das
(E. 1397.) Jesuskind auf dem Schoße. Die neben ihr kniende heil. Anna erfaßt das Ärmchen des kleinen Jesus. Rechts Johannes mit dem Lamme, oben der heil. Geist und musizierende Engel.

Kupfer; h. 34, br. 24 cm. Kat. Mechel, 1783.

805. **Die heil. Ursula.** In der Mitte kniet die gekrönte Heilige, von
(E. 1399.) ihren Jungfrauen umgeben; links vorne die Henker, deren einer mit dem Bogen nach ihr zielt; von oben schweben Engel nieder.

Eichenholz; h. 41, br. 31 cm. 1781 im Belvedere. Verkleinerte Wiederholung seines Altarbildes in der St. Michaels-Hofkirche zu München.

806. **Der Engelsturz.** Der Erzengel Michael, bewehrt mit Schwert und Schild, schwebt aus dem lichten Himmel nieder und stürzt die gefallenen Engel in den Abgrund, wo sie von Schlangen umringelt werden.

Kupfer; h. 61, br. 44 cm. Prager Schloß.

Pieter Pourbus (?).

Niederländische Schule. Geb. zu Gouda um 1510—1513, wurde 1543 Meister der St. Lukasgilde zu Brügge, wo er am 30. Jänner 1584 starb.

807. (E. 1133.) Männliches Bildnis. Der schwarzbärtige Mann in schwarzseidenem Rocke stützt die rechte Hand mit dem Barette auf eine Tischecke.

Eichenholz; h. 105, br. 77 cm. Halbe Figur. Kat. Mechel, 1783.

808. (E. 1034.) Weibliches Bildnis. Eine junge Frau mit spitzenbesetzter Haube und großer, sehr breitfaltiger Halskrause.

Eichenholz; h. 45, br. 37 cm. Brustbild. Seit 1781 im Belvedere. Früher A. Moro zugeschrieben. Auf die Verwandtschaft mit P. Pourbus machte zuerst Th. v. Frimmel aufmerksam.

809. (E. 1129.) Bildnis des Don Pedro Guzman. Guzman, erster Graf von Olivarez, war Feldherr Karls V. und Majordomus Philipps II.; er trägt das rote Santjagokreuz; über dem schwarzen Rocke liegt ein pelzverbrämtes braunes Überkleid.

Eichenholz; h. 102, br. 73 cm. Halbe Figur. Seit 1824 in der Galerie.

810. (E. 1131.) Männliches Bildnis. Der 34jährige Mann mit rotem zweispitzigen Vollbarte ist schwarz gekleidet und trägt eine kleine runde Mütze auf dem Haupte.

Rechts im Grunde: 1550 ÆTA · 34

Eichenholz; h. 37, br. 28 cm. Brustbild. Seit 1781 im Belvedere.

811. (E. 1130.) Männliches Bildnis. Ein rotbärtiger Mann hält mit beiden Händen eine große silberne, goldverzierte Henkelkanne.

Oben rechts stehen die Hexameter:

AESTATES QVATVOR, TRIA BIS QVOQUE LVSTRA SVPERSTES
HOS MARQVARDVS EGO VVLTVS, HAEC ORA FEREBAM.

Lärchenholz; h. 95, br. 76 cm. Halbe Figur. Prager Inventar 1718. Dieses und das folgende Bildnis dürften wohl oberdeutschen Ursprungs sein, worauf schon die Holzart hindeutet.

812. (E. 1132.) Männliches Bildnis. Der 30jährige rotbärtige Mann hält mit der linken Hand ein Buch auf einem Tische und schreibt die Aufschrift auf einen Brief.

Auf dem dunklen Hintergrunde links oben steht:

ÆTATIS.
SUAE XXX · ANNO
DOMINI · M · D · LVIIII.

Lindenholz; h. 95, br. 76 cm. Halbe Figur. 1728 Stallburg. Sieh Nr. 811.

Frans Pourbus der Ältere (?).

Niederländische Schule. Geb. zu Brügge 1545, 1569 als Meister in die St. Lukasgilde zu Antwerpen aufgenommen, wo er den 19. September 1581 starb. Schüler seines Vaters Pieter und des Frans Floris.

813. Bildnis eines Santjagoritters. Der junge (E. 1121.) Mann mit rötlichblondem Barte trägt auf dem schwarzen Unter- und Oberkleide das rote Ordenszeichen. Links oben ein Wappen.

Darunter die Schrift:

QVÆ VTILITAS · IN · SANGVINE
MEO SI DESCENDO · IN CORRVPTIONEM.

Derselbe Spruch steht auch rechts oben auf der Säule.

Eichenholz; h. 102, br. 73 cm. Halbe Figur. 1728 Stallburg.

814. Männliches Bildnis. Der junge Mann mit kurzem braunen (E. 1123.) Haar trägt ein schwarzes Gewand mit Stehkragen.

Eichenholz; h. 44, br. 35 cm. Brustbild. Belvederedepot. Dieses Bildnis steht manchen Werken Adriaen Thomasz Keys sehr nahe.

Niederländisch. Mitte des XVI. Jahrhunderts.

815. Bildnis eines jungen Mannes. Schwarzes Kleid mit schma- (E. 982.) ler Krause, flaches Barett.

Nußholz; h. 43, br. 31 cm. Brustbild. 1728 in der Stallburg. Früher dem Neufchatel zugeschrieben.

Frans Pourbus der Ältere (?) (s. Nr. 813).

816. Bildnis der Kaiserin Maria in schwarzem Kleide und weißer (E. 1124.) Spitzenhaube. Sie greift in eine doppelte Perlenschnur, die vom Halse herabhängt. (Kaiserin Maria, Gemahlin Maximilians II., Tochter Karls V., geb. am 21. Juni 1528, vermählt am 13. September 1548, gest. am 26. Februar 1603.)

Eichenholz; h. 100, br. 72 cm. Kniestück. Seit 1781 im Belvedere. Die Bestimmung der dargestellten Person rührt von Herrn Hofrat Dr. F. Kenner her.

817. Männliches Bildnis. Ein starker Mann mit dünnem blonden
(E. 1125.) Bart und Haar, in schwarzem Kleide mit weißem Hemdkragen.
Eichenholz; h. 44, br. 36 cm. Brustbild. Seit 1781 im Belvedere.

818. Bildnis eines Knaben. Er trägt ein grünes Wams mit hohem
(E. 1289.) Kragen und eine spitze Samtmütze.
Eichenholz; h. 41, br. 34 cm. Brustbild. Belvederedepot.

819. Männliches Bildnis. Der vornehme Mann, mit kurzem
(E. 1120.) Haupt- und Barthaar, ist schwarz gekleidet und trägt einen
Mantel mit Pelzkragen.

Bezeichnet oben rechts: A°. ÆTATIS SVA .1568

Eichenholz; h. 109, br. 82 cm. Kniestück. Wahrscheinlich aus der Schatzkammer. Ohne Zweifel von derselben Hand ist ein Bildnis der Sammlung von der Heydt in Berlin, das von Kennern wie Friedländer und Firmenich-Richartz Antonis Mor zugeschrieben wird.

Frans Pourbus der Jüngere.

Niederländische Schule. Geb. zu Antwerpen 1569, gest. zu Paris 1622. Schüler seines Vaters Frans P. des Älteren.

820. Weibliches Bildnis. Die Frau in mittleren Jahren ist schwarz
(E. 1127.) gekleidet, mit weißer Haube und großer Halskrause.
Eichenholz; h. 45, br. 37 cm. Brustbild. 1728 in der Stallburg.

821. Männliches Bildnis. Der junge Mann mit kurzem braunen
(E. 1128.) Haar und wenig Bart trägt ein schwarzes Kleid mit großer
weißer Krause.
Eichenholz; h. 47, br. 39 cm. Brustbild. Belvedere-Depot.

Otho van Veen (Otho Vaenius).

Vlämische Schule. Geb. zu Leiden 1558, 1593 als Meister in die St. Lukasgilde zu Antwerpen aufgenommen, gest. zu Brüssel am 6. Mai 1629. Schüler Isack Claesz Swanenburgs, weiter ausgebildet unter dem Einflusse der Italiener.

822. Die heil. Familie. Auf einem Steinsockel zwischen zwei Säu-
(E. 1341.) len sitzt Maria. An ihr Knie gelehnt steht der kleine Jesus, auf
den Stufen links Johannes, auf ihn weisend; rechts schweben
zwei Engel mit Trauben. In der Ferne der heil. Josef.
L.: h. 134, br. 104 cm. Seit 1781 im Belvedere.

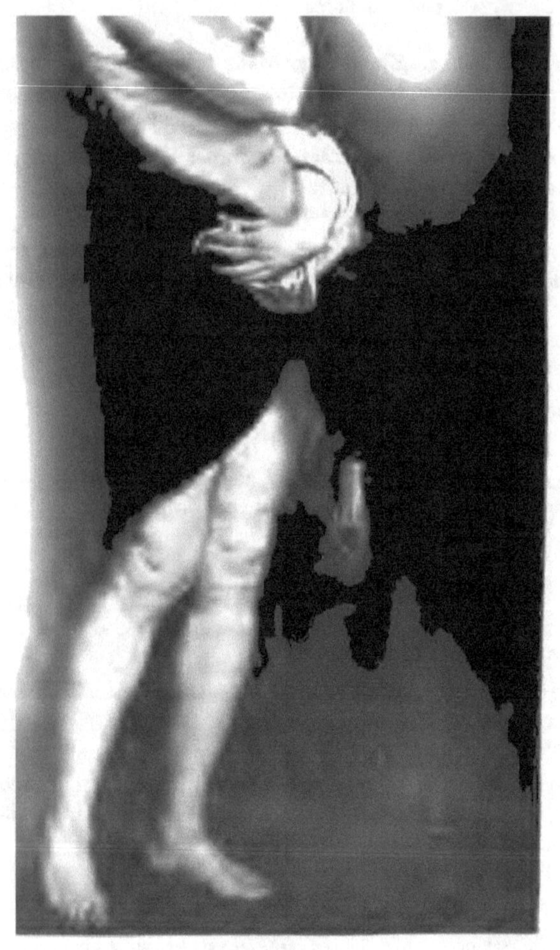

829. Peter Paul Rubens.

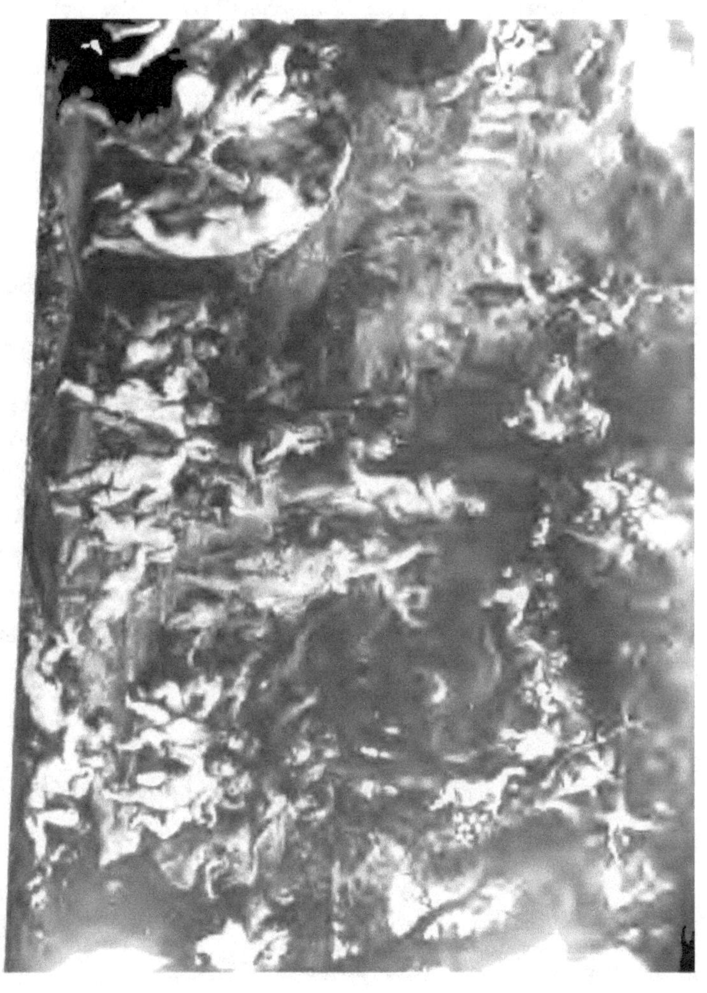

830. Peter Paul Rubens.

823. **Bildnis des Erzherzogs Albert.** Der Erzherzog steht un-
(E. 1343.) bedeckten Hauptes, in spanischer Tracht, das goldene Vließ über dem Brustharnisch. Er hält in der Rechten den Kommandostab. (Albert, ein Sohn Maximilians II., geb. 13. November 1559, war, ohne die höheren Weihen empfangen zu haben, Kardinal geworden; mit 40 Jahren heiratete er Isabella Clara Eugenia, Tochter Philipps II. von Spanien, wurde 1595 Gouverneur der Niederlande und residierte in Brüssel. Er starb am 13. Juli 1621.)

L.; h. 119, br. 98 cm. Kniestück. Seit 1781 im Belvedere.

824. **Bildnis des Erzherzogs Ernst.** Er steht in spanischer
(E. 1342.) Tracht mit Harnisch und Armschienen, die linke Hand in die Hüfte gestemmt, die rechte auf einem Tische, auf welchem sein federngeschmückter Helm ruht. (Ernst, ein Sohn Maximilians II. und der Maria, Karls V. Tochter, geb. 15. Juni 1553, Statthalter der Niederlande 1594, starb unvermählt 20. Februar 1595.)

L.; h. 119, br. 98 cm. Kniestück. Seit 1781 im Belvedere.

Jan Philips van Thielen, genannt Rigouldts.

Vlämische Schule. Getauft zu Mecheln den 1. April 1618, 1641 in die St. Lukasgilde zu Antwerpen aufgenommen, gest. zu Boisschot 1667. Schüler Theodor Rombouts' und Daniel Seghers'.

825. **Blumen.** Ein Blumenkranz, in dem sich auch Disteln befinden,
(E. 1311.) um eine leere Steinnische, an welcher oben zu beiden Seiten Adler angebracht sind.

Bezeichnet unten auf den Steinen:

I. P Van. Thielen. F.

L.; h. 85, br. 68 cm. Seit 1816 im Belvedere.

Daniel Seghers.

Vlämische Schule. Geb. zu Antwerpen den 5. Dezember 1590, wo er 1611 Meister der St. Lukasgilde wurde und den 2. November 1661 starb. Schüler seines Vaters Peeter und Jan Breughels.

826. **Blumen.** Drei mit Efeu verbundene Blumengruppen. In der
(E. 1235.) Mitte grau in grau die heil. Familie.

Eichenholz; h. 83, br. 55 cm. Seit 1781 im Belvedere.

827. **Blumen.** In der Mitte, in viereckiger reicher Umrahmung, grau
(E. 1234.) in grau gemalt, die heil. Familie.

Eichenholz; h. 83, br. 55 cm. Seit 1781 im Belvedere.

Vlämisch. Erste Hälfte des XVII. Jahrhunderts.

828. **Stilleben.** Auf einem Steintische ein silberner Aufsatz mit ver-
(E. 1237.) schiedenfärbigen Trauben. Daneben liegt allerlei anderes Obst.

L.; h. 81, br. 58 cm. Seit 1816 im Belvedere. Früher Daniel Seghers zugeschrieben. Wahrscheinlich von einem Antwerpner Nachfolger Jan Davidsz de Heems.

Peter Paul Rubens.

Vlämische Schule. Geb. zu Siegen am 28. Juni 1577, gest. zu Antwerpen den 30. Mai 1640. Zuerst Schüler Tobias Verhaegts, dann (1591—1594) Ad. van Noorts und hauptsächlich (1594—1598) Otto van Veens. 1600—1608 tätig in Italien, seit 1609 vornehmlich in Antwerpen.

829. **Die zweite Frau des Künstlers, Helene Fourment.** Sie
(E. 1181.) schreitet entkleidet zum Bade und hält einen den Leib verhüllenden dunklen Samtpelz mit den Händen vor sich zusammen. (Helene, die Tochter des Daniel Fourment und der Klara Stappaert, wurde 1630, 16 Jahre alt, die zweite Frau des damals dreiundfünfzigjährigen Meisters.)

Eichenholz; h. 175, br. 96 cm. Stammt aus Rubens' Nachlaß und wird in seinem Testamente erwähnt.

Saal XVI. (Oberlicht.)

830. **Das Venusfest.** In der Mitte des Bildes die Statue der Venus,
(E. 1165.) vor derselben ein Altar. Eine Frauengruppe umgibt huldigend die Göttin, eine Menge von Amoretten umtanzt und umflattert sie. Die Landschaft ist mit tanzenden Satyren und Nymphen belebt; eine der letzteren, die links vorne von einem Satyr emporgehoben wird, hat die Züge der Helene Fourment, Rubens zweiter Gattin.

L.; h. 217, br. 350 cm. Aus der Prager Kunstkammer.

Nach Peter Paul Rubens (s. Nr. 829).

831. **Wildschweinhetze.** Mitten im Walde der Eber, von der
(E. 1199.) Meute umgeben. Rechts vorne zwei berittene Jäger; die Jäger zu Fuß links mit Saufedern bewaffnet.

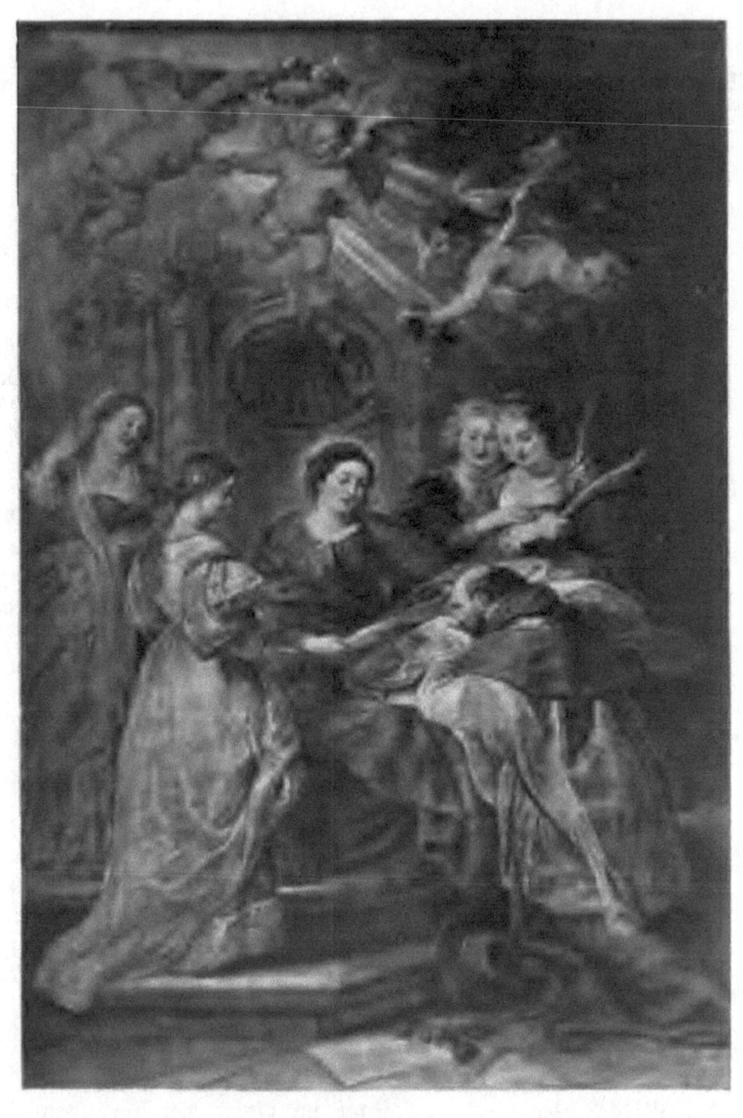

834. Peter Paul Rubens.

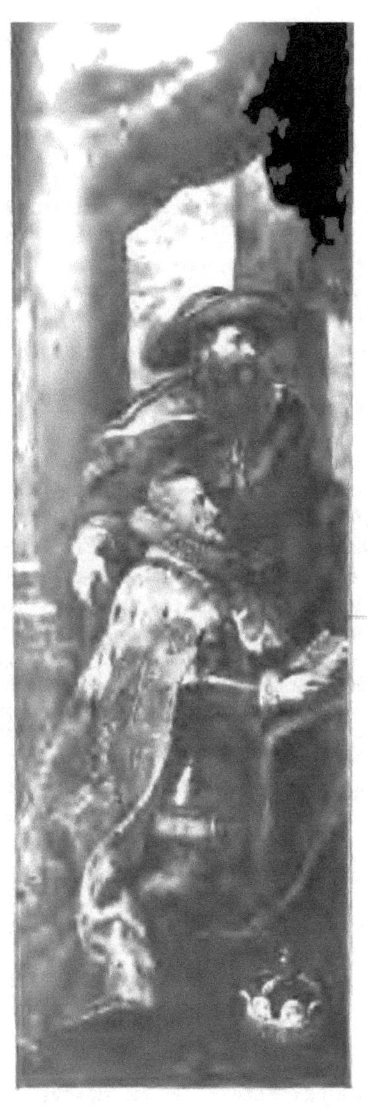
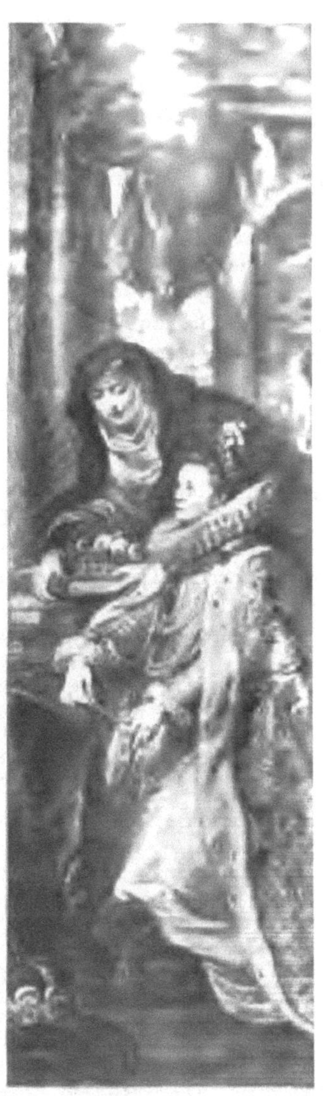

834. Peter Paul Rubens.

L.; h. 68, br. 86 cm. 1805 vom Maler Langenhöffel gekauft. Das Original in der Dresdner Galerie.

Peter Paul Rubens (s. Nr. 829).

832. Kaiser Maximilian I. in prächtiger Rüstung und reich ge-
(E. 1173.) sticktem Wappenrocke, die rechte Hand auf einen Streithammer gestützt. Das Haupt bedeckt eine Schallern, die mit der Krone und einem blau-weiß-roten Helmbund geziert ist.

Eichenholz; h. 140, br. 101 cm. Kniestück. Aus Rubens' Nachlaß.

833. Die bereuende Magdalena. Rechts sitzt Magdalena, die
(E. 1161.) Hände ringend und mit dem bloßen Fuße ein Schmuckkästchen fortstoßend, links, nonnenhaft gekleidet, ihre Schwester Martha.

L.; h. 205, br. 157 cm. Aus der Galerie des Grafen Nostitz in Prag 1786 angekauft.

834. Das Votivbild der Bruderschaft des heil. Ildefonso.
(E. 1150.) Mittelbild: Die thronende heil. Jungfrau, von heil. Frauen umgeben, reicht dem heil. Ildefonso ein Meßgewand zum Kusse. Auf den Flügeln links der Statthalter der Niederlande Erzherzog Albert und rechts seine Gemahlin, Infantin Isabella Klara Eugenia, vor ihren Betpulten kniend. Hinter ihnen ihre Schutzheiligen stehend. (Biogr. sieh Nr. 823 und 1045.)

Eichenholz; Mittelbild h. 352, br. 236 cm., die Seitenbilder h. 352, br. 109 cm. Dieser Altar, auf Bestellung des Erzherzogs Albert und der Infantin Isabella für die Kirche auf dem Coudenberge gemalt, wurde samt den Außenseiten der Flügel, die jetzt zu einem Bilde (Nr. 871) vereinigt sind, durch Fürst Starhemberg im Auftrage der Kaiserin Maria Theresia um 40.000 fl. gekauft und kam 1777 nach Wien.

835. Ein Held, von der Siegesgöttin gekrönt. Einem auf
(E. 1169.) Leichen sitzenden, mit Schwert und Schild bewaffneten Krieger nahen von links Bellona mit dem Blitze in der Hand und von rechts die Victoria, die ihm einen Kranz aufs Haupt setzt.

Eichenholz; h. 47, br. 65 cm. Samml. Erzh. Leopold Wilhelm. Das Bild stammt vielleicht aus Rubens' Nachlaß. Verwandte Darstellungen von viel größeren Maßen in den Galerien von Kassel, Tours und München.

836. Bildnis eines alten Herrn im Profil, seine linke Seite zei-
(E. 1185.) gend. Schnurr- und Kinnbart, großer gefalteter Kragen, schwarzer Rock.

Eichenholz; h. 49, br. 40 cm. Brustbild. 1728 in der Stallburg.

837. Der Schloßpark. Jenseits eines Flusses das im Besitze des
(E. 1172.) Rubens gewesene Schloß «de Steen». Vorne auf einer Wiese eine lustige Gesellschaft von Herren und Damen.

Eichenholz; h. 52, br. 97 cm. Seit 1781 im Belvedere.

838. (E. 1184.) Bildnis eines alten Herrn von lebhafter Färbung, mit Schnurr- und Kinnbart sowie kurzgeschorenem Haare, in schwarzer Kleidung und großem Halskragen.

Eichenholz; h. 50, br. 40 cm. Brustbild. 1728 in der Stallburg.

839. (E. 1158.) Die Beweinung Christi. In einer Felsenhöhle liegt der Leichnam des Herrn auf der Erde mit dem Kopfe im Schoße seiner heil. Mutter, die ihm die Augen zudrückt. Sein rechter Arm wird von Magdalena unterstützt. Neben Maria Johannes; rechts knien noch drei Frauen.

Bezeichnet links auf dem Felsen: ·P·P·RVBENS·F· ·1·6·1·4

Eichenholz; h. 41, br. 54 cm. Samml. Erzh. Leopold Wilhelm. Eine sehr ähnliche eigenhändige Darstellung im Antwerpner Museum, ein verwandtes Werkstattbild unter Van Dycks Namen in der Liechtensteinschen Galerie in Wien.

840. (E. 1159.) Der kleine Jesus mit dem heil. Johannes und zwei Kindern. Rechts sitzt Jesus auf einem roten Mantel und liebkost mit der Rechten den kleinen Johannes. Dieser, vom Rücken gesehen, legt den linken Arm auf ein weißes Lämmchen, das eines der beiden Kinder herbeibringt. (Die Früchte von Frans Snyders, s. Nr. 1080.)

Eichenholz; h. 76, br. 122 cm. 1728 in der Stallburg. Eine nur wenig veränderte Wiederholung befindet sich im Berliner Museum.

841. (E. 1174.) Karl der Kühne, geharnischt, mit bloßem Haupte; er hat einen mit Edelsteinen besetzten Mantel aus Golddamast übergeworfen und stützt die vorgestreckte Rechte auf einen Stab. (Karl, Herzog von Burgund, Sohn Philipps des Guten und der Isabella von Portugal, geb. am 10. November 1433, 1467 regierender Herzog von Burgund, gefallen in der Schlacht bei Nancy am 5. Jänner 1477.)

Eichenholz; h. 119, br. 102 cm. Kniestück. Aus Rubens' Nachlaß, im Belvedere seit 1781.

842. (E. 1160.) Mariä Verkündigung. Maria, weiß und blau gekleidet, wendet sich zu dem vor ihr knienden Engel.

L.; h. 224, br. 200 cm. 1776 in Antwerpen gekauft.

843. (E. 1166.) Cimon und Efigenia. Cimon, der schöne Cyprier, steht rechts in Hirtentracht und bewundert die mit ihren zwei Freundinnen

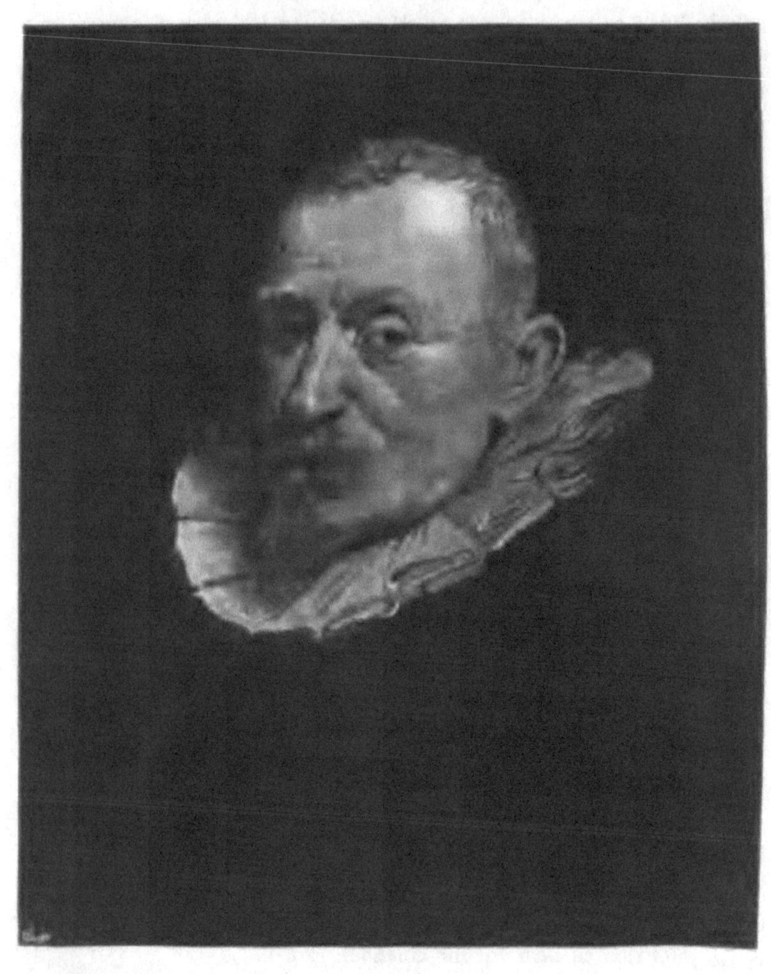

838. Peter Paul Rubens.

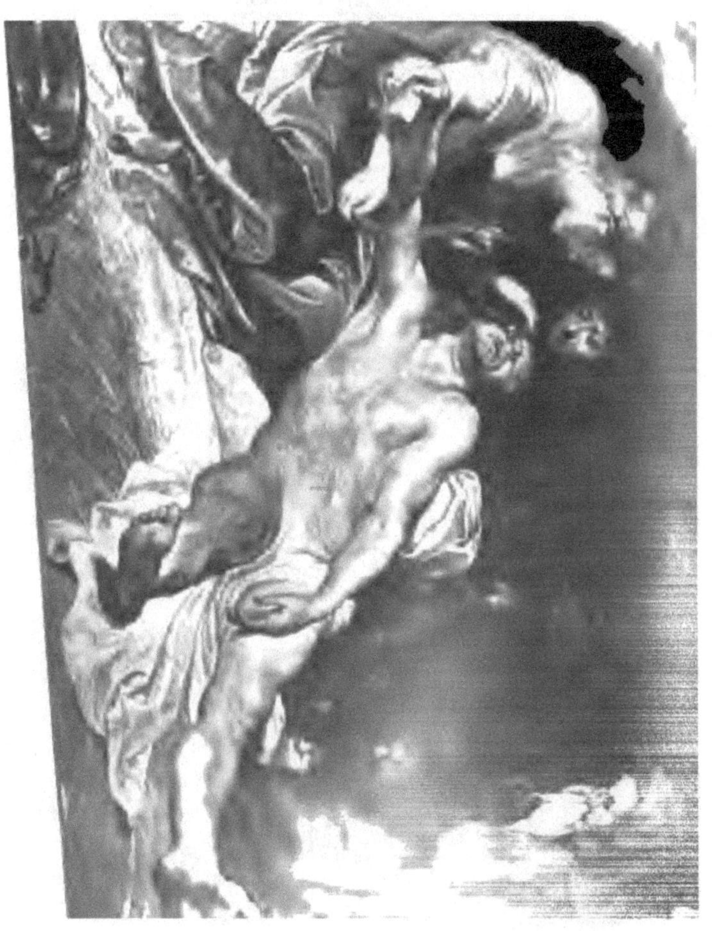

839. Peter Paul Rubens.

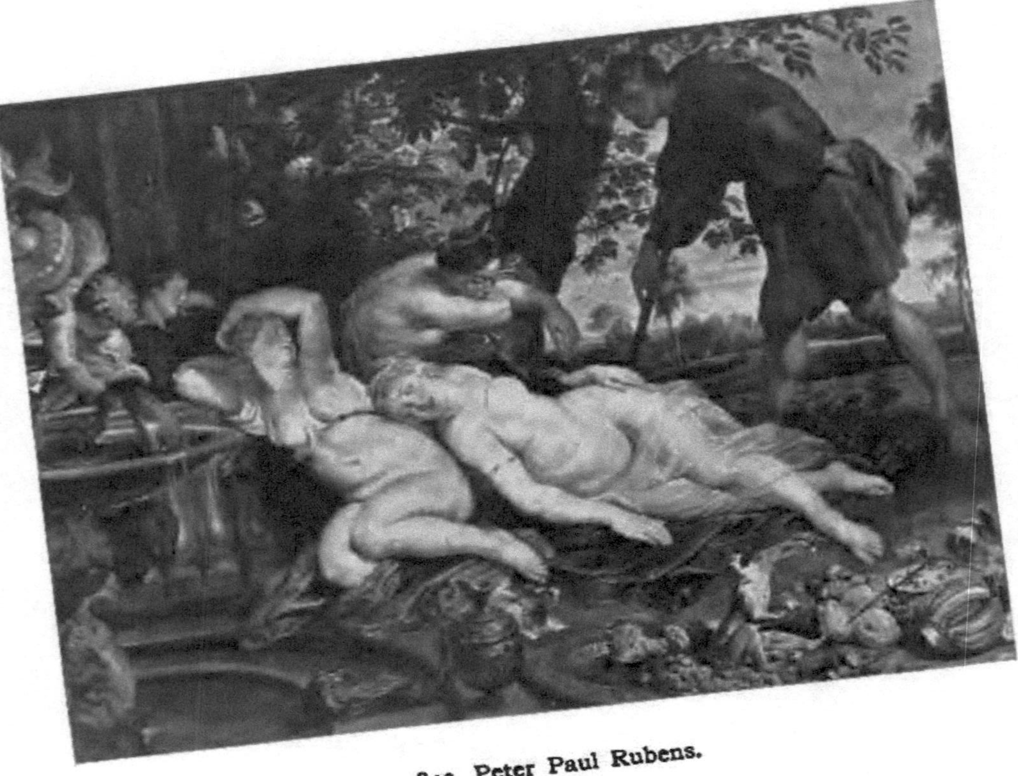

843. Peter Paul Rubens.

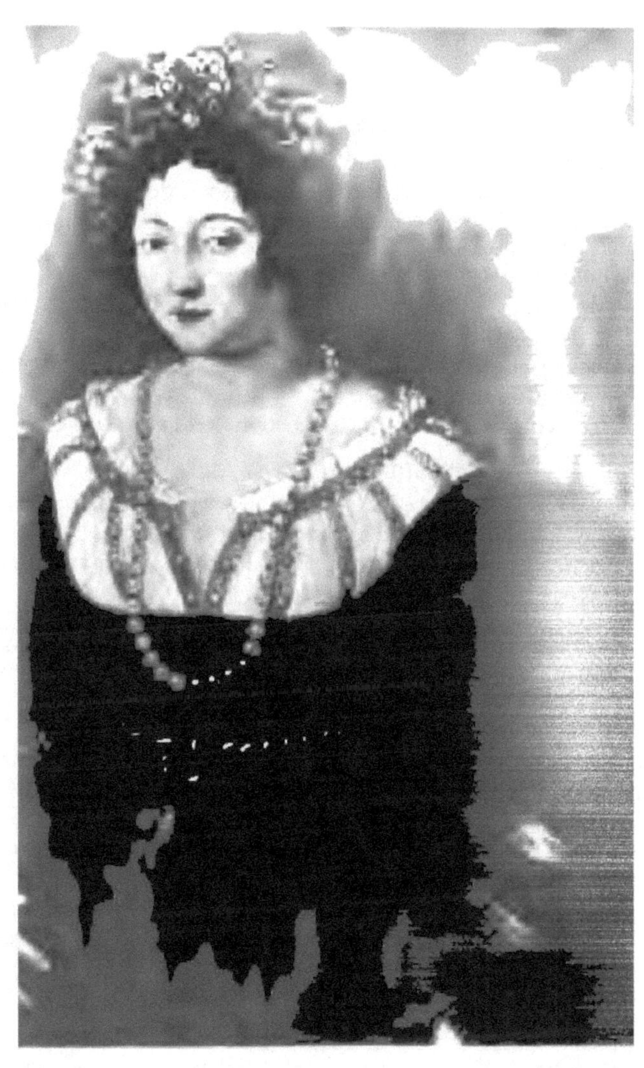

845. Peter Paul Rubens.

in einem Haine entkleidet schlafende Efigenia. (Nach Boccaccios Decamerone.)

L.; h. 208, br. 282 cm. Aus der Galerie des Herzogs von Buckingham.

844. Kopie nach Tizian. Bildnis einer Venezianerin. Die
(E. 1182.) junge lichtblonde Frau in tief ausgeschnittenem weißen Atlaskleide hält in der rechten Hand einen fähnchenförmigen Fächer.

L.; h. 95, br. 72 cm. Halbe Figur. Samml. Erzh. Leopold Wilhelm. Tizians Original ist jetzt in der Dresdener Galerie.

845. Kopie nach Tizian. Isabella von Este, Markgräfin von
(E. 1178.) Mantua. Die gealterte, stark beleibte Fürstin trägt ein tief ausgeschnittenes rotes Samtkleid; das Haar ist turbanartig frisiert. (Biographie sieh Nr. 163.)

L.; h. 102, br. 82 cm. Halbe Figur. Aus der Galerie Karls I. von England.

P. P. Rubens und Fr. Snyders (s. Nr. 1080).

846. Der Kopf der Medusa. Das abgeschlagene Haupt mit offe-
(E. 1193.) nem Munde liegt auf einem Steine; aus den Haaren wächst ein Gewirre von Schlangen. Links zwei Spinnen und ein Salamander. (Die Tiere von Snyders.)

L.; h. 68, br. 118 cm. Samml. des Herzogs von Buckingham. Daß die Tiere von Frans Snyders herrühren, läßt sich nicht mit Sicherheit behaupten. Mehr Wahrscheinlichkeit hat Max Rooses' Annahme, daß sie von Jan Brueghel d. Ä. gemalt sind.

Nach P. P. Rubens.

847. Maria von Medicis. Sie trägt einen steifen Spitzenkragen
(E. 1196.) und eine kleine Krone auf den blonden Haaren. (Maria, Tochter Francescos, ersten Großherzogs von Toskana, und der Johanna, Kaiser Ferdinands I. Tochter, am 27. Dezember 1600 vermählt mit Heinrich IV. von Frankreich, war die Mutter Ludwigs XIII. und starb am 3. Juli 1642.)

L.; h. 63, br. 45 cm. Brustbild. Es ist eine vielleicht in der Werkstatt des Meisters entstandene Kopie nach dem Kopfe der Königin auf dem Bilde ihrer Vermählung im Medici-Zyklus (Paris, Louvre). Seit 1824 in der Galerie.

Peter Paul Rubens.

848. Der heil. Hieronymus als Kardinal, en face, mit langem
(E. 1190.) weißen Barte. Das Gesicht von dem breitkrämpigen roten Hute beschattet.

Eichenholz; h. 62, br. 54 cm. Brustbild. 1728 in der Stallburg.

849. Ferdinand, König von Ungarn, der nachmalige Kaiser Ferdinand III., steht, en face, in ungarischer Tracht, in der rechten Hand den Streitkolben, die linke auf den Säbelgriff gelehnt. (Ferdinand III., Sohn Kaiser Ferdinands II. und seiner ersten Gemahlin Maria Anna von Bayern, geb. 13. Juli 1608, König von Ungarn 8. Dezember 1626, von Böhmen 21. November 1627, römischer König 12. Dezember 1636, Kaiser 1637, gest. 2. April 1657.)
(E. 1176.)

L.; h. 206, br. 113 cm. Sieh Nr. 866.

850. Bischof Ambrosius verweigert dem Kaiser Theodosius den Eintritt in die Kirche. Der Kaiser, von drei Kriegern gefolgt, naht in gebückter Haltung dem Bischof, der mit seiner Begleitung vor dem Portale der Kirche steht. Rechts vorne ein Chorknabe.
(E. 1162.)

L.; oben rund; h. 362, br. 246 cm. Kunstbesitz Karls VI. Der Ausführung nach ist das Bild im Wesentlichen von der Hand Van Dycks und nur von Rubens stark übergangen. Dieser Ansicht ist auch Wilhelm Bode.

851. Der Kardinal-Infant Ferdinand, den Feldherrnstab in der Rechten, die Linke in die Seite gestemmt. Das Haupt bedeckt ein schwarzer Hut mit zwei Federn; er trägt einen Harnisch und hohe Stiefel. (Biogr. sieh Nr. 1070.)
(E. 1177.)

L.; h. 206, br. 112 cm. Sieh Nr. 866.

852. Ein alter Mann. Weißes gelocktes Haar, starker weißer Bart, Kleid von geblumtem Damast, überschnittenes Profil.
(E. 1192.)

Eichenh.; h. 50, br. 57 cm. Brustbild 1728 in der Stallburg.

853. Der Mann im Pelzrock. Dunkles kurzes Haar, rundgeschnittener Bart, nahezu Profil nach links.
(E. 1186.)

Eichenh.; h. 57, br. 59 cm. Brustb. 1728 in der Stallburg.

854. Schulbild. Landschaft mit einem Regenbogen. Im Vordergrunde lagern Schäfer und Schäferinnen bei einer Lämmerherde. Links Waldausgang, rechts Blick in die Ferne mit dem Regenbogen.
(E. 1198.)

Eichenh.; h. 72, br. 112 cm. Erst seit 1824 in der Galerie. Eine Schulwiederholung, die am meisten mit dem Exemplar dieser Komposition im Louvre übereinstimmt, von dem vorzüglicheren der Ermitage jedoch in vielen Punkten abweicht. An beiden Seiten in neuerer Zeit angestückt.

855. Ein bejahrter Mann mit kurzem grauen Haar und Bart; im Pelzrock mit weißem Halskragen.
(E. 1187.)

Eichenh.; h. 50, br. 41 cm. Brustbild. 1728 in der Stallburg.

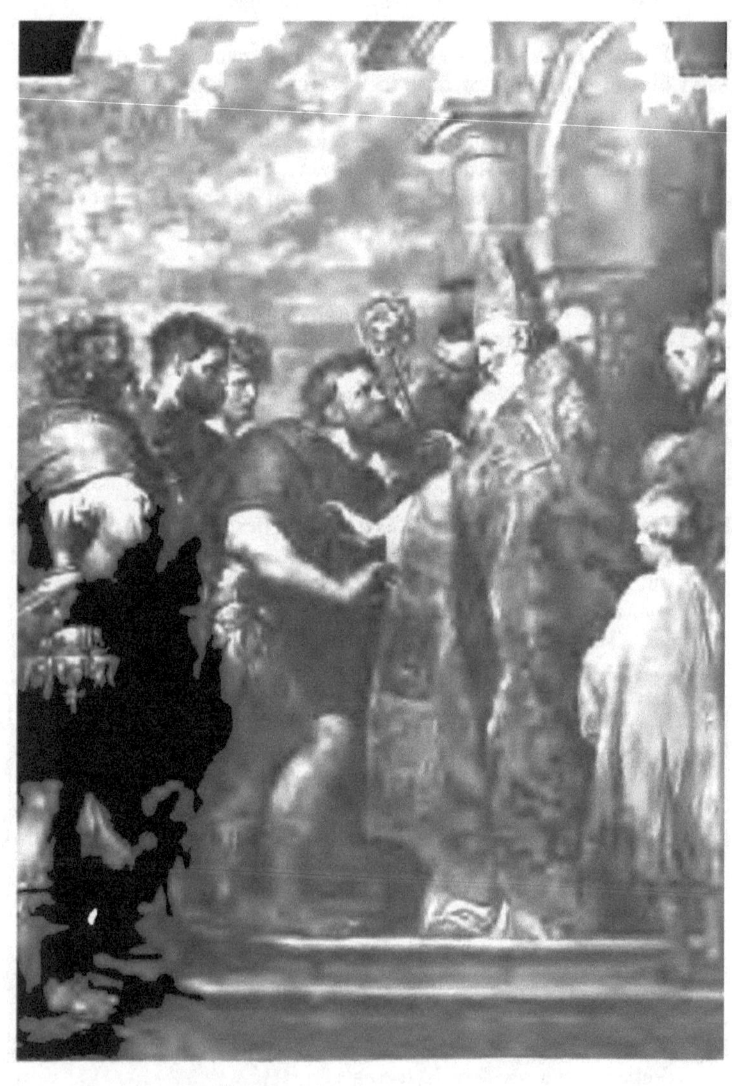

850. Peter Paul Rubens.

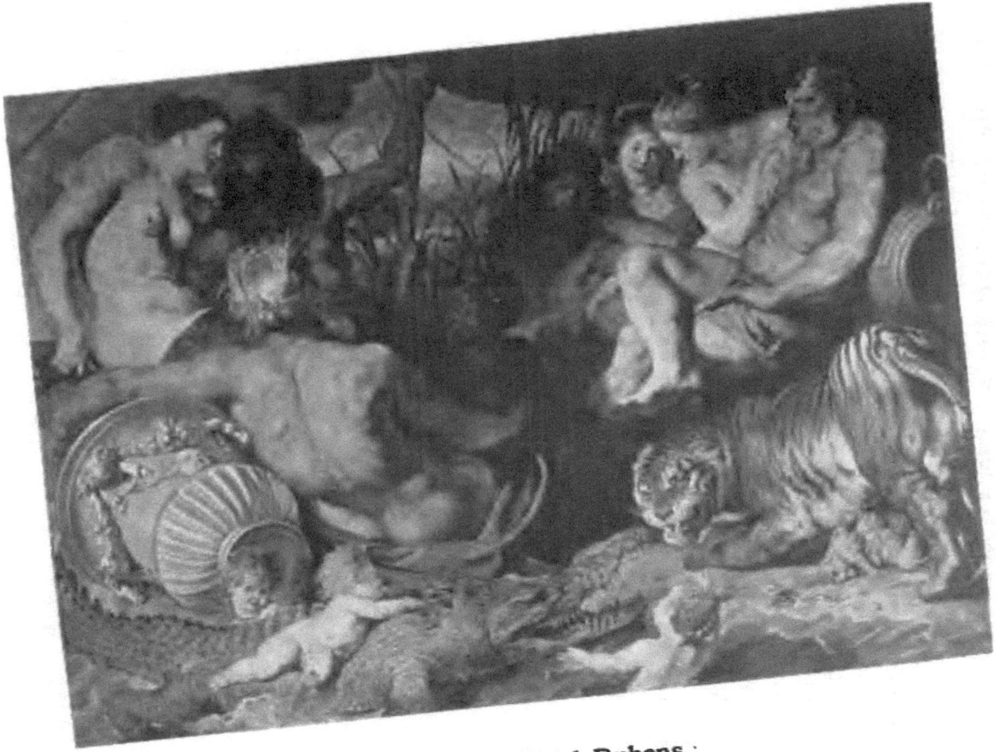

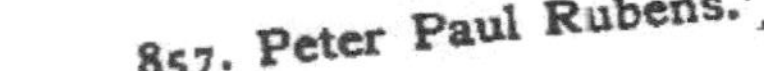

857. Peter Paul Rubens.

856. Männliches Bildnis. Der etwa fünfzigjährige Mann mit röt-
(E. 1188.) lichem Barte trägt eine Goldkette auf dem schwarzen Rocke. Weißer Hemdkragen.

Eichenh.; h. 48, br. 39 cm. Brustbild. 1728 in der Stallburg.

857. Die vier Weltteile, durch die Götter der Flüsse Maranhon,
(E. 1164.) Nil, Donau und Ganges dargestellt. Jeder der Flußgötter ist in Begleitung einer Nymphe. Links Danubius mit einem Steuerruder, vor diesem der Nil eine Mohrin im Arme; in der Mitte Maranhon mit einer Kokosnuß in der Rechten; rechts läßt der Ganges seine Fluten einer Vase entströmen. Ganz vorne links ein Krokodil, rechts eine säugende Tigerin.

L.; h. 209, br. 284 cm. Prag. Inv. 1718.

858. Die Jagd des kalydonischen Ebers. Rechts die Gruppe
(E. 1168.) mit dem verwundeten Eber, links die der Jäger. Die fast entkleidete Atalante hat den Pfeil abgeschossen, Meleager greift den Eber mit dem Jagdspieß an.

L.; h. 327, br. 416 cm. Samml. Erzh. Leopold Wilhelm.

859. Selbstporträt. Der Meister im Alter von etwa 60 Jahren, in
(E. 1180.) schwarzem Kleide, weißer Halskrause, breitkrempigem schwarzen Hute. Er richtet den Blick über seine linke Schulter auf den Beschauer.

Bezeichnet links auf der Säule: P.P.RVBINS.

L.; h. 109, br. 83 cm. Halbe Figur. 1728 in der Stallburg. Eine Zeichnung zu diesem Bilde besitzt der Louvre zu Paris.

860. Der heil. Franz Xaver, in Indien predigend und Wun-
(E. 1154.) der wirkend. Der Heilige in schwarzer Ordenstracht steht rechts auf steinerner Estrade; ein junger Geistlicher hinter ihm. Links vorne zwischen zwei Totengräbern erwacht ein nackter Mann vom Tode, von seinem jungen Weibe freudig begrüßt. Weiter rückwärts sieht man ein indisches Götzenbild in Trümmer fallen. Rechts oben erscheint in den Wolken die allegorische Gestalt des Glaubens.

L.; h. 535, br. 395 cm. Prov. wie Nr. 865.

861. Die Himmelfahrt Mariä. Oben, auf einem Wolkenthrone
(E. 1156.) sitzend, weiß gekleidet, erscheint Maria, von einer dichten Engel-

gruppe umgeben. Unten sind die Apostel um das Grab versammelt. Rechts im Vordergrunde kniet Petrus, links wälzen zwei Männer den Grabstein bei Seite.

Eichenholz; h. 458, br. 297 cm. 1620 für die Jesuitenkirche in Antwerpen gemalt, 1776 für die kaiserl. Galerie angekauft, 1809 nach Paris und 1815 zurück nach Wien gebracht.

862. Originalskizze zu dem großen Altarbilde des heil.
(E. 1153.) Ignatius von Loyola.

Eichenholz; h. 104, br. 72 cm. Prov. wie Nr. 865.

863. Originalskizze zu dem großen Altarbilde des heil.
(E. 1155.) Xaverius.

Eichenholz; h. 104, br. 72 cm. Prov. wie Nr. 865.

864. Der tote Heiland, von Maria und Johannes betrauert.
(E. 1157.) Der Leichnam des Erlösers ruht in den Armen seiner heiligen Mutter, die ihm einen Dorn aus der Stirne zieht. Links Johannes, die rechte Hand des Heilands unterstützend.

Eichenh.; h. 105, br. 114 cm. Kniestück. Kunstbesitz Karls VI.

865. Der heil. Ignatius von Loyola heilt Besessene. Im Inne-
(E. 1152.) ren einer Kirche rechts steht auf den Stufen des Altars der Heilige, die Ordensbrüder zu seiner Rechten. In der gedrängten Volksgruppe ist links vorne ein nackter Besessener rücklings niedergestürzt und ein von Krämpfen befallenes Weib wird mit Anstrengung von einigen Personen gehalten. Die ausgetriebenen bösen Geister fliehen aus der Kirche.

L.; h. 535, br. 395 cm. 1620 für die Jesuitenkirche in Antwerpen gemalt. 1776 für die Galerie angekauft.

866. König Ferdinand von Ungarn (Biogr. s. Nr. 849) vereinigt
(E. 1163.) sich am 2. September 1634 mit dem Infanten Ferdinand (Biogr. s. Nr. 1070) bei Nördlingen. Die beiden Fürsten reichen sich die Hände. Vorne links lagert der Danubius, rechts die Germania.

L.; h. 328, br. 388 cm. Für den Triumphbogen beim Einzug des Infanten Ferdinand als Statthalter der Niederlande in Antwerpen 1635 gemalt. In der Stallburg 1728.

867. Der heilige Pipin, Herzog von Brabant, mit seiner
(E. 1179.) Tochter, der heil. Bega. Der Heilige steht links, en face, mit einer Pelzmütze auf dem Haupte, die heil. Bega rechts, in weißem Kopfschleier und rotem Samtkleide.

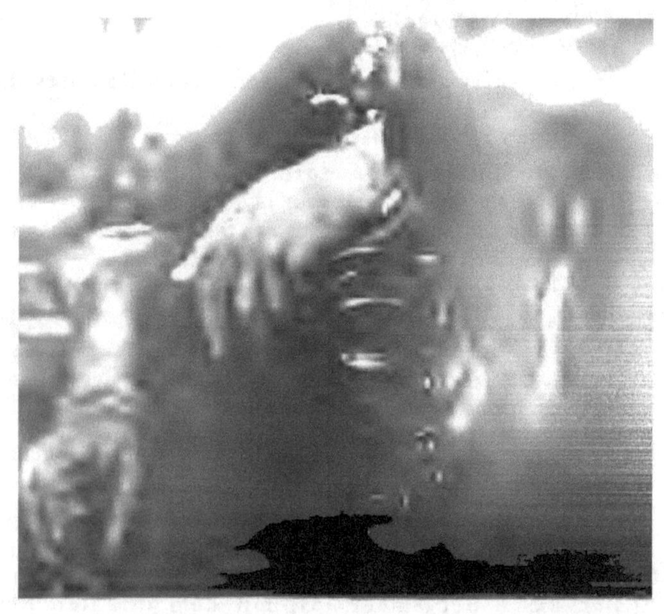

859. Peter Paul Rubens.

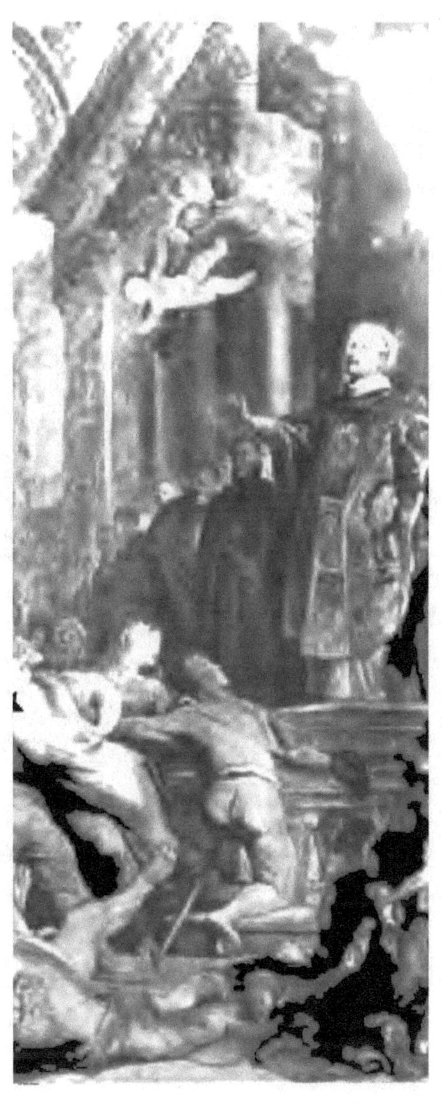

862. Peter Paul Rubens.

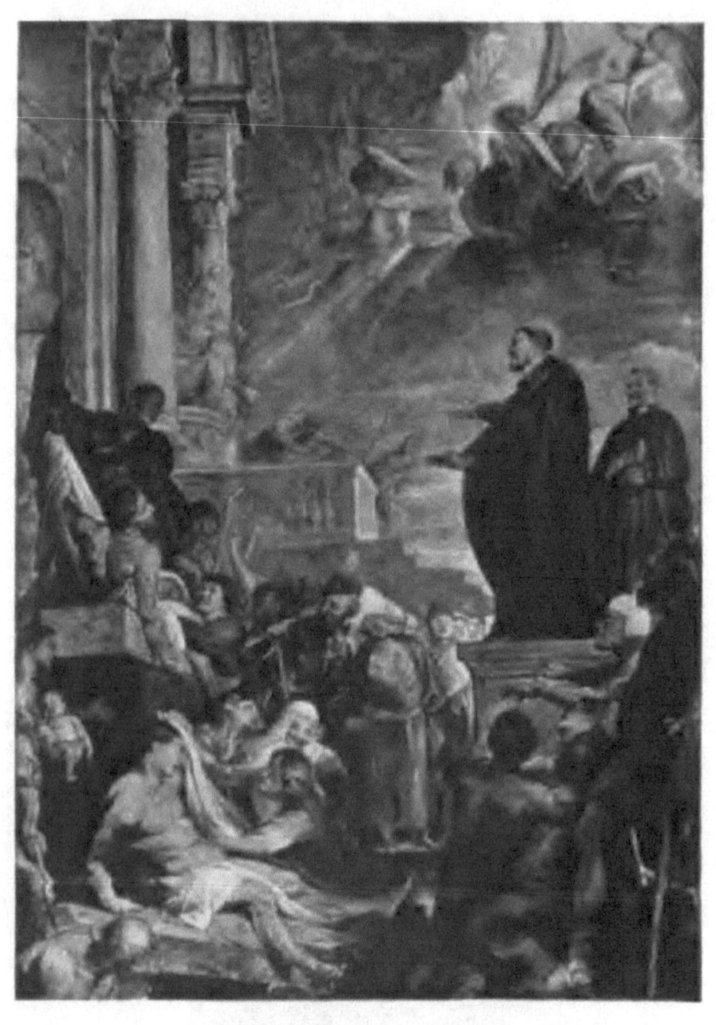

863. Peter Paul Rubens.

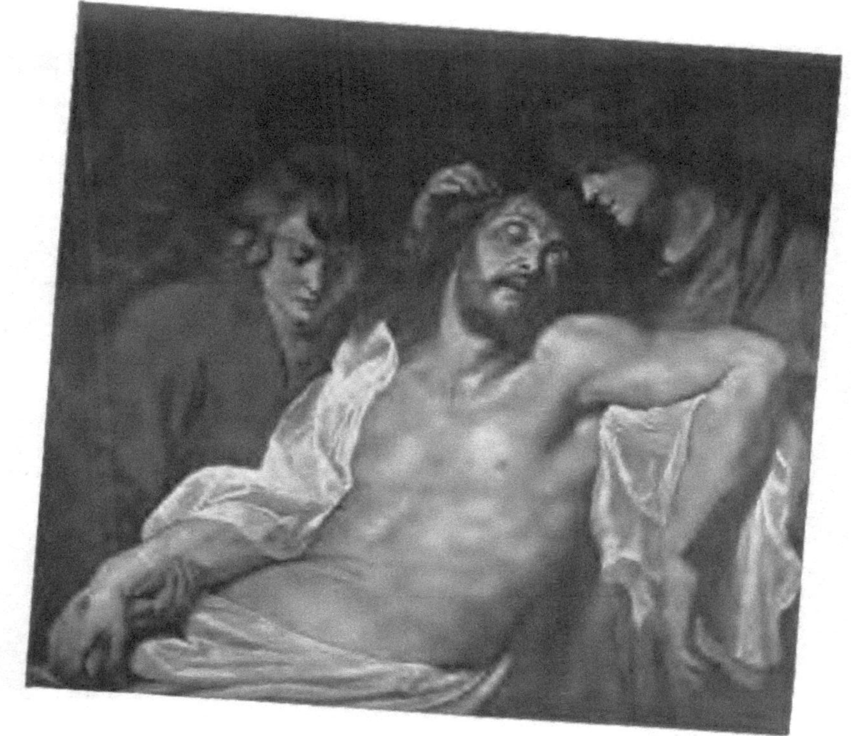

864. Peter Paul Rubens.

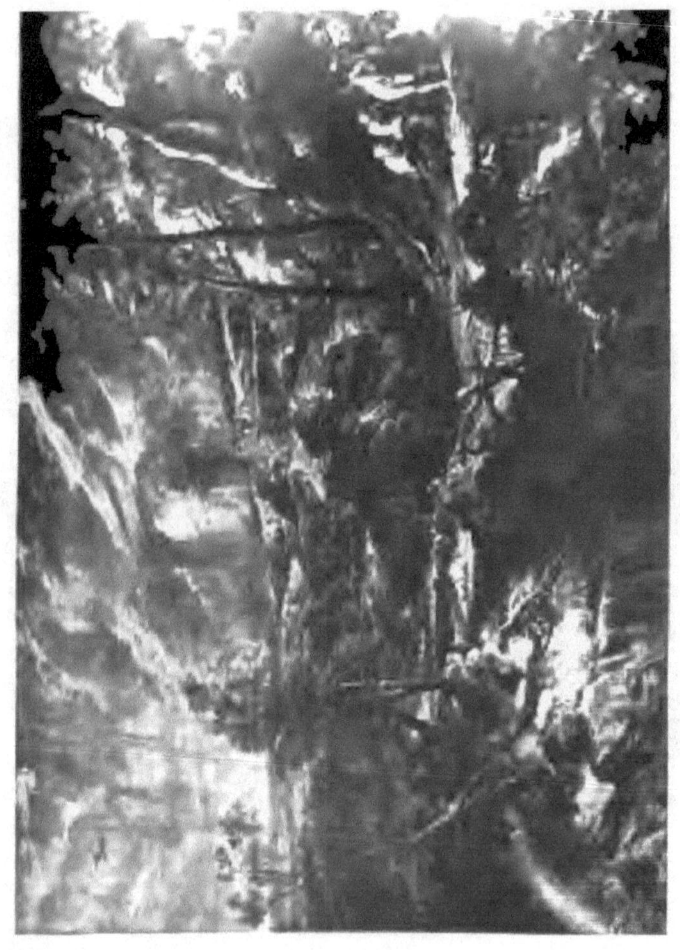

869. Peter Paul Rubens.

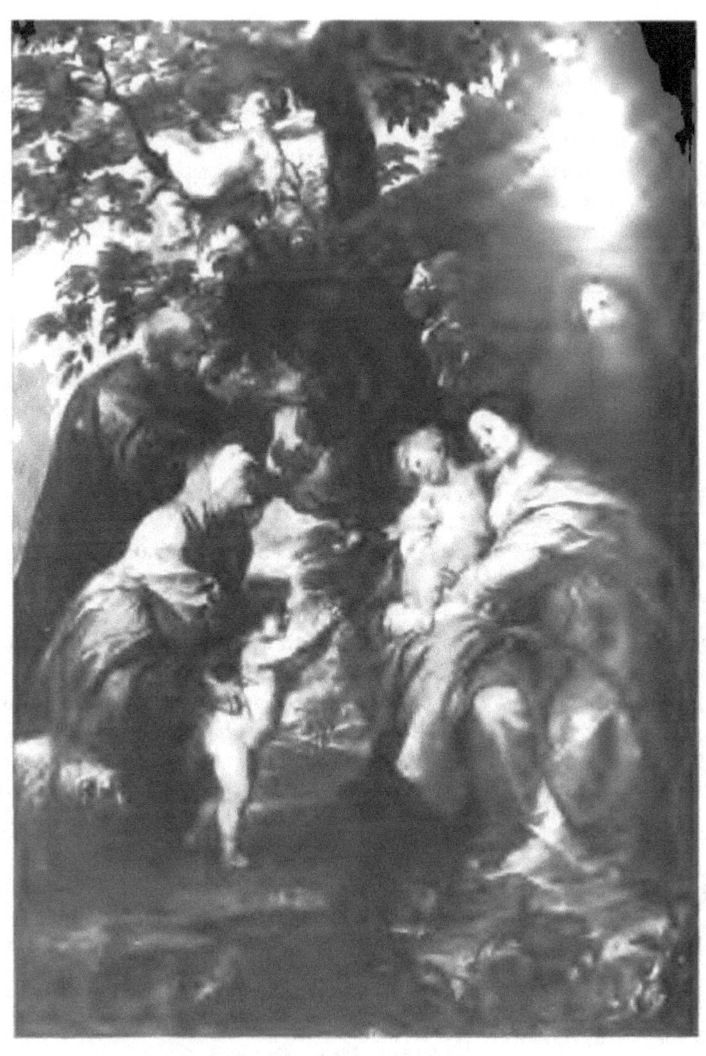

871. Peter Paul Rubens.

Eichenholz; h. 92, br. 76 cm. Halbe Figuren. Samml. des Herzogs von Buckingham; kam 1809 nach Paris und 1815 zurück. Kopien im Historischen Museum zu Brüssel und im Museum zu Douai.

868. (E. 1170.) Der Eremit und die schlafende Angelica. Angelica liegt auf der öden Insel ganz entkleidet; links ist der Eremit halb sichtbar, rechts ein kleiner Dämon. (Nach dem VIII. Gesange von Ariosts «Orlando furioso».)

Eichenholz; h. 48, br. 66 cm. Sammlung des Herzogs von Buckingham.

869. (E. 1171.) Eine weite Landschaft im Wettersturm. Jupiter, Merkur, Philemon und Baucis erscheinen rechts auf einer geschützten Anhöhe, indessen das ungastliche Land auf Jupiters Wink durch das furchtbare Unwetter verheert wird. Links vorne ein Regenbogen.

Eichenholz; h. 147, br. 209 cm. Aus dem Nachlasse Rubens' an den Erzh. Leopold Wilhelm gekommen.

870. (E. 1167.) Jupiter und Merkur bei Philemon und Baucis. Am gedeckten Tische sitzen an der Wandseite Merkur und Philemon, links Jupiter. Rechts bückt sich Baucis, die Gans beim Flügel fassend.

L.; h. 166, br. 187 cm. Samml. Erzh. Leopold Wilhelm.

871. (E. 1151.) Die heil. Familie unter einem Apfelbaume. Maria mit dem Jesuskinde sitzt rechts unter dem Baume, in dessen Schatten der heil. Josef steht. Von links kommt der kleine Johannes, geleitet von der heil. Elisabeth, hinter welcher der heil. Zacharias steht. In den Zweigen des Baumes Engel, die Äpfel pflücken.

Eichenholz; h. 353, br. 233 cm. Die zusammengefügten Rückseiten der Flügel des Ildefonso-Altares, sieh Nr. 834.

Rubens' Schule.

872. (E. 1194.) Isabella von Spanien, Gemahlin Philipps IV. (Biographie s. Nr. 622.)

L.; h. 49, br. 40 cm. Brustbild. Kat. Mechel 1783. Früher als Erzherzogin Anna Maria von Österreich bezeichnet. Die Dargestellte wurde dann von Max Rooses richtig bestimmt. Das Bild ist eine Schulwiederholung von Nr. 873 und höchst wahrscheinlich das Gegenstück zum Bildnisse Philipps IV. (Nr. 1077).

Peter Paul Rubens.

873. (E. 1175.) Isabella von Spanien (Biogr. s. Nr. 622). Das Gesicht im Dreiviertelprofile dem Beschauer zugewendet. In den Haaren Perlen und eine kurze Feder. Roter Hintergrund.

Eichenholz; h. 48, br. 40 cm. Brustbild. Kat. Mechel 1783.

874. **Weibliches Bildnis.** Die junge Dame in schwarzem Kleide
(E. 1183.) mit Spitzenkragen legt die linke Hand in den Muff; in der rechten hält sie die Handschuhe.

Eichenholz; oval, h. 81, br. 59 cm. Halbe Figur. 1728 in der Stallburg.

875. **Kopf eines Greises.** Profil, linke Seite, langer weißer Bart.
(E. 1189.) Bezeichnet rechts oben: *P. P. R.*

Eichenholz; h. 65, br. 55 cm. Brustbild. 1728 in der Stallburg.

876. **Der heil. Andreas.** Der Kopf zurückgeworfen mit krausem
(E. 1191.) dunklen Haar und Barte. Hinter ihm das X-förmige Kreuz.

Eichenholz; h. 56, br. 58 cm. Brustbild. 1728 in der Stallburg.

Theodoor van Thulden (s. Nr. 881).

877. **Mariä Heimsuchung.** Auf der Vortreppe eines Hauses steht
(E. 1314.) Maria, den Kopf mit einem großen Strohhut bedeckt, neben dem heil. Josef und wird von der aus dem Hause tretenden heil. Elisabeth und von Zacharias begrüßt.

L.; h. 205, br. 144 cm. Seit 1781 im Belvedere. Früher als Kopie nach Rubens bezeichnet. Eine Skizze dazu, ebenfalls von Thulden, unter Rubens' Namen in der Galerie Borghese zu Rom.

Rubens' Schule.

878. **Das Gastmahl des Königs Ahasverus.** Die vorne sitzende
(E. 1195.) Königin Vasthi weist einen Trunk zurück, den ihr eine Frau kniend anbietet. Ahasver erhebt sich zürnend vom Thronsessel.

L.; h. 133, br. 201 cm. Erwerbung Kaiser Franz I.

878 a. **Die heilige Familie.** Maria blickt sitzend auf das auf ihrem Schoße ruhende nackte Christuskind herab, das zu ihr hinaufblickt und zugleich mit den Händen den links stehenden kleinen Johannes liebkost. Im Hintergrunde rechts der heil. Josef, der sich mit der Linken auf einen Pilaster stützt. Links ein Lamm, rechts ein Wäschekorb.

Signiert rechts auf dem Pilaster:

P. P. Rubens 1630.

L.; h. 169, br. 127 cm. Nach der Überlieferung von Kaiser Franz I. in Italien erworben. Später im Schlosse Persenbeug. Von Seiner Majestät Kaiser Franz Josef der Galerie überwiesen und dort aufgestellt 1903. Ein im wesentlichen eigenhändiges, nicht signiertes Exemplar derselben Darstellung in der Galerie zu Sanssouci.

Jan van den Hoecke (s. Nr. 983).

879. Flora. Ein bekränztes halbnacktes Weib, die rechte Schulter dem Beschauer zugewendet; links eine gelbe Draperie, rechts vorne Blumen.

L.; h. 102, br. 84 cm. Halbe Figur. Ambrasersammlung.

880. Pomona. Ein vom Rücken gesehenes Weib mit Kornähren im Haar. Das gelbe Gewand sinkt von der linken Schulter. Sie trägt im linken Arm ein aufwärts gekehrtes Füllhorn mit Baum- und Feldfrüchten.

L.; h. 102, br. 84 cm. Halbe Figur. Ambrasersammlung.

Theodoor van Thulden.

Vlämische Schule. Getauft am 9. August 1606 zu Herzogenbusch, wo er angeblich 1676 starb. Schüler Abraham Blyenberchs und P. P. Rubens'. 1627 Meister der Antwerpener St. Lucasgilde.

881. Die niederländischen Provinzen huldigen der heil.
(E. 1315.) Jungfrau. Maria sitzt, das Jesuskind haltend, auf einem Throne, umgeben von Flandern, Brabant und Hennegau in Gestalt von weiblichen Figuren mit den Wappenschildern dieser Länder.

Bezeichnet links unten:

T. van Thulden fe. Aº 1654.

L.; h. 197, br. 177 cm. Seit 1781 im Belvedere.

882. Die Versöhnung Jakobs und Esaus. Jakob kniet mit seinen
(E. 1317.) Weibern und Kindern vor dem gewaffneten Bruder, der, seinen Kriegern vorausgeeilt, im Begriffe ist, ihn vom Boden zu erheben.

Eichenholz; h. 58, br. 87 cm. 1728 in der Stallburg. Früher Rubens zugeschrieben. Waagen dachte an Van Dyck. Th. v. Frimmel scheint es dem Boeckhorst näher zu stehen als dem Van Thulden. Ein nach der vorstehenden Skizze ausgeführtes großes Bild besitzt das Museum zu Brügge (dort nur als »Vlämische Schule des 17. Jahrhunderts« bezeichnet).

Jan van Balen.

Vlämische Schule. Geb. 1611 zu Antwerpen, wo er am 14. März 1654 starb. Schüler seines Vaters Hendrik van Balen.

883. **Der Liebesgarten (nach Rubens).** In einem Parke eine
(E. 670.) Felsengrotte mit reichem Steinportal. Liebespaare beleben den Vordergrund.

Eichenholz; h. 73, br. 105 cm. Kat. Mechel, 1783; kam 1809 nach Paris, 1815 zurück nach Wien. Das Original in der Sammlung Baron Edmond Rothschilds in Paris, ein zweites eigenhändiges Exemplar im Prado zu Madrid. Ob Jan van Balen der Maler dieser Kopie sowie von Nr. 885 ist, scheint zweifelhaft.

Hendrik van Balen.

Vlämische Schule. Geb. 1575 zu Antwerpen, wo er 1593 als Meister in die St. Lucasgilde aufgenommen wurde und am 17. Juli 1632 starb. Schüler Adam van Noorts.

884. **Die Entführung der Europa.** Auf dem Rücken des weißen
(E. 668.) Stieres (Jupiter) sitzt die Königstochter, von Gespielinnen und Amoretten umgeben. (Die Landschaft ist von Jan Brueghel d. Ä., s. Nr. 904.)

Eichenholz; h. 42, br. 63 cm. Samml. Erzh. Leop. Wilhelm.

Jan van Balen (s. Nr. 883).

885. **Die heilige Familie mit Heiligen (nach Rubens).** Maria
(E. 669.) mit dem schlafenden Jesuskinde sitzt vor einem Prachtgebäude unter einer Laube; hinter Maria stehen zwei Frauen und der heil. Georg.

Kupfer; h. 43, br. 59 cm. Kat. Mechel, 1783. Das Original im Prado zu Madrid, eine Schulwiederholung in der Londoner Nationalgalerie. Vgl. auch die Notiz zu Nr. 883.

Hendrik van Balen (s. Nr. 884).

886. **Mariä Himmelfahrt.** Eine Engelglorie umgibt die in den
(E. 667.) Wolken emporschwebende Madonna; unten die Apostel am leeren Grabe.

Kupfer; h. 28, br. 18 cm. Kat. Mechel, 1783; wurde 1809 nach Paris und 1815 zurück nach Wien gebracht.

Cornelis de Vos.

Vlämische Schule. Geb. zu Hulst 1585, 1608 als Meister in die St. Lucasgilde zu Antwerpen aufgenommen, wo er am 9. Mai 1651 starb. Schüler David Remeeus', ausgebildet unter Rubens' Einflusse.

887. **Die Salbung Salomonis.** König Salomon neigt kniend sein
(E. 1369.) Haupt über eine große Goldschüssel, die von zwei blau und weiß gekleideten Jünglingen gehalten wird. Der Priester Sadok träufelt auf sein Haupt das Salböl aus einem silbernen Horne.

L.; h. 198, br. 232 cm. Samml. Erzh. Leopold Wilhelm.

Abraham Janssens.

Vlämische Schule. Geb. um 1575 zu Antwerpen, wo er 1601 als Meister in die St. Lucasgilde aufgenommen und am 25. Jänner 1632 begraben wurde. Schüler Jan Snellinckx.

888. (E. 940.) Venus und Adonis. Unter einem Baume hingelagert ruht Venus im Schoße des Adonis. Links stehen seine Hunde, rechts zwei Liebesgötter.

L.; h. 200, br. 240 cm. Zuerst im Belvedere 1781.

Kabinett XVI. (Seitenlicht.)

Hieronymus Cock.

Niederländische Schule. Geb. um 1510 zu Antwerpen, wo er 1546 Meister der St. Lucasgilde wurde und um 1570 starb.

889. (E. 760.) Ansicht von Rom. Links vorne große Ruinen. Im Hintergrunde der Campo vaccino. Die Ansicht ist eine idealisierte.

Eichenholz; h. 48, br. 66 cm. Vielleicht aus der Samml. Erzh. Leopold Wilhelm. Bestimmt nachweisbar erst in Mechels Katalog von 1783. Die Bestimmung des Bildes ist unsicher.

Gaspar Rem.

Niederländische Schule. Geb. 1542, gest. nach 1614. Schüler Willem van Cleves.

890. (E. 1137.) Der heilige Hieronymus, kniend in einer Felsenwildnis, schlägt sich mit dem Steine die Brust. Rechts das Kruzifix und der Löwe, in der Mitte lichte Fernsicht.

Kupfer; h. 35, br. 26 cm. Ambrasersammlung.

891. (E. 1138.) Selbstporträt des Malers, im zweiundsiebzigsten Lebensjahre, mit weißem Bart, in dunklem Gewand; Pelz und Halskragen weiß.

Bezeichnet oben im Grunde wie nebenstehend:

A^{O} D^{NI} MDC.XIIII. EFFIGIES. GASPAR REM. ÆTA. SVE. LXXII.

L.; h. 50, br. 44 cm. Kopf. Samml. Erzh. Leopold Wilhelm.

Peeter Stefani (Steevens).

Niederländische Schule. Geb. zu Mecheln um 1550, gest. nach 1620. War nach Dlabacz von 1590 an zehn Jahre zu Prag in Diensten Kaiser Rudolfs II. tätig.

892. **Landschaft mit der Flucht nach Ägypten.** Ein Fluß durchzieht ein Tal; im Mittelgrunde führt ein Weg über eine hohe steinerne Brücke. Links im Vordergrunde sitzt Maria mit dem Kinde, dem wandernden heil. Josef läuft ein Hund voraus.

L.; h. 57, br. 107 cm. Prager Schloß.

893. **Waldlandschaft mit einer Hirschjagd.** Links ein Jäger
(E. 1176.) mit zwei Windhunden an der Koppel, in der Mitte ein Jäger in rotem Rocke.

Kupfer; h. 25, br. 36 cm. Aus Prag nach Wien in die Schatzkammer gekommen.

Mathys Cock (?).

Niederländische Schule. Geb. um 1509 zu Antwerpen, wo er 1547 oder 1548 starb. Bruder Hieronymus Cocks.

894. **Der Turmbau zu Babel.** Zu der untersten Terrasse des
(E. 761.) Turmes führen reich bevölkerte Straßen und Brücken. Links vorne wird dem König und der Königin von einem knienden Manne der Plan des Baues gezeigt.

Kupfer; h. 43, br. 55 cm. Seit 1781 im Belvedere. Die gegenwärtige Bestimmung ist wohl irrtümlich, da das Bild offenbar in eine spätere Zeit fällt. Vielleicht handelt es sich hier um ein späteres Mitglied derselben Künstlerfamilie, etwa Hans Cock († 1601/2), von dem eine Darstellung wie die vorliegende in alten Quellen erwähnt wird. Auf ein verwandtes Bild mit derselben Darstellung in der Hamburger Kunsthalle macht uns Fortunat von Schubert-Soldern aufmerksam.

Jacob Grimmer.

Niederländische Schule. Geb. um 1526 zu Antwerpen, wo er 1547 Meister der St. Lucasgilde wurde. Gest. kurz vor dem Mai des Jahres 1590. Schüler Gabriel Bouwens', Mathias Cocks und Christiaan van Queeckbornes.

895. Im Mittelgrunde ein schloßartiges Gebäude, von Wasser umgeben, über das zwei Zugbrücken führen. Im Vordergrunde vor einem Wirtshause links eine Bauernbelustigung; in der Mitte schreitet eine gekrönte Frau mit zwei rotgekleideten Knaben der Brücke zu.

Bezeichnet rechts unten:

IACOB, GRI, F. 1583. AVG 16.

Eichenholz; h. 26, br. 50·5 cm. Ambrasersammlung. Die Landschaft ist von J. Grimmer, die Figuren hingegen von Gillis Mostaert († 1598), dessen aus den Buchstaben G und M gebildetes Monogramm auf einer Tonne angebracht ist.

Willem von Nieulandt.

Niederländische Schule. Geb. zu Antwerpen 1584, gest. zu Amsterdam um 1635. Schüler Jacob Saverys und Paul Brils.

896. Ansicht des Campo vaccino zu Rom. Menschen und Tiere (E. 1080.) beleben den Platz, auf dem verschiedene antike Ruinen willkürlich zusammengestellt sind.

Bezeichnet unten auf einem umgestürzten Säulenschaft: GVIL MO VAN NIEVLANT FEC 1612

Eichenholz; h. 69, br. 110 cm. Seit 1781 im Belvedere.

Frans Mostaert.

Niederländische Schule. Geb. zu Hulst um 1534, war 1553 bereits Meister der Antwerpener Gilde und starb daselbst 1560. Schüler H. Bles'.

897. Landschaft mit einem Fischzuge. Ein Seehafen bei Mond- (E. 1038.) schein. Rechts vorne eine dunkle Baumgruppe.

Eichenholz; kreisrund; Durchmesser 22 cm. Prager Inventar von 1737. Von Th. v. Frimmel auf Grund des Prager Inventars dem Gillis Mostaert zugeschrieben, wie Nr. 898. Diese Annahme hat viel Wahrscheinlichkeit, da Mondscheinlandschaften eine Spezialität Gillis Mostaerts waren und auch in einem Antwerpner Inventar vom Anfang des 17. Jahrhunderts ein Gemälde seiner Hand erwähnt wird, das einen Fischzug bei Mondschein darstellte.

898. Felsige Landschaft. Über den dunklen Vordergrund (E. 1037.) blickt man in eine mondbeleuchtete Gegend. Rechts Tobias mit dem Engel.

Eichenholz; kreisrund; Durchmesser 22 cm. Prager Inventar von 1737. Vgl. Nr. 897.

Paul Bril.

Vlämische Schule. Geb. 1554 zu Antwerpen, gest. am 7. Oktober 1626 zu Rom. Schüler Damisen Oortelmanns und seines Bruders Matthäus, weiter ausgebildet unter dem Einflusse der Italiener (Tizians und der Carracci).

899. Stromlandschaft. In der Mitte eine Turmruine auf einem aus dem Wasser aufragenden Felsen, im Vordergrunde liegen Boote am Ufer, in einem derselben wird Wäsche gewaschen.

Bezeichnet unten an einem gebrochenen Säulenstück: 1600 P. BRIL

Kupfer; h. 21·5, br. 29·5 cm. Ambrasersammlung.

900. Flußlandschaft mit steilen, zackigen Felsenufern; rechts Befestigungen mit einem Turme, im Vordergrunde viele Boote, darunter ein mit Holz beladenes.

Links in der unteren Ecke die Jahreszahl 1601.

Kupfer; h. 22, br. 29·5 cm. Ambrasersammlung.

901. Stromlandschaft. Auf felsiger Uferhöhe ein befestigter Bau. Im Mittelgrunde eine Brücke; im Vordergrunde rechts eine Lämmerherde, links Jäger, zwei zu Pferde, ein Mann hält ein kleines Reh, ein Uhu sitzt auf einer Stange.

L.; h. 98, br. 140 cm. Samml. Erzh. Leopold Wilhelm.

902. Landschaft mit Merkur und Argus. Die Mitte des Bildes nimmt ein Strom ein, von felsigem Gebirge umgeben. Im Vordergrunde rechts eine Schafherde, links unter schattigen Bäumen Merkur, der den Argus einschläfert.

L.; h. 68, br. 88 cm. Samml. Erzh. Leopold Wilhelm. Früher Lucas van Uden zugeschrieben. Auf P. Bril riet schon Th. v. Frimmel.

Kerstiaen de Koninck d. Ä.

Vlämische Schule. Geb. in Courtrai, erwähnt als Meister der Antwerpner Lucasgilde in den Jahren 1585/6, 1589, 1599, 1629/30. Bekannt aus Bildern in den Museen zu Gent und Köln und im Leipziger Privatbesitz (letzteres datiert 1610).

903. Wilde Felsengegend. Vorne links ein Soldat mit einem Hirten sprechend, rechts ein Gebirgsbach, darüber ein dunkler, auffallend steiler Felsen einzelnstehend.

L.; h. 78, br. 107 cm. Im Inventar der Sammlung des Erzh. Leopold Wilhelm Christian Koninck zugeschrieben.

Jan Brueghel der Ältere, genannt der Sammetbrueghel.

Vlämische Schule. Geb. zu Brüssel 1568, 1597 Freimeister der St. Lucasgilde zu Antwerpen, wo er am 13. Jänner 1625 starb. Schüler Peter Goetkints d. Ä.

904. Ein großer Blumenstrauß. In einem hölzernen Gefäße
(E. 731.) stehen Blumen aller Arten, den größten Teil der Bildfläche deckend. Auf einer weißen Blüte, die sich über den Rand des Holzgefäßes neigt, sitzt eine Libelle. Zyklamen liegen auf dem Boden.

Eichenholz; h. 98, br. 73 cm. Samml. Erzh. Leopold Wilhelm.

905. Blumenstrauß. Die Blumen in einem kleinen Tongefäße
(E. 733.) decken fast die ganze Bildfläche. Auf dem Tische liegen Münzen, Edelsteine und ein Ring.

Eichenholz; h. 51, br. 40 cm. Kat. Mechel, 1783.

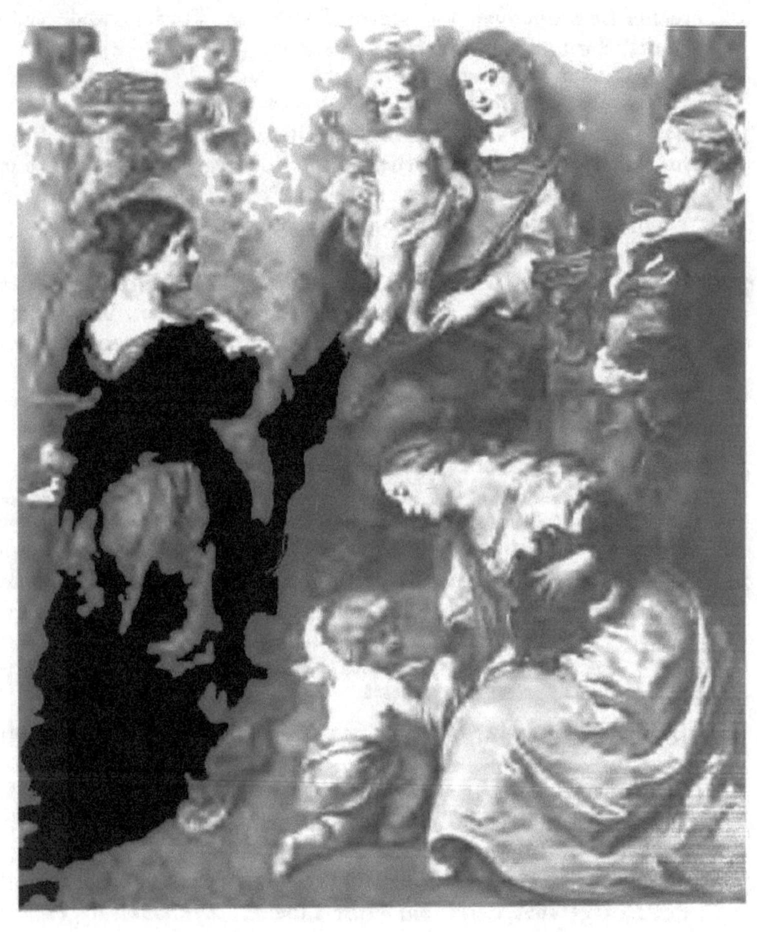

881. Theodoor van Thulden.

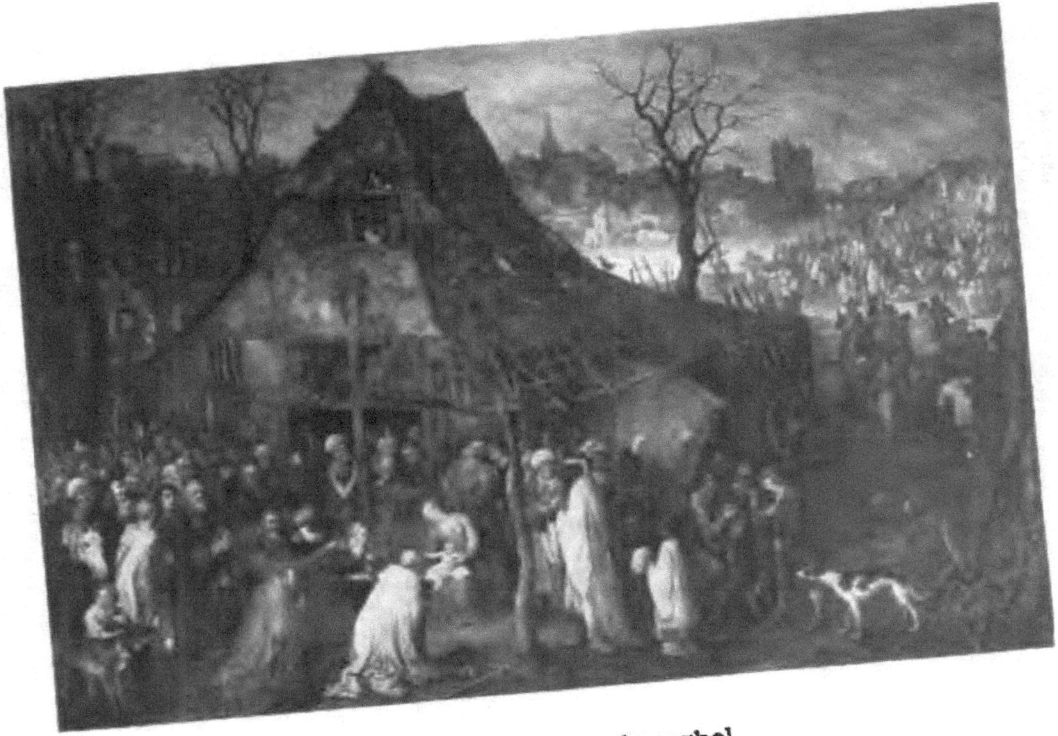

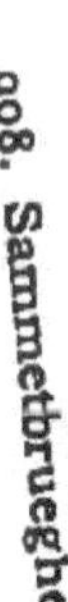

908. Sammetbrueghel.

906. **Erde, Wasser und Luft.** In der Mitte einer Landschaft drei
(E. 729.) unbekleidete weibliche Gestalten. Die eine mit einem Füllhorn erhält von der zweiten eine Traube; die dritte gießt Wasser aus einer Muschel. In der Luft Zephir, der die Flora entführt. Im Vordergrunde verschiedene Blumen und Früchte, Muscheln und Seetiere. (Die Figuren von Hendrik de Clerck, s. Nr. 989.)

Bezeichnet unter den Muscheln: BRVEGHEL . 1604.

Kupfer; h. 42, br. 66 cm. 1780 aus Wien nach Preßburg und laut Inventar 1781 nach Wien zurückgekommen. Die Figuren wurden früher J. Rottenhammer zugeschrieben. Auf H. d. Cl. bestimmte sie Th. v. Frimmel.

907. **Städter besuchen eine Bauernfamilie.** In der Mitte der
(E. 730.) Stube hängt ein großer Kessel über dem Feuer. Dabei sitzt links die Bäuerin mit einem Kinde auf der Erde. Ein anderes Kind und der Bauer werden von den rechts stehenden Städtern beschenkt.

Kupfer; h. 27, br. 36 cm. Schatzkammer-Inventar 1773. Das Bild geht höchst wahrscheinlich auf eine Komposition Peeter Brueghels d. Ä. zurück. Diese ist uns auch in einer vorzüglichen Grisaille des Antwerpner Museums erhalten, in der Axel L. Romdahl das Original von der Hand Peeter Brueghels d. Ä. erkennen will.

908. **Die heiligen drei Könige.** Maria sitzt vor dem Stalle zu
(E. 725.) Bethlehem und hält das Jesuskind auf dem Schoße, Gefolge und Volk drängt den anbetenden Königen nach. Bethlehem, als niederländisches Städtchen zu beiden Seiten eines Flusses gebaut, bildet den Hintergrund.

Bezeichnet links unten in der Ecke: BRVEGHEL . 1598

Kupfer; h. 33, br. 48 cm. 1806 angekauft.

909. **Landschaft mit der Ruhe auf der Flucht nach Ägypten.**
(E. 1362.) Maria mit dem Kinde sitzt rechts unter Eichenbäumen. Neben ihr der heil. Josef mit dem Esel. (Die Figuren von Rottenhammer s. Nr. 1526.)

Kupfer; h. 25, br. 19 cm. 1728 in der Stallburg. Früher dem David Vinck-Boons zugeschrieben.

910. **Die Kreuzigung.** Christus und ein Schächer an hohen
(E. 1364.) Kreuzen; das Kreuz mit dem zweiten wird eben aufgestellt. Die umgebende Menschenmenge drängen Kriegsleute zurück.

Kupfer; h. 26, br. 35 cm. Schatzkammer-Inventar 1773. Früher dem Vinck-Boons zugeschrieben; für Jan Brueghel stimmte bereits Th. v. Frimmel.

911. **Berggegend mit der Versuchung Christi.** Zwei Gruppen
(E. 726.) von hohen Bäumen sind durch ein wildes Bergwasser getrennt. Christus und der Versucher stehen links im Vordergrunde.

Eichenholz; h. 62, br. 42 cm. Kat. Mechel, 1783.

912. **Äneas in der Unterwelt.** Von der cumäischen Sibylle ge-
(E. 728.) führt, wird Äneas von Furien und Schatten umdrängt; neben ihm ein rotes Zelt, neben ihr ein Riesenhaupt mit vielen herumlangenden Armen. Rechts ein Feuer, eine ferne Stromlandschaft, viele nackte Gestalten und Marterszenen.

Kupfer; h. 36, br. 52 cm. Kat. Mechel 1783.

913. **Die Versuchung des heiligen Antonius.** Er sitzt in einer
(E. 727.) großen Höhle, umgeben von allerhand Spukgestalten; zwei Frauen und ein Teufel, der ihm einen goldenen Kelch und eine Kette präsentiert, versuchen es, ihn in seiner Andacht irre zu machen.

Bezeichnet, kaum mehr wahrnehmbar, links unten: BRVEGHEL

Kupfer; h. 21, br. 30 cm. Bestimmt erst 1783 nachzuweisen; kam 1809 nach Paris und 1815 zurück nach Wien.

914. **Seesturm.** Der ins Meer geschleuderte Prophet Jonas auf der großen Woge, die das Schiff hebt; rechts unten der Kopf des Riesenfisches; im Hintergrunde eine Stadt.

Eichenholz; h. 38, br. 56 cm. Aus der kaiserlichen Burg zu Prag. Früher als »Art des Jan Brueghel« bezeichnet.

Art der Brueghel.

915. **Landschaft mit Reisenden.** Öde, bergige Gegend. Im
(E. 751.) Vordergrunde hält ein mit Leinwand überdeckter Wagen. Nebenbei drei Reiter.

Eichenholz; h. 34, br. 47 cm. Aus der Schatzkammer. Das Bild kam 1809 nach Paris und 1815 zurück nach Wien. Früher »Art des Peeter Brueghel« genannt.

Ambrosius Bosschaert.

Vlämische Schule. Geb. wahrscheinlich in Flandern; erscheint 1588/89 in den Listen der St. Lucasgilde zu Antwerpen, war 1593 Mitglied der Gilde zu Middelburg und 1640 noch tätig.

916. **Blumenstrauß.** In einer blaubemalten Schale mit goldenem
(E. 732.) Fuß: Tulpen, Rosen und eine hellrote Nelke in der Mitte.

Bezeichnet links unten: 16. AB 09

Mahagoni- oder Cheragotholz; h. 51, br. 40 cm. Kat. Mechel, 1783. Früher »Art des Jan Brueghel« genannt. Den wahren Meister des Bildes bestimmte Olaf Granberg.

Peeter Schoubroeck.

Vlämische Schule. Heiratete 1598 zu Frankenthal und war 1608 bereits verstorben. Nach den Daten auf seinen Bildern tätig von 1597—1605. Schüler Gillis van Coninxloos.

917. Das brennende Troja. In der Mitte einer Menschenmenge
(E. 1231.) Äneas, seinen Vater tragend.

Bezeichnet links unten: PE SCHVBRVCK 1606

Kupfer; h. 27, br. 42 cm. Samml. Erzh. Leop. Wilhelm.

Jan Brueghel der Jüngere.

Vlämische Schule. Geb. zu Antwerpen am 13. September 1601, am 23. März 1678 zum letzten Male als lebend erwähnt. Schüler und Nachahmer seines Vaters Jan Brueghel d. Ä.

918. Maria mit dem Kinde in einer Landschaft. Sie sitzt in
(E. 735.) der Mitte des Bildes auf einer Moosbank unter einem Baume und trägt einen weißen Mantel über einem blauen Gewande mit blaßroten Ärmeln. Zu ihren Füßen Blumen und Früchte.

Eichenholz; h. 61, br. 83 cm. Belvederedepot.

919. Maria mit dem Kinde im Blumengarten. Sie sitzt vor
(E. 734.) einer Laube auf einer Holzbank. Im Hintergrunde eine Berglandschaft, im Vordergrunde Blumen.

Eichenholz; h. 44, br. 52 cm. Aus d. geistlichen Schatzkammer.

Jan Brueghel d. Ä. (s. Nr. 904).

920. Waldpartie. Ein Bach fließt durch einen schattigen Wald;
(E. 1223.) rechts vorne drei Eichen.

Eichenholz; h. 40, br. 32 cm. Bestimmt erst seit 1824 in der Galerie. Früher Roelant Savery zugeschrieben.

Roelant Savery.

Holländische Schule. Geb. zu Kortryck (Courtrai) 1576, 1619 als Meister in die St. Lucasgilde zu Utrecht aufgenommen, dort gestorben 1639. Schüler seines Bruders Jacob Savery.

921. Orpheus in der Unterwelt. Er schreitet singend gegen
(E. 1221.) Pluto, der mit Proserpina links in einer von Ungeheuern bevölkerten Höhle thront.

Bezeichnet links unten: R . SAVERY

Eichenholz; h. 27, br. 35 cm. Kat. Mechel, 1783.

922. Das Paradies. Verschiedene Tiere lagern und stehen zu beiden
(E. 1220.) Seiten eines Wassers. Links im Hintergrunde Adam und Eva.

Bezeichnet links unten auf einem Steine: ·ROELANDT· ·SAVERY· FE ·1623·

Kupfer; h. 42, br. 57 cm. Schatzkammer-Inventar 1773; kam 1809 nach Paris und 1815 zurück nach Wien.

923. Landschaft mit Tieren. Rechts aus einem Turme stürzen
(E. 1224.) die thrazischen Weiber, um den Orpheus anzufallen.

Eichenholz; h. 35, br. 49 cm. Kat. Mechel, 1783.

924. Felsige Landschaft. Links vorne durchsägen Holzschläger
(E. 1218.) einen Stamm; in der Mitte ein steiler Felsenzacken, rechts Fernsicht.

Bezeichnet links unten in der Ecke: R SAVERY 1619

Kupfer; h. 27, br. 36 cm. 1781 aus dem Preßburger Schlosse nach Wien zurückgekommen.

925. Ein Blumenstrauß in einer grünlichblauen Vase. Auf
(E. 1227.) der Holztischplatte rechts eine Fliege, links eine Heuschrecke.

Eichenholz; h. 65, br. 51 cm. Schatzkammer 1748.

926. Berglandschaft. Rechts bewaldete Felsen, links ein tiefes Tal,
(E. 1216.) in welches ein Bergwasser durch eine Rinne geleitet hinabstürzt.

Bezeichnet rechts unten auf einem Steine: R. SAVERY FE 1608

Kupfer; h. 35, br. 49 cm. Schatzkammer-Inventar 1773; kam 1809 nach Paris und 1815 zurück nach Wien.

927. Landschaft und Vögel. Viele meist ausländische Vögel.
(E. 1219.) Links zwischen den Bäumen ein alter Turm auf einer Anhöhe.

Bezeichnet unten in der Mitte: ROELANDT· SAVERY· FE 1628

Kupfer; h. 42, br. 57 cm. Schatzkammer-Inventar 1773. Kam 1809 nach Paris und 1815 zurück nach Wien.

928. Landschaft mit Tieren. Rechts vorne unter einem über-
(E. 1222.) hängenden Felsen ein Schimmel mit langer Mähne. Im Hintergrunde Orpheus.

Bezeichnet rechts oben neben einem Bären: ·R· FE

Kupfer; h. 28, br. 36 cm. Im ältesten Prager Inventar.

929. **Landschaft.** Rechts dichtbelaubte Eichen, links Fernsicht in
(E. 1217.) ein Tal. Vorne bietet ein Weib Früchte zum Verkaufe an.

Bezeichnet auf dem Steine: · R · SAVERY 1609

Eichenholz; h. 40, br. 32 cm. Schatzkammer-Inventar 1773; kam 1809 nach Paris und 1815 zurück nach Wien.

930. **Landschaft mit Jägern.** Rechts und links Wald, in der Mitte
(E. 1226.) ein Bach, vorne Hirsche, weiter rückwärts ein Schloß.

Bezeichnet unten in der Mitte: ROELANDT· SAVERY· 1604.

Eichenholz; h. 61, br. 94 cm. Ambrasersammlung.

931. **Landschaft mit Tieren.** Rechts im Mittelgrunde Orpheus,
(E. 1225.) die Leier spielend; aus einem Walde links nahen sich ihm verschiedene Tiere.

Eichenholz; h. 68, br. 97 cm. Ambrasersammlung.

Art des R. Savery.

932. **Landschaft mit Tieren.** In einer weiten Gegend, die ein Strom durchzieht, sitzt Orpheus und spielt die Leier. Im Vordergrunde verschiedene Gattungen von Tieren.

Falsch bezeichnet unten auf einem Steine:

R · SAVERY · FE

Eichenholz; h. 44, br. 59 cm. Aus dem Prager Schlosse. Früher dem Meister selbst zugeschrieben.

Art der Brueghel.

933. **Der Sturz Sauls.** Waldige Landschaft, in deren Mitte Saul unter seinem gestürzten Schimmel auf der Erde liegt. Ein Geharnischter sucht ihm aufzuhelfen. Die anderen Reiter sprengen nach allen Richtungen auseinander.

Eichenholz; h. 35, br. 43 cm. Prager Schloß. Früher dem R. Savery zugeschrieben. Trägt nach Th. v. Frimmel »weit mehr die Züge der Frankenthaler Malergruppe an sich, des Anton Mirou und des Peeter Schoubroeck«.

Art des Jan Brueghel des Älteren (s. Nr. 904).

934. **Waldlandschaft mit der Ruhe auf der Flucht nach**
(E. 1363.) **Ägypten.** Maria, mit einem weißen Turban auf dem Kopfe,

sitzt mit dem heil. Kinde in den Armen unter einem Baume. Der heil. Josef bringt Gras für den Esel.

Eichenholz; h. 25, br. 19 cm. 1728 in der Stallburg. Früher Vinck-Boons zugeschrieben.

Art der Brueghel.

935. (E. 1365.) **Ein Eremit.** Er sitzt betend am Eingange seiner Höhle, in deren Tiefe sein Gefährte die Kerzen auf einem Altar anzündet. Links in der Ferne eine Stadt am Meeresufer.

Kupfer; h. 26, br. 35 cm. 1728 in der Stallburg. Früher Vinck-Boons genannt, von Th. v. Frimmel auf Grund des Prager Inventars Frederick van Valckenborch zugeschrieben.

Jacob Savery der Jüngere.

Holländische Schule. Geb. zu Amsterdam um 1592, gest. nach dem Oktober 1627. Sohn Jacob Saverys d. Ä.

936. (E. 1340.) **Kirchmeß vor einem Dorfe.** Links vorne das Wirtshaus mit einer roten Fahne, darauf der heil. Sebastian. In der Mitte ein Baum, rechts in der Ferne Landschaft mit steilen Bergen.

Eichenholz; h. 49, br. 85 cm. Bis 1748 in der Schatzkammer. Früher Maerten van Valckenborch zugeschrieben. Th. v. Frimmel schreibt es dem älteren Jacob Savery zu.

Anton Mirou.

Vlämische Schule. Geburts- und Todesdatum unbekannt. Tätig zwischen 1602 und 1652 oder 1653(?). Nachahmer Jan Brueghels d. Ä.

937. (E. 1023.) **Landschaft mit der Bekehrung Sauls.** Unter den zahlreichen Figuren des Mittel- und Vordergrundes sieht man den mit dem Pferde gestürzten Saul, auf den ein Lichtstrahl fällt.

Kupfer; h. 28, br. 36 cm. Seit 1781 im Belvedere.

938. **Waldige Landschaft,** in der Mitte einzelne höher stehende Baumgruppen, zu deren beiden Seiten Aussicht in eine ferne Gegend; links vorne eine Bettlerfamilie.

Bezeichnet unten in der Mitte: MIROV 1612

Kupfer; h. 30, br. 53 cm. 1895 von Frau Rosa Swoboda, verw. von Flotow gekauft.

939. **Der Sturz Sauls.** Schroffe Felsen und Höhlen rechts. Links ganz im Vordergrunde der nur von wenigen Kriegern begleitete Saul auf dem Rücken liegend neben seinem gestürzten Pferde.

Eichenholz; h. 30, br. 30 cm. Prager Schloß.

Hendrick van Steenwijck der Ältere.

Vlämische Schule. Geb. wahrscheinlich zu Steenwijck um 1550, wurde 1577 Meister der St. Lucasgilde zu Antwerpen und starb um 1603 in Frankfurt a. M. Schüler des Hans Vredeman de Vries.

940. Das Innere einer gotischen Kirche. Rechts das dunkle (E. 1270.) Hauptschiff, links eine erleuchtete Nebenkapelle.

Kupfer; h. 21, br. 26 cm. Prager Inventar von 1718.

Hendrick van Steenwijck der Jüngere.

Vlämische Schule. Geb. zu Amsterdam oder Frankfurt am Main um 1580, gest. zu London (?) um 1648. Schüler seines Vaters Hendrick van Steenwijck des Älteren.

941. Kerkergewölbe. Halle mit der Befreiung Petri. In der (E. 1275.) Mitte liegt einer der schlafenden Wächter; links an einer Steinsäule eine brennende Kerze; hinter der Säule links Petrus und der Engel.

H.; h. 24, br. 30 cm. Samml. Erzh. Leopold Wilhelm.

942. Inneres einer Kirche. Links vorne steht ein Mann, zu einem (E. 1272.) Altarbilde aufblickend; rechts wird eine Dame von einem Jungen angebettelt.

Kupfer; h. 38, br. 47 cm. Seit 1792 im Belvedere; 1809 nach Paris und 1833 wieder zurück nach Wien gebracht.

943. Inneres einer gotischen Kirche. Das Mittelschiff in ganzer (E. 1273.) Tiefe, Seitenschiffe rechts und links. In der Mitte stehen drei Männer; links schreitet eine schwarze Dame dem Ausgange zu.

Bezeichnet links unten an der Stufe: 1605 Rechts in der Tafel auf dem Pfeiler: HENRICVS STEINWIK

Kupfer; h. 38, br. 48 cm. Kat. Mechel, 1783; kam 1809 nach Paris und 1815 zurück nach Wien.

944. Kerkergewölbe mit der Befreiung Petri. Links beim (E. 1271.) Scheine einer Kerze schlafen die Wächter; rechts ein spärliches Kaminfeuer. Petrus und der Engel im dunkeln Grunde.

Bezeichnet unten in der Mitte: HENR: V: STEN. F. 1604

Eichenholz; h. 37, br. 47 cm. Sammlung Erzh. Leopold Wilhelm. Früher Hendrick Steenwijck d. Ä. zugeschrieben.

945. **Halle mit der Befreiung Petri.** Das gedrückte Bogengewölbe
(E. 1274.) zeigt links im Dunkel eine nach abwärts führende Treppe; rechts, von einer Lampe beleuchtet, die schlafenden Wächter und in der Ferne Petrus mit dem Engel.

Bezeichnet auf der mittleren Stufe unter dem Engel:

HNF . V STEINWICK 1621

L.; h. 155, br. 198 cm. Galerie des Herzogs von Buckingham.

Peeter Neeffs der Ältere.

Vlämische Schule. Geb. 1577 oder 1578 zu Antwerpen, wo er 1609 Meister der St. Lucasgilde wurde und zwischen 1656 und 1661 starb. Schüler des Hendrick van Steenwijck d. Ä. (?)

946. **Gotische Kirche bei Nacht.** Das Hauptschiff bleibt dunkel,
(E. 1043.) in der erleuchteten Kapelle links wird Messe gelesen.

Eichenholz; h. 35, br. 55 cm. Kat. Rosa, 1796.

Peeter Neeffs der Jüngere.

Vlämische Schule. Getauft am 23. Mai 1620 zu Antwerpen, wo er nach 1675 starb. Schüler seines Vaters Peeter Neeffs d. Ä.

947. **Innere Ansicht von Notre-Dame in Antwerpen.** Die
(E. 1044.) Geistlichkeit geht dem Erzherzog Leopold Wilhelm entgegen, der mit großer Begleitung eingetreten ist. (Die Figuren von B. Peters.)

Bezeichnet auf den beiden Hauptpfeilern rechts und links: D O M BONAVENTVRA PETRI FECIT — PEETER NEEffS

Eichenholz; h. 50, br. 70 cm. Samml. Erzh. Leopold Wilhelm.

948. **Notre-Dame zu Antwerpen.** Man übersieht das ganze
(E. 1045.) Innere der Kirche. Ein Kind wird zur Taufe getragen.

Bezeichnet rechts oben: PEETER NEEffS

Eichenholz; h. 30, br. 45 cm. Galerie des Grafen Nostitz in Prag.

Niederländisch, um 1600.

949. **Ein Zweikampf.** Zwei Männer, mit Schwert und Dolch be-
(E. 1069.) waffnet, kämpfen vor sechs Zeugen in einer Halle.

Links ober dem Spitzbogen das nebenstehende Wappen.

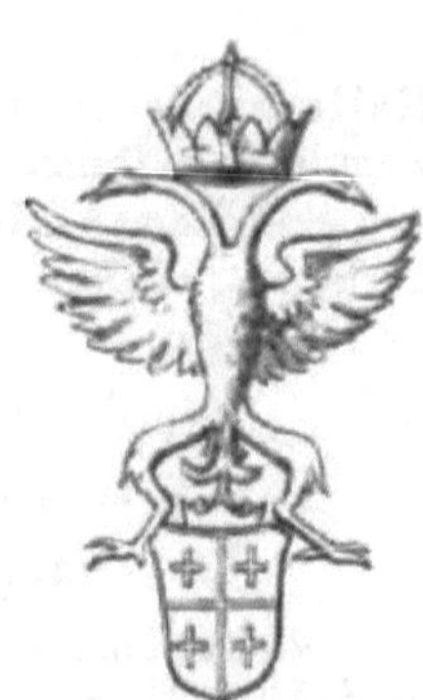

Eichenholz; h. 34, br. 42 cm. Schatzkammer. Nach Th. v. Frimmel soll die Architektur von P. V. de Vries, die Staffage von Petrus Isaaks herrühren.

Kabinett XV. (Seitenlicht.)

Joost van Winghe.

Vlämische Schule. Geb. zu Brüssel 1544, gest. 1603 zu Frankfurt a. M., wo er seit 1584 ansässig war.

950. (E. 1395.) Apelles und Kampaspe. Die schöne Kampaspe steht von vorne gesehen rechts auf einem Polster. Links der entzückte Maler Apelles, im Hintergrunde Alexander.

Bezeichnet unten in der Mitte:

IODOCVS . A . WINGHE

L.; h. 210, br. 175 cm. 1604 im Besitze Kaiser Rudolfs II.

951. (E. 1394.) Apelles und Kampaspe. Kampaspe, die Geliebte Alexanders des Großen, steht rechts ganz entkleidet, vom Rücken gesehen, mit dem rechten Fuße auf einer Muschel. Links Apelles, der sie als Venus malt. Im Hintergrunde sitzt Alexander.

Über dem Haupte des Apelles auf einer Tafel lateinische Verse.

Bezeichnet unten in der Mitte:

IODOCVS . A WINGHE

L.; h. 221, br. 209 cm. Galerie des Herzogs von Buckingham.

Abraham Wuchters.

Holländische Schule. Geb. in Holland am Anfang des XVII. Jahrhunderts; begraben zu Soroe im Mai 1683.

952. Christian IV. König von Dänemark (geb. 12. April 1577,
(E. 1410.) König 1588, gest. 28. Februar 1648). Er trägt eine dunkle Pelzmütze, ein dunkelblaues Gewand und die Kolane des Elefantenordens.

Bezeichnet rechts im Grunde: AW fe.

H.; h. 70, br. 53 cm. Brustbild. Seit 1824 im Belvedere.

Georg Geldorp (?).

Vlämische Schule. 1610 als Meister in die St. Lucasgilde zu Antwerpen aufgenommen, wo er bis 1622 auf 1623 erwähnt wird. Lebte 1637—1638 noch in London.

953. Bildnis eines Mannes. Der junge Mann trägt ein kleines
(E. 861.) blondes Schnurr- und Spitzbärtchen, schwarze Kleidung, weiße Halskrause.

L.; h. 64, br. 57 cm. Brustbild. Seit 1824 in der Galerie. Auf G. Geldorp wies Th. v. Frimmel hin. Früher Gualdorp Gortzius zugeschrieben.

Peeter van Bloemen, genannt Standaert.

Vlämische Schule. Getauft am 17. Jänner 1657 zu Antwerpen, wo er 1699 Dekan der Schilders-Kamer wurde und am 6. März 1720 starb. Schüler Simon van Douws.

954. Italienische Landschaft. Drei Bogen einer Ruine in der
(E. 698.) Mitte; im Vordergrunde Herden. Ein Mann reitet, ein Saumroß führend, durch ein Wasser.

L.; h. 73, br. 98 cm. Aus der Galerie des Kardinals Fürsten Albani, gekauft 1802.

955. Italienische Landschaft. Drei Maultiere werden an
(E. 699.) einem antiken Gebäude vorbeigetrieben. Im Hintergrunde ein Aquädukt.

L.; h. 72, br. 98 cm. Prov. wie Nr. 954.

956. Plünderung. Rechts eine Reitertruppe. Der Befehlshaber läßt eben kniende Bauern fesseln. Links wird das geraubte Vieh weggetrieben. Im Mittelgrunde ein in Brand gestecktes Klostergebäude.

L.; h. 75, br. 99 cm. Belvederedepot.

Niederländisch, um 1640.

957. Ein Feldlager. Das große Lager auf einer weiten Ebene ist (E. 1068.) durch zahlreiche Figuren belebt. Vorne zu beiden Seiten Marketenderzelte.

Kupfer; h. 74, br. 112 cm. 1728 in der Stallburg.

Nicolaas van Hoye.

Vlämische Schule. Geb. wahrscheinlich in Antwerpen, tritt 1637 bei Matheus Matheuszen in Antwerpen als Lehrling ein, gest. als kais. Kammermaler am 28. Juni 1679 zu Wien.

958. Feldschlacht. Ein Reitertreffen zieht sich bis in den Vorder- (E. 932.) grund; dort dichtes Handgemenge.

L.; h. 134, br. 237 cm. Kat. Mechel, 1783.

959. Feldschlacht. Im Handgemenge links ein geharnischter (E. 933.) Reiter auf einem Rappen, der einen anderen auf einem Schimmel verfolgt.

L.; h. 135, br. 211 cm. Kat. Mechel, 1783.

Niederländisch. Mitte des XVII. Jahrhunderts.

960. Reitergefecht. Eine Burg, durch Kavallerie gestürmt. Im (E. 1064.) Vordergrunde Handgemenge der Reiterei.

L.; h. 98, br. 149 cm. Ambrasersammlung.

961. Gefecht vor einer Festung. Ein Kampf mit Feuerwaffen (E. 1065.) zwischen Fußvolk und Reiterei.

L.; h. 99, br. 146 cm. Ambrasersammlung.

Cornelis de Wael.

Vlämische Schule. Geb. zu Antwerpen am 7. September 1592, gest. zu Genua 1662. Schüler seines Vaters Jan de Wael.

962. Der Zug der Juden durch das Rote Meer. Rechts Pharao, (E. 1380.) mit seinem Heere gegen die herandringenden Wogen ankämpfend; links die Juden auf dem Felsenufer, voraus Moses, den Stab schwingend.

L. auf H.; h. 74, br. 121 cm. Samml. Erzh. Leopold Wilhelm.

Nicolaas van Eyck.

Vlämische Schule. Geb. 1617 zu Antwerpen, wo er 1679 starb. Schüler Theodor Rombouts'.

963. Truppenhalt im Dorfe. Unter hohen Bäumen hält eine An- (E. 831.) zahl Reiter. Im Vordergrunde spielen drei Soldaten Karten.

Bezeichnet unten in der Mitte auf dem Steine am Wasser: N·VAN·EYCK

L.; h. 130, br. 174 cm. Kunstbesitz Karls VI.

Hans Jordaens der Jüngere.

Vlämische Schule. Geb. um 1595 zu Antwerpen, wo er 1620 Meister der St. Lucasgilde wurde und zwischen dem 14. Juli 1643 und dem 21. März 1644 starb. Wahrscheinlich Schüler seines Vaters Hans Jordaens d. Ä.

964. Ein Kunstkabinett. Gemälde an den Wänden; an einem
(E. 941.) Tische links preist der Händler den Kunden seine Schätze an; rechts vor einer Staffelei, mit dem Bilde «Die Erweckung des Lazarus», zwei Herren.

Auf der Rückseite des Bildes steht:

Hans Jordans . F.

Eichenholz; h. 86, br. 120 cm. Samml. Erzh. Leop. Wilhelm.

Sebastian Vrancx.

Vlämische Schule. Getauft am 22. Jänner 1573 zu Antwerpen, wo er 1600 Meister der St. Lucasgilde wurde und am 19. Mai 1647 starb. Schüler Adam van Noorts.

965. Das Innere der Antwerpener Jesuitenkirche. Das Haupt-
(E. 1374.) schiff, von vielen Menschen belebt, während der Messe. Das Hochaltarbild zeigt die Teufelaustreibung durch den heil. Ignaz v. Loyola von Rubens.

Bezeichnet links unten an dem Säulenfuß: S. Vrancx

Eichenholz; h. 52, br. 70 cm. Samml. Erzh. Leopold Wilhelm.

966. Ein Überfall. In einer Ebene wird ein großer Zug von Last-
(E. 1373.) wagen auf der Heerstraße von einer Söldnerschar geplündert.

H.; h. 55, br. 87 cm. Kat. Mechel 1783.

Robert van den Hoecke.

Vlämische Schule. Geb. zu Antwerpen am 30. November 1622; 1645 Meister der dortigen St. Lucasgilde; gest. nach 1665. Schüler seines Vaters Caspar van den Hoecke.

967. Schlittschuhlaufen in Brüssel. Die Belustigung im Brüs-
(E. 909.) seler Stadtgraben hat eine Menge von Zuschauern aus der Stadt

gelockt. Auf dem rechten Ufer halten Equipagen; in einer derselben sitzt der Erzherzog Leopold Wilhelm.

Bezeichnet links auf dem vorspringenden Teile der Stadtmauer: R v H 1649

Eichenholz; h. 58, br. 92 cm. Samml. Erzh. Leopold Wilhelm.

968. **Truppenmarsch.** Ein großer, mit einer Leinwandplache
(E. 913.) überdeckter Rüstwagen; ein Trompeter auf einem Schimmel, ein Musketier im blauen Mantel und Fußsoldaten.

L.; h. 44, br. 52 cm. Samml. Erzh. Leopold Wilhelm.

969. **Die Stadt Ostende.** Eine weite Fläche erstreckt sich bis an
(E. 908.) die Stadt. Die breite Straße, die sich von den Wällen nach dem Vordergrunde zieht, ist mit Spaziergängern belebt.

Bezeichnet unten in der Mitte: Rv Hoecke

Eichenholz; h. 58, br. 93 cm. Samml. Erzh. Leopold Wilhelm.

970. **Nächtliche Feuersbrunst.** Mitten im Bilde ein brennendes
(E. 916.) Haus; im Vordergrunde Erzherzog Leopold Wilhelm zu Pferde, von Kavalieren umgeben.

L.; h. 42, br. 58 cm. Samml. Erzh. Leopold Wilhelm.

971. **Feldlager.** Leute zu Fuß und zu Pferde zwischen den Zelten.
(E. 912.) Ein Schimmel mit Körben beladen in der Mitte des Bildes.

L.; h. 43, br. 51 cm. Samml. Erzh. Leopold Wilhelm.

972. **Holländische Vorratskammer.** Ein Strohgeflecht, darauf
(E. 915.) ein Schemel, eine Laterne, ein großer Eisenkessel und anderes.

Bezeichnet links oben auf einem Balken:

R. vertus Varden Hoecke fec A 1645

Eichenholz; h. 30, br. 23 cm. Samml. Erzh. Leopold Wilhelm.

973. **Feldlager** bei den Ruinen eines großen Gebäudes. Vor einem
(E. 910.) Marketenderzelte sind an einer Stange das Bildnis des Erzherzogs Leopold Wilhelm und die Fahne seines Regimentes «Hoch- und Deutschmeister» angebracht.

Eichenholz; h. 28, br. 36 cm. Samml. Erzh. Leopold Wilhelm.

974. Nachtlager vor einem Wirtshause. Ein Zelt ist aufgerichtet (E. 914.) und ein Feuer angezündet, bei dem die Reisenden übernachten.

Eichenholz; h. 30, br. 23 cm. Samml. Erzh. Leopold Wilhelm.

975. Feldlager. Rechts eine Zeltreihe; vor einem Feuer wird (E. 911.) gekocht.

Eichenholz; h. 28, br. 36 cm. Kat. Mechel, 1783.

François Denys.

Vlämische Schule. Geb. zu Antwerpen um 1610, Meister der St. Lucasgilde zu Antwerpen 1632, gestorben vor dem 10. Dezember 1657. Ausgebildet unter Van Dycks Einflusse.

975 a. Bildnis eines Kanonikus, im weißen Chorhemde, die Hände zum Gebet gefaltet. Im Hintergrunde links auf einem mit rotem Tuche bedeckten Tische ein Kruzifix, die Bibel und das Biret, rechts in einer Steinnische eine Sanduhr und ein Totenschädel.

Links auf dem roten Tuche ein von einem Engel gehaltenes Wappen: roter Schild, durch einen silbernen Balken quergeteilt, im oberen Felde die Bibel, im unteren drei Brote. Darunter die Devise: ‚Non in solo pane'. Bezeichnet rechts unter dem Totenschädel:

Francois. Nys. f. 1640

(die letzte Ziffer der Jahreszahl unsicher).

Leinwand; h. 137, br. 107 cm. Kniestück. Widmung des Herrn Hofrat Professor Dr. Adam Pollitzer in Wien, 1902.

Peeter Snayers.

Vlämische Schule. Getauft am 24. November 1592 zu Antwerpen; 1628 in die Gilde zu Brüssel aufgenommen, wo er 1667 starb. Schüler Sebastian Vrancx'.

976. Ein Reitertrupp hält bei einem Wasser links vor einem (E. 1246.) Wirtshause, bei dem ein großer Baum steht.

L.; h. 75, br. 120 cm. Samml. Erzh. Leopold Wilhelm.

977. Ein Schlachtfeld. Die Leichen werden geplündert. Links (E. 1247.) vorne hält eine Reiterschar. In der Mitte des Bildes wird ein wieherndes Roß geführt.

L.; h. 75, br. 121 cm. Samml. Erzh. Leopold Wilhelm.

978. Große Feldschlacht. Im Mittelgrunde Kavallerieattacke. (E. 1244.) Rechts vorne eine hohe Baumgruppe.

L.; h. 194, br. 262 cm. Galerie Graf Nostitz in Prag.

979. Reitergefecht. Eine Reiterschar sucht den Übergang über
(E. 1248.) eine steinerne Bogenbrücke zu erzwingen.

L.; h. 66, br. 98 cm. 1765 ins Preßburger Schloß und 1781 zurück nach Wien gekommen.

980. Gebirgslandschaft mit einem Schlosse. Das schon ziem-
(E. 1245.) lich verfallene Schloß liegt in der Mitte des Bildes. Links vorne unter einer Baumgruppe lagern Reisende.

Eichenholz; h. 52, br. 85 cm. 1728 in der Stallburg.

Adam Frans van der Meulen.

Vlämische Schule. Geb. am 11. Jänner 1631 zu Brüssel, gest. am 15. Oktober 1690 zu Paris, wo er seit 1673 Mitglied der Akademie war. Schüler Peeter Snayers'.

981. Reitergefecht. Rechts vor einem Gebäude tobt der Kampf.
(E. 1011.) In der Mitte Fernsicht in die Ebene, auf welcher ebenfalls Reiter dahinstürmen.

L.; h. 56, br. 68 cm. Nachlaß Herzog Karls von Lothringen.

Niederländisch. Zweite Hälfte des XVI. Jahrhunderts.

982. Ansicht von Rom. Im Vordergrunde die vatikanischen Gärten;
(E. 1589.) links Papst Sixtus V. (Felice Peretti, geboren 13. Dezember 1521, Papst 24. April 1585, gestorben 27. August 1590) mit seinem Gefolge; rechts die im Bau begriffene Peterskuppel.

Eichenholz; h. 72, br. 102 cm. Nach Inventar 1781 aus Preßburg zurück nach Wien gebracht. Früher dem Paul Juvenel zugeschrieben.

Jan van den Hoecke.

Vlämische Schule. Geb. 1611 zu Antwerpen, wo er 1651 starb. Schüler seines Vaters Caspar van den Hoecke.

983. Erzherzog Leopold Wilhelm, in voller Rüstung zu Pferde.
(E. 906.) Von rechts tritt ihm ein Genius mit der Siegespalme entgegen. Über dem Erzherzog die Fama mit der Posaune und kleine Genien, deren einer ihn mit dem Lorbeer krönt. (Der Erzherzog, der jüngste Sohn Kaiser Ferdinands II. und seiner Gemahlin Maria Anna, Tochter des Herzogs Wilhelm V. von Bayern, wurde am 6. Jänner 1614 geboren, 1625 Bischof zu Straßburg, von 1646 bis 1656 Gouverneur der spanischen Niederlande und starb am 20. November 1662.)

L.; h. 331, br. 346 cm. Samml. Erzh. Leopold Wilhelm. Gegenwärtig nicht ausgestellt.

Peeter Brueghel d. Ä. (s. Nr. 708).

984. Seestück. Schiffe werden bei heftigem Sturme umhergeworfen.
(E. 749.) In der Mitte des Vordergrundes ein großes Segelschiff, dem von rechts ein Riesenfisch mit offenem Rachen zuschwimmt.

Eichenholz; h. 72, br. 98 cm. Belvederedepot. Früher P. Brueghel d. Ä., dann Joos de Momper zugeschrieben. Th. v. Frimmel wollte das Bild Jacob Grimmer geben. Doch ist in jüngster Zeit Axel L. Romdahl mit guten Gründen auf die erste Benennung zurückgegangen, die wir nun auch für die richtige halten.

Joos de Momper.

Vlämische Schule. Geb. 1564 zu Antwerpen, wo er 1581 als Meister in die Gilde aufgenommen wurde und zu Anfang des Jahres 1635 starb. Schüler seines Vaters Bartholomäus.

985. Gebirgslandschaft. Ein Tal am Fuße des St. Gotthard. Links
(E. 1026.) im Vordergrunde eine große Baumgruppe; ein Reiter läßt sich den Weg weisen. (Die Figuren von Hans Jordaens d. J., s. Nr. 964.)

L.; h. 209, br. 288 cm. Samml. Erzh. Leopold Wilhelm.

986. Landschaft. Zwischen zwei dunklen, mit Bäumen und Strauch-
(E. 1027.) werk bewachsenen Felsen öffnet sich die schmale Fernsicht in eine lichte Landschaft.

Eichenholz; h. 66, br. 45 cm. Wahrscheinlich aus der Sammlung Erzh. Leopold Wilhelm.

Jan (Hans) Tilens.

Vlämische Schule. Getauft am 6. April 1589 zu Antwerpen, wo er 1612 als Meister in die St. Lucasgilde aufgenommen wurde und am 25. Juli 1630 starb.

987. Gebirgslandschaft. Rechts auf einer Bergeshöhe ein Städt-
(E. 1318.) chen. Ein Gebirgsbach fällt über die Felsen nieder. (Motiv aus Tivoli bei Rom.)

Bezeichnet rechts unten auf einem Steine im Wasser: IOAN TILEN, .M 16

Eichenholz; h. 62, br. 93 cm. Samml. Erzh. Leopold Wilhelm.

Denis van Alsloot.

Vlämische Schule. Geb. zu Brüssel 1570, gest. 1620.

988. Waldlandschaft mit Cephalus und Procris. Hochstäm-
(E. 654.) miger Eichenwald; durch eine Lichtung in der Mitte zeigt sich ein Kloster mit einem Teiche. Rechts im Vordergrunde Cephalus, welcher der tödlich verwundeten Procris den Pfeil aus der Brust zieht. (Die Figuren von Hendrik de Clerck, s. Nr. 989.)

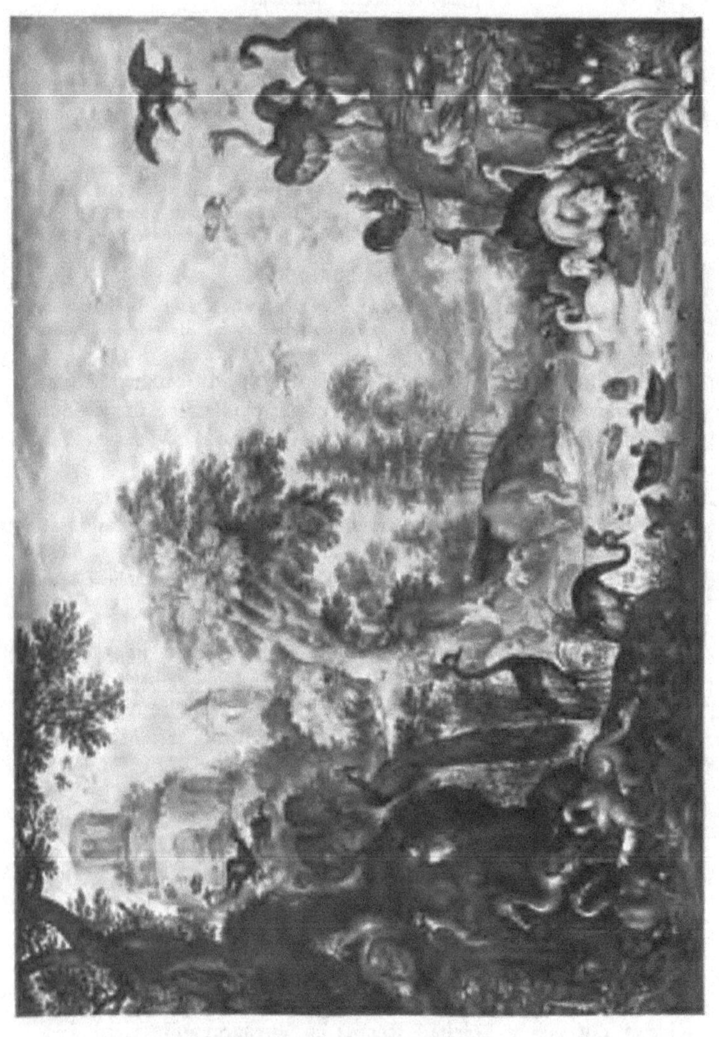

927. Roelandt Savery.

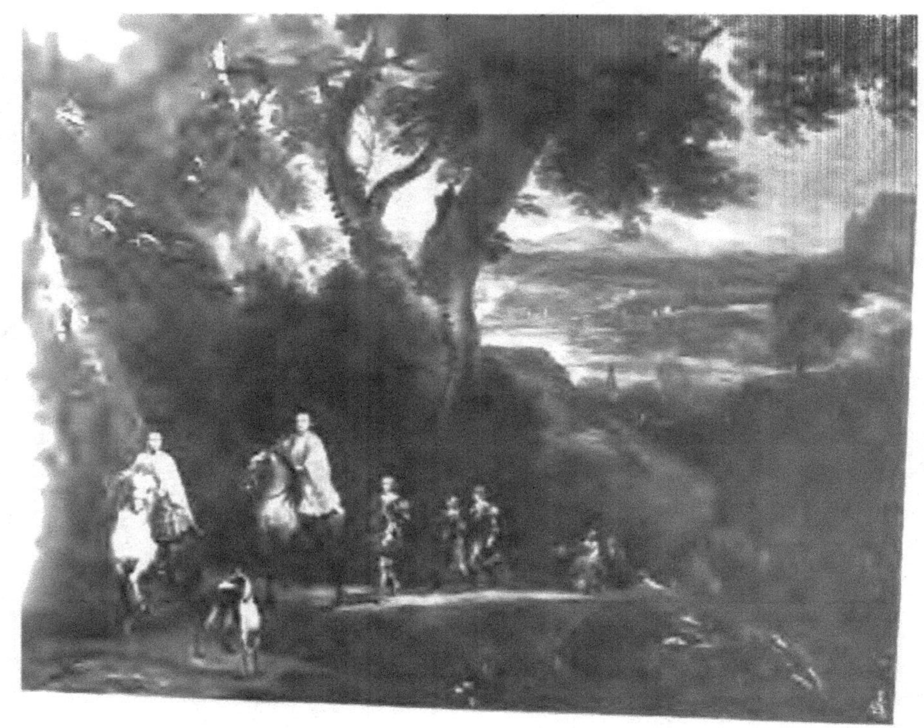

995. **Achtschellinck** und **Coques.**

Bezeichnet unten links auf dem Baumstamme: 1608

Unten rechts unter dem Köcher: H·de·cLerck

Bei Mechel und A. Krafft ist noch angegeben:

»D : ab Alsloot S : A : Pict : 1608.«

Jetzt ist nur mehr die Jahreszahl zu sehen.

Eichenholz; h. 76, br. 105 cm. Kat. Mechel, 1783.

Hendrik de Clerck.

Vlämische Schule. Geb. zu Brüssel um 1570, gest. um 1629. Bildete sich unter der Leitung Marten de Vos'.

989. Die Speisung der Fünftausend. In der Mitte des Vordergrundes sitzt, umgeben von seinen Jüngern, der Heiland unter einer Baumgruppe; neben ihm steht der Knabe, der in einem Korbe zwei Fische und fünf Brote bringt, deren eines eben von Christus gesegnet wird. Im Mittelgrunde sieht man rechts und links die Bewohner Tiberias lagern, die durch das Wunder gespeist werden. Im Hintergrunde die Stadt am Meere und hohes Felsenufer.

Bezeichnet neben dem linken Fuße Christi: ·H· de · cLerck·

L.; h. 203, br. 167 cm. Prager Schloß.

Andries van Eertvelt (Artvelt).

Vlämische Schule. Geb. 1590 zu Antwerpen, wo er 1610 als Meister in die St. Lucasgilde aufgenommen wurde und 1652 starb.

990. Seestück. Mehrere Kriegsschiffe im Hafen, das mittelste mit
(E. 658.) dem Bilde des heiligen Christoph und dem spanischen Wappen. Waffenvorräte werden durch Soldaten eingeschifft.

Bezeichnet unten in der Mitte auf der schwimmenden Tonne: AE

L.; h. 185, br. 317 cm. Samml. Erzh. Leopold Wilhelm.

Pieter van Avont.

Vlämische Schule. Geb. zu Mecheln 1600, 1622 Meister der Antwerpener St. Lucasgilde, gest. 1652 in seiner Vaterstadt. Schüler seines Vaters Hans van Avont.

991. **Flora in einem Garten.** Sie sitzt rechts im Vordergrunde
(E. 661.) unter einem Apfelbaume. Kindergenien sammeln Blumen. (Die Landschaft von Jan Brueghel d. J., s. Nr. 918.)

Bezeichnet links unten: Peeter van Avont

Kupfer; h. 48, br. 71 cm. Kunstbesitz Karls VI. Rosa las noch die Namen beider Künstler auf dem Bilde.

992. **Landschaft mit der heil. Familie.** Maria, hinter der der heil.
(E. 660.) Josef steht, reicht dem Jesuskinde die Brust. Engel bringen das Lamm, andere schweben mit Blumengirlanden in der Luft. (Die Landschaft wahrscheinlich von Jan Brueghel d. J., s. Nr. 918.)

Bezeichnet links unten: Peter von Avont

Kupfer; h. 53, br. 76 cm. Kunstbesitz Karls VI.

993. **Waldlandschaft mit Maria und dem Kinde,** die von dem
(E. 659.) kleinen heil. Johannes angebetet und von Engeln umgeben und umschwebt werden. Links Aussicht in eine ferne Berglandschaft. (Die Landschaft von Frans Wouters, s. Nr. 1076.)

Bezeichnet rechts unten unter dem Lamm: Peet

Eichenholz; h. 55, br. 79 cm. Samml. Erzh. Leopold Wilhelm.

Caspar de Witte.

Vlämische Schule. Getauft am 5. Oktober 1624 zu Antwerpen, wo er 1651 Meister der St. Lucasgilde wurde und am 20. März 1681 starb. Schüler seines Vaters Peeter.

994. **Italienische Landschaft.** In der Mitte vorne ein Baum, da-
(E. 1396.) hinter Ruinen einer Wasserleitung; rechts am Sockel einer verfallenen Säule sitzt ein Campagnole auf der Erde; bei ihm sein Maultier und sein Hund.

Bezeichnet rechts unten auf dem Säulenstuhl: GASPAR DE WITTE f.

L.; h. 56, br. 68 cm. Seit 1728 in der Stallburg.

Kabinett XIV. (Seitenlicht.)

Achtschellinck und Coques.

Lucas Achtschellinck. Vlämische Schule. Getauft am 11. Jänner 1626 zu Brüssel, wo er am 12. Mai 1699 begraben wurde. Schüler P. van der Borchts, später von Jacques d'Arthois beeinflußt.

Gonzales Coques. Vlämische Schule. Geb. 1618 zu Antwerpen, wo er 1641 Mitglied der St. Lucasgilde wurde und am 18. April 1684 starb. Schüler Peeter Brueghels d. J. und David Ryckaerts II.

995. Landschaft mit Rudolf von Habsburg und dem
(E. 763.) Priester. In einer Lichtung des Waldes, der rechts den Ausblick in eine weite Landschaft gewährt, reitet der Meßner mit Glocke und Laterne dem Priester voraus, der ihm mit der Monstranze in der Rechten auf dem Pferde des Grafen folgt. Hinter ihnen zu Fuße und entblößten Hauptes der Graf mit seiner Jagdbegleitung. (Die Landschaft von L. Achtschellinck, die Figuren von Gonzales Coques.)

L.; h. 110, br. 140 cm. Ursprünglich in der Sammlung des Gouvernementrates F. X. v. Burtin in Brüssel. 1877 vom Dr. J. Kuranda für die Galerie gekauft.

Peeter Bout und Adam Frans Boudewyns.

Pieter Bout. Vlämische Schule. Getauft am 5. December 1658 zu Brüssel, wo er nach 1700 starb. Angeblich Schüler Wouwermans.

Adam Frans Boudewyns. Vlämische Schule. Getauft am 3. Oktober 1644 zu Brüssel, wo er 1665 Mitglied der St. Lucasgilde wurde und nach 1700 starb. Hatte sich unter J. v. d. Stock gebildet.

996. Landschaft. Die Steinruinen eines Tempels stehen auf einem
(E. 705.) niedern, mit Bäumen bewachsenen Felsenabhang rechts. Unter diesem ruht in der Ebene eine Herde. (Landschaft von Boudewyns, Staffage von Bout.)

Eichenholz; h. 29, br. 38 cm. Nachlaß Herzogs Karl von Lothringen.

997. Landschaft mit Ruinen. Vor einem zerfallenen Gebäude
(E. 706.) halten zwei Reiter und sprechen mit einer Bäuerin und einem Manne, der einen beladenen Esel führt. (Landschaft von Boudewyns, Staffage von Bout.)

Eichenholz; h. 29, br. 38 cm. Kat. Mechel, 1783; Seitenstück zu Nr. 996.

Theobald Michau.

Vlämische Schule. Geb. zu Doornick 1676; 1699 Mitglied der Gilde von Brüssel, 1711 der von Antwerpen, wo er 1765 starb. Angeblich Schüler Lucas Achtschellincks und Nachahmer Pieter Bouts.

998. Marktszene. Vorne eine reiche Gruppe bei einem Wagen,
(E. 1011.) von dem Fässer abgeladen werden.

Bezeichnet links unten: T. Michau

Eichenholz; h. 42, br. 62 cm. Nachlaß Herzogs Karl von Lothringen.

999. **Winterlandschaft** mit Schlittschuhläufern.
(E. 1013.) Bezeichnet rechts unten: T. Michau

Eichenholz; h. 42, br. 62 cm. Nachlaß Herzogs Karl von Lothringen.

Bonaventura Peeters.

Vlämische Schule. Getauft zu Antwerpen am 23. Juli 1614, 1634 Meister der dortigen St. Lucasgilde, gest. zu Hoboken bei Antwerpen am 25. Juli 1652.

1000. **Stürmende Türken.** Eine venezianische Festung wird von
(E. 1105.) Türken erobert.

Bezeichnet links unten auf dem Schilde: BP 1641

Eichenholz; h. 47, br. 62 cm. Samml. Erzh. Leopold Wilhelm.

1001. **Ein Kriegshafen.** Rechts Festungswerke; vorne werden ver-
(E. 1106.) wundete Türken getragen; links ein großes Kriegsschiff.

Bezeichnet rechts auf dem Uferdamme: B·P

Eichenholz; h. 47, br. 63 cm. Samml. Erzh. Leopold Wilhelm.

Jan Peeters.

Vlämische Schule. Geb. am 24. April 1624 zu Antwerpen, wo er 1645 Meister der St. Lucasgilde wurde und zwischen 1676 und 1680 starb. Schüler seines älteren Bruders Bonaventura.

1002. **Seeufer.** Rechts dicht am Ufer ein steinerner Löwe auf hohem
(E. 1107.) Sockel. Die Mannschaft eines in der Mitte des Vordergrundes vor Anker liegenden Schiffes hat auf dem Ufer ein Feuer angezündet.

L.; h. 63, br. 82 cm. Samml. Erzh. Leopold Wilhelm.

1003. **Seestück.** Eine reichverzierte Galeere ist bei heftigem Sturme
(E. 1110.) dem Scheitern nahe.

Bezeichnet unten rechts auf dem dunklen, aus der Brandung ragenden Steine: JSP

L.; h. 87, br. 103 cm. Seit 1781 im Belvedere.

1004. **Seeufer.** Mehrere Schiffe bei herannahendem Gewitter, durch
(E. 1108.) dessen Wolken der Vordergrund in Schatten gelegt wird.

L.; h. 63, br. 82 cm. Samml. Erzh. Leopold Wilhelm.

1005. Felsiges Meeresufer. Auf hochgehender See kämpfen mehrere Schiffe mit den Wellen.
(E. 1109.)

Bezeichnet unten rechts auf dem dunklen Steine: J. P

Eichenholz; h. 25, br. 36 cm. Seit 1796 im Belvedere.

Adam Willarts (Willaerts).

Vlämische Schule. Geb. zu Antwerpen 1577, gest. vor 1662 zu Utrecht, wo er 1611 Mitglied der dortigen Gilde wurde.

1006. Ein Seehafen. Der Sturm treibt die Wogen gegen das Ufer, auf welchem rechts eine befestigte Stadt liegt. Viele Schiffe in See.
(E. 1392.)

Bezeichnet rechts unten auf dem Pfahlwerk: A. Willarts. 1631

L.; h. 63, br. 116 cm. 1728 in der Stallburg.

Orazio Grevenbroeck.

Niederländische Schule. Tätig um 1670.

1007. Seesturm. Zwei große Fahrzeuge kämpfen mit den hochgehenden Wogen. Felsige Ufer.
(E. 858.)

Bezeichnet auf der Rückseite des Bildes: Orazio Greverbruch

Eichenholz; h. 21, br. 34 cm. Kat. Mechel, 1783; kam 1809 nach Paris und 1815 zurück nach Wien.

Willem Schubert von Ehrenberg.

Vlämische Schule. Geb. in Deutschland um 1637, 1663 Meister der St. Lucasgilde zu Antwerpen, wo er um 1676 starb.

1008. Das Innere einer Kirche. Ein Prachtbau im italienischen Renaissancestil. Vorne das Grabdenkmal eines Papstes.
(E. 821.)

Bezeichnet rechts auf dem Steinsockel neben dem Baldachin: W. v. Ehrenberg. f 1664

L.; h. 100, br. 121 cm. Kunstbesitz Karls VI.

Niederländisch, datiert 1721.

1009. Das Innere einer Kirche. Ein prächtiger Renaissancebau. Rechts vorne das Grabmal eines Papstes. Die Kirche ist menschenleer.
(E. 1063.)

L.; h. 86, br. 120 cm. Seit 1824 im Belvedere.

Antony Gheringh.

Vlämische Schule. Geb. in Deutschland; 1662 Meister der St. Lucasgilde zu Antwerpen, wo er 1668 starb. Wahrscheinlich Schüler P. Neeffs' I.

1010. Das Innere der Jesuitenkirche in Antwerpen. Auf dem (E. 855.) Hauptaltar sieht man den jetzt in der Galerie befindlichen heil. Ignatius von Rubens. (S. Nr. 865.)

Bezeichnet links unten auf dem Steingetäfel: A. Gheringh: ao 1665.

L.; h. 113, br. 141 cm. 1776 von den Jesuiten in Antwerpen gekauft.

Hyacinthe de la Peigne (Pegna).

Vlämische Schule. Geb. zu Brüssel um 1700(?), gest. zu Rom nach 1766.

1011. Der Pont neuf zu Paris, gesehen vom Quai de la Mégisserie. (E. 1111.) Links die Reiterstatue Heinrichs IV.

Bezeichnet rechts unten auf dem Pflaster: de la Pegnia f.

L.; h. 50, br. 66 cm. 1765 von Wien nach Preßburg geschickt, seit 1781 im Belvedere.

1012. Der Pont neuf zu Paris, gesehen vom Quai de l'horloge. Im (E. 1112.) Vordergrunde eine Badeanstalt auf einem Seineschiffe.

Bezeichnet links unten: de la Pegnia 1743 de la Pegnia. f.

L.; h. 49, br. 65 cm. Provenienz wie Nr. 1011.

Gerard de Lairesse.

Vlämische Schule. Geb. zu Lüttich 1641, begraben zu Amsterdam am 21. Juli 1711. Schüler seines Vaters Reynier und Bertholet Flémalles; beeinflußt von N. Poussin.

1013. Geschützposten. Bei einer Ruine steht der Fahnenträger (E. 961.) neben einer großen Kanone; rechts vorne sitzt ein Soldat auf dem Boden und hält einen Schild mit dem Medusenhaupte.

L.; h. 58, br. 50 cm. Zuerst in Rosas Katalog von 1796.

1014. Zybele empfängt Neptun und Amphitrite. Links am (E. 959.) Meeresufer vor einem Säulenportal sitzt die Göttin mit ihrem

Gefolge. Von rechts naht auf seinem Wagen, von Nymphen umgeben, Neptun mit Amphitrite, die Gaben des Meeres bringend.

L.; h. 115, br. 194 cm. Seit 1824 in der Galerie.

1015. Zechende Soldaten und Dirnen in einem verfallenen römi-
(E. 960.) schen Tempel.

L.; h. 58, br. 50 cm. Zuerst in Rosas Katalog von 1796.

Hendrik Frans de Cort.

Vlämische Schule. Geb. zu Antwerpen 1742, gest. zu London 1810. Schüler C. Herreyns' und H. J. Antonissens.

1016. Schloß Temsch an der Schelde. Das im Wasser stehende
(E. 765.) Schloß ist durch eine Brücke mit den Ufergebäuden verbunden. Links im Hintergrunde die Stadt Antwerpen.

Bezeichnet rechts unten auf der Ufermauer: Henri De Cort ANVERS A° 1774

Kupfer; h. 45, br. 64 cm. Nachlaß Herzog Karls v. Lothringen.

Otmar Elliger d. J.

Holländische Schule. Geb. zu Hamburg 1666, gest. angeblich zu Amsterdam 1732. Schüler G. Lairesses.

1017. Die Frau mit dem Pokal. Sie steht an einem Bogenfenster,
(E. 822.) in der vorgestreckten Rechten den Goldpokal, in der Linken ein blaues Tuch mit Früchten.

L.; h. 34, br. 27 cm. Halbe Figur. Kat. Mechel, 1783.

Jan Peeter van Bredael d. J.

Vlämische Schule. Geb. am 27. Juli 1683 zu Antwerpen, gestorben zu Ende des Jahres 1735 in Wien. Schüler seines Vaters Joris van Bredael.

1018. Reitergefecht. Ein auf einem Schimmel reitender Mann im roten Rocke sinkt von einem Pistolenschusse getroffen zurück, den ein anderer vorbeisprengender Reiter auf ihn abgibt. Vorne rechts ein gefallener Mann, dessen Pferd aufzustehen versucht.

L.; h. 31, br. 41 cm. Belvedere-Depot. Dieses und die folgenden Bilder 1019—1026 wurden von E. v. Engerth J. P. Bredael dem Älteren zugeschrieben. Woermann wies jedoch bereits darauf hin, daß sie J. P. Bredael dem Jüngeren angehören.

1019. Reiherbeize. Zwei vornehme Damen fahren auf die Falken-
(E. 713.) jagd; Kavaliere zu Pferde begleiten sie.

Bezeichnet rechts unten auf dem Baumstamme: J.P. van Breda

Kupfer; h. 45, br. 58 cm. Seit 1824 in der Galerie.

1020. **Reitergefecht.** Im Vordergrunde ein Handgemenge. Links
(E. 718.) eine mit Schimmeln bespannte Karosse.

L.; h. 41, br. 53 cm. Belvederedepot.

1021. **Schlacht bei Belgrad** (1717). Im Hintergrunde die Stadt,
(E. 712.) links die Festung; in der Mitte auf einem Hügel hält der Stab mit drei Trompetern. Im Vordergrunde heftiges Handgemenge.

Bezeichnet unten in der Mitte: J.P. van Breda L

L.; h. 91, br. 127 cm. Zuerst im Inventar von 1765.

1022. **Schlacht bei Peterwardein** (1716). In der Mitte ragt die
(E. 711.) brennende Festung aus der unteren Stadt; rechts rückt die österreichische Kavallerie vor, die man auch links zwischen Turm und Festung in Aktion sieht.

Bezeichnet links unten: J.P. Van Breda f

L.; h. 91, br. 127 cm. In Wien gemalt. Inventar von 1765.

1023. **Reitergefecht.** Dichtes Getümmel; in der Mitte wird ein Mann
(E. 717.) mit blauem Rocke auf einem Schimmel von einem anderen Reiter erschossen.

L.; h. 41, br. 53 cm. Belvederedepot.

1024. **Reitergefecht bei einem einsam stehenden Hause.** Ein
(E. 716.) Reiter im gelben Rocke auf einem Schimmel wird von einem berittenen Karabinier angeschossen.

L.; h. 31, br. 41 cm. Belvederedepot.

1025. **Wildschweinhetze.** Die Tiere werden in einen mit Netzen
(E. 714.) umschlossenen Raum getrieben. Ein vornehmer Herr schießt auf sie, in einem blauen Zelte stehend, von einer Anzahl Damen umgeben.

Bezeichnet rechts unten auf dem Boden: J.P van Breda.p 1717

Kupfer; h. 46, br. 58 cm. Seit 1816 in der Galerie.

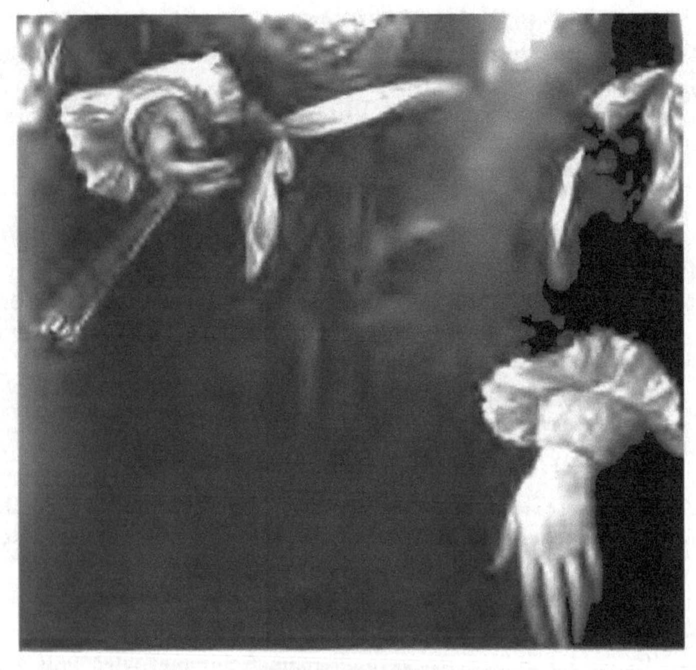

1028. Anton van Dyck.

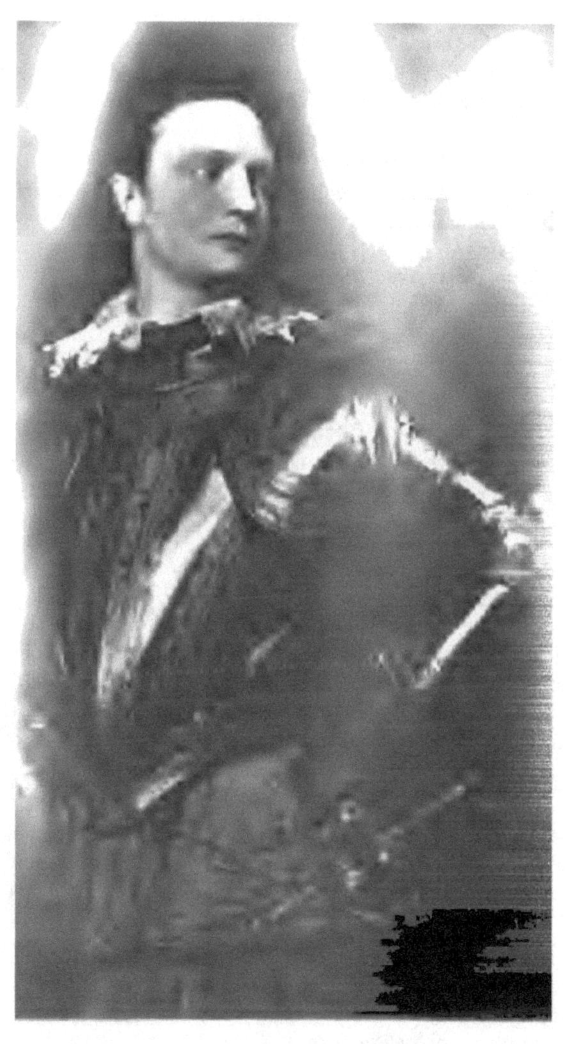

1034. Anton van Dyck.

Niederländisch. Anfang des XVIII. Jahrhunderts.

1026. Uferlandschaft mit Reisenden. Eine Frau, auf einem zwei-
(E. 1067.) räderigen Karren sitzend, lenkt die zwei voreinander gespannten Pferde.

L.; h. 40, br. 57 cm. Seit 1824 im Belvedere.

1027. Tanzende Bauern. Rechts im Vordergrunde die Dorfschenke,
(E. 1066.) vor welcher Bauern und Dirnen tanzen; links Ausblick in die Landschaft.

L.; h. 40, br. 56 cm. Seit 1824 im Belvedere.

Saal XIII. (Oberlicht.)

Anton van Dyck.

Vlämische Schule. Geb. am 22. März 1599 zu Antwerpen, seit 1618 Mitglied der St. Lucasgilde dieser Stadt, gest. zu London am 9. Dezember 1641. Schüler des Hendrick van Balen und Gehilfe des Rubens, unter dessen Einfluß er sich weiter ausbildete.

1028. Bildnis der Gräfin Amalie Solms, Prinzessin von Ora-
(E. 805.) nien, stehend in schwarzer Tracht mit großem zurückgelegten Spitzenkragen, in der halberhobenen rechten Hand einen geschlossenen Fächer haltend. (Gräfin Amalie ist die Tochter des Grafen Johann Albert Solms-Braunfels und der Gräfin Agnes zu Wittgenstein, geb. 31. August 1602, vermählt 1625 mit Prinz Heinrich Friedrich von Oranien, Statthalter der Niederlande; sie starb am 8. September 1657.)

L.; h. 117, br. 93 cm. Kniestück. Samml. des Erzh. Leopold Wilhelm.

1029. Bildnis einer bejahrten Frau. Sie sitzt, schwarz gekleidet,
(E. 810.) mit großem Umlegkragen und schwarzem Häubchen auf einem Sessel, auf dessen Armlehnen sie beide Hände gelegt hat.

L.; h. 109, br. 89 cm. Kniestück. Kunstbesitz Karls VI.

1030. Studie zum Kopfe einer Frau, die mit leicht geöffnetem
(E. 795.) Munde zum Himmel emporblickt Das Gesicht umwallt langes blondes Haar.

Papier auf Eichenholz; h. 49, br. 46 cm. Brustbild. Samml. Erzh. Leopold Wilhelm. Diese Studie hat Van Dyck für eine der Frauen auf seinem großen Bilde »Die eherne Schlange« im Prado zu Madrid benützt.

1031. (E. 814.) **Bildnis der Königin Henriette Marie von England,** stehend, in blaßrotem Kleide, dessen Falten die herabhängende Linke erfaßt. Ein Spitzenkragen verziert den Ausschnitt des Kleides. (Die Königin, Tochter Heinrichs IV. von Frankreich, geb. 25. November 1609, vermählt 22. Juni 1625 mit Karl I. von England, gest. 10. September 1669.)

L.; h. 59, br. 38 cm. Seit 1824 in der Galerie. Bisher als «Bildnis einer jungen Frau» bezeichnet.

1032. (E. 809.) **Bildnis des Fürsten Rhodokanakis,** mit rotblondem Schnurr- und Kinnbart und blondem, in den Nacken fallendem Haare, stehend, die rechte Hand in die Hüfte gestemmt, die linke am Degengriffe. Über dem weiß- und rotseidenen Kleide liegt auf der linken Schulter ein schwarzer Mantel.

L.; h. 112, br. 86 cm. Halbe Figur. Stallburg. Die Bestimmung der Person kann nicht als gesichert betrachtet werden.

1033. (E. 791.) **Christus am Kreuze.** Der Heiland wendet sterbend den Blick nach oben. Die Verfinsterung der Sonne ist bereits eingetreten.

L.; h. 134, br. 101 cm. Kat. Mechel, 1783.

1034. (E. 802.) **Bildnis eines jungen Feldherrn.** Der junge Held steht in goldverzierter Rüstung an einem rot behängten Tische, auf welchem sein Helm liegt. Er wendet den Kopf nach der linken Schulter.

L.; h. 115, br. 105 cm. Halbe Figur. Aus der Galerie Karls I. von England. Bisher als «Bildnis des Grafen Henri Vandenburgh» bezeichnet, mit dessen authentischen Bildnissen im Prado zu Madrid und im kgl. Schloß zu Windsor es aber, wie Lionel Cust bemerkt hat, nicht die geringste Ähnlichkeit zeigt.

1035. (E. 798.) **Venus in der Schmiede Vulkans.** Ein Zyklop und ein Genius helfen ihr den Brustharnisch aufnehmen; Genien spielen mit Schwert, Schild und Helm. Links vorne sitzt Vulkan, auf welchen Amor aus den Wolken einen Pfeil abschießt.

L.; h. 116, br. 156 cm. Samml. Erzh. Leopold Wilhelm.

1036. (E. 796.) **Der heil. Franciscus Seraphicus.** Der Heilige sitzt, in die Kutte gekleidet, in der rechten Hand einen Totenkopf, im linken Arme ein Kreuz haltend, in einer Höhle und hört mit geschlossenen Augen einem lautespielenden Engel zu.

L.; h. 120, br. 97 m. Kniestück. Aus dem Jesuitenkollegium in Mecheln 1776 nach Wien gekommen.

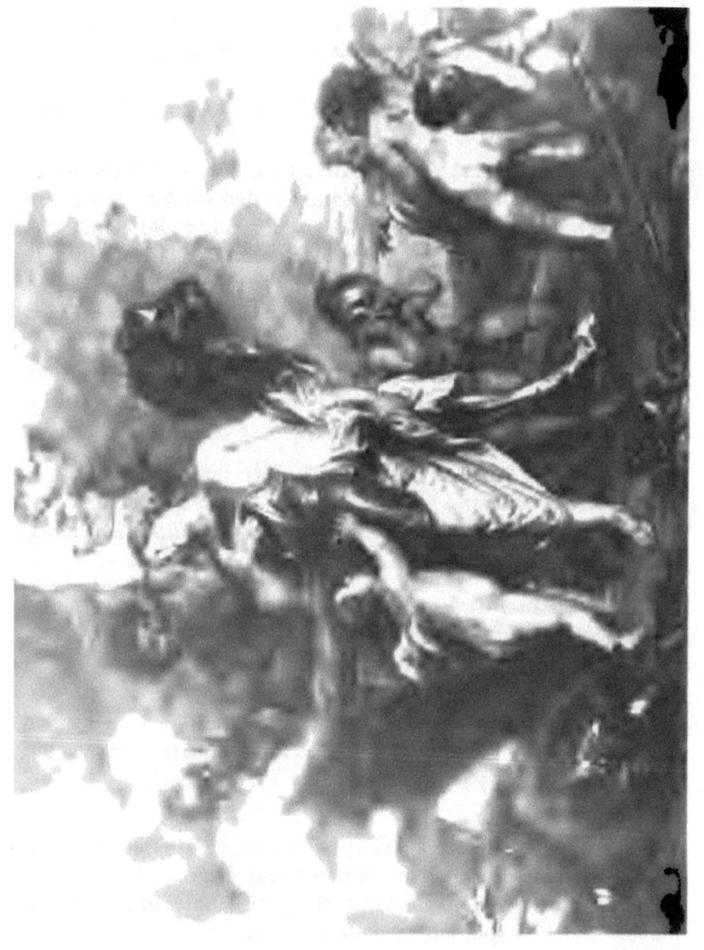

1035. Anton van Dyck.

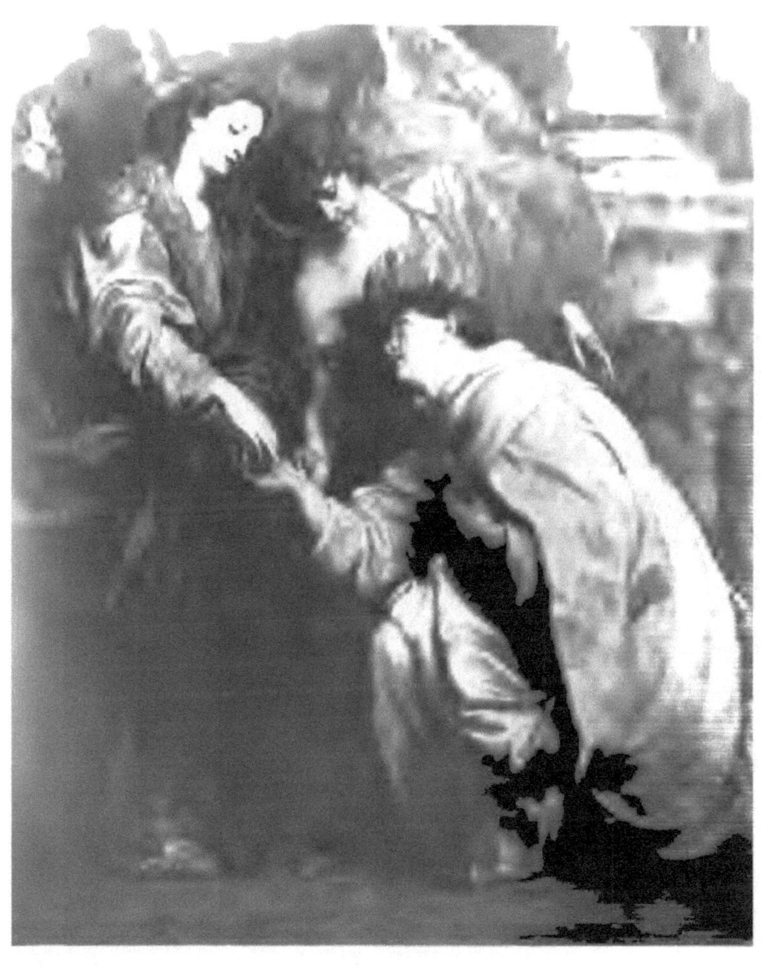

1039. Anton van Dyck.

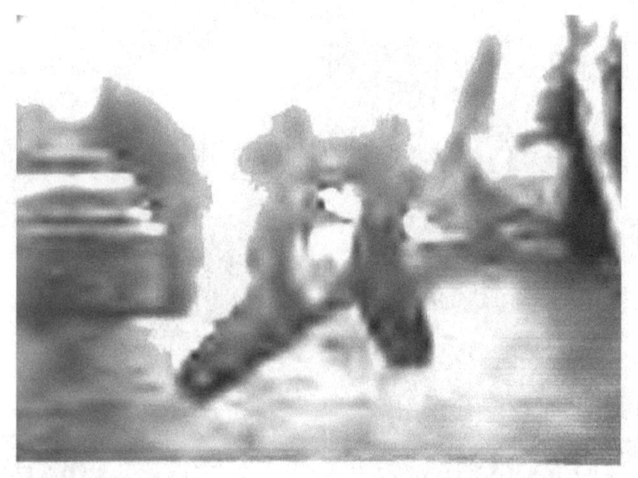

1042. Anton van Dyck.

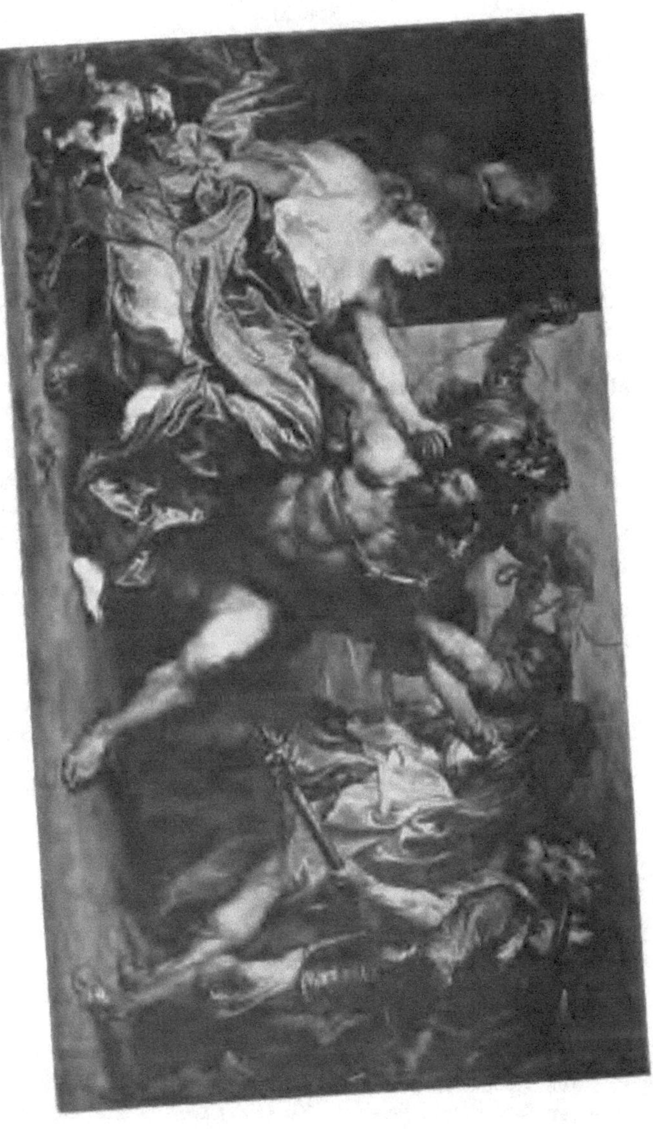

1043. Anton van Dyck.

1037. Bildnis eines Mannes. Lichter Schnurr- und Knebelbart,
(E. 812.) die braunen Haare fallen zu beiden Seiten des Gesichtes auf den Nacken nieder. Schwarzes Gewand.

L.; h. 75, br. 58 cm. Brustbild. Stallburg.

1038. Bildnis des Prinzen Karl Ludwig von der Pfalz. Ge-
(E. 801.) malt im fünfzehnten Lebensjahre. Er steht in schwarzer Kleidung, den rechten Arm in die Hüfte stemmend, en face, den Kopf nach seiner rechten Schulter wendend. (Er ist ein Sohn des Kurfürsten Friedrich V. von der Pfalz, des Winterkönigs, geboren 22. Dezember 1617, Kurfürst 1650, vermählt 1. mit Charlotte, Tochter Wilhelms V. von Hessen-Cassel, 1650, und 2. mit Marie Luise, Tochter des Freiherrn Christoph von Degenfeld. Er starb 28. August 1680.)

L.; h. 176, br. 96 cm. Kunstbesitz Karls VI.

1039. Der selige Hermann Josef. Er kniet im weißen Ordens-
(E. 794.) kleide der Prämonstratenser vor Maria, die leicht seine Hand berührt, um ihm den jetzt nicht mehr sichtbaren Ring zu geben. Zwei Engel stehen zu seiner Seite.

L.; h. 160, br. 128 cm. 1630 gemalt für die Bruderschaft der Ungetrauten in Antwerpen; 1776 von Maria Theresia angekauft.

1040. Die heil. Rosalia empfängt vom Jesuskinde einen
(E. 793.) Kranz. Die Mutter Gottes, weißgekleidet, sitzt links auf einem Throne, zu dessen beiden Seiten die Apostel Petrus und Paulus stehen. Rechts kniet in einem Goldbrokatmantel die heil. Rosalia und empfängt von dem auf dem Schoße Mariens sitzenden Jesuskinde den Kranz. Rechts oben zwei Engel, welche Blumen streuen.

L.; h. 276, br. 210 cm. Gemalt 1629 für die Bruderschaft der Ungetrauten in Antwerpen; von Maria Theresia 1776 angekauft.

1041. Bildnis eines jungen Mannes, stehend, mit blondem Haar,
(E. 811.) Schnurr- und Knebelbart, die rechte Hand auf die Brust legend. Über dem schwarzen Kleide, durch dessen Litzen rotes Futter sieht, ein Spitzenkragen und ein schwarzer Mantel.

L.; h. 112, br. 85 cm. Kniestück. Kunstbesitz Karls VI.

1042. Bildnis des Prinzen Ruprecht von der Pfalz. Der im
(E. 800.) zwölften Lebensjahre gemalte Prinz steht, schwarz gekleidet, an einen Säulenstuhl gelehnt. Zu seiner Linken sitzt ein weißer

Hund, der zu ihm aufsieht. (Der Prinz, Bruder des Prinzen Karl Ludwig [s. Nr. 1038], geb. 18. Dezember 1619, gest. 29. November 1682 als Vize-Admiral von England.)

L.; h. 176, br. 96 cm. Kunstbesitz Karls VI.

1043. Samson und Dalila. Die hellblonde, mit Hemd und rotem
(E. 797.) Mantel bekleidete Schöne gleitet halb vom links stehenden Lager herab und streckt den linken Arm nach Samson aus, der sich verzweifelt gegen die von rechts eingedrungenen Philister wehrt, von welchen er mit Stricken gebunden wird.

L.; h. 148, br. 257 cm. Samml. Erzh. Leopold Wilhelm.

1044. Ecce homo. Der dornengekrönte Heiland hält das Rohr in
(E. 790.) der Rechten. Ein behelmter hinter ihm stehender Krieger nimmt ihm den Mantel ab.

L.; h. 110, br. 84 cm. Kniestück. Kat. Mechel, 1783.

1045. Bildnis der Erzherzogin Isabella Klara Eugenia als
(E. 799.) Witwe, in der Ordenstracht einer Klarisserin in ihren letzten Lebensjahren gemalt. (Die Erzherzogin ist die Tochter König Philipps II. von Spanien und seiner dritten Gemahlin Isabella von Frankreich, geboren 12. August 1566, vermählt 18. April 1599 mit Erzherzog Albert von Österreich; blieb nach dessen Tode 1621 Regentin der Niederlande und starb am 30. November 1633.)

L.; h. 109, br. 89 cm. Halbe Figur. Kunstbesitz Karls VI.

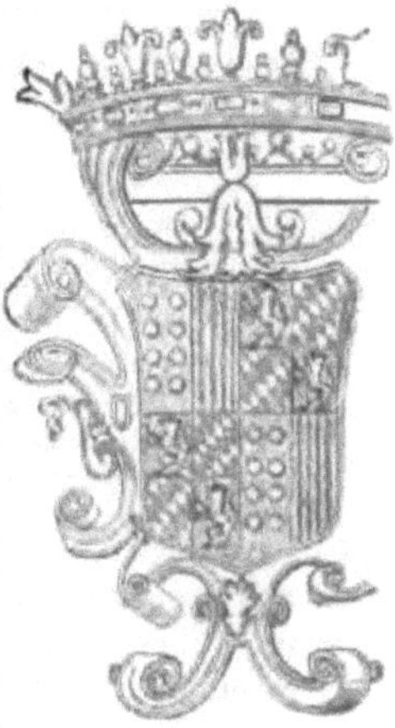

1046. Bildnis des Marquis Francesco de
(E. 804.) Moncada. Er steht im schwarzen Kleide mit steifem weißen Halskragen, mit der rechten Hand das Band erfassend, an welchem er ein Medaillon trägt. Rechts oben das nebenstehende Wappen. (Don Francesco II., dritter Markgraf von Aytona, war ein Sohn des zweiten Markgrafen von Aytona, Vizekönigs von Aragon, und der Katharina de Moncada. Er war Gesandter bei Kaiser Ferdinand II. und Generalissimus der spanischen Truppen in den Niederlanden 1633.)

Bezeichnet rechts auf dem Säulenfuße: A·VAN·DYCK

L.; h. 111, br. 86 cm. Halbe Figur. Kunstbesitz Karls VI.

1047. Die heil. Familie. Rechts sitzt Maria und hält das Jesuskind
(E. 789.) auf dem Schoße, welches dem links stehenden heil. Josef liebkosend in den Bart greift.

L.; h. 121, br. 84 cm. Kniestück. Kunstbesitz Karls VI.

1048. Bildnis des spanischen Rates Johann von Montfort.
(E. 803.) Er steht im schwarzen Kleide mit weißer Krause, den Kämmererschlüssel im Gürtel. (Montfort war Generaldirektor des Münzwesens und Oberstkämmerer des Erzherzogs Albert, General-Statthalters der Niederlande.)

L.; h. 112, br. 85 cm. Kniestück. Kunstbesitz Karls VI.

1049. Bildnis des Carolus Scribani. Scribani, der berühmte Ge-
(E. 807.) lehrte, der Gesellschaft Jesu in Antwerpen und Brüssel angehörig, geb. 1561, gest. 24. Juni 1629, steht im schwarzen Ordenskleide und hält mit der Rechten ein auf einen Tisch gestelltes Buch.

L.; h. 119, br. 104 cm. Kniestück. Kat. Mechel, 1783.

1050. Bildnis eines Mannes von mittleren Jahren mit blondem
(E. 806.) Schnurr- und Knebelbart, grau untermischtem Haare, mit großem offenen Kragen. Stehend mit der linken Hand den Mantel an der Brust zusammenhaltend.

L.; h. 111, br. 58 cm. Kniestück. Kunstbesitz Karls VI. Früher als »Bildnis des Malers Snyders« bezeichnet. Doch ist diese Bezeichnung, wie zuerst Lionel Cust hervorgehoben hat, ein Irrtum.

1051. Pietà. In der Felsengruft sitzt die Mutter Gottes schmerz-
(E. 792.) voll emporblickend und unterstützt das Haupt des toten über ihren Schoß gelegten Heilandes. Magdalena küßt seine linke Hand. Zu seinen Füßen ein weinender Engel. Links im Hintergrunde steht der heil. Johannes.

L. auf Eichenholz; h. 106, br. 81 cm. Kunstbesitz Karls VI.

1052. Bildnis einer Frau. Sie steht, schwarz gekleidet, mit weißem
(E. 808.) Halskragen mit Spitzenbesatz und hält die linke Hand an der Taille, die rechte herabgesenkt.

Bezeichnet links unten: AVAN DycK A° 1634

L.; h. 118, br. 93 cm. Kniestück. Kunstbesitz Karls VI.

1053. Bildnis des Malers Jan Wildens (1586—1653). Der vornehme Mann von beiläufig 30 Jahren hat kurzes dunkles Haar und blonden Schnurr- und Knebelbart. Über dem schwarzen Rock ein weißer Spitzenkragen.
(E. 813.)

L.; h. 75, br. 58 cm. Brustbild. Stallburg. Früher nur als »Bildnis eines Mannes« bezeichnet. Die gegenwärtige Bestimmung der Person rührt von O. Eisenmann her. Eine Wiederholung dieses Bildes befindet sich in der Kasseler Galerie.

Art **Anton van Dycks.**

1054. Bildnis Karls I. von England. Er steht, die rechte Hand in die Hüfte gestützt, den von langem braunen Haar umwallten Kopf dem Beschauer zuwendend und trägt das Band und den Stern des Hosenbandordens. (Karl, der zweite Sohn Jakobs I. von England, geb. 19. November 1600, König 1625, vermählt am 22. Juni 1625 mit Henriette Marie von Frankreich, von Oliver Cromwell gefangen genommen, zum Tode verurteilt und am 9. Februar 1649 enthauptet.)
(E. 880.)

L.; h. 103, br. 81 cm. Kniestück. Erst seit 1816 in der Galerie nachweisbar. Wurde früher dem Adriaen Hannemann zugeschrieben.

Nach **Anton van Dyck.**

1055. Bildnis Margaretens von Lothringen. Sie steht, schwarz gekleidet, eine Rose in der rechten Hand. (Margarete von Lothringen, geb. 22. Juli 1615, vermählt 31. Januar 1632 mit Gaston von Frankreich, Herzog von Orleans, gestorben im April 1672.)
(E. 953.)

Eichenholz; h. 34, br. 21 cm. Schatzkammer. Wurde früher Gottfried Kneller zugeschrieben und offenbar irrtümlich als »Bildnis einer Prinzessin Blanca von Portugal« bezeichnet. Das Original in den Uffizien zu Florenz, eine Wiederholung beim Herzog von Bedford in Wobourn Abbey, eine kleine Kopie in Hampton Court.

1056. Bildnis Henriettens von Lothringen. Sie steht in weiß und schwarzer Tracht; neben ihr ein rotgekleideter Mohrenknabe, der ein Körbchen mit Rosen hält. (Henriette von Lothringen, geb. 5. April 1605, vermählt 26. Mai 1622 mit Ludwig Guise von Pfalzburg und Lischeim, 16. Oktober 1644 mit Karl
(E. 954.)

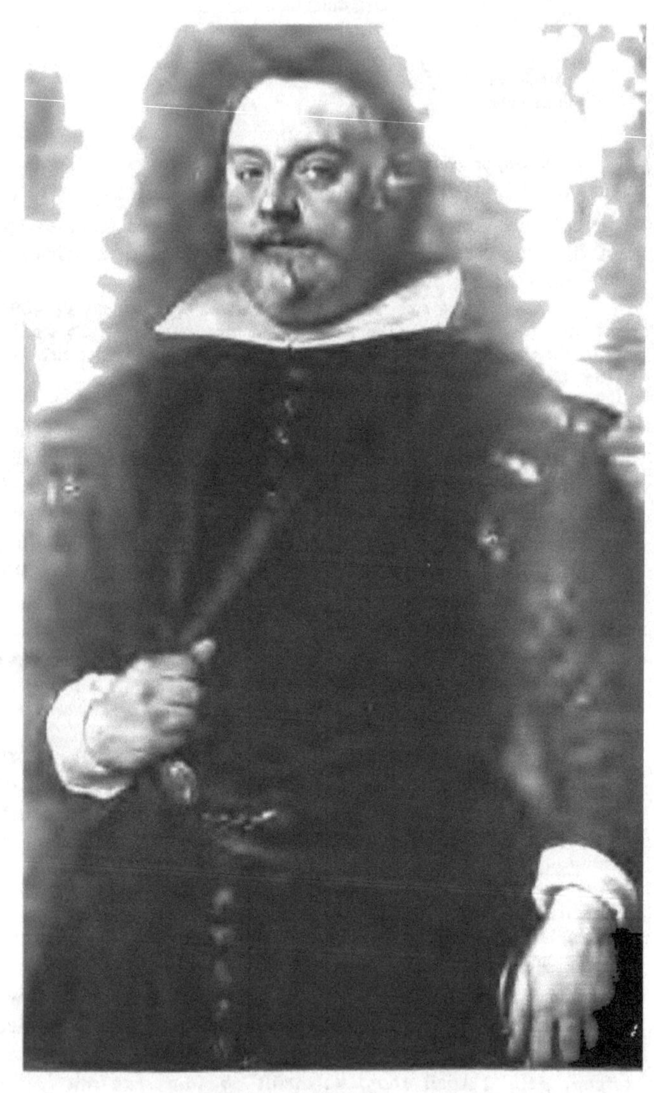

1046. Anton van Dyck.

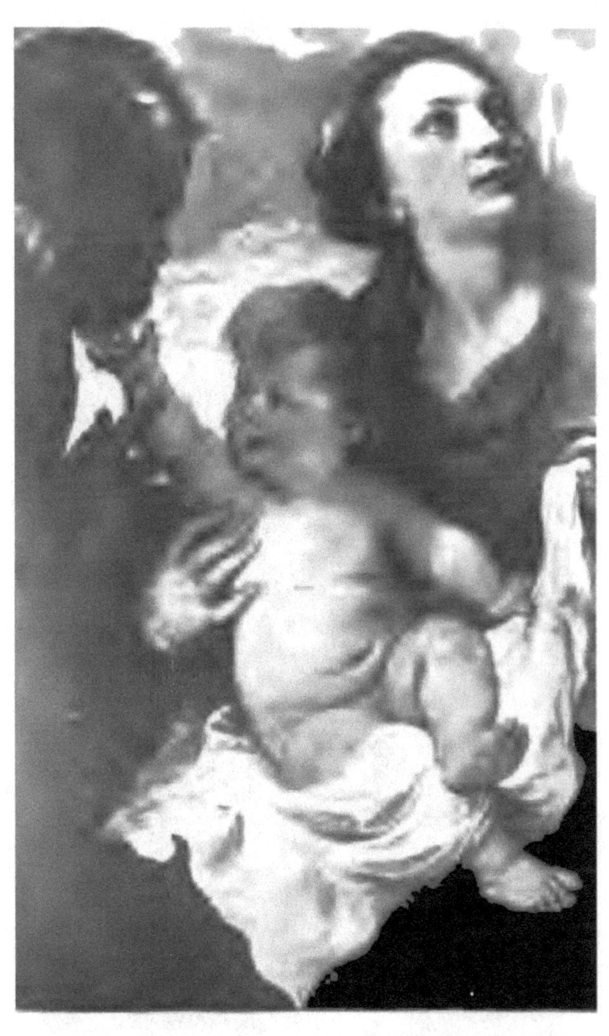

1047. Anton van Dyck.

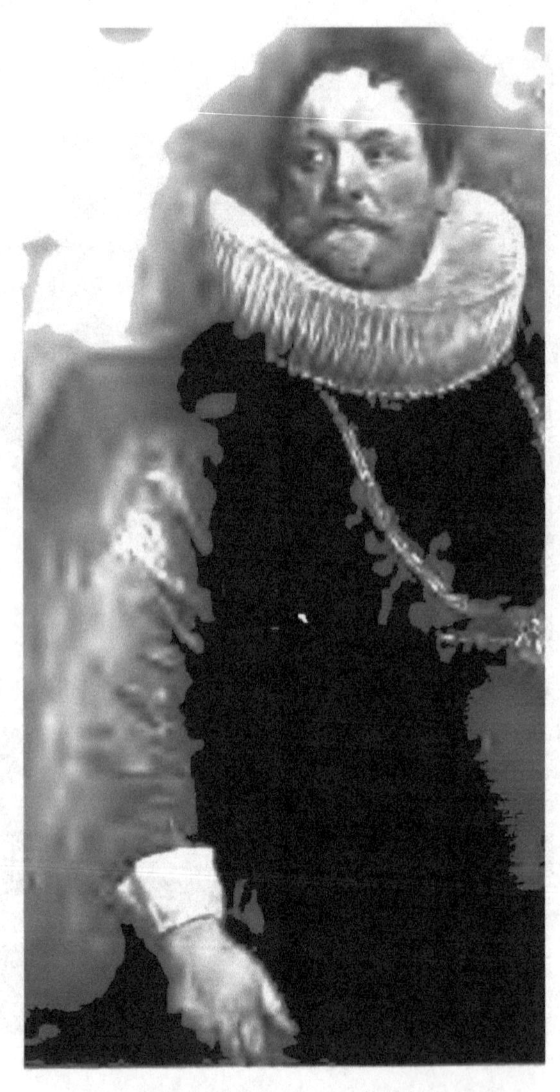

1048. Anton van Dyck.

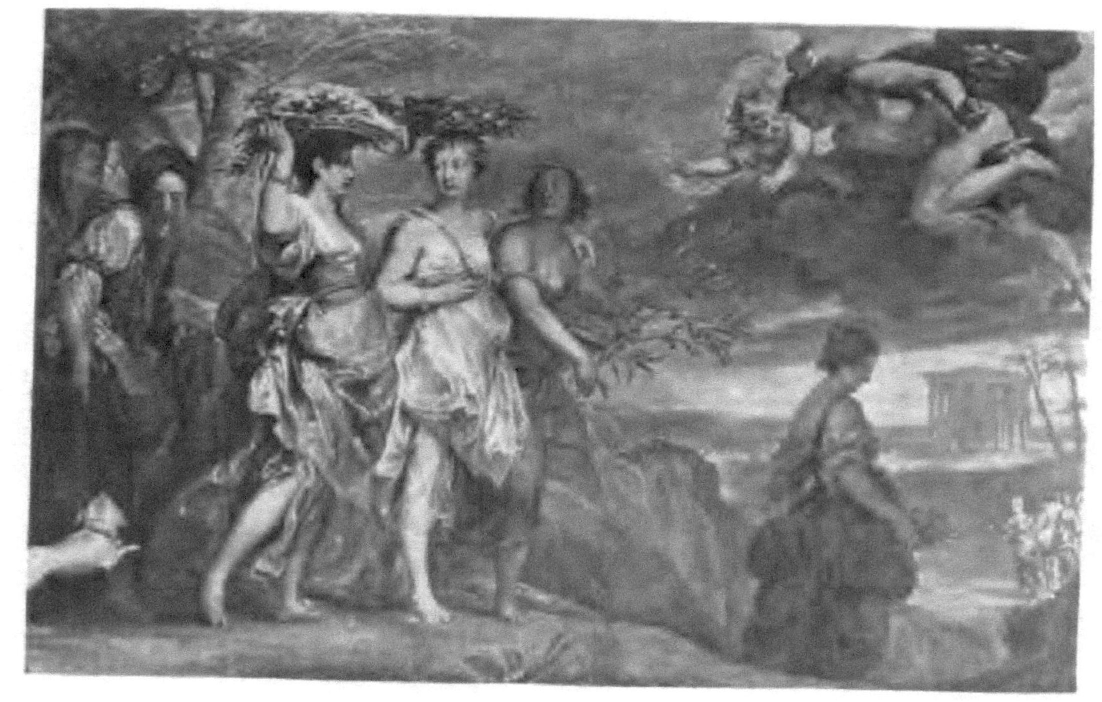

1073. Jan van Boeckhorst.

Guasco von Sollery, dann mit Christoph von Moura, 1649 mit Franz Grimaldi von Lixin, gest. 16. November 1660.)

Eichenholz; h. 34, br. 21 cm. Schatzkammer. Wurde früher dem Gottfried Kneller zugeschrieben. Das Original war früher in der Sammlung Karls I. von England und befindet sich jetzt bei Lord Iveagh in London.

Art **Anton van Dycks.**

1057. Bildnis eines jungen Mannes mit einem Anflug von (E. 818.) Schnurr- und Knebelbart, die linke Seite des Dreiviertelprofils dem Beschauer zuwendend. Über dem schwarzen Rocke liegt ein breiter Halskragen.

L.; h. 52, br. 46 cm. Brustbild. 1807 vom Maler Langenhöffel als Original van Dycks gekauft.

Nach **Anton van Dyck.**

1058. Der heil. Martin. Der Heilige sitzt auf einem Schimmel, (E. 816.) trägt ein Federbarett, Harnisch und Armschienen und zerteilt mit dem Schwerte seinen roten Mantel, den der auf dem Boden sitzende Bettler ergreift. Rechts noch andere Bresthafte, links zwei Reiter.

L.; h. 155, br. 128 cm. Samml. Erzh. Leopold Wilhelm. Das Original von der Hand van Dycks befindet sich im königl. Schlosse zu Windsor, eine durch Weglassung einiger Figuren veränderte Wiederholung in der Kirche zu Saventhem bei Brüssel.

1059. Charitas. Sie sitzt im Freien, das Haupt aufwärts gewendet, (E. 817.) mit der linken Hand ein nacktes Kind auf ihrem Schoße haltend. Zwei Kinder stehen neben ihr.

L.; h. 144, br. 116 cm. Kniestück. Samml. Erzh. Leopold Wilhelm. Das Inventar vom Jahre 1659 enthält dazu die Bemerkung: »Copyert durch dess Printzen Roberth von Haydelberg Schwester nach des van Dyck Original.« Das Original befindet sich bei Lord Methuen in Corsham, andere Wiederholungen beim Grafen von Lonsdale zu Lowther Castle, in der Galerie zu Dulwich und früher bei Thomas Hope in Deepdene.

Adriaen Hannemann.

Holländische Schule. Geb. um 1601 im Haag, wo er 1640 in die St. Lucasgilde eintrat und am 11. Juli 1671 begraben wurde. Schüler Anton van Ravesteyns und Daniel Mytens' d. Ä. Beeinflußt von A. van Dyck.

1060. Bildnis des van Dyck. Der Meister, schwarz gekleidet, mit (E. 879.) einer Goldkette um den Hals, wendet den Kopf über seine linke Schulter.

L.; h. 50, br. 43 cm. Brustbild. Stallburg; kam 1809 nach Paris und 1815 zurück nach Wien.

Cornelis Schut.

Vlämische Schule. Geb. 1597 zu Antwerpen, um 1618 Freimeister der Antwerpner St. Lucasgilde, gest. daselbst am 29. April 1655. Schüler Rubens'.

1061. (E. 1740.) Der Triumph der Zeit. Saturn fährt auf einem Wagen, dessen Räder aus Zifferblättern gebildet sind und der an leichten Ketten von den allegorischen Figuren der vier Jahreszeiten gezogen wird, durch die Luft. Über dem Gespann schwebt, dasselbe antreibend, der Tag, während die Nacht dem Wagen folgt. Ein geharnischter Mann sucht vergebens den Flug der Zeit aufzuhalten.

L.; h. 319, br. 382 cm. Samml. Erzh. Leopold Wilhelm. Früher Frans Wouters zugeschrieben.

Justus (Joost) van Egmont.

Vlämische Schule. Geb. zu Leiden 1601, gest. zu Antwerpen 1674. Schüler Kasper van den Hoeckes und Gehilfe Rubens'.

1062. (E. 820.) Bildnis des Erzherzogs Leopold Wilhelm. Er steht in goldverzierter Rüstung, unbedeckten Hauptes, die linke Hand auf den Kopf eines Löwen legend. (Biographie sieh Nr. 983.)

L.; h. 166, br. 126 cm. Kniestück. Samml. Erzh. Leopold Wilhelm. 1649 in Brüssel gemalt.

Cornelis Schut. (Sieh Nr. 1061.)

1063. (E. 1232.) Hero und Leander. Die Priesterin beweint den toten Leander, zu dessen Häupten ein weinender Amor steht.

L; h. 155, br. 215 cm. 1728 in der Stallburg.

Vlämisch. Erste Hälfte des 17. Jahrhunderts.

1064. (E. 1741.) Ein Bacchuszug. Der trunkene nackte Silen wird auf einem Karren geführt. Ein Bacchant drückt ihm den Saft einer Traube in den Mund. Männer, Weiber und Kinder begleiten den Zug.

L.; h. 317, br. 354 cm. Galt in der Sammlung Erzh. Leopold Wilhelm als «Original von N. Woutiers». Später irrtümlich Cornelis Schut zugeschrieben.

Gottfried Kneller.

Holländische Schule. Geb. zu Lübeck am 8. August 1646, gest. zu London am 27. Oktober 1723. Schüler Ferd. Bols in Amsterdam und Nachahmer van Dycks.

1065. (E. 955.) Bildnis des Erzbischofs und Kurfürsten von Mainz, Johann Philipp von Schönborn. Der schwarz gekleidete, an einem Tische stehende Kirchenfürst trägt Schnurr- und Kinnbart; reiches graues Haar fällt auf den steifen weißen Halskragen. (Johann Philipp von Schönborn, geboren zu Eschbach im Westerwald 1605, wurde 1642 Fürstbischof zu Würzburg und 1647 Erzbischof und Kurfürst von Mainz. Er starb im Jahre 1673.)

Bezeichnet links unten: *Gottfried: Kneller. fecit, Aº 1716* (1666)

Die Jahreszahl zeigt eine spätere Übermalung. Nach den noch sichtbaren Spuren hat Kneller das Bild »1666« signiert. Die Person des Dargestellten wurde durch Se. Eminenz den Kardinalerzbischof von Prag Grafen Schönborn bestimmt.

L.; h. 149, br. 112 cm. Kniestück. 1808 vom Grafen Franz Lodron gekauft. Früher als das Bildnis des Erzbischofs von Canterbury, William Wake (1658—1737) bezeichnet. Doch ist auch die oben gegebene Bestimmung der Person nicht über alle Zweifel erhaben.

Jan Thomas.

Vlämische Schule. Geb. zu Ypern am 5. Februar 1617, 1639/40 Meister der St. Lucasgilde in Antwerpen, gest. zu Wien 1673. Schüler Rubens'.

1066. Ein Bacchanale. Links auf einem von Tigern gezogenen
(E. 1313.) Wagen Venus zwischen Ceres und Bacchus. Voraus Silen auf einem Esel; neben ihm schwingt ein Satyr eine Fahne. Der Zug mit Bacchantinnen und Genien bewegt sich durch ein felsiges Tal.

Bezeichnet rechts unten in der Ecke:

Joannes Thomas inventor fecit 1656

L.; h. 78, br. 118 cm. Sammlung Erzh. Leopold Wilhelm.

Theodoor van Thulden (s. Nr. 881).

1067. Die Rückkehr des Friedens. Auf dem Siegeswagen Viktoria
(E. 1316.) mit Schwert und Palmzweig, von Macht und Ruhm bekränzt. Den Wagen ziehen zwei Männer (die Kraft) und zwei Frauen, eine mit Spiegel und Schlange (die Klugheit), eine mit dem Amboß (die Arbeit). Volksgruppen begrüßen den wiederkehrenden Frieden.

Bezeichnet unten neben den Blumen:

T. van Thulden fec.t A.o 1655.

L.; h. 408, br. 388 cm. Samml. Erzh. Leopold Wilhelm.

Peeter van Lint.

Vlämische Schule. Geb. zu Antwerpen 1609, wo er 1633 Meister der St. Lucasgilde wurde und im September 1690 starb. Schüler des Roeland Jacobsz.

1068. (E. 979.) Christus heilt den Gichtkranken. Vor Jerusalem im Teiche Bethsaida baden Kranke und Krüppel. Einer derselben wird von Christus geheilt.

Bezeichnet unten in der Mitte: P.V. LINT.F.

Eichenholz; h. 50, br. 81 cm. Samml. Erzh. Leopold Wilhelm.

Erasmus Quellinus.

Vlämische Schule. Geb. am 19. November 1607 zu Antwerpen, 1630 Meister der dortigen St. Lucasgilde, gest. am 7. November 1678. Schüler Rubens'.

1069. (E. 1136.) Die Kreuzigung des heil. Petrus. Der Heilige wird mit dem Kopfe nach unten ans Kreuz geschlagen. Rechts oben eine Engelschar.

L.; h. 44, br. 35 cm. 1808 vom Grafen Franz Lodron gekauft als »Abraham Diepenbeeck«.

Frans Leux (Luycx) von Leuxenstein d. Ä.

Vlämische Schule. Geb. zu Antwerpen 1604, 1620 Meister der dortigen St. Lucasgilde, gest. als kais. Kammermaler zu Wien am 1. Mai 1668. Vielleicht Schüler Rubens'.

1070. (E. 969.) Bildnis des Kardinal-Infanten Ferdinand. Der junge Infant, mit goldblonden Locken, trägt das Kardinalskleid. (Er ist der jüngste Sohn König Philipps III. von Spanien und dessen Gemahlin Margareta, geboren 16. Mai 1609, Erzbischof von Toledo und Kardinal, gestorben 9. November 1641.)

Eichenholz; h. 60, br. 47 cm. Brustbild. Samml. Erzh. Leopold Wilhelm, deren Inventar jedoch keinen Maler nennt. Die Bestimmung kann nicht als gesichert gelten. Das Bild könnte eine Kopie nach Thulden sein.

1071. (E. 968.) Bildnis einer vornehmen Dame. Sie steht an einem rotüberdeckten Tische, in schwarzem Seidenkleide, weißem Unterkleide und großem Spitzenkragen, in der linken Hand einen Fächer haltend.

L.; h. 222, br. 111 cm. Alter kaiserl. Familienbesitz. 1824 ins Belvedere gekommen.

1072. (E. 966.) Die Vergänglichkeit. Ein geflügelter Genius steht hinter zwei Tischen und zeigt auf eine Weltkugel, in der Linken Karls V. Reliefbild haltend. Links liegen Totenschädel auf Pergamentbänden.

L.; h. 154, br. 174 cm. Halbe Figur. Stallburg 1728. Die gegenwärtige Bestimmung ist nicht völlig gesichert. Theodor von Frimmel hat auf die Möglichkeit einer Verwechslung mit dem Stillebenmaler Christian Luckx aufmerksam gemacht.

Jan van Boeckhorst, genannt Lange Jan.

Vlämische Schule. Geb. zu Münster 1605, 1633 Meister der St. Lucasgilde zu Antwerpen, wo er 1668 starb. Schüler Jacob Jordaens'.

1073. (E. 700.) Herse geht zum Tempel der Minerva. Zwei Jungfrauen begleiten sie. Rechts oben in den Wolken Merkur und Amor.

L.; h. 117, br. 130 cm. Samml. Erzh. Leopold Wilhelm.

1074. (E. 701.) Schlafende Nymphen. Links unter einem Baume des dunklen Waldes werden Dianas Jagdgenossinnen von Satyren belauscht.

L.; h. 51, br. 85 cm. Aus der Schatzkammer. Die gegenwärtige Bestimmung ist wohl irrig. Eine wenig veränderte Replik dieses Bildes im Besitze von Herrn Gaston von Mallmann in Blaschkow (Rubens und Jan Brueghel d. Ä. zugeschrieben).

Joost (Justus) Suttermans.

Vlämische Schule. Getauft am 28. September 1597 zu Antwerpen, gest. zu Florenz am 23. April 1681. Schüler Willem de Vos' und Frans Pourbus' d. J.

1075. (E. 1279.) Bildnis der Erzherzogin Claudia. Die Erzherzogin in reicher schwarzer Kleidung steht neben einem Tische, auf welchem ein weißes Hündchen sitzt. Sie wendet das jugendliche Gesicht und den Blick dem Beschauer zu. (Claudia, die Tochter Ferdinands I., Großherzogs von Toskana, und Christinas von Lothringen, geb. 4. Juni 1604, vermählt 1621 mit Ubaldus Fürsten von Urbino, heiratete nach dem 1623 erfolgten Tode desselben am 19. April 1626 Erzherzog Leopold V. Sie starb 25. Dezember 1648.)

L.; h. 129, br. 100 cm. Kniestück. Kat. Rosa, 1796.

Frans Wouters.

Vlämische Schule. Geb. 1612 zu Lierre, 1634 Meister der St. Lucasgilde in Antwerpen, gest. daselbst 1659. Lernte zuerst bei Peeter van Avont, dann bei Rubens.

1076. Diana auf der Jagd. Unter hohen Bäumen sitzt Diana, um-
(E. 1400.) geben von vier Nymphen und ihren Hunden. Rechts Ausblick in die Landschaft.

Bezeichnet rechts unten:

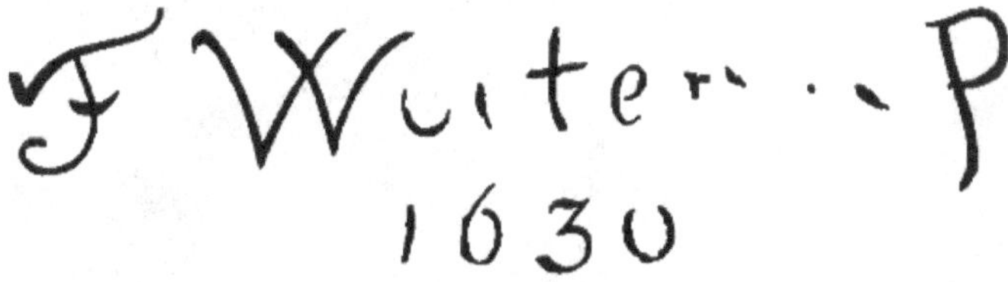

L.; h. 163, br. 236 cm. Aus Schloß Ambras. Die Jahreszahl ist 1636 zu lesen, in welchem Jahre Wouters als Hofmaler Kaiser Ferdinands II. tätig war.

Rubens' Schule.

1077. Bildnis Philipps IV. von Spanien. Das längliche bleiche
(E. 819.) Gesicht des Königs zeigt wenig Schnurr- und Zwickelbart, das Haar ist lichtblond. Über dem goldgestickten schwarzen Kleide eine flache Halskrause und das goldene Vlies. (Biographie s. Nr. 607.)

L.; h. 49, br. 39 cm. Brustbild. Stallburg. Gegenstück zu dem Bildnisse von Philipps Gemahlin Isabella (Nr. 872). Früher irrtümlich Joost van Egmont zugeschrieben.

1078. Daniel in der Löwengrube. Er sitzt fast nackt in der nur
(E. 1267.) durch eine Öffnung von oben beleuchteten Höhle. Löwen um ihn her.

Eichenholz; h. 48, br. 63 cm. 1663 aus dem kaiserlichen Schlosse in Innsbruck nach Ambras übertragen. Kat. Mechel, 1783. Früher Frans Snyders zugeschrieben. Es ist jedoch nur eine veränderte Kopie von Schülerhand nach Rubens' großem Gemälde der Hamiltonschen Sammlung (Rooses).

In der Art des Frans Snyders (s. Nr. 1080).

1079. Hund und Katze, kampfbereit vor einem umgeworfenen Korbe mit Gemüse und einem toten Huhn.

L.: h. 120, br. 181 cm. Belvederedepot.

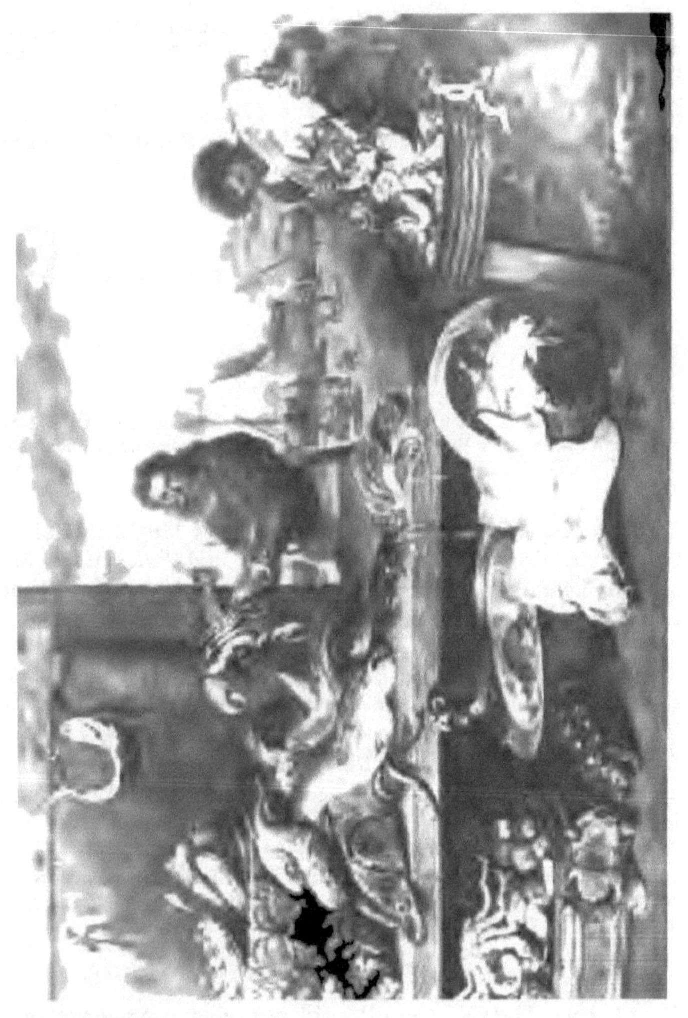

1082. Frans Snyders.

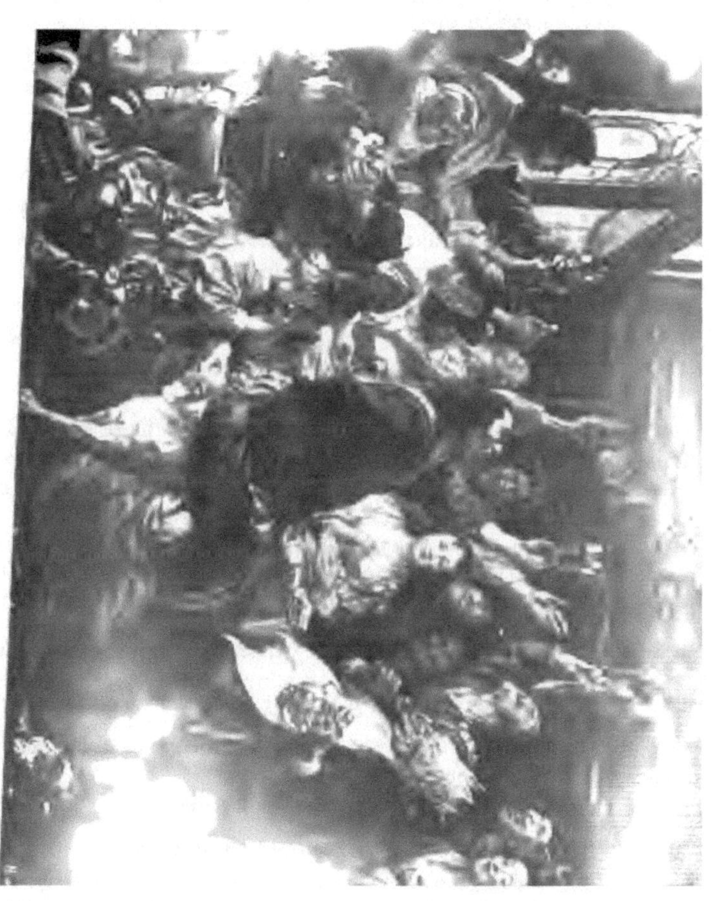

1087. Jakob Jordaens.

Frans Snyders.

Vlämische Schule. Geb. 1579 zu Antwerpen, 1602 Meister der St. Lucasgilde, gest. am 19. August 1657. Schüler P. Brueghels d. J. und Hendrik van Balens, später Rubens' Mitarbeiter.

1080. (E. 1263.) Ein Eber im Kampfe mit Hunden. Links zwischen dem Buschwerk der Eber, der sich gegen die ihn anfallenden Hunde verteidigt, von denen einer verwundet hingefallen ist.

L.; h. 210, br. 330 cm. 1737 in der Prager Kunstkammer.

1081. (E. 1265.) Das Paradies. Links ein Pferd, ein Windhund, ein Truthahn, rechts ein Hirsch, ein Hund, ein Löwe und andere Tiere in einer Landschaft. In der Ferne die Erschaffung der Eva.

L.; h. 219, br. 309 cm. Seit 1781 im Belvedere.

1082. (E. 1261.) Ein Fischmarkt. Der Fischhändler steht hinter dem mit Seetieren bedeckten Tische und hält einen Hummer in die Höhe. (Die Figuren von Cornelis de Vos, s. Nr. 887.)

L.; h. 253, br. 375 cm. Samml. Erzh. Leopold Wilhelm.

1083. (E. 1262.) Ein Fischmarkt. Ein junger Mann, von mehreren Männern umgeben, bezahlt dem Händler einen Fisch. Links vorne viele Seetiere auf der Erde und große Fische auf einem Tische. (Die Figuren von einem von Rubens' Schülern.)

L.; h. 253, br. 375 cm. Im ältesten Prager Inventar; 1728 in der Stallburg. Die Figuren dieses Stückes wurden früher mit Unrecht Cornelis de Vos zugeschrieben; sie sind vielmehr höchstwahrscheinlich eine frühe Arbeit Anton van Dycks. Dieser Ansicht ist auch Wilhelm Bode.

1084. (E. 1264.) Eine Fuchshetze. Zwei Füchse, verfolgt von fünf Hunden, deren drei links vom Bildrahmen abgeschnitten erscheinen.

L.; h. 108, br. 241 cm. Seit 1781 im Belvedere.

1085. (E. 1266.) Jagdstück. Vorne rechts ein hoch aufspringender Hirsch und ein Reh, von zehn Hunden gehetzt.

L.; h. 211, br. 330 cm. Seit 1781 im Belvedere.

Jan Erasmus Quellinus.

Vlämische Schule. Geb. 1634 in Antwerpen, 1661 Meister der St. Lucasgilde, gest. zu Mecheln am 11. März 1715. Schüler seines Vaters Erasmus.

1086. (E. 1135.) Kaiserkrönung Karls V. Unter einem Baldachin kniet der Kaiser, welchem Papst Klemens VII. die Krone aufsetzt. Rechts vorne ein Bischof, Chorknaben und ein Hund. Links Schweizer Hellebardiere.

L.; h. 413, br. 285 cm. Gehörte ursprünglich zu einer Folge von 15 Deckengemälden, die Kaiser Leopold I. zum Schmucke der Wiener Hofburg beim Künstler bestellt hatte.

Jakob Jordaens.

Vlämische Schule. Geb. am 19. Mai 1593 zu Antwerpen, wo er 1616 Mitglied der St. Lucasgilde wurde und am 18. Oktober 1678 starb. Schüler seines Schwiegervaters Ad. van Noort.

1087. (E. 942.) Das Fest des Bohnenkönigs. An einer reich besetzten Tafel sitzen das Königspaar und die anderen Glieder dieser lustigen Gesellschaft, deren Rollen im Hofstaate kleine Zettel, die sie tragen, bezeichnen.

L.; h. 245, br. 304 cm. Samml. Erzh. Leopold Wilhelm.

Justus Suttermans (s. Nr. 1075).

1088. Bildnis der Erzherzogin Klaudia. Die Erzherzogin steht, en face, in Gold und Silber gezierter schwarzer Kleidung. Ein breiter Spitzenkragen umrahmt das Gesicht, ein weißes Hündchen sitzt zu ihren Füßen auf dem Boden. (Biographie sieh Nr. 1075.)

L.; h. 207, br. 108 cm. Alter kaiserl. Familienbesitz.

Gaspar de Crayer.

Vlämische Schule. Getauft am 18. November 1584 zu Antwerpen, gest. zu Gent am 27. Jänner 1669. Schüler Raphael van Coxies, weiter ausgebildet unter Rubens' Einflusse.

1089. (E. 774.) Die Beweinung Christi. Der tote Heiland liegt auf weißem Linnen, Maria kniet bei ihm, von fünf trauernden Engeln umgeben, deren zwei seine Füße waschen.

L.; h. 108, br. 266 cm. Samml. Erzh. Leopold Wilhelm.

Gillis Backereel.

Vlämische Schule. Geb. 1572 (?) zu Antwerpen, wo er 1629 als Meister in die St. Lucasgilde aufgenommen wurde und zwischen 1654 und 1662 starb.

1090. (E. 662.) Hero beweint den Leander. Sie kniet neben dem Toten, die Rechte wehklagend gegen den Himmel streckend. Ihre Amme steht neben ihr.

L.; h. 205, br. 157 cm. Samml. Erzh. Leopold Wilhelm.

Magdalena Woutiers.

Vlämische Schule. Tätig in der ersten Hälfte des XVII. Jahrhunderts.

1091. Der heil. Joachim. Er liest in einem Buche, das er mit der (E. 1401.) linken Hand hält; der gelbe Mantel sinkt ihm von den Schultern.

L.; h. 75, br. 64 cm. Halbe Figur. Samml. Erzh. Leopold Wilhelm.

1092. Der heil. Josef. Der greise Kopf des Heiligen zeigt die linke (E. 1402.) Seite im Profil emporgerichtet; in der rechten Hand hält er die Lilie.

L.; h. 76, br. 66 cm. Halbe Figur. Samml. Erzh. Leopold Wilhelm.

Sir Peter Lely (van der Faes).

Holländische Schule. Geb. zu Soest in Westfalen 1618, gest. zu London 1680. Schüler Pieter Fransz de Grebbers und Nachahmer van Dycks.

1093. Bildnis einer jungen Dame. Sie steht schwarz gekleidet vor (E. 965.) einem goldbrokatenen Vorhange. Auf einer Steinbrüstung liegt eine fünfzackige Krone.

Eichenholz; h. 30, br. 21 cm. Seit 1781 im Belvedere. Offenbar eine Kopie nach Van Dyck. Das Original von der Hand Van Dycks, auf dem die Dame in Lebensgröße dargestellt ist, besitzt Lord Leconfield in Petworth. In dieser Sammlung wird, offenbar nach richtiger Überlieferung, die Dargestellte als Frances Howard, Herzogin von Richmond und Lenox († 1639) bezeichnet.

1094. Bildnis einer jungen Dame. Sie steht in einem Garten, in (E. 964.) der Linken den Schleier, in der Rechten eine Rose haltend.

Eichenholz; h. 30, br. 21 cm. Seit 1781 im Belvedere.

Saal XII. (Oberlicht.)

Jan van den Hecke.

Vlämische Schule. Geb. 1620 zu Quaremonde bei Oudenaerde, 1642 Freimeister der St. Lucasgilde von Antwerpen, gest. daselbst am 22. August 1684. Schüler Abraham Hacks, beeinflußt von Daniel Seghers und Jan de Heem.

1095. Fruchtgehänge. Eine steinerne weibliche Büste, von Frucht- (E. 672.) festons umgeben, steht in einer Nische.

L.; h. 58, br. 42 cm. Samml. Erzh. Leopold Wilhelm. Früher Jan Anton van der Baren zugeschrieben.

1096. Blumen. Guirlanden an einer Nische, in der eine steinerne (E. 671.) weibliche Büste steht.

L.; h. 58, br. 42 cm. Kunstbesitz Karls VI. Früher Jan Anton van der Baren zugeschrieben.

Vlämisch. Erste Hälfte des XVII. Jahrhunderts.

1097. Ein Leiermann. Ein häßlicher Alter singt und spielt, begleitet
(E. 1366.) von einem Burschen, der den Triangel schlägt, vor einem Hause.

Eichenholz; h. 56, br. 39 cm. Samml. Erzh. Leopold Wilhelm. Früher dem Vincent Laurensz van der Vinne zugeschrieben. L. Scheibler hält das Bild für die Arbeit eines anonymen Meisters (des »Pseudo-Venne«), der vielleicht identisch sei mit einem der beiden älteren David Ryckaert.

Adriaen van Utrecht.

Vlämische Schule. Geb. am 12. Jänner 1599 zu Antwerpen, wo er am 5. Oktober 1652 starb. Schüler des Harmen de Nyt.

1098. Fruchtgehänge. An einer dunklen Wand ein schwarz um-
(E. 1327.) rahmtes Bildchen mit einer Strohflasche, Brot, Käse etc. Rings umher die Fruchtfestons.

Bezeichnet links unten:

Adriaen van Vtrecht fe an° 1644

Eichen- und Ahornholz; h. 121, br. 82 cm. Aus der Prager Kunstkammer.

Peeter Tyssens (Thys).

Vlämische Schule. Geb. im April 1616 zu Antwerpen, wo er 1645 Meister der St. Lucasgilde wurde und 1677 oder 1678 starb. Schüler A. Deurwarders; bildete sich nach Van Dyck aus.

1099. Erzherzog Leopold Wilhelm, General-Statthalter der
(E. 1324.) Niederlande. Der Erzherzog steht, mit einer Schärpe über dem Harnisch, den Marschallstab in den Händen, an einem Tische, auf welchem sein Helm ruht. (Biogr. sieh Nr. 983.)

L.; h. 126, br. 86 cm. Kniestück. Samml. Erzh. Leopold Wilhelm.

Jacob van Oost der Ältere.

Vlämische Schule. Geb. um 1600 zu Brügge, wo er 1621 als Meister in die St. Lucasgilde eintrat und 1671 starb. Schüler seines Bruders Frans; weiter ausgebildet unter dem Einflusse der Italiener und durch Kopieren nach Rubens und A. van Dyck.

1100. Christi Geburt. Das in der Krippe liegende Jesuskind wird
(E. 1082.) von Maria den Hirten gezeigt. Im Hintergrunde der heil. Josef und Franz von Assisi.

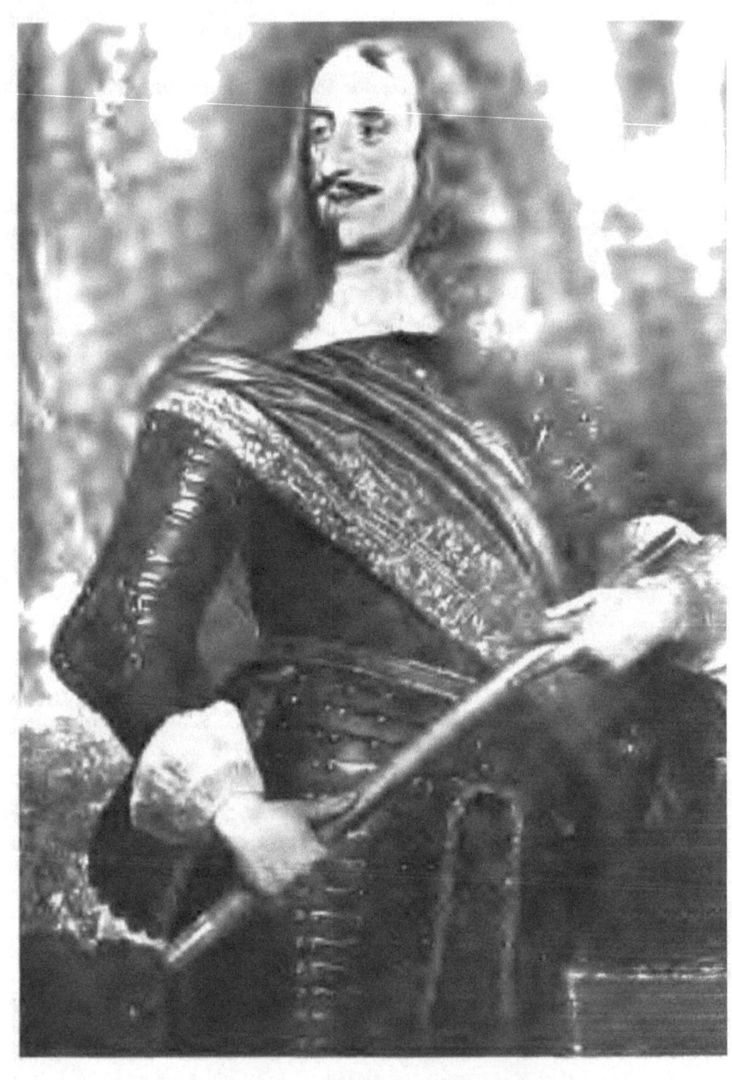

1099. Peeter Tyssens.

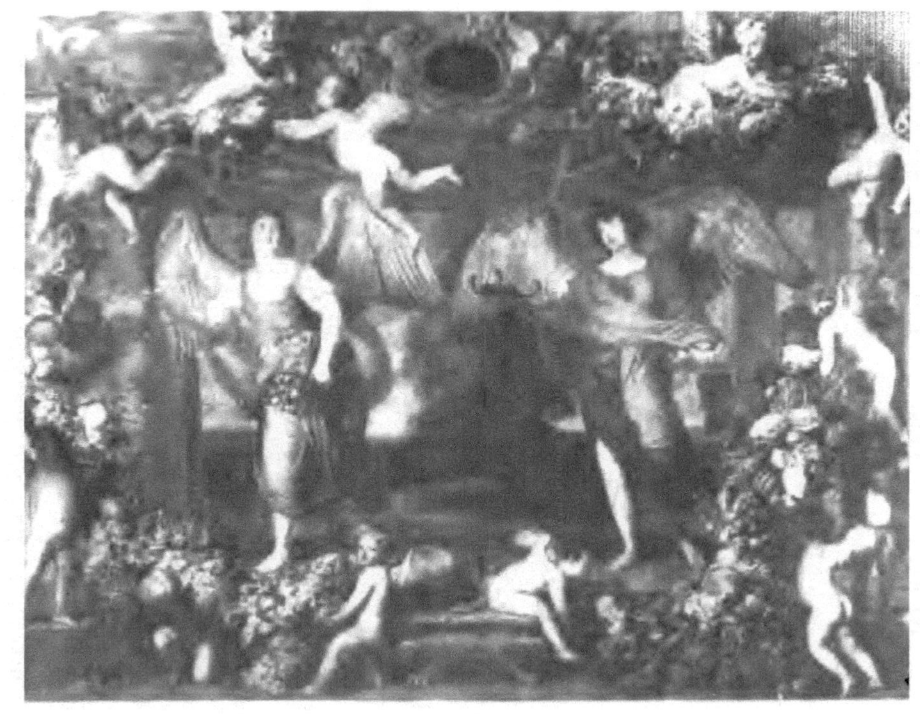

1110. Jan van den Hoecke.

L.; h. 258, br. 189 cm. 1785 von Josef II. in den niederländischen Provinzen gekauft.

Frans Wouters (s. Nr. 1076).

1101. **Diana im Walde.** Sie schläft unbekleidet auf einem roten Tuche, von Jagdbeute umgeben.

Eichenholz; h. 86, br. 91 cm. Aus dem Prager Schlosse. Früher Gerard Seghers zugeschrieben.

Gerard Seghers (?).

Vlämische Schule. Geb. am 17. März 1591 zu Antwerpen, 1608 Meister der dortigen St. Lucasgilde, gest. daselbst am 18. März 1651. Vielleicht Schüler Abraham Janssens'; beeinflußt von der Schule Caravaggios, später von Rubens.

1102. **Maria mit dem Kinde und Johannes.** Sie sitzt auf dem (E. 1238.) Wiesengrunde. Johannes reicht mit beiden Händen dem kleinen Jesus einen Vogel.

L.; h. 103, br. 154 cm. Samml. Erzh. Leopold Wilhelm. Die Bestimmung kann nicht als völlig gesichert gelten.

Frans Ykens.

Vlämische Schule. Getauft am 17. April 1601 zu Antwerpen, wo er 1630 Meister der St. Lucasgilde wurde und vermutlich 1693 starb. Schüler des Osias Beert.

1103. **Blumenstrauß** in einer Glasvase auf einem hölzernen Tische. (E. 1411.) In der Mitte Lilien; unten auf jeder Seite ein Schmetterling.

Bezeichnet links unten auf einem Zettel am Tischrande: francico (sic!) ykens fecit

Eichenholz; h. 104, br. 72 cm. Prager Inventar von 1718

Frans Wouters (s. Nr. 1076).

1104. **Silens Triumphzug.** Umgeben von Satyren wird der nackte (E. 1243.) Silen auf einem Esel geführt. Voraus ziehen musizierend ein nacktes Weib und ein tanzender Schäfer.

L.; h. 86, br. 130 cm. Sammlung Erzh. Leopold Wilhelm. Früher Gerard Seghers zugeschrieben.

1105. **Waldige Landschaft mit Hagar und Ismael.** Der ver- (E. 1240.) schmachtende Knabe liegt in der Mitte des Vordergrundes auf einem roten Tuche. Ein Engel zeigt auf die Quelle.

L.; h. 93, br. 139 cm. Samml. Erzh. Leopold Wilhelm. Früher Gerard Seghers zugeschrieben.

1106. Waldlandschaft mit Maria und dem heil. Franciscus.
(E. 1241.) Maria sitzt links vorne auf dem Steinsockel eines Brunnens. Vor dem Jesuskinde kniet Franciscus. Hinter Franciscus steht der heil. Josef.

L.; h. 93, br. 139 cm. Samml. Erzh. Leopold Wilhelm. Früher Gerard Seghers zugeschrieben.

Jan Anton van der Baren.

Vlämische Schule. Geb. 1616 wahrscheinlich in Brüssel, Priester und Domherr von Soigny, Hofkaplan und Galerieinspektor Erzherzog Leopold Wilhelms in Brüssel, später in der gleichen Eigenschaft am kaiserlichen Hofe in Wien tätig, wo er am 31. Jänner 1686 gestorben ist.

1107. Blumen. Sie umrahmen eine Nische, in welcher eine Bronze-
(E. 673.) statue, Maria mit dem Jesuskind, steht.

Oben im Grunde ist zu lesen:

GAVDE VIRGO GLORIOSA
SVPER OMNES SPECIOSA.

Auf der Rückseite des Bildes:

VAN DER BAREN. F.

L.; h. 156, br. 106 cm. Samml. Erzh. Leopold Wilhelm.

Jan Philip van Thielen (s. Nr. 825).

1108. Blumen. In dunkler Steinnische die plastische Darstellung der
(E. 1310.) heil. Maria mit dem Kinde. Vier durch Efeu verbundene Blumensträuße schmücken die Steinverzierungen. (Die Statue der Madonna von Erasmus Quellinus, s. Nr. 1069.)

Bezeichnet links unten auf dem Steinsockel:

I.P.Van Thielen.Rigouldts.F. A^{no} 1648.

L.; h. 184, br. 104 cm. Samml. Erzh. Leopold Wilhelm.

Frans Ykens (s. Nr. 1103).

1109. Blumen umgeben in drei Hauptgruppen eine dunkle Stein-
(E. 674.) nische, in der Christus mit auf den Rücken gebundenen Händen, die Marterwerkzeuge zu seinen Füßen, dargestellt ist. (Die Figur von Jan van den Hoecke, s. Nr. 983.)

L.; h. 156, br. 106 cm. Samml. Erzh. Leopold Wilhelm. Früher Jan Anton van der Baren zugeschrieben.

Jan van den Hoecke (s. Nr. 983).

1110. Die Monate September und Oktober. Zwei geflügelte, rotgekleidete Gestalten, links der September mit der Wage, rechts Oktober, den Skorpion in der ausgestreckten Hand haltend.

L.; h. 371, br. 480 cm. Sammlung Erzh. Leopold Wilhelm. Bildete mit Nr. 1111, 1112, 1113, 1120 und 1121 eine Folge von Bildern, die als Vorlage für die im Besitze des Königs von Schweden befindlichen Gobelins dienten. Sie sind nach Skizzen Jan van den Hoeckes (Nr. 1115 und 1117) von verschiedenen Malern wie Peter Thys, Thomas Willeboirts, Adrian van Utrecht, Jan Brueghel d. J. u. a. gemalt worden.

1111. (E. 1736.) Die Monate Jänner und Februar. Die Darstellung ist konform der Skizze zu diesem Bilde, Nr. 1115.

L.; h. 318, br. 438 cm. S. Nr. 1110.

1112. (E. 1738.) Die Monate Mai und Juni. In der Mitte eine geflügelte weibliche Gestalt mit den Zwillingen, rechts eine zweite mit dem Krebs auf der Hand.

L.; h. 318, br. 438 cm. S. Nr. 1110.

1113. Die Monate Juli und August. Zwei weibliche geflügelte Genien, links der Juli den Löwen führend, rechts der August, den Arm um die Jungfrau legend, die ein weißes Einhorn neben sich hat.

L.; h. 370, br. 472 cm. S. Nr. 1110.

1114. (E. 905.) Tag und Nacht. (Skizze zu Nr. 1122 und 1123.) Apollo mit Leier und Bogen, die Sonne über dem Haupte; zwölf Genien deuten die Stunden des Tages an. Die Nacht, eine geflügelte Frauengestalt, die in jedem Arme ein schlafendes Kind hält, umgeben von den Stunden der Nacht.

L.; h. 66, br. 91 cm. Samml. Erzh. Leopold Wilhelm.

1115. (E. 902.) Die Monate Jänner und Februar. (Skizze zu 1111.) Links der Wassermann (Jänner) als Greis; neben ihm eine Frau mit doppeltem Gesicht. Rechts ein weiblicher Genius (Februar), einen Delphin in der rechten Hand.

L.; h. 61, br. 77 cm. Samml. Erzh. Leopold Wilhelm.

1116. (E. 903.) Die vier Elemente (Skizze). Links Pluto mit dem Zweizack und Zepter, dann Jupiter mit Adler und Blitz; in der Mitte

Uranus mit der Sense, ein Kind verschlingend, dann Juno mit dem Pfau; rechts Neptun mit dem Dreizack.

L.; h. 66, br. 91 cm. Samml. Erzh. Leopold Wilhelm.

1117. Die Monate September und Oktober. (Skizze zu dem
(E. 904.) Bilde 1110.) Zwei weibliche, rot gekleidete Gestalten: links September mit der Wage, rechts Oktober mit dem Skorpion.

L.; h. 62, br. 77 cm. Samml. Erzh. Leopold Wilhelm.

1118. Erzherzog Leopold Wilhelm im Gebet. Die heil. Mutter
(E. 907.) Gottes erscheint mit dem Jesuskinde, das sich segnend dem Erzherzog zuneigt, der mit gefalteten Händen emporblickt. (Biographie sieh Nr. 983.)

Eichenholz; h. 63, br. 52 cm. Samml. Erzh. Leopold Wilhelm.

1119. Amor triumphiert über die Künste. Er thront auf einem
(E. 1742.) Steine, in der linken Hand den Bogen, mit der rechten einen Pfeil in die Höhe haltend. Vor ihm auf der Erde liegen allerlei Attribute der Künste und Wissenschaften. (Nur die Figur von Jan van den Hoecke, das Übrige von Paul de Vos gemalt.)

Bezeichnet rechts unten in der Ecke:

P. DE. VOS

L.; h. 152, br. 193 cm. Samml. Erzh. Leopold Wilhelm.

1120. Die Monate März und April. Links ein geflügelter Jüngling
(E. 1737.) mit dem Widder (Mars). Rechts ein geflügelter weiblicher Genius mit dem Stier.

L.; h. 319, br. 426 cm. S. Nr. 1110.

1121. Die Monate November und Dezember. Ein Zentaur
(E. 1739.) (Schütze) führt einen geflügelten weiblichen Genius, ein Weib mit schwarzen Flügeln und schwarzem Mantel rechts den Steinbock.

L.; h. 317, br. 425 cm. S. Nr. 1110.

1122. Allegorie des Tages. In einem Portale steht Apollo mit Leier
(E. 1322.) und Bogen; über seinem Haupte eine strahlende Sonne. Die Stunden des Tages umschweben ihn als Kinderengel im Kreise.

L.; h. 374, br. 270 cm. Samml. Erzh. Leopold Wilhelm. Dieses und das folgende Bild sind von Peter Thys nach Jan van den Hoeckes Entwurfe gemalt. Beide Stücke waren zur Ausführung von Gobelins bestimmt.

1123. Allegorie der Nacht. In einem Portale steht Luna mit zwei
(E. 1323.) Säuglingen im Arme zwischen einem Jüngling und einem Greise,

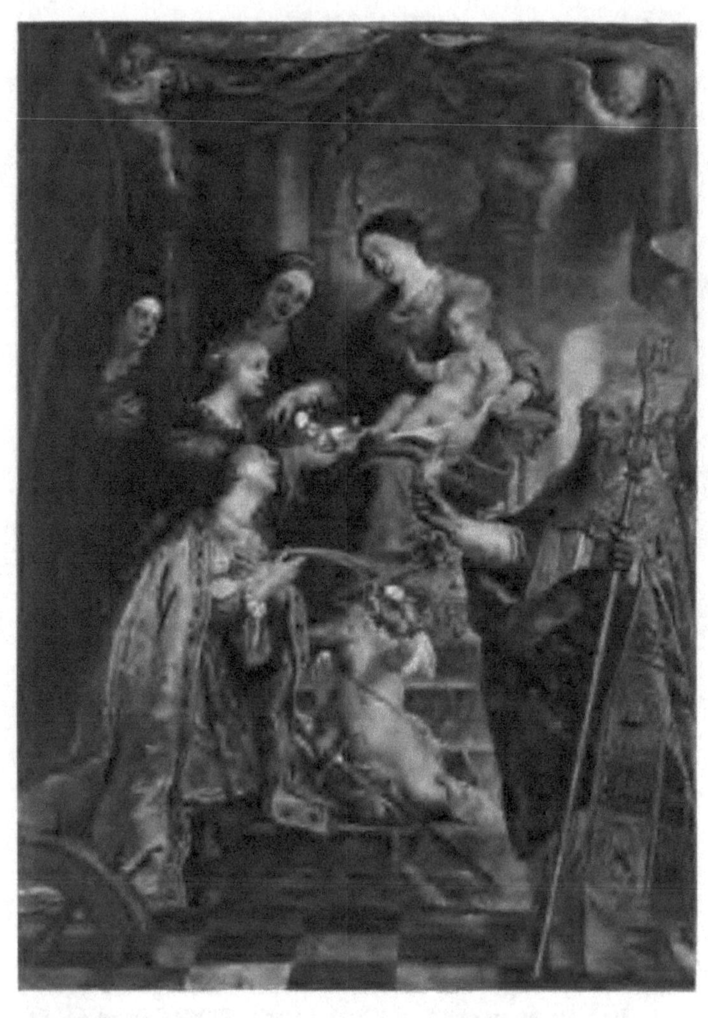

1126. Gaspar de Crayer.

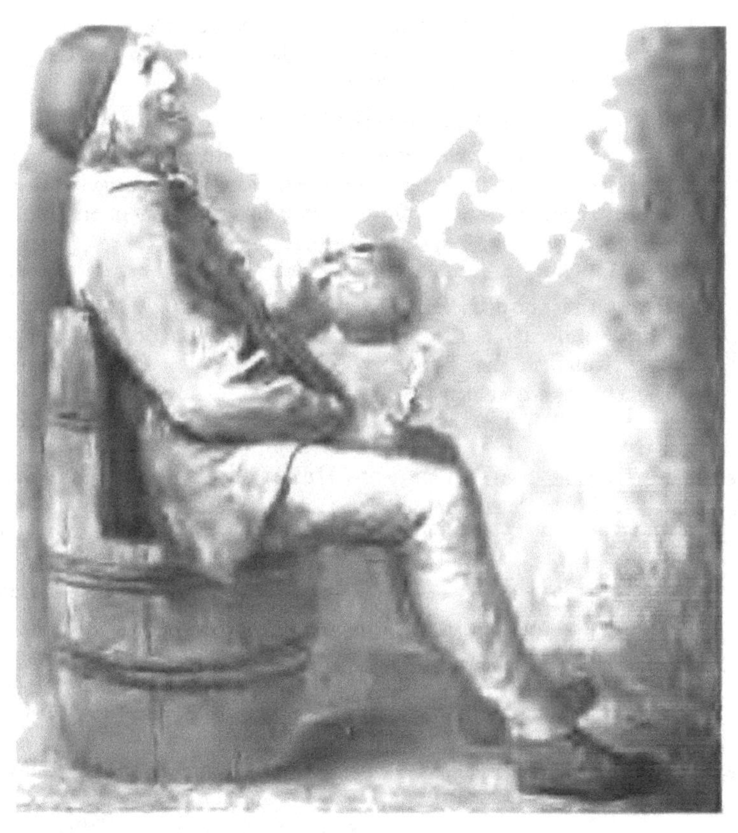

1135. Adriaen Brouwer.

welche große Füllhörner halten, Allegorien von Schlaf und Traum. Zwölf Kindergenien, die Nachtstunden, umkreisen die Gruppe.

L.; h. 375, br. 270 cm. S. Nr. 1122.

Gaspar de Crayer (s. Nr. 1089).

1124. Die heil. Therese empfängt von der Madonna eine (E. 771.) Halskette. Die Heilige kniet am Kircheneingange vor der heraustretenden Mutter Gottes, welche von dienenden Engeln umgeben ist. Oben die heil. Dreifaltigkeit.

L.; h. 320, br. 220 cm. 1785 in den niederländischen Provinzen angekauft.

1125. Der englische Gruß. Die heil. Jungfrau kniet rechts neben (E. 772.) dem Bette, sich nach dem links erscheinenden Engel wendend, über welchem die Taube, von Cherubim umgeben, in einem Lichtstrahl schwebt.

L.; h. 333, br. 238 cm. Aus der Jesuitenkirche in Brüssel 1776 nach Wien gekommen.

1126. Maria mit dem Kinde, von Heiligen umgeben. Die heil. (E. 773.) Jungfrau sitzt auf einem Throne, auf dessen Stufen die weiß gekleidete heil. Katharina kniet. Von einem Geistlichen begleitet steht vorne der heil. Augustin, das brennende Herz in der Hand.

L.; h. 279, br. 201 cm. 1785 in den niederländischen Provinzen angekauft.

David Ryckaert der Jüngere (III).

Vlämische Schule. Getauft am 2. Dezember 1612 zu Antwerpen, wo er 1636 Meister der St. Lucasgilde wurde und am 11. November 1661 starb. Schüler seines Vaters, David Ryckaerts II., weiter ausgebildet unter dem Einflusse A. Brouwers und David Teniers' d. J.

1127. Kirchmeßfest. Tanzende, schmausende Menge vor der Dorf- (E. 1205.) schenke.

Bezeichnet rechts unten in der Ecke:

Davide Ryckaert Fecit Antwerpiae

L.; h. 121, br. 175 cm. Samml. Erzh. Leopold Wilhelm.

1128. Die Hexe. Das alte Weib, im Begriffe, einen Schatz zu heben,
(E. 1206.) steht links bei einem Feuer und schwingt den Besen gegen die feindlichen Gespenster, die aus der Höhle fliehen.

Eichenholz; h. 48, br. 63 cm. 1781 im Belvedere, kam 1809 nach Paris und 1815 zurück nach Wien.

1129. Die Küche. Rechts beim Scheine einer Kerze zerschneidet
(E. 1208.) eine alte Frau einen Fisch.

Bezeichnet unten rechts: DRyckaert

Eichenholz; h. 44, br. 60 cm. Belvedere-Depot.

Gerard Seghers (s. Nr. 1102).

1130. Maria mit dem Kinde, das auf einem weißen Kissen in der
(E. 1242.) Krippe ruht. Rechts ein anbetender Engel.

L.; h. 128, br. 102 Cm. Halbe Figuren. Zuerst im Katalog Rosas 1796; kam 1809 nach Paris und 1815 zurück nach Wien.

David Ryckaert der Jüngere (III) (s. Nr. 1127).

1131. Ein Gelehrter an seinem Studiertische, ein anatomisches Buch
(E. 1207.) in den Händen haltend und den Kopf über seine linke Schulter zurückwendend.

Eichenholz; h. 47, br. 79 cm. Samml. Erzh. Leop. Wilhelm.

Philip Gyselaer.

Vlämische Schule. In den Liggeren der Antwerpener St. Lucasgilde 1634/35 als Schüler Adriaen van Utrechts erwähnt.

1132. Jupiter und Merkur bei Philemon und Baucis. Phile-
(E. 862.) mon wäscht dem an einem Tische sitzenden Jupiter kniend die Füße. Neben Merkur auf der Erde die Gans, im Hintergrunde Baucis.

Bezeichnet am unteren Rande unter dem Merkur: gyselaer

Eichenholz; h. 46, br. 62 cm. Kat. Rosa, 1796.

David Ryckaert der Jüngere (III) (s. Nr. 1127).

1133. (E. 1204.) Plünderung in einem Dorfe. In der Mitte sitzt ein Soldat, ein Mädchen auf dem Knie haltend. Rechts vorne zwei Gefangene, an den Schweif eines Pferdes gebunden.

Bezeichnet links unten in der Ecke: Dauid Ryckaert Fecit Antwerpiae 1649

L.; h. 121, br. 177 cm. Samml. Erzh. Leopold Wilhelm.

Daniel Seghers (s. Nr. 826).

1134. (E. 1233.) Blumen. Ein Blumenkranz windet sich um eine Nische, in welcher eine Madonna mit dem Jesuskinde grau in grau gemalt ist.

L.; h. 91, br. 76 cm. 1728 in der Stallburg.

Adriaen Brouwer.

Vlämische Schule. Geb. wahrscheinlich zu Oudenaerde um 1605 oder 1606, begraben zu Antwerpen am 1. Februar 1638. Schüler Frans Hals', weiter ausgebildet unter dem Einflusse P. P. Rubens'.

1135. (E. 724.) Ein trinkender Bauer. Er sitzt auf einem Fasse, die Kanne in der Linken, und wendet im Profil dem Beschauer die rechte Seite zu.

Bezeichnet auf dem Fasse rechts unten mit dem aus den Buchstaben A und B gebildeten Monogramme des Künstlers.

Eichenholz; h. 20, br. 15 cm. 1871 aus dem Nachlaß des Galerie-Direktors Erasmus von Engert gekauft.

Jan van den Hecke (s. Nr. 1095).

1136. (E. 1312.) Nelken. Acht Nelken in einem kleinen Fläschchen, das auf einer Tischplatte steht.

Eichenholz; h. 33, br. 24 cm. Samml. Erzh. Leopold Wilhelm. Früher J. Ph. van Thielen zugeschrieben.

David Teniers der Ältere.

Vlämische Schule. Geb. 1582 zu Antwerpen, wo er 1606 als Meister in die St. Lucasgilde aufgenommen wurde und am 29. Juli 1649 starb. Schüler seines älteren Bruders Julisen.

1137. (E. 1284.) Merkur und Argus. Rechts liegt die in eine Kuh verwandelte Jo, links der eingeschläferte Wächter Argus, neben welchem

Merkur in Gestalt eines Hirtenknaben die Flöte bläst. Hintergrund Landschaft.

Bezeichnet links unten:

·D·TENIERS·FECIT·1638·

Kupfer; h. 47, br. 62 cm. Provenienz wie Nr. 1138.

1138. Juno verlangt von Jupiter die in eine Kuh verwandelte
(E. 1281.) Jo. Links vorne sitzt Jupiter; die vor ihm stehende Juno legt die linke Hand auf den Nacken der weißen Kuh. Hintergrund Landschaft.

Kupfer; h. 47, br. 62 cm. Nach Engerth 1651 aus Brüssel nach Wien gekommen. Sicher nachweisbar erst bei Mechel 1783.

1139. Pan, Nymphen und Satyre. Links tanzt Pan, die Flöte
(E. 1282.) spielend, ihm gegenüber eine Nymphe, das Tamburin schwingend. Hintergrund Landschaft.

Bezeichnet links unten: D·TENIERS·FECIT·1638·

Kupfer; h. 47, br. 62 cm. Provenienz wie Nr. 1138.

1140. Vertumnus und Pomona. In einem Ziergarten rechts vorne
(E. 1283.) sitzt Vertumnus in der Gestalt eines alten Weibes mit Pomona; links eine Fontäne.

Bezeichnet rechts auf dem Steinsitze: ·D· TENIERS FECIT 1638

Kupfer; h. 47, br. 62 cm. Provenienz wie Nr. 1138.

1141. Landschaft. Wasserreiche Au. In der Mitte bei einer Baum-
(E. 1288.) gruppe sitzt ein Bauer, der mit zwei vor ihm Stehenden spricht.

Bezeichnet rechts unten: D·TENIERS·F·

Kupfer; h. 32, br. 42 cm. 1773 in der Schatzkammer.

1142. Landschaft, flach und waldig; vorne in der Mitte Tobias mit
(E. 1287.) dem Engel.

Bezeichnet links unten in der Ecke: D·TENIERS·

Kupfer; h. 32, br. 42 cm. 1773 in der Schatzkammer.

1156. David Teniers d. J.

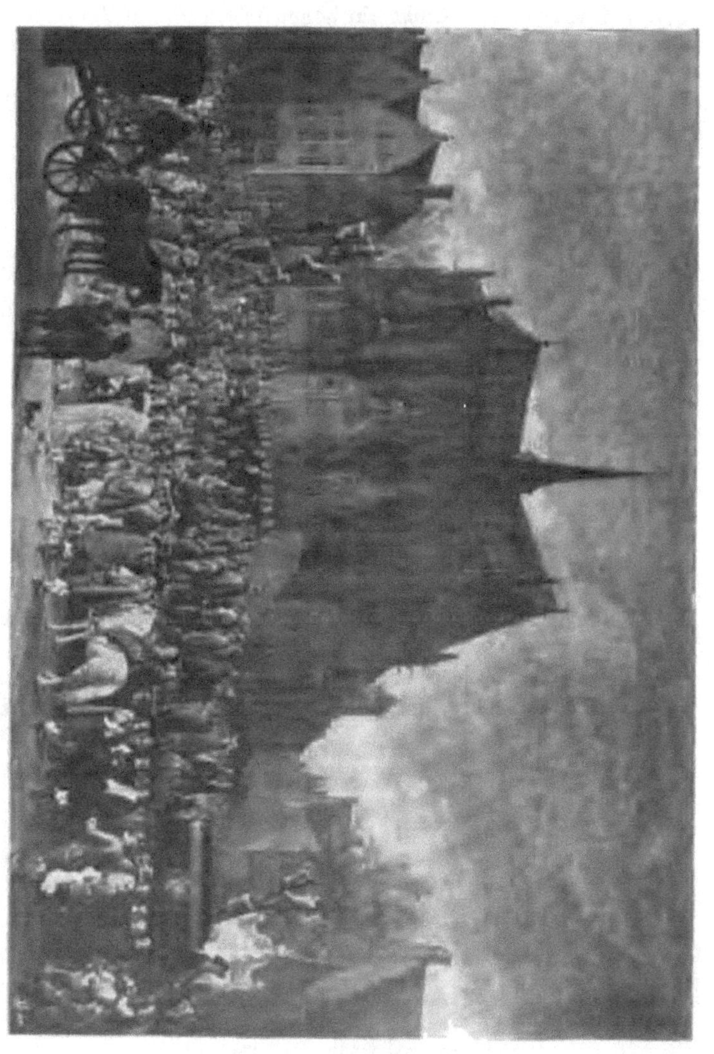

1158. David Teniers d. J.

1143. Landschaft. Links ein hohes Felsentor. Im Vordergrunde be-
(E. 1285.) fragen zwei Reiter einen Wanderer nach dem einzuschlagenden Wege.

Bezeichnet links unten: D · TENIERS · F

Kupfer; h. 33, br. 42 cm. 1773 in der Schatzkammer.

1144. Landschaft. Rechts eine in Felsen gehauene Straße, mit Reitern
(E. 1286.) belebt.

Bezeichnet rechts unten: D. TENIERS f. LB.

Kupfer; h. 32, br. 42 cm. 1773 in der Schatzkammer.

Jan Anton van der Baren (s. Nr. 1107).

1145. Blumen; in ihrer Mitte eine goldene Monstranze mit der Hostie.
(E. 1236.) Unter der Monstranze die Inschrift:

O AMOR QUI SEMPER ARDES.

L.; h. 96, br. 67 cm. Samml. Erzh. Leopold Wilhelm. Früher Daniel Seghers zugeschrieben.

Joos van Craesbeeck.

Vlämische Schule. Geb. zu Neerlinter um 1606; gest. vor 1661. 1633/34 Meister der Antwerpener St. Lucasgilde. Ausgebildet unter dem Einflusse A. Brouwers.

1146. Vlämische Bauernwirtschaft. Ein alter Mann sitzt rechts
(E. 769.) im Lehnstuhle, ihm gegenüber auf umgestürzter Holzkufe ein junger Mensch. Frauen und Männer füllen die Stube; die meisten unterhalten sich mit Trinken und Kosen.

Trägt auf dem umgestürzten Schaffe, das dem links beim Tische sitzenden jungen Manne als Stuhl dient, das Monogramm:

cB

Eichenholz; h. 63, br. 78 cm. 1869 von H. O. Miethke gekauft.

1147. Soldaten und Weiber im Gespräche. Auf verfallenem
(E. 770.) Mauerwerk sitzen zwei Frauen. Zwei Männer stehen vor der jüngeren derselben.

Bezeichnet rechts unten auf einem Steine: CB

Eichenholz; h. 45, br. 34 cm. Samml. Erzh. Leopold Wilhelm.

David Teniers der Jüngere.

Vlämische Schule. Getauft am 15. Dezember 1610 zu Antwerpen, wo er 1632 in die St. Lucasgilde aufgenommen wurde; gestorben zu Brüssel am 25. April 1690, wo er seit 1651 ansässig war. Schüler seines Vaters David Teniers d. Ä.

1148. (E. 1304.) Eine Bauernstube. Rechts scheuert eine Magd metallenes Geschirr; links vorne eine Gruppe von Ziegen und Geflügel. (Nur die Figuren von Teniers, das übrige von C. Saftleven gemalt.)

Eichenholz; h. 41, br. 56 cm. Samml. Erzh. Leopold Wilhelm.

1149. (E. 1302.) Die Wurstmacherin. Sie steht in der Mitte der Bauernstube; rechts von ihr ein Knabe; links hängt ein geschlachtetes Schwein; im Hintergrunde Bauern in der Nebenstube.

Bezeichnet rechts unten: D. TENIERS . F.

L.; h. 55, br. 65 cm. Nach Engerth 1651 aus Brüssel nach Wien gekommen. Sicher nachweisbar erst bei Mechel 1783.

1150. (E. 1297.) Der Ziegenstall. Links die Ziegen und ein schwarzer, weißgefleckter Bock. Nach rechts schreitet ein Hirtenknabe, der die Flöte bläst.

Bezeichnet rechts unten in der Ecke: D TENIERS. F

Eichenholz; h. 73, br. 104 cm. Samml. Erzh. Leopold Wilhelm.

Art des jüngeren David Teniers (s. Nr. 1148).

1151. (E. 1307.) Wirtin und Soldat. Der Soldat sitzt in der Schenke, seine Pfeife stopfend; die Wirtin nimmt einen Zinnkrug vom Tische.

Eichenholz; h. 27, br. 37 cm. 1786 aus der Galerie des Grafen Nostitz in Prag gekauft. Von Bode dem Pieter Codde zugeschrieben.

David Teniers d. J. (s. Nr. 1148).

1152. (E. 1300.) Bauernjungen mit einem Hunde. Rechts der weiße, braungefleckte Hund; links die drei Jungen, deren vorderster dem Hunde eine Kugel zeigt.

Bezeichnet links unten auf einem Steine: D·TENIERS·F

Eichenholz; h. 34, br. 50 cm. Samml. Erzh. Leopold Wilhelm.

1153. (E. 1292.) Der Alte und die Küchenmagd. Sie scheuert, auf den Knien liegend, einen Messingkessel; der Alte umfängt sie und wird von seiner Frau durch ein kleines Fenster links belauscht.

Bezeichnet rechts unten auf einer Holzplatte: D· TENIERS FEC

L.; h. 45, br. 72 cm. Zuerst 1824 im Belvedere.

Daniel van Heil.

Vlämische Schule. Geb. 1604 in Brüssel. Tätig am Hofe Erzherzog Leopold Wilhelms in Brüssel. 1661 war er noch am Leben.

1154. (E. 1306.) Winterlandschaft. Im Mittelgrunde eine Stadt mit hohem Münster, vor derselben ein zugefrorener Bach; links vorne ein großer kahler Baum.

L.; h. 57, br. 84 cm. Sammlung Erzh. Leopold Wilhelm. Früher David Teniers d. J. zugeschrieben.

David Teniers d. J. (s. Nr. 1148).

1155. (E. 1289.) Abrahams Dankopfer. Abraham, den Isaak in seinen Armen, steht betend an den Stufen eines Steinaltars, auf welchem der Widder im Feuer liegt.

Bezeichnet links auf der Altarstufe:

DAVID· TENIERS FEC
A· 1653·

L.; h. 132, br. 103 cm. Samml. Erzh. Leopold Wilhelm.

1156. (E. 1299.) Tanzende Bauern. Vor dem Dorfe in langer Linie viele Tanzende. In der Mitte des Bildes eine Baumgruppe.

Bezeichnet rechts unten: D TENIERS· FEC.

L.; h. 54, br. 93 cm. Provenienz wie Nr. 1149.

1157. (E. 1294.) Räuber plündern ein Dorf. Ein in der Mitte des Vordergrundes stehender Räuber bedroht mit der Pistole ein rechts stehendes altes Paar. Im Hintergrunde links Plünderungsszenen.

Bezeichnet unten in der Mitte:

DAVID· TENIERS· F
A 1648

L.; h. 75, br. 112 cm. Halbe Figuren. Samml. Erzh. Leopold Wilhelm.

1158. (E. 1295.) Das Vogelschießen in Brüssel. Eine dichte Menschenmenge füllt den ganzen Platz und die Straßen. In der Mitte vor der

Kirche Notre Dame sur sable auf einer Estrade der Erzherzog Leopold Wilhelm und die Schützengilde. Rechts vorne vor einem Wagen steht mit anderen Männern Teniers.

Bezeichnet links unterhalb der Wagenpferde:

DAVID · TENIERS · FEC
A.° 1652

L.; h. 172, br. 247 cm. Samml. Erzh. Leopold Wilhelm.

1159. Bogenschießende Bauern. Auf einem Dorfplatze ist rechts
(E. 1298.) die Scheibe aufgerichtet. Links vorne stehen die Schützen, deren einer den Bogen spannt.

Bezeichnet rechts unten: D·TENIERS. FEC.

L.; h. 58, br. 86 cm. Provenienz wie Nr. 1149.

1160. Eine Bauernhochzeit. Links vorne das Brautpaar und ein
(E. 1293.) Sackpfeifer; rechts im Hintergrunde wird getanzt.

Bezeichnet unten in der Mitte:

DAVID · TENIERS · F
A.° 1646

L.; h. 75, br. 113 cm. Halbe Figuren. Samml. Erzh. Leopold Wilhelm.

1161. Ein Saal der Brüsseler Gemäldesammlung des Erz-
(E. 1290.) herzogs Leopold Wilhelm. Fünfzig Gemälde, fast sämtlich noch heute in der kaiserlichen Galerie vorhanden, bedecken dicht aneinander die Hauptwand des großen Saales. Einige stehen auf dem Boden an Stühle gelehnt, darunter das Bild Nr. 20 von Catena. Vor diesem Bilde steht der Erzherzog mit dem Hute auf dem Kopfe; neben ihm sein Kammermaler Teniers. Links einige Personen der Begleitung, vorne in der Mitte zwei Hunde.

L.; h. 123, br. 163 cm. Teniers malte das Bild in Brüssel für seinen Protektor, den Erzh. Leopold Wilhelm.

1162. Der Kirchmeßtag. Eine lustige Menge. Links das Wirtshaus
(E. 1291.) mit dem österreichischen Wappen und dem kaiserlichen Adler. Davor sitzen die Schmausenden. In der Mitte Tanz. Rechts kommen einige Städter.

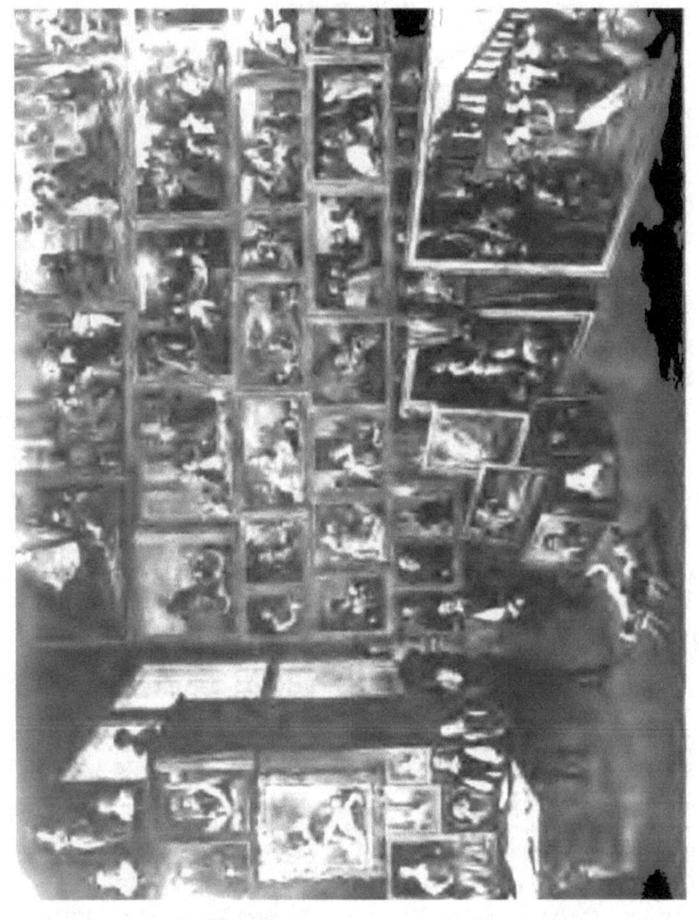

1161. David Teniers d. J.

1167. Jacques d'Arthois.

Bezeichnet rechts unten: DAVID·TENIERS ·FE

L.; h. 76, br. 112 cm. Provenienz wie Nr. 1149.

1163. Der Kuhstall. Ein junger Hirt, dem Beschauer den Rücken
(E. 1296.) kehrend, steht in der Mitte des Vordergrundes. Rechts wird eine Kuh gemolken.

Bezeichnet links unten: D TENIERS . F

Eichenholz; h. 69, br. 98 cm. Samml. Erzh. Leopold Wilhelm.

1164. Der Zeitungsleser. Er sitzt in einer Bauernstube auf niede-
(E. 1303.) rem Stuhle. Ein Mann steht am Kaminfeuer, ein Weib ist mit Kochen beschäftigt.

Bezeichnet rechts unten: D · TENIERS . FEC

Eichenholz; h. 25, br. 35 cm. 1792 vom Gouvernementsrate Burtin in Brüssel gekauft.

1165. Eine Wirtshausszene. Vorne sitzt ein Bauer mit einer Pfeife
(E. 1301.) in der Hand; um ihn stehen drei andere Männer; ein Weib, an einem Tische sitzend, schneidet Tabak.

Bezeichnet rechts unten in der Ecke: D. TENIERS F.

Eichenholz; h. 25, br. 35 cm. Provenienz wie Nr. 1149.

Saal XI. (Oberlicht.)

Alexander Adriaenssen.

Vlämische Schule. Getauft am 16. Jänner 1587 zu Antwerpen, wo er 1610 Meister der St. Lucasgilde wurde und am 30. Oktober 1661 starb. Schüler Aart van Laecks.

1166. Tote Rebhühner und kleine Vögel, von einer Katze belauert. Rebhühner, teils in einem Korbe, teils auf dem Tische liegend, daneben kleine Vögel an eine Rute gebunden.

Bezeichnet links auf dem Rande der Tischplatte:

Alex Adrieanssen fe

Eichenholz; h. 55, br. 82 cm. Ambraser Sammlung.

Jacques d'Arthois.

Vlämische Schule. Geb. 1613 zu Brüssel, wo er 1634 Meister der St. Lucasgilde wurde und Anfang Mai 1686 starb. Schüler Jan Mertens'. Später beeinflußt von Lodewyck de Vadder.

1167. Landschaft. Durch ein waldiges Tal fließt ein Gebirgswasser,
(E. 655.) in welches ein Wasserfall stürzt. In der Mitte des Bildes ein großer Baum.

L.; h. 173, br. 218 cm. In den niederländischen Provinzen 1785 gekauft.

1168. Große Waldlandschaft. Felsmassen, von Strauchwerk und
(E. 657.) Schlingpflanzen umwuchert; links vorne eine mächtige Baumgruppe, rechts lichtes Gestein. Auf einem Waldwege wird der verschmachtende heil. Stanislaus von zwei Engeln gelabt.

L.; h. 243, br. 464 cm. Aus dem Jesuitenkollegium zu Brügge 1776 nach Wien gekommen. Rosa schrieb die Figuren dieses und des folgenden Stückes mit Unrecht Gerard Seghers zu.

1169. Große Waldlandschaft. Zwischen gewaltigen Baumgruppen
(E. 656.) ein Teich. In der Mitte der heil. Franciscus Borghias mit einem Ordensbruder; rechts eine Kapelle, aus welcher ein von der Hostie ausgehender Lichtstrahl auf die Mönche fällt.

Bezeichnet links unten: *Jacques d' Arthois*

L.; h. 243, br. 464 cm. Provenienz wie Nr. 1168.

Philippe de Champaigne.

Französisch-vlämische Schule. Geb. am 26. Mai 1602 zu Brüssel; 1645 Mitglied der Pariser Akademie; gestorben zu Paris am 12. August 1674. Schüler J. Fouquières'.

1170. Der Tod des Abel. Der erschlagene Abel liegt im Schoße
(E. 756.) seiner Mutter; ein Schäferhund beschnuppert die Leiche. Adam ringt die Hände; zwei Knaben spielen neben ihm. Im Mittelgrunde der fliehende Kain.

Bezeichnet auf dem Holze unter dem Leichnam Abels:

PHIL° DE CHAMPAIGNE . FACIEBAT
1656

L.; h. 312, br. 394 cm. Champaigne malte das Bild 1656 in Brüssel für den Erzh. Leopold Wilhelm.

Jan Fyt.

Vlämische Schule. Getauft am 15. März 1611 zu Antwerpen, wo er 1629 Meister der St. Lucasgilde wurde und am 11. September 1661 starb. Schüler Hans van den Berghes und beeinflußt von Frans Snyders.

1171. (E. 842.) Tiere und Früchte. In der Mitte des Bildes ein weißer Windhund, der zu einem auf der Brüstung sitzenden Pfau aufspringt. Links ein Knabe, der eine Gitarre von einem Stuhle nimmt.

Bezeichnet links unten auf der inneren Seite des Buchdeckels:

Ioannes · FyT · F.

L.; h. 175, br. 257 cm. Kat. Mechel, 1783; 1809 nach Paris und 1815 zurück nach Wien gebracht.

1172. (E. 843.) Jagdbeute. Zwei tote Rebhühner, an einen Baumstamm gebunden, werden von einem Hunde bewacht.

Bezeichnet rechts auf dem Steine unter dem Kopfe des Hundes: Joannes Fyt. 1641

L.; h. 49, br. 68 cm. Samml. Erzh. Leopold Wilhelm.

1173. (E. 844.) Jagdbeute. Totes Geflügel auf einem Steintische. Links vorne ein Rebhuhn. Kleinere Vögel hängen zusammengebunden aus einer strohgeflochtenen Tasche.

L.; h. 49, br. 69 cm. 1723 von Prag nach Wien, 1809 nach Paris und 1815 wieder nach Wien gekommen.

1174. (E. 845.) Früchte und Geflügel. Ein Korb mit Trauben, an seinen Henkel zwei Rebhühner gebunden. Kleinere Vögel sind an einen Zweig gereiht. Ein dahinter stehender Jagdhund streckt den Kopf vor.

Bezeichnet auf der Steinplatte rechts unten: Joannes · Fyt · F. 1652

L.; h. 60, br. 104 cm. Kunstbesitz Karls VI.

Cornelis Huysmans.

Vlämische Schule. Getauft zu Antwerpen am 2. April 1648, gest. zu Mecheln am 1. Juni 1727. Schüler Gaspar de Wittes und beeinflußt von Jacques d'Arthois.

1175. Landschaft. Rechts im Walde ein Bauernhaus und dessen Bewohner; links vorne ein Wasser; eine Herde wird zur Tränke getrieben.
(E. 937.)

L.; h. 118, br. 173 cm. Belvedere-Depot. Die Zuschreibung dieses wie des folgenden Bildes an C. Huysmans ist nicht sicher.

1176. Waldlandschaft. Im Vordergrunde kauern zwei Bauern auf der Erde; ein dritter in roter Jacke steht dabei.
(E. 936.)

L.; h. 49, br. 49 cm. Zuerst im Belvedere 1781.

David de Koning (?).

Vlämische Schule. Geb. 1636 zu Antwerpen, wo er 1663 Meister der St. Lucasgilde wurde. Gest. zu Brüssel nach 1699. Schüler Peter Boels.

1177. Tote Enten. An einem Baumstamme rechts liegen zwei Wildenten und ein kleinerer Vogel.
(E. 956.)

L.; h. 55, br. 75 cm. Zuerst im Belvedere 1781. Th. von Frimmel hält die gegenwärtige Benennung für »ganz unsicher«.

Renier Megan.

Vlämische Schule. Geb. 1637 zu Brüssel, gestorben als kais. Kammermaler in Wien am 25. November 1690.

1178. Waldlandschaft. Rechts Eichwald mit einem Zigeunerlager, links Aussicht in die tieferliegende Ferne.
(E. 1000.)

L.; h. 97, br. 155 cm. 1765 von Wien ins Schloß von Preßburg und 1781 zurück nach Wien ins Belvedere gekommen. Die Zuschreibung dieses wie des folgenden Bildes an Megan rührt von Mechel her.

1179. Waldlandschaft. Links Wald, rechts eine Stromgegend; Reisende werden von Räubern angefallen.
(E. 999.)

L.; h. 98, br. 156 cm. Provenienz wie Nr. 1178.

Niclaes van Gelder.

Tätig um die Mitte des XVII. Jahrhunderts.

1180. Totes Geflügel auf der Steinplatte eines Tisches; ein weißer Hahn ist an den Füßen aufgehängt.
(E. 854.)

Bezeichnet rechts unten: NvGelder

L.; h. 85, br. 80 cm. Kunstbesitz Karls VI.

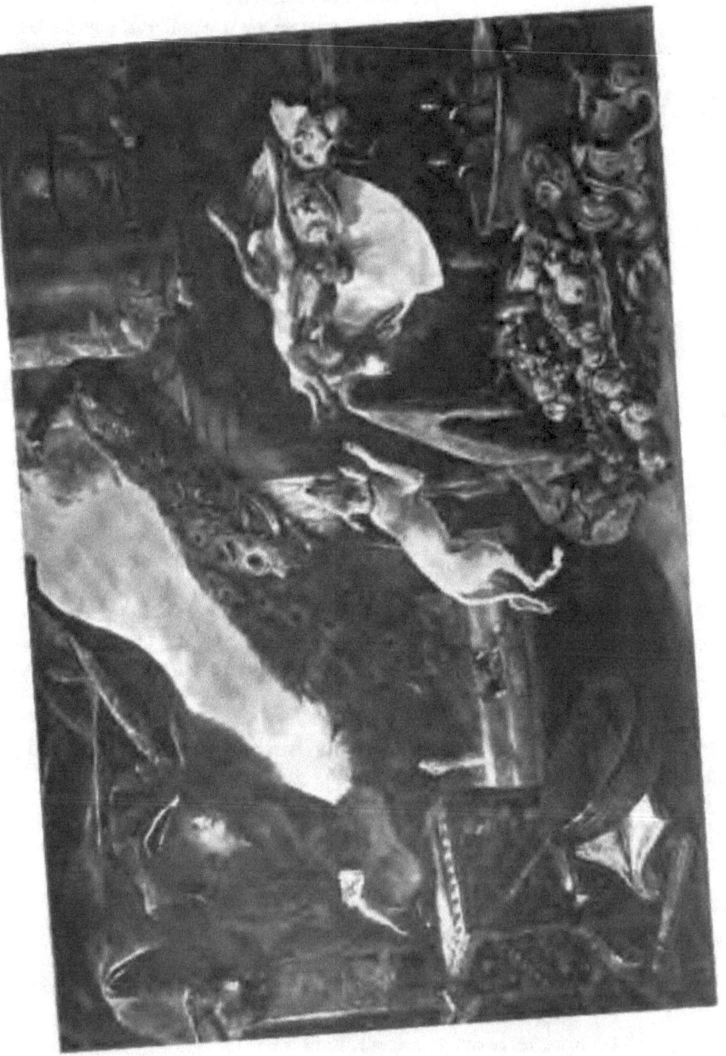

1171. Jan Fyt.

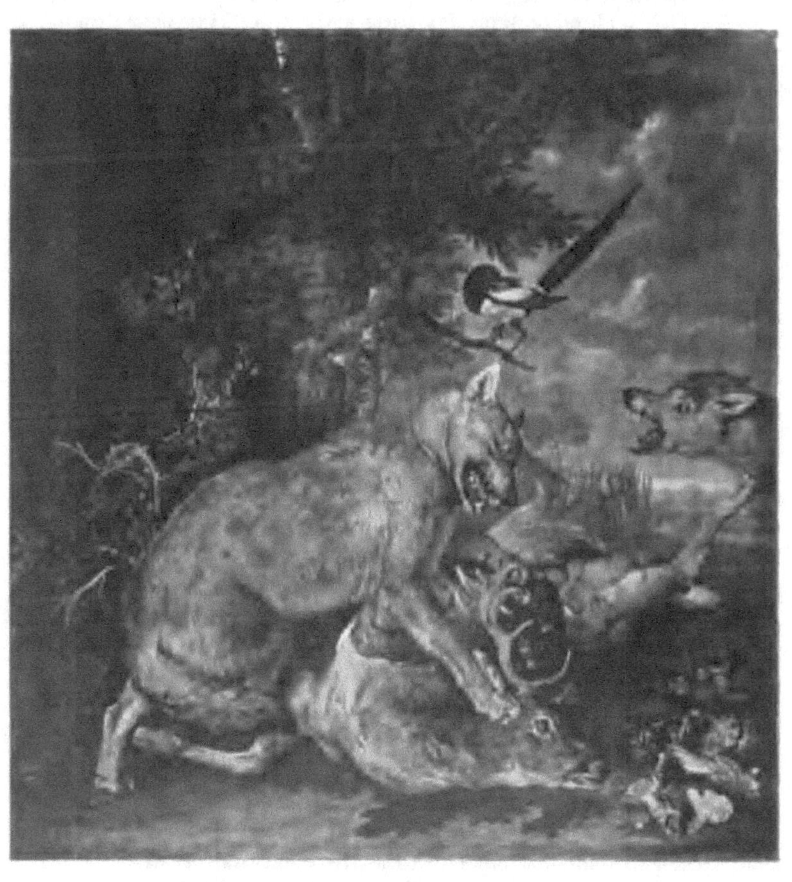

1193. Philipp Ferdinand von Hamilton.

1181. Tote Wildenten. Sie hängen an einem Stricke; die Köpfe
(E. 863.) und andere tote Vögel liegen auf der Steinplatte eines Tisches.

L.; h. 85, br. 80 cm. Provenienz wie Nr. 1180. Früher einem Hermann van Hahn zugeschrieben.

Ferdinand van Kessel.

Vlämische Schule. Geb. zu Antwerpen 1648, gest. zu Breda 1696 (?). Schüler seines Vaters Jan Kessel I.

1182. Rauchende Affen. Affen verschiedener Art sitzen um einen
(E. 944.) Tisch; im Vordergrunde würfeln drei auf der Erde.

Kupfer; h. 24, br. 31 cm. Im Schatzkammer-Inventar von 1773 als «Teniers». Th. von Frimmel denkt bei diesem und dem folgenden Bilde an Abraham Teniers als Maler.

1183. Katzenbarbierstube. Katzen werden von Affen bedient; links
(E. 943.) wird ein weißer Kater eingeseift; in der Mitte des Bildes wird eine Katze frisiert.

Kupfer; h. 24, br. 31 cm. Provenienz wie Nr. 1182.

Jan van Kessel.

Vlämische Schule. Geb. am 5. April 1626 zu Antwerpen, wo er 1645 Meister der St. Lucasgilde wurde und 1679 starb. Schüler Simon de Vos' und seines Oheims, Jan Brueghel d. J.

1184. Bär und Schlange, mit einander kämpfend.
(E. 946.) Kupfer; h. 17, br. 21 cm. Schatzkammer.

1185. Wildschweinhetze. Acht Hunde haben einen Eber ange-
(E. 945.) fallen; vorne liegt ein verwundeter Hund auf dem Rücken.

Kupfer; h. 17, br. 23 cm. Schatzkammer.

1186. Landschaft mit Vögeln. Kraniche und andere Vögel; rechts
(E. 947.) vorne erhascht ein Storch eine Eidechse.

Kupfer; h. 17, br. 23 cm. 1773 in der Schatzkammer.

1187. Landschaft mit Fuchs und Storch. Der hungrige Fuchs
(E. 948.) sitzt im Vordergrunde; neben ihm holt der Storch mit seinem langen Schnabel aus einer Flasche einen Aal heraus.

Kupfer; h. 17, br. 21 cm. Schatzkammer.

Philipp Ferdinand von Hamilton.

Vlämische Schule. Geb. zu Brüssel 1664, gest. als kais. Hof- und Kammermaler zu Wien 1750. Schüler seines Vaters Franz von Hamilton.

1188. Totes Geflügel. Ein Rebhuhn und sechs bunte kleine Vögel
(E. 873.) liegen bei einem Baumstamme.

Bezeichnet links unten auf dem dunklen Steine: 1749 -

L.; h. 51, br. 62 cm. Kat. Mechel, 1783.

1189. Totes Geflügel. Eine Schnepfe und acht kleine bunte Vögel
(E. 874.) liegen bei einem Baumstamme.

L.; h. 51, br. 62 cm. Seitenstück zu Nr. 1188.

Johann Georg von Hamilton.

Vlämische Schule. Geb. zu München 1672, gest. als kais. Kabinetts- und Kammermaler zu Wien am 3. Jänner 1737. Schüler seines Vaters Franz von Hamilton.

1190. Ein Hirsch und zwei Rehe. Die Rehe liegen im Vorder-
(E. 869.) grunde; der Hirsch steht dabei.

L.; h. 38, br. 50 cm. Kat. Mechel, 1783.

1191. Ein Eberkopf. Der mächtige Kopf mit aufgesperrtem Rachen
(E. 868.) liegt auf der Erde. Rechts vorne eine Flinte, ein Weidmesser und anderes Gerät.

Bezeichnet links oben:

Jean George d'Hamilton Peintre du Cab. et de S. M. I et Catholique 1718.

L.; h. 88, br. 107 cm. Vom Künstler selbst gekauft.

Philipp Ferdinand von Hamilton (s. Nr. 1188).

1192. Ein Geier im Kampfe mit einem Falken. Rechts ein zweiter Falke.

L.; h. 91, br. 98 cm. Belvedere-Depot.

1193. Wölfe bei einem toten Hirsch. Einer der beiden Wölfe
(E. 871.) weidet den Hirsch aus; vom zweiten sieht man am Bildrande nur Kopf und Hals. Links eine Distelstaude.

Bezeichnet links unten: Philipp F. De Hamilton C. C. M. C. P. 1720.

L.; h. 173, br. 264 cm. Vom Künstler erworben.

1194. **Geier.** Zwischen zwei großen vom Rücken gesehenen Geiern
(E. 876.) steht ein kleinerer mit rotem Halse. Links weiter rückwärts ein Adler.

L.; h. 110, br. 126 cm. In Wien gemalt.

1195. **Ein Damhirsch.** Unter diesem sieht man ein weißes Kaninchen. Links erscheint der Kopf eines Steinbockes.

Bezeichnet in der rechten unteren Ecke:

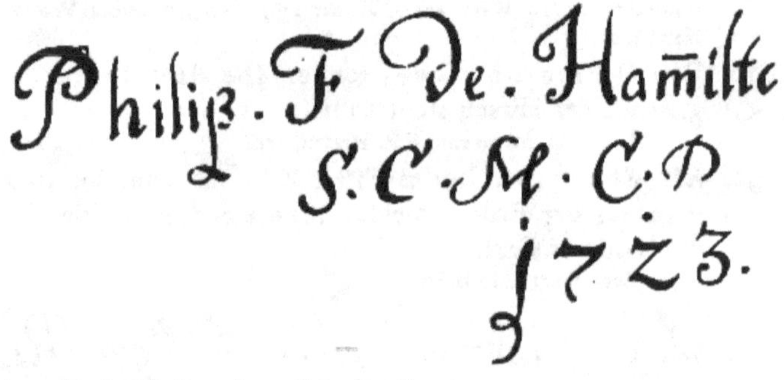

L.; h. 108, br. 126 cm. Belvedere-Depot.

1196. **Weiße, gefleckte Rehe.** Rechts vorne ein Stachelschwein.

Bezeichnet rechts unten:

Philip F. De. Hamilton C. M. C 1724

L.; h. 112, br. 126 cm. Belvedere-Depot.

1197. **Pelikane.** Zwischen zwei Pelikanen ein dunkler Schwan.
(E. 877.) Ferner Reiher, Enten und andere Vögel.

L.; h. 110, br. 124 cm. In Wien gemalt.

1198. **Tiere.** Drei Gemsen und eine Taube. Von einer der Gemsen
(E. 872.) ist nur der Kopf sichtbar.

L.; h. 88, br. 119 cm. Schatzkammer.

1199. **Falke und Hase.** Der Falke steht mit ausgebreiteten Flügeln auf dem niedergeworfenen Hasen.

L.; h. 85, br. 111 cm. Belvedere-Depot.

Johann Georg von Hamilton (s. Nr. 1190).

1200. Das kaiserliche Gestüt zu Lipizza am Karst. 72 Pferde
(E. 865.) spanischer Rasse in freier Bewegung. In der Mitte des Vordergrundes ein liegender Schimmel und ein wiehernder Falbe. Im Hintergrunde die Gebäude des Gestütes.

Unten links auf einem dunklen Steine steht:

Das kayserliche Karst Gestüdt zu Lipizza

und die Bezeichnung:

Jean George v: Hamilton Peintre du cabinet de S. M. J. et catholique A° 1727.

L.; h. 181, br. 282 cm. 1727 für den kaiserl. Hof gemalt, wurde 1809 nach Paris und 1815 zurück nach Wien gebracht.

1201. Pferde auf der Weide. Ein Schimmel, ein vom Rücken ge-
(E. 867.) sehener Falbe, ein dunkler Schimmel und ein Braun. Weiter rückwärts ein dritter Schimmel.

L.; h. 104, br. 83 cm. Aus der Schatzkammer.

1202. Pferde auf der Weide. In der Mitte ein weißer Schimmel,
(E. 866.) hinter diesem ein Braun und ein dunkler Schimmel. Ein Füllen trinkt bei einer braunen Stute; ein anderes liegt im Grase.

Bezeichnet links unten auf dem Steine: *Jann Geor: de Hamilton fe*

L.; h. 104, br. 83 cm. Schatzkammer-Inventar 1773.

Philipp Ferdinand von Hamilton (s. Nr. 1188).

1203. Ein Hund bewacht die Jagdbeute. In der Mitte des Bildes ein weißer Hase. An einem Baume aufgehängt Köcher mit Pfeilen, ein Bogen, ein Hifthorn. Links Ausblick in eine Berglandschaft.

Bezeichnet am unteren Bildrande:

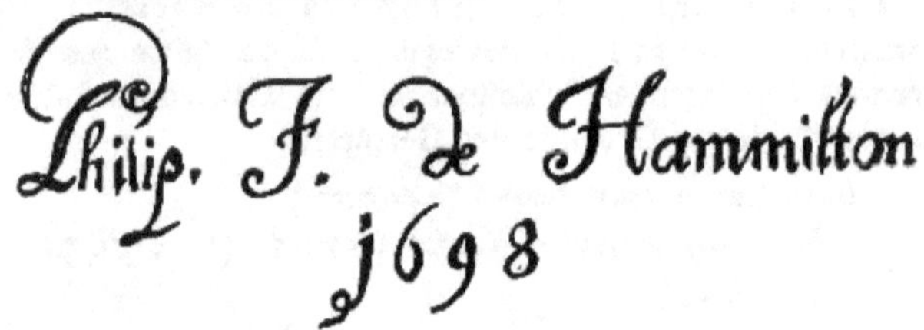

L.; h. 114, br. 155 cm. Belvedere-Depot.

1203a. (E. 878.) Ein Adler, von Falken besiegt. Der rücklings niedergeworfene braune Adler wehrt sich vergebens gegen den weißen Falken, der mit ausgebreiteten Schwingen auf ihm steht. Ein zweiter Falke sitzt rechts vorne, ein dritter fliegt von links herbei.

L.; h. 120, br. 160 cm. Belvedere-Depot.

1204. Eine Ente und Hühner. Vorne auf dem Boden ein Hirschkäfer.

L.; h. 76, br. 86 cm. Belvedere-Depot.

1205. (E. 870.) Leopard und Geier. Der Leopard setzt die rechte Pranke auf ein erbeutetes Huhn und weist dem Geier die Zähne.

Bezeichnet rechts auf dem Steine unter dem Geier: Philip F de Hamilton S.C.M.C.P. 1722

L.; h. 88, br. 120 cm. Im Belvedere seit 1824.

1206. Weiße und braune Schnepfen.

L.; h. 89, br. 72 cm. Belvedere-Depot.

1207. Perlhühner und Meerschweinchen.

L.; h. 76, br. 87 cm. Belvedere-Depot.

1208. Ein Reiher, von einem Falken besiegt.

L.; h. 92, br. 98 cm. Belvedere-Depot.

Jan Thomas (s. Nr. 1066).

1209. Kaiser Leopold I. huldigen seine Länder, deren Kronen allegorische Frauengestalten bringen; die vor ihm kniende hält die deutsche Kaiserkrone. Rechts bringen fremde Völkerschaften ihre Schätze dar. Der Kaiser selbst, in Rüstung und goldenem Mantel, sitzt auf dem Throne, das Zepter in der Rechten; zu seinen Füßen deuten Schätze, Bücher, Noten, Globen und eine Kanone seine Kenntnis der Musik und der Wissenschaften, wie seine Macht und die Kriege seiner Zeit an. (Leopold, vierter Sohn Kaiser Ferdinands III. und der Maria Anna von Spanien, geb. 7. Juni 1640, König von Ungarn 1655, König von Böhmen und deutscher Kaiser 1658, gest. 5. Mai 1705.)

Bezeichnet am unteren Rande rechts:

Joannes Thomas. Fecit. 1663.

L.; h. 250, br. 374 cm. Belvedere-Depot.

Andrea Sacchi (s. Nr. 558).

1210. (E. 757.) Die sterbende Mutter. Eine Frau sitzt notdürftig bekleidet auf der Erde. An der rechten Brust, an welcher ihr Kind trinkt, eine klaffende Wunde.

L.; h. 155, br. 214 cm. Samml. Erzh. Leopold Wilhelm. Früher Philipp de Champaigne zugeschrieben und deshalb unter die Niederländer eingereiht. Die gegenwärtige Bestimmung ist das Verdienst Franz Wickhoffs, der auch den Gegenstand als eine Restauration der »sterbenden Mutter« des griechischen Malers Aristides nachgewiesen hat.

Thomas Willeboirts, genannt Bosschaert.

Vlämische Schule. Geb. 1614 zu Bergen-op-Zoom, gest. am 23. Jänner 1654 zu Antwerpen, wo er seit 1637 Meister der St. Lucasgilde war. Schüler Gerard Seghers'; beeinflußt von P. P. Rubens und A. van Dyck.

1211. (E. 1393.) Der Prophet Elias. Dem auf dem Boden liegenden Propheten bringt der Engel Speise und Trank.

L.; h. 152, br. 176 cm. Samml. Erzh. Leopold Wilhelm.

Jan Fyt und Th. Willeboirts.

Jan Fyt (s. Nr. 1171), Thomas Willeboirts (s. Nr. 1211).

1212. (E. 846.) Diana bei ihrer Jagdbeute. Die Göttin ruht mit ihren Gefährtinnen unter einem Zelte, das zwischen Bäumen ausgebreitet ist. Den übrigen Raum füllen die Hunde und das erlegte Wild. (Die Figuren von Thomas Willeboirts.)

Bezeichnet unten in der Mitte: Ioannes · FYT 1650

L.; h. 108, br. 291 cm. Samml. Erzh. Leopold Wilhelm.

Victor Honoré Janssens.

Vlämische Schule. Geb. 1664 zu Brüssel, wo er 1689 Meister der Gilde wurde und 1739 starb.

1213. Venus und Adonis. Venus sitzt unter einer hohen Baum-
(E. 1321.) gruppe und beweint den in ihrem Schoße ruhenden toten Adonis. Liebesgötter waschen seine Wunden und streuen Blumen. Links der goldene Wagen und die Tauben der Venus.

L.; h. 219, br. 332 cm. Vielleicht aus Schloß Ambras. Früher dem Peeter Tyssens zugeschrieben. Von Th. v. Frimmel auf V. H. Janssens bestimmt.

Marten Joseph Geeraerts.

Vlämische Schule. Getauft am 7. April 1707 zu Antwerpen, wo er 1731 Meister der St. Lucasgilde wurde und am 16. Februar 1791 starb. Schüler Abraham Godyns.

1214. Nachahmung eines Basreliefs. Ein weißes Medaillon mit
(E. 848.) einem weiblichen Profilkopf wird von vier aus Holz geschnitzten Kindergestalten gehalten. Unten ein Bronzerelief mit Amor und Psyche.

L.; h. 101, br. 73 cm. Vom Künstler selbst gekauft. Kat. Mechel, 1783.

Jan Frans van Bloemen (Orizzonte).

Vlämische Schule. Getauft zu Antwerpen am 12. Mai 1662, gest. zu Rom um 1748. Schüler Anton Goubaus; beeinflußt von Gasp. Dughet (Poussin).

1215. Italienische Landschaft. Im Mittelgrunde ein Felsenschloß
(E. 696.) und ein Wasserfall. Links vorne eine große Baumgruppe. Der Weg in der Mitte ist mit einigen Personen belebt.

L.; h. 112, br. 138 cm. Wahrscheinlich 1800 aus Ferrara gekommen.

1216. Italienische Landschaft. Vorne sitzt der Hirt einer kleinen
(E. 697.) Ziegenherde und spricht mit einer Frau. Rechts eine große Baumgruppe, in der Mitte ein altes Schloß.

L.: h. 110, br. 95 cm. Provenienz wie Nr. 1215.

1217. Italienische Landschaft. Rechts eine Gruppe hochstämmiger Bäume, links ein Gebäude. Auf einem Waldwege geht ein Weib, eine Last auf dem Kopfe, an zwei Jünglingen vorbei.
(E. 695.)

L.; h. 112, br. 138 cm. Provenienz wie Nr. 1215.

Pierre-Josephe Verhaghen.

Vlämische Schule. Geb. am 19. März 1728 zu Aerschot, wo er am 3. April 1811 starb. Schüler van den Kerkhovens und Bescheys.

1218. Der heil. Stephan empfängt die Gesandtschaft des Papstes in der Domkirche von Stuhlweißenburg im Jahre 1003. Links der heil. Stephan, König von Ungarn; ihm gegenüber Anastasius, Erzbischof von Kalocsa, mit der Gesandtschaft des Papstes Silvester II., welche die Krone und die Reichsinsignien überbringen.
(E. 1351.)

Bezeichnet rechts unten:

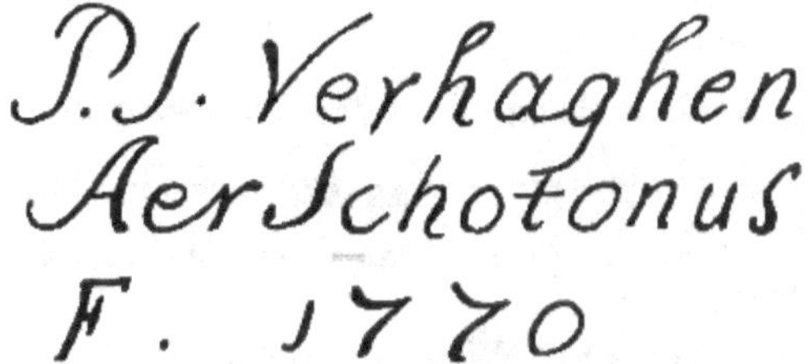

L.; h. 285, br. 343 cm. 1770 vom Künstler selbst gekauft.

Jan van den Hoecke (s. Nr. 983).

1219. Allegorie der Vergänglichkeit. Ein Philosoph im schwarzen Talar sitzt an einem Tische, die linke Hand auf einem Totenkopf, mit der Rechten Asche auf die Erde streuend. Zwei Genien bilden Seifenblasen.
(E. 901.)

L.; h. 298, br. 216 cm. Samml. Erzh. Leopold Wilhelm.

Melchior d'Hondecoeter.

Holländische Schule. Geb. 1636 zu Utrecht, 1659 Mitglied der Haager Gilde, gest. am 3. April 1695 zu Amsterdam. Schüler seines Vaters Gijsbert und seines Oheims J. B. Weenix.

1220. Geflügel. Im Vordergrunde ein krähender Hahn und zwei Hennen, eine liegend, eine stehend.
(E. 922.)

L.; h. 106, br. 138 cm. Kat. Mechel, 1783. Ob das Bild tatsächlich von Hondecoeter herrührt, ist zweifelhaft.

1221. Geflügel. In der Mitte ein Pfau, der ein Rad schlägt, ein Hahn
(E. 921.) und eine Ente.

L.; h. 162, br. 220 cm. Aus dem Belvedere-Depot. 1809 nach Paris und 1815 zurück nach Wien gebracht.

Jan Weenix.

Holländische Schule. Geb. 1640 zu Amsterdam, 1664 Meister der Utrechter Gilde, gest. am 20. September 1719 zu Amsterdam. Schüler seines Vaters Jan Baptist Weenix und vielleicht seines Oheims Gijsbert d'Hondecoeter.

1222. Ein toter Hase. Er hängt mit einem Hinterlauf an einem
(E. 1382.) Baumaste. Links erlegte Hühner, in der Ferne ein Garten.

Bezeichnet auf dem Steinsockel unter dem Jagdhorn: J. Weenix. 1690

L.; h. 113, br. 95 cm. Nachlaß des Herzogs Karl von Lothringen 1780.

Hermann van Lin, genannt Stilheid.

Holländische Schule. Geburts- und Todesdatum unbekannt. Tätig zu Utrecht 1659 bis 1670.

1223. Reitergefecht. Wildes Gedränge, gestürzte Pferde und Ver-
(E. 976.) wundete.

Bezeichnet rechts auf einem weißen Steine: H. V. Lin Se. 1664.

L.; h. 162, br. 180 cm. Schloß Ambras.

Herman Saftleven.

Holländische Schule. Geb. 1609 zu Rotterdam, gest. am 5. Jänner 1685 zu Utrecht. Schüler seines Vaters Herman Saftleven d. Ä.

1224. Landschaft im Charakter des Rheintales. Links auf einem
(E. 1214.) Berggipfel ein Schloß, darunter eine Stadt, im Vordergrunde ein
von vielen Menschen belebter Landungsplatz.

Bezeichnet unten links unter einem Hunde:

HS 1666

Eichenholz; h. 47, br. 63 cm. Kat. Mechel, 1783.

1225. Herbstlandschaft. Links vorne, höher liegend und schattig,
(E. 1211.) ein Holzschlag, rechts sonnige Fernsicht.

Bezeichnet links unten in der Ecke: HS. 1641.

Cedrelaholz; h. 40, br. 63 cm. Seit 1824 in der Galerie.

1226. Landschaft im Charakter des Rheintales. Ein von Schiffen
(E. 1213.) belebter Fluß. Links vorne ein Wirtshaus unter einem steilen dunklen Felsen.

Eichenholz; h. 36, br. 50 cm. Seit 1781 im Belvedere.

1227. Landschaft im Charakter des Rheintales. Im Mittelgrunde
(E. 1215.) eine Stadt mit einem Bergkirchlein. Rechts vorne Reisende bei einer verfallenen Steinsäule.

Bezeichnet unten links unter dem Baume:

(HS)

Eichenholz; h. 47, br. 62 cm. Kat. Mechel, 1783.

1228. Landschaft bei Sonnenuntergang. Links eine große Baum-
(E. 1212.) gruppe als Hauptmotiv, rechts ein seichter, schilfreicher Fluß.

Bezeichnet links unten:

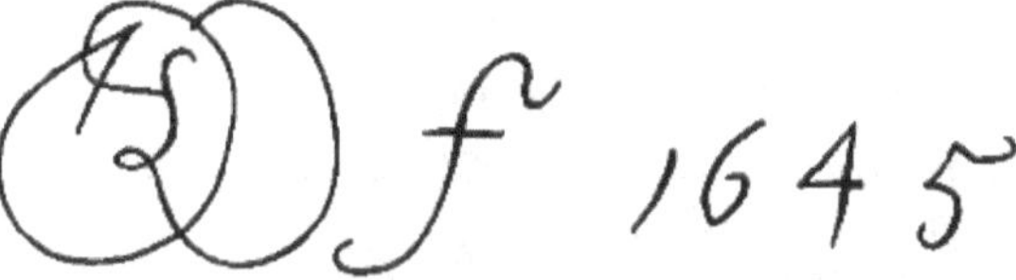

L.; h. 129, br. 183 cm. Kat. Mechel, 1783.

Jan Griffier.

Holländische Schule. Geb. 1656 zu Amsterdam, gest. zu London 1718. Schüler Roeland Roghmans und Nachahmer Herman Saftlevens.

1229. Rheinlandschaft. Rechts hohes Gebirge, links vorne im tiefen
(E. 859.) Schatten der Bäume ein Wirtshaus, vor welchem getanzt wird.

Kupfer; h. 47, br. 59 cm. Kat. Mechel, 1783.

1230. Rheinlandschaft. Viele Schiffe auf dem Strome; auf den Uferhöhen Gebäude mit Türmen. Rechts oben ein befestigtes Schloß.
(E. 860.)

Kupfer; h. 47, br. 59 cm. Kat. Mechel, 1783.

Jan Baptist Weenix.

Holländische Schule. Geb. 1621 zu Amsterdam, gest. 1660 bei Utrecht (?). Schüler Jan Mickers, Abraham Bloemaerts, sowie Claas Moeljaerts.

1231. Ein Seehafen. Links Gebäude bis dicht ans Ufer. Aus einer
(E. 1381.) Gondel wird Jagdbeute ausgeladen.

Bezeichnet links unten: J. Weenix.

L.; h. 68, br. 96 cm. Kat. Mechel, 1783. Karl Woermann schreibt dieses Bild mit Wahrscheinlichkeit Jan Weenix, dem Sohne Jan Baptists (s. Nr. 1222), zu.

Jan Joseph Horemans der Ältere.

Vlämische Schule. Getauft am 16. November 1682 zu Antwerpen, wo er 1706 Meister der St. Lucasgilde wurde und am 7. August 1759 starb. Schüler Jan van Pees.

1232. Die Schusterwerkstätte. Der Schuster sitzt links vorne an
(E. 931.) einem Tische, einen Schuh in der Linken haltend. Er sieht zu einer Frau auf, die den zweiten Schuh hält und ein Kind führt.

Bezeichnet rechts an der Tür über der Treppe: JHoremans 1712

L.; h. 50, br. 60 cm. Belvedere-Depot.

1233. Eine Dorfschule. Ein Knabe, welcher gezüchtigt werden soll,
(E. 930.) liegt vorne auf dem Boden.

Bezeichnet rechts unten: Horemans 1712

L.; h. 50, br. 60 cm. Belvedere-Depot.

Jan Miel.

Holländische Schule. Geb. 1599 in Flandern, gest. 1664 zu Turin. Nachahmer Pieter van Laers.

1234. **Hafenplatz.** In der Mitte ein römischer Triumphbogen, links
(E. 1014.) das Meer, rechts ein Haus mit drei Säulen.

L.; h. 70, br. 96 cm. 1781 ins Belvedere gekommen.

Moses van Uijtenbroeck.

Holländische Schule. Geb. um 1590 im Haag, wo er 1620 Mitglied der Gilde wurde und 1648 starb. Beeinflußt von Elsheimer.

1235. **Landschaft mit Nymphen.** Rechts vorne eine Gruppe von
(E. 1326.) Nymphen und Satyren am waldigen Ufer eines Teiches.

Bezeichnet rechts unten: Moses Uyt Dc

Pappelholz; h. 40, br. 85 cm. Schatzkammer.

1236. **Landschaft mit tanzenden Hirten.** Um den Stamm eines
(E. 1325.) Baumes tanzen die bekränzten Hirten im Kreise.

Bezeichnet links unten: Mis Uyt Den Broeck

Pappelholz; h. 40, br. 85 cm. Schatzkammer.

Guilliam de Heusch.

Holländische Schule. Geb. um 1625 zu Utrecht, wo er am 9. März 1692 begraben wurde. Schüler Jan Boths.

1237. **Italienische Abendlandschaft.** Gebirgiges Seeufer. Im
(E. 897.) Vordergrunde drei bepackte Maultiere.

Bezeichnet links unten: GHeusch: f.

L.; h. 75, br. 106 cm.
Samml. Erzh. Leopold Wilhelm.

Jakob de Heusch.

Holländische Schule. Geb. zu Utrecht 1657, gest. zu Amsterdam 1701. Schüler seines Oheims Guilliam de Heusch.

1238. **Landschaft.** Ein Strom mit vielen Schiffen; Gebäude an den
(E. 896.) Ufern. Im Vordergrunde werden Waren ausgeladen.

Bezeichnet links unten auf einem Steine: DHeusch f. 1699.

L.; h. 87, br. 96 cm. Zuerst im Belvedere 1781.

1239. Italienische Abendlandschaft. Gebirgiges Seeufer mit einem (E. 895.) Landungsplatz und vielen Schiffen.

Bezeichnet unten in der Mitte: Fleusch . f: 1699.

L.; h. 69, br. 88 cm. Kat. Mechel, 1783.

Pieter van Laer, genannt Bamboccio.

Holländische Schule. Geb. um 1590 zu Harlem, gest. nach 1658. Schüler Giovanni del Campos.

1240. Bauernfest in der römischen Campagna. Ein großes (E. 957.) Segeltuch ist in einer Dorfstraße zeltartig aufgespannt; darunter tanzende und schmausende Bauern.

L.; h. 85, br. 131 cm. Katalog Mechels, 1783. Das Bild kam 1809 nach Paris und 1815 zurück nach Wien.

1241. Vor der Schenke. Ein von seinem Gaul abgestiegener Bauer (E. 958.) besieht seinen wunden Fuß.

L.; h. 58, br. 42 cm. Nach Engerth 1651 von Erzh. Leopold Wilhelm an den Wiener Hof gesendet. Sicher nachweisbar erst bei Mechel 1783.

Gerard van Honthorst.

Holländische Schule. Geb. am 4. November 1590 zu Utrecht, wo er 1622 Mitglied der Gilde wurde und am 27. April 1656 starb. Schüler Abraham Bloemaerts; bildete sich in Italien unter dem Einflusse Caravaggios aus.

1242. Ein Knabe mit einem Hunde. Der Knabe hält in der rechten (E. 925.) Hand eine brennende Kerze und in der linken einen Kuchen, nach welchem der Hund emporspringt.

Eichenholz; h. 50, br. 41 cm. Brustb. Samml. Erzh. Leopold Wilhelm, wo es als das Werk eines unbekannten Meisters galt.

1243. Der heil. Hieronymus, vor einem Kruzifixe betend. Rechts (E. 924.) eine brennende Kerze.

L.; h. 101, br. 69 cm. Halbe Figur. Aus den niederländischen Provinzen 1785 nach Wien gekommen.

Jan Pijnas.

Holländische Schule. Geb. 1583 zu Amsterdam, wo er am 27. Dezember 1631 begraben wurde. Ausgebildet unter dem Einflusse Adam Elsheimers.

1244. Moses schlägt Wasser aus dem Felsen. Das Zeltlager der
(E. 1114.) Juden, welche gierig das Wasser auffangen. Moses, Aaron und andere Männer auf einer Anhöhe links bei dem Felsen.

Eichenholz; h. 125, br. 162 cm. Samml. Erzh. Leopold Wilhelm, wo es als Werk eines unbekannten Meisters galt. Die gegenwärtige Bestimmung rührt von De Steurs her.

Leonard Bramer.

Holländische Schule. Geb. 1594 zu Delft, wo er am 10. Februar 1674 begraben wurde. Ausgebildet unter dem Einflusse Adam Elsheimers.

1245. Allegorie der Eitelkeit. An einem mit Kostbarkeiten beleg-
(E. 710.) ten Tische sitzt links eine Frau, die sich mit einer Goldkette schmückt. Hinter dem Tische steht ein Mann, die Laute spielend.

Bezeichnet auf dem Goldbesatz des Tischteppichs: L. Bramer.

Eichenholz; h. 81, br. 62 cm. Zwischen 1772 und 1781 durch Tausch aus dem Wiener Schottenstifte erworben.

1246. Allegorie der Vergänglichkeit. Ein Skelett, das einen
(E. 709.) Totenkopf betrachtet, und ein Greis sitzen an einem mit zerbrochenem Geräte aller Art überdeckten Tische.

Bezeichnet rechts auf der Tischdecke unter den Büchern: L. Bramer.

Eichenholz; h. 82, br. 63 cm. Provenienz wie Nr. 1245.

Gerard Hoet.

Holländische Schule. Geb. zu Bommel am 22. August 1648, gest. im Haag am 2. Dezember 1733. Schüler Warnar van Rijssens.

1247. Moses schlägt Wasser aus dem Felsen. Moses steht mit
(E. 917.) seinem Bruder, von Kriegern umgeben, im Mittelgrunde. Die Juden schöpfen und trinken das reichlich niederströmende Wasser.

Eichenholz; h. 36, br. 45 cm. 1796 im Belvedere. Nach Th. v. Frimmel vielleicht aus der Prager Galerie Wrschowetz.

Adam Pijnacker.

Holländische Schule. Getauft am 13. Februar 1622 zu Pynaker bei Delft, begraben am 28. März 1673 zu Amsterdam. Ausgebildet unter dem Einflusse Jan Boths.

1248. Gegend bei Tivoli. Rechts am Flusse Anio das plautianische
(E. 1113.) Grabmal.

Eichenholz; h. 37, br. 30 cm. Vom Hofsekretär v. Reith gekauft 1811.

Bartholomeus Breenbergh.

Holländische Schule. Geb. 1599 zu Deventer, gest. vor 1659 zu Amsterdam (?). Schüler Paul Brils zu Rom, weiter ausgebildet unter dem Einflusse Adam Elsheimers.

1249. Landschaft mit Ruinen. Zu beiden Seiten zerfallene Ge-
(E. 719.) bäude. Vorne eine Kuhherde.

Kupfer; h. 41, br. 55 cm. Kam 1809 nach Paris und 1815 zurück nach Wien.

Cornelius van Poelenburgh.

Holländische Schule. Geb. 1586 zu Utrecht, wo er am 12. August 1667 starb. Schüler Abraham Bloemaerts. Weiter ausgebildet unter dem Einflusse Adam Elsheimers.

1250. Die Verkündigung Mariä. Maria kniet links vor einem Tische;
(E. 1116.) der Engel schwebt von rechts kommend ins Gemach. Oben eine Engelglorie und der heil. Geist in Gestalt der Taube.

Bezeichnet links, auf dem Betschemel:

· C · P · F

Kupfer; h. 48, br. 41 cm. Samml. Erzh. Leopold Wilhelm.

1251. Badende Frauen. Drei der Frauen befinden sich im Wasser,
(E. 1117.) eine vierte stürzt sich kopfüber in die Flut, zwei sitzen auf dem Uferrande.

Eichenholz; h. 21, br. 27 cm. Nachlaß Herzog Karls von Lothringen 1781. Das noch von Mechel und Krafft gelesene Monogramm C. P. F. ist nicht mehr sichtbar.

Hermann Saftleven (s. Nr. 1224).

1252. Kühe. Vier Kühe liegen dicht bei einander im Grase. Hinter
(E. 1210.) ihnen steht ein dunkelgefärbter Ochs.

Eichenholz; h. 22, br. 29 cm. Samml. Erzh. Leopold Wilhelm.

Joost Cornelisz Droochsloot.

Holländische Schule. Geb. 1586, gest. am 14. Mai 1666 zu Utrecht, wo er seit 1616 Meister der Gilde war.

1253. Das Duell zwischen Gerards und Breautés. Die beiden
(E. 785.) Genannten, ein Holländer und ein Franzose, jeder von siebzehn Rittern begleitet, hatten am 5. Februar 1600 ein Duell zu bestehen, das zu einem Massenkampf ausartete. Sie erscheinen zu Pferde auf der Vüchter Heide, die einen blaue, die anderen rote

Schärpen um den Oberarm gebunden. Den Hintergrund bildet die Stadt Herzogenbusch.

Bezeichnet links unten:

J: Drooch Sloot fec 1630.

L.; h. 78, br. 119 cm. Nach Engerth von Erzh. Leopold Wilhelm 1651 aus Brüssel nach Wien geschickt. Sicher nachweisbar erst bei Mechel 1783.

P. van Hattick.

Holländische Schule. Wahrscheinlich um die Mitte des XVII. Jahrhunderts in Utrecht tätig, wo er sich auch zum Künstler ausgebildet haben wird.

1254. Abendlandschaft. Dichtbelaubte Bäume ziehen sich von einer
(E. 1280.) kleinen Anhöhe rechts gegen den Mittelgrund; links eine lichte Fernsicht.

Bezeichnet links unten auf dem Steine:

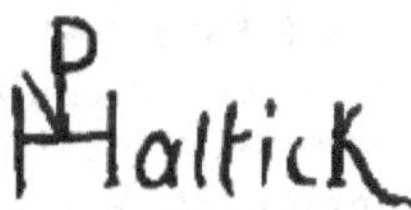

Eichenholz; h. 30, br. 37 cm. Seit 1824 im Belvedere. Früher Hermann van Swanevelt zugeschrieben. Erst Th. von Frimmel hat auf die Bezeichnung des Bildes aufmerksam gemacht.

Dirck van der Lisse.

Holländische Schule. 1644 Mitglied der Haager Gilde, gest. 1669. Nachfolger und vielleicht Schüler C. Poelenburghs.

1255. Landschaft mit dem heil. Benedictus. Der Heilige liegt
(E. 980.) entkleidet zwischen Dornen; im Mittelgrunde sieht man ihn seine Kutte ausziehen; im Hintergrunde betet er in felsiger Einöde.

Kupfer; h. 31, br. 24 cm. Samml. Erzh. Leopold Wilhelm. Früher Jan Lis zugeschrieben. Von Th. v. Frimmel auf Dirck van der Lisse bestimmt.

Kabinett XIII. (Seitenlicht).

Jacob Willemsz Delff.

Holländische Schule. Geb. um die Mitte des XVI. Jahrhunderts in Gouda, wurde 1582 Bürger von Delft und starb dort 1601.

1256. (E. 779.) **Esau und Jakob.** Die Brüder sinken einander versöhnt in die Arme; links hinter Esau Krieger, rechts hinter Jakob Hirtenvolk.

Bezeichnet unten rechts auf dem Steine:

GENESIS XXXIII
IACOB? WILHELM DELPHIVS
Aº 15 84

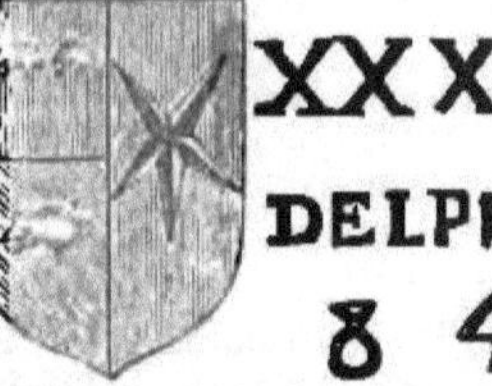

Eichenholz; h. 128, br. 231 cm. Kat. Mechel, 1783. Nach einer gütigen Mitteilung des Direktors des Rijksmuseums in Amsterdam B. W. F. van Riemsdijk enthält das vorstehend abgebildete Wappenschild die Wappen der Delfter Familien Van Diemen und Sonck; nach dem Urteil desselben Gelehrten ist der Mann mit dem langen Barte zur äußersten Linken der Maler selbst.

Egbert Lievensz van der Poel.

Holländische Schule. Getauft am 9. März 1621 zu Delft, wo er 1650 Mitglied der Gilde wurde; begraben zu Rotterdam am 19. Juli 1664.

1257. (E. 1115.) **Eine Bauernwirtschaft.** Vor einer großen Bauernhütte kniet eine Frau, mit Waschen beschäftigt, an einem Kanale. Dem Bauer läuft ein Kind zu.

Bezeichnet rechts auf dem Brette: van der Poel 1647

Eichenholz; h. 60, br. 82 cm. Samml. Erzh. Leopold Wilhelm.

Michiel Jansz van Miereveld.

Holländische Schule. Geb. am 1. Mai 1567 zu Delft, wo er am 27. Juni 1641 starb. Schüler A. van Montfoorts.

1258. (E. 1015.) **Männliches Bildnis.** Ein dicker, glatzköpfiger alter Mann mit in zwei Spitzen auslaufendem Kinnbart.

Eichenholz; h. 54, br. 43 cm. Brustbild. Kat. Mechel, 1783.

Aert van der Neer.

Holländische Schule. Geb. 1603 zu Amsterdam, wo er am 9. November 1677 starb.

1259. (E. 1048.) **Winterlandschaft.** Ein Dorf zu beiden Seiten eines Baches, auf dessen Eisdecke Schlittschuhläufer.

Bezeichnet rechts unten: AV D

L.; h. 49, br. 60 cm. Seit 1781 im Belvedere.

1260. Wasserreiche Waldgegend. Links in den Auen hohe (E. 1046.) Bäume; rechts in der Ferne eine Stadt.

L.; h. 61, br. 80 cm. Kat. Mechel, 1783.

1261. Ein holländisches Dorf im Mondlichte. Viele Schiffe auf (E. 1047.) einem Kanale; links vorne eine hohe Baumgruppe.

Bezeichnet links unten in der Ecke:

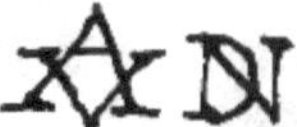

L.; h. 57, br. 76 cm. 1811 vom Hofsekretär v. Reith gekauft.

Jan Ossenbeck.

Holländische Schule. Geb. 1624 zu Rotterdam, seit 1667 in Wien tätig, wo er am 29. März 1674 als kais. Hofmaler gestorben ist.

1262. Landschaft mit Jakobs Reise nach Mesopotamien. (E. 1087.) Rechts eine dunkle Felsenhöhle, daneben Ausblick in eine weite Landschaft; im Vordergrunde werden die Herden Jakobs geführt.

Bezeichnet auf dem Steine links unten: *J. Ossi..*

L.; h. 128, br. 214 cm. Samml. Erzh. Leopold Wilhelm.

Cornelis Vischer.

Holländische Schule. Geb. zu Gouda um 1520, gest. nach 1574.

1263. Männliches Bildnis. Der graubärtige, schwarzgekleidete Alte (E. 1367.) hält eine Notenrolle in der rechten Hand.

Rechts oben im dunklen Grunde steht:

Aetatis suae 62. A°. 1574. Ars probat virum.

Bezeichnet rechts über der Hand im Grunde:

Eichenholz; h. 84, br. 63 cm. Halbe Fig. Kat. Mechel, 1783.

Richard van Bleek (?).

Holländische Schule. Geb. 1670 im Haag, wo er 1695 Mitglied der Gilde wurde; gestorben zu London nach 1733. Schüler Daniel Harings und Van der Schuurs.

1264. Bildnis eines Mannes. Er sitzt, in einen Mantel gehüllt, (E. 690.) einen großen Hut auf dem Kopfe, neben einer Kiste, auf der Musikinstrumente liegen.

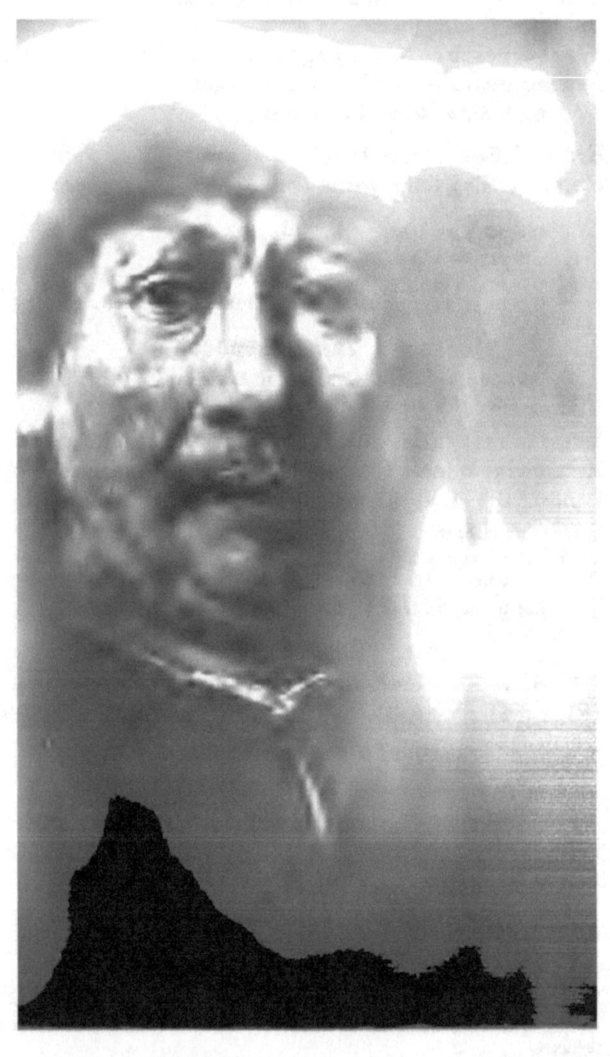

1268. Rembrandt.

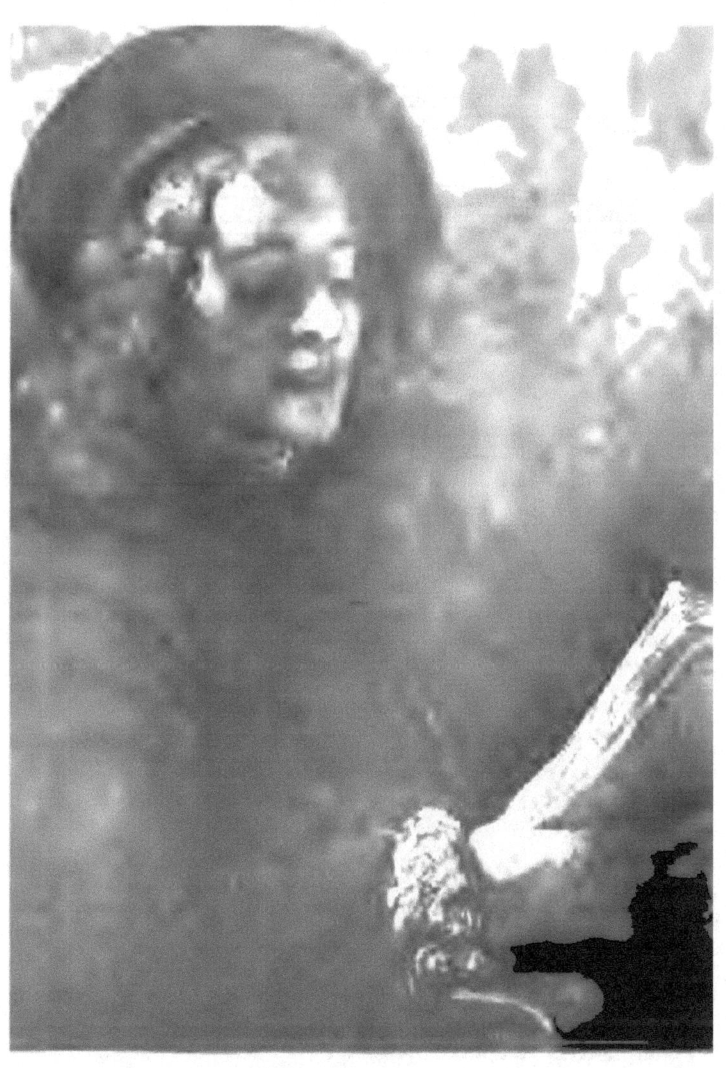

1269. Rembrandt.

Auf dem Notenblatte steht:

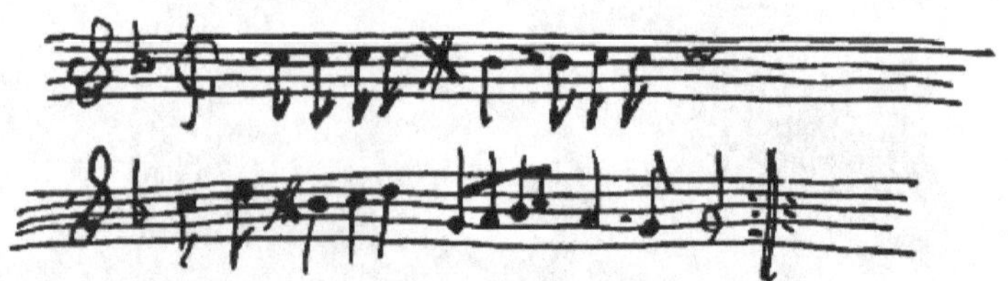

Bezeichnet links oben im Grunde:

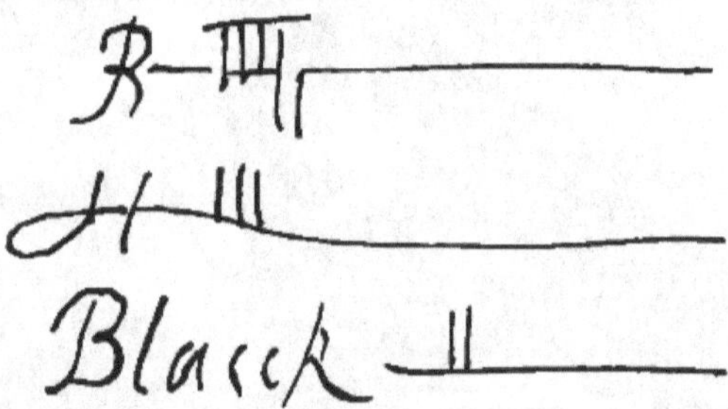

L.; h. 112, br. 84 cm. Halbe Figur. Stallburg. Die gegenwärtige Bestimmung ist ohne Zweifel irrtümlich. Das Bild dürfte wohl um die Mitte des 17. Jahrhunderts entstanden sein.

Abraham de Vries.

Holländische Schule. Geb. zu Rotterdam, gest. um 1650 im Haag.

1265. Bildnis eines Mannes. Kurzer Schnurr- und Kinnbart,
(E. 1349.) langes blondes Haar. Schwarzes Gewand mit steifem viereckigen Hemdkragen.

Eichenholz; h. 76, br. 62 cm. Halbe Figur. Kat. Mechel, 1783. Früher dem Pieter Verelst zugeschrieben. Schon bei Mechel unter dem richtigen Namen A. de Vries, für den es auch kürzlich wieder Th. v. Frimmel in Anspruch nahm.

Holländisch. Mitte des XVII. Jahrhunderts.

1266. Männliches Bildnis, Dreiviertelprofil, die linke Seite und der
(E. 1350.) Blick dem Beschauer zugewendet, mit grossem dunklen Bart und langem Haupthaar.

L.; h. 48, br. 41 cm. Brustbild. Belvedere-Depot. Früher Pieter Verelst zugeschrieben.

Hendrik Avercamp.

Holländische Schule. Getauft am 25. Jänner 1585 zu Amsterdam, gest. nach 1663 zu Kampen.

1267. Winterlandschaft. In der Mitte schlittschuhlaufend die Bewohner eines Dorfes, dessen niedere Häuser man zu beiden Seiten gewahrt. Rechts vorne zwei alte, entlaubte Bäume.

Bezeichnet zwischen den Bäumen auf einer kleinen Tonne:

Eichenholz; h. 29·5, br. 46·5 cm. Ambraser-Sammlung.

Rembrandt Harmensz van Rijn.

Holländische Schule. Geb. zu Leyden am 15. Juli 1606, begraben zu Amsterdam am 8. Oktober 1669. Schüler Jacob van Swanenburchs und Pieter Lastmans.

1268. (E. 1143.) Selbstbildnis. Rembrandt als alter Mann mit großem Hute, rotem Unter- und braunem Oberkleid, en face.

Bezeichnet links oben:

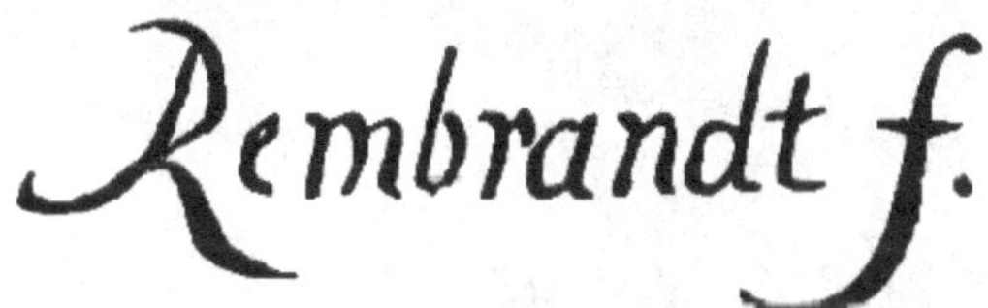

Eichenholz; h. 50, br. 41 cm. Brustbild. Kat. Mechel, 1783.

1269. (E. 1144.) Der lesende Jüngling (Rembrandts Sohn Titus). Er sitzt in einem Lehnstuhle und liest in einem Buche, das er mit beiden Händen hält. Ein runder Hut auf seinen rotblonden Haaren.

L.; h. 71, br. 62 cm. Halbe Figur. 1728 in der Stallburg. Einige Forscher, darunter besonders Wilhelm Bode, erkennen in dem Dargestellten den Sohn des Künstlers Titus van Rijn.

1270. (E. 1145.) Der Apostel Paulus. Der alte weißbärtige Mann sitzt in einem Lehnstuhle und hält in der Rechten eine Feder. Vor ihm liegt ein großes Buch; das Schwert lehnt an der Rückwand.

L.; h. 126, br. 110 cm. Kniestück. Prag. Inv. 1718.

1271. (E. 1139.) Bildnis eines Mannes. Der etwa fünfzigjährige Mann, schwarz gekleidet, mit feiner weißer Halskrause, sitzt in einem roten Sessel und macht mit der rechten Hand eine Bewegung zum Sprechen.

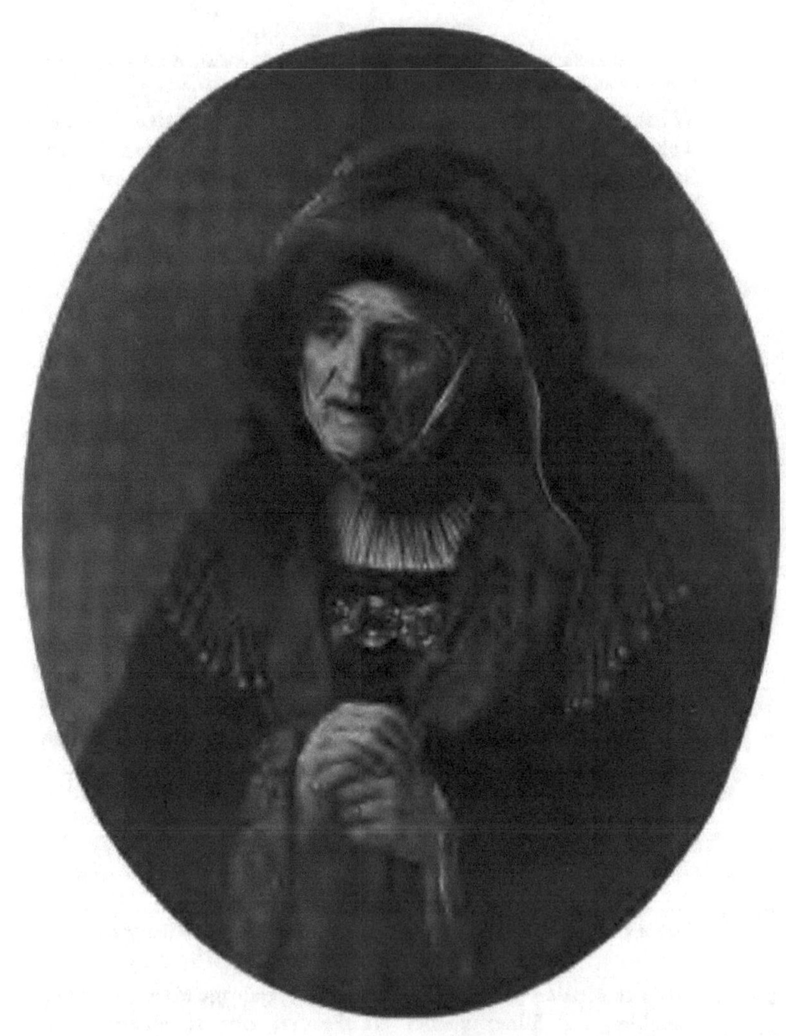

1273. Rembrandt.

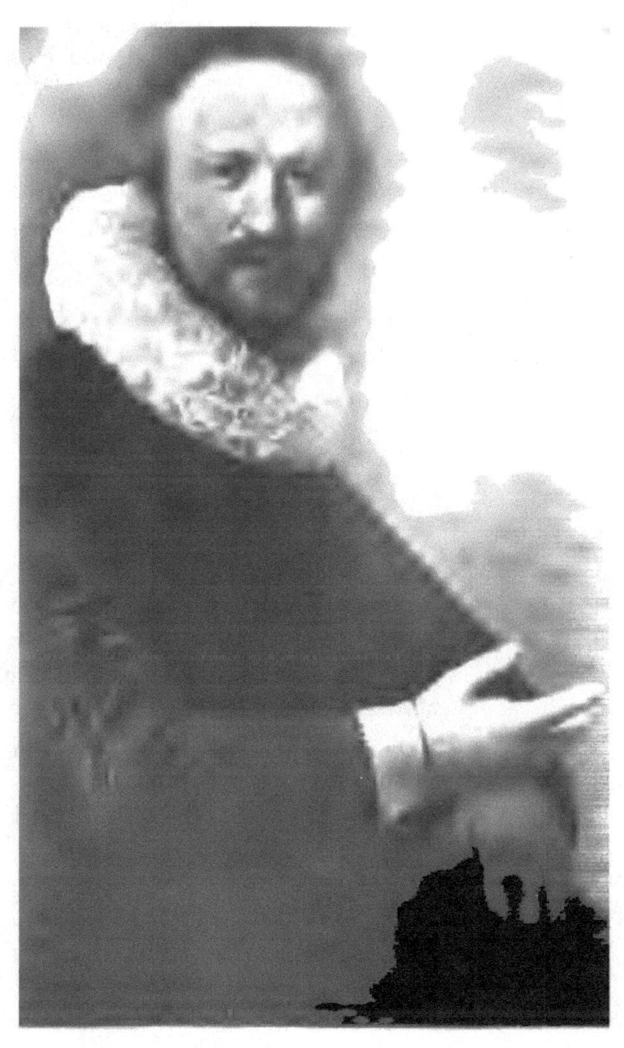

1271. Rembrandt.

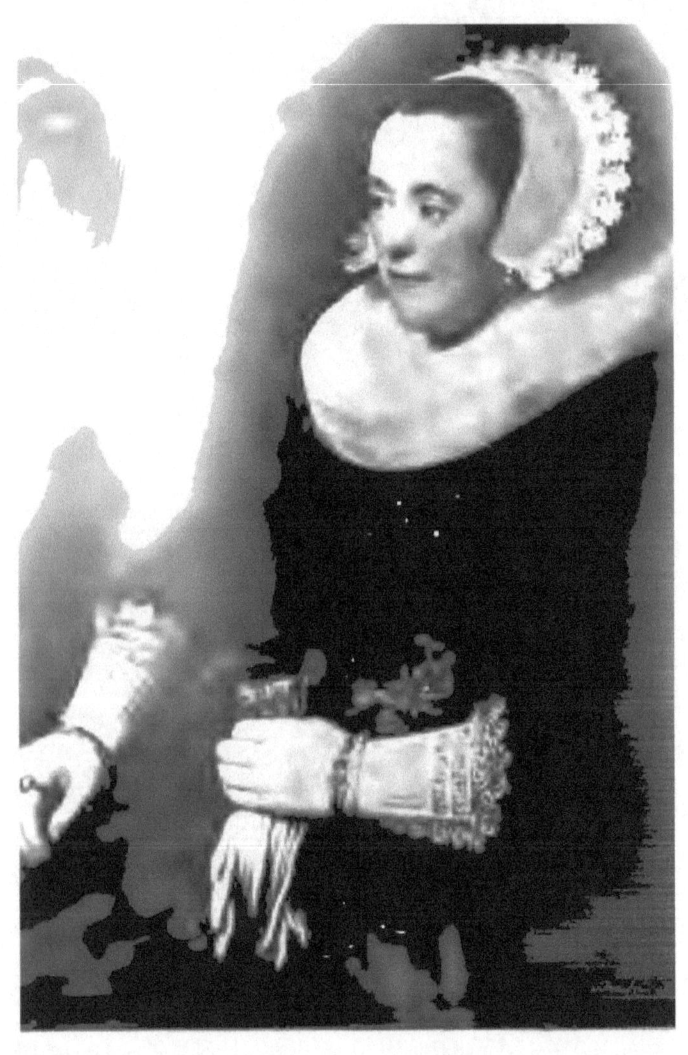

1272. Rembrandt.

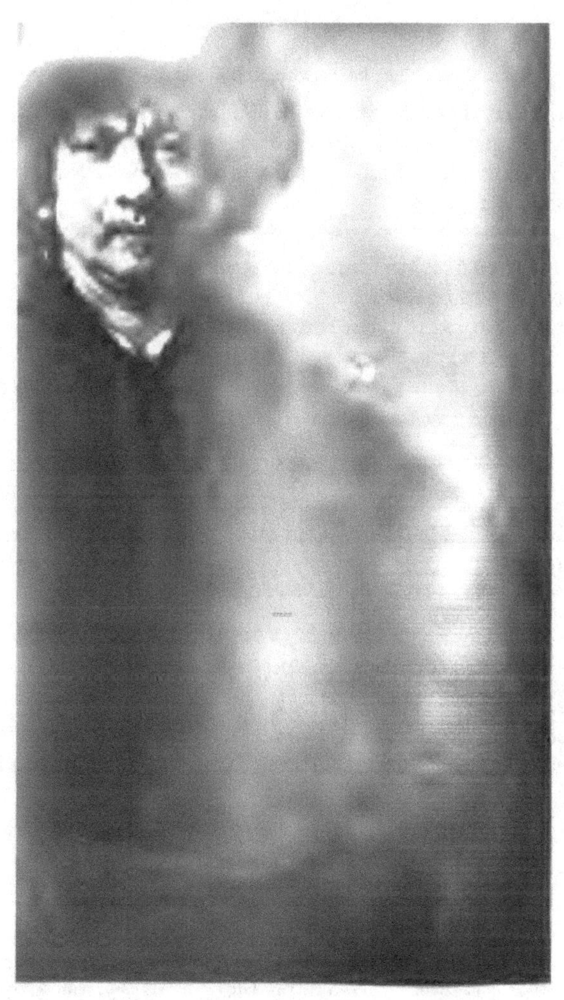

1274. Rembrandt.

Eichenholz; h. 91, br. 70 cm. Kniestück. Kat. Mechel, 1783.

1272. **Bildnis einer Frau** von beiläufig vierzig Jahren. Sie sitzt an (E. 1140.) einem grün überdeckten Tische und trägt ein goldgesticktes schwarzes Kleid, Spitzenhaube, große weiße Krause und Spitzenmanschetten.

Eichenholz; h. 91, br. 70 cm. Kniestück. Kat. Mechel, 1783.

1273. **Rembrandts Mutter.** Sie steht en (E. 1141.) face, sich mit beiden Händen auf einen Krückenstock stützend, und trägt ein pelzbesetztes schwarzes Kleid sowie eine weite braune Samthaube.

Bezeichnet links im Grunde: Rembrandt. f. 1639

Eichenholz; oval; h. 80, br. 62 cm. Halbe Figur. Kat. Mechel, 1783.

1274. **Selbstbildnis.** Rembrandt, im Alter von beiläufig fünfzig (E. 1142.) Jahren, mit breitkrempigem Hute, en face, die beiden Daumen im Gürtel.

L.; h. 113, br. 81 cm. Kniestück. 1728 in der Stallburg.

Renier van Gherwen.

Holländische Schule. Schüler Rembrandts.

1275. **Bildnis eines Jünglings.** Er trägt eine eiserne Halsberge (E. 853.) über dem schwarzen Gewande und ein rotes Barett mit weißer Feder auf dem blondgelockten Haupte. In der linken Hand hält er einen Stab.

Bezeichnet rechts im Grunde über der linken Hand: "R. GRemb."

Eichenholz; h. 113, br. 81 cm. Kniestück. Samml. Erzh. Leopold Wilhelm. Früher Aert de Gelder zugeschrieben. Erst kürzlich hat Cornelis Hofstede de Groot in dem Bilde die Hand R. van Gherwens erkannt, von dem nur noch die Münchener Pinakothek ein bezeichnetes Werk besitzt. Auch auf unserem Bilde ist die Signatur des Künstlers unter der auf Rembrandts Namen abzielenden Fälschung deutlich zu erkennen.

Rembrandt Harmensz van Rijn (s. Nr. 1268).

1276. **Bildnis eines Mannes.** Ein alter, in tiefem Schatten stehen- (E. 1146.) der Mann stützt sich mit der Rechten auf einen Stock.

L.; h. 71, br. 62 cm. Brustbild. 1728 in der Stallburg. Von Engerth als Schulbild Rembrandts bezeichnet, später Aert de Gelder zugeschrieben. Doch erkennen neuerdings Wilhelm Bode und Cornelis Hofstede de Groot darin ein nicht ganz wohlerhaltenes Original von Rembrandts Hand.

Jan Lievens.

Holländische Schule. Geb. am 24. Oktober 1607 zu Leyden, 1635—1644 tätig in Antwerpen, begraben am 8. Juni 1674 zu Amsterdam. Schüler Joris van Schootens und Pieter Lastmans; ausgebildet unter dem Einflusse Rembrandts.

1277. (E. 1305.) Männliches Bildnis. Alter Mann mit weißem Bart und grauer Mütze, im Profil die rechte Seite zeigend.

Eichenholz; h. 53, br. 47 cm. Brustbild. Nach Engerth 1651 aus Brüssel nach Wien gekommen. Mit Sicherheit im Kunstbesitze Karls VI. nachweisbar. Früher David Teniers d. J. zugeschrieben. Von Th. v. Frimmel als Lievens' Werk erkannt.

1278. (E. 975.) Bildnis Rembrandts als Knaben, fast im Profil, mit schwarzer Mütze, von einem Blumenkranze umgeben.

Eichenholz; h. 51, br. 46 cm. Brustbild. Nach Angabe des Inventars der Sammlung Erzh. Leopold Wilhelms ist der Dargestellte Rembrandt, der Maler des Bildnisses Jan Lievens, der der Blumen Jan van den Hecke (s. Nr. 1095).

Govaert Flinck.

Holländische Schule. Geb. zu Cleve am 25. Jänner 1615, gest. zu Amsterdam am 2. Februar 1660. Schüler Lambert Jacobsz' und Rembrandts.

1279. (E. 832.) Ein graubärtiger alter Mann, sitzend hinter einer Brüstung, auf die er den linken Ellbogen und die rechte Hand aufstützt. Auf dem braunen Rock trägt er an einer Goldkette eine Medaille.

Bezeichnet links auf dem Steinsockel: G. flinck. f. 1651.

L.; h. 100, br. 84 cm. Halbe Figur. Kat. Rosa, 1796.

Holländisch. XVII. Jahrhundert.

1280. (E. 1147.) Landschaft mit der Marter des heil. Laurentius. Auf der sonnig beleuchteten Anhöhe einer hügeligen Landschaft liegt der Heilige, umgeben von einer Menschenmenge, auf dem Roste.

Eichenholz; h. 40, br. 52 cm. Seit 1824 im Belvedere. Früher der Schule Rembrandts zugewiesen. Hat nach Th. v. Frimmel die größte Verwandtschaft mit einer Gruppe von Bildern, die Bredius nach einem Monogramm E. M. auf einem Bilde in Amsterdam auf Evert Marseus bezieht.

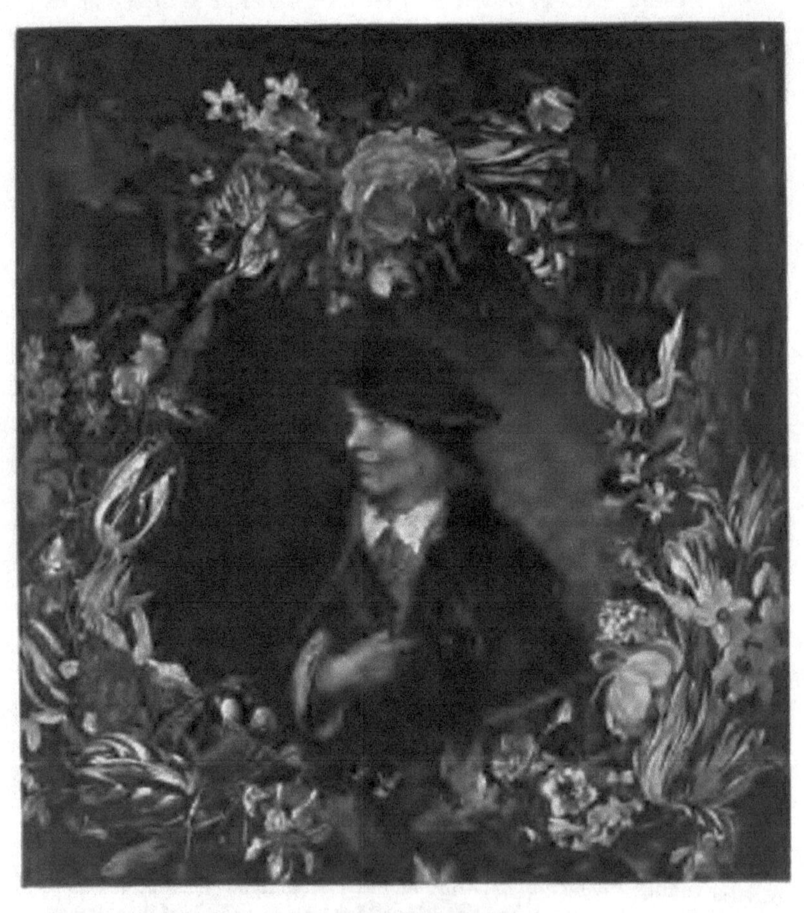

1278. Jan Lievens.

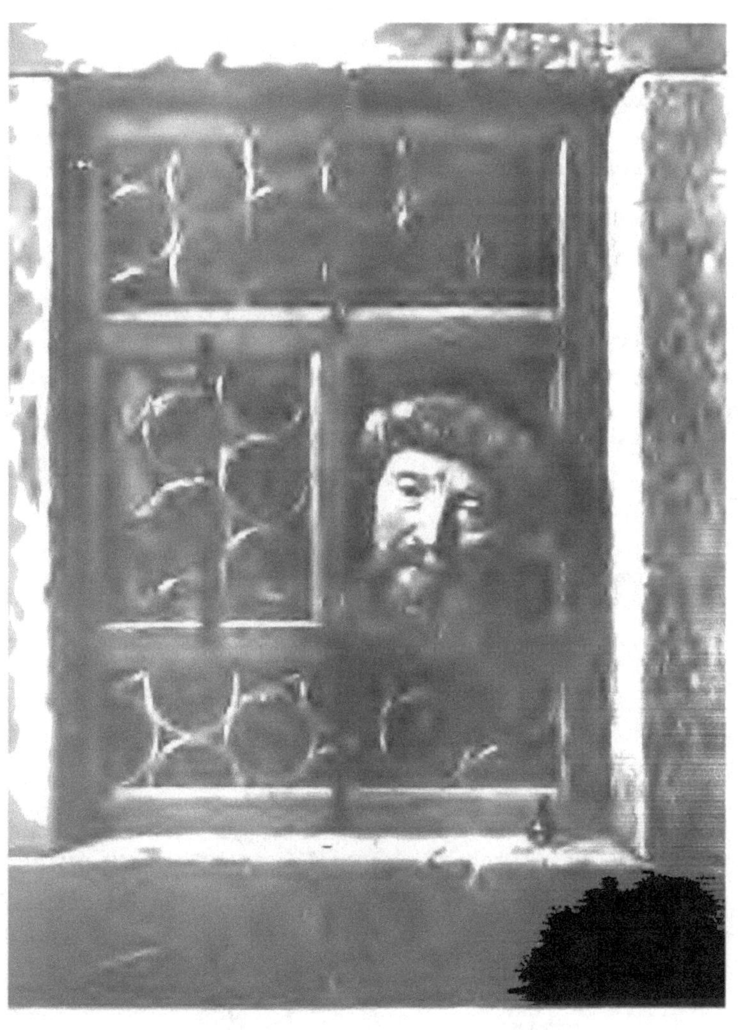

1282. Samuel van Hoogstraeten.

Samuel van Hoogstraeten.

Holländische Schule. Geb. am 2. August 1627 zu Dordrecht, wo er am 19. Oktober 1678 starb. Schüler seines Vaters Dirck u. Rembrandts.

1281. (E. 929.) Der innere Burgplatz in Wien, vom Schweizerhof aus aufgenommen, durch viele Menschen belebt.

Oben auf einem Zettel die Bezeichnung:

Samuel van Hoogstraten. 1652

Eichenholz; h. 78, br. 84 cm. Wahrscheinlich in Wien gemalt. Prager Inventar von 1718.

1282. (E. 928.) Der Mann am Fenster. Der graubärtige Alte steckt den mit einer Pelzmütze bedeckten Kopf aus dem Fenster heraus und sieht den Beschauer an.

Bezeichnet rechts unten auf dem Steinsims:

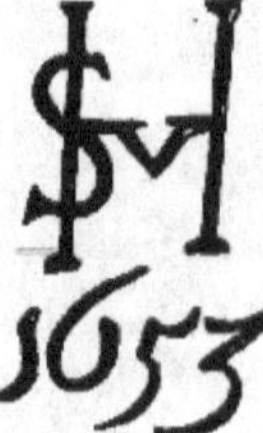

1653

L.; h. 112, br. 88 cm. Wahrscheinlich in Wien gemalt. Prag. Inv. 1737.

Christoph Paudiss.

Holländische Schule. Geb. in Niedersachsen um 1618, gest. zu Freising 1666 (1667). Schüler Rembrandts.

1283. (E. 1102.) Männliches Bildnis. Ein dunkel gekleideter Mann mit in der Mitte gescheitelten langen Haaren ergreift mit der linken Hand den großen weißen Hemdkragen.

Bezeichnet rechts unten:

Cristtoffter Paudiß 1660.

Ahornholz; h. 80, br. 69 cm. Brustbild. Prager Schloß.

1284. Der heilige Hieronymus. Der Heilige sitzt in seiner Höhle,
(E. 1099.) im Begriffe zu schreiben, und stützt das graue Haupt auf die linke Hand.

L.; h. 136, br. 124 cm. Kniestück. Samml. Erzh. Leop. Wilhelm.

1285. Ein Bauer in einer Hütte. Er sitzt nachlässig auf hölzernem
(E. 1100.) Stuhle, ein blechernes Trinkgefäß in der Rechten haltend. Zu seinen Füßen auf dem Boden ein Knabe mit einem Dudelsacke.

Birnholz; h. 76, br. 57 cm. Schatzkammer.

1286. Ein Marodeur. Ein weißbärtiger Alter mit hohem lichtgrauen
(E. 1103.) Filzhute, der den oberen Teil des bleichen Gesichtes beschattet.

Bezeichnet links unten:

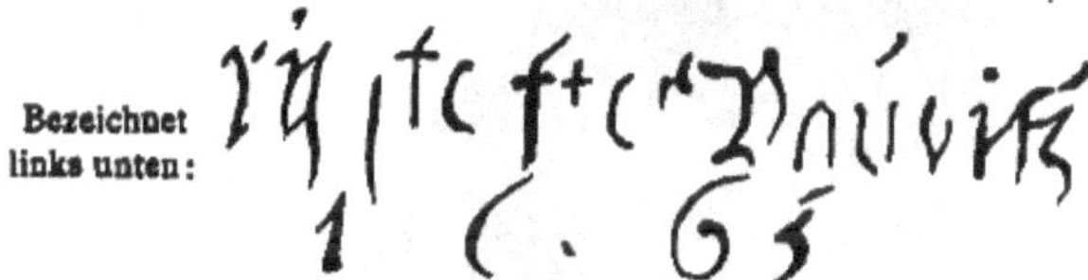

Ahornholz; h. 64, br. 50 cm. Brustbild. Seit 1781 im Belvedere.

1287. Männliches Bildnis. Ein junger Mann en face, mit reichem
(E. 1101.) lichtblonden Haare, in rotem Gewande, mit weißen Straußenfedern auf der kleinen Mütze.

Pappelholz; h. 65, br. 52 cm. Brustbild. Seit 1781 im Belvedere.

Monogrammist I. S.

Holländische Schule. Tätig nach den Daten seiner Bilder (in Braunschweig, Stockholm und bei Herrn Gaston von Mallmann in Blaschkow) in den Jahren 1645—1658.

1288. Bildnis einer alten Frau, nahezu im Profil, auf dem Kopfe
(E. 1148.) ein gesticktes Tuch, einen Fuchspelzkragen auf dem schwarzen Samtkleid.

Eichenholz; h. 41, br. 33 cm. Brustbild. Samml. Erzh. Leopold Wilhelm. Das Bild trug ehemals das Monogramm I. S. und die Jahreszahl 1651. Wiederholungen unseres Bildes befinden sich in Karlsruhe und Schwerin.

Holländisch. Mitte des XVII. Jahrhunderts.

1289. Männliches Bildnis. Junger dunkel gekleideter Mann. Die
(E. 963.) geschlitzte Krempe seines Barettes beschattet die Stirne.

Bezeichnet links oben im dunklen Grunde:

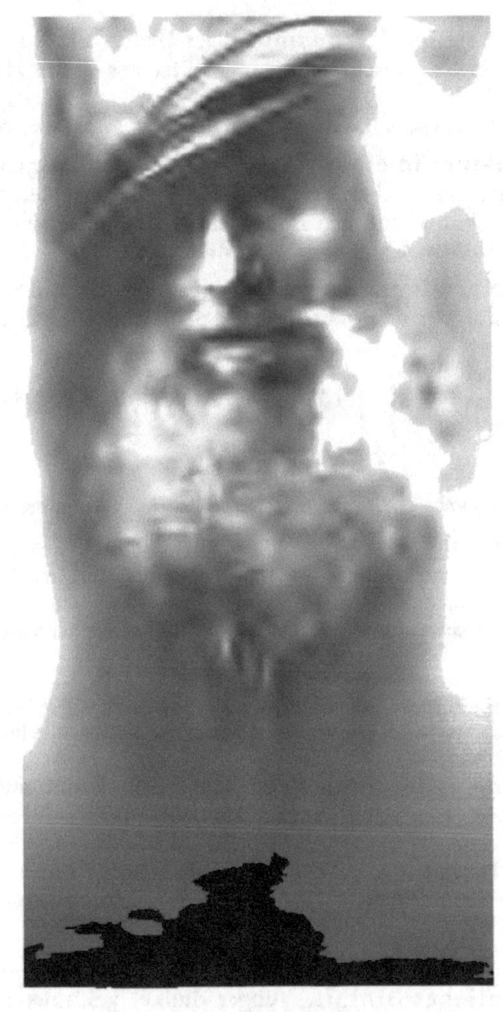

1286. Christoph Paudiss.

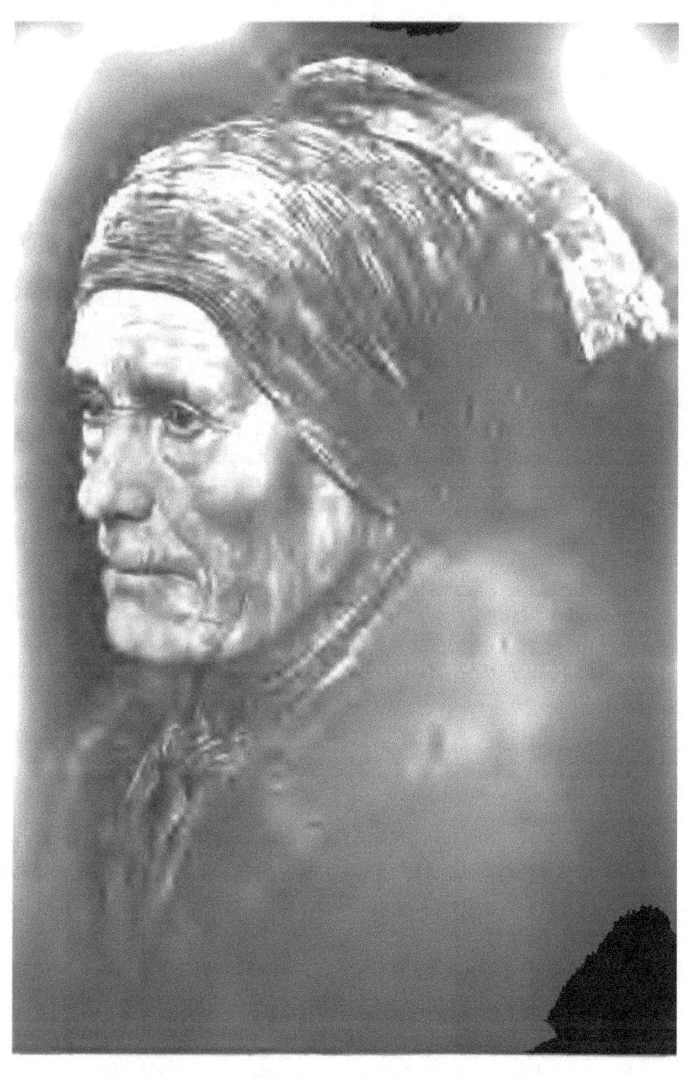

1288. Monogrammist I. S.

Eichenholz; h. 22, br. 22 cm. Brustbild. Aus der Galerie des Grafen Nostitz in Prag gekauft. In den früheren Katalogen nach der Signatur einem sonst ganz unbekannten P. d. Lelen zugeschrieben.

Jan van Hoogstraeten.

Holländische Schule. Geb. zu Dordrecht 1630, gest. zu Wien 1654. Schüler seines Bruders Samuel.

1290. (E. 927.) Eine Stube mit zwei Weibern. Die beiden sitzen in heiterer Stimmung mit Tabakpfeife und Kanne bei einander.

L.; h. 33, br. 31 cm. Wahrscheinlich in Wien gemalt. Trug ehemals die Signatur »J. v. Hoogstraeten f.«.

Holländisch, XVII. Jahrhundert.

1291. (E. 1089.) Zechende Bauern. Fünf Bauern sind trinkend und rauchend um einen Tisch gruppiert; rechts ein altes Pärchen, links ein Mädchen und ein Knabe, der einem Hunde zu fressen gibt.

L.; h. 35, br. 49 cm. 1811 aus der Sammlung des Hofsekretärs v. Reith gekauft. Früher »Nach Adriaen van Ostade« bezeichnet.

Thomas Wijck.

Holländische Schule. Geb. zu Beverwijck 1616(?), begraben am 19. August 1677 zu Haarlem, wo er seit 1642 Mitglied der Gilde war. Schüler seines Vaters, weiter ausgebildet unter dem Einflusse Pieter de Laers.

1292. (E. 1389.) Meeresufer mit Ruinen. Rechts die großen Säulen eines korinthischen Tempels; links sitzt der zeichnende Künstler.

Bezeichnet rechts auf der untersten Brunnenstufe:

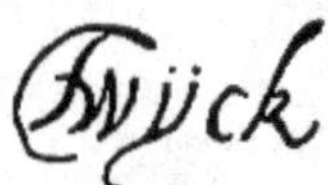

L.; h. 114, br. 86 cm. Schatzkammer-Inventar von 1773.

1293. (E. 1388.) Ein altes Gebäude. Links im Innern desselben ein Ziehbrunnen; rechts stehen zwei Herren im Gespräche mit einem zerlumpten Jungen.

Eichenholz; h. 50, br. 41 cm. Seit 1781 im Belvedere.

Cornelis Pietersz Bega.

Holländische Schule. Getauft am 15. November 1620 zu Haarlem, wo er 1654 Mitglied der Gilde wurde und am 27. August 1664 starb. Schüler Adriaen van Ostades, weiter ausgebildet vielleicht unter dem Einflusse des Frans Hals.

1294. Eine Stube mit Bauern. Ein Weib gibt einem Kinde die Brust.
(E. 676.) Neben ihr sitzt ein Bauer auf einer Bank; hinter diesem noch vier Personen.

Bezeichnet rechts unten: Bega

Eichenholz; h. 33, br. 31 cm. Schatzkammer.

Holländisch, um 1620.

1294 a. Knabe mit Fischen. Neben einer Holzbank, auf der verschiedene Meerfische und Geräte liegen, steht links ein Knabe, der mit der Linken ein Gefäß mit Heringen, in der Rechten einen Hering hält.

Bezeichnet etwas links von der Mitte unten auf der Holzbank mit einem aus den Buchstaben I und M gebildeten Monogramme und der Jahreszahl 1620.

Holz; h. 76, br. 125 cm. Halbe Figur. Als Legat des Herrn Dr. Josef Adam in Wien 1898 erworben.

Pieter Verelst.

Holländische Schule. Geburts- und Todesdatum unbekannt, tätig von 1648 bis 1666.

1295. Rauchende Bauern. In dunkler Stube sitzen um ein aufge-
(E. 1347.) stelltes Faß zwei Bauern, zwischen ihnen ein Weib, mit einer weißen Tonpfeife in der Hand. Links im Dunkel steht ein dritter Bauer.

Bezeichnet rechts unten in der Ecke: 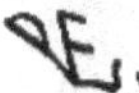

Eichenholz; h. 29, br. 35 cm. Nach Engerth 1786 aus der Nostitzschen Galerie in Prag gekauft, eine Angabe, die Th. v. Frimmel bezweifelt.

1296. Zechende Bauern. In einer großen Stube sitzen drei Männer
(E. 1348.) um einen in der Mitte stehenden Tisch. Der Bauer links hält einen Krug, der rechts liest etwas vor, der in der Mitte hört lachend zu.

Bezeichnet über dem Kopfe des Lesenden: P. verelst.

Eichenholz; h. 46, br. 71 cm. Kat. Mechel, 1783.

Frans Hals.

Holländische Schule. Geb. zu Antwerpen um 1580 oder 1581, begraben zu Haarlem am 7. September 1666. Schüler Karel van Manders.

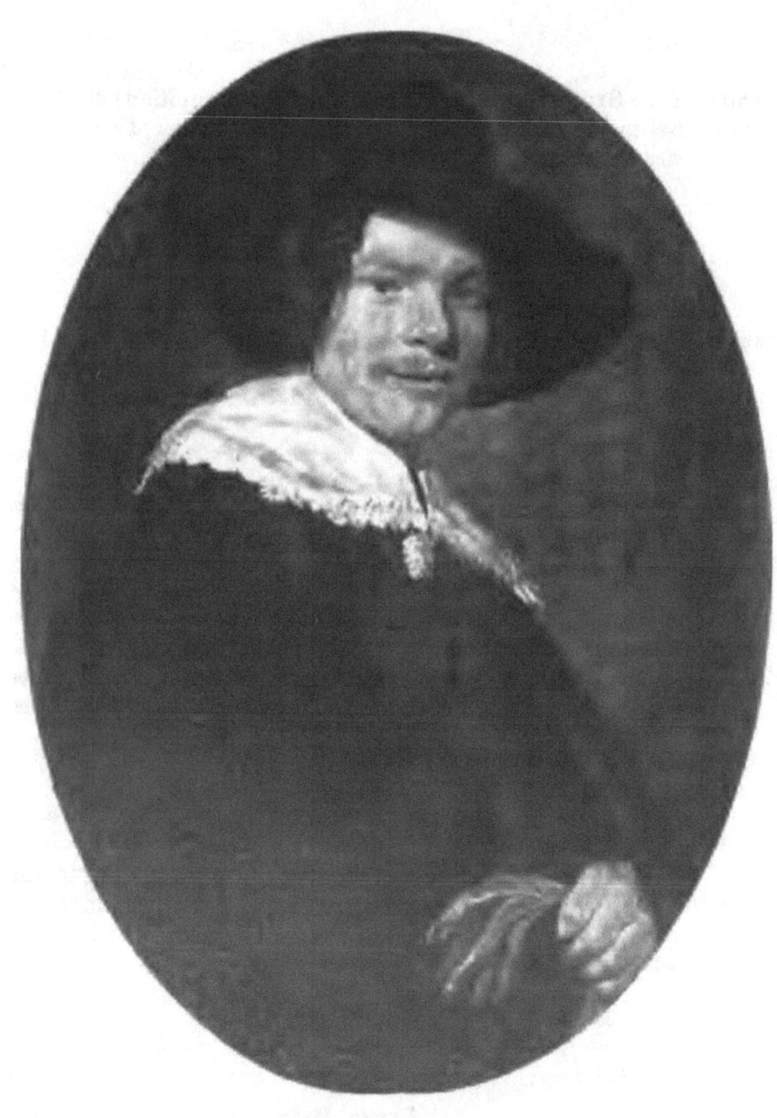

1297. Frans Hals.

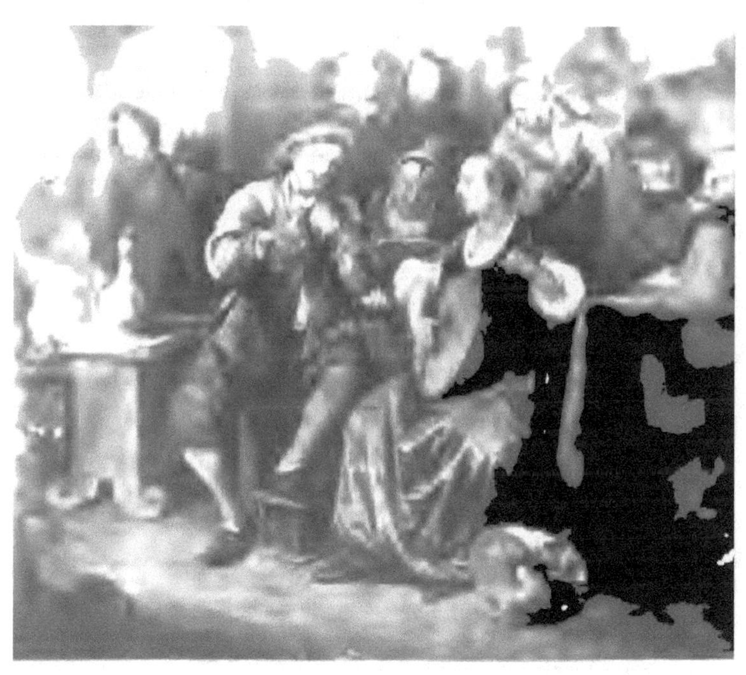

1297 a. Jan Miense Molenaer.

1297. Bildnis eines Mannes. Der junge Mann mit blondem Haar
(E. 864.) und Schnurrbart wendet den mit einem großen schwarzen Hute bedeckten Kopf über seine rechte Schulter. Ein weißer Kragen liegt über der schwarzen Kleidung.

L.; oval; h. 81, br. 59 cm. Halbe Figur. Stallburg.

Jan Miense Molenaer.

Holländische Schule. Geb. zu Haarlem um 1610, begraben daselbst am 19. September 1668. Gatte der Malerin Judith Leyster. Tätig zu Haarlem und Amsterdam unter dem Einflusse Frans Hals'.

1297 a. Eine musizierende Bauerngesellschaft. Die Hauptgruppe bilden ein Bauer, der Geige spielt, und eine junge Frau, die die Laute schlägt. Dahinter sieht man noch zehn Personen, darunter links vier Bauern, die sich am Kaminfeuer wärmen, und rechts ein Alter, der eine junge Frau liebkost.

Bezeichnet auf einer Zeichnung an der Wand:

J. Molenaer

(die beiden ersten Buchstaben zusammengezogen).

Holz; h. 51·5, br. 52·5 cm. Erworben 1899 bei der Versteigerung der Schubartschen Sammlung in München.

Richard Brakenburgh.

Holländische Schule. Geb. 1650 zu Haarlem, wo er 1669 Mitglied der Gilde wurde und 1702 starb. Schüler Adriaen van Ostades und Hendrik Mommers'; beeinflußt von Jan Steen.

1298. Tanzende Bauern. In einer Wirtsstube sitzt links ein Violin-
(E. 707.) spieler und tanzen junge Leute einen Reigen. Der Wirt nähert sich mit dem Kruge dem leerwerdenden Fasse, das ein anderer Mann neigt.

Bezeichnet rechts neben der Flasche: *R. Brakenburgh 1690.*

L.; h. 67, br. 83 cm. 1781 durch Tausch vom Wiener Schottenstifte erworben. Kam 1809 nach Paris und 1815 zurück nach Wien.

1299. Das Bohnenfest. Der feiste Bohnenkönig sitzt rechts und
(E. 708.) erhebt das Weinglas in der Rechten. Eine Wahrsagerin naht der lustigen Gesellschaft.

Bezeichnet rechts unten: R. Brakenburg 1690

L.; h. 67, br. 83 cm. Prov. wie Nr. 1298.

Pieter de Hooch (Hoogh).

Holländische Schule. Geb. 1630 zu Rotterdam, gestorben wahrscheinlich kurz nach 1677 in Amsterdam. Tätig in Delft und Amsterdam.

1299 a. Die Mutter. An einem Kamine sitzt eine junge Frau, die ihrem Kinde die Brust reicht. Links von ihr eine Magd, die ein zweites Kind an der Hand führt. Im Hintergrunde links durch die offene Tür Ausblick auf eine holländische Gracht.

L.; h. 62·5, br. 75·5 cm. Widmung von Karl und Rosalie Goldschmidt 1903. War vorher in den Sammlungen Helsleuter, Wilson und Bösch.

Pieter Jansz Quast.

Holländische Schule. Geb. zu Amsterdam 1606, gest. daselbst im Juni 1647. 1634 Mitglied der St. Lucasgilde im Haag (nach Bredius). Nachfolger A. Brouwers.

1300. Holländische Bauernstube. Vier Bauern sitzen links an
(E. 1134.) einem Tische; rechts tanzen zwei Paare im Kreise zu der Musik eines Dudelsackpfeifers.

Bezeichnet rechts unten: Pquast Jns 1633

Eichenholz; h. 48, br. 63 cm. Bis 1748 in der Schatzkammer.

Cornelis Dusart.

Holländische Schule. Geb. am 24. April 1660 zu Haarlem, wo er 1679 Mitglied der Gilde wurde und am 1. Oktober 1704 starb. Schüler Adriaen van Ostades.

1301. Bauern vor einem Wirtshause. Links sitzt ein Mann mit
(E. 788.) hohem weißen Hute, rechts neben der Haustür eine Frau; in der Mitte steht der Wirt.

Bezeichnet rechts auf der Bank: Dusart 1681

Eichenholz; h. 35, br. 30 cm. 1792 vom Gouvernementsrate Burtin in Brüssel gekauft.

Adriaen van Ostade.

Holländische Schule. Getauft am 10. Dezember 1610 zu Haarlem, wo er am 2. Mai 1685 begraben wurde. Schüler Frans Hals' und Nachahmer Adriaen Brouwers.

1302. Der Zahnbrecher. Der Dorfbader zieht in seiner Bude einem (E. 1088.) Bauern einen Zahn. Die Familie des Letzteren bricht in lauten Jammer aus.

Eichenholz; h. 34, br. 42 cm. Samml. Erzh. Leopold Wilhelm.

Kabinett XII.

Jacob A. Duck.

Holländische Schule. Geb. um 1600 zu Utrecht, gest. im Haag (?) nach 1660. Ausgebildet unter dem Einflusse Dirck Hals'.

1303. Eine Plünderung. In der Vorhalle ihres Palastes bittet eine (E. 786.) vornehme Dame kniend den Befehlshaber der Truppen um Gnade. Ein Soldat nimmt Kostbarkeiten aus einem auf dem Boden stehenden Koffer.

Bezeichnet auf der Stufe rechts: A Dvc. f

Eichenholz; h. 41, br. 70 cm. Samml. Erzh. Leopold Wilhelm, ohne Angabe eines Malernamens. Th. v. Frimmel hält die Inschrift wohl mit Recht für unecht.

Pieter Codde.

Holländische Schule. Geb. zu Amsterdam 1599 oder 1600, begraben daselbst am 12. Oktober 1678. Tätig unter dem Einflusse Frans Hals'.

1303 a. Die Heimkehr von der Jagd. In einem einfachen Gemache ist eine zahlreiche Gesellschaft versammelt. Im Vordergrunde etwas links steht eine junge Frau mit abgewendetem Gesichte, in gelbem Gewande, und nimmt von zwei Jägerburschen eine Wildente entgegen. Hinter dieser Gruppe sieht man noch acht Personen, darunter rechts einen bärtigen Jäger, der sein Gewehr entlädt.

Eichenholz; h. 48, br. 60 cm. Angekauft auf der Wawraschen Auktion am 6. Mai 1902. Früher C. W. Duyster zugeschrieben. Die gegenwärtige Bestimmung rührt von Cornelis Hofstede de Groot her.

Jan Steen.

Holländische Schule. Geb. 1626 zu Leyden, wo er 1648 in die Gilde trat und am 3. Februar 1679 begraben wurde. Schüler Nicolaus Knupfers und des Jan van Goijens, weiter ausgebildet unter dem Einflusse Frans Hals' und Adriaen van Ostades.

1304. Bauernhochzeit. Rechts wird das Brautpaar unter Scherz (E. 1269.) und Musik in das Schlafgemach geleitet. Links vorne sitzt eine Frau, ihr Kind säugend.

L.; h. 57, br. 68 cm. Nach Engerths (wohl irriger) Angabe 1651 aus Brüssel an den Wiener Hof gekommen. Sicher nachweisbar erst bei Mechel 1783.

1305. Liederliches Leben. In der Mitte einer holländischen Stube (E. 1268.) sitzt ein junger Mann mit einer Dirne, die ihm ein Glas roten Weines anbietet. Seine Umgebung zeigt die Art seines Lebenswandels, ein von der Decke herabhängender Korb die Attribute der Strafe dafür.

Darunter die Rechnung:

000001
Somme — op.

Bezeichnet links unten auf dem Fasse:

L.; h. 104, br. 146 cm. 1780 aus dem Nachlasse des Herzogs Karl von Lothringen. Krafft und Waagen lasen noch die Jahreszahl 1663 auf dem Bilde.

Palamedes Palamedesz Stevaerts.

Holländische Schule. Geb. um 1601 zu Delft, begraben am 1. Dezember 1673 zu Amsterdam. Ausgebildet unter dem Einflusse Michiel Miereveits und Frans Hals'.

1306. Reiterangriff. Kavallerie sprengt von links gegen eine feuernde (E. 1090.) Infanteriekolonne. Rechts vorne vier Reiter, deren einer gestürzt ist.

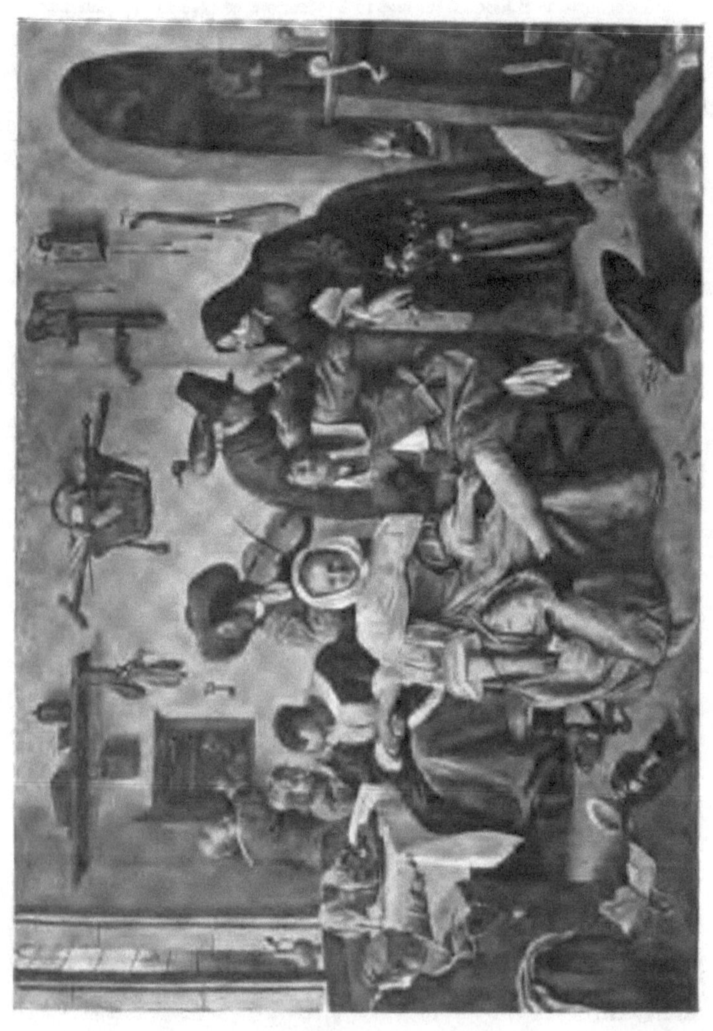

1305. Jan Steen.

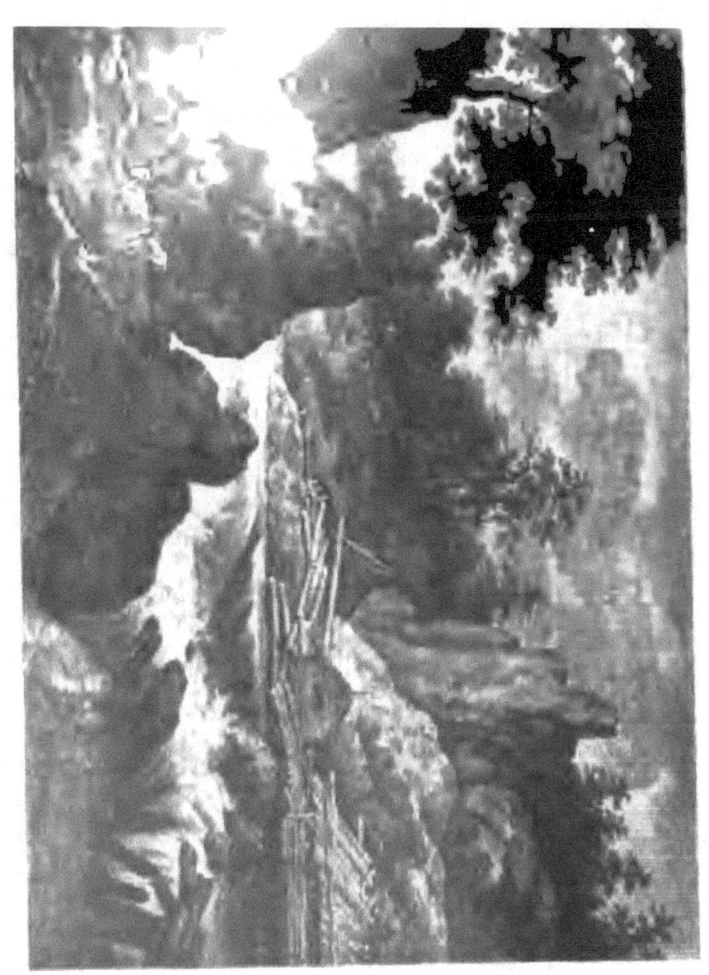

1312. Allart van Everdingen.

Bezeichnet rechts unten: P. PALLEMEDES. A 1638

Eichenholz; h. 42, br. 77 cm. Kunstbesitz Karls VI.

Dirck van Delen (Deelen).

Holländische Schule. Geb. 1605 zu Heusden, 1639 Mitglied der Lucasgilde zu Middelburg, gest. am 16. Mai 1671 zu Arnemuyden. Schüler Frans Hals'.

1307. Großes Gartenpalais. Ein prächtiger Säulenbau im Barock-
(E. 777.) stil. Rechts vorne auf Stufen ein Portal mit schwarzen gewundenen Säulen. In der Ferne ein Garten. Vornehme Herren und Damen beleben alle Räume.

Bezeichnet auf dem Säulenfuße vorne rechts:

dirck. van. delen fecit Anno Dō 1640.

L.; h. 162, br. 286 cm. 1786 aus der Galerie Nostitz in Prag angekauft.

1308. Architekturstück. Den hohen weitläufigen Säulenbau belebt
(E. 778.) keine Staffage. Der Boden ist grau und mattrot getäfelt. Im Hintergrunde ein Garten und ein Schloß.

Bezeichnet rechts auf dem Fuße der zweiten Säule: D. VAN DELEN F.

Cedrela- und Eichenholz; h. 86, br. 123 cm. Samml. Erzh. Leopold Wilhelm.

Thomas Heeremans.

Holländische Schule. 1664 Mitglied der Haarlemer Gilde, tätig von 1660 bis 1692. Hervorgegangen aus der Schule Roel. Vries' und Claes Molenaers.

1309. Schlittschuhlaufen. Rechts ein Dorf mit schneebedeckten
(E. 987.) Dächern; im Vordergrunde die Schlittschuhläufer; links ein Schlitten, von einem Braun gezogen.

Bezeichnet unten auf dem Geländerbalken: Fmans. 1687

L.; h. 48, br. 63 cm. Wahrscheinlich 1805 unter Kaiser Franz erworben.

Jan Wijnants.

Holländische Schule. Geb. um 1625 zu Haarlem, gest. wahrscheinlich zu Amsterdam nach dem 18. August 1682. Ausgebildet unter dem Einflusse Jacob van Ruisdaels.

1310. **Waldeingang.** Auf einer Straße reitet ein Mann auf einem
(E. 1390.) Schimmel; der Vordergrund ist sumpfig.

Bezeichnet links unten: J. wynants 1674

L.; h. 71, br. 87 cm. 1811 vom Hofsekretär v. Reith gekauft.

1311. **Landschaft.** Heimkehrende Landleute mit zwei Maultieren.
(E. 1391.) Schwer bewölkter Abendhimmel.

Bezeichnet rechts unten in der Ecke: J W

Eichenholz; h. 32, br. 24 cm. Seit 1816 in der Galerie.

Allart van Everdingen.

Holländische Schule. Geb. 1621 zu Alkmaar; 1645 Meister der St. Lucasgilde zu Haarlem, begraben am 8. November 1675 zu Amsterdam. Schüler Roelant Saverys und P. Molyns.

1312. **Die Sägemühle.** Felsige Gegend mit einem Wasserfalle bei
(E. 823.) umwölktem Himmel. Auf dem linken Ufer des Bergstromes, unter einem Bretterdache, sieht man mehrere Leute beschäftigt.

Bezeichnet unten auf dem lichten Steine: A. Everdingen

L.; h. 72, br. 103 cm. 1872 aus der Galerie Gsell in Wien gekauft.

Jan van Goijen.

Holländische Schule. Geb. zu Leyden am 13. Jänner 1596, gest. Ende April 1656 im Haag. Schüler Coenraet van Schilperoorts, Isack van Swanenburghs und Willem Gerritsz'; ausgebildet unter dem Einflusse Esaias van de Veldes.

1313. **Landschaft.** Eine flache baumlose Gegend; im Vordergrunde
(E. 857.) eine verfallene Planke. Schafe, Kühe und zwei Pferde gehen durch eine Furt. (Die Staffage ist von Philips Wouwerman gemalt.)

Bezeichnet links unten im Wasser auf dem Steine und auf dem lichten Teile der Planke über den Schafen:

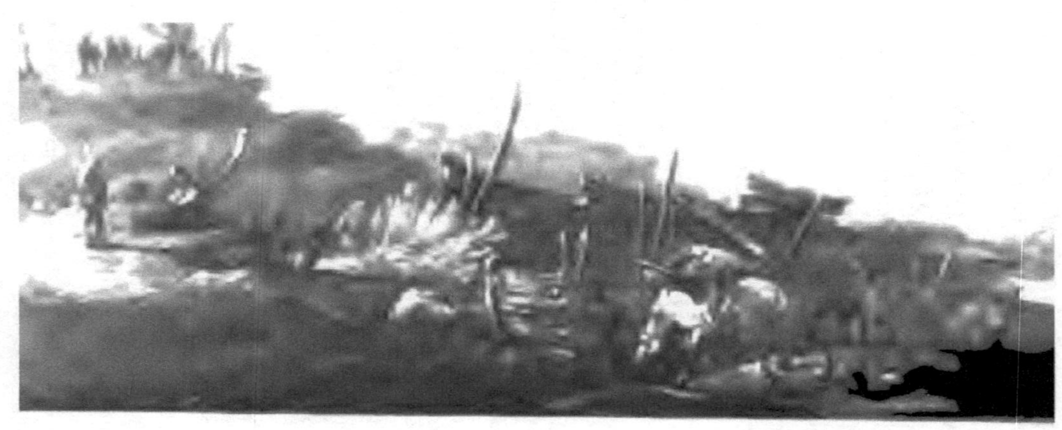

1313. Jan van Goijen.

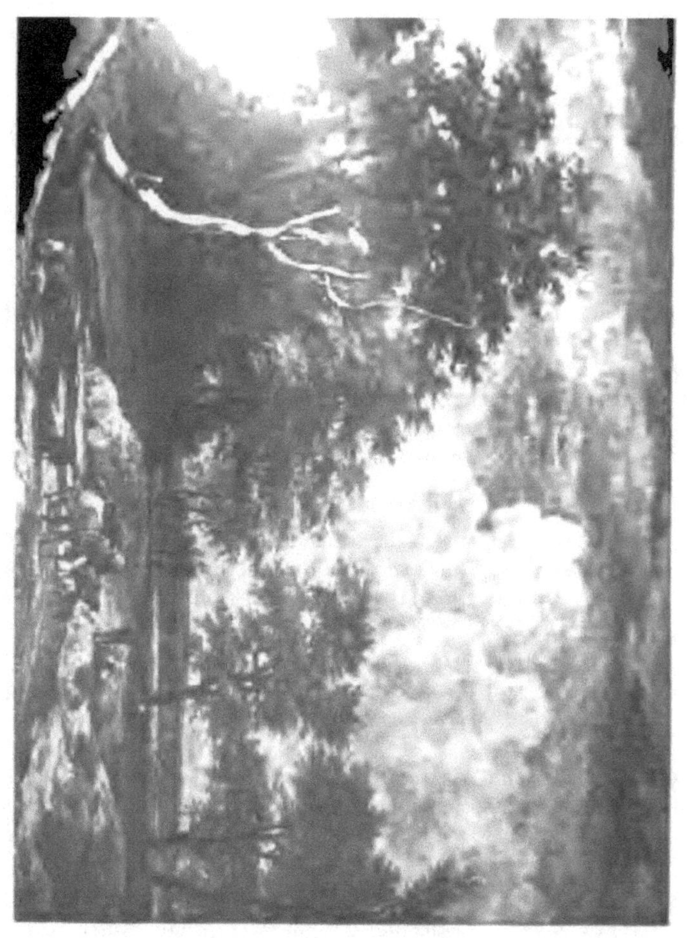

1324. Meindert Hobbema.

Eichenholz; h. 37, br. 53 cm. Zuerst 1796 in Rosas Katalog; kam 1809 nach Paris und 1815 zurück nach Wien.

Holländisch. XVII. Jahrhundert.

1314. Landschaft. Eine weite Ebene mit dunklem Vordergrunde und
(E. 856.) sonniger Ferne.

Eichenholz; h. 24, br. 34 cm. Zuerst in Rosas Katalog von 1796. Früher Jan Goijen zugeschrieben. Dürfte von Hercules Seghers herrühren, an welchen Meister es auch Th. v. Frimmel »immer erinnert« hat.

Jan van der Heyde.

Holländische Schule. Geb. 1637 zu Gorkum, gest. am 28. Sept. 1712 zu Amsterdam.

1315. Ein altes befestigtes Schloß, von Wasser umgeben, über
(E. 898.) das eine Bogenbrücke führt. Im Vordergrunde ein von der Jagd zurückkehrender Reiter.

Eichenholz; h. 41, br. 56 cm. 1792 vom Gouvernementsrate F. X. Burtin in Brüssel gekauft.

Holländisch. XVII. Jahrhundert.

1316. Seestück. Mitten im Bilde ein großes Segelschiff und ein
(E. 1104.) Fischerboot. Links wird ein Boot gegen die Brandung gerudert.

Eichenholz; h. 33, br. 50 Cm. 1786 vom Grafen Nostitz gekauft. Früher Bonaventura Peeters zugeschrieben.

Jacob van der Does.

Holländische Schule. Geb. 1623 zu Amsterdam, gest. am 17. November 1673 zu Sloten bei Amsterdam. Schüler Nicolaes Moeyaerts, beeinflußt von Pieter de Laer.

1317. Italienische Landschaft. Im Vordergrunde links zwei Säulen.
(E. 781.) Ein fast kahler Baum ragt schräg über das Bild. Eine eingeschlummerte Schäferin wird von einem Bauernknaben betrachtet.

L.; h. 58, br. 43 cm. Schatzkammer.

1318. Landschaft mit einer Herde. Links Reste eines Monu-
(E. 780.) mentes, ein Steinbrunnen und zwei große Bäume. Zwischen Schafen und Ziegen steht ein Maultier, das in einem Korbe zwei junge Lämmer trägt.

Bezeichnet unten in der Mitte: JvDoes MDCLXII

Leinwand auf Holz; h. 36, br. 44 cm. Kam 1809 nach Paris und 1815 zurück nach Wien.

Nicolaas Berchem (Berghem).

Holländische Schule. Getauft am 1. Oktober 1620 zu Haarlem, gest. am 18. Februar 1683 zu Amsterdam. Schüler seines Vaters Pieter Claasz, P. Grebbers, N. Moeyaerts und J. B. Weenix'.

1319. (E. 681.) Hirten und eine Herde. Die Herde wird heimgetrieben. In der Mitte des Vordergrundes geht ein Weib durch ein Wasser.

Bezeichnet rechts unten: NBerchem f: 1680

L.; h. 48, br. 64 cm. 1780 aus dem Nachlaß des Herzogs Karl von Lothringen.

1320. (E. 682.) Landschaft mit waschenden Weibern und Vieh. Im Vordergrunde die Weiber an einem Bache. Ein barfüßiger Mann tritt das Wasser aus der Wäsche. Eine Herde durchschreitet den Bach.

Bezeichnet unten auf dem Steine im Wasser: NBerchem

Eichenholz; h. 41, br. 58 cm. Kat. Mechel, 1783.

1321. (E. 684.) Eine Herde. In einer Alpengegend ruht eine Herde. Vorne liegt ein Lamm und steht ein vom Rücken gesehener Ziegenbock.

Bezeichnet rechts unten: Berchem

Eichenholz; h. 39, br. 50 cm. Kat. Mechel, 1783.

1322. (E. 683.) Eine Herde. Eine Kuh wird von einer Magd gemolken. Ein anderes vor ihr stehendes Weib hält eine Milchkanne in der Linken.

Bezeichnet rechts unten: Berchem

Eichenholz; h. 39, br. 50 cm. Kat. Mechel, 1783.

1323. (E. 685.) Landschaft mit einer Herde. Ein Hirtenmädchen, das an einem Wasser sitzt, weist dem vor ihr auf einen Stab gestützt stehenden Manne den Weg.

Bezeichnet rechts unten: *Berchem. f*

Eichenholz; h. 31, br. 37 cm. 1786 aus der Galerie des Grafen Nostitz in Prag angekauft.

Meindert Hobbema.

Holländische Schule. Geb. 1638 zu Amsterdam, wo er am 7. November 1709 begraben wurde. Ausgebildet unter dem Einflusse Jacob van Ruisdaels.

1324. (E. 899.) Landschaft mit Wald. Links am Waldessaum ein Bach, rechts weite ebene Gegend. Im Vordergrunde links liegt ein großer Stein im Wasser und ragt ein weißer, abgestorbener Birkenstamm empor.

Eichenholz; h. 61, br. 84 cm. 1811 aus der Samml. des Hofsekretärs v. Reith gekauft.

Johannes Lingelbach (?).

Holländische Schule. Geb. 1623 zu Frankfurt a. M., gest. 1674 zu Amsterdam. Ausgebildet unter dem Einflusse Ph. Wouwermans.

1325. (E. 978.) Bauersleute im Gespräche. Zwei Bauern und ein Weib neben einem Weidenbaume; einer der Männer stützt sich auf einen Stab; der andere hält einen Sack unterm Arm.

Eichenholz; h. 37, br. 28 cm. 1781 nach Wien aus Prag gekommen, wohin das Bild 1765 geschickt wurde. Die Bestimmung ist unsicher.

Holländisch, datiert 1644.

1326. (E. 686.) Landschaft mit Vieh. Ein Hirtenmädchen sitzt rechts vor einer niederen Holzhütte und hält einen Kranz in der Hand; ein Bursche, dem Beschauer den Rücken wendend, sitzt zu ihren Füßen.

Bezeichnet rechts unten: *1644*

Eichenholz; h. 32, br. 43 cm. Nach Engerth aus der Galerie des Grafen Nostitz in Prag. Früher Nicolaas Berchem zugeschrieben. Nach Th. von Frimmel »dem H. Mommers verwandt«.

Pieter Muller der Jüngere, genannt Tempesta.

Holländische Schule. Geb. 1637 zu Haarlem, gest. am 29. Juli 1701 zu Mailand. Schüler seines Vaters Pieter Mulier d. Ä. (?).

1327. **Eine Herde.** Eine Hirtin mit rotem flatternden Mantel treibt
(E. 1024.) die Herde.

L.; h. 56, br. 71 cm. 1824 aus dem Belvedere-Depot.

1328. **Eine Herde.** Im Vordergrunde an einem Wasser eine Baum-
(E. 1025.) gruppe. Hirt und Hirtin lagern auf der Uferhöhe.

L.; h. 61, br. 78 cm. 1824 aus dem Belvedere-Depot.

Art des **Aelbert Cuijp.**

Geb. im Oktober 1620 zu Dordrecht, wo er am 7. November 1691 begraben wurde. Schüler seines Vaters Jacob Gerritsz und vielleicht Dirck van Hoogstraetens.

1329. **Kühe.** Bei einem Weidenbaume steht eine braune Kuh, zwei
(E. 775.) liegen weiter rückwärts, eine vierte wird gemolken.

Eichenholz; h. 47, br. 62 cm. 1806 vom Kunsthändler Artaria in Mannheim gekauft.

Adriaen van de Velde.

Holländische Schule. Geb. 1635 oder 1636 zu Amsterdam, wo er am 21. Jänner 1672 starb. Schüler seines Vaters Willem, Jan Wijnants und Ph. Wouwermans; ausgebildet unter dem Einflusse Paul Potters.

1330. **Landschaft mit Tieren.** Im Vordergrunde liegen drei Läm-
(E. 1345.) mer und grasen zwei Kühe. Links wird eine Kuh gemolken.

Kupfer; h. 21, br. 16 cm. Seit 1781 im Belvedere.

1331. **Landschaft mit einer Herde.** Kühe und Ziegen ruhen an
(E. 1344.) einem Wasser. Der Hirtenbub wäscht sich die Füße.

L.; h. 42, br. 57 cm. 1805 vom Kunsthändler Artaria in Mannheim gekauft.

Karel Dujardin.

Holländische Schule. Geb. 1622 zu Amsterdam, gest. am 20. November 1678 zu Venedig. Schüler Nicolaas Berchems.

1332. **Tiere und ein Hirtenknabe.** Ein brauner Ochse mit weißem
(E. 787.) Kopfe steht auf einer Anhöhe. Rechts zwei Ziegen und ein Lamm.

L.; h. 23, br. 29 cm. 1781 aus dem Preßburger Schlosse zurück nach Wien gekommen.

Dirck van Bergen.

Holländische Schule. Tätig zu Haarlem in der Zeit von 1661 auf 1690. Nachfolger Adriaen van de Veldes.

1333. **Landschaft mit einer Herde.** Eine junge Hirtin sitzt in der
(E. 687.) Mitte des Vordergrundes auf der Erde. Ein Knabe neben ihr
hält einen Vogel in der Hand.

Bezeichnet rechts unten:

D. v. Bergen

L.; h. 39, br. 59 cm. Kat. Mechel, 1783.

1334. Landschaft mit einer Herde. In einer baumreichen Gegend
(E. 688.) weidet eine Herde. Der Hirt läuft herbei, um den Stier fortzutreiben.

Bezeichnet rechts unten: D v' Be'

L.; h. 39, br. 59 cm. Kat. Mechel, 1783.

Jacob. van Ruisdael.

Holländische Schule. Geb. 1628 oder 1629 zu Haarlem, wo er 1648 in die Lucasgilde trat und am 14. März 1682 begraben wurde. Ausgebildet unter dem Einflusse seines Oheims Salomon von Rujsdael.

1335. Landschaft mit Wasserfall. Düsteres Felsental mit einem
(E. 1202.) Waldbache, über den zwei Bretterstege führen. Rechts vorne der Wasserfall.

L.; h. 63, br. 46 cm. Schatzkammer-Inventar von 1773.

1336. Waldlandschaft. Links eine hohe Baumgruppe und ein be-
(E. 1203.) schatteter Weg. Rechts ein Wasser, weiter rückwärts eine Lichtung im Walde.

Bezeichnet rechts unten in der Ecke: JR

Eichenholz; h. 23, br. 30 cm. 1811 aus der Samml. des Hofsekretärs v. Reith gekauft.

1337. Der große Wald. Die mächtigen Eichen und Buchen eines
(E. 1201.) Waldausganges beschatten den Mittelgrund. Ein Weg mit Radspuren zieht sich gegen den Vordergrund und führt hier durch ein Wasser.

Bezeichnet rechts unten auf dem lichten Boden: JRuisdael

L.; h. 140, br. 181 cm. 1805 von Artaria in Mannheim gekauft.

Jan van de Cappelle.

Holländische Schule. Geb. 1624 oder 1625 zu Amsterdam, wo er am 22. Dezember 1679 begraben wurde. Vielleicht Schüler Simon de Vliegers.

1338. (E. 755.) Ruhige See. Mehrere Schiffe liegen vor Anker. Ein Matrose schreitet vom flachen Ufer durchs Wasser einem Schiffe zu.

L.; h. 70, br. 92 cm. 1785 aus den niederländischen Provinzen nach Wien gebracht.

Simon de Vlieger.

Holländische Schule. Geb. 1601 zu Rotterdam, gest. 1653 zu Weesp. Wahrscheinlich Schüler Julius Porcellis' und Willem van de Veldes (Bredius).

1339. (E. 1368.) Ruhige See. Eine große Zahl reich bemannter Schiffe; zwei der wichtigsten links geben Salutschüsse ab und auf dem Hinterdeck des Hauptschiffes blasen zwei Trompeter. Die hier dargestellte Festlichkeit soll nach früheren Angaben die Landung des Prinzen von Oranien im Hafen von Amsterdam vorstellen.

Bezeichnet links auf dem Steuerruder:

S·DE VLEGER (sic!) 1649.

Eichenholz; h. 69, br. 92 cm. 1850 vom Hofsekretär Eyb gekauft.

Reinier Nooms, genannt Zeeman (?).

Holländische Schule. Geb. 1623 wahrscheinlich zu Amsterdam, gest. zwischen 1663 und 1668.

1340. (E. 1081.) Seestück. Viele Schiffe in Ufernähe. Im Hintergrunde eine Seestadt, auf einer Landzunge der Leuchtturm.

L.; h. 121, br. 194 cm. Seit 1781 im Belvedere. Die gegenwärtige Bestimmung ist offenbar irrig. Cornelis Hofstede de Groot denkt mit Recht an Hendrik van Minderhout.

Ludolf Bakhuisen.

Holländische Schule. Geb. am 18. Dezember 1631 zu Emden, gest. am 17. November 1708 zu Amsterdam. Schüler Allaert van Everdingens und Hendrick Dubbels' (Bredius).

1341. (E. 666.) Seestück. Eine Kriegsflottille segelt mit gutem Winde.

L.; h. 73, br. 89 cm. Erst seit 1824 in der Galerie.

1342. (E. 663.) Der Hafen von Amsterdam, vom Zaandamer Ufer gesehen. Vorne links sitzt zeichnend Bakhuisen.

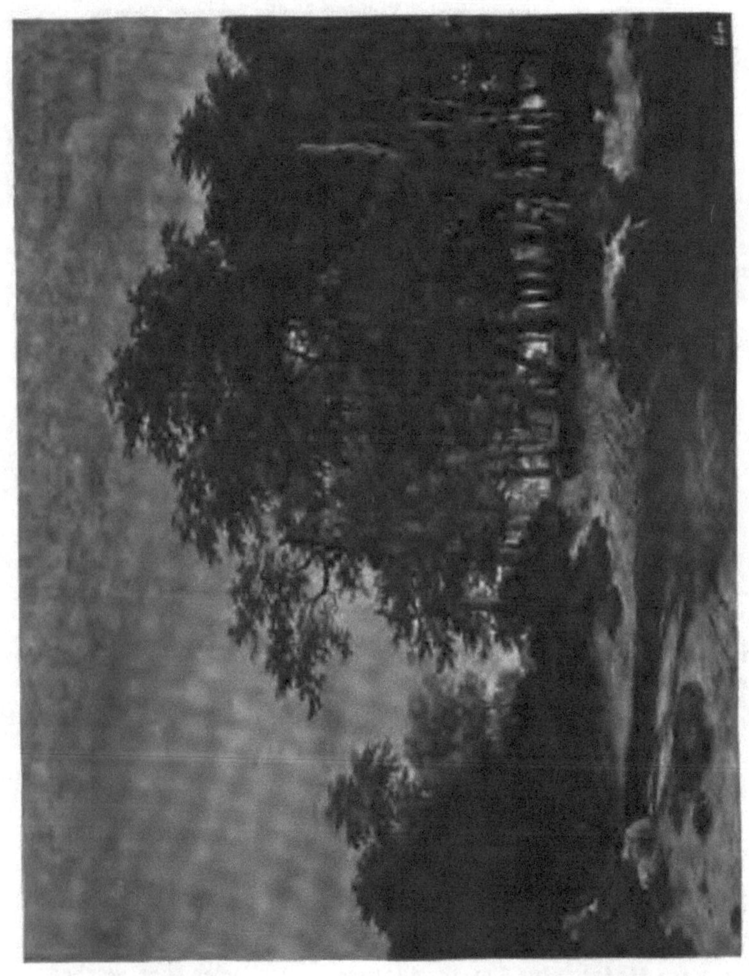

1337. Jacob van Ruisdael.

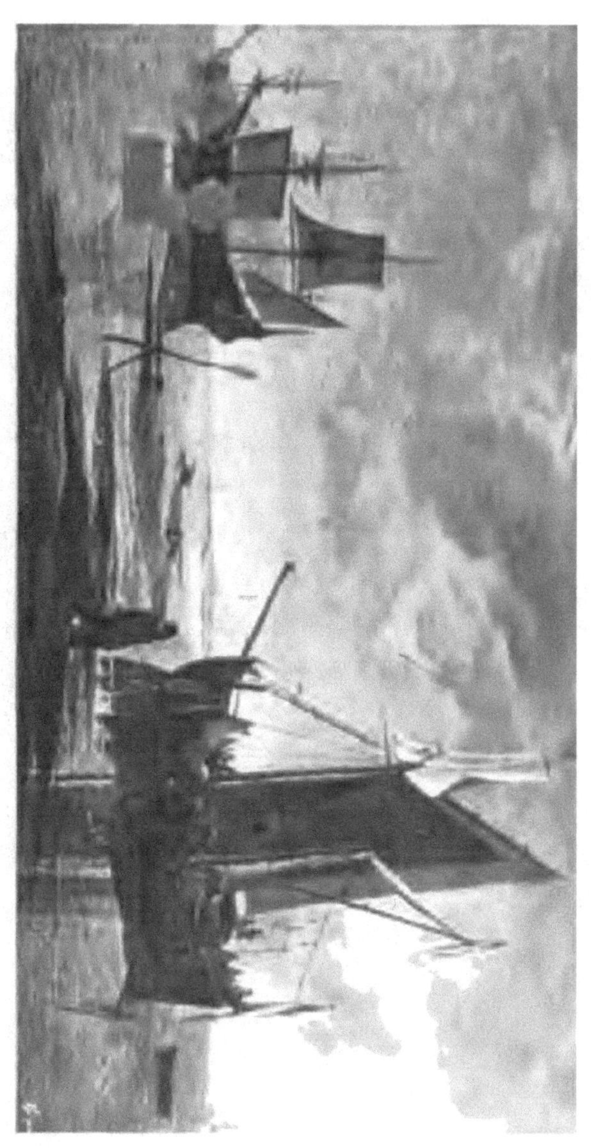

1338. Jan van de Cappelle.

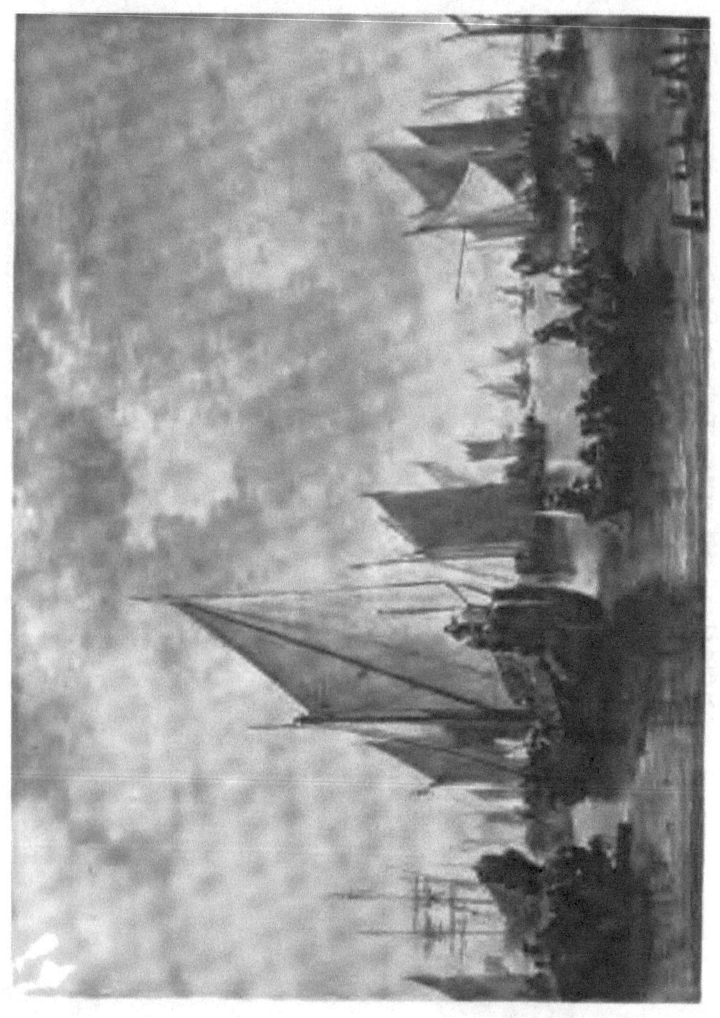

1339. Simon de Vlieger.

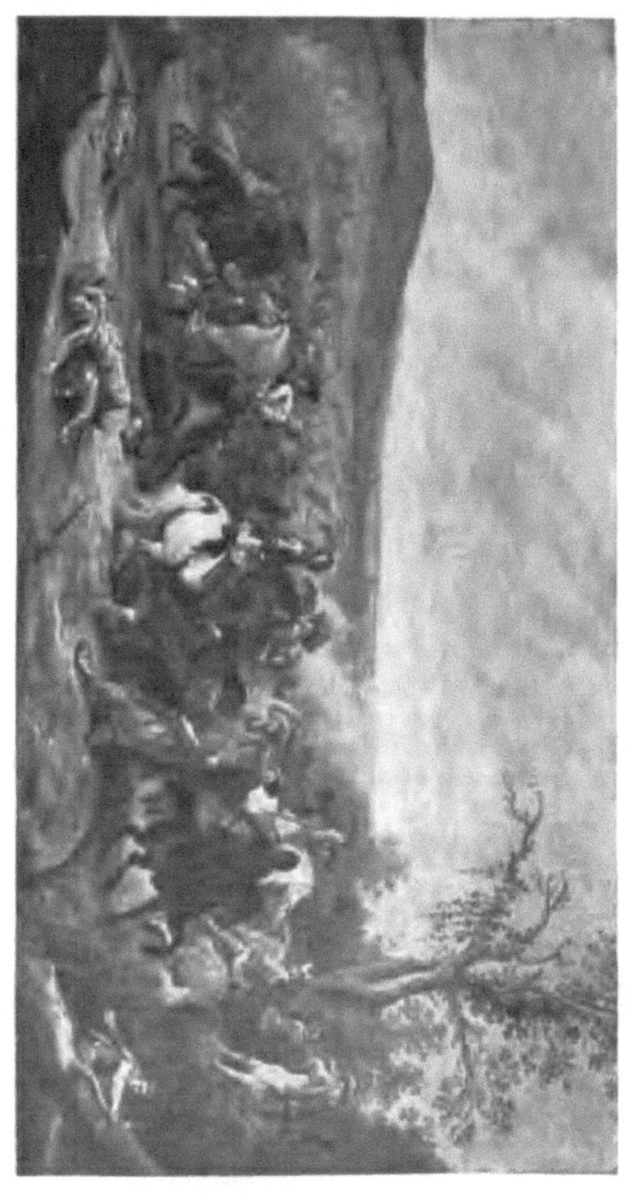

1347. Esaias van de Velde(?).

Bezeichnet links unten auf dem Fuße und rechts unten auf dem Brette:

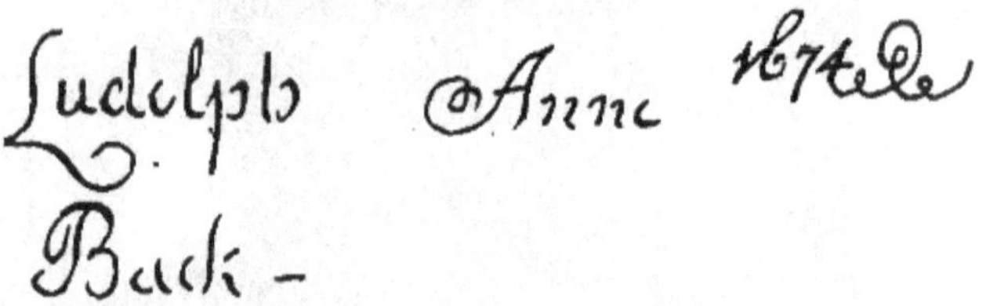

Ludolph Anno 1674
Back-

L.; h. 170, br. 210 cm. Kat. Mechel, 1783. Kam 1809 nach Paris und 1815 zurück nach Wien.

Johannes Lingelbach (s. Nr. 1325).

1343. (E. 977.) Ein Seehafen. Eine von Gebirgen eingeschlossene Bucht. Der Vordergrund belebt von vielen Personen aller Nationen. Links ein antikes Gebäude mit Steinbogen und eine große, zum Teil sichtbare Galeere.

Bezeichnet rechts auf dem weißen Säulenstück: I:LINGELBACH

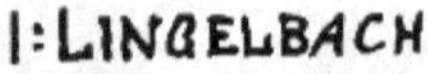

L.; h. 87, br. 139 cm. 1791 vom Maler Braun gekauft.

Willem van Diest.

Holländische Schule. Tätig im Haag um 1634—1660. Beeinflußt von Jan Porcellis und Simon de Vlieger.

1343a. Marine. Im Vordergrunde ein Ruderboot, das Passagiere zu den weiter rechts und zurück haltenden Segelbooten führt. Leicht bewegte See. Bewölkter Himmel.

Bezeichnet auf einer Planke des Ruderbootes:

W V DIEST 1651

Holz; h. 33·5, br. 36·5 cm. Als Legat des Herrn Dr. Josef Adam in Wien 1898 erworben.

Frederick de Moucheron.

Holländische Schule. Geb. 1633 zu Emden, begraben am 5. Jänner 1686 zu Amsterdam. Schüler Jan Asselijns.

1344. (E. 1042.) Abendlandschaft. Eine Kuhherde auf einem felsigen Uferwege. (Die Figuren von Adriaen van de Velde, s. Nr. 1330.)

Bezeichnet rechts unten: . . . . RON/

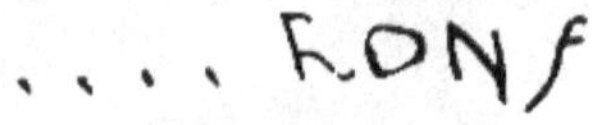

L.; h. 100, br. 82 cm. Kat. Mechel, 1783.

1345. Abendlandschaft. In einem Engpasse sieht man zwei neben-
(E. 1041.) einandersprengende Reiter miteinander kämpfen. (Die Figuren von Adriaen van de Velde.)

Bezeichnet links unten: MOUCHERON f.

L.; h. 100, br. 82 cm.
Kat. Mechel, 1783.

Jan von Hughtenburgh.

Holländische Schule. Geb. 1646 zu Haarlem, gest. 1733 zu Amsterdam. Schüler Thomas Wycks und A. F. van der Meulens.

1346. Ein Überfall. Bei den Ruinen eines Gebäudes wird ein Wagen
(E. 934.) von einem Reitertrupp überfallen.

Bezeichnet unten rechts in der Ecke:

J. v. Hughtenburg.

L.; h. 108, br. 147 cm. Kat. Mechel, 1783.

Esaias van de Velde (?).

Holländische Schule. Geb. um 1590 zu Amsterdam, begraben am 18. November 1630 im Haag.

1347. Reitergefecht. Handgemenge im Vordergrunde; in der Mitte
(E. 1346.) ein Geharnischter auf einem Schecken. Rechts ein Baum mit Schlinggewächsen.

Eichenholz; h. 42, br. 78 cm. Seit 1781 im Belvedere.

Philips Wouwerman.

Holländische Schule. Getauft am 24. Mai 1619 zu Haarlem, wo er 1640 Mitglied der Gilde wurde und am 19. Mai 1668 starb. Schüler seines Vaters Paulus Joosten und Jan Wijnants', ausgebildet unter dem Einflusse Pieter de Laers.

1348. Reitschule und Pferdeschwemme. Erstere links in einer
(E. 1404.) weiten Landschaft, die zweite rechts vorne. In der Mitte ein Reiter auf einem Schimmel, den ein Kavalier und eine Dame betrachten.

Bezeichnet links unten: PHS W

L.; h. 82, br. 127 cm. Nach Engerth 1651 von Brüssel gekommen. Sicher nachweisbar bei Mechel 1783.

1349. Ein Räuberüberfall. In einer düstern Landschaft werden die
(E. 1405.) Reisenden mörderisch angegriffen, während ihre Wagen eine Furt passieren.

L.; h. 62, br. 107 cm. 1728 in der Stallburg.

1350. Ein Räuberüberfall. Links eine steile Felswand, in der Mitte
(E. 1403.) abgestorbene Bäume. Auf dem Wege gegen den höher gelegenen Vordergrund links ein zweirädriger Karren, den die zum Teil berittenen Räuber überfallen.

Eichenholz; h. 39, br. 56 cm. Samml. Erzh. Leopold Wilhelm.

1351. Halt auf der Jagd. Rechts eine Steinbrücke, zum Schloßtore
(E. 1406.) führend; vorne am Ufer des Wassers eine berittene Gesellschaft; links stößt ein Jäger ins Horn.

L.; h. 40, br. 57 cm. Aus der Galerie des Grafen Nostitz in Prag 1786 gekauft.

Kabinett XI.

Philips Wouwerman (s. Nr. 1348).

1352. Landschaft. Vorne wird ein beladener Schimmel geführt;
(E. 1407.) rechts im Felde Schnitter. Heranziehendes Gewitter.

Bezeichnet unten links in der Ecke: P.L.W

Eichenholz; h. 24, br. 31 cm. 1811 vom Hofsekretär v. Reith gekauft.

Ludolf Bakhuisen (s. Nr. 1341).

1353. Landschaft. Ein mit Schiffen belebter Fluß in bergiger Ge-
(E. 665.) gend; links vorne ein alter Weidenbaum.

Bezeichnet unten in der Mitte: LB.

L.; h. 31, br. 42 cm. 1811 aus der Samml. des Hofsekretärs v. Reith gekauft.

Maria van Oosterwyck.

Holländische Schule. Geb. am 27. August 1630 zu Nootdorp bei Delft, gest. am 12. November 1693 zu Uitdam bei Monnickendam. Schülerin Jan Davidsz de Heems, beeinflußt von Willem van Aelst (Bredius).

1354. Stilleben. Auf einem schwarzen Marmortische: ein Globus,
(E. 1084.) ein Totenkopf, ein Manuskript, Bücher, ein Blumenstrauß und anderes.

Bezeichnet rechts unten am Tischrande:

Maria Van Oosterbyck.
1668.

L.; h. 73, br. 88 cm. Ambrasersammlung.

1355. Blumenstrauß. Auf der Steinplatte eines Tisches steht eine
(E. 1083.) Vase mit einem lose zusammengesteckten Strauß. Unter den Blüten fällt am meisten eine große Sonnenblume auf.

Bezeichnet unten in der Mitte auf der Steinplatte:

Maria V Oosterbyck

L.; h. 100, br. 82 cm. 1728 in der Stallburg.

Jan Anton van den Baren (s. Nr. 1107).

1356. Stilleben. An einem offenen Fenster steht ein Blumenstrauß in einem Glasgefäße. Im Vordergrunde ein rot überdeckter Tisch, auf welchem Früchte liegen und ein Schmuckkästchen steht. Dabei eine Uhr und zwei Bücher.

L.; h. 154, br. 118 cm. Belvedere-Depot. Früher nur als der vlämischen Schule des XVII. Jahrhunderts angehörig bezeichnet. Die gegenwärtige Bestimmung beruht auf dem Vergleiche mit dem Stile der gesicherten Arbeiten des Künstlers.

Alexander Coosemans.

Vlämische Schule. Getauft am 19. März 1627 zu Antwerpen, wo er 1645 als Meister in die St. Lucasgilde trat und am 28. Oktober 1689 begraben wurde. Schüler Jan Davidsz de Heems.

1357. Früchte. Ein Korb mit Weintrauben, Erdbeeren und anderen
(E. 762.) Früchten; eine Zinnkanne, zwei Teller, eine Zitrone mit halb gelöster Schale.

Bezeichnet rechts oben: A. Coosemans

L.; h. 56, br. 75 cm. Samml. Erzh. Leopold Wilhelm.

Holländisch. Zweite Hälfte des XVII. Jahrhunderts.

1358. Ein singender Jüngling, mit roter Samtmütze, großem (E. 1384.) weißen, spitzenbesetzten Kragen, hält ein beschriebenes Blatt in beiden Händen und wendet das Antlitz mit offenem Munde dem Beschauer zu.

Bezeichnet rechts unten: CVR

Eichenholz; h. 24, br. 19 cm. Halbe Figur. 1805 vom Kunsthändler Artaria in Mannheim gekauft. Früher dem A. v. d. Werff zugeschrieben. Th. v. Frimmel denkt an den Leydener Maler Cornelis van Reinsburgh, von dem bisher noch keine Bilder bekannt geworden sind.

Justus van Bentum.

Holländische Schule. Geb. 1670(?) zu Leyden, gest. 1727. Schüler Godfried Schalckens.

1359. Ein Kuchenbäcker. Drei Knaben und ein alter Mann um- (E. 680.) stehen den Ofen eines Kuchenbäckers auf der Straße. Eine Kerze auf dem Auslagtische beleuchtet die nächtliche Szene.

Kupfer; h. 23, br. 19 cm. Kat. Mechel, 1783.

Pieter Leermans.

Holländische Schule. Geburts- und Todesdatum unbekannt; war 1682 noch am Leben. Schüler G. Dous und Frans Mieris' d. Ä.

1360. Die Geizige. Eine alte Frau in rotem Pelz und weißem Seiden- (E. 962.) kleide sitzt mit ihren Schätzen an einem Tische. Sie hält in der Rechten einen Geldbeutel, in der Linken ihr Augenglas.

Eichenholz; h. 29, br. 22 cm. Kniestück. 1781 aus dem Nachlaß des Herzogs Karl von Lothringen. 1809 nach Paris und 1815 zurück nach Wien gekommen.

Louis de Moni.

Holländische Schule. Geb. 1698 zu Breda, gest. am 15. September 1771 zu Leyden. Schüler F. van Kessels, E. Bisets und Philips van Dijcks.

1361. Eine Küchenmagd. Ein junges Mädchen, an einem Fenster (E. 1028.) stehend, ist damit beschäftigt, Muscheln zu öffnen. Neben ihr ein toter Hahn und Küchengeräte.

Bezeichnet links unten: L: De Moni ft

Eichenholz; h. 38, br. 30 cm. Halbe Figur. 1781 aus dem Nachlaß des Herzogs Karl von Lothringen. Wiederholungen in den Galerien Czernin und Winter-Stummer, eine Kopie im Museo Correr zu Venedig (Th. v. Frimmel).

Cornelis de Heem.

Vlämische Schule. Getauft zu Leyden am 8. April 1631, begraben zu Antwerpen am 17. Mai 1695. Schüler seines Vaters Jan Davidsz.

1362. Stilleben. Zwei Silberschüsseln stehen auf einem mit einem (E. 881.) Seidentuch überdeckten Tische; auf der vorderen liegen Austern, Zitronen, Kirschen und eine Weintraube. Links vorne eine Taschenuhr.

Bezeichnet links unten im Grunde: C. DE HEEM. f

Eichenholz; h. 34, br. 41 cm. Aus der Schatzkammer.

Adriaen van der Werff.

Holländische Schule. Geb. am 21. Jänner 1659 zu Kralingen bei Rotterdam, gest. am 12. November 1722 zu Rotterdam. Schüler Eglon van der Neers.

1363. Bildnis eines Mannes. Ein vornehmer Mann mit schwarzer (E. 1383.) Alongeperrücke, in einen roten Samtmantel gehüllt, lehnt an einem Säulenschaft; rechts unten eine steinerne Sphinx.

Bezeichnet rechts auf dem Steinsockel: Adr^{n} van d^{r} werff. fe. 1694

L.; h. 47, br. 39 cm. Kniestück. 1792 vom Gouvernementsrate Burtin in Brüssel gekauft.

Godfried Schalcken.

Holländische Schule. Geb. 1643 zu Made bei Gertruidenberg, gest. am 16. November 1706 im Haag. Schüler S. van Hoogstraetens und G. Dous.

1364. Ein lesender Alter. Er hat eine Pelzmütze auf dem Haupte, (E. 1228.) eine Brille auf der Nase und liest beim Scheine einer Kerze eine Schrift.

L.; h. 85, br. 66 cm. Halbe Figur. 1807 von Dorothea Steinberg-Leidenthal gekauft.

Nach Gerard ter Borch (Terborch).

Holländische Schule. Geb. 1617 zu Zwolle, 1635 Mitglied der Haarlemer St. Lucasgilde, gest. am 8. Dezember 1681 zu Deventer. Schüler seines Vaters Gerard, weiter ausgebildet unter dem Einflusse P. Molyns und Frans Hals'.

1365. Schreibendes Mädchen. Die Schreibende, im Profil die linke (E. 1309.) Seite zeigend, sitzt an einem mit buntem Teppiche bedeckten Tische in einem dunklen Schlafzimmer.

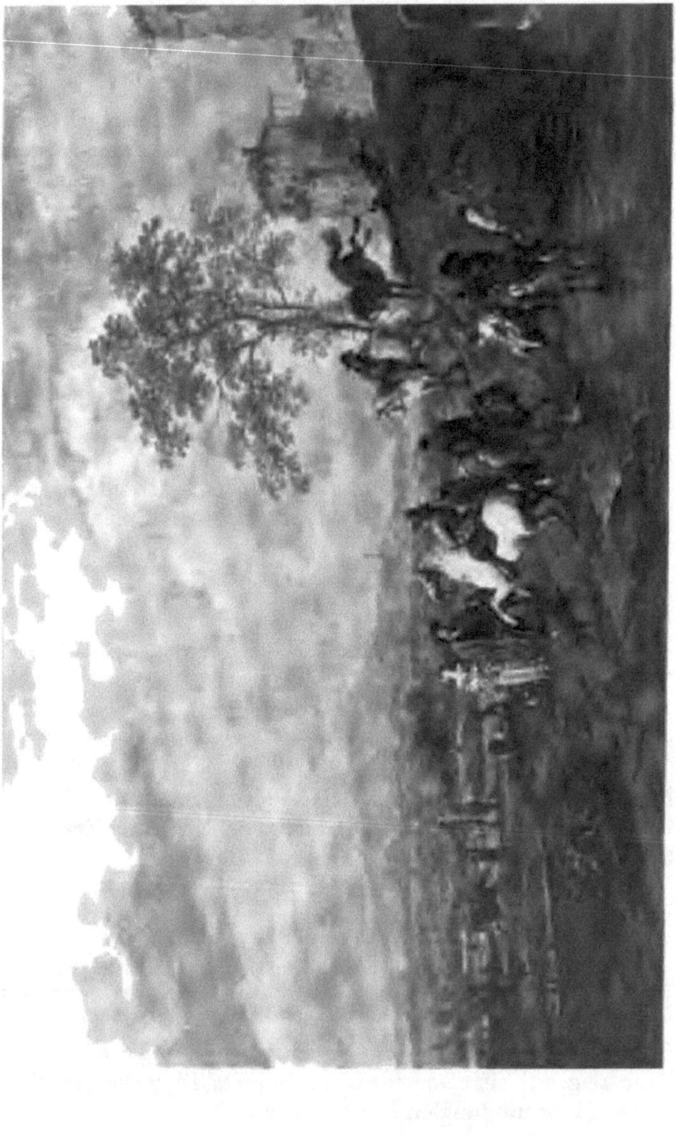

1348. Philips Wouwerman.

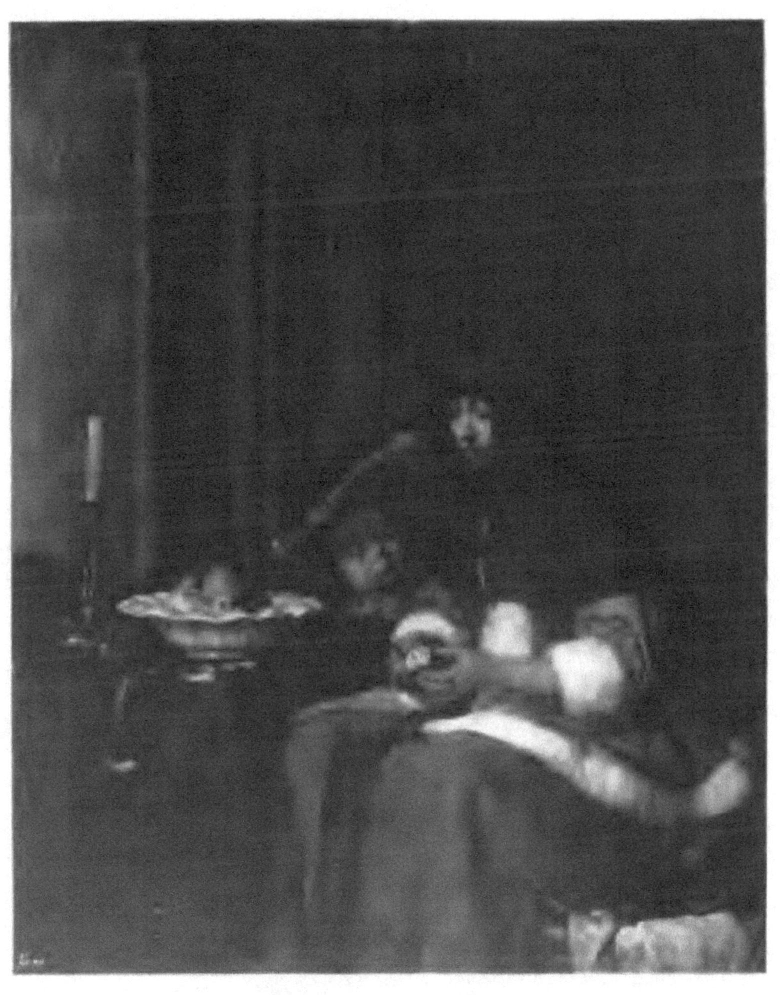

1366. Gerard ter Borch.

Eichenholz; h. 44, br. 34 cm. Kniestück. Nach Engerths Angabe 1651 aus Brüssel an den Wiener Hof geschickt. Sicher nachweisbar bei Mechel 1783. Das Original dieser Kopie ist der Galerie Six zu Amsterdam erhalten.

Gerard ter Borch (s. Nr. 1365).

1366. Die Apfelschälerin. Eine junge Frau, in einer mit weißem (E. 1308.) Pelz verbrämten gelben Jacke und mit einem schwarzen Schleiertuch auf dem Kopfe, sitzt an einem blau überdeckten Tische und schält einen Apfel für ein neben ihr stehendes Kind, das einen großen Federhut auf dem Kopfe hat.

An der dunklen Zimmerwand hängt eine große Landkarte mit der Aufschrift: NOVA ET ACVRATA TOTIVS EVROPÆ.

L. auf H.; h. 36, br. 30 cm. Kniestück. Nach Engerths Angabe 1651 aus Brüssel nach Wien gekommen. Sicher nachweisbar bei Mechel 1783.

Jacob Toorenvliet.

Holländische Schule. Geb. 1635 oder 1636 zu Leyden, wo er 1719 starb. In den sechziger und siebziger Jahren am kaiserlichen Hofe in Wien tätig. Schüler seines Vaters Abraham.

1367. Ein Metzgerladen. Der Metzger, an der Fleischbank beschäf- (E. 1320.) tigt, wendet sich zu einer Dame, welche links mit ihrer Magd eingetreten ist und auf Gemüse weist, das eine Alte rechts vorne feilbietet.

Bezeichnet links unten:

JToorenvliet Inventer et Fecit A°, 687.

(1687)

L.; h. 55, br. 64 cm. Seit 1781 im Belvedere.

Jan van Rossum.

Holländische Schule. Tätig um die Mitte des XVII. Jahrhunderts. Nachahmer Gerard ter Borchs.

1368. Der Spaziergang. Ein vornehmer alter Herr mit Schnurr- (E. 1149.) und Zwickelbart lustwandelt in einem Parke, begleitet von seinem kleinen Hunde.

Bezeichnet rechts auf dem Baumstamme: *J v. Rossum 1665*

L.; h. 39, br. 31 cm. 1871 aus dem Nachlasse des Direktors Erasmus v. Engert gekauft.

Rachel Ruijsch.

Holländische Schule. Geb. 1664 zu Amsterdam, wo sie 1750 starb. Schülerin Willem van Aelsts.

1369. Großer Blumenstrauß. Links vorne liegen drei Pfirsiche,
(E. 1200.) rechts kriecht eine Schnecke.

Bezeichnet rechts unter der Schnecke:

Rachel Ruysch 1706

L.; h. 101, br. 81 cm. 1728 in der Stallburg.

Gabriel Metsu.

Holländische Schule. Geb. um 1630 zu Leyden, begraben am 24. Oktober 1667 zu Amsterdam. Angeblich Schüler G. Dous.

1370. Die Spitzenklöpplerin. Eine junge Frau mit einer weißen
(E. 1010.) Haube sitzt an einem grün überdeckten Tische bei der Arbeit. Ein Herr, der ein Weinglas hält, steht im Gespräche neben ihr.

Eichenholz; h. 35, br. 29 cm. 1811 aus der Samml. des Hofsekretärs v. Reith gekauft.

B. van der Meer.

Holländische Schule. Tätig in der zweiten Hälfte des XVII. Jahrhunderts.

1371. Stilleben. Auf einem Steintische liegen verschiedene Früchte.
(E. 997.) Ein Kakadu sitzt rechts dabei.

Bezeichnet links unter der Steinplatte:

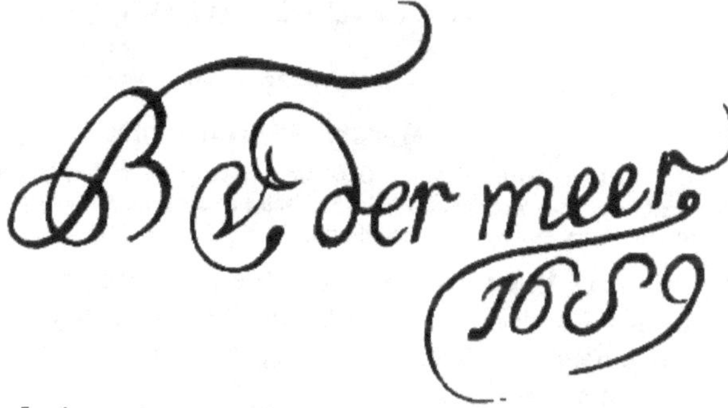

L.; h. 142, br. 110 cm. Seit 1816 in der Galerie.

Jurlaan van Streeck.

Holländische Schule. Geb. angeblich 1632 zu Amsterdam, wo er am 12. Juni 1678 starb. Nachfolger Willem Claesz Hedas.

1372. Stilleben. Auf einer blaubemalten Porzellanschüssel zwei Orangen und eine geschälte Zitrone. Dabei steht ein Goldpokal.
(E. 884.)

L.; h. 79, br. 60 cm. 1728 in der Stallburg aufgestellt, kam 1809 nach Paris und 1815 zurück nach Wien. Die Bestimmung des Meisters rührt von C. Hofstede de Groot her.

Elias van den Broeck.

Vlämische Schule. Geb. 1657 zu Antwerpen, wo er 1673/74 in die St. Lucasgilde trat; begraben am 6. Februar 1708 zu Amsterdam. Beeinflußt von Jan Davidsz de Heem.

1373. Ein Blumenstrauß. Auf einem Steintische steht ein Glasgefäß mit Blumen. Rechts kriecht ein Hirschkäfer.
(E. 721.)

Bezeichnet unter den Nelkenknospen auf der Tischplatte: EL. v. d. Broek. pinx

L.; h. 75, br. 62 cm. Erst 1820 in die Galerie gekommen.

1374. Blumen. Neben einer großen Mohnblume steht ein Körbchen mit Blumen. Links vorne eine Eidechse.
(E. 722.)

Bezeichnet links unter der Eidechse: EL v d. Bruck pin.

L.; h. 75, br. 61 cm. Erst seit 1824 in der Galerie.

1375. Stilleben. Auf einem Tische ein Teller mit einem Seekrebs; links ein Silberbecher, rechts eine halbe Zitrone.
(E. 723.)

Bezeichnet links unten: El. v. d. BroeKpin

L.; h. 76, br. 62 cm. Erst seit 1824 in der Galerie.

Gerard (Gerrit) Dou.

Holländische Schule. Geb. am 7. April 1613 zu Leyden, wo er am 9. Februar 1675 begraben wurde. Schüler seines Vaters Douwe Jansz, Bart. Dolendos, Pieter Couwenhorns und Rembrandts.

1376. Die alte Frau am Fenster. Sie neigt sich heraus, einen Krug in den Händen, um einen Levkojenstock zu begießen, der links auf einem vor dem Fenster angebrachten Brette steht. Rechts oben ein Vogelbauer.
(E. 783.)

Bezeichnet auf dem Vogelbauer: GOV

Eichenholz; h. 28·5, br. 22·5 cm. Halbe Fig. Prov. wie Nr. 1370.

1377. Der Arzt. An einem offenen Bogenfenster stehend, betrachtet
(E. 782.) ein junger Arzt den Inhalt eines mit der linken Hand erhobenen Glases. Ein links hinter ihm stehendes altes Weib wischt sich mit der Schürze die Tränen ab. Auf der Fensterbrüstung links ein Teppich, rechts ein aufgeschlagenes Buch.

Bezeichnet in der Mitte der Fensterbrüstung: GDOV. 1653

Eichenholz; oben halbrund; h. 49, br. 37 cm. Halbe Figuren. Samml. Erzh. Leopold Wilhelm.

1378. Das Mädchen mit der Laterne. Ein junges Mädchen, mit
(E. 784.) einem weißen Tuche auf dem Kopfe, steht an einem offenen Bogenfenster und ist im Begriffe, eine angezündete Kerze in die Laterne zu stecken. Im Schatten des Hintergrundes drei kartenspielende Männer.

Eichenholz; h. 25, br. 20 cm. Halbe Figuren. Samml. Erzh. Leopold Wilhelm.

Johannes Tilius.

Holländische Schule. Geb. zu Hilvarenbeek, 1683 Mitglied der Haager Gilde, 1694 in London. Angeblich Schüler P. van Slingelandts.

1379. Ein Dudelsackpfeifer. Er sitzt beim Tische, hält das Instru-
(E. 1319.) ment mit beiden Händen und wendet sein Gesicht mit einer Grimasse über die linke Schulter.

Bezeichnet links oben am Bildrande: J. Tilius pinc. 16..

Auf dem Tischrande die Jahreszahl:

1680.

Eichenholz; h. 26, br. 21 cm. Kniestück. Kat. Mechel, 1783.

Frans van Mieris d. Ä.

Holländische Schule. Geb. am 16. April 1635 zu Leyden, wo er 1658 Mitglied der St. Lucasgilde wurde und am 12. März 1681 starb. Schüler Abraham Toorenvliets und Gerard Dous.

1380. Bildnis eines Mannes. Er sitzt am Schreibtische und hält
(E. 1019.) die ausgestreckte Rechte auf einem aufgeschlagenen Buche. Reiches braunes Haar fällt zu beiden Seiten des ernsten Antlitzes nieder.

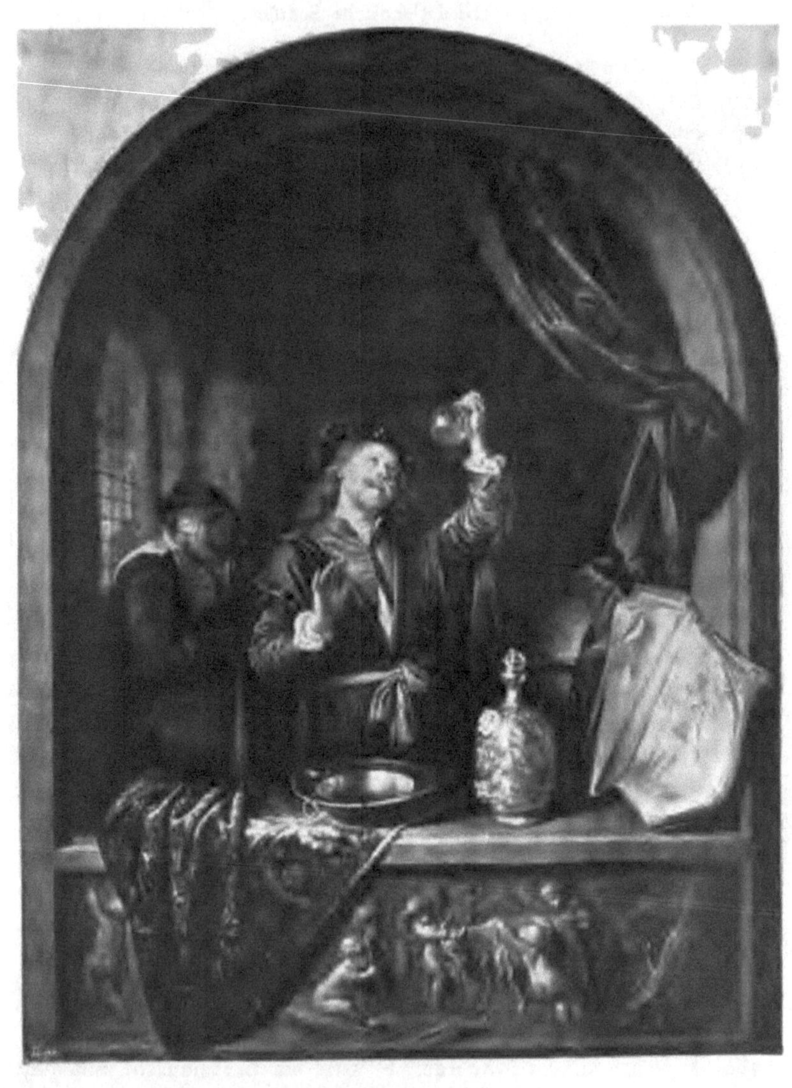

1377. Gerard Dou.

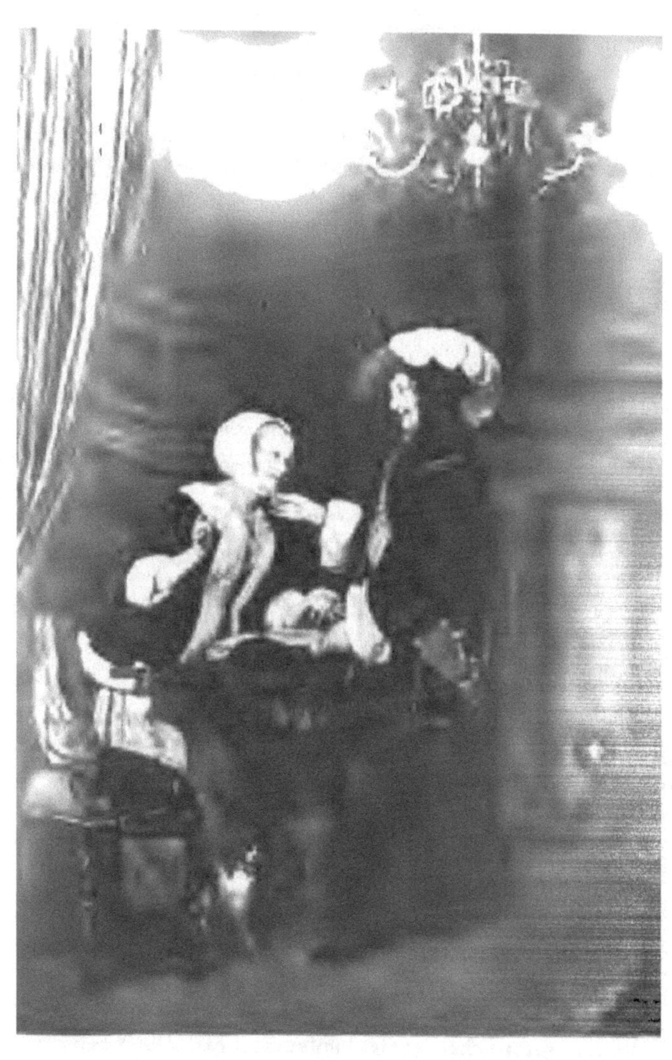

1382. Frans van Mieris d. Ä.

Kupfer; h. 30·5, br. 24 cm. Kniestück. Nach Engerth aus dem Nachlaß Herzog Karls von Lothringen.

1381. Eine Dame und ihr Arzt. Die junge Frau sitzt vor dem Bette
(E. 1018.) auf einem Stuhle; der bei ihr stehende Arzt fühlt ihr den Puls.

Bezeichnet rechts unten auf der Bettwand: Frans Mieris Anno 1651

Eichenholz; h. 43, br. 27 cm. Kat. Mechel, 1783. Die Jahreszahl muß verdorben sein. Wilhelm Bode liest: 1656.

1382. Der Kavalier im Verkaufsladen. Er steht vor einem Tische,
(E. 1017.) einen Goldstoff prüfend, und faßt die Verkäuferin scherzend am Kinne. Im Hintergrunde des Zimmers sitzt ein alter Mann am Kamine.

Bezeichnet links an der Rückseite der Stuhllehne:

F. van Mieris f 1660.

Eichenholz; h. 55, br. 43 cm. Die oberen Ecken abgerundet. Samml. Erzh. Leopold Wilhelm.

Willem van Mieris.

Holländische Schule. Geb. am 3. Juni 1662 zu Leyden, wo er am 26. Jänner 1747 starb. Schüler seines Vaters Frans Mieris d. Ä.

1383. Ein Krieger. In einem Bogengange steht ein in spanischer
(E. 1020.) Tracht gekleideter Mann und zieht zornig den Degen.

Bezeichnet auf dem Steine rechts: W. van Mieris F. 1683

Eichenholz; h. 21·5, br. 16 cm. Kniestück. Kat. Mechel, 1783.

1384. Ein alter Mann bietet einer Frau Geld an. Der kahl-
(E. 1022.) köpfige Alte, in einen Pelz gekleidet, steht hinter dem Steintische, auf welchen er Geld aufgezählt hat. Die junge Frau weist ihn ab.

Bezeichnet unter der Tischplatte rechts:

W. van Mieris. Fecit 1683

Eichenholz; h. 31, br. 25 cm. Kniestück. Nachlaß Herzog Karls von Lothringen.

1385. Bildnis einer Frau. Eine nicht mehr junge Frau in tief aus-
(E. 1021.) geschnittenem Seidenkleide hält in der ausgestreckten Rechten einen Geldbeutel.

Bezeichnet links unten im Grunde: W. van Mieris. Fecit. Añ 1684

Eichenholz; h. 21·5, br. 16 cm. Kniestück. 1770 nach Preßburg und 1781 nach Wien ins Belvedere gekommen.

Jan Davidsz de Heem.

Holländisch-vlämische Schule. Geb. 1606 zu Utrecht, gest. zwischen dem 14. Oktober 1683 und dem 26. April 1684 zu Antwerpen. Schüler seines Vaters David, später beeinflußt von der Stillebenmalerei der Antwerpner Schule.

1386. Kelch und Hostie, von Girlanden umgeben. Zu beiden
(E. 882.) Seiten Getreidegarben, unten Früchte in reichen Gruppen.

Bezeichnet unter dem Kelche:

J De Heem fecit Anno 1648.

(1648)

L.; h. 139, br. 126 cm. Samml. Erzh. Leopold Wilhelm.

1387. Stilleben. Auf einer großen Schüssel eine Silberkanne und
(E. 883.) eine Weintraube. Auf einem Teller links Austern und Zitronen; dabei ein Römerglas.

Bezeichnet unter dem Krebse: J: de Heem f.

L.; h. 78, br. 60 cm. Samml. Erzh. Leopold Wilhelm.

Andreas Benedetti.

Vlämische Schule. Geb. um 1620 zu Antwerpen (?), gest. nach 1650 daselbst. 1640—1650 nachweisbar als Freimeister der Antwerpner Lucasgilde. Schüler Vincent Cernevaels und Jan Davidsz de Heems.

1388. Stilleben. Auf einem mit dunklem Teppiche und weißem Tuche bedeckten Tische liegen Hummer, Zitrone u. a.; rechts eine Laute.

L.; h. 122, br. 139 cm. Samml. Erzh. Leopold Wilhelm. Früher Jan Davidsz de Heem, dann Abraham van Beijeren zugeschrieben.

Abraham van Beijeren.

Holländische Schule. Geb. 1620 oder 1621 im Haag, wo er 1640 in die St. Lucasgilde trat, gest. nach 1674, wahrscheinlich zu Alkmaar.

1389. Stilleben. Auf einer Silberschüssel ein halbgefülltes Weinglas, (E. 677.) eine Auster, ein Stück Zitrone u. a. Links ein umgestürzter Silberpokal und eine goldene Taschenuhr.

Bezeichnet links oben: AB f

Eichenholz; h. 74, br. 58 cm. Kunstbesitz Karls VI.

Jan van Huysum.

Holländische Schule. Geb. am 15. April 1682 zu Amsterdam, wo er am 7. Februar 1749 starb. Schüler seines Vaters Justus.

1390. Blumenstück. Ein reicher Strauß in einer Vase von getrie- (E. 938.) bener Arbeit. An dem weißen Marmorsockel einer Säule rechts liegt ein Vogelnest mit Eiern; auf der Steinplatte kriecht links eine Schnecke.

Bezeichnet links unten auf der Platte:

Jan Van Huijsum fecit

Nußholz; h. 80, br. 60 cm. Kat. Mechel, 1781.

1391. Blumenstrauß in einer goldenen verzierten Vase auf einer (E. 939.) Marmorplatte, auf welcher links ein Vogelnest mit Eiern liegt. Eine Eidechse trinkt eines der Eier aus.

Bezeichnet unten in der Mitte der Platte:

Jan Van Huijsum fecit

Nussholz; h. 80, br. 60 cm. Kat. Mechel, 1783.

Deutsche Schulen.

Saal IX. (Oberlicht.)

Meister Theodorich von Prag.

Thätig von 1348—1367.

1392. Der heil. Ambrosius.

1393. Christus am Kreuze.

1394. Der heil. Augustinus.

Diese drei Gemälde sowie die Nummer 92 wurden 1780 aus dem Schlosse Karlstein nach Wien gebracht, kamen jedoch 1901 auf Allerhöchsten Befehl unter Wahrung des Eigentumsrechtes der kaiserlichen Galerie wieder nach Karlstein zurück.*)

Oberdeutsch. Mitte des XV. Jahrhunderts.

1395. Die heil. drei Könige. Die rechts sitzende Maria hält das
(E. 1499.) Jesuskind, dem der vorderste der Könige kniend die Füße küßt. Goldgrund. Auf der Rückseite: die Geschichte der zwölf Ruten, welche Moses in die Bundeslade legte, und die Vermählung Marias mit Josef.

Lindenholz; h. 126, br. 99 cm. Kat. Mechel, 1783. Gehört nach Friedrich Dörnhöffers Urteil zu einer bestimmten Gruppe von Bildern bayrischen Ur-

*) Der kunstgeschichtlichen Bedeutung dieser Gemälde wegen geben wir nachstehend die Beschreibung aus der vorigen Auflage des Führers wieder:

Der heil. Ambrosius. Der Heilige steht im vollen Ornate und liest in einem Buche. Rechts ein Schreibpult. Goldgrund, in dessen Muster der einköpfige Adler mit dem Löwen abwechselt.

Rotbuchenholz; h. 114, br. 103 cm. Halbe Figur.

Christus am Kreuze. Links steht Maria mit gefalteten Händen, rechts Johannes, das Haupt in die rechte Hand stützend.

Buchenholz; h. 208, br. 150 cm. Ganze Figuren. Früher dem Nikolaus Wurmser zugeschrieben.

Der heil. Augustinus. Der Heilige steht im vollen Ornate vor einem Pulte und liest in einem Buche. Goldgrund, in dessen Muster der einköpfige Adler mit dem Löwen abwechselt.

Rotbuchenholz; h. 113, br. 103 cm. Halbe Figur.

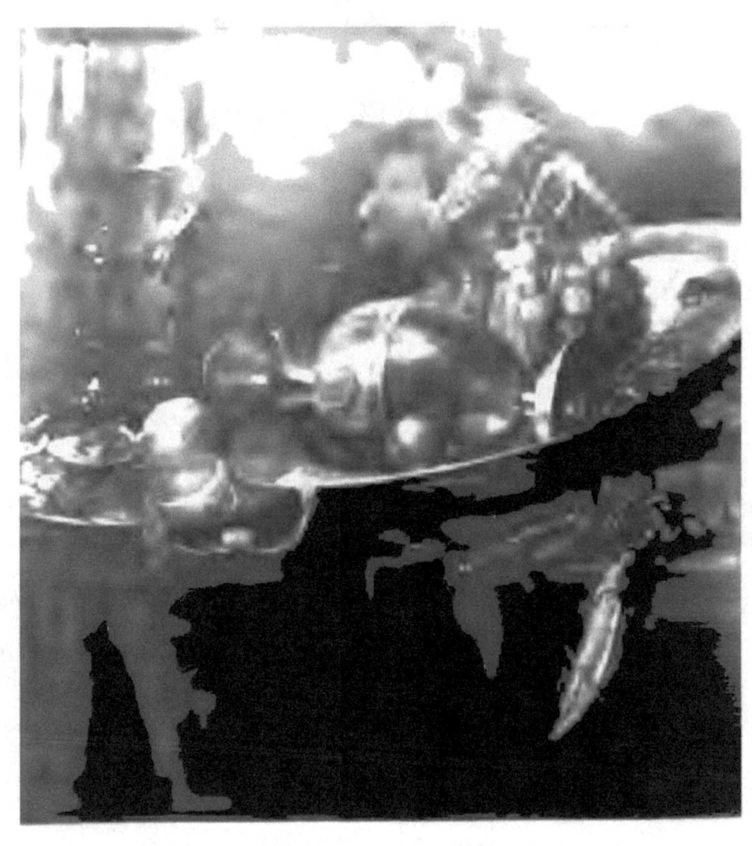

1387. Jan Davidsz de Heem.

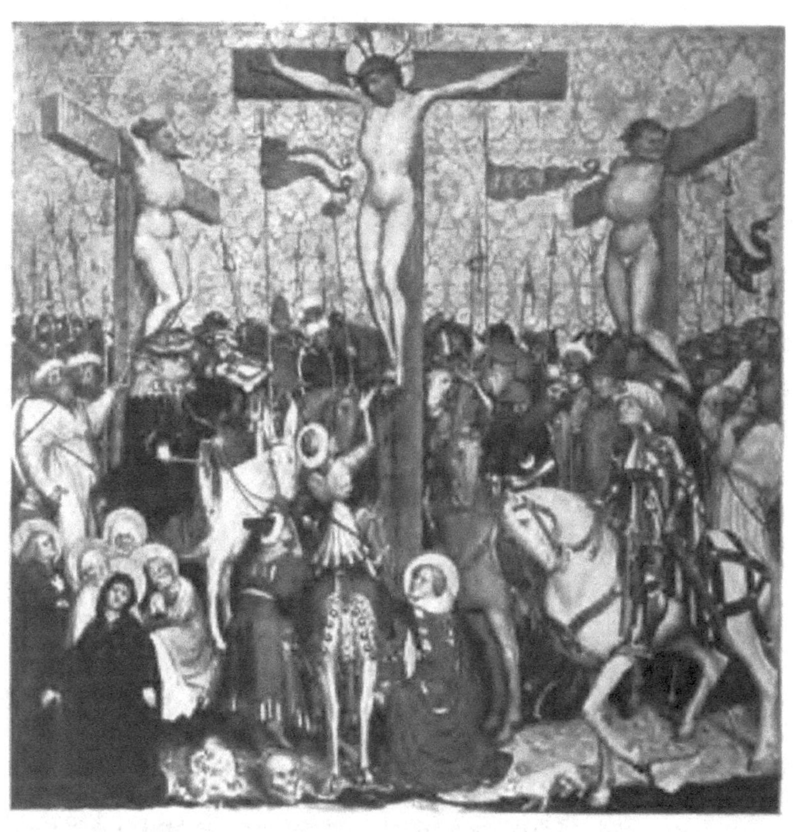

1396. D. Pfenning.

sprungs, von denen sich Beispiele in Kremsmünster, Schleißheim, Aschaffenburg und Augsburg befinden.

D. Pfenning.

Deutsche Schule. Tätig nach dem Datum auf dem Bilde um 1449. Von Henry Thode irrtümlich mit dem Nürnberger Meister des Tucherschen Altars identifiziert. Der Meister gehört ohne Zweifel der bayrisch-österreichischen Malerschule an, nach R. Stiaßny wahrscheinlich der Salzburger Gruppe.

1396. (E. 1634.) **Die Kreuzigung.** Aus einer dichten, größtenteils berittenen Menge ragen die drei Kreuze. Zu Füßen des Heilands kniet Magdalena, ganz vorne links die zusammensinkende schmerzreiche Mutter, von Johannes und drei heil. Frauen umgeben. Gemusterter Goldgrund.

Bezeichnet auf der Decke des Schimmels in der Mitte und auf einer der roten Fahnen:

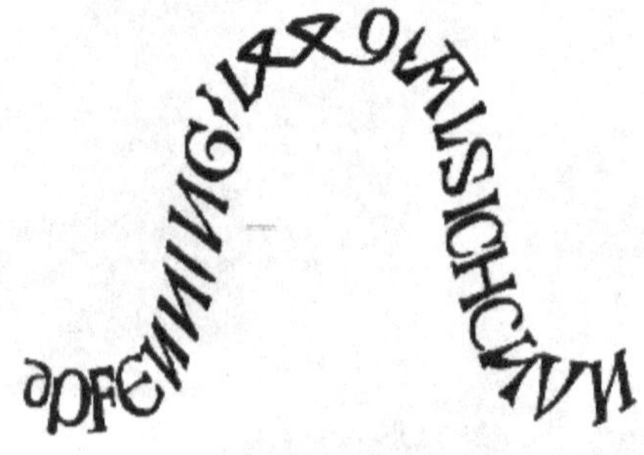

Eichenholz; h. 180 cm. 1807 aus Salzburg gekommen.

Monogrammist R. F.

Deutsche Schule. Tätig nach den Daten der Bilder um 1490. Von Spatzenegger wohl mit Recht mit Rueland Frueauf, einem in Passau und Salzburg in den Jahren 1471—1484 tätigen Maler, identifiziert. Zeigt einige Verwandtschaft mit dem Meister von Großgmain, mit dem er von Ed. v. Engerth und R. Stiaßny identifiziert worden ist.

1397. (E. 1500.) **Christus auf dem Ölberge.** Der Heiland kniet vor dem steilen Felsen, auf dem der Kelch steht. Links die schlafenden Jünger. Im Hintergrunde Judas mit den Häschern. Goldgrund. Auf der Rückseite: Mariä Verkündigung.

Links oben die doppelte Bezeichnung: 1490.R.F. 1619.NB

Fichtenholz; h. 210, br. 134 cm. Prov. wie Nr. 1396.

1398. Die Geißelung. Drei Männer geißeln den an die Mittelsäule
(E. 1501.) gebundenen Heiland, der vierte bindet kniend eine Rute. Auf der Rückseite, fast zerstört: Die Geburt Christi.

Bezeichnet unter der Rute: ·R·F·

unten rechts: 1491

Fichtenholz; h. 212, br. 133 cm. Prov. wie Nr. 1396.

1399. Die Kreuztragung. Der Heiland wird zur Kreuzigung geführt;
(E. 1502.) links Maria von Johannes gestützt. Auf der Rückseite: Die heil. drei Könige.

Fichtenholz; h. 212, br. 134 cm. Prov. wie Nr. 1396.

1400. Die Kreuzigung. In der Mitte Christus am Kreuze, links Maria
(E. 1503.) mit den Frauen und Johannes, rechts Pharisäer, deren vorderster einen Purpurpelz trägt. Auf der Rückseite: Mariä Himmelfahrt.

Auf dem Grabsteine die Bezeichnung: R.F. 1490.

Fichtenholz; h. 212, br. 134 cm. Prov. wie Nr. 1396.

Werkstatt des **Monogrammisten R. F.** (s. Nr. 1397).

1401 bis 1403. Altarbild mit zwei Flügeln. Auf dem Mittelbilde: Der Tod
(E. 1504.) der heil. Jungfrau. Maria liegt auf dem Bette, von den zwölf Aposteln umgeben. Auf den Flügeln: Der heil. Christoph, Jakob der Ältere, Papst Gregor, Johannes der Evangelist. Auf der Rückseite: Mariä Empfängnis, ein Bischof und die heil. Barbara. Gemusterter Goldgrund.

Lindenholz; das Mittelbild h. 57, br. 99 cm., die Flügel h. 57, br. 43 cm. Wahrscheinlich 1807 aus Salzburg gekommen.

Oberdeutsch. XV. Jahrhundert.

1404. **Christus am Kreuze.** Zu seiner Rechten steht Maria in weißem
(E. 1571.) Mantel und Katharina mit Krone, Schwert und Rad; zu seiner Linken Johannes und Sebastian mit einem Pfeil in der Hand. Gemusterter Goldgrund.

Leinwand auf Holz; h. 95, br. 127 cm. 1807 aus Salzburg gekommen. Früher Friedrich Herlin zugeschrieben, hängt nach L. Scheibler und H. Janitschek mit dem Meister R. F. zusammen. Nach R. Stiaßny verwandte Bilder in St. Peter in Salzburg.

Hans Burgkmair.

Deutsche Schule. Geb. 1473 zu Augsburg, wo er 1498 in die Malerzunft aufgenommen wurde und 1531 starb. Schüler seines Vaters Thomas und M. Schongauers; weiter ausgebildet durch das Studium der Werke Albrecht Dürers und der venezianischen Meister.

1405. **Selbstbildnis des Künstlers mit seiner Frau.** Die Frau
(E. 1467.) sitzt und hält einen Handspiegel; Burgkmair steht hinter ihr. Im Spiegel erscheinen zwei Totenköpfe. Unter den verschiedenen Inschriften des Bildes steht über Burgkmairs Kopf: «Solche Gestalt vnser baider vvas. Im Spiegel aber nix dan das.»

Ueber dem Kopfe der Frau auf einem Papierstreifen die Schrift:

IOANN BVRGKMAYR MALER LVI I ' ALT.
ANNA ALLERLAHN·GEMAEL · LII IARALT
·M·D·XXVIIII · MAI ·X·TAG

Lindenholz; h. 62, br. 52 cm. Kniestück. Seit 1781 im Belvedere.

Christoph Amberger.

Deutsche Schule. Geb. um 1500; 1530 Mitglied der Zunft zu Augsburg, wo er zwischen dem 1. November 1561 und dem 19. Oktober 1562 starb. Ausgebildet durch das Studium der venezianischen Meister.

1406. **Bildnis des Ulrich Sulczer.** Der alte bartlose Mann trägt
(E. 1433.) ein schwarzes Hauskäppchen und einen weiten Pelzrock. In der linken Hand hält er eine Nelke.

Auf dem dunklen Grunde oben steht die jetzt fast verlöschte, von Th. v. Frimmel gelesene Inschrift:

VLLRI(C)H SVLC(ZE)R S . . . A . . .) LXXV. IAR.
MDXXX.

Lindenholz; h. 64, br. 51 cm. Brustbild. Schloß Ambras. Die Jahreszahl ist nach Th. v. Frimmel verdorben und MDXXXVIII zu lesen.

1407. **Männliches Porträt.** Alternder Mann, blond, bartlos, mit
(E. 1229.) flachem Barett und einem schwarzen Mantel mit Pelzkragen.

Lindenholz; h. 54, br. 47 cm. Brustbild. 1728 in der Stallburg. Früher wie das folgende Bild dem Jan Scorel zugeschrieben. Wurde in neuerer Zeit wiederholt mit aller Bestimmtheit dem Amberger zugewiesen.

1408. **Weibliches Porträt.** Die Frau trägt eine schwarze Samt-
(E. 1230.) haube, ein braunes Kleid und hat die Hände vorne übereinander gelegt.

Lindenholz; h. 55, br. 47 cm. Brustbild. 1728 in der Stallburg. S. Nr. 1407.

1409. **Bildnis des Nürnberger Patriziers Christoph Baum-**
(E. 1439.) **gartner** (geboren 1513, gestorben 1586), hier 29 Jahre alt, mit wenig Bart, braunem Haar, rotem Gewand, die linke Hand am Degen, eine Goldkette um den Hals. (Die Familie Baumgartner wurde von Karl V. 1543 in den Freiherrenstand erhoben; im selben Jahre ließ sich Christoph malen.)

An der Wand links oben ein eingemeißeltes Wappen, unten ein Zettel mit der Schrift:

. . . STOFFERVS .
. AVNGARTNER
FILIVS . SEBALDI
ÆTATIS . XXVIIII

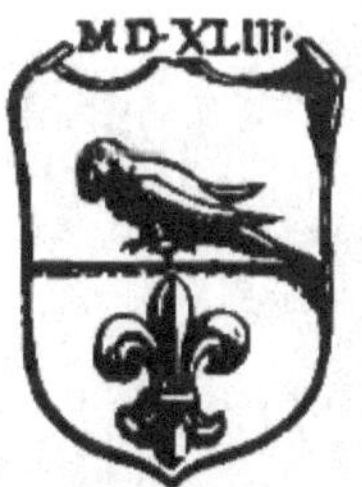

Lindenholz; h. 84, br. 62 cm. Halbe Figur. 1728 in der Stallburg.

1410. **Bildnis des Martin Weiß.** Der dreiundvierzigjährige Mann
(E. 1432.) mit braunem Haar und blondem Bart trägt an einer Goldkette einen Totenkopf und legt beide Hände vor sich auf die Steinbrüstung.

Rechts oben die Schrift:

MDXXXXIIII
MARTIN WEISS
ÆTATIS SVÆ XLIII.

Lindenholz; h. 65, br. 53 cm. Halbe Figur. Samml. Erzh. Leopold Wilhelm.

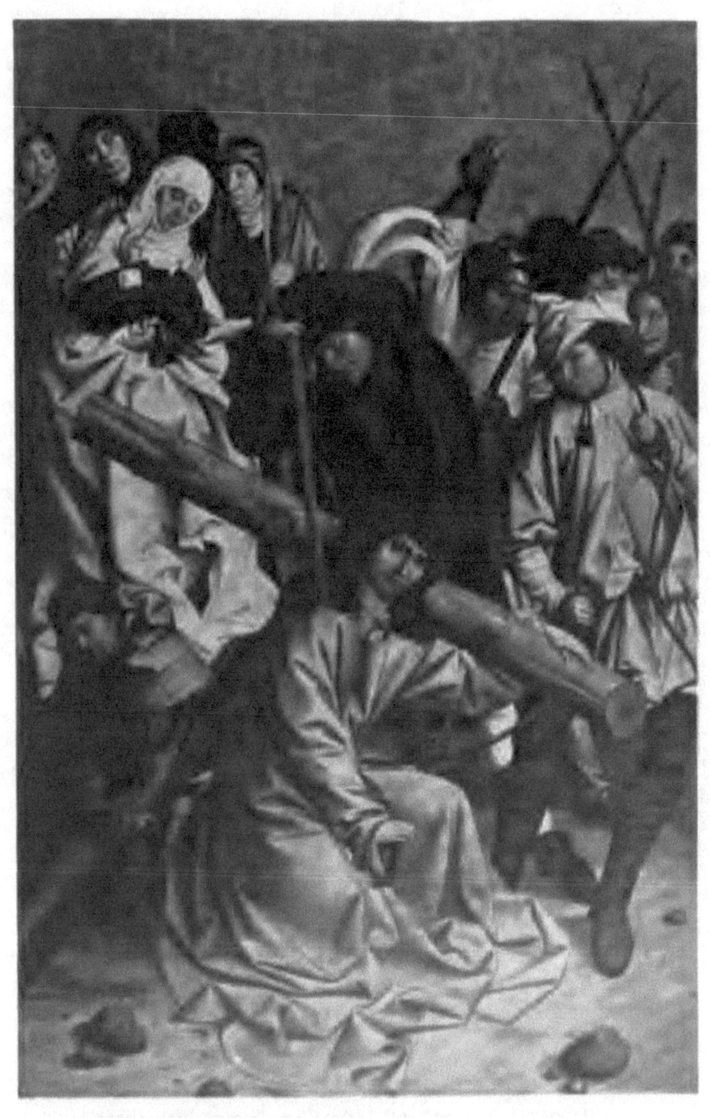

1399. Monogrammist R. F.

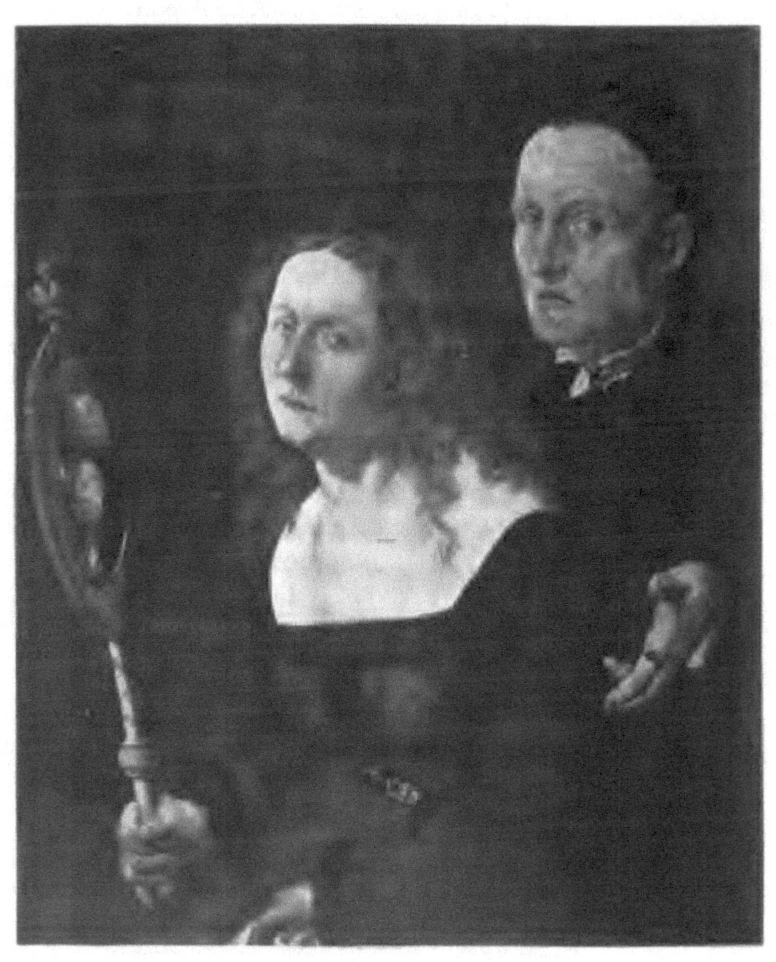

1405. Hans Burgkmair.

1411. Bildnis einer Frau. Sie steht in reichem roten Gewande mit
(E. 1510.) Goldketten und Gürtelschmuck und legt die Hände über dem Leibe ineinander.

Den Hintergrund bildet ein graues Steinportal mit der Schrift:

· AN̄ : À . NATO XPŌ · · ÆTATIS ·
. MDXXV · · XXXI ·

Darüber der Psalm:

NON · DERELINQVA(S) · ME · VNE · DEVS · MEVS · NE · DISCESSERIS · A · ME · PSAL. XXXVIII.

Lärchenholz; h. 191, br. 101 cm. 1728 in der Stallburg. Seitenstück zu Nr. 1412. Früher als »Deutsche Schule 1525« bezeichnet.

1412. Bildnis eines Mannes. Der junge Mann steht, in einen
(E. 1509.) weiten dunklen Pelzrock gekleidet, und hält in der rechten Hand einen Apfel.

Den Hintergrund bildet ein Steinportal mit der Schrift:

AN̄ : À . NAT₀ XPŌ . ÆTATIS .
. MDXXV . . XXIII .

Darüber der Psalm:

CREDO · VIDERE · BONA · DOMINI · IN · TERRA · VIVENTIVM · PSAL. XXVII.

Lärchenholz; h. 190, br. 101 cm. 1728 in der Stallburg. Seitenstück zu Nr. 1411. Früher als »Deutsche Schule 1525« bezeichnet.

1413. Bildnis des Herzogs Ludwig von Bayern, zubenannt von
(E. 1431.) Landshut (geb. 18. September 1495, gest. 22. April 1545). Sein frisch gefärbtes Gesicht ist von einem starken Bart umrahmt. Er trägt ein dunkles Kleid mit breitem Pelzkragen und legt die rechte Hand auf eine Steinbrüstung.

Lindenholz; h. 66, br. 54 cm. Halbe Figur. Samml. Erzh. Leopold Wilhelm. Wiederholungen in Schleißheim, Augsburg, Karlsruhe und im Vorrate der kaiserlichen Galerie.

Hans Müelich (Mielich).

Deutsche Schule. Geb. 1516 zu München, wo er am 10. März 1573 starb. Vielleicht Schüler M. Ostendorfers.

1414. Männliches Bildnis. Ein beleibter Mann mit rötlichblondem
(E. 1624.) Haar und Bart hält in der Rechten einen Rosenkranz und mit der Linken den Pelz zusammen.

Bezeichnet rechts oben:

ÆTATIS SVÆ.
· XXXX ·
· 1 5 4 0 ·
· HM ·

Auf der Rückseite das Wappen der Kaufbeurischen Familie Hörmann von und zu Gutenberg:

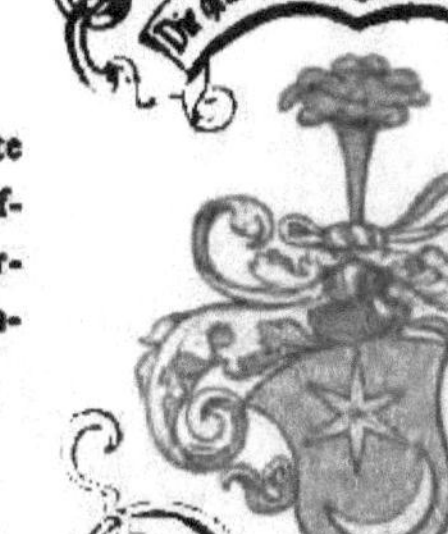

Lindenholz; h. 78, br. 62 cm. Halbe Figur. 1728 in der Stallburg.

1415. Bildnis des Herzogs Albert V. von Bayern. Der 28 Jahre (E. 1625.) alte Herzog, mit langem dunklen Bart, steht, die linke Hand am Schwertgriff. Der Kopf ist mit einem kleinen schwarzen Barett bedeckt, das goldene Vlies trägt er an einer doppelten Goldkette. Hinter ihm liegt ein Löwe. Links vorne steht sein Hund. (Albert, Sohn Herzog Wilhelms IV., geboren am 1. März 1528, vermählt 4. Juli 1546 mit Anna, Tochter Kaiser Ferdinands I., sukzedierte 1550 in der Regierung und starb am 24. Oktober 1579.)

Links auf dem Steinboden die Schrift:

ALBERTUS · DVX ·
BAVARIÆ · AN · ÆTA · (Die Zahl fehlt.)

Bezeichnet links neben der Schrift:

1556.
H: MIELICH · F

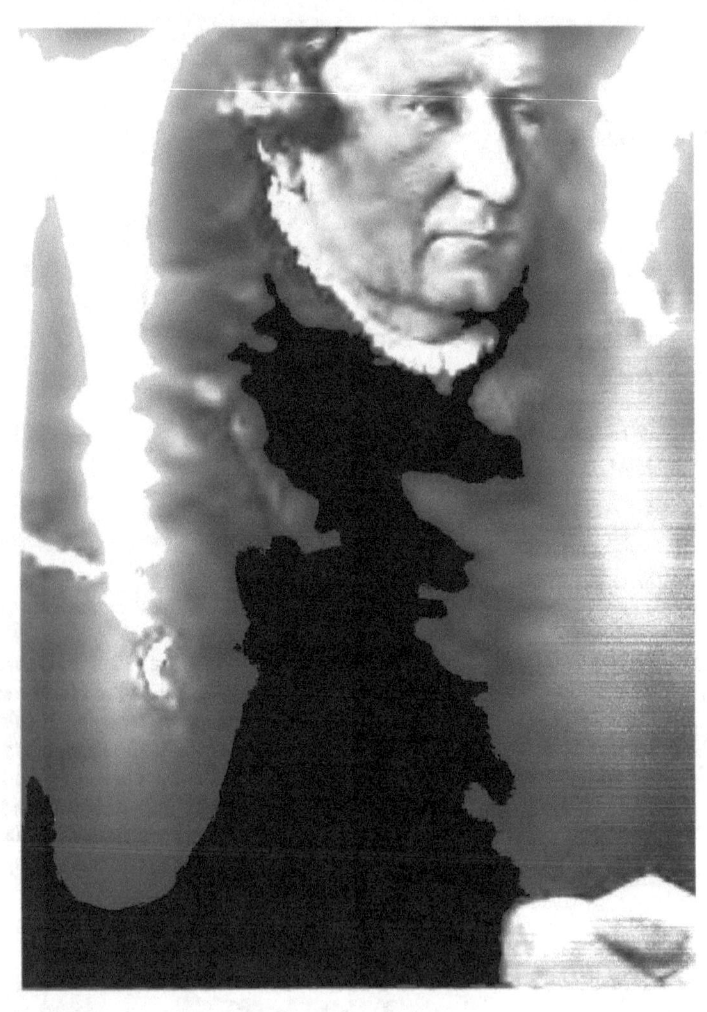

1407. Christoph Amberger.

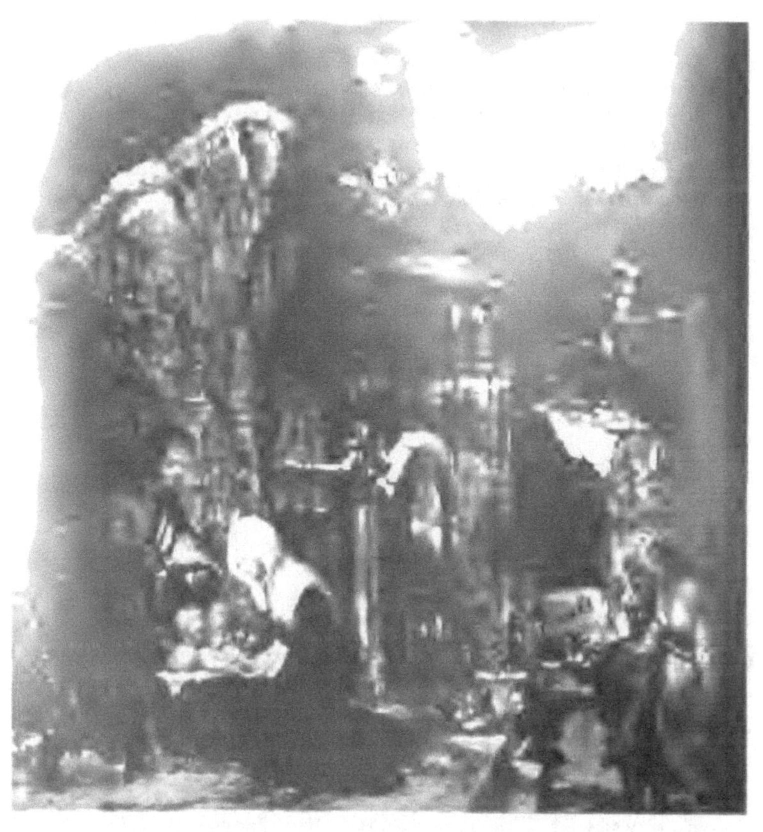

1421. Albrecht Altdorfer.

L.; h. 209, br. 111 cm. Kunstbesitz des Erzh. Ferdinand von Tirol.

1416. (E. 1626.) Bildnis der Herzogin Anna von Bayern. Die 28 Jahre alte Herzogin steht in schwarzem goldgestickten Kleide, ein kleines Barett auf den blonden Haaren und legt die rechte Hand auf ein Hündchen, das auf rotem Polster auf einem Tische liegt. (Anna, Tochter Ferdinands I. und Annas von Ungarn, geb. am 7. Juni 1528, vermählt 4. Juli 1546 mit Albert V. von Bayern, starb 16. Oktober 1590.)

Auf dem Steinsockel die Schrift:

ANNA
DVCISSA
BAVARIÆ
AN · ÆT · (Die Zahl fehlt.)

· 1 · 556

Bezeichnet rechts auf dem Säulenfuße:

H· MIELICH · F:

L.; h. 209, br. 111 cm. Prov. wie Nr. 1415.

Oberdeutsch. Erste Hälfte des XVI. Jahrhunderts.

1417. (E. 973.) Christi Kreuzerhöhung. Aus einer großen Menschenmasse ragt das halberhobene Kreuz mit dem Heiland empor, welches eben aufgestellt wird. Die beiden Schächer werden herbeigeführt. Links stehen Maria und die anderen heil. Frauen. Im Hintergrunde die Stadt Jerusalem.

Fichtenholz; h. 114, br. 104 cm. Samml. Erzh. Leopold Wilhelm. Früher als «Deutsche Schule um 1520» bezeichnet. Nach Friedrich Dörnhöffer von Abraham Schöpfer (vgl. auch Nr. 1418).

1418. (E. 1426.) Symbolische Darstellung des III. und IV. Kapitels der Apostelgeschichte. Vorne, groß, Christus am Kreuze: oben erscheint Gott Vater. Links im Mittelgrund die aufgestellte eherne Schlange, auf welche Moses weist. Das Bild füllt eine große Menschenmenge, in der man wiederholt die Apostel Petrus und Johannes in verschiedenen Momenten sieht. Im Hintergrunde der Tempel, die Stadt Jerusalem und ein See, hinter welchem links die Sonne untergeht.

In den oberen Ecken je ein Wappen, unten links eine weiße goldumrahmte Tafel mit der Schrift:

NOTVM SIT ŌNIBVS VOBIS ET. ŌNI PLEBI ISRAEL: QVOD
IN NOĪE DÑI NR̄I IESV CHR̄I NAZARENI QVEM VOS
CRVCIFIXISTIS, QVĒ DEVS SVSCITAVIT A MORTVIS,
IN HOC ISTE ASTAT CORĀ VOBIS. SANVS. HIC EST
LAPIS ANGVLARIS QVI REPROBATVS EST A VOBIS
ÆDIFICANTIBVS, QVI FACTVS EST IN CAPVT ANGVLI
ET NON EST IN ALIO ALIQVO
SALVS. T. AC IIII

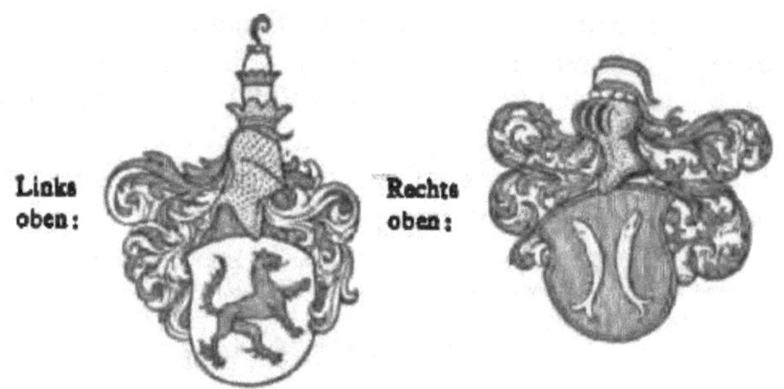

Lindenholz; h. 154, br. 131 cm. Geistliche Schatzkammer. Von derselben Hand wie Nr. 1417. Früher Albrecht Altdorfer zugeschrieben. Einige Forscher denken an Bartel Beham, Th. v. Frimmel an die Richtung Melchior Feselens. Friedrich Dörnhöffer schreibt dieses Bild sowie die Nr. 1417 Abraham Schöpfer zu, von dessen Hand sich ein bezeichnetes Bild in Stockholm befindet.

Oberdeutsch. XVI. Jahrhundert.

1419. Die Geschichte der Esther. Ein freier Platz von phantastischen Prachtbauten umgeben. Links in einer offenen Säulenhalle unter hohem Baldachin sitzt König Ahasverus, der vor ihm knienden Esther das Szepter zuneigend. Viele Menschen in reicher Kleidung füllen den Platz. Im Mittel- und Hintergrunde einzelne andere Szenen der Geschichte. Rechts das Wappen der Familie Thurso, links das der Rehlinger.

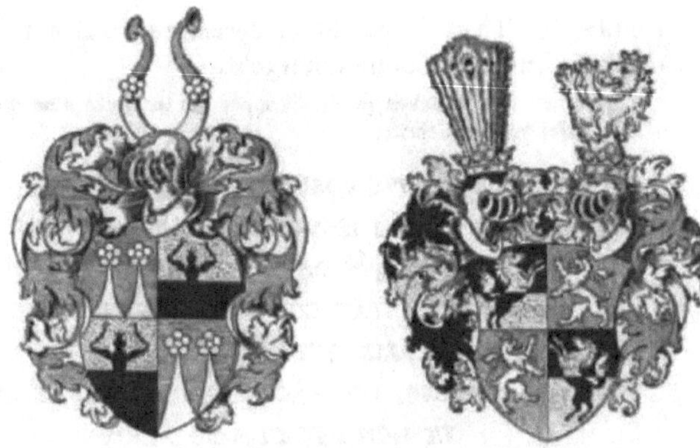

L.; h. 170, br. 357 cm. Ambraser Sammlung. Steht Melchior Lorch nahe.

1420. Die Geschichte der keuschen Susanna. Im Hintergrunde
(E. 1506.) links wird Susanna von den beiden Alten überrascht; dann steht sie zwischen den beiden vor dem Volke angeklagt. In der Mitte kniet sie betend, vom Henker am Stricke gehalten. Neben ihr der Knabe Daniel, vom Himmel erleuchtet. Rechts werden die beiden Alten verurteilt und gerichtet.

Föhrenholz; h. 99, br. 132 cm. Nach Engerth aus Schloß Ambras. Sicher nachweisbar bei Mechel 1783. Früher als »Deutsche Schule, Mitte des XV. Jahrhunderts« bezeichnet.

Albrecht Altdorfer.

Deutsche Schule. Geb. vor 1480, gest. zu Regensburg am 12. oder 14. Februar 1538. Bildete sich unter dem Einflusse Albrecht Dürers und Matth. Grünewalds aus.

1421. Christi Geburt. Links betet Maria kniend das Jesuskind an,
(E. 1427.) das der dabei stehende heil. Josef mit der Kerze beleuchtet. Von rechts kommen zwei Weiber. Im Hintergrunde phantastische Bauwerke. Schnee bedeckt die Landschaft.

Bezeichnet auf der Krippe mit dem Monogramm des Künstlers.

Lindenholz; h. 47, br. 38 cm. Kat. Mechel, 1783.

1422. Die heil. Familie. Die gekrönte Maria hält, en face sitzend,
(E. 1425.) das stehende Jesuskind mit der rechten Hand. Links der heil. Josef, rechts Johannes mit langen blonden Haaren. Oben Fruchtfestons.

Bezeichnet links oben: ·1515· rechts oben: [Monogramm]

Lindenholz; h. 23, br. 21 cm. Halbe Figuren. Ambrasersammlung.

Hans Baldung, genannt Grien (Grün).

Deutsche Schule. Geb. zwischen 1475 und 1480 zu Weyerstein am Turm bei Straßburg, gest. 1545 zu Straßburg. Ausgebildet unter dem Einflusse der Kolmarer Schule und Albrecht Dürers.

1423. (E. 1428.) Die Eitelkeit. Eine junge nackte Frau, in einen Konvexspiegel schauend, ordnet ihr blondes Haar. Sie steht zwischen dem Tod, der das Stundenglas über sie hält, und dem Laster, einem alten Weibe, das den Tod abzuwehren sucht. Links unten kniet Amor.

Eichenholz; h. 49, br. 33 cm. Prager Inventar von 1637. Früher Albrecht Altdorfer zugeschrieben.

1424. (E. 1443.) Männliches Bildnis. Der junge bartlose Mann, nahezu im Profil, trägt über einem roten Gewande einen bläulichen Mantel mit grauen Ärmeln.

Auf dem grünen Hintergrunde steht:

TALIS . ERAM . LVSTRIS . OLIM . QVASI . QVINQVE .
PERACTIS . ARTE . VELVT . MAGNA . PICTA .
TABELLA . TENET.
SIC . ME . BALDVNGVS . DEPINXERAT . ALTER .
APELLES . VT . VIVVM . QVI . ME . VIDERIT . ESSE .
PVTET.

Bezeichnet rechts oben: · 15 HGB 15

Lindenholz; h. 64, br. 48 cm. Halbe Figur. Kat. Mechel, 1783; wurde 1809 nach Paris und 1815 zurück nach Wien gebracht.

Bernhard Strigel.

Deutsche Schule. Geb. 1460 oder 1461 zu Memmingen, wo er 1528 starb. Ausgebildet unter dem Einflusse Barth. Zeitbloms.

1425. (E. 1709.) Kaiser Maximilian I. und seine Familie. Der Kaiser steht links im Profil, gegen seine Gemahlin Maria von Burgund (Tochter Karls des Kühnen, geb. 13. Februar 1457, vermählt

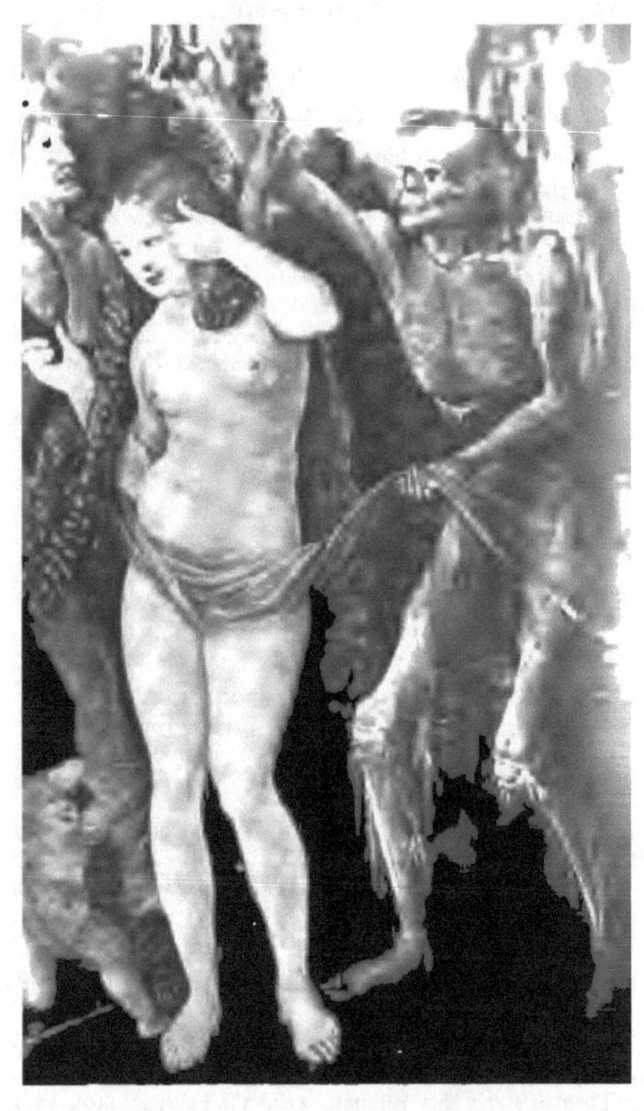

1423. Hans Baldung.

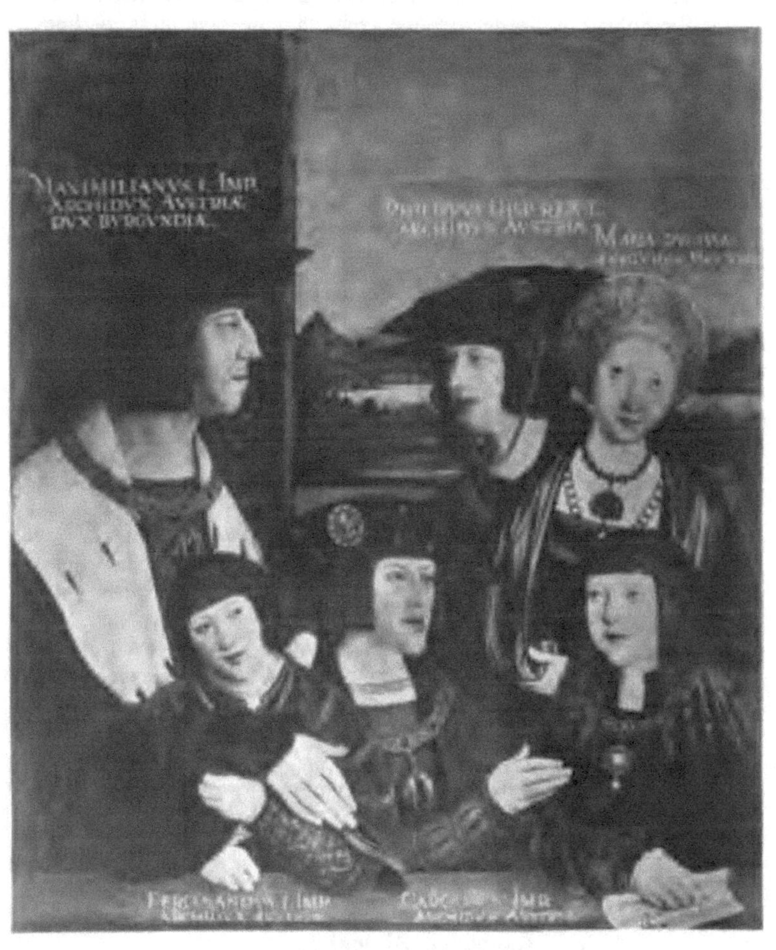

1425. Bernhard Strigel.

20. August 1477, gest. 27. März 1482) gewendet; zwischen beiden ihr Sohn Philipp der Schöne (geb. 23. Juni 1478, gest. 25. September 1506). Vorne steht links Ferdinand I. (Biogr. sieh Nr. 1432), in der Mitte Karl V. (Biogr. sieh Nr. 1473 *b*), Philipps Söhne; rechts als Knabe der nachmalige Ludwig II. von Ungarn (Biogr. sieh Nr. 1428). Den Hintergrund bildet links eine gemusterte Wand, rechts freie Aussicht. Die Namen der Dargestellten sind beigeschrieben.

Auf der Rückseite des Bildes ist die heil. Sippe dargestellt. Die Namen der Dargestellten sind auch hier beigeschrieben.

Fichtenholz; h. 73, br. 61 cm. Halbe Figuren. Vor 1520 in Wien gemalt. Kat. Mechel, 1783 als M. Grünewald.

1426. (E. 1710.) Bildnis Kaiser Maximilians I. Der Kaiser sitzt, im Profil nach rechts, in einer Fenstereinfassung, trägt ein weites gemustertes Gewand, eine schwarze Samtkappe und das goldene Vlies. Er hält in der linken Hand ein Schreiben. (Biogr. sieh Nr. 659.)

Lindenholz; h. 29, br. 22 cm. Halbe Figuren. Kat. Mechel, 1783 als M. Grünewald.

Hans Maler zu Schwaz.

Deutsche Schule. Geb. in Ulm, tätig zu Schwaz in Tirol nach den Urkunden von 1500—1510, nach den Daten seiner Bilder von 1519—1529. Schulgenosse Bernhard Strigels.

1427. (E. 1552.) Bildnis Ferdinands I. im Alter von 17 Jahren, nach rechts gewendet, mit brauner Pelzschaube und dem goldenen Vliese auf einem Wams von Goldbrokat. Blauer Hintergrund (Biogr. sieh Nr. 1432).

Lindenholz; h. 29, br. 22 cm. Brustbild. Samml. Erzh. Leopold Wilhelm. Früher Matth. Grünewald, dann B. Strigel zugeschrieben. Galt früher als Bildnis Karls V. Genau gleiche Wiederholungen in Wörlitz und ehemals in der Kuppelmayrschen Sammlung in München tragen den Namen Ferdinands und die Jahreszahl 1521 und haben Bildnisse von Ferdinands Gemahlin Anna zu Gegenstücken. Diese Bildnisse hat Max J. Friedländer mit guten Gründen Hans von Schwaz zugeschrieben, dem offenbar unser Exemplar ebenfalls zuzuteilen ist.

Bernhard Strigel (s. Nr. 1425).

1428. (E. 1712.) Bildnis König Ludwigs II. von Ungarn als Kind. Auf dem reichen blonden Haar ein dünner kranzartiger Schmuck, am roten Gewande ein brauner Pelzkragen, ein Medaillon an der goldenen Halskette. (Ludwig, der Sohn Wladislaws II. von Ungarn und Böhmen, geb. 1. Juli 1506, König von Ungarn und Böhmen 1516, im Alter von 15 Jahren vermählt mit Maria, der Schwester Karls V., fiel in der Schlacht bei Mohacs am 29. August 1526.)

Fichtenholz; h. 29, br. 22 cm. Brustbild. Kat. Mechel, 1783 als M. Grünewald.

1429. (E. 1711.) Kaiser Maximilian I. Der jugendliche Kaiser mit der Krone auf dem blonden Haar, in goldener Rüstung, mit Mantel und Vlieskette, hält in der Rechten das Zepter, die Linke am Schwertgriff. Im Hintergrunde rechts Aussicht auf die Martinswand (Biogr. sieh Nr. 659).

Lindenholz; h. 60, br. 41 cm. Halbe Figur. Im Kat. Mechel, 1783, als Jacop Walch.

Oberdeutsch, um 1500.

1430. (E. 1440.) Die heil. Familie. Doppelbild. Rechts die heil. Familie und musizierende Engel, links wird der kleine Johannes, an einem Pulte stehend, von der heil. Elisabeth im Schreiben unterwiesen.

Auf dem Rocksaume des Johannesknaben: IOHANNES·AQVILA

Lindenholz; h. 61, br. 30 cm. Kat. Mechel, 1783. Früher einem «Johannes Aquila» zugeschrieben. Wurde wiederholt mit B. Strigel in Zusammenhang gebracht.

Leonhard Beck (?).

Deutsche Schule. Erhielt 1503 die Malergerechtigkeit in Augsburg, wo er 1542 starb.

1431. (E. 1507.) Der heil. Georg. Georg als Ritter sitzt auf einem getigerten weißen Pferde, das Schwert schwingend. Rechts liegt verendend der Drache. Im Mittelgrunde der Landschaft kniet rechts die Kaiserin Alexandra, die er befreit, mit einem weißen Lämmchen. Links erscheint sie sowie der Heilige nochmals. In der Luft ein im XVII. Jahrhundert hinzugemalter Engel.

Fichtenholz; h. 136, br. 117 cm. Ambrasersammlung. Früher als «Deutsche Schule, Anfang des XVI. Jahrhunderts» bezeichnet; von H. A. Schmid für L. B. in Anspruch genommen.

Barthel Beham.

Deutsche Schule. Geb. 1502 zu Nürnberg, gest. 1540 in Italien. Ausgebildet unter dem Einflusse Albrecht Dürers, dessen Schüler er angeblich war.

1432. König Ferdinand I. Sein Haupt bedeckt ein schwarzer Hut; das blonde Haar ist herabgekämmt, in der Mitte der Stirne abgeschnitten, zu beiden Seiten das Gesicht umrahmend. Über dem Unterkleide trägt er einen schwarzen Überwurf mit Zobelkragen; gefältelte Manschetten bedecken die Handwurzeln. Das goldene Vlies trägt er am schwarzen Bande. (Ferdinand ist ein Sohn Philipps des Schönen, wurde 10. März 1503 geboren, römischer König 5. Jänner 1531, deutscher Kaiser 14. März 1558. Er war der jüngere Bruder und Nachfolger Kaiser Karls V. und starb 25. Juli 1564.)

Eichenholz; h. 25, br. 20 cm. Brustbild. Im Jahre 1886 in London gekauft. Die gegenwärtige Bestimmung des Malers ist unsicher.

Hans Grimmer.

Deutsche Schule. Tätig 1560—1590. Angeblich Schüler des M. Grünewald, ausgebildet unter italienischem Einflusse.

1433. (E. 1550.) Bildnis des Freiherrn Adam von Puechhaim. Der einem altösterreichischen Geschlechte entstammende Freiherr ist in einer schwarzen Rüstung dargestellt; er hat kurzes braunes Haar und einen Anflug von Bart. (Adam war 1544 als Sohn des Andreas von Puechhaim und der Maria Elisabeth von Herberstein geboren.)

Hintergrund grau, darauf oben die Inschrift:

ÆTATIS · SVE : 26 : Aº.
1 · 5 · · 70 ·
D̃NS · ADAMVS · A ·
PVECHAIM · L · B ·

Eichenholz; h. 26, br. 23 cm. Brustbild. Seit 1781 im Belvedere.

Wendel Dietterlin (Dietterlein).

Deutsche Schule. Geb. 1550 zu Straßburg, wo er 1599 starb.

1434. (E. 1522.) Architektur, mit der Berufung des heiligen Matthäus zum Apostelamte. Rechts in einem Saale reicher Renaissance-Architektur sitzt Christus mit den Aposteln. Links Aussicht ins Freie. Hier erscheint abermals Christus, einer Menschenmenge vorausschreitend und den Matthäus heranwinkend.

3977

Auf der Steintafel oben in der Mitte steht: TIBERIO · CAESAR · DIVI · AVG · F · AVGVS · IMP · VIII ·

Lindenholz; h. 135, br. 201 cm. Seit 1781 im Belvedere, 1809 nach Paris und 1815 zurück nach Wien gebracht.

Hans Leonhard Schäuffelein.

Deutsche Schule. Geb. um 1480 zu Nürnberg, gest. 1539 oder 1540 zu Nördlingen. Schüler und Gehilfe Albrecht Dürers.

1435. (E. 1670.) Männliches Bildnis. Der bartlose Mann mit rötlichblonden Haaren trägt ein schwarzes Band um den Hals.

Lindenholz; kreisrund; Durchmesser 29 cm. Brustbild. Wahrscheinlich aus der Samml. Erzh. Leopold Wilhelm.

1436. (E. 1468.) Altar mit drei Flügelpaaren. Das große Mittelbild stellt die Kreuzigung vor; die zwölf kleinen Bildchen, die es umgeben, sowie die 144 kleinen Tafeln der sechs Flügel zeigen die anderen Momente aus dem Leben des Heilandes. Die bezüglichen Evangelientexte sind wie beim Hauptbilde in oben aufgehängten Tafeln und Medaillons angebracht.

Fichtenholz; die Haupttafel h. 98, br. 93 cm.; die geschlossenen Flügel zusammen h. 178, br. 199 cm.; die 156 kleinen Bilder jedes h. 40, br. 27 cm. Geistliche Schatzkammer. Früher dem Hans Burgkmair zugeschrieben. Auf Grund der hebräischen Inschriften von Dr. H. Modern als Schäuffelein bestimmt. Doch wird diese Bestimmung heute nicht mehr als annehmbar angesehen.

1437. (E. 1671.) Weibliches Bildnis. Ein jugendliches Antlitz, von goldblonden Locken umgeben. Der Blick ist nach abwärts gerichtet, das Gewand schleierartig.

Lindenholz; kreisrund; Durchmesser 29 cm. Brustbild. Prov. wie Nr. 1435.

Hans Sueß von Kulmbach.

Deutsche Schule. Geb. um 1470 zu Kulmbach, gest. zwischen dem 29. September und dem 3. Dezember 1522 zu Nürnberg. Schüler Jacopo de' Barbaris. Ausgebildet unter dem Einflusse Albrecht Dürers.

1438. (E. 1600.) Die Krönung Mariens. In der Mitte Maria, auf einer Wolke kniend; Gott Vater und Gott Sohn zu beiden Seiten halten die Krone über ihrem Haupte; Engel umgeben die Gruppe; oben

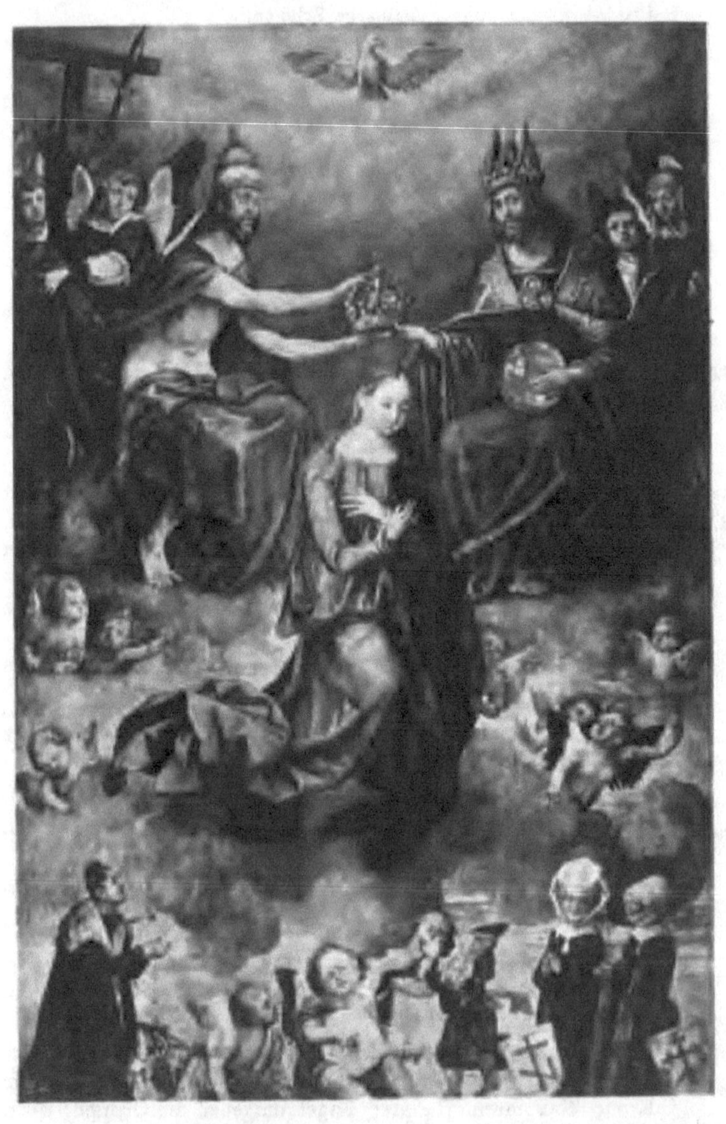

1438. Hans Sueß von Kulmbach.

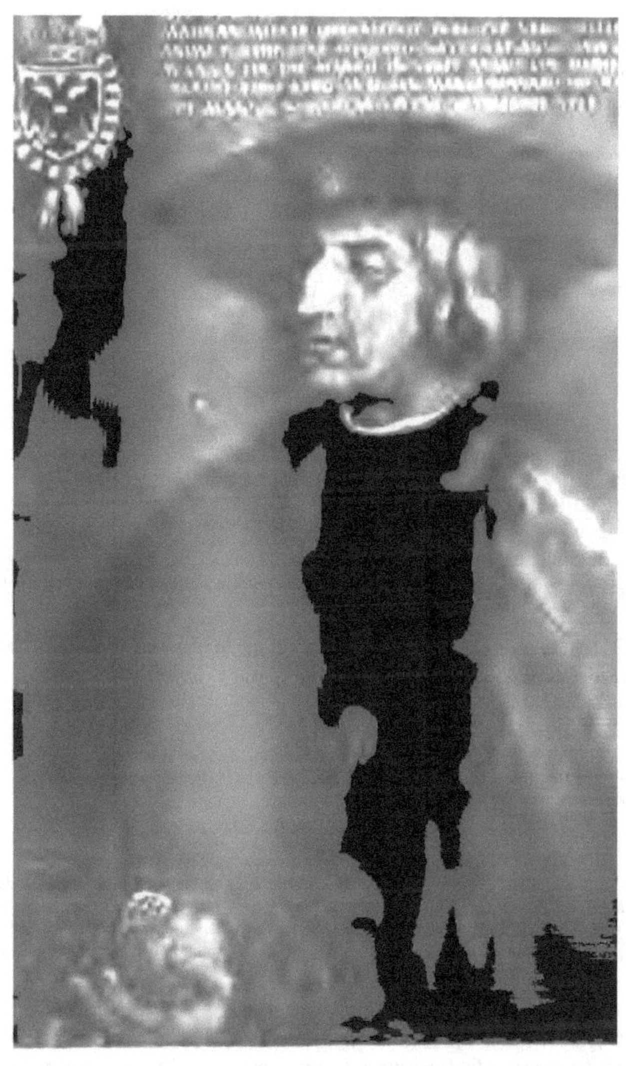

1443. Albrecht Dürer.

der heil. Geist. Tief unten knien die Stifter, links der Mann, rechts zwei Frauen mit weißen Kopftüchern.

Links unter der Maria das echte Monogramm Kulmbachs: KH

Neben den Stiftern sind ihre Wappen:

Links: Rechts:

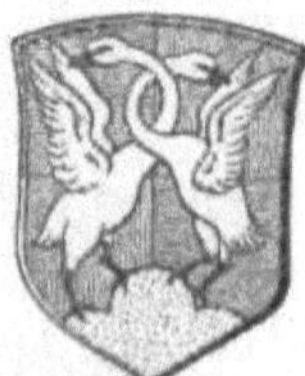

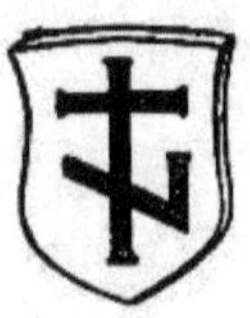

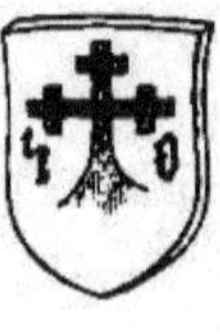

Tannenholz; h. 122, br. 82 cm. Samml. Erzh. Leopold Wilhelm. Im Inventar v. J. 1659 als Original von Albrecht Dürer.

Georg Pencz (Penz).

Deutsche Schule. Geb. um 1500 zu Nürnberg, wo er 1523 als Maler aufgeführt wird und wo er 1550 starb. Wahrscheinlich Schüler Albrecht Dürers und ausgebildet unter italienischem Einflusse.

1439. Bildnis eines Mannes. Der junge Mann mit blondem Haar
(E. 1633.) und Bart steht im dunklen Pelz, en face, den Blick nach rechts gewendet.

Bezeichnet links oben: 1543 PG

Pappelholz; h. 52, br. 42 cm. Brustbild. Prager Inventar 1718. Die Inschrift auf Grund einer alten echten Bezeichnung erneuert.

Schule Albrecht Dürers.

Albrecht Dürer, geb. am 21. Mai 1471 zu Nürnberg, wo er am 6. April 1528 starb. Schüler Michael Wolgemuts; weiter ausgebildet in Venedig unter dem Einflusse der dortigen Meister und A. Mantegnas. Mit Ausnahme der Zeit seiner Wanderschaft in Süddeutschland und Venedig (1490—1494, 1492 in Basel), seines zweiten Aufenthaltes in Venedig (1505—1507) und in den Niederlanden (1520—1521) tätig zu Nürnberg.

1440. Zwei Altarflügel. Hier wiederholen sich die Motive von
(E. 1531.) Dürers Dreifaltigkeitsbild (sieh Nr. 1445). Oben die himmlischen Heerscharen, die Heiligen: Agnes, Katharina, Barbara und andere,

ferner Moses, König David etc. Darunter in größeren Figuren: der Kardinal, der König, der Bauer etc.

Eichenholz; oben halbrund; h. 156, br. beide Bilder zusammen 97 cm. Samml. Erzh. Leopold Wilhelm.

Oberdeutsch. Anfang des XVI. Jahrhunderts.

1441. (E. 1515.) Männliches Bildnis. Der bartlose alternde Mann mit langen blonden Haaren, en face. Er trägt einen dunklen Pelzrock und hält einen Rosenkranz in der rechten Hand.

Lindenholz; h. 37, br. 25 cm. Brustbild. Ambrasersammlung.

Albrecht Dürer (s. Nr. 1440).

1442. (E. 1525.) Maria mit dem Kinde. Maria hält an der Brust das Jesuskind, das in ein gelbes Tuch gehüllt ist.

Bezeichnet oben in der Mitte: 1503

Lindenholz; h. 24, br. 18 cm. Brustbild. Vielleicht aus der Kunstkammer Kaiser Rudolfs II. Später in der geistlichen Schatzkammer.

1443. (E. 1529.) Bildnis Kaiser Maximilians I. Der Kaiser nahezu im Profil die linke Seite zeigend, im zobelbesetzten Purpurmantel, einen schwarzen Hut auf den langen weißen Haaren, einen aufgebrochenen Granatapfel in der rechten Hand. Auf dem grünen Grunde oben die Inschrift: «Das ist kaiser maximilian, den hab ich albrecht dürer zu awgsburg hoch oben awff der pfaltz in seinem kleinen stüble kunterfett, do man tzolt 1518 am mondag nach Johannis tawffer». und rechts das kaiserliche Wappen. (Biogr. sieh Nr. 659.)

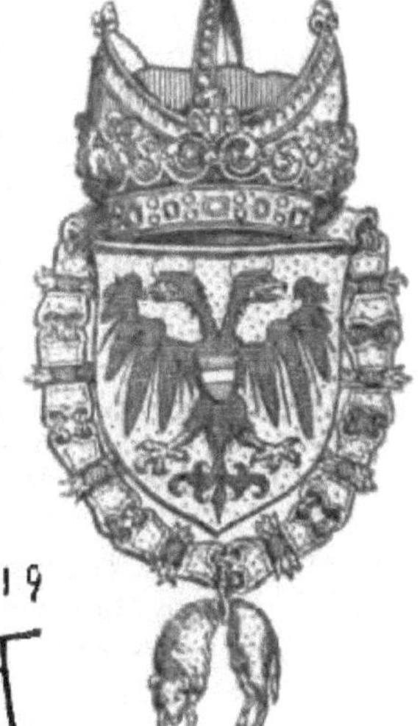

Bezeichnet rechts im Grunde: 1519

Lindenholz; h. 73, br. 62 cm. Halbe Figur. 1728 in der Stallburg, wahrscheinlich aus Ambras gekommen.

1444. **Bildnis eines Mannes.** Der beiläufig dreißigjährige Mann
(E. 1531.) trägt ein mit lichtem Pelz gefüttertes Kleid und auf den krausen rötlichen Haaren eine schwarze Mütze. Auf der Rückseite des Bildes ein altes halbnacktes Weib, den Geiz vorstellend.

Bezeichnet oben in der Mitte:

1507 AD

Lindenholz; h. 35, br. 29 cm. Brustbild. Aus dem Besitze Rudolfs II.

1445. **Die Anbetung der heil. Dreifaltigkeit.** Oben in der Mitte
(E. 1527.) hält Gott Vater das Kreuz mit Jesus Christus. Über ihm der heil. Geist als Taube. Rechts und links die Cherubim und die Engelchöre. Unter diesen links die heil. Frauen, voraus Maria; rechts knien Johannes der Täufer, König David, Moses, ein Bischof und viele Heilige. Tiefer unten ein reicher Kranz von größeren auf Wolken knienden Gestalten, welche die verschiedenen geistlichen und weltlichen Stände kennzeichnen. Unter diesen links der Stifter des Bildes, der grauhaarige, in einen Pelz gekleidete Rotgießer Landauer aus Nürnberg. Ganz unten weite Landschaft am Meeresufer. Rechts steht Dürer selbst, mit der rechten Hand eine Schrifttafel haltend.

ALBERTVS · DVRER
NORICVS · FACIE ·
BAT · ANNO · A · VIR
GINIS · PARTV ·
· 1511 · AD

Eichenholz; h. 144, br. 131 cm. Das Bild wurde für das vom Metallgießer Matthias Landauer in Nürnberg gestiftete Zwölfbrüderhaus gemalt und 1511 abgeliefert. Landauer starb 1515 und 1585 kaufte Kaiser Rudolf II. das Bild um 700 fl. Im Jahre 1617 war es noch in Prag, 1770 in der geistlichen Schatzkammer in Wien, von wo es 1780 in das Belvedere übertragen wurde. Die Umrahmung ist nach dem Originalrahmen geschnitzt, welcher in Nürnberg verblieb und nun dort im Germanischen Museum bewahrt wird.

1446. **Marter der zehntausend Christen unter König Sapor**
(E. 1528.) **in Persien.** In einer Landschaft mit hohen, baumbewachsenen Felsklippen werden die Christen auf die verschiedensten Arten zu Tode gemartert. Rechts vorne hält König Sapor, der einen großen weißen Turban trägt, mit seinem Gefolge zu Pferde. In

der Mitte des Bildes steht Dürer mit seinem Freunde Pirkheimer und hält mit beiden Händen einen Stab mit einem Schriftzettel.

L.; h. 99, br. 87 cm. Das Bild, im Auftrage des Kurfürsten Friedrich des Weisen gemalt, kam im Jahre 1600 aus dem Nachlasse des Kardinals Granvella in den Besitz Rudolfs II.

1447. (E. 1526.) **Maria mit dem Kinde.** Maria trägt auf einem violetten Tuche das Jesuskind, welches eine kleine angeschnittene Birne hält.

Bezeichnet rechts oben:

1512

Lindenholz; h. 49, br. 37 cm. Halbe Figur. Vielleicht aus der Kunstkammer Kaiser Rudolfs II.

1448. (E. 1530.) **Bildnis Johann Klebergers.** Der Kopf, fast bartlos, mit kurzem schwarzen Haar, ist hier nach Art einer Medaille in einen Kreis eingesetzt. (Kleberger, geboren in Nürnberg 1486, ließ sich als Kaufmann 1532 in Lyon nieder, wurde der Schöffe und Wohltäter der Stadt, die ihm nach seinem 1547 erfolgten Tode ein Monument aus Holz und an dessen Statt 1849 ein steinernes Standbild setzte.)

1526

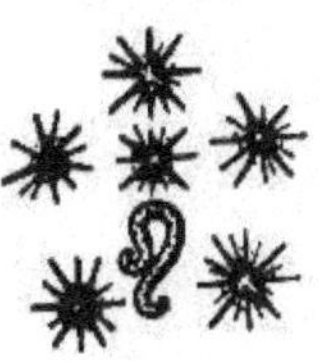

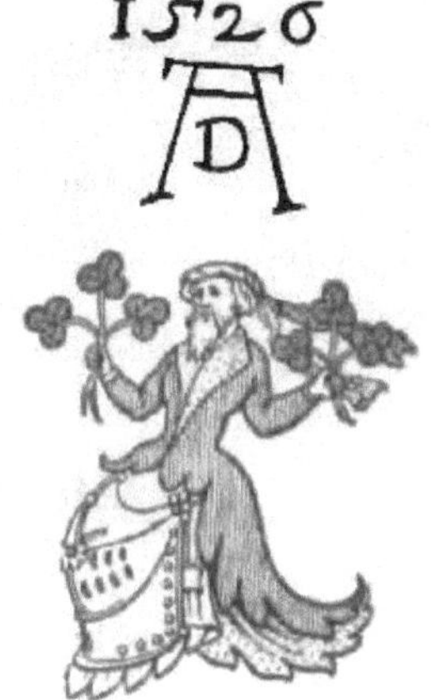

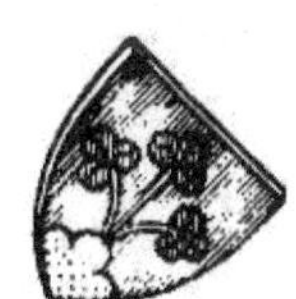

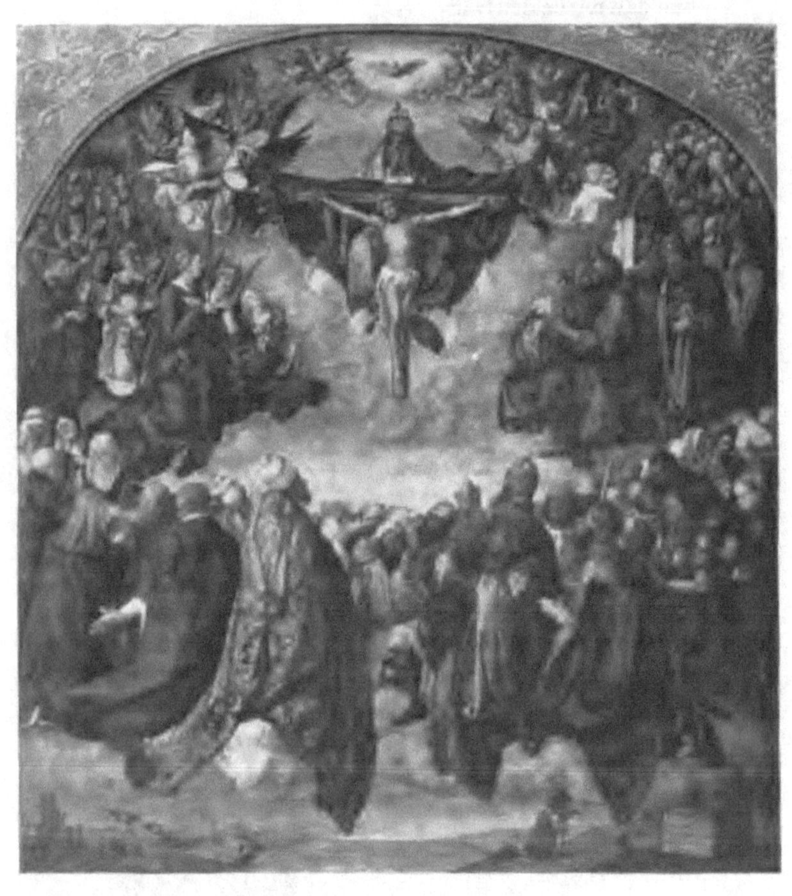

1445. Albrecht Dürer.

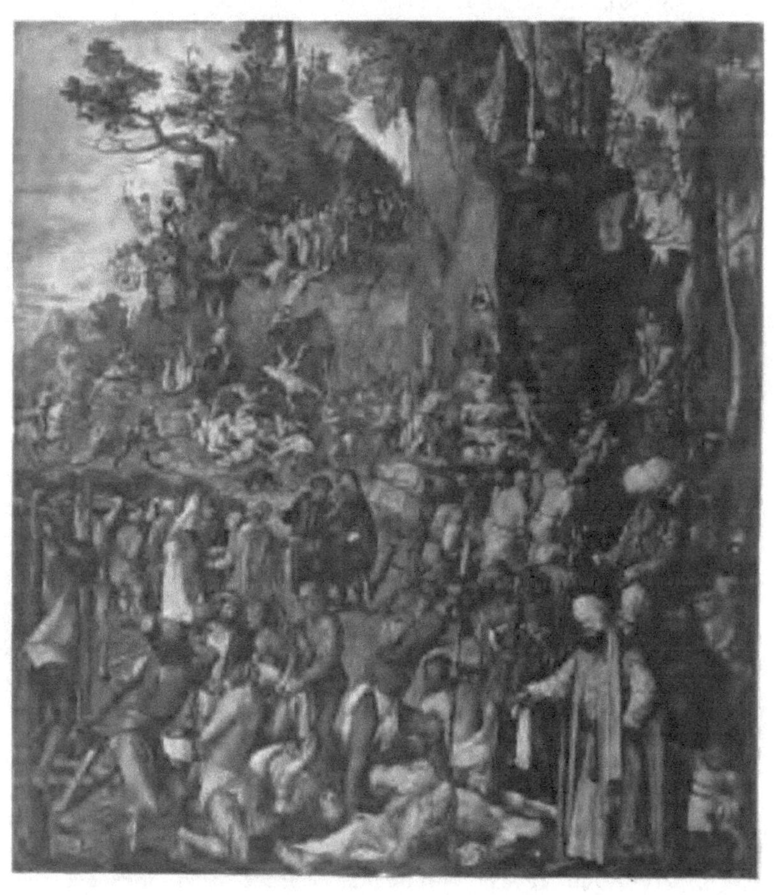

1446. Albrecht Dürer.

Lindenholz; h. 37, br. 37 cm. Kopf. Das Bild wurde durch Klebergers Stiefsohn, Willibald Imhoff, im Jahre 1564 von den Erben Klebergers gekauft und kam aus der Sammlung Imhoff später in die Kunstkammer Rudolfs II. nach Prag.

Johann Christian Ruprecht.

Deutsche Schule. Geb. um 1600 zu Nürnberg; gest. 1654 zu Wien.

1449. Kopie des Dürerbildes Nr. 1446: Die Marter der zehn-
(E. 1662.) tausend Christen.

Bezeichnet auf dem Fähnchen: Iste faciebat ano domini 1508 alberto dürer alemang Ad imitationem dureri fecit Ioan: Kristian Ruprecht. Ciuis Noremb Ano 1653

Tannenholz; h. 101, br. 89 cm. 1748 aus der Schatzkammer.

Kopie nach Albrecht Dürer.

1450. Das Rosenkranzfest. Die mit dem Jesuskinde unter einem
(E. 1533.) Baldachin sitzende Maria krönt mit einem Kranz roter Rosen Kaiser Maximilian I. Er kniet rechts, links Papst Julius II. (Julian de la Rovere aus Albizola, geb. 1443, Papst 1. November 1503, gest. 21. Februar 1513.) Der heil. Dominicus steht hinter Maria. Unter den vielen Anwesenden sieht man ganz rechts Albrecht Dürer und seinen Freund Pirkheimer. (Nach dem beschädigten Originale im Stifte Strahow in Prag.)

L.; h. 160, br. 193 cm. Kunstkammer Kaiser Rudolfs II.

Lucas Cranach der Ältere.

Deutsche Schule. Lucas Müller(?), nach seinem Geburtsorte Cranach genannt, geb. 1472 zu Kronach in Oberfranken, gest. am 16. Oktober 1553 zu Weimar. Ausgebildet unter dem Einflusse der fränkischen Schule.

1451. Die Tochter der Herodias. Herodes sitzt links am weiß gedeckten Tische und ist im Begriffe, das Haupt des Johannes zu empfangen, welches ihm von der Tochter der Herodias auf silberner Schüssel gebracht wird.

Bezeichnet oben in der Mitte: 1 5 3 9

Rotbuchenholz; h. 85, br. 83 cm. Halbe Figuren. Prager Schloß.

1452. Hirschjagd. Die Darstellung ist ähnlich mit jener auf dem Bilde Nr. 1468. Die Tiere werden in den Fluß gejagt, wo sie den Pfeilen erliegen. In der Mitte des Vordergrundes steht, gedeckt durch einen Baum und ein Gesträuch, der Kurfürst Johann Friedrich von Sachsen (Biogr. sieh Nr. 191) schußbereit mit der Armbrust.

Pappelholz; h. 80, br. 140 cm. Kunstkammer Rudolfs II.

1453. (E. 1476.) Der heil. Hieronymus und der heil. Leopold von Österreich. Doppelbild. Links zieht Hieronymus dem aufrecht sitzenden Löwen den Dorn aus der Pranke. Rechts Leopold als Markgraf von Österreich, gerüstet, Speer und Schild haltend.

Rechts oben: S. IHERANIMUS und S. LEVPOLDT.

Bezeichnet unter der Schrift:

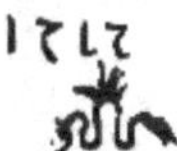

Lindenholz; jedes der Bilder h. 24, br. 11 cm. 1765 aus der kaiserl. Burg zu Graz.

1454. (E. 1484.) Ein Alter und ein Mädchen. Das rotgekleidete Mädchen umfaßt, in einer Fensteröffnung stehend, schmeichelnd den weißhaarigen Greis, der ihr einen Ring an den linken kleinen Finger steckt.

Lindenholz; h. 22, br. 18 cm. Halbe Figur. Prager Inventar 1737.

1455. (E. 1482.) Bildnis eines Mannes. Dunkler Pelzmantel, golddurchwirkte Mütze, weit zurückgesetzt auf dem Haupte, kurzer blonder Bart.

Eichenholz; h. 39, br. 30 cm. Brustbild. Samml. Erzh. Leopold Wilhelm. Die dargestellte Person wurde früher als Kurfürst Friedrich der Weise bezeichnet.

1456. (E. 1475.) Christus nimmt, bevor er seinen Leidensweg nach Jerusalem antritt, Abschied von den Frauen. Links Christus mit erhobenen Händen; vor ihm kniet Maria. Rechts hinter Maria drei weibliche Heilige.

Lindenholz; h. 114, br. 84 cm. Halbe Figur. Seit 1781 im Belvedere.

1457. Schulbild. Judith. Die reich gekleidete Judith steckt das Haupt des Holofernes in einen Sack, welchen eine jugendliche Dienerin hält.

Rotbuchenholz; h. 77, br. 53 cm. Halbe Figuren. Prager Schloß.

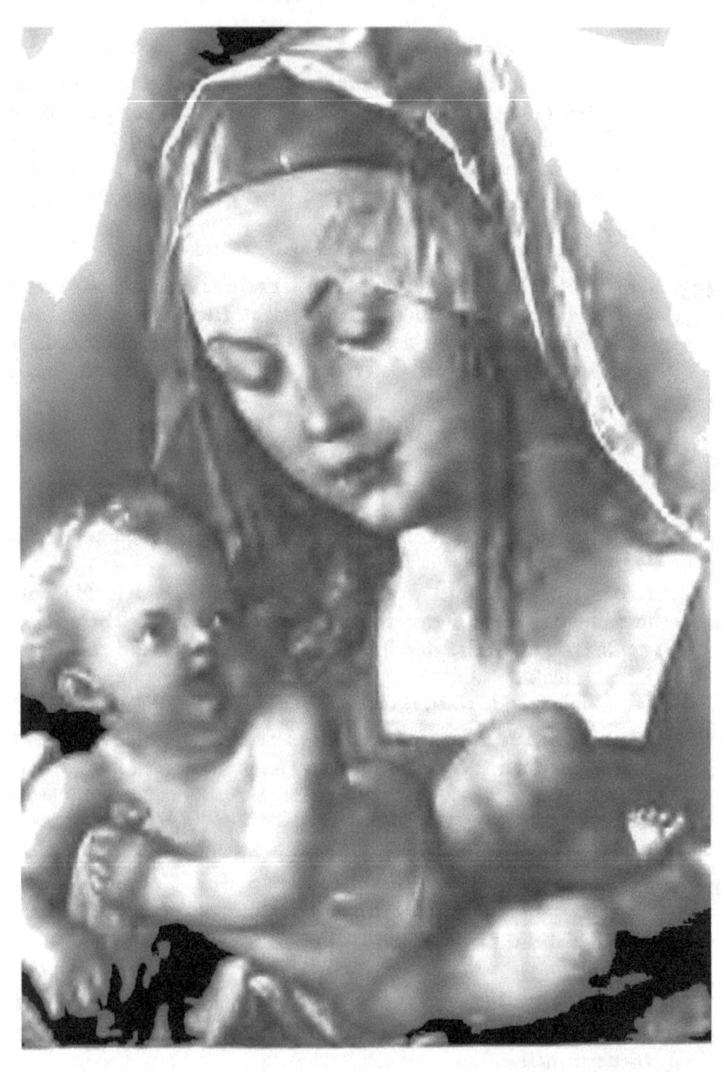

1447. Albrecht Dürer.

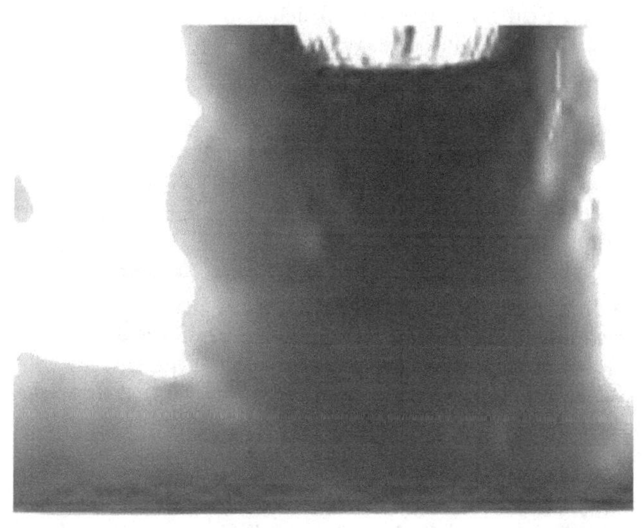

1455. Lucas Cranach der Altere.

1458. Judith. Sie steht in roter reicher Kleidung mit einem roten
(E. 1478.) Federbarett an einer Steinbrüstung, hält ein Schwert in der rechten Hand und legt die Linke auf das Haupt des Holofernes, das vor ihr liegt.

Bezeichnet links oben:

Pappelholz; h. 95, br. 69 cm. Halbe Figur. War 1648 in Prag.

1459. Adam und Eva unter dem Apfelbaume, um dessen Stamm am
(E. 1473.) Bildrande sich die Schlange schlingt.

Bezeichnet rechts unten: 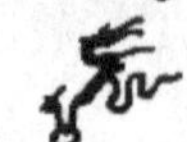

Rotbuchenholz; h. 52, br. 36 cm. Belvedere-Depot.

1460. Bildnisse dreier Mädchen, neben einander stehend, in
(E. 1485.) reicher Kleidung, mit Goldketten, zwei mit roten Hüten, die dritte das Haar in Zöpfe geflochten.

Lindenholz; h. 62, br. 89 cm. Halbe Figuren. Kat. Mechel, 1783.

1461. Adam und Eva. Zwei Tafeln, einst die Flügel eines Trip-
(E. 1472.) tychons. Links Adam, rechts Eva, in der Mitte der Apfelbaum, um dessen Seitenast rechts sich die Schlange ringelt. Auf der Rückseite rechts Christus nach der Geißelung, links die schmerzhafte Mutter.

Bezeichnet links unten:
Lindenholz; h. 137, br. 109 cm.
Samml. Erzh. Leopold Wilhelm.

1462. Das Paradies. In der Mitte des Bildes steht Gott Vater, mit
(E. 1471.) Adam und Eva sprechend. Der Mittelgrund zeigt die anderen fünf Momente der Geschichte des Sündenfalles. Links eine Felsengrotte und ein Wasser, rechts ein Wald mit dem Apfelbaume.

Bezeichnet links unten auf einem Steine: 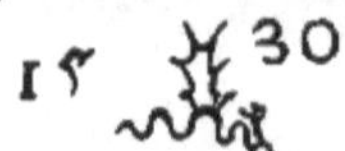

Lindenholz; h. 82, br. 114 cm. Kunstkammer Rudolfs II.

Nach **Lucas Cranach d. Ä.**

1463. Die heil. Familie. In einer Landschaft sitzt rechts, rot gekleidet, Maria. Dem auf ihrem Schoße stehenden Jesuskinde reicht ein Engel Erdbeeren. Der heil. Josef steht hinter ihnen. Vier Engel musizieren, einer steht links an einer Quelle, ein anderer bringt einen kleinen Vogel.

Lindenholz; h. 72, br. 50 cm. Prager Schloß. Früher als »Deutsche Schule, Anfang des XVI. Jahrhunderts« bezeichnet. Das Original in der Berliner Galerie.

Werkstatt **Lucas Cranachs d. Ä.**

1464. Joab ersticht den Abner. In der Mitte einer Landschaft um-
(E. 1479.) armt Joab den Abner, ihm gleichzeitig den Dolch in den Rücken stoßend.

Rotbuchenholz; h. 55, br. 95 cm. Samml. Erzh. Leopold Wilhelm. Früher Lucas Cranach selbst zugeschrieben.

Nach **Lucas Cranach d. Ä.** (s. Nr. 1451).

1465. Vermählung der heil. Katharina. Links unter einem
(E. 1477.) Baume sitzt Maria mit dem Jesuskind, welches der vor ihm knienden Katharina den Ring an den Finger steckt. Rosalia und zwei andere weibliche Heilige neben ihnen.

Lindenholz; h. 114, br. 85 cm. Kniestück. 1765 aus der kaiserl. Burg zu Graz nach Wien gekommen. Früher Lucas Cranach selbst zugeschrieben. Von L. Scheibler als Kopie nach dem Originale in Wörlitz bezeichnet.

In der Art **Lucas Cranachs d. Ä.** (s. Nr. 1451).

1466. Die heil. drei Könige. In der Mitte sitzt Maria mit dem
(E. 1491.) Kinde; die beiden älteren Könige knien vorne rechts und links, der Mohrenkönig steht zu Mariens Rechten; weiter rückwärts das Gefolge.

Lindenholz; h. 83, br. 59 cm. Samml. Erzh. Leopold Wilhelm. Früher Lucas Cranach d. J. zugeschrieben.

Lucas Cranach d. Ä. (s. Nr. 1451).

1467. Die Gefangennehmung Christi. Inmitten der bewaffneten
(E. 1474.) Schergen küßt der Verräter Judas den Heiland. Links vorne liegt Malchus, dem Petrus das Ohr abhieb; Petrus steckt das Schwert ein.

Bezeichnet links unten:

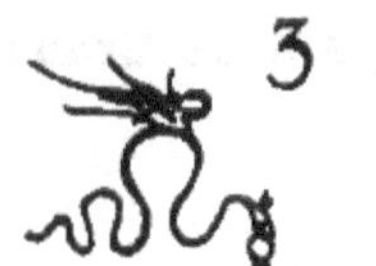

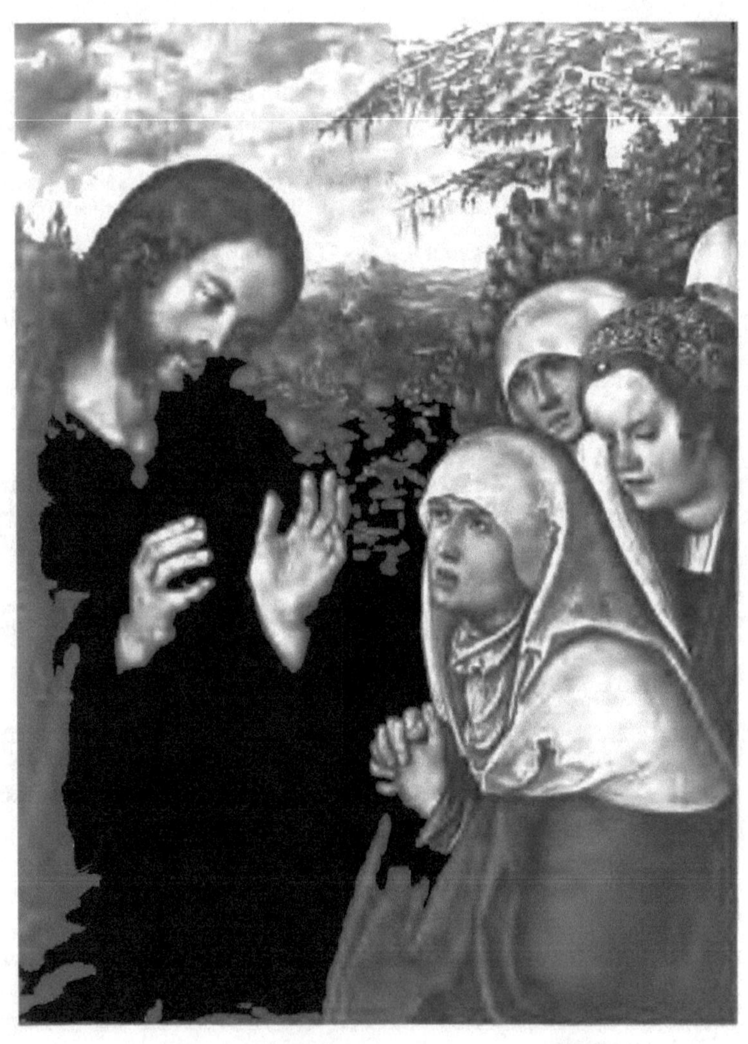

1456. Lucas Cranach der Ältere.

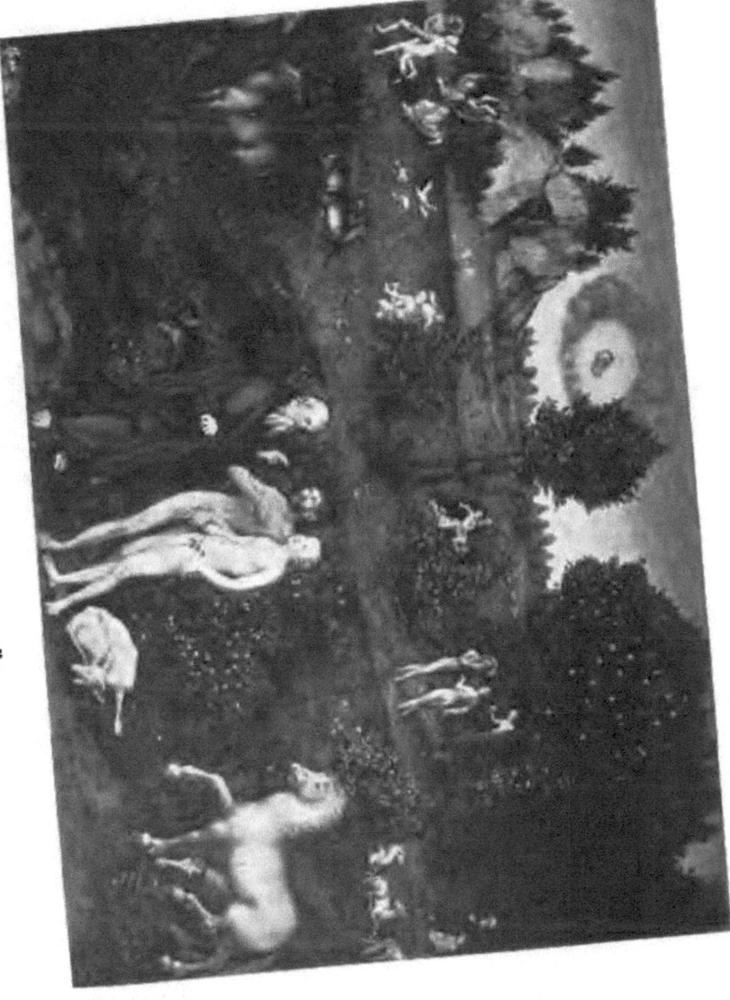

1462. Lucas Cranach der Ältere.

Lärchenholz; h. 153, br. 119 cm. Samml. Erzh. Leopold Wilhelm. Von L. Scheibler als ein besonders frühes Bild Lucas Cranachs des Jüngeren bezeichnet, wie Nr. 1468.

1468. (E. 1481.) **Karl V. auf der Jagd.** In den Auen eines Flusses, in welchen die Hirsche getrieben werden, steht links vorne Kaiser Karl V. (Biogr. sieh Nr. 1473 b) mit Johann Friedrich dem Großmütigen von Sachsen (Biogr. sieh Nr. 191) und anderen Jagdgästen, jeder die Armbrust in der Hand. Im Hintergrunde jenseits des Stromes eine befestigte Stadt.

In den beiden oberen Ecken des Bildes die Wappen von Kurbayern (links) und Kursachsen (rechts):

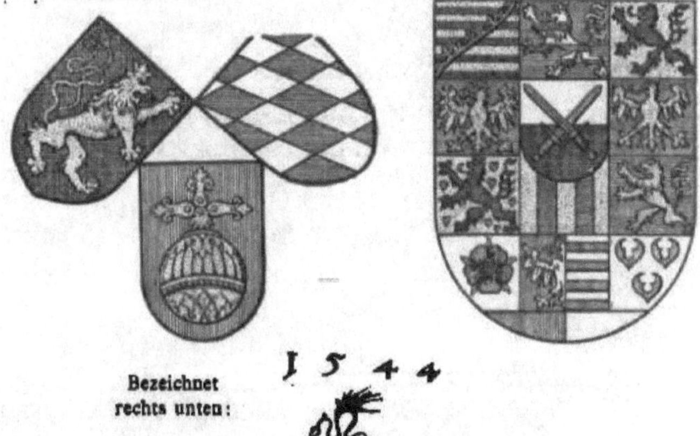

Bezeichnet rechts unten: 1544

Lindenholz; h. 117, br. 177 cm. Samml. Erzh. Leopold Wilhelm (s. Nr. 1467).

Lucas Cranach der Jüngere.

Deutsche Schule. Geb. am 4. Oktober 1515 zu Wittenberg, gest. am 25. Jänner 1586 zu Weimar. Schüler seines Vaters, Lucas Cranachs d. Ä.

1469. (E. 1492.) **Bildnis eines Mannes.** Er trägt einen enganschließenden schwarzen Rock, eine schwarze Mütze und stemmt, Dolch und Sacktuch haltend, die Arme in die Hüften.

Bezeichnet links im Grunde: 1564

Lindenholz; h. 90, br. 71 cm. Halbe Figur. Samml. Erzh. Leopold Wilhelm.

1470. Bildnis einer Frau. Sie steht, en face, in rotem Kleide mit
(E. 1493.) weißen engen Ärmeln, die ringgeschmückten Hände übereinander legend.

Bezeichnet links im Grunde: 1564?

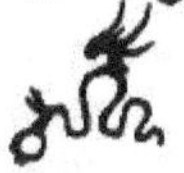

Lindenholz; h. 83, br. 64 cm. Halbe Figur. Samml. Erzh. Leopold Wilhelm.

Wolfgang Krodel.

Deutsche Schule. Tätig von 1528—1555. Schüler Lucas Cranachs d. Ä.

1471. David und Bathseba. Links auf einem Balkon steht David,
(E. 1488.) die Harfe spielend; rechts unten Bathseba im Bade.

Oben rechts die Schrift: IM ANDERN BUCH SAMVEL AM 11. CA. Unter dem Fenster die Jahreszahl: 1528

Auf der Rückseite, von Ornament umgeben, beistehendes Wappen:

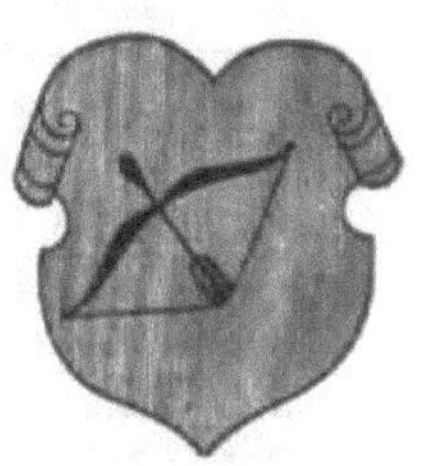

Oben die Schrift:

I . S . DEN . S . OCULI 52 M.

Lindenholz; h. 54, br. 39 cm. Geistl. Schatzkammer.

1472. Loth und seine Töchter. Loth sitzt auf einer Steinbank, die
(E. 1489.) eine der Töchter umfangend, indes ihm die zweite einschenkt; beide in roten goldgestickten Gewändern.

In den Wolken rechts oben steht: IM ERSTEN PVCH MOYSE . GE: AM XIX . CA

Links oben im Felsen die Jahreszahl: ·1528·

Links unten die Bezeichnung: W·K

Lindenholz; h. 54, br. 39 cm. Samml. Erzh. Leopold Wilhelm.

Hans Maler zu Schwaz (s. Nr. 1427).

1473. **Bildnis eines Mannes** mit bartlosem Gesicht und blonden (E. 1483.) Haaren. Er trägt ein schwarzes Barett und einen schwarzen Pelzmantel.

Auf dem grünen glatten Grunde steht oben:

ALS MAN 1521 ZALT WAS ICH 33 IAR ALT

Lindenholz; h. 39, br. 32 cm. Brustbild. 1728 in der Stallburg. Früher dem Lucas Cranach d. Ä. zugeschrieben. Scheibler hält das Bild für Schäufelein nahestehend, Vischer und W. Schmidt schrieben es B. Strigel zu. M. Friedländer schreibt es mit überzeugenden Gründen Hans Maler zu.

Jakob Seisenegger.

Deutsche Schule. Geb. 1509, gest. 1567 wahrscheinlich in Linz. Hofmaler Kaiser Ferdinands I.

1473 a. **Bildnis des Erzherzogs Ferdinand von Tirol.** Der Erzherzog steht etwas nach links gewendet, in weißem, reich mit Gold gesticktem Gewande mit grünem Überwurf, mit schwarzem Barett und weißer Feder. Die Rechte hält die Handschuhe, die Linke ruht am Degenkorb. Im Hintergrunde rechts ein grüner Vorhang. (Erzherzog Ferdinand, zweiter Sohn Kaiser Ferdinands I., geb. 1529, Statthalter von Böhmen 1547 bis 1566, Graf von Tirol und Regent der Vorlande seit 1567, gest. 1595, Begründer der Ambraser Sammlung.)

Bezeichnet mit dem aus den Buchstaben I und S gebildeten Monogramme und der Inschrift:

FERDINANDVS · DEI · GRATIA ·
ARCHIDVX · AUSTRIÆ · ZC ·
ÆTATIS · SVÆ · XIX
ANNO · DOMINI · M · D · XLVIII.

L.; h. 184·5, br. 89 cm. Ganze Figur. Erworben 1900 in Venedig.

1473 b. **Bildnis Kaiser Karls V.** Der Kaiser steht etwas nach links gewendet, in weißem Gewande, mit gelbem Lederkoller und dunklem Pelz, auf dem Haupte ein schwarzes Barett mit weißer Feder. Die Rechte greift an den mit seidenen Dolden verzierten Dolch, die Linke faßt das Halsband einer großen rehbraunen Dogge. Im Hintergrunde links ein grüner Vorhang. (Karl V., Sohn Philipps des Schönen, geb. zu Gent 24. Februar 1500,

König von Spanien 1516, Kaiser 1519, legte am 5. Oktober 1555 die Herrschaft nieder, gest. im Kloster von St. Just am 21. September 1558.)

L.; h. 205, br. 123 cm. Ganze Figur. Aus dem Prager Schloß. Ein anderes Exemplar derselben Komposition, die nach urkundlichen Nachrichten auf ein von Jakob Seisenegger im Winter 1532/3 zu Bologna gemaltes Bildnis des Kaisers zurückgeht, befindet sich unter Tizians Namen im Prado zu Madrid.

1474. Erzherzogin Eleonore im zweiten Lebensjahre. Auf den blonden Haaren sitzt eine Goldhaube. Das Kleid ist rot, um den Hals ist ein schwarzes Band gelegt mit einem großen Schmuckstück. (Erzherzogin Eleonore, Tochter Ferdinands I., geb. 2. November 1534, gest. 5. August 1594.)

Unten die Schrift:

KVNIGIN · LEONORA · IST · GEBORN · DEN · VERDEN · TAG · NOVEMBRI · IM · M · D · XXXXXX · IAR ·

Die Inschrift ist durch spätere Übermalung fehlerhaft ergänzt. Statt »verden« ist »andrn«, statt »XXXXXX« »XXXIIII« zu lesen. Die Person der Dargestellten sowie den Namen des Malers hat zuerst Th. v. Frimmel genannt und auf ein zweites, vom Künstler signiertes und mit der Jahreszahl 1536 versehenes Exemplar dieses Bildnisses im gräflich Thurn-Valsassinaschen Schlosse zu Bleiburg in Kärnten aufmerksam gemacht.

Lindenholz; h. 34, br. 27 cm. Brustbild. Belvedere-Depot.

Deutsche Schule. Mitte des XVI. Jahrhunderts.

1475. Bildnis einer Frau. Die bejahrte Frau, schwarz gekleidet,
(E. 1513.) trägt ein weißes Schleierkopftuch.

Lindenholz; h. 82, br. 66 cm. Halbe Figur. Seit 1781 im Belvedere. Th. v. Frimmel schreibt das Bild mit Recht der Art Tobias Stimmers zu.

Deutsche Schule. Mitte des XVI. Jahrhunderts.

1476. Männliches Bildnis. Der junge Mann trägt das goldene
(E. 1518.) Vlies auf der Brust, das Haupt bedeckt ein schwarzes Barett mit einer Schaumünze.

Pappelholz; h. 91, br. 73 cm. Halbe Figur. 1728 in der Stallburg. Nach L. Scheibler vielleicht von einem englischen Nachahmer des H. Holbein d. J.

Hans Brosamer.

Deutsche Schule. Geb. zu Fulda um 1480, gest. zu Erfurt 1554. Nachfolger Lucas Cranachs d. Ä.

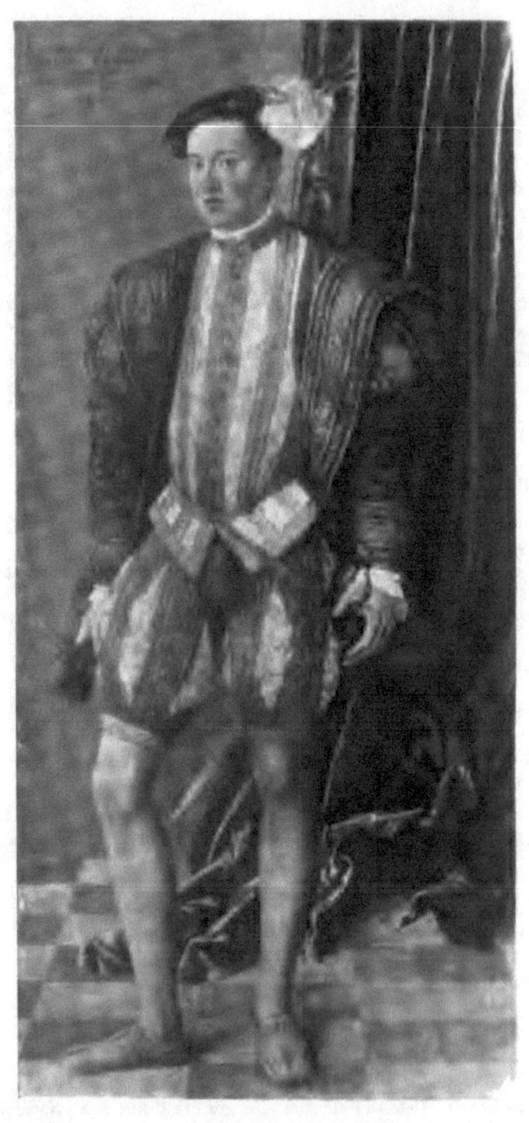

1473 a. Jakob Seisenegger.

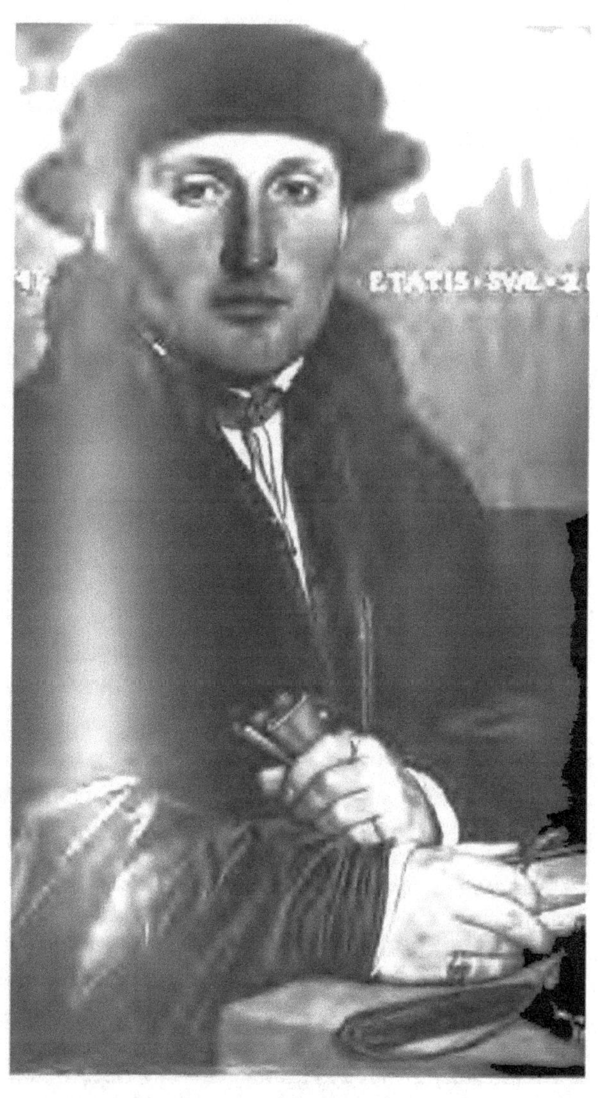

1479. Hans Holbein der Jüngere.

1477. Männliches Bildnis. Der ältliche bartlose Mann trägt einen
(E. 1462.) Pelzrock und eine schwarze Kappe. In beiden Händen hält er einen Rosenkranz.

Bezeichnet oben im Grunde: ·1520· HB

Lärchenholz; h. 56, br. 44 cm. Halbe Figur. Seit 1824 im Belvedere.

Deutsche Schule. Zweite Hälfte des XV. Jahrhunderts.

1478. Die heil. Familie. Rechts sitzt die gekrönte Maria, das Jesus-
(E. 1672.) kind in dunklem Pelzrock neben sich; links steht der heil. Josef, dem Kinde eine Birne reichend.

Bezeichnet unten auf dem Steingetäfel des Fußbodens: MS 1490

Pappelholz; h. 84, br. 58 cm. Wahrscheinlich aus der geistlichen Schatzkammer. Früher Martin Schaffner zugeschrieben. Die gefälschte Inschrift ist nach L. Scheibler vielleicht auf M. Schongauer gemünzt.

Hans Holbein der Jüngere.

Deutsche Schule. Geb. 1497 zu Augsburg, gest. zwischen dem 7. Oktober und dem 29. November 1543 zu London. Tätig zu Basel 1515—1526, in England von 1526—1528, von 1528—1531 wieder in Basel und hierauf in England. Schüler seines Vaters Hans Holbein d. Ä.

1479. Bildnis eines Mannes. Der bartlose Mann trägt einen
(E. 1575.) schwarzen Hut auf dem kurz geschnittenen Haar. Er steht en face an einem Tische mit Schreibgeräten, hält in der linken Hand die Handschuhe und in der rechten ein Buch.

Im Hintergrunde die Inschrift:

ANNO · DNI · 1541 · ETATIS · SUÆ · 28.

Eichenholz; h. 47, br. 35 cm. Halbe Figur. Samml. Erzh. Leopold Wilhelm.

1480. Bildnis des Leibarztes Heinrichs VIII., John Chambers
(E. 1574.) als Greis von 88 Jahren, die rechte Seite des bartlosen Gesichtes dem Beschauer zuwendend, in einem schwarzen Pelztalare, eine schwarze Kappe auf dem Haupte, die Handschuhe in beiden Händen haltend. (Chambers, an der Universität zu Oxford erzogen, erhielt 1502 den Grad eines Magister artium, wurde

Doktor zu Padua, nach England zurückgekehrt des Königs Leibarzt, 1510 Domherr zu Windsor, 1524 Archidiakon zu Bedford, 1525 Dekan zu Westminster-Hall und starb 1549.)

Eichenholz; h. 65, br. 48 cm. Halbe Figur. Samml. Erzh. Leopold Wilhelm.

1481. Bildnis der Königin von England Jane Seymour. Die (E. 1573.) Königin stehend in reichem Schmucke legt die Hände ineinander. Die prächtig verzierte Haube deckt alles Haar. Über das grau und silberne Kleid trägt sie ein rötliches Oberkleid, dessen weite Ärmel mit einem Goldnetz überzogen sind. (Jane, die Tochter Sir John Seymours, des Sherifs von Somerset, geboren 1513, wurde 1536 die dritte Gemahlin Heinrichs VIII. von England. Sie starb am 14. Oktober 1537 nach der Geburt ihres Sohnes, des nachmaligen Königs Eduard VI.)

Eichenholz; h. 65, br. 48 cm. Halbe Figur. Vielleicht aus der Kunstkammer Rudolfs II.

1482. Bildnis eines Mannes. Reiches braunes Haar, voller Bart, (E. 1577.) schwarze Mütze, hochroter Rock, auf dem die Buchstaben H und R gestickt sind.

Auf dem grünen Grunde steht:

ETATIS SVAE 30 · ANNO · 1534.

Lindenholz; kreisrund; Durchmesser 12 cm. Brustbild. Ambrasersammlung.

1483. Bildnis einer Frau. Die junge Frau steht in einer Fenster-(E. 1572.) umrahmung und legt die Hände ineinander. Sie trägt eine weiße Haube, ein schwarzes Samtkleid mit violettbraunem Mieder und ein rundes goldenes Schmuckstück. Hintergrund grünblau.

Eichenholz; h. 22, br. 18 cm. Halbe Figur. Prager Inventar 1718.

1484. Bildnis einer Frau mit rundem Gesicht und stumpfer Nase. (E. 1578.) Sie trägt über der weißen Haube ein gelblichweißes Tuchbarett, an dem schwarzen Mieder einen schmalen Pelzbesatz.

Auf dem grünen Grunde steht:

ETATIS SVAE 28 · ANNO 1534.

Lindenholz; kreisrund; Durchmesser 12 cm. Brustbild. Ambrasersammlung.

1485. Bildnis des Dirck Tybis. Der bartlose Mann in schwarzem (E. 1576.) Pelzrocke steht en face an einem Tische mit Schreibgeräten und öffnet einen Brief.

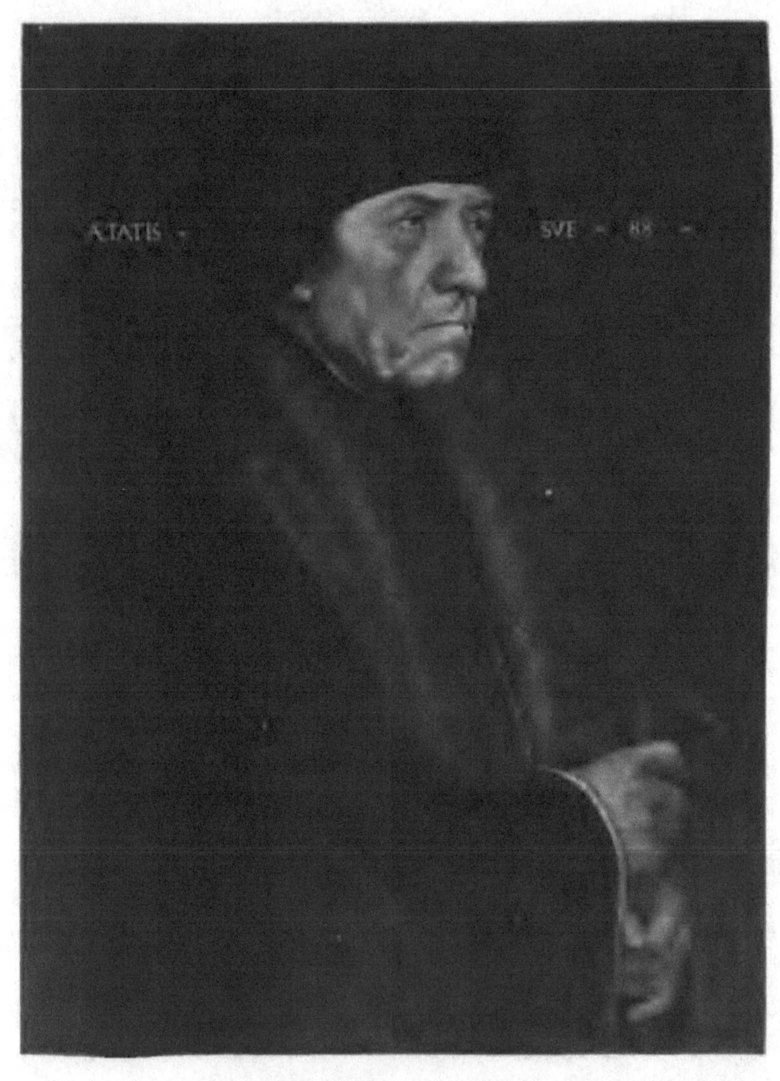

1480. Hans Holbein der Jüngere.

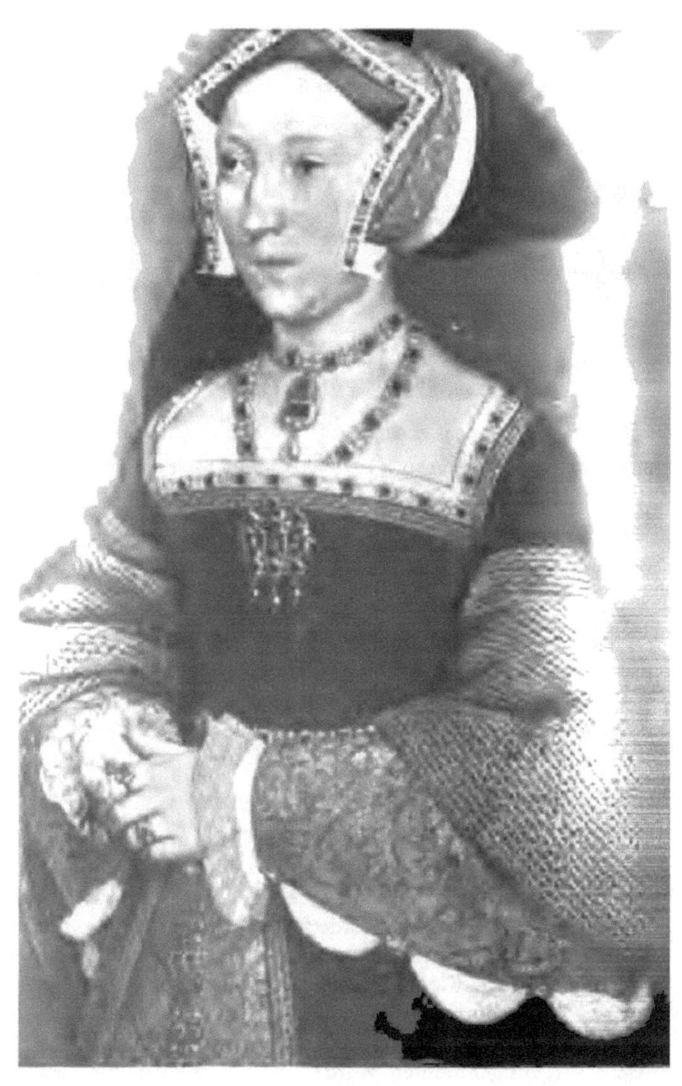

1481. Hans Holbein der Jüngere.

Auf einem Blatt Papier folgende Schrift:

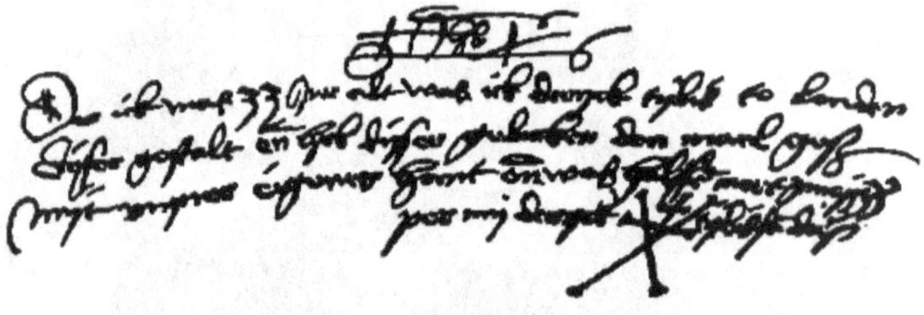

Das ist: *Jesus*
Christus.
Da ick was 33 jar alt was ick Deryck Tybis to London dyser gestalt en hab dyser gelicken den mark gesch(rieben) myt myner eigenen Hant en was Holpein malt anno 1533
per my Deryck 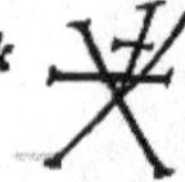 *Tybis fan Drys(bach).*

Auf dem Petschaft dieselbe Marke: 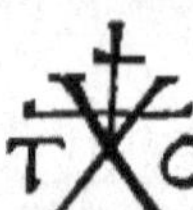

Eichenholz; h. 48, br. 35 cm. Halbe Figur. 1781 im Belvedere.

Nach **Hans Holbein d. J.**

1486. (E. 1583.) Bildnis des Erasmus von Rotterdam. Der greise Gelehrte trägt den Doktorhut auf den weißen Haaren, ein weites Pelzkleid und hat ein aufgeschlagenes Buch mit seinem Namen in den Händen. (Erasmus Desiderius wurde am 28. Oktober 1467 zu Rotterdam geboren, war Chorknabe in der Kathedrale zu Utrecht, trat ins Kloster Emaus zu Gouda, ging nach Cambrai, wurde 1492 zum Priester geweiht, kam 1496 nach Paris, 1497 nach London, wo er als berühmter Gelehrter am Hofe Heinrichs VII. aufgenommen wurde. Seit 1506 in Italien, wurde er vom Papste seines Ordensgelübdes entbunden, lehrte in Cambridge, wurde Rat Kaiser Karls V., ging 1520 nach Basel, wo er am 12. Juli 1536 starb.)

Lindenholz; h. 36, br. 28 cm. Halbe Figur. 1723 aus Prag nach Wien gekommen.

Art **Hans Holbeins d. J.**

1487. Bildnis eines Mannes mit schmalem, langem und bartlosem (E. 1582.) Gesichte, en face, in schwarzer Kleidung. Er hält in der rechten Hand die Handschuhe, in der linken ein Blatt Papier.

Eichenholz; h. 93, br. 75 cm. Halbe Figur. Seit 1824 im Belvedere.

Oberdeutsch. Anfang des XVI. Jahrhunderts.

1488. Bildnis eines Mannes. Der alte Mann mit vollem, bartlosen (E. 1579.) Gesicht und langem dunklen Haar trägt eine rote Mütze und hält in der Rechten einen Rosenkranz. Die später hinzugemalten österreichischen Schildzeichen und der Heiligenschein ließen ihn irrig als Leopold den Heiligen gelten.

Lindenholz; h. 41, br. 30 cm. Halbe Figur. Seit 1781 im Belvedere. Früher als Art des jüngeren Holbein bezeichnet. Von Heinrich Alfred Schmid und Siegfried Grafen Pückler-Limpurg mit Recht Martin Schaffner zugeschrieben.

Art **Hans Holbeins d. J.**

1489. Bildnis einer Frau, nahezu en face, mit gesenktem Blick. Sie (E. 1508.) trägt eine goldgezierte Haube, ein eckig ausgeschnittenes Kleid, ein Halsgeschmeide und eine lange Goldkette. Um den Kopf ein offenbar später dazu gemalter Nimbus aus zwei feinen Linien.

Eichenholz; h. 29, br. 20·5 Cm. Brustbild. Ambraser Sammlung. Früher als »Deutsche Schule, erste Hälfte des XVI. Jahrhunderts«, von Th. v. Frimmel als »burgundisch« bezeichnet. Man könnte an einen englischen Zeitgenossen Hans Holbeins denken.

Martin Schongauer (Martin Schön, Hipsch Martin).

Deutsche Schule. Geb. um 1450 zu Kolmar, gest. vor dem 9. Juni 1491 zu Breisach. Ausgebildet unter dem Einflusse Roger van der Weydens.

1490. Die heil. Familie. Die sitzende Maria nimmt eine Beere von (E. 1683.) einer Weintraube für das auf ihrem Schoße stehende Jesuskind. Im Hintergrunde links der heil. Josef, Stroh zur Krippe tragend.

Rotbuchenholz; h. 26, br. 17 cm. 1865 vom Münzdirektor Böhm gekauft.

Nach **Martin Schongauer.**

1491. Der heil. Sebastian steht, mit den Händen über dem Haupte (E. 1684.) an den Stamm eines dürren Baumes gebunden, von zehn Pfeilen durchbohrt.

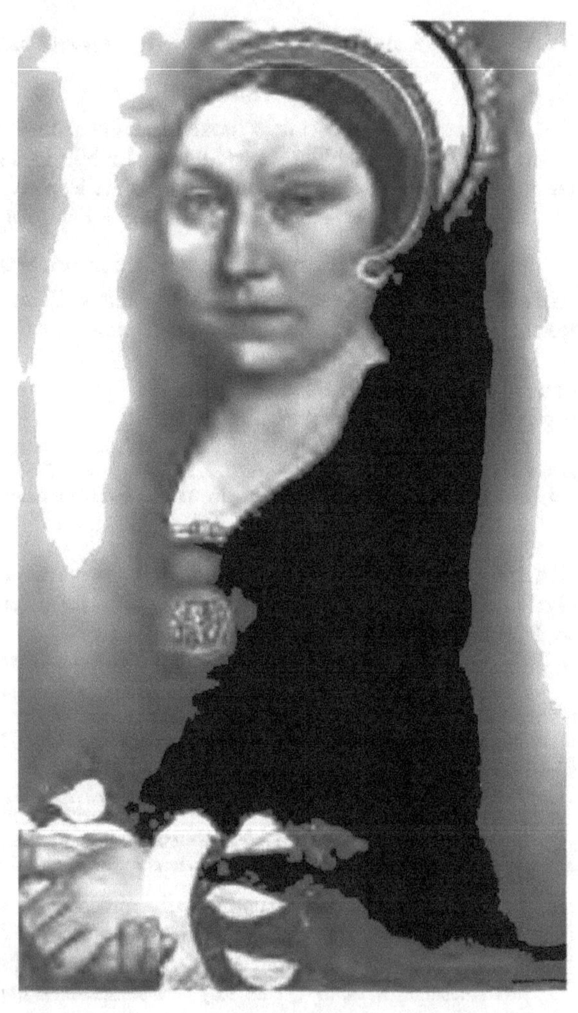

1483. Hans Holbein der Jüngere.

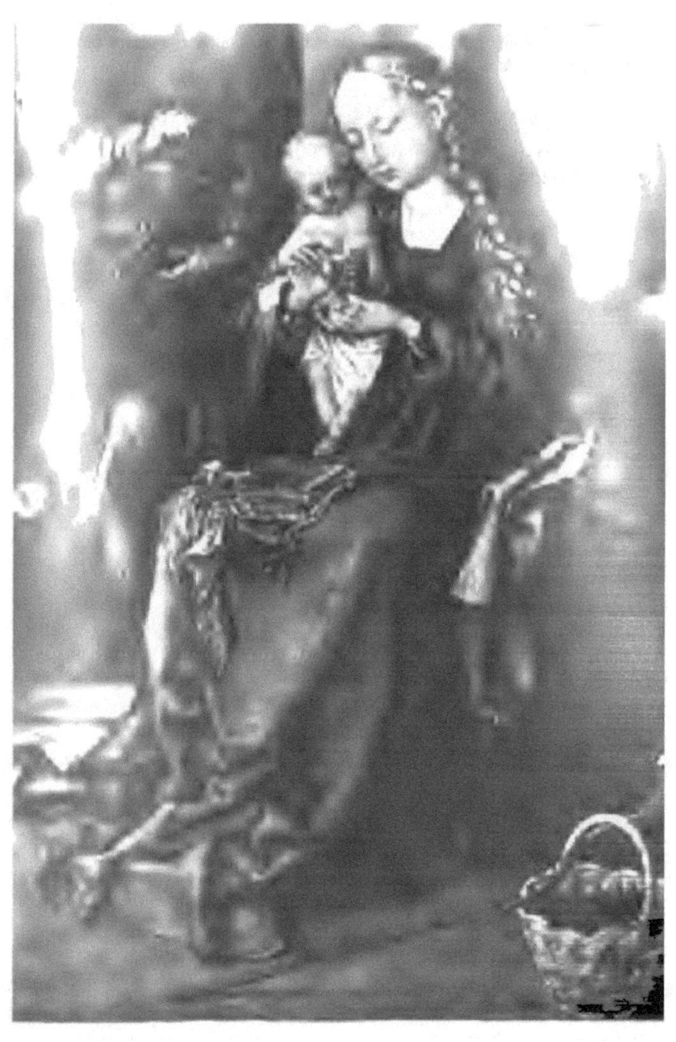

1490. Martin Schongauer.

Rotbuchenholz; h. 39, br. 25 cm. 1781 im Belvedere. Dem Bilde liegt der Kupferstich des Meisters zugrunde.

Rheinische Schule um 1500.

1492. Die heil. drei Könige. Der älteste kniet und küßt dem
(E. 1498.) Christuskind die Hand, der zweite steht und hält ein Rauchfaß.

Rechts unten der österreichische Bindenschild.

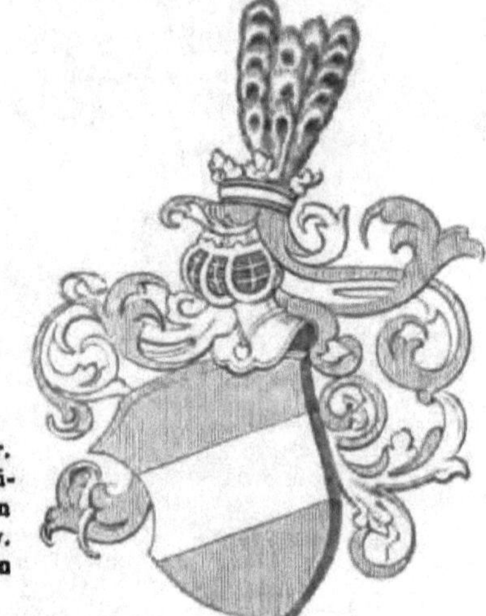

Fichtenholz; h. 69, br. 55 cm. Kat. Mechel, 1783. Früher als «Deutsche Schule, um 1500» bezeichnet. Von Th. v. Frimmel der österreichischen Schule zugewiesen.

Rheinische Schule. XVI. Jahrhundert.

1493. Bildnis einer Frau. Eine gelbliche gestickte Haube deckt ihr
(E. 1464.) Haar. Mit der rechten Hand hält sie den Pelzkragen zusammen und trägt auf dem Vorderarm einen kleinen grünen Papagei; die Linke ruht auf einem Tische, hinter welchem sie steht.

Lindenholz; h. 85, br. 66 cm. Halbe Figur. Belvedere-Depot. Wurde früher Barth. Bruyn zugeschrieben, mit dem es auch große Verwandtschaft zeigt.

Deutsche Schule. Zweite Hälfte des XVI. Jahrhunderts.

1494. Die Vertreibung aus dem Paradiese. Von links kommt
(E. 1424.) der Engel, vor welchem Adam und Eva fliehen. Der Apfelbaum steht in der Mitte.

Lindenholz; h. 31, br. 44 cm. Seit 1781 im Belvedere. Wurde früher mit Aldegrever in Zusammenhang gebracht.

Saal X. (Oberlicht.)

Bartholomäus Spranger.

Vlämische Schule. Geb. am 21. März 1546 zu Antwerpen, gest. nach 1625 zu Prag. Schüler Jan Mandijns, Frans Mostaerts und Cornelis van Dalens; ausgebildet unter dem Einflusse der Italiener. Seit 1575 kaiserlicher Hofmaler.

1495. (E. 1699.) Odysseus und Circe. Circe sitzt vom Rücken gesehen und hält mit der Rechten den Becher mit dem Zaubertranke. Odysseus streckt die rechte Hand aus und berührt ihren linken Fuß.

L.; h. 108, br. 72 cm. Die meisten Bilder B. Sprangers waren in der Rudolfinischen Kunst- und Schatzkammer, wurden im 30jährigen Kriege nach Wien geflüchtet und kamen hier in die kaiserliche Schatzkammer.

1496. (E. 1700.) Venus und Mars, von Merkur überrascht. Venus und Mars sitzen auf einem Bette; rechts der kleine eingeschlafene Amor. Links oben Merkur, den Zeigefinger drohend erhoben.

L.; h. 108, br. 80 cm. Prov. wie Nr. 1495.

1497. (E. 1704.) Selbstbildnis des Künstlers, in mittleren Jahren mit wenig braunem Bart, zugespitzter Kappe, lichtgrauem Rocke und breitgefaltetem Halskragen. Er blickt über seine rechte Schulter.

Bezeichnet rechts oben:

BART SPRANGER.

L.; h. 57, br. 47 cm. Brustbild. Samml. Erzh. Leopold Wilhelm.

1498. (E. 1705.) Bildnis der Frau des Künstlers, gebornen Christine Müller. Sie trägt ein buntes gesticktes Kleid mit großem Spitzenkragen und Perlenschmuck.

L.; h. 57, br. 47 cm. Brustbild. 1728 in der Stallburg.

1499. (E. 1697.) Mars, Venus und Amor. Der gerüstete Mars im Begriffe, die entkleidete Venus zu küssen. Vor ihr steht Amor mit Pfeil und Bogen.

Eichenholz; oval; h. 71, br. 53 cm. Halbe Figur. Prov. wie Nr. 1495.

1500. (E. 1695.) Apollo und die Musen. Auf dem Parnasse steht rechts Apollo, die Geige spielend, die nackte Gestalt vom Mantel nicht verhüllt. Die Musen stehen und sitzen um ihn her; eine in der

Mitte des Hintergrundes neben Pallas; über dem Haupte der letzteren die Eule.

Bezeichnet rechts unten:

BAR. SPRANGERS · F.

Marmor; h. 43, br. 49 cm. Prov. wie Nr. 1495. Das Bild dürfte ehemals größer gewesen sein.

1501. Venus und Merkur. Venus hält dem Merkur mit der Rechten (E. 1698.) einen Kranz vor und umfängt mit der Linken Cupido, der aus goldener Kanne Wasser auf die auf dem Boden liegende Fackel gießt.

L.; h. 110, br. 72 cm. Prov. wie Nr. 1495.

1502. Odysseus und Circe. Er steht gerüstet neben der Zauberin, (E. 1701.) die ihn mit der Linken umfängt und mit der Rechten den Zauberstab schwingt. Rings umher Tiere, in welche sie ihre Opfer verwandelt hat.

L.; h. 108, br. 80 cm. Prov. wie Nr. 1495.

1503. Der Sieg der Weisheit über die Unwissenheit. Die be- (E. 1702.) helmte Pallas tritt auf einen gefesselten Mann, ein Genius krönt sie mit dem Lorbeer, ein zweiter bringt den Palmzweig. Das Postament, auf dem sie steht, wird von Bellona und den Musen umgeben.

L.; h. 163, br. 117 cm. Prov. wie Nr. 1495.

1504. Allegorie auf die Tugenden Kaiser Rudolfs II. Eine (E. 1703.) behelmte Frauengestalt sitzt auf der Weltkugel, in der linken Hand eine Lanze, in der rechten eine goldene Viktoria. Unter den sie umgebenden Gestalten Minerva; Fama schwebt über ihrem Haupte. Unten eine Schrifttafel.

RUDOLPHO · II · CAES · AUG ·
DIVA · POTENS · CHARITESQUE
TUUM · DIADEMATE · CINCTUM ·
IAM CAPVT ESSE VELINT

Bezeichnet links unten auf dem Steine: B · S 1592

Kupfer; h. 23, br. 17 cm. Prov. wie Nr. 1495.

1505. Herkules und Omphale. Herkules sitzt in Weiberkleidern (E. 1696.) vor dem Spinnrocken. Omphale steht nackt, vom Rücken gesehen, mit Löwenhaut und Keule vor ihm. Hinter Herkules im Dunkel eine alte Frau.

Bezeichnet links unten auf dem Fußgestelle des Stuhles:

·BAR· SPRANGERS·ANT·FESIT·

Kupfer; h. 24, br. 19 cm. Prov. wie Nr. 1495.

1506. Vulkan und Maja. Vulkan liebkost die entkleidete Maja, die
(E. 1694.) sich, an sein Bein gelehnt, mit der Linken auf den Rand des Bettes stützt, dessen blaue Vorhänge ein kleiner Amor in die Höhe hebt.

Kupfer; h. 23, br. 18 cm. Aus der Rudolfinischen Kunstkammer, 1809 nach Paris und 1815 zurück nach Wien gebracht.

Hans von Achen.

Deutsche Schule. Geb. 1552 zu Köln, gest. am 6. Jänner 1615 zu Prag. Schüler des Kölner Malers Jerrigh, ausgebildet unter dem Einflusse der Italiener. 1592 kaiserlicher Kammermaler.

1507. Die Anbetung der Hirten. Zu Häupten des in der Krippe
(E. 1412.) liegenden Jesuskindes kniet ein Engel; links Maria, rechts ein Hirte mit einem Lamm. Andere Hirten und Frauen umgeben die Gruppe. Oben drei Engel.

Kupfer; h. 24, br. 18 cm. Kunstkammer Rudolfs II.

1508. Ein Mann und zwei Frauen. Eine junge Frau, die eine
(E. 1420.) Sackuhr mit Kette in der linken Hand hält, zwischen einem jungen Manne und einem alten Weibe, das ihr ein Schmuckstück zeigt. Alle drei stehen hinter einem Tische mit Früchten, Karten, Gold etc.

Lindenholz; h. 114, br. 130 cm. Halbe Figuren. In den Zwanzigerjahren dieses Jahrhunderts ins Belvedere gekommen.

1509. Bacchus und Ceres. Ceres, entkleidet, sitzt rechts, vom
(E. 1416.) Rücken gesehen, und reicht Bacchus ein Glas Wein. Er hält eine große Traube in der Linken. Links ein Genius, der Früchte bringt.

Bezeichnet rechts oben auf dem Steinpfeiler: [Monogramm]

L.; h. 163, br. 113 cm. Kunstkammer Kaiser Rudolfs II.

1510. Bathseba. Bathseba, dem Bade entstiegen, trocknet sich mit
(E. 1414.) einem Tuche den linken Fuß ab; eine alte Magd hält ihr einen

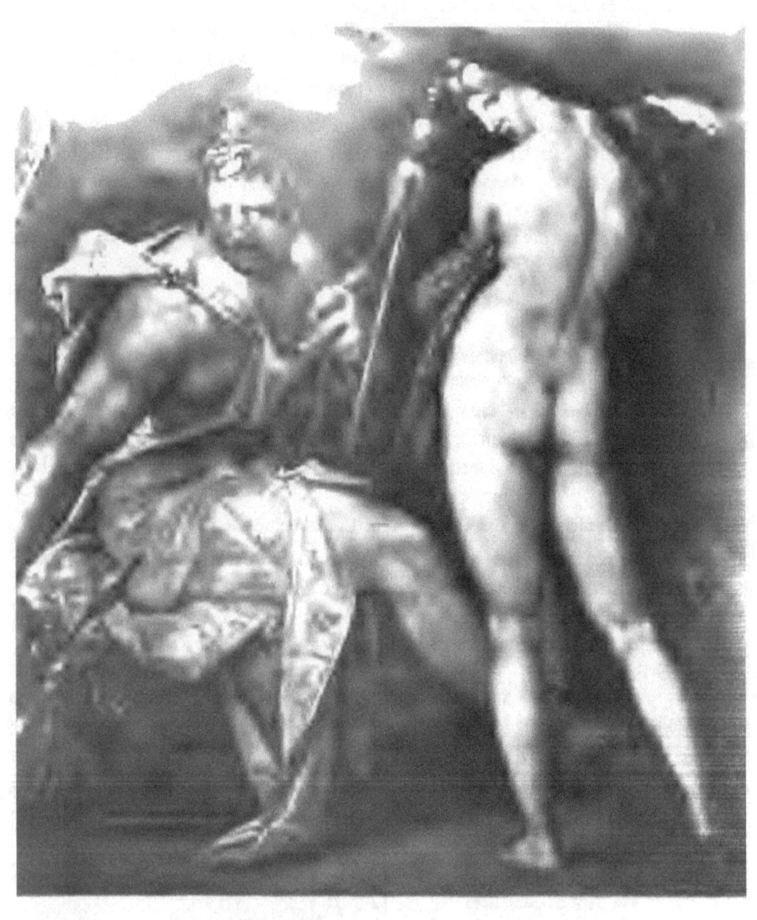

1505. Bartholomäus Spranger.

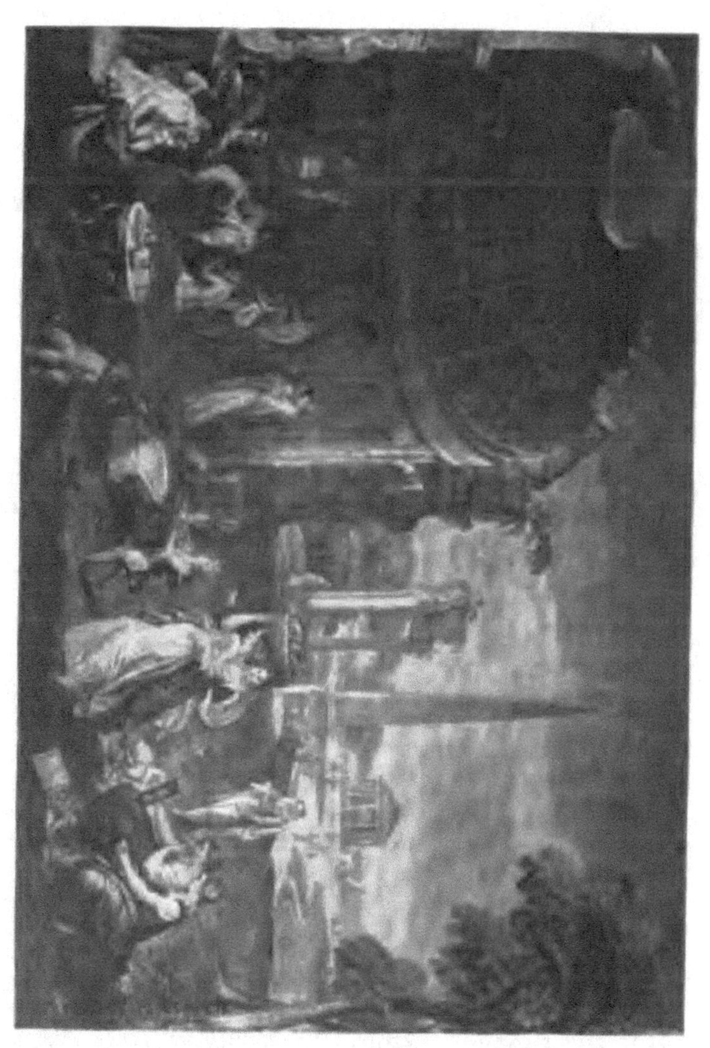

1540. Christoph Schwarz.

Spiegel vor. Im Hintergrunde rechts der Palast, von dessen Dach David zuschaut.

L.; h. 163, br. 113 cm. Schatzkammer-Inventar von 1773.

1511. **Ein junges Paar.** Ein junges Weib zwickt einen Mann ins Ohr.
(E. 1418.) Er schneidet eine Grimasse und zeigt einen Geldbeutel.

L.; h. 63, br. 50 cm. Halbe Figuren. Kat. Mechel, 1783.

1512. **Bacchus, Venus und Cupido.** Bacchus hält mit der Linken
(E. 1415.) ein Glas mit rotem Wein empor und berührt mit der Rechten die Schulter der Venus, die von Cupido umfaßt wird.

Bezeichnet links unten auf der Steinplatte: [Monogramm]

L. auf H.; h. 63, br. 50 cm. Brustbild. Kat. Mechel, 1783.

Johann Rottenhammer (s. Nr. 1526).

1513. **Die Marter des heiligen Georg.** Unten in der Mitte kniet
(E. 1413.) der Heilige, von vielen Personen umgeben; hinter ihm steht der Henker. Oben Maria mit dem Jesuskinde und Heilige.

Kupfer; h. 48, br. 34 cm. Kopie nach dem Originale Paolo Veroneses in S. Giorgio in Braida zu Verona. Samml. Erzh. Leopold Wilhelm. Früher Hans von Achen zugeschrieben.

Hans von Achen (s. Nr. 1507).

1514. **Ein scherzendes Paar.** Eine junge Frau mit entblößtem
(E. 1419.) Busen blickt in einen Spiegel, den ein hinter ihr stehender Mann ihr lachend vorhält.

Kupfer; h. 25, br. 20 cm. Kniestück. Kunstkammer Rudolfs II.

1515. **Jupiter umarmt Antiope.** Antiope sitzt vollständig entkleidet
(E. 1417.) auf einem Steine und wendet sich zurück zu dem in einen Satyr verwandelten Jupiter. Neben ihr steht Cupido.

Kupfer; h. 31, br. 21 cm. Kat. Mechel, 1783. Nach Th. v. Frimmel »eher von Heinz«.

Josef Heinz.

Deutsche Schule. Geb. am 11. Juni 1564 zu Basel, gest. Mitte Oktober 1609 zu Prag. Schüler des Hans von Aachen. 1591 kaiserlicher Kammermaler.

1516. **Die ruhende Venus.** Die entkleidete Venus liegt schlafend
(E. 1562.) auf einem Ruhebette; sie hat die rechte Hand unter den blonden Kopf gelegt und wendet das Gesicht dem Beschauer zu.

Eichenholz; h. 81, br. 151 cm. Wahrscheinlich aus dem Besitze Rudolfs II.

1517. Kaiser Rudolf II. Der Kaiser trägt das goldene Vlies und um
(E. 1570.) den Hals eine weiße Spitzenkrause; der hohe schwarze Hut ist mit Schmuckstücken geziert. (Rudolf, ein Sohn Maximilians II., geboren 18. Juli 1552, König von Ungarn 1572, von Böhmen 1575, römischer König 1575 und Kaiser 1576. Er starb unvermählt am 20. Jänner 1612.)

Kupfer; h. 16, br. 13 cm. Brustbild. Aus der Rudolfinischen Kunstkammer.

1518. Die Kreuzigung. Maria, am Fuße des Kreuzes in Ohnmacht
(E. 1567.) gesunken, wird von den heil. Frauen unterstützt. Rechts steht Johannes mit ausgebreiteten Händen.

Kupfer; h. 33, br. 26 cm. Wahrscheinlich aus der Prager Kunstkammer.

1519. Die Kreuzigung. In der Mitte der Gekreuzigte, links Maria,
(E. 1566.) rechts Johannes; Magdalena umfaßt kniend die Füße des Herrn. Den Grund bildet der schwarze Schiefer.

Schiefer; h. 34, br. 24 cm. Wahrscheinlich aus der Prager Kunstkammer.

1520. Venus und Adonis in einer Laube. Der vom Rücken ge-
(E. 1563.) sehene Adonis umfängt Venus mit beiden Armen. Einer seiner Jagdhunde wird von zwei Amoretten gehalten. Rechts unten Jupiters Adler.

Kupfer; h. 40, br. 31 cm. Wahrscheinlich aus dem Besitze Rudolfs II.

1521. Diana und Aktäon. Aktäon tritt mit seinen Hunden in die
(E. 1565.) Grotte, in welcher links die dem Bade entstiegene Diana sitzt und Wasser nach ihm spritzt. Ihre Nymphen umgeben sie; eine derselben rechts vorne mit einem Strohhute.

Bezeichnet links unten: ΦE.

Kupfer; h. 40, br. 49 cm. Wahrscheinlich aus dem Besitze Rudolfs II.

1522. Venus und Adonis. In einer prächtigen Säulenhalle sitzt links
(E. 1564.) Adonis; neben ihm steht Venus. Im Vordergrunde blumenstreuende Liebesgötter und tanzende Nymphen. Bacchus wird zu dem Ufer des Meeres geführt, auf welchem rechts der Wagen der Venus schwimmt. In der Luft Ganymed, vom Adler getragen.

Bezeichnet auf der Rückseite: Jo Heintz E

Eichenholz; h. 48, br. 71 cm. Wahrscheinlich aus dem Besitze Rudolfs II.

1523. Kopie nach Parmigianinos Bilde (Nr. 62) «Der Bogenschnitzer». Auf der Rückseite in einer Landschaft die Burg der Liebe, zu der Venus auf ihrem Wagen durch die Wolken fährt. Im Vordergrunde Venus im Gespräche mit Amor.

Eichenholz, die Rückseite Leinwand; h. 135, br. 64 cm. Galeriedepot.

1524. Herodias. Nachahmung des Bildes Nr. 1458 «Judith» vom
(E. 1568.) älteren Cranach, jedoch wurde, um das Mädchen als Herodias zu kennzeichnen, ihr das Haupt des Johannes auf der Schüssel beigegeben.

Eichenholz; h. 94, br. 71 cm. Halbe Figur. Aus dem Besitze Rudolfs II.

1525. Der Heiland. Ein Jüngling mit lichtblondem Lockenkopfe, die
(E. 1569.) Weltkugel mit dem Kreuze und ein Zepter in der rechten Hand haltend.

Eichenholz; h. 53, br. 42 cm. Brustbild. Belvedere-Depot. Nach Th. v. Frimmel von Josef Heinz dem Jüngeren.

Johann Rottenhammer.

Deutsche Schule. Geb. 1564 zu München, gest. 1623 zu Augsburg. Schüler seines Vaters Thomas und Johannes Donauers; weiter ausgebildet unter dem Einflusse der Italiener.

1526. Der Sturz der Verdammten zur Hölle. Ein wirres Durch-
(E. 1656.) einander von nackten Figuren und phantastischen Scheusalen, in der Mitte zwei mit Ketten umwundene Weiber.

Eichenholz; h. 47, br. 32 cm. Samml. Erzh. Leopold Wilhelm.

1527. Das jüngste Gericht. Inmitten der dem Grabe Entstiegenen
(E. 1655.) kniet eine nackte Frau, welche ein Engel gen Himmel weist. Oben sitzt Christus; zu seinen Seiten knien Maria und Johannes.

Eichenholz; h. 47, br. 32 cm. Samml. Erzh. Leopold Wilhelm.

1528. Kirchliche Allegorie. Die Menschwerdung und die Erlösung durch seinen Opfertod versinnlichend, schwebt Christus mit den blutenden Wundmalen in einer Engelglorie zur Erde nieder. Letztere, als Weib mit vielen Brüsten dargestellt, sitzt unten zwischen Erdhügeln.

Pappelholz; h. 52, br. 36 cm. Belvedere-Depot.

1529. Der Kampf der Kentauren und Lapithen. Der König
(E. 1658.) Pirithous mit der Keule sucht seine Braut dem trunkenen

Kentaur zu entreißen; rechts die Festtafel und der Kampf der Gäste.

Kupfer; h. 33, br. 44 cm. Schatzkammer-Inventar 1773.

1530. Der bethlehemitische Kindermord. Die Mordszenen füllen
(E. 1654.) den Platz; weiter rückwärts halten Krieger zu Pferd und zu Fuß; in der Mitte des Hintergrundes ein stattliches Gebäude.

Kupfer; h. 56, br. 63 cm. 1728 in der Stallburg.

1531. Die Geburt Christi. In einem verfallenen Säulengebäude steht
(E. 1653.) die Krippe, bei der Maria und zwei Engel knien. Hirten und Frauen füllen den Raum. Rechts der heil. Josef, oben schwebende Engel.

Bezeichnet rechts unten auf einem Steine: 1608 I Rottnhamer F.

Eichenholz; h. 110, br. 77 cm. Samml. Erzh. Leopold Wilhelm.

1532. Die Erweckung des Lazarus. Rechts, mit ausgestreckter
(E. 1657.) Hand, der Heiland, vor dem Maria kniet; Martha, die Apostel und Volk umgeben sie. Links steigt Lazarus aus dem Grabe.

Kupfer; h. 27, br. 37 cm. Samml. Erzh. Leopold Wilhelm.

Franz Stampart.

Vlämische Schule. Getauft am 16. Jänner 1675 zu Antwerpen, wo er 1693 Meister der St. Lucasgilde wurde; gest. 1750 zu Wien. Schüler Gislein van der Sijpens. 1698 kaiserlicher Hofmaler.

1533. Männliches Bildnis. Alter Mann mit langen grauen Haaren,
(E. 1706.) eine schwarze Kappe auf dem Hinterhaupte, mit breitem weißen Halskragen.

L.; h. 50, br. 41 cm. Brustbild. Seit 1824 im Belvedere.

Hans Specart.

Deutsche Schule. Tätig in der zweiten Hälfte des XVI. Jahrhunderts.

1534. Bildnis des Kupferstechers Cornelis Cort (geb. zu Horn
(E. 1693.) in Holland 1530, gest. in Rom 1578), als junger Mann mit krausem Haar und wenig rötlichem Bart. Über dem silberfarbigen Rock trägt er einen schwarzen Mantel.

Bezeichnet rechts im Grunde:

H·SPECART·

L.; h. 61, br. 45 cm. Brustbild. Samml. Erzh. Leopold Wilhelm.

Matthäus Gondolach.

Deutsche Schule. Geb. zu Hessen-Kassel, gest. 1653 zu Augsburg. 1609 kaiserlicher Kammermaler.

1535. (E. 1547.) Die Vermählung der heil. Katharina. Rechts die thronende Maria mit dem Jesuskinde, das der knienden Katharina den Ring reicht. Links stehen die Heiligen Matthias und Helene mit dem von ihr aufgefundenen Kreuze Christi. Es sind die Porträts des Kaisers Matthias und seiner Gemahlin Anna. (Matthias, Sohn Kaiser Maximilians II. und der Maria, Tochter Kaiser Karls V., geboren 24. Februar 1557, König von Ungarn 19. November 1608, von Böhmen 11. April 1611, Kaiser 3. Juni 1612, gestorben 20. März 1619, vermählt 4. Dezember 1611 mit Anna, Tochter Ferdinands von Tirol und der Anna von Mantua, geb. 4. Oktober 1585, gest. 14. Dezember 1618.)

Auf dem Kreuze folgende Schrift:

ΙΗΣΟΥ͂Σ

IESUS

ΧΡΙΣΤΌΣ ΘΕΟΥ͂ ῩΙΌΣ, ΣΩΤἨΡ.

CHRISTVS, DEI FILIVS, SALVATOR.

Bezeichnet in der Mitte auf der untersten Thronstufe: Gondolach F 1614

Kupfer; h. 40, br. 31 cm. 1765 aus der Grazer Kunstkammer gekommen.

Joachim von Sandrart.

Deutsche Schule. Geb. am 12. Mai 1606 zu Frankfurt a. M., gest. 1688 zu Nürnberg. Schüler Äg. Sadelers und Gerard Honthorsts, weiter ausgebildet unter dem Einflusse der Italiener.

1536. (E. 1669.) Allegorie der Nacht. Eine Frau mit mächtigem Flügelpaar in schwarzem Gewande mit Sternen, einen Kranz von Mohnblumen im Haare, bewacht zwei schlafende nackte Kinder. Eines derselben, durch eine Laterne hell beleuchtet, stellt den Traum, das andere, dem Dunkel zugekehrt, den Schlaf vor.

L.; h. 149, br. 124 cm. Belvedere-Depot.

1537. Archimedes mit einem Zirkel die Figuren in einem vor ihm
(E. 1667.) liegenden Buche messend.

Bezeichnet rechts auf dem Buche: J. Sandrart de Stockau f. 1651

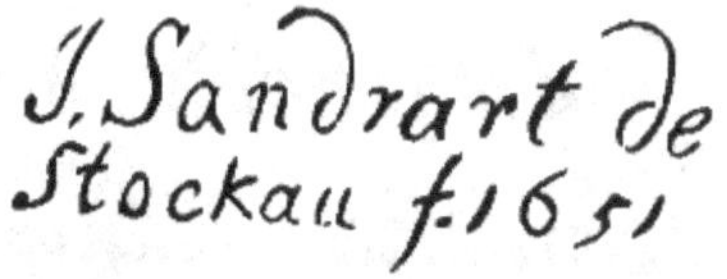

L.; h. 136, br. 110 cm. Kniestück. Vom Pfalzgrafen Philipp Wilhelm von Neuburg dem Erzherzog Leopold Wilhelm und von diesem wieder dem Kaiser Ferdinand III. geschenkt, worauf es in der Prager Kunstkammer aufgestellt wurde. Kam 1809 nach Paris und 1815 wieder nach Wien zurück.

1538. Minerva und Saturn beschützen Kunst und Wissen-
(E. 1668.) schaft. Rechts Pallas mit Helm und Panzer, neben ihr Saturn mit der Sense.

Bezeichnet auf dem unteren Rande des Schildes:

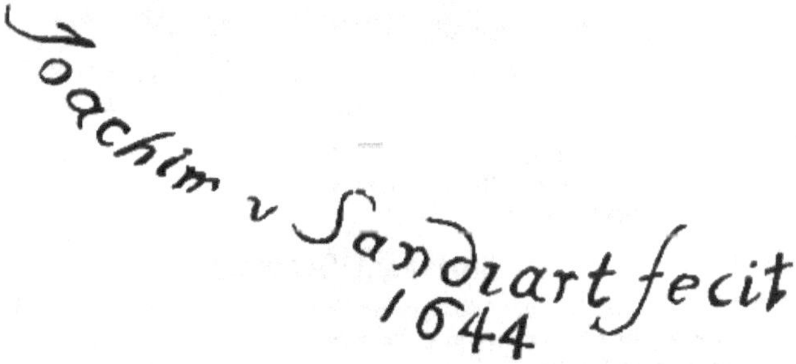

Joachim v Sandrart fecit 1644

L.; h. 146, br. 202 cm. Kniestück. Samml. Erzh. Leopold Wilhelm.

1539. Die Vermählung der heil. Katharina. Maria, unter Bäumen
(E. 1666.) sitzend, hält das Jesuskind, welches der rechts knienden heil. Katharina den Ring an den Finger steckt. Weiter rückwärts links der heil. Leopold von Österreich und der heil. Wilhelm.

Bezeichnet links unten:

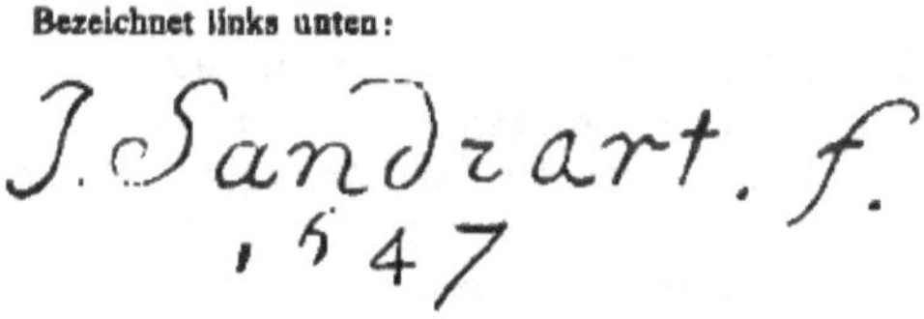

J. Sandrart. f. 1647

Auf der Rückseite die Schrift:

Leopoldo Wilhelmo
Reuerendissimo Episcopo Argentoratensi &
Serenissimo Archiduci Austriæ &c.
Domino Suo Clementissimo
Hanc imaginem pingebat, & Submissime
D. D. D.
Eiusdem Serenitatis
Ig nus & deuotissimus Seruus
Joachimus Sandrart
ab Stockaw

Ahornholz; h. 74, br. 57 cm. Für den Erzh. Leopold Wilhelm gemalt, der es dem Kaiser Ferdinand III. für die Prager Kunstkammer schenkte. 1809 nach Paris, 1815 zurück nach Wien gebracht.

Christoph Schwarz.

Deutsche Schule. Geb. 1550 bei Ingolstadt, gest. um 1597 zu München. Schüler Melchior Bocksbergers; weiter ausgebildet unter dem Einflusse der großen venezianischen Meister.

1540. (E. 86.) Ein Frauenbad. Links Einblick in das Innere eines verfallenen antiken Kuppelbaues mit einem Wasserbecken, in dem Frauen baden. Rechts Fernsicht in eine Landschaft. Frauen schreiten dem Bade zu, andere sind mit ihrem Anzuge beschäftigt.

L.; h. 102, br. 150 cm. Prager Inventar. Wurde früher dem »Paris Bordone(?)« zugeschrieben.

1541. (E. 1689.) Der Tod des Adonis. Der verwundete Adonis liegt auf der Erde. Venus kniet bei ihm, zwei Nymphen klagen mit ihr. Von links kommt Cupido. In der Ecke links die beiden Hunde des Adonis.

L.; h. 114, br. 149 cm. Prager Inventar von 1718.

1542. Die Geißelung Christi. Der entkleidete Heiland steht an eine (E. 1688.) Säule gebunden; auf jeder Seite ein Knecht, die Rute schwingend. Im Hintergrunde ein Gebäude mit breiter Freitreppe.

L.; h. 51, br. 42 cm. 1728 in der Stallburg.

1543. Die Grablegung. Maria, hinter dem Grabe stehend, hält die (E. 550.) linke Hand des Heilandes; Magdalena küßt seine Rechte. Josef von Arimathäa unterstützt das Haupt des Gekreuzigten.

Lindenholz; h. 67, br. 51 cm. 1728 in der Stallburg. Wurde früher als »Venezianisch, Mitte des XVI. Jahrhunderts« bezeichnet.

1544. Das jüngste Gericht. In den Wolken thront Gott Vater; (E. 1687.) Christus und Maria knien zu beiden Seiten. Links empfängt Petrus die klugen Jungfrauen mit ihren brennenden Lämpchen, rechts verwehrt Paulus den törichten den Eintritt in den Himmel. Zwischen den beiden Scharen der Engel mit Ölzweig und Flammenschwert.

Zinn; h. 89, br. 67 cm. Kat. Mechel, 1783 als Gerard van der Maire. Th. v. Frimmel bezweifelt wohl mit Recht die gegenwärtige Benennung und teilt das Bild der Wiener Schule um 1550 zu.

Tobias Pock.

Deutsche Schule. Geb. um 1609 zu Konstanz, gest. zu Wien am 6. Dezember 1683.

1545. Häusliche Szene. Ein blaugekleideter Knabe, rechts bei Tische (E. 1638.) sitzend, läßt einen Hund seinen Teller ablecken. Hinter ihm steht die Magd, ihm gegenüber die Köchin.

Bezeichnet links in mittlerer Höhe: Tobias Pock. F: 1662

L.; h. 144, br. 177 cm. Kniestück. Samml. Erzh. Leopold Wilhelm.

1546. Die Marter der heil. Dorothea. Von vielen Menschen um- (E. 1637.) geben, kniet die Heilige; vor ihr steht der Priester; links der König auf hohem Throne, rechts der Henker. In der Höhe Engel, die Blumen bringen.

L.; h. 79, br. 66 cm. 1781 im Belvedere.

Johann Peter Brandel.

Deutsche Schule. Geb. 1668 zu Prag, gest. 1739 zu Kuttenberg. Schüler Christian Schröders.

1547. Ein altes Weib hält mit der halberhobenen Linken ein Paar
(E. 1461.) Würste in einem zerrissenen Tuche.

L.; h. 64, br. 51 cm. Brustbild. Belvedere-Depot.

1548. Trunkenbold. Der singende graubärtige Mann hält einen
(E. 1460.) zinnernen Deckelkrug in der Linken.

L.; h. 64, br. 51 cm. Brustbild. Belvedere-Depot.

1549. Die Ehebrecherin vor Christus. Links der Heiland mit er-
(E. 1459.) hobener Rechten, vor ihm die Ehebrecherin mit turbanartigem Schleier. Die Schriftgelehrten stehen im Dunkel des Hintergrundes.

L.; h. 115, br. 130 cm. Kniestück. 1728 in der Stallburg.

Johann Karl Loth.

Deutsche Schule. Geb. 1632 zu München, gest. am 6. Oktober 1698 zu Venedig. Schüler seines Vaters Johann Ulrich; weiter ausgebildet unter dem Einflusse Caravaggios und Pietro Liberis.

1550. Jupiter und Merkur bei Philemon und Baucis. Rechts
(E. 272.) sitzt Jupiter an dem Tische; Merkur, halb vom Rücken gesehen, spricht zu ihm. Philemon bringt Wein herbei und Baucis sucht die Gans zu fangen.

L.; h. 178, br. 252 cm. Samml. Erzh. Leopold Wilhelm.

1551. Jakob segnet die Söhne des Josef. Der sterbende Jakob,
(E. 271.) fast unbekleidet, erhebt die rechte Hand gegen Ephraims Haupt. Josef faßt sie, um sie auf Manasses Haupt zu legen. Hinter den beiden Knaben ihre Mutter.

L.; h. 158, br. 158 cm. Kniestück. Kunstbesitz Karls VI.

Max Handel.

Deutsche Schule. Geb. 1696 in Böhmen, gest. 1758 zu Wien.

1552. Bildnis eines bejahrten Mannes, mit kleinem Schnurr-
(E. 1556.) und Knebelbart und langem Haar, schwarzem Kleid mit weißem Kragen.

L.; h. 50, br. 41 cm. Brustbild. Kat. Mechel, 1783.

1553. Bildnis eines Mannes. Der junge, bartlose Mann, mit blon-
(E. 1555.) dem gelockten Haar, trägt ein schwarzes Kleid mit weißer Halskrause.

L.; h. 50, br. 40 cm. Brustbild. 1728 in der Stallburg.

Daniel Gran.

Wiener Schule. Geb. 1694 zu Wien, gest. 1757 zu St. Pölten. Schüler Franz d. P. Fergs, Sebastiano Riccis und Francesco Solimenas.

1554. Dianas Aufnahme in den Olymp. In der Mitte in einer Mondglorie steht ein Thron. Jupiter und Juno laden Diana ein, ihn einzunehmen. Rundherum Szenen aus dem Jagdleben der Göttin. (Skizze für einen al fresco gemalten Plafond im kaiserlichen Schlosse Eckartsau im Marchfelde.)

L.; h. 76, br. 110 cm. 1889 von Frau Therese v. Raymond gekauft.

1555. (E. 1549.) Christus auf dem Ölberge. Christus kniet mit ausgebreiteten Armen im Gebete. Der niederschwebende Engel bringt den Kelch. Rechts die schlafenden Jünger.

L.; h. 271, br. 168 cm. Belvedere-Depot.

1556. (E. 1548.) Die heil. Familie. Maria sitzt in der Mitte eines reichen Gemaches und hält das Jesuskind auf dem Schoße, das von dem knienden heil. Josef einen Korb mit Blumen erhält. Vier Cherubim in den Wolken.

L.; h. 106, br. 81 cm. Kat. Mechel, 1783.

1557. Die heil. Elisabeth. Die Heilige tritt von rechts aus der Kirche und wird auf den Stufen des Portales von Armen jeden Alters und Geschlechtes umringt, die sie mit Almosen beteilt. Oben eine Engelglorie. (Skizze zu dem rechten Seitenaltarbilde in der Karlskirche in Wien.)

L.; h. 94, br. 52 cm. 1889 von Engelbert Fritschner in Wien angekauft. Vormals im Besitze des Malers Ranftl.

Johann Martin Schmidt (Kremser Schmidt).

Wiener Schule. Geb. am 25. September 1718 zu Grafenwörth bei Krems, gest. am 28. Juni 1801 zu Stein bei Krems. Schüler Gottlieb Starmayrs; ausgebildet unter dem Einflusse der italienischen Meister.

1558. (E. 1677.) Die Kreuzigung. In der Mitte der Gekreuzigte. Magdalena umfängt seine Füße, Maria ist zu Boden gesunken. Links vorne wird der eine Schächer herbeigeführt; der andere weiter rückwärts wird ans Kreuz genagelt; rechts ein Krieger auf einem Schimmel.

L.; h. 55, br. 39 cm. Skizze zum großen Altarbilde im Wallfahrtsorte Maria Taferl an der Donau. Gekauft 1875.

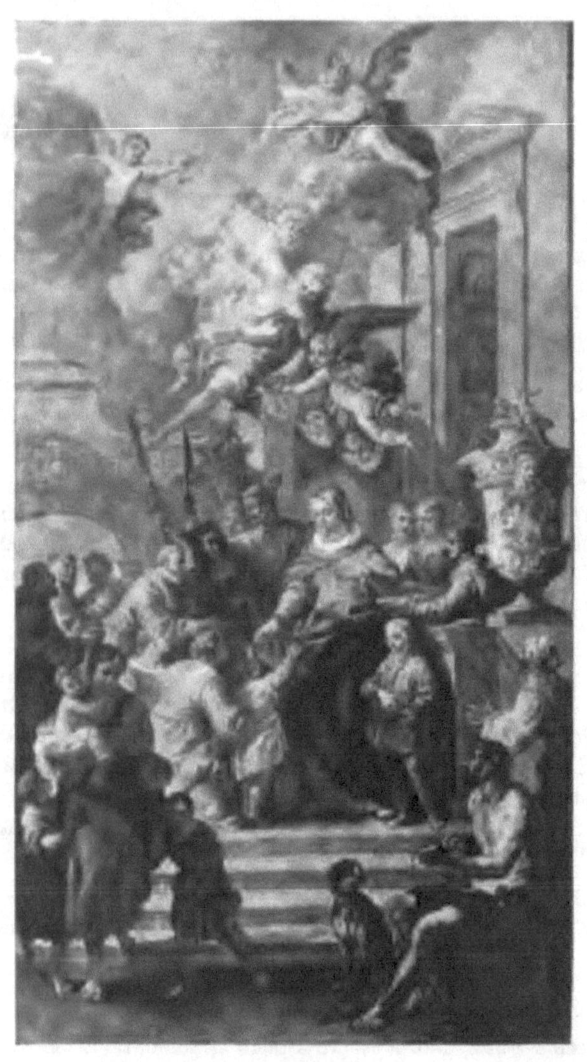

1557. Daniel Gran.

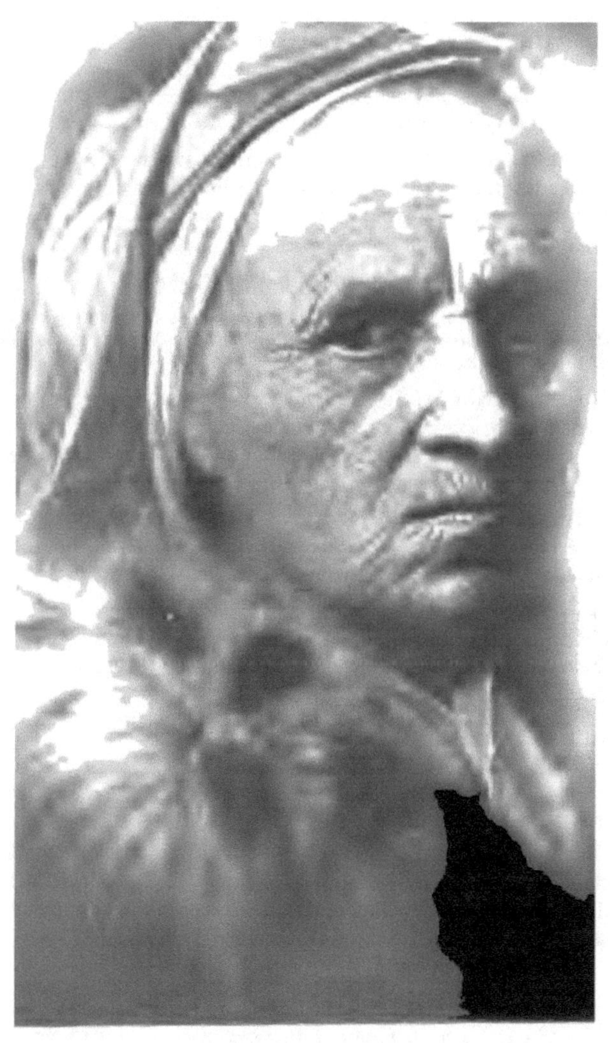

1582. Balthasar Denner.

1559. Christus und die Samariterin. Links ein großer Re-
(E. 1678.) naissancebrunnen mit wasserspeiendem Delphin, an dem Christus im Gespräche mit der Samariterin sitzt.

L.; h. 45, br. 68 cm. Erworben 1878.

1560. Christus heilt den Blinden. Am Eingange eines verfallenen
(E. 1679.) Gebäudes rechts sitzt der Blinde. Christus, gefolgt von seinen Jüngern, berührt das Auge des Flehenden.

L.; h. 45, br. 68 cm. Erworben 1878.

Christian Seybold (Seibold).

Wiener Schule. Geb. 1703 zu Mainz, gest. am 29. September 1768 zu Wien als kaiserlicher Kammermaler. Nachahmer Balthasar Denners. Assoziierter der Wiener Akademie.

1561. Bildnis eines Mädchens; das mattblonde Haar mit weißem
(E. 1692.) Bande leicht gebunden, das weiße Gewand vorne geöffnet. Ein Perltropfen hält den leichten Schal an der linken Schulter.

Kupfer; h. 41, br. 32 cm. Brustbild. Kat. Mechel, 1783.

1562. Bildnis eines Mädchens; das weißgepuderte Haar zurück-
(E. 1691.) gekämmt und mit blauem Bande gebunden; auf der rechten Schulter ein großer Perltropfen, den lichtblauen Schal haltend.

Kupfer; h. 39, br. 30 cm. Brustbild. Kat. Mechel, 1783.

1563. Bildnis eines Jünglings. Unter seiner grauen Mütze quillt
(E. 1690.) lockiges Haar hervor. Hinter dem rechten Ohre steckt eine Feder, das Hemd ist vorne geöffnet.

Kupfer; h. 41, br. 32 cm. Brustbild. Kat. Mechel, 1783.

Franz Wagenschön.

Wiener Schule. Geb. am 2. September 1726 zu Wien, gest. 1796 zu Prag. Schüler Peter Brandels (?). Mitglied der Wiener Akademie.

1564. Christi Auferstehung. Der Heiland in blaßrotem Mantel steigt aus dem Grabe empor, welches der Engel geöffnet hat. Zwei der Wächter schlafen, ein dritter erwacht und greift nach seiner Hellebarde. (Skizze zu einem Altarbilde.)

L.; h. 86, br. 61 cm. Erworben 1877.

Franz Werner Tamm.

Wiener Schule. Geb. 1669 zu Hamburg, gest. am 12. Dezember 1724 zu Wien als »kaiserlicher Hof-Theatralmaler«. Schüler Th. van Soestens und Joh. Pfeiffers, weiter ausgebildet durch Mario de' Fiori.

1565. Hausgeflügel. Ein großer Truthahn, zwischen Hühnern ste-
(E. 1719.) hend, schlägt ein Rad. Rechts vorne ein weißes Kaninchen.

L.; h. 137, br. 186 Cm. Kat. Mechel, 1783. Kam 1809 nach Paris und 1815 wieder zurück nach Wien.

1566. Blumen und Früchte. In einer Schale ein großer Blumen-
(E. 1723.) strauß, in dessen Mitte eine Sonnenblume. Vorne unten verschiedene Früchte, darunter ein paar Granatäpfel. In dem dunklen Hintergrunde links ein Wasserspeier.

L.; oval; h. 109, br. 154 Cm. Seit 1824 in der Galerie.

1567. Blumen und Früchte. Auf einer Steinplatte steht eine große,
(E. 1722.) niedere Vase mit einem bunten Blumenbukett. Vorne liegt eine große aufgebrochene Wassermelone.

L.; h. 109, br. 154 Cm. Seit 1824 in der Galerie.

1568. Jagdbeute. Ein Jäger in rotem Rock kniet auf der Erde und
(E. 1724.) hebt einen toten Hasen in die Höhe; hinter ihm rechts ein Junge mit einem Vogel.

L.; h. 122, br. 173 Cm. Kat. Rosa, 1804.

1569. Blumen. Eine Vase, inmitten verschiedener Früchte, mit einem
(E. 1720.) reichen Blumenstrauße. Im Vordergrunde ein Lilienzweig.

L.; h. 124, br. 119 Cm. Seit 1824 in der Galerie.

1570. Totes Wild, von einem Jagdhunde bewacht. Ein Reh,
(E. 1718.) dann Enten und anderes Geflügel, als Jagdbeute bei einem Baumstamme liegend. Links sitzt ein gefleckter Hund.

Bezeichnet rechts am Felsen: Fr. v. Tam. fe A° 1706

L.; h. 137, br. 187 Cm. Kat. Mechel, 1783.

Franz Joachim Beich.

Münchener Schule. Geb. 1665 zu Ravensburg, gest. 1748 zu München. Schüler seines Vaters Wilhelm Beich, weiter ausgebildet unter dem Einflusse G. Poussins, Claude Lorrains und Salvator Rosas.

1571. Landschaft mit Reitertruppen. Reiter ziehen links durch
(E. 1446.) den Wald. Im Mittelgrunde kommt eine zweite Reiterschar aus einem befestigten Orte.

L.; h. 105, br. 181 Cm. Kat. Mechel, 1783.

1572. **Gebirgslandschaft mit Wasserfall.** Die Gegend erinnert
(E. 1445.) an Tivoli bei Rom. Links zur Falkenjagd reitende Orientalen.

L.; h. 105, br. 181 cm. Kat. Mechel, 1783.

Peter Strudel von Strudendorff.

Wiener Schule. Geb. 1660 zu Cles in Tirol, gest. 1714 zu Wien. Schüler Karl Loths. 1689 Wiener Hofmaler. Begründete 1692 die Wiener Akademie.

1573. **Putti mit Blumen und Früchten.** In der Mitte ein flatterndes
(E. 1714.) Spruchband. (Blumen und Früchte von Werner Tamm gemalt.)

L.; h. 110, br. 127 cm. Für den kaiserlichen Hof gemalt.

1574. **Putti mit Blumen und Früchten.** Einer hält ein flatterndes
(E. 1717.) Spruchband. (Blumen und Früchte von Werner Tamm gemalt.)

L.; h. 110, br. 127 cm. Prov. wie Nr. 1573.

1575. **Putti mit Blumen und Früchten.** Einer darunter ein Spruch-
(E. 1715.) band haltend. (Blumen und Früchte von Werner Tamm gemalt.)

L.; h. 110, br. 127 cm. Prov. wie Nr. 1573.

1576. **Putti mit Blumen und Spruchband.** (Die Blumen von
(E. 1716.) Werner Tamm gemalt.)

L.; h. 110, br. 127 cm. Prov. wie Nr. 1573.

1577. **Die Beweinung Christi.** Der Leichnam Christi ruht im Schoße
(E. 1713.) Mariens; seine Rechte wird von Magdalena geküßt; ihm zu Häupten betet Johannes; vorne rechts Nicodemus.

L.; h. 144, br. 181 cm. Kniestück. Kat. Mechel, 1783.

Karl Andreas Ruthart.

Deutsche Schule. Tätig zwischen 1663 und 1672, 1663—1664 Meister der Gilde von Antwerpen.

1578. **Eine Hirschjagd.** Im Vordergrunde springt ein Hirsch über
(E. 1663.) das Wasser, verfolgt von zwei Reitern und ihren Hunden.

Bezeichnet rechts unten: CRH

L.; h. 64, br. 47 cm. Samml. Erzh. Leopold Wilhelm.

Johann Kupetzky.

Deutsche Schule. Geb. 1667 zu Bösing bei Preßburg, gest. 1740 zu Nürnberg. Schüler Benedikt Klaus' von Luzern, weiter ausgebildet in Italien. Assoziierter der Wiener Akademie.

1579. Selbstporträt. Der 42 Jahre alte Meister sitzt an der Staffe-
(E. 1602.) lei, auf der ein männliches Porträt steht. Er hält Pinsel und Palette und wendet den Kopf mit der roten Pelzmütze dem Beschauer zu.

Bezeichnet links unten auf dem Malkasten:

Iohan. Kupezkÿ Pinxit. 1709

L.; h. 94, br. 74 cm. Halbe Figur. Kat. Mechel, 1783.

Josef Hauzinger.

Wiener Schule. Geb. 1728 zu Wien, wo er 1786 starb. Schüler Paul Trogers an der Wiener Akademie.

1580. Nachahmung eines Bronzereliefs. Acht nackte Kinder spie-
(E. 1561.) len mit einem Bocke. (Komposition des Fiamingo.)

Bezeichnet links unten: J. Hauzinger P:

L.; h. 101, br. 149 cm. Mechel gibt in seinem Katalog von 1783 die obige Signatur mit dem Datum 1781 an.

Johann Gottfried Auerbach.

Wiener Schule. Geb. am 28. Oktober 1697 zu Mühlhausen in Sachsen, gest. am 3. August 1753 zu Wien. Tätig in Wien ungefähr seit 1716. 1735 Hofmaler, 1750 Mitglied der Akademie.

1581. Kaiser Karl VI. steht neben einem Tische, auf welchem Krone
(E. 1442.) und Zepter liegen, und ergreift das letztere mit der Rechten. Er trägt eine goldbrokatene Staatskleidung mit blauen Schleifen und ein schwarzes Barett mit blauen Federn auf der Alongeperrücke. (Karl, der zweite Sohn Leopolds I., geb. 1. Oktober 1685, König von Spanien 12. September 1703, Kaiser 12. Oktober 1711, König von Ungarn 22. Mai 1712, gest. am 20. Oktober 1740.)

L.; h. 236, br. 250 cm. Kat. Mechel, 1783.

Balthasar Denner.

Deutsche Schule. Geb. am 15. November 1685 zu Hamburg-Altona, gest. 1749 zu Rostock. Studierte seit 1707 an der Berliner Akademie.

1582. Eine alte Frau. Sie trägt einen Silberluchspelz und auf dem
(E. 1495.) Kopfe ein gelbschillerndes Seidentuch.

L.; h. 37, br. 31·5 cm. Brustbild. Gemalt in London 1721. Gekauft von Kaiser Karl VI.

1583. Ein alter Mann. Frischgefärbtes Gesicht mit weißem Stoppel-
(E. 1496.) bart, lange weiße, in der Mitte geteilte Haare, dunkles Pelzgewand.

Bezeichnet links unten:

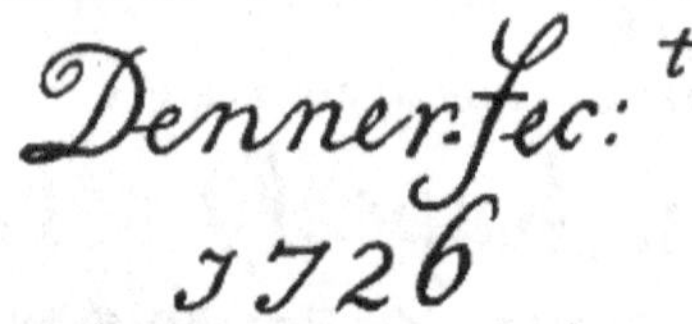

L.; h. 37, br. 31·5 cm. Brustbild. Karl VI. bestellte bei Denner das Bild als Seitenstück zum vorhergehenden.

Martin Knoller.

Wiener Schule. Geb. am 8. November 1725 zu Steinach in Tirol, gest. am 24. Juli 1804 zu Mailand. Schüler des Innsbrucker Malers Pögel, weiter ausgebildet an der Wiener Akademie unter Paul Troger, 1791 Mitglied der Wiener Akademie.

1584. Bildnis des Malers Josef Rosa in blauem Rock, die rechte
(E. 1595.) Hand mit der Kreide auf ein Portefeuille legend.

Bezeichnet rechts unten: *Knoller F. 1791.*

L.; h. 83, br. 64 cm. Halbe Figur. Kat. Rosa 1804.

1584 a. Die Grundsteinlegung des Konkordiatempels in Laxenburg durch Kaiser Franz und dessen zweite Gemahlin Maria Theresia im Jahre 1795.

Bezeichnet unten etwas links von der Mitte auf einem Stein:

Mart. Knoller F.
1795.

L.; h. 119, br. 172 cm. Erworben 1897 aus Nowo Minsk in Rußland.

Antonio Pellegrini.

Venezianische Schule. Geb. am 29. April 1675 zu Venedig, wo er am 5. November 1741 starb. Schüler Gengas und Paul Paganos.

1585. Christus heilt den Gichtbrüchigen. Der Heiland spricht zu dem rechts sitzenden hinfälligen Mann, der, umgeben von den Seinigen, seine Krücken fallen läßt und im Begriffe ist, sich zu erheben. Links die den Heiland begleitenden Apostel; in der Luft eine Engelglorie. (Skizze zu dem linken Seitenaltarbilde in der Karlskirche zu Wien.)

L.; h. 94, br. 52 cm. 1889 von Engelbert Fritschner in Wien angekauft. Ehemals im Besitze des Malers Ranftl.

Johann Franz Michael Rottmayr von Rosenbrunn.

Wiener Schule. Geb. 1660 zu Laufen, gest. am 25. Oktober 1730 zu Wien. Schüler Karl Loths.

1586. Iphigenia in Aulis. Die dem Tode geweihte Iphigenia kniet entkleidet in der Mitte; hinter ihr steht ein Krieger mit dem Dolch, rechts der greise Kalchas. In den Wolken erscheint Diana, auf den Hirsch deutend, der statt der Jungfrau geopfert werden soll.
(E. 1659.)

L.; h. 205, br. 135 cm. Seit 1781 im Belvedere.

Ignaz Stern (Stella).

Deutsche Schule. Geb. 1698 zu Ingolstadt, gest. 1746 zu Rom. Schüler Carlo Cignania.

1587. Maria mit dem heil. Kinde und Johannes. Das Jesuskind hält Kirschen in der Hand; Maria reicht ihm die Brust; der kleine Johannes küßt es.
(E. 1707.)

L.; h. 89, br. 74 cm. Kat. Mechel, 1783.

Martin Altomonte (Hohenberg).

Deutsche Schule. Geb. am 8. Mai 1657 zu Neapel, gest. am 24. September 1745 im Heiligenkreuzerhof in Wien. Schüler Giov. B. Gaulli, weiter ausgebildet unter Carlo Maratta.

1588. Christus am Kreuze. Am Fuße des Kreuzes kniet Magdalena, dasselbe mit der linken Hand umfangend. Im Hintergrunde rechts zwischen Bergen ein Teil der Stadt Jerusalem.
(E. 1430.)

Bezeichnet rechts unten:

M: Altomonte

1589. Susanna und die beiden Alten. Sie sitzt rechts am Rande
(E. 1429.) des Bassins, vom Rücken gesehen. Der eine Alte faßt sie am Arme und am Gewande, der andere gebietet ihr zu schweigen.

Bezeichnet unten rechts auf dem Steinsockel:

Mar: Altomonte. Fecit 1709

L.; h. 132, br. 107 cm. Vom Künstler selbst gekauft.

Johann Zoffani (Zauffely).

Deutsche Schule. Geb. 1733 zu Regensburg, gest. 1788 in Ostindien. Schüler des Regensburger Malers Scheer, ausgebildet unter dem Einflusse der großen italienischen Meister.

1590. Bildnis der Erzherzogin Maria Christina, Tochter der
(E. 1733.) Kaiserin Maria Theresia (geb. 13. Mai 1742, vermählt 8. April 1766 mit Herzog Albrecht von Sachsen-Teschen, gest. 24. Juni 1798). Sie sitzt und hält ein Bologneserhündchen auf dem Schoße.

L.; h. 131, br. 94 cm. Kniestück. Kat. Mechel, 1783.

1591. Vier Enkelkinder der Kaiserin Maria Theresia. Von den sechs Kindern Ferdinands von Parma und der Maria Amalia (Tochter der Maria Theresia) sind hier die vier ältesten in weißer Kleidung dargestellt. Rechts steht Ludwig (geb. 5. Juli 1773, König von Etrurien 1801, gest. 27. Mai 1803) mit dem goldenen Vlies am Bande, die Hand auf die Schulter seiner Schwester Marie Antonie (geb. 28. Nov. 1774, gest. zu Rom als Äbtissin der Ursulinerinnen 20. Februar 1841) legend. Hinter dieser Gruppe lehnt eine weißblaue Fahne mit weißen und blauen Lilien. Links sitzt Karoline (geb. 22. Nov. 1770, vermählt 1792 mit Maximilian von Sachsen, gest. 1. März 1804), an der ein kleiner brauner Windhund emporspringt. Neben ihr im Kinderstuhle, mit einer Puppe spielend, Charlotte (geb. 7. Sept. 1777, gest. 1825). Auf dem Tische links liegt ein Brief mit der Aufschrift: «A L'Imperatrice Reine Ma Dame, et Grand Mere.»

(Nach dem Alter der Kinder dürfte das Bild im Jahre 1778 gemalt sein.)

L.; h. 159, br. 185 cm. Alter kaiserl. Familienbesitz.

1592. Großherzog Leopold von Toskana und seine Familie.
(E. 1734.) Leopold (Sohn der Kaiserin Maria Theresia, geb. 5. Mai 1747, als Kaiser Leopold II. 30. September 1790, gest. 1. März 1792) steht neben seiner Gemahlin Maria Ludovica, umgeben von acht seiner Kinder, und stützt die rechte Hand auf die Lehne des Sessels. Maria Ludovica (Tochter König Karls III. von Spanien, geb. 24. November 1745, vermählt 5. August 1765, gest. 15. Mai 1792) hält auf ihrem Schoße den kleinen Erzherzog Josef, späteren Palatin von Ungarn (geb. 9. März 1776, gest. 13. Jänner 1847). Zu ihren Füßen auf dem Boden sitzend Erzherzog Leopold (geb. 14. August 1772, gest. 12. Juli 1795), der mit einem schwarzen Hunde spielt. Links steht, lichtblau gekleidet, die Erzherzogin Theresia (geb. 14. Jänner 1767, vermählt 18. Oktober 1787 mit Anton Klemens Theodor, späteren König von Sachsen, gest. 7. November 1827). Sie faßt mit der Linken die Hand des neben ihr stehenden Bruders Erzherzogs Karl, des nachmaligen General-Feldmarschalls (geb. 5. September 1771, gest. 30. April 1847). Zwischen diesem Paare und der Großherzogin sieht man, auf einem Kinderstuhle sitzend, die kleine Erzherzogin Maria Klementine (geb. 24. April 1777, vermählt 25. Juni 1797 mit Franz I., König beider Sizilien, gest. 15. November 1801). Neben ihr, eine weiße Taube in den Händen haltend, die Erzherzogin Maria Anna (geb. 21. April 1770, gest. 1. Oktober 1809). Rechts stehen die Erzherzoge Franz und Ferdinand. Franz (geb. 12. Februar 1768, Kaiser 7. Juli 1792, gest. 2. März 1835) ist rot gekleidet und trägt das Vlies in Brillanten. Ferdinand (geb. 6. Mai 1769, Großherzog von Toskana 21. Juli 1790, gest. 18. Juni 1824) ist lichtgrün gekleidet und trägt das Vlies am Bande. Im Hintergrunde links Aussicht auf die Boboligärten. (Gemalt 1775—1778 zu Florenz.)

L.; h. 325, br. 398 cm. Alter kaiserl. Familienbesitz.

Martin von Meytens (Mytens).

Wiener Schule. Geb. am 24. Juli 1695 zu Stockholm, gest. am 23. März 1770 zu Wien. Schüler seines Vaters Peter Martin. Wurde 1732 kaiserlicher Kammermaler, 1759 Direktor der Wiener Akademie.

1593. (E. 1623.) Selbstporträt. Der Künstler, polnisch gekleidet, ist im Begriffe, den Säbel zu ziehen.

L.; h. 93, br. 77 cm. Halbe Figur. Kat. Mechel, 1783.

Johann Kupetzky (s. Nr. 1579).

1594. (E. 1601.) Bildnis einer Frau mit einem Knaben. Die sitzende Frau legt die rechte Hand auf die Schulter des Knaben, der, neben ihr stehend, ein männliches Bildnis in den Händen hält.

L.; h. 137, br. 109 cm. Kniestück. Geschenk des Fürsten Kaunitz 1780.

Anton Feistenberger der Ältere.

Wiener Schule. Geb. 1678 zu Kitzbühel in Tirol, gest. angeblich 1722 zu Wien (kommt jedoch in den Totenprotokollen der Stadt Wien in den Jahren 1716—1748 nicht vor). Schüler von Bouritsch, weiter ausgebildet unter dem Einflusse der beiden Poussin und Salvator Rosas.

1595. (E. 1538.) Berglandschaft. Rechts ein Wasserfall, links ein hoher Baum. Reisende werden überfallen. Ein Reiter im roten Rocke jagt hilferufend den Weg herab.

L.; h. 161, br. 228 cm. Seit 1781 in der Galerie.

Anton Raphael Mengs.

Deutsche Schule. Geb. am 12. März 1728 zu Aussig, gest. am 29. Juni 1779 zu Rom. Schüler seines Vaters Ismael Mengs. Ausgebildet unter dem Einflusse der italienischen Malerei. Hofmaler in Dresden.

1596. (E. 1615.) Der heil. Josef, vom Engel gemahnt. Der Heilige sitzt schlummernd, das Haupt in die rechte Hand gestützt. Zu seiner Linken sieht man den Engel.

Eichenholz; h. 114, br. 86 cm. Kniestück. Seit 1796 im Belvedere.

1597. (E. 1613.) Mariä Verkündigung. Maria kniet links mit ausgebreiteten Armen am Betpult; von rechts kommt der Engel; über ihrem Haupte der heilige Geist als Taube; ganz oben Gott Vater, von Engeln umgeben.

L.; h. 372, br. 240 cm. 1816 in Rom gekauft.

1598. (E. 1614.) Maria mit dem Kinde. Sie hält mit beiden Händen das auf ihrem linken Arme sitzende Jesuskind. Auf jeder Seite ein Engel.

Nußholz; h. 112, br. 86 cm. Kniestück. Seit 1796 im Belvedere.

1599. (E. 1616.) Der Apostel Petrus sitzt en face auf einem steinernen Stuhle, deutet mit der rechten Hand nach oben und hält mit der linken Buch und Schlüssel auf dem Knie.

L.; h. 148, br. 114 cm. Kat. Mechel, 1783.

1600. Bildnis der Infantin Maria Ludovica. Die Infantin steht (E. 1617.) in weißem Atlaskleide, mit emporgekämmten gepuderten Haaren und hält mit der Rechten die Schließe des Armbandes der Linken, auf welchem das Porträt des Großherzogs Leopold sichtbar ist. (M. L. war die Tochter König Karls III. von Spanien und der Maria Amalia, Augusts III. von Polen Tochter, geboren am 24. November 1745, vermählt am 5. August 1765 mit dem Großherzog Leopold von Toskana, nachmaligem Kaiser Leopold II., gestorben am 15. Mai 1792.)

L.; h. 85, br. 65 cm. Halbe Figur. 1797 angekauft.

1601. Die Infantin Maria Theresia von Neapel, als Kind von (E. 1618.) beiläufig vier Jahren, ein weißes Häubchen auf dem Kopfe, neben einem Stuhle stehend, auf dessen Polster sie die rechte Hand legt. (Die Infantin ist die Tochter Ferdinands (IV.) I. von Neapel und Sizilien und der Maria Karolina, Kaiser Franz' I. und der Kaiserin Maria Theresia Tochter, geb. 6. Juni 1772; sie wurde am 19. September 1790 die zweite Gemahlin Kaiser Franz I. von Österreich und starb am 13. April 1807.)

Nußholz; h. 103, br. 76 cm. Kat. Mechel, 1783.

Christian Wilhelm Ernst Dietrich (Dietricy).

Deutsche Schule. Geb. zu Weimar am 30. Oktober 1712, gest. zu Dresden am 23. oder 24. April 1774. Schüler Joh. Alexander Thieles. 1741 Hofmaler in Dresden.

1602. Der Engel verkündigt die Geburt des Herrn. Der Engel (E. 1520.) steht links auf einer kleinen Erhöhung in einer leuchtenden Glorie. Die Hirten fallen geblendet auf die Knie.

Bezeichnet unter den Hirten am Bildrande: Dietricÿ=1760:

Rotbuchenholz; h. 40, br. 52 cm. 1820 vom Kunsthändler Cappi gekauft.

1603. Die Anbetung der Hirten. Maria kniet zu Häupten des Jesus- (E. 1521.) kindes, von dem das Licht ausgeht. Hirten und Frauen umgeben den Jesusknaben. Durch eine Tür links treten Leute in die Bretterhütte ein.

Bezeichnet rechts unten am Bildrande: Dietricÿ 1760.

Rotbuchenholz; h. 40, br. 52 cm. Prov. wie Nr. 1602.

Francesco Casanova.

Französische Schule. Geb. 1727 zu London, gest. am 8. Juli 1802 in der Brühl bei Wien. Schüler Franc. Guardis(?) und Nachfolger Bourguignons und Wouwermans.

1604. Landschaft mit einem Reitergefecht. Über einen breiten
(E. 1534.) Strom führt eine große Brücke, auf welcher der Zusammenstoß der feindlichen Kavallerietruppen erfolgt. Im Hintergrunde ein festes Schloß, aus dem eine Reiterschar sprengt.

Bezeichnet links auf dem Steinufer:

L.; h. 130, br. 197 cm. Kat. Mechel, 1783. Früher Johann Anton Eismann zugeschrieben.

1605. Reitertreffen. Wildes Handgemenge. In der Mitte ein Reiter
(E. 1470.) in gelbem Koller auf einem Schimmel. Der Kampf dehnt sich auf der Ebene aus.

L.; h. 261, br. 380 cm. 1792 angekauft.

Jakob van Schuppen.

Wiener Schule. Geb. am 25. Jänner 1670 zu Fontainebleau, gest. am 28. Jänner 1751 zu Wien. Schüler seines Oheims Nicolas de Largillière. 1720 Wiener Hof- und Kammermaler.

1606. Bildnis des Malers Parocel. Der Künstler sitzt en face, Pin-
(E. 1686.) sel und Palette in der linken Hand, mit der rechten auf das einen Reiterkampf darstellende Gemälde auf der Staffelei zeigend.

L.; h. 137, br. 114 cm. Kniestück. Seit 1781 im Belvedere.

1607. Männliches Bildnis. Ein alter Herr in rotsamtenem Pelz-
(E. 1685.) rocke (Thomas de Granger), an einem teppichüberdeckten Tische sitzend, schreibt einen Brief.

Das Briefkuvert mit der Adresse:

A Monsieur Monsieur

Thomas de Granger à Vienne.

L.; h. 135, br. 114 cm. Kniestück. Kat. Mechel, 1783.

Franz Karl Palko.

Deutsche Schule. Geb. 1724 zu Breslau, gest. 1767 (?) zu Prag. Schüler seines Bruders Franz und der Wiener Akademie. 1764 kurfürstlich bayrischer Hofmaler.

1608. Die heilige Familie. Links sitzt Maria, rechts der heilige
(E. 1631.) Josef, der dem Jesuskinde das Händchen küßt. Im dunklen Grunde zwei Engelsköpfe.

L.; h. 109, br. 111 cm. Kniestück. Kat. Mechel, 1783.

Karl Ferdinand Fabritius.

Deutsche Schule. Geb. 1637 zu Warschau in Polen, von 1659 bis 1673 in Wien tätig, gest. daselbst am 21. Jänner 1673.

1609. Gebirgsgegend. Zwischen einzelnen Bäumen sieht man links
(E. 1537.) bei einer Tempelruine zwei Maultiere und ihre Treiber.

L.; h. 57, br. 69 cm. Schatzkammer-Inventar 1773.

Maria Anna Angelica Kauffman.

Deutsche Schule. Geb. am 30. Oktober 1741 zu Chur, gest. am 5. November 1807 zu Rom. Schülerin ihres Vaters Johann Josef.

1610. Hermanns Rückkehr aus der Schlacht im Teutoburger
(E. 1591.) Walde. Hermann zeigt mit der Rechten auf den erbeuteten Schild des Varus. Die Seinen begrüßen ihn. Thusnelda kniet vor ihm und reicht ihm einen Kranz von Eichenlaub.

Bezeichnet rechts auf dem Fuße des Opfersteines:

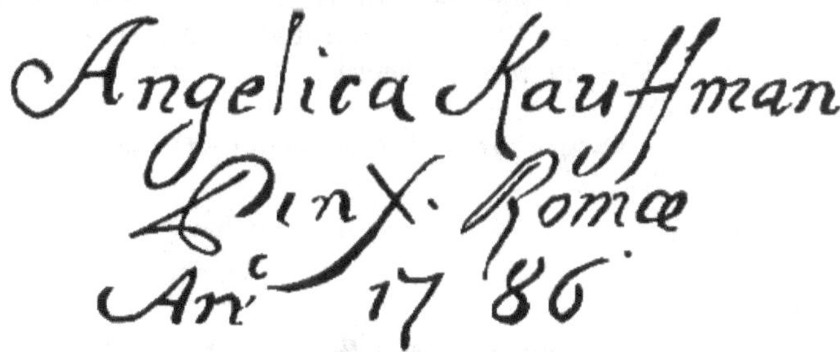

L.; h. 154, br. 216 cm. Dieses Bild, wie das folgende Nr. 1611, wurde 1787 zu Rom von der Künstlerin selbst gekauft.

1611. Die Bestattung des Heldenjünglings Pallas. In der
(E. 1592.) Mitte liegt auf einer Bahre der von Turnus getötete Pallas, zum Teil bedeckt mit einem golddurchwirkten Purpurgewande. Die Seinen beweinen ihn; zu seinen Häupten steht Äneas, der ihn zur Bestattung schmücken läßt.

Bezeichnet rechts unten auf dem Steinsitze: Angelica Kauffman Pinx Romæ 1786

L.; h. 154, br. 216 cm. Prov. wie Nr. 1610.

Anton Franz Maulpertsch.

Wiener Schule. Geb. am 8. Juni 1724 zu Langenargen am Bodensee, gest. am 8. August 1796 zu Wien. Schüler van Rois und der Wiener Akademie. 1759 Mitglied, 1770 Rat der Wiener Akademie. Kaiserlicher Hof-Kabinettsmaler.

1612. (E. 1610.) Skizze zu einem Altarbilde. Maria, thronend, mit dem Jesusknaben, der ein Kreuz emporhält. Rechts sitzt die heil. Anna; hinter ihr steht der heil. Josef und rechts vorne der heil. Joachim. Links kniet, von Heiligen umgeben, der kleine Johannes.

L.; h. 128, br. 91 cm. Erworben 1876.

1612a. Skizze zu einem Deckenbilde. Schwebende Figuren umgeben eine auf Wolken thronende weibliche Gestalt (vielleicht Kaiserin Maria Theresia, deren Apotheose dargestellt sein könnte).

L.; h. 54·5, br. 74 cm. Widmung von Karl und Rosalia Goldschmidt 1903.

Kabinett XI.

Jan van den Hecke (s. Nr. 1095).

1613. (E. 1621.) Ein Blumenkorb. Der niedere runde Korb steht auf einem hölzernen Tische. Oben ein Zweig mit weißen Blüten zwischen zwei Tulpen.

Eichenholz; h. 53, br. 66 cm. Wahrscheinlich aus der Samml. Erzh. Leopold Wilhelm. Früher Maria Sibylla Merian zugeschrieben.

Matthäus Merian der Jüngere.

Deutsche Schule. Geb. 1621 zu Basel, gest. 1687 zu Frankfurt a. M. Schüler Joachim v. Sandrarts.

1614. Männliches Bildnis. Ein bejahrter rotblonder Mann mit
(E. 1620.) zweigeteiltem Barte verzieht das Gesicht zum Lachen.

Eichenholz; h. 50, br. 42 cm. Brustbild. 1728 in der Stallburg.

Johann König.

Deutsche Schule. Tätig um 1600 zu Augsburg. 1612—1615 in Rom, gestorben 1642. Nachfolger A. Elsheimers.

1615. Der Winter. Kinder beschäftigen sich in einem Zimmer mit
(E. 1599.) Vorbereitungen zum Kochen.

Kupfer; h. 19, br. 28 cm. Kat. Mechel, 1783.

1616. Der Sommer. Nackte Kinder bringen die Ernte ein.
(E. 1597.) Kupfer; h. 19, br. 28 cm. Kat. Mechel, 1783.

1617. Der Frühling. Nackte Kinder spielen im Garten auf einer
(E. 1596.) steingetäfelten Terrasse und füllen eine Vase mit Blumen.

Bezeichnet rechts auf dem Steinsockel: Jo: König. fe:
Kupfer; h. 19, br. 28 cm. Kat. Mechel, 1783.

1618. Der Herbst. Nackte Knaben und Mädchen sind mit der Wein-
(E. 1598.) und Obstlese beschäftigt.

Bezeichnet rechts unten: JoKönig fe.
Kupfer; h. 19, br. 28 cm. Kat. Mechel, 1783.

Bartholomäus Wittig.

Deutsche Schule. Geb. um 1610 zu Ols in Schlesien, gest. 1684 zu Nürnberg.

1619. Ein nächtliches Gastmahl. An
(E. 1731.) langer Tafel sitzen in bunter Reihe Herren und Damen. Auf jeder Breitseite in der Mitte ist ein Herr auf seinen Stuhl gestiegen, einen Toast sprechend. An der Längenwand zwischen den Fenstern Gobelins.

Links unten in der Ecke das Wappen, dabei die Bezeichnung: W .H J. 6. .4. 0.

Kupfer; h. 62, br. 114 cm. Seit 1781 im Belvedere; kam 1809 nach Paris, 1815 zurück nach Wien. Die gegenwärtige, auf Mechel zurückgehende Bestimmung ist wohl irrtümlich. Das Bild ist offenbar holländischen Ursprunges, worauf zuerst Henri Hymans aufmerksam gemacht hat.

Johann Philipp Lembke.

Deutsche Schule. Geb. 1631 zu Nürnberg, gest. 1713 zu Stockholm. Schüler Georg Strauchs und Matthäus Weyers.

1620. Reitergefecht. Dichtes Gewühl der Kämpfenden. Rechts (E. 1607.) vorne ein Reiter auf einem Schimmel mit einer Pistole in der Rechten.

L.; h. 82, br. 115 cm. Kunstbesitz Karls VI.

Johann Creutzfelder.

Deutsche Schule. Geb. zu Nürnberg, wo er 1636 starb. Schüler Nicolaus Juvenels.

1621. Der heilige Ignatius. Er erscheint in der Arena, von Löwen (E. 1494.) angefallen. Rechts sitzt Kaiser Trajan; sein Gefolge und eine große Volksmenge füllen den Raum.

Kupfer; h. 82, br. 59 cm. Seit 1781 im Belvedere.

Daniel Preisler.

Deutsche Schule. Geb. 1627 zu Prag, gest. 1665 zu Nürnberg. Ausgebildet unter venezianischem Einflusse.

1622. Lasset die Kindlein zu mir kommen. Der Heiland sitzt (E. 1639.) in der Mitte der Kinder, umgeben von Aposteln, Pharisäern und Frauen.

Eichenholz; h. 67, br. 100 cm. Kat. Mechel, 1783.

Abraham Mignon.

Deutsche Schule. Getauft am 21. Juni 1640 zu Frankfurt a. M., gest. 1679 zu Frankfurt a. M. oder Wetzlar. Soll Schüler J. D. de Heems gewesen sein.

1623. Blumenstrauß in einem Glasgefäße; rechts zwei Maiskolben (E. 1627.) auf der Tischplatte, links eine Schnecke.

L.; h. 67, br. 53 cm. 1728 in der Stallburg.

Jan van den Hecke (s. Nr. 1095).

1624. Früchte. Auf einem hölzernen Tische eine Schale mit Früchten (E. 1628.) und Zweigen. Im Hintergrunde eine Mauer, links Aussicht in eine Landschaft mit bewölktem Himmel.

Eichenholz; h. 50, br. 67 cm. 1728 in der Stallburg. Früher Abraham Mignon zugeschrieben.

Josef Werner.

Deutsche Schule. Geb. 1637 zu Bern, wo er 1710 starb. Schüler M. Merians.

1625. Tobias begräbt die erschlagenen Juden in Babylon.
(E. 1730.) Der greise Tobias steht rechts mit gekreuzten Armen. Auf dem Boden liegen die Leichen; links wird eine derselben von vier Männern getragen.

Lindenholz; h. 54, br. 68 cm. Seit 1781 im Belvedere.

Georg Strauch.

Deutsche Schule. Geb. 1613 zu Nürnberg, wo er 1675 starb. Schüler Johann Hauers.

1626. Die unbefleckte Empfängnis. Maria, den Satan mit Füßen
(E. 1708.) tretend, schwebt in einer Glorie. Vier Engel, deren zwei sie krönen, halten Tafeln mit lateinischen Sprüchen. Mariens Tugenden sind durch drei Frauen symbolisiert: links kniet die Unschuld, rechts sitzen Keuschheit und Fruchtbarkeit.

Kupfer; h. 37, br. 29 cm. Kat. Mechel, 1783.

Nikolaus Juvenel.

Deutsche Schule. Geb. um 1540 in den Niederlanden, gest. 1597 zu Nürnberg.

1627. Mariä Verkündigung. In einem gotischen Saale mit einer
(E. 1588.) Mittelsäule kniet links Maria am Betpulte. Von rechts kommt der Engel.

Eichenholz; h. 32, br. 46 cm. Seit 1781 im Belvedere. Nach Th. v. Frimmel vermutlich von Paul Juvenel.

Adam Elsheimer.

Deutsche Schule. Getauft am 18. März 1578 zu Frankfurt a. M., gest. 1620 zu Rom (?). Schüler Ph. Uffenbachs.

1628. Die Ruhe auf der Flucht nach Ägypten. Maria mit dem
(E. 1535.) Kinde sitzt unter einer Palme. Links stehen singende Engel, rechts der heil. Josef.

Kupfer; h. 29, br. 23 cm. Kat. Rosas 1796. Kam 1809 nach Paris und 1815 zurück nach Wien.

Ägydius de Rye.

Deutsche Schule. Geb. in den Niederlanden. Tätig um 1600.

1629. Die Grablegung der heil. Katharina. Zwei Engel legen die
(E. 1664.) Heilige in einen Steinsarg, ein dritter streut Blumen, ein kleiner herabfliegender Engel bringt Kranz und Palmzweig.

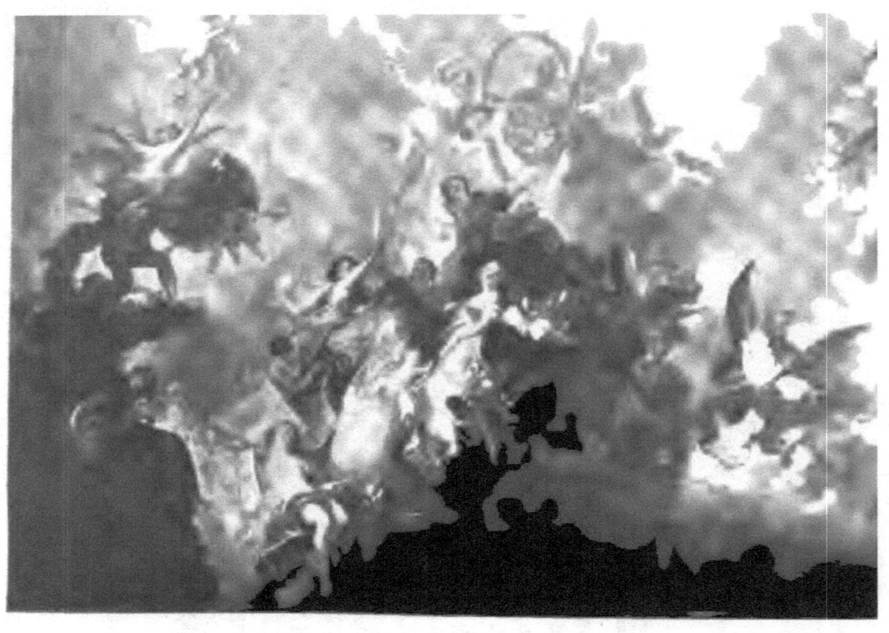

1612a. Anton Franz Maulpertsch.

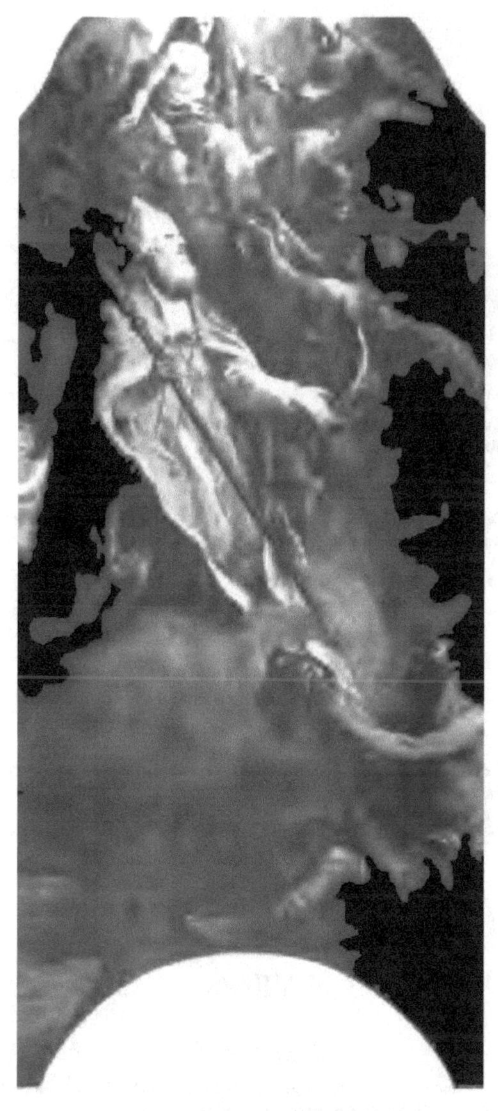

1688 a. Joh. Mart. Schmidt.

Bezeichnet links unten auf dem Rade der heil. Katharina: Æg. de Rye 1597

Kupfer; h. 33, br. 26 cm. 1765 aus der kaiserl. Burg in Graz gekommen.

Philipp Uffenbach.

Deutsche Schule. Geb. 1566 zu Frankfurt a. M., wo er vor 1639 starb. Schüler Hans Grimmers.

1630. (E. 1729.) Mariä Verkündigung. Rechts kniet Maria vor dem Betpulte, links der verkündende Engel, von einer Schar kleinerer Engel umgeben. In Glorien erscheinen über Mariens Haupt die Taube und links, höher das Jesuskind mit dem Kreuz auf der Schulter.

Kupfer; h. 77, br. 57 cm. 1765 aus der Grazer Kunstkammer, 1809 nach Paris, 1815 zurück nach Wien gebracht.

Johann Franz Ermels.

Deutsche Schule. Geb. 1621 bei Köln, gest. am 3. Dezember 1699 zu Nürnberg. Nachahmer Johann Boths.

1631. (E. 1536.) Landschaft mit einem Grabmale. Hinter dem großen, antiken, halbzerstörten Grabmale stehen Bäume. Vor demselben zwei Männer mit Fischkörben, rechts eine Frau mit einem Blumenkorbe.

L.; h. 37, br. 51 cm. Kat. Mechel, 1783.

Franz Friedrich Frank.

Deutsche Schule. Geb. 1627 zu Augsburg, wo er 1687 starb. Schüler seines Vaters Ulrich.

1632. (E. 1546.) Bildnis eines Mannes. Der etwa 50jährige Mann mit kurzem grauen Haar und rotblondem Barte trägt einen dunklen Pelzrock.

L.; h. 50, br. 42 cm. Brustbild. Erst seit 1824 in der Galerie nachweisbar.

Saal VIII (Seitenlicht).

Matthias Kager.

Deutsche Schule. Geb. 1566 zu München, gest. 1634 zu Augsburg. Bildete sich unter dem Einflusse der italienischen Meister aus.

1633. David und Abigail. Links steht David an der Spitze seines (E. 1590.) Heeres; rechts die vor ihm kniende Abigail mit ihren Gefährtinnen; sie bittet ihn, die mitgebrachten Lebensmittel anzunehmen.

Eichenholz; h. 158, br. 208 cm. Kat. Mechel, 1783. Das Bild kam 1809 nach Paris und 1815 zurück nach Wien.

Vinzenz Fischer.

Deutsche Schule. Geb. am 5. April 1729 zu Fürstenzell in Bayern, gest. am 28. Oktober 1810 zu Wien. Schüler der Wiener Akademie. Bildete sich nach Tiepolo und Cignaroli aus. 1760 Mitglied, 1764 Professor und 1780 Rat der Wiener Akademie.

1634. Allegorie auf die Übertragung der kais. Galerie in das (E. 1545.) Lustschloß Belvedere. Rechts Kaiser Josef II. im Cäsarenkleid. Vor ihm Minerva, auf das im Hintergrunde erscheinende Belvedere deutend; links Kindergenien, die Kunstschätze, darunter die heil. Familie (aus der Schule) Raffaels (Nr. 30) herbeischleppen. Auf der Rückseite ein Widmungsgedicht von Denis.

Bezeichnet auf einer Steintafel am Tempel links:

13 [illegible] 1781. V. Fischer

L.; h. 50, br. 42 cm. Geschenk des Herrn Josef Karl Klinkosch, 1872.

Felix Ivo Leicher.

Wiener Schule. Geb. 1727 zu Wegstadt in Oberschlesien, gest. 1795 (?). Schüler der Wiener Akademie.

1634a. Maria mit dem Kinde, umgeben von männlichen und weiblichen Heiligen. Der kleine Johann d. T. küßt den Fuß des Christuskindes. Links oben erscheint in Wolken Gottvater, darüber schwebt die Taube als Symbol des heil. Geistes.

Bezeichnet auf einer Stufe:

Felix Leicher pinx. 1770.

Kupfer; h. 93, br. 61 cm. Angekauft 1899.

Philipp Peter Roos, genannt Rosa di Tivoli.

Deutsche Schule. Geb. 1651 zu Frankfurt a. M., gest. 1705 zu Tivoli bei Rom. Schüler seines Vaters Joh. Heinrich, ausgebildet in Italien unter dem Einflusse der bolognesischen Meister.

1635. Tivoli. Der Anio stürzt zwischen zwei dunklen Felsen nieder. (E. 1650.) Links die Ruinen des Vestatempels. Vorne ein Hirt mit seinem Hunde.

L.; h. 91, br. 72 cm. Kat. Mechel, 1783.

1636. Reitertreffen. Rechts aus einer Festung machen Reiter einen (E. 1651.) Ausfall. Ein Standartenträger wird von einem Geharnischten verfolgt.

L.; h. 93, br. 170 cm. Seit 1824 im Belvedere.

1637. Eine Herde. Ein alter Hirte ruht inmitten seiner Herde, die (E. 1649.) ihn dichtgedrängt umlagert. Rechts vorn liegt sein weiß- und schwarzgefleckter Hund.

L.; h. 188, br. 283 cm. Im Belvedere seit 1796. Kam 1809 nach Paris und 1815 zurück nach Wien.

1638. Reitertreffen. Rauch und Pulverdampf, wildes Handgemenge; (E. 1652.) ein fliehender Paukenschläger. Einem Mohren auf einem Schimmel schießt ein ihn verfolgender Reiter nach.

L.; h. 92, br. 170 cm. Seit 1824 im Belvedere.

1639. Eine Herde. Im Vordergrunde sitzt ein junger Hirt schlafend (E. 1648.) auf der Erde. Um ihn herum die Herde.

L.; h. 188, br. 283 cm. Prov. wie Nr. 1637.

Johann Heinrich Schönfeldt.

Deutsche Schule. Geb. am 13. März 1609 zu Bibrach in Württemberg, gest. nach 1675 zu Augsburg. Schüler des Memminger Malers Johann Sichelbein, weiter ausgebildet unter dem Einflusse der italienischen Meister.

1640. Jakob und Esau. Die Brüder begegnen sich auf einer Bergstraße und sinken einander versöhnt in die Arme. Jakobs Herde befindet sich rechts; die Kriegerschar Esaus ist links angedeutet. Die Straße führt um einen alleinstehenden steilen Felsen herum.

L.; h. 82, br. 124 cm. Belvedere-Depot.

1641. Jakob und Esau. In einer Landschaft mit Ruinen begegnen (E. 1681.) und umarmen sich die Brüder. Zu beiden Seiten eines Wassers lagern links die Krieger Esaus, rechts die Begleitung und die Herden Jakobs.

Bezeichnet links unten: H Schenfeld Fecit

L.; h. 100, br. 180 cm. Prager Inventar von 1718.

1642. Opferszene. Die weißgekleidete Priesterin hält eine kleine (E. 1682.) erzene Minervenstatue und weist auf das Opferlamm. Rechts steht der Priester mit dem Rauchfasse.

L.; h. 147, br. 113 cm. Kniestück. Aus der Galerie des Grafen Nostiz in Prag gekauft, 1786.

1643. (E. 1680.) Gideon läßt sein Heer aus dem Jordan trinken. Zu beiden Seiten des Jordanufers Ruinen von Prachtgebäuden. Die dichtgedrängte Masse der Krieger schöpft und trinkt begierig das Wasser. Rechts vorne Gideon geharnischt auf einem getigerten Rosse.

Bezeichnet links unten auf einem Steine: H Schönfeldt fecit.

L.; h. 100, br. 180 cm. Prager Inventar von 1718.

Johann Ulrich Mayr (Mair).

Deutsche Schule. Geb. 1630 zu Augsburg, wo er 1704 starb. Bildete sich in den Niederlanden nach Rembrandt und Jakob Jordaens aus.

1644. (E. 1612.) Der Apostel Philippus. Der Heilige, ein bartloser Greis, steht, das Rohrkreuz im Arme und blickt in ein offenes Buch.

Bezeichnet rechts unter dem Buche: Mair f 1653

L.; h. 137, br. 95 cm. Kniestück. 1728 in der Stallburg.

Georg Philipp Rugendas.

Deutsche Schule. Geb. am 27. November 1666 zu Augsburg, wo er am 10. Mai 1742 starb. Ausgebildet unter dem Einflusse Bourguignons.

1645. (E. 1661.) Schlachtenstück. Links vorne wird ein Gespann aus dem Menschengewühle geführt; rechts zwei Frauen mit einem Verwundeten und ein Anführer auf einem Schimmel.

L.; h. 80, br. 132 cm. 1781 im Belvedere.

1646. (E. 1660.) Schlachtenstück. Gedränge im Vordergrund. Ein Geharnischter auf einem Schimmel wird von dem Bauernvolke um Gnade angefleht.

Bezeichnet links unten: G P Rugendas fec.

L.; h. 80, br. 132 cm. 1781 im Belvedere.

Johann Kien.

Deutsche Schule. Tätig um 1700.

1647. Gefecht. Infanterie, von Kürassieren unterstützt, rückt gegen
(E. 1594.) türkische Reiterei vor.

L.; h. 65, br. 105 cm. Kat. Mechel, 1783. Es ist noch nicht ganz aufgeklärt, von welchem Mitgliede der Künstlerfamilie Kien dieses und das folgende Bild gemalt sind. Im Vorrate der Galerie befindet sich ein sehr großes Schlachtenstück mit der Bezeichnung: »J. F. Kien fecit anno 1682«.

1648. Reitergefecht. Kürassiere und türkische Reiter im Hand-
(E. 1593.) gemenge. Im Vordergrunde sprengt ein Kürassier, mit bloßem Haupte und wallendem Haar, auf lichtem getigerten Roß von links heran.

L.; h. 65, br. 105 cm. Kat. Mechel, 1783. Sieh Nr. 1647.

Johann Heinrich Roos.

Deutsche Schule. Geb. am 27. Oktober 1631 zu Otterberg in der Pfalz, gest. am 3. Oktober 1685 zu Frankfurt a. M. Schüler Juliaen du Jardins und Adriaen de Bies.

1649. Tiere. Links die Ruinen einer Wasserleitung, rechts Felsen.
(E. 1647.) Bei der Herde sitzt eine Hirtin, mit einem Kinde an der Brust.

Bezeichnet links unten: J Roos. Pinxit

L.; h. 59, br. 76 cm. Kat. Rosa 1796.

1650. Tiere. Vor einem verfallenen Gebäude ein Brunnen mit einer
(E. 1646.) Steinmuschel, vor dem eine Hirtin liegt. Ihre Herde lagert in der Mitte des Bildes.

Bezeichnet rechts unten: JRoos pinx 1682

L.; h. 59, br. 76 cm. Seit 1781 in der Galerie.

Johann Jakob Hartmann.

Deutsche Schule. Geb. um 1680 zu Kuttenberg, gest. 1730 zu Prag. Nachahmer Jan Brueghels I.

1651. Landschaft. Rechts der Wald mit der reichen Staffage, links im Tale eine Stadt und Burgen auf den Anhöhen. (Seitenstück zu Nr. 1652.)

Eichenholz; h. 78, br. 113 cm. Aus Graz zurückgekommen, wohin es 1841 leihweise abgegeben wurde. Belvedere-Depot.

1652. Landschaft. Links ein Eichenwald, reich mit Figuren staffiert; rechts Fernsicht in eine bergige Gegend, die ein Fluß durchzieht.

Eichenholz; h. 77, br. 111 cm. Prov. wie Nr. 1651.

1653. (E. 1559.) Die Luft. Hoher Wald, vorne eine Jagdgesellschaft mit der Beute von Federwild.

Kupfer; h. 53, br. 76 cm. Kat. Mechel, 1783.

1654. (E. 1557.) Das Feuer, dargestellt durch eine Schmiede unter hohen Bäumen und eine brennende Stadt in der Ferne.

Kupfer; h. 53, br. 76 cm. Kat. Mechel, 1783.

1655. (E. 1560.) Die Erde. Hoher Wald, vorne eine Obsternte und eine Jagd auf Hirsch und Eber.

Kupfer; h. 53, br. 76 cm. Kat. Mechel, 1783.

1656. (E. 1558.) Das Wasser, dargestellt durch einen Fischzug. Rechts vorne unter alten Bäumen eine Hütte, viele Fischer und Frauen.

Kupfer; h. 53, br. 76 cm. Kat. Mechel, 1783.

Johann Baptist Haelszel.

Deutsche Schule. Geb. 1712 zu Berlin oder Dresden, gest. 1777 zu Wien. Seit 1771 Mitglied der Wiener Akademie.

1657. (E. 1554.) Blumen. Ein Strauß in einem Goldgefäße. In der Mitte weiße Rosen. Eine große Klatschrose vorne auf dem Tische.

Bezeichnet rechts unten auf der Steinplatte:

Jean Bapt: V. Hälzel. Pinx. 1775

Kupfer; h. 51, br. 41 cm. Seit 1781 im Belvedere.

1658. (E. 1553.) Blumen. Auf einem Steintische in einer Vase ein Strauß; in dessen Mitte eine große Rose.

Bezeichnet unten auf der Steinplatte:

J an Pap: V. Hälszel Pinx: 1775

Kupfer; h. 51, br. 41 cm. Seit 1781 im Belvedere.

Johann Anton Eismann.

Deutsche Schule. Geb. 1604 zu Salzburg, gest. 1698 zu Venedig. Bildete sich nach Salvator Rosa aus.

1659. Gefecht. Den Vordergrund füllt das dichte Gemenge einer Infanterie-Attacke; ein Soldat hält eine vierfarbige Fahne. Im Mittelgrunde Kavallerie. Rechts auf hohem Sockel die Ruinen eines Säulenbaues.

L.; h. 96, br. 131 cm. Belvedere-Depot.

Josef Feistenberger.

Wiener Schule. Geb. 1684 zu Kitzbühel in Tirol, gest. 1735 zu Wien. Schüler seines älteren Bruders Anton.

1660. (E. 1540.) Landschaft. Vorne bei einem Wasserfalle und zwei hohen Bäumen sitzt ein Hirte; um ihn weidet seine Herde von Kühen und Schafen.

L.; h. 118, br. 129 cm. 1765 nach Preßburg, 1781 zurück nach Wien gebracht.

1661. (E. 1539.) Landschaft. Einzelne wenig belaubte Bäume und Steingeklüft im Vordergrunde; in der Ferne rechts ein steiler, einzeln stehender Berg.

L.; h. 121, br. 130 cm. 1765 nach Preßburg, 1781 zurück nach Wien gebracht.

Franz Kaspar Sambach.

Wiener Schule. Geb. am 6. Jänner 1715 zu Breslau, gest. im Februar 1795 zu Wien. Schüler der Wiener Akademie, der er seit 1759 als Mitglied angehörte.

1662. (E. 1665.) Ein Kinderbacchanal. Ein kleiner Bacchus wird von nackten Kindern getragen; eines links vorne auf einem Tiger. Imitation eines Marmorreliefs.

Bezeichnet links unten:

C. Sambach. 1778.

L.; h. 101, br. 149 cm. Vom Künstler selbst erworben.

Paul Troger.

Wiener Schule. Geb. am 30. Dezember 1698 zu Zell bei Welsberg in Tirol, gest. am 20. Juli 1762 zu Wien. Schüler Gius. Albertis; ausgebildet unter dem Einflusse der großen Venezianer (Tiepolos und Paolo Veroneses); seit 1752 Assoziierter, 1754—1757 Rektor der Akademie.

1663. (E. 1728.) Christus auf dem Ölberge. Der Erlöser ist hingesunken, die gefalteten Hände auf den Felsenboden stützend. Der Kelch steht vor ihm. Rechts erscheint der tröstende Engel.

L.; h. 238, br. 157 cm. Kat. Mechel, 1783.

Christoph Ludwig Agricola.

Deutsche Schule. Geb. am 5. November 1667 zu Regensburg, wo er 1719 starb. Beeinflußt von G. Poussin und Claude Lorrain.

1664. Landschaft mit Ruinen. Rechts im Vordergrunde die Ruinen (E. 1421.) eines Grabmales; links sitzt ein trauerndes Weib mit einem nackten Knaben.

L.; h. 89, br. 64 cm. Kat. Mechel, 1783.

Willem van Bemmel.

Deutsche Schule. Geb. 1630 zu Utrecht, gest. 1708 zu Nürnberg. Schüler Herm. Saftlevens.

1665. Landschaft. Auf einer Straße zieht ein Reitertrupp.
(E. 679.) Bezeichnet rechts unten auf dem Steine:

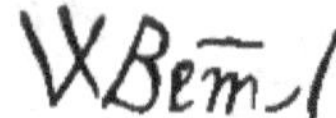

L.; h. 51, br. 71 cm. Schatzkammer-Inventar 1773.

1666. Landschaft. Auf der Straße werden Reiter von Räubern (E. 678.) angefallen.

L.; h. 51, br. 71 cm. Schatzkammer-Inventar 1773.

Vinzenz Fischer (s. Nr. 1634).

1667. Architektur. Im Vordergrunde eine reichgeschmückte Säulen- (E. 1544.) halle, Treppen und ein Bassin mit steinernen Sphinxen; im Mittelgrunde eine lange Brücke, im Hintergrunde ein Prachtgebäude mit zwei Kuppeln.

Bezeichnet zwischen zwei Säulen links:

MDCCLXIX
V FISCHER

L.; h. 47, br. 72 cm. Seit 1781 im Belvedere.

1668. Architektur. Hoher Bogengang. Im Mittelgrunde ein römi- (E. 1543.) scher Triumphzug auf einer langen Brücke mit hoher Siegessäule.

L.; h. 47, br. 72 cm. Seit 1781 im Belvedere.

Johann Viktor Platzer.

Deutsche Schule. Geb. am 8. November 1665 zu Eppan in Tirol, wo er am 8. Dezember 1708 starb.

1669. Eine lustige Gesellschaft. Zwei Paare sitzen an einem (E. 1636.) gedeckten Tische. Der Mann links hält ein Glas Wein, der in der Mitte eine Geige, die Frau rechts vorne ein Tamburin in der Hand.

Kupfer; h. 22, br. 33 cm. 1766 nach Preßburg und 1781 zurück nach Wien gekommen.

1670. Kartenspieler. An einem Tische sitzen zwei Kartenspieler (E. 1635.) und ein Jüngling, der einem Mädchen einen Becher Wein anbietet. Im Hintergrunde eine alte Frau.

Kupfer; h. 22, br. 33 cm. Prov. wie Nr. 1669.

Johann Philipp von Burgau.

Wiener Schule. Geb. in Linz, in den Jahren 1709 und 1720 in Wien nachweisbar.

1671. Eine Kohlmeise, auf Blättern sitzend; ein zweiter Vogel (E. 1465.) fliegt weg, der dritte steht auf dem Baumstrunk.

Bezeichnet links unten:

L.; h. 21, br. 26 cm. Kat. Mechel, 1783.

1672. Drei Vögel. Ein Stieglitz auf einer Distel; links fliegt ein (E. 1466.) Vogel herzu, rechts ist ein dritter im Begriffe abzufliegen.

L.; h. 21, br. 26 cm. Kat. Mechel, 1783.

Franz de Paula Ferg.

Wiener Schule. Geb. am 2. Mai 1689 zu Wien, gest. 1740 zu London. Schüler Josef Orients. Assoziierter der Wiener Akademie.

1673. Ein Jahrmarkt. Den großen Platz einer Stadt füllt eine (E. 1541.) Menschenmenge. Auf einem Podium in der Mitte Komödianten; weiter vorne eine Staatskarosse.

Kupfer; h. 58, br. 81 cm. Kat. Mechel, 1783.

1674. Ein Jahrmarkt. In der Mitte ein ansehnliches Haus und ein (E. 1542.) Turm; rechts der Ausblick in eine Gebirgslandschaft; vorne das Treiben der Volksmenge.

Kupfer; h. 58, br. 81 cm. Kat. Mechel, 1783.

Wenzel Lorenz Reiner.

Deutsche Schule. Geb. 1686 zu Prag, wo er am 9. Oktober 1743 starb. Ausgebildet unter dem Einflusse verschiedener Prager Künstler und P. van Bloemens.

1675. Landschaft. Auf einer felsigen Anhöhe Gebäude, darunter zwischen Bäumen bei einem Wasserfall ein Tempel, rechts freie Fernsicht.

L.; h. 83, br. 142 cm. Aus dem Prager Schlosse.

1676. Landschaft. Bergige Gegend, rechts ein Wasserfall; im Mittelgrunde Gebäude auf den Höhen.

L.; h. 90, br. 150 cm. Aus dem Prager Schlosse.

Franz Werner Tamm (s. Nr. 1565).

1677. Blumen und Früchte in einer weißen Schale, die von
(E. 1721.) einem Bronzefuß getragen wird. Im Vordergrunde verschiedene Früchte.

L.; oval; h. 109, br. 145 cm. Seit 1824 in der Galerie.

Franz Christoph Janneck.

Wiener Schule. Geb. am 3. Oktober 1703 zu Graz, gest. am 13. Jänner 1761 zu Wien. Schüler des Grazer Malers Matthias Vangus; seit 1754 Assoziierter der Wiener Akademie.

1678. Gesellschaftsszene. Im Parke eines Lustschlosses, in dem
(E. 1587.) die Gesellschaft versammelt ist, sitzt an einer halbgedeckten Tafel ein Herr in lichtgrauem Kleide und rotem Mantel und spricht mit einer neben ihm stehenden Dame. Links Neptun als Brunnenstatue.

Eichenholz; h. 46, br. 62 cm. Aus Schloß Ambras.

1679. Waldlandschaft. Ein mit Holz beladener Wagen fährt einen
(E. 1584.) schmalen Hohlweg hinunter. Links Aussicht auf ein Gebirge.

Bezeichnet rechts unten am Bildrande: F C. Janneck. fc:

Eichenholz; h. 35, br. 51 cm. Kat. Mechel, 1783.

1680. Wald mit Jägern. Die Jäger haben mit ihrem Gefolge vor
(E. 1585.) einem kleinen Wasserfalle Halt gemacht. Ein Baumstamm liegt über dem Wasserfalle.

Eichenholz; h. 36, br. 51 cm. Kat. Mechel, 1783.

1681. Gesellschaftsszene. Unter Bäumen rechts eine gedeckte
(E. 1586.) Tafel. In der Mitte vorne tritt ein Paar zum Tanze an. Links machen drei Geiger Musik.

Eichenholz; h. 41, br. 62 cm. Aus Schloß Ambras.

Johann Gabriel Canton.

Wiener Schule. Geb. am 24. Mai 1710 zu Wien, wo er am 10. Mai 1753 starb.

1682. **Landschaft mit tanzenden Bauern.** In der Mitte ein (E. 1469.) Obelisk. Daneben rechts Ruinen und Bäume. Vorne rechts wird ein bepacktes Maultier geführt.

L.; h. 35, br. 44 cm. Kat. Mechel, 1783.

David Richter.

Wiener Schule. Geb. 1661 in Schweden, gest. als königlich polnischer Kammermaler zu Wien am 30. April 1735.

1683. **Ideale Landschaft.** Im Mittelgrunde links Gebäude, rechts (E. 1644.) drei Bäume, vorne ein Weg, auf dem eine Frau auf einem Schimmel reitet.

L.; h. 45, br. 52 cm. Seit 1781 im Belvedere.

1684. **Ideale Landschaft.** Ein breiter Fluß mit felsigen Ufern, (E. 1645.) rechts eine hohe Baumgruppe; im Vordergrunde wird ein Boot ausgeladen.

L.; h. 45, br. 52 cm. Seit 1781 im Belvedere.

Max Josef Schinnagl.

Wiener Schule. Geb. 1694 oder 1697 zu Burghausen in Bayern, gest. 1761 zu Wien. Schüler seines Stiefvaters Josef Kamelor.

1685. **Waldlandschaft.** Links hochstämmiger Wald, rechts freie (E. 1676.) Aussicht. Vor zwei Reitern schreitet ein Mann in rotem Rocke.

L.; h. 45, br. 60 cm. Kat. Mechel, 1783.

1686. **Waldlandschaft.** Rechts hohe Baumgruppen auf felsigem (E. 1675.) Ufer; links ein Bauer, der einen Schimmel vor dem zweirädrigen Karren führt.

L.; h. 46, br. 60 cm. Kat. Mechel, 1783.

1687. **Waldlandschaft.** Links am Wege sitzt eine bettelnde Frau; (E. 1674.) rechts Ausblick auf fernes Gebirge.

L.; h. 53, br. 71 cm. Kat. Mechel, 1783.

1688. **Waldlandschaft.** Inmitten der waldigen Berggegend lagern (E. 1673.) Bauersleute; ein Mann in rotem Rocke sitzt auf einem Schimmel; eine Frau trägt einen Pack auf dem Kopfe.

L.; h. 53, br. 71 cm. Kat. Mechel, 1783.

Joh. Mart. Schmidt, (Kremser Schmidt) (s. Nr. 1558).

1688 a. Der heilige Martin im Bischofsornate, mit dem Bischofsstabe in der Rechten, kniet auf Wolken und blickt verehrend zur heil. Dreifaltigkeit auf, die über ihm schwebt. Links ein Engel mit einer Gans, rechts ein anderer, der einen Mantel hält. Auf der Erde unten sitzt ein halbnackter Bettler, der mit beiden Händen das ihm von dem Heiligen geschenkte Stück eines Mantels emporhält.

Bezeichnet rechts unten: *Martin Joh. Schmid Pinxit a° 1772.*

L.; h. 293, br. 166 cm. Angekauft 1903. Zierte ursprünglich den Hochaltar der Pfarrkirche von Kirchberg an der Pielach in Niederösterreich.

Ignace Duvivier.

Französische Schule. Geb. 1758 zu Marseille (?), gest. 1832 zu Rheims. Schüler Fr. Casanovas. Seit 1801 Mitglied der Wiener Akademie.

1689. Landschaft mit einem Wasserfalle; rechts im Vordergrunde eine Gruppe lagernder Hirten.

Bezeichnet rechts unten: *DUVIV.*

L.; h. 158, br. 241 cm. Zuerst bei Krafft 1837.

Karl Aigen.

Wiener Schule. Geb. 1684 in der Nähe von Olmütz, gest. zu Wien am 21. Oktober 1762. Schüler Josef Orients, seit 1754 Mitglied und Professor der Akademie.

1690. (E. 1422.) Vor dem Tore einer Stadt. Links das hohe Tor, durch das die Leute herauswandern, um sich zu belustigen; rechts ein Fluß mit Badenden.

L.; h. 38, br. 44 cm. Seit 1781 im Belvedere.

1691. (E. 1423.) Landschaft mit einer Bauernkirchmesse. In der Mitte ein Maibaum, den ein Bursche erklettert; rechts ein Turm, zur Weinschänke hergerichtet.

L.; h. 39, br. 44 cm. Seit 1781 im Belvedere.

Johann Evangelist Dorfmeister.

Wiener Schule. Geb. 1741 zu Wien, wo er 1765 starb.

1692. **Waldpartie.** Im Vordergrunde spricht ein Bauer mit einem
(E. 1523.) vor ihm knienden Weibe. In der Mitte ein kleiner Fluß.

L.; h. 35, br. 44 cm. Kat. Mechel, 1783.

Christian Hilfgott Brand.

Wiener Schule. Geb. 1693 zu Frankfurt a. O., gest. am 22. Juli 1756 als kaiserl. Hofmaler zu Wien. Schüler Chr. L. Agricolas.

1693. **Waldlandschaft.** Rechts in einer Waldlichtung ein Stein-
(E. 1451.) brunnen, bei dem drei Weiber waschen.

L.; h. 63, br. 49 cm. Kat. Mechel, 1783.

1694. **Landschaft.** Im Vordergrunde steht ein Mann im Wasser;
(E. 1448.) ein zweiter sitzt auf einem Uferstein; ein Weib steht am Ufer. Links eine steinerne Denksäule.

Bezeichnet: Brand 1753

Eichenholz; h. 40, br. 48 cm. Kat. Mechel, 1783.

1695. **Landschaft.** Links Waldausgang; rechts offene Gegend. Auf
(E. 1449.) einem Wege schreiten zwei Männer, ein Dritter sitzt auf der Erde. Ganz vorne rechts eine Vase auf hohem Steinsockel.

Bezeichnet rechts auf dem Steinsockel: Brand 1753

Eichenholz; h. 40, br. 48 cm. Kat. Mechel, 1783.

1696. **Waldausgang.** Rechts ein Teich, weiter rückwärts eine Denk-
(E. 1450.) säule am Wege. Landleute lagern im Vordergrunde.

L.; h. 63, br. 49 cm. Kat. Mechel, 1783.

Johann Christian Brand.

Wiener Schule. Geb. am 15. November 1723 zu Wien, wo er am 11. Juni 1795 als kaiserl. Kammermaler starb. Schüler seines Vaters Christian Hilfgott. Seit 1769 Mitglied der Wiener Akademie und Professor.

1697. **Landschaft.** In der Mitte drei hohe Bäume; rechts eine Herde;
(E. 1454.) links ein Wasser und weiter rückwärts eine Kirche.

Bezeichnet unten in der Mitte: Brand 1746

L.; h. 80, br. 65 cm. 1781 im Belvedere. Th. v. Frimmel denkt bei diesem Bilde und seinem Gegenstücke Nr. 1699 an Christian Hilfgott Brand.

1698. Die Schlacht bei Hochkirch (am 14. Oktober 1758). Inmitten (E. 1452.) der weiten Lagerebene die brennende Ortschaft. Truppenmassen in verschiedenen Gefechtsmomenten; links vorne lagern Leute um ein Feuer.

Bezeichnet unten in der Mitte: peinte par J. C. Brand Peintre de S: M: I: et R: et Prof de l'Accademie des Arts.

Daneben steht: Bataille de Hochkirche en Lusace donnée le 14 Octobre 1758 d'après le dessein du Lieut. Colonel B: de B: (Baron de Beaulieu)

L.; h. 158, br. 222 cm. 1760 beim Künstler bestellt.

1699. Landschaft. Links auf einer Anhöhe eine Ruine. Im Vorder- (E. 1453.) grunde fährt ein Wagen, dessen Pferde scheuen.

Bezeichnet rechts unten: Brand 174 (1746)

L.; h. 80, br. 65 cm. 1781 im Belvedere. Vgl. Nr. 1697.

1700. Abendlandschaft. Links ein Wegweiser auf kahlem Hügel; (E. 1457.) ein Hirt treibt seine Herde darüber. In der Ferne das Meer, über dem der Mond aufgeht.

Eichenholz; h. 27, br. 37 cm. 1781 im Belvedere.

1701. Abendlandschaft. Links auf der Höhe zwei Kühe und drei (E. 1456.) Schafe, rechts tiefliegende Gegend. Bewölkter Himmel.

Bezeichnet links unten: Brand 1771

Eichenholz; h. 27, br. 37 cm. Seit 1781 im Belvedere.

1702. Mondnacht. Eine Ruine ragt auf einer Felsenspitze empor. (E. 1458.) Eine Herde wird von einem berittenen Hirten über den Hügel getrieben.

Eichenholz; h. 27, br. 37 cm. 1781 im Belvedere.

1703. Meeresufer. Rechts auf einer kahlen Höhe eine Frau auf einem (E. 1455.) Maultiere reitend.

Bezeichnet unten rechts auf dem Wege:

Eichenholz; h. 27, br. 37 cm. Seit 1781 im Belvedere.

Felix Meyer.

Deutsche Schule. Geb. 1653 zu Winterthur, gest. 1713 zu Weyden bei Husen. Schüler Franz Ermels'.

1704. Landschaft mit einem Gebirgsbache. Links ein wenig
(E. 1622.) belaubter Baum; rechts mit Bäumen bewachsene Felsen.

L.; h. 26, br. 35 cm. Seit 1824 in der Galerie.

Johann Georg Daniel Graßmayr.

Deutsche Schule. Geb. 1690 in Brixen, gest. 1751 zu Wilten in Tirol. Schüler G. d'Albertis, Karl Loths und Trevisanis.

1704 a. Selbstbildnis.

L.; h. 64·5, br. 48·5 cm. Brustbild. Erworben 1897.

August Querfurt.

Wiener Schule. Geb. 1697 zu Wolfenbüttel, gest. zu Wien 1761. Schüler seines Vaters Tobias, weiter ausgebildet durch Philipp Rugendas, Nachahmer Ph. Wouwermans.

1705. Reiterszene. Zwei Schulreiter mit Gerten und Federhüten,
(E. 1642.) vorn ein weißgetigertes Roß, dessen Gurten angezogen werden; rechts ein dicker Mann im Brustharnisch.

L.; h. 45, br. 39 cm. Belvedere-Depot.

1706. Der Ritt zur Jagd. Drei Herren und eine Dame vor der Falken-
(E. 1640.) jagd; links hält ein Mann einen Schimmel und reicht dem Reiter in der Mitte ein Glas Wein.

Bezeichnet links unten: A Querfurt

L.; h. 45, br. 62 cm. 1781 im Belvedere.

1707. Die Rückkehr von der Jagd. Zwei Reiter halten an, wäh-
(E. 1641.) rend ein dritter, der abgestiegen ist, einen getigerten Schimmel beschlagen läßt.

L.; h. 46, br. 62 cm. 1781 im Belvedere.

1708. Reiterszene. Rechts eine Herberge, deren Vordach mit
(E. 1643.) Weinranken bewachsen ist. Unter den davor haltenden Reitern

einer im roten Rock auf einem Schimmel. Links eine Dame zu Pferde.

L.; h. 46, br. 39 cm. Belvedere-Depot.

Michel Angelo Unterberger.

Wiener Schule. Geb. am 12. August 1695 in Cavalese in Tirol, gest. am 27. Juni 1758. Schüler G. d'Albertis und Piazettos. Wurde 1751 alternierender Direktor der Wiener Akademie.

1708 a. Bildnis des Malers August Querfurt (Biogr. s. Nr. 1705).

L.; h. 64·5, br. 48·5 cm. Brustbild. Erworben 1897.

Johann Lauterer.

Wiener Schule. Geb. 1700 zu Wien, gest. am 28. April 1733 zu Wien. Schüler Josef Orients, bildete sich nach Nic. Berghem aus.

1709. Landschaft mit einer Herde. Steiles Felsgestein und Baum-
(E. 1604.) gruppen an einem Wasser, an dem fischend ein Hirt sitzt.

L.; h. 43, br. 44 cm. Kat. Mechel, 1783.

E. K. Lautter.

Wiener Schule. 18. Jahrhundert.

1710. Spitzenklöpplerin. Rechts sitzt eine alte Frau und spinnt.
(E. 1606.) Links lernt ein kleines Mädchen die Arbeit des Spitzenklöppelns.

L.; h. 53, br. 60 cm. Kniestück. Belvedere-Depot. Früher Joh. Lauterer zugeschrieben, auf dessen Verwechslung mit E. K. Lautter Th. v. Frimmel aufmerksam machte.

Johann Lauterer (s. Nr. 1709).

1711. Landschaft mit Hirt und Herde. Ein Hirt, dem Beschauer
(E. 1605.) den Rücken wendend, steigt zum Ufer eines Wassers hinab. Links vorne ein hoher, fast entlaubter Baum.

L.; h. 43, br. 44 cm. Kat. Mechel, 1783.

Josef Orient.

Wiener Schule. Geb. 1677 zu Purbach in Ungarn, gest. 1747 zu Wien. Schüler Anton Feistenbergers, Assoziierter der Wiener Akademie.

1712. Gebirgslandschaft. Ein Fluß durchzieht, von hohen Bergen
(E. 1629.) eingeschlossen, ein breites Tal; rechts vorne eine Brücke; links

ein Gehöfte; der Wirt reicht einem Reiter den Trunk. (Die Figuren von Ferg gemalt.)

L.; h. 56, br. 96 cm. Seit 1781 im Belvedere.

1713. (E. 1630.) Gebirgslandschaft. Links steiles Gebirge, in der Mitte drei Bäume, rechts ein Bauerngehöfte. (Die Figuren von Ferg gemalt.)

L.; h. 56, br. 96 cm. Seit 1781 im Belvedere.

Franz Caspar Sambach (s. Nr. 1662).

1714. Kinderbacchanal. Einer der Kleinen erhebt eine Schale, in welche ein zweiter den Saft einer Traube preßt. Links schläft ein kleiner Satyr. Nachahmung eines Holzreliefs.

L.; h. 77, br. 124 cm. 1889 von Frau Therese v. Raymond gekauft.

Francesco Solimena und Joh. Gottfried Auerbach

(Biogr. s. Nr. 515 und 1581).

1715. Kaiser Karl VI., welchem der General-Baudirektor Graf Gundaker von Althann kniend das Inventar der in der Stallburg neu aufgestellten kaiserlichen Galerie überreicht. Das Bild ist gemalt von Francesco Solimena, der Kopf des Kaisers und der des Grafen Althann von Johann Gottfried Auerbach.

L.; h. 310, br. 280 cm. Kunstbesitz Karls VI.

Anton von Maron.

Geb. 1733 zu Wien, gest. 1808 zu Rom. Schüler A. R. Mengs'.

1716. (E. 1608.) Bildnis der Kaiserin Maria Theresia. Die Kaiserin sitzt in Witwentracht an einem Tische, auf welchem der Plan des kaiserl. Lustschlosses Schönbrunn liegt. (Maria Theresia, die Tochter des Kaisers Karl VI., geb. 13. Mai 1717, vermählt 1736 mit Franz Stephan Herzog von Lothringen, sukzedierte in des Vaters Erbländern 1740 und starb am 29. November 1780.)

Bezeichnet links unten auf dem Steinsockel:

Maron · f. 1773

L.; h. 275, br. 160 cm. Im Ah. Auftrage in Wien gemalt. Kam 1809 nach Paris und 1815 zurück nach Wien.

1717. (E. 1609.) Bildnis Kaiser Josefs II. Der Kaiser steht in Marschallsuniform in einer offenen Halle, trägt den Hut unter dem linken Arme und stützt die linke Hand auf einen Stock. (Josef, der älteste Sohn der Kaiserin Maria Theresia und ihres Gemahls Kaiser Franz I., am 13. März 1741 geboren, am 27. März 1764 römischer König, am 18. August 1765 Kaiser und Mitregent in den Erbstaaten seiner Mutter, trat 1780 die Thronfolge an und starb 20. Februar 1790.)

Bezeichnet rechts unten auf dem Steinsockel:

Maron Clustr:aus Vienn:sis Pin: Romae: 1775

L.; h. 275, br. 160 cm. Im Ah. Auftrage in Rom 1775 gemalt. Kam 1809 nach Paris und 1815 zurück nach Wien.

Verzeichnis der Künstlernamen.

by Google

AP

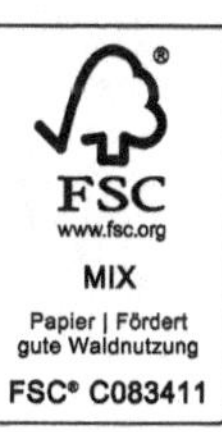

Zeitfracht Medien GmbH
Ferdinand-Jühlke-Straße 7
99095 Erfurt, Deutschland
produktsicherheit@kolibri360.de